方尖碑
OBELISK

探知新视界

俄罗斯帝国史

下

HISTOIRE DE LA
RUSSIE ET DE
SON EMPIRE

从留里克
到尼古拉二世

Michel Heller

[法国]米歇尔·埃莱尔 著　　　张竝 译

译林出版社

图书在版编目（CIP）数据

俄罗斯帝国史：从留里克到尼古拉二世 ／（法）米
歇尔·埃莱尔著；张竝译 . —南京：译林出版社，
2023.10
　　ISBN 978-7-5447-9807-5

　　Ⅰ.①俄…　Ⅱ.①米…　②张…　Ⅲ.①沙俄－历史
Ⅳ.①K512.3

　　中国国家版本馆 CIP 数据核字（2023）第 113976 号

Histoire de la Russie et de son Empire by Michel Heller
© Perrin, 2015
Simplified Chinese edition copyright © 2023 by Yilin Press, Ltd
All rights reserved.

著作权合同登记号　图字：10-2021-265 号

俄罗斯帝国史：从留里克到尼古拉二世　　[法国] 米歇尔·埃莱尔／著　张　竝／译

责任编辑　王　蕾　荆文翰
装帧设计　韦　枫
校　　对　戴小娥　孙玉兰
责任印制　董　虎

原文出版　Perrin，2015
出版发行　译林出版社
地　　址　南京市湖南路 1 号 A 楼
邮　　箱　yilin@yilin.com
网　　址　www.yilin.com
市场热线　025-86633278
排　　版　南京展望文化发展有限公司
印　　刷　南京爱德印刷有限公司
开　　本　652 毫米 ×960 毫米 1/16
印　　张　76.25（上、下册）
插　　页　20
版　　次　2023 年 10 月第 1 版
印　　次　2023 年 10 月第 1 次印刷
书　　号　ISBN 978-7-5447-9807-5
定　　价　249.00 元

第二部分

第一章

俄罗斯帝国的诞生

莫斯科，彼得之城，君士坦丁之城，

俄罗斯治下皆圣城，

但何处是终结？何处是界限，

北方，东方，南方，还是日落之地？

——费奥多尔·秋切夫

1　彼得为何必须出现?

> 大家都意识到必须走一条新的道路……人民将会站起来，做
> 好准备；他们在等待一个向导，而向导就来了。
>
> ——谢尔盖·索洛维约夫

　　19世纪的一位重要历史学家就是这样阐释彼得一世的出现的。这个观点并未得到所有人的认同。没有一个俄罗斯沙皇能像彼得那样被人大书特书，没有一个君王能激起如此激烈的争论。我们知道，对另一个广为人知的沙皇伊凡雷帝的讨论至今仍在继续。但对他的分歧基本上集中于政府治理的方式和他究竟有多残忍之上。而关于彼得的争论则集中于目的和手段、国家发展的道路和对战友的选择、对俄罗斯和西方的看法。直至今日，对俄罗斯第一位皇帝及其行为的判断仍然关联着俄罗斯，关联着俄罗斯的过去和未来。

　　书写俄罗斯恢宏历史的作者谢尔盖·索洛维约夫以科学的方式分析完过去之后得出结论，即俄罗斯需要一名万众期待的向导。亚历山大·苏马罗科夫（1717—1777）是彼得时代之后最知名的诗人和剧作家，他灵光乍现，写道："伊斯梅洛沃，俄罗斯的伯利恒，孕育了彼得。"一个世纪后，理性主义者、革命民主主义者维萨里昂·别林斯

基（1811—1848）批评了俄罗斯知识界的一名影响力极大的神父，后者丝毫不曾怀疑彼得的神圣出身："彼得大帝不仅是我们历史上，也是人类历史上最了不起的伟人；他就是神，让我们得以活，他向庞大的身躯里吹入了鲜活的灵魂，却又沉沉坠入古罗斯的昏昏欲睡之中。"

我们知道，罗斯时代确实认为莫斯科君主是拥有神性的，无论是人民，还是君主本身都这么认为。彼得的父亲阿列克谢就指责过一个敢顶撞他的廷臣："你竟敢不听话？连基督的话都不听了吗？"但认为彼得拥有神性的看法有点属于另一个范畴：这位俄罗斯的第一位皇帝被其同时代的人，甚而被随后一代又一代人视为活着的神，因为他亲手重建了俄罗斯，从一大团杂乱无章的东西中造就出一个强大的帝国。伏尔泰说得言简意赅："彼得诞生，俄罗斯成形。"[1]

对彼得的狂热崇拜并无规则可循。谢尔盖·索洛维约夫在纪念俄罗斯诞生两百周年时作了十二次公开演讲，详细地说明了自己对"这位极其了不起的历史角色，人民心灵最为完整的化身"的看法。这位历史学家写的俄罗斯历史从远古讲起，共计二十九卷，他说得很中肯，没有哪一个俄罗斯沙皇能像彼得大帝那样难以被人民理解，又被人民憎恨。彼得在位时期充斥着无数的起义、暴动、阴谋，当然他的几个前任的命运也都如此。但人们将他身边那些波雅尔造成的动荡全都归到了他的身上。彼得在位时期，沙皇本人被全体民众视为一切灾难的根源。彼得的合法性并未随时随地都在遭到质疑，这和我们所说的鲍里斯·戈杜诺夫与瓦西里·舒伊斯基是有区别的，毕竟他们并不是皇室出身；因此，他们并没有被看作"真沙皇"，否则容易为"僭号者"打开大门。

彼得的行为举止导致出现一种传说，说他被调了包。他的行为放在沙皇身上显得难以想象，却也自有其符合逻辑的解释：他不是真沙皇，别人把真正的沙皇调包调走了。这个传说有好几个版本：他出生的时候，或他去外国的时候被调了包；替换真沙皇的是一个德意志人，因为只有德意志人才会像彼得那样举止。德意志人，就是敌基督者。这个沙皇–敌基督者的传说在旧信徒当中传播尤广。

彼得在俄罗斯历史上的作用由两方面来定义，一方面是其行为，一方面是他对两个持续具有现实性的基本问题所作的答复：怎么治理俄罗斯，以及要把它带向何方。19世纪在俄罗斯出现的，又延烧至20世纪末的大规模讨论就是"斯拉夫派"和"西方派"之间的争执，而这场讨论的核心就是如何评估彼得一世的行为及其遗产。代表这两股大思潮的人物彼此之间并非始终泾渭分明，经常会显得很传统。对彼得的态度可以澄清这场争论的意义所在。康·阿克萨科夫（1817—1860）是斯拉夫派的重要思想家，他指责彼得犯了两宗罪：打破了俄罗斯人民和权力之间向来的和谐，他的改革具有反国族的特征。斯拉夫派将莫斯科的"国族"时代和彼得堡的"反国族"时代严重对立了起来。

斯拉夫派运动诞生之前的数十年，尼古拉·卡拉姆津总结了彼得所作所为的几宗大罪，不过他并没否认"他那强有力的手腕使俄罗斯出现了新的气象，我们再也无法往回走"。[2] 应女大公叶卡捷琳娜（亚历山大一世的妹妹，是她那个时代最有文化、最杰出的女性之一）的请求，写于1811年的《新旧俄罗斯笔记》一书最终于1861年在柏林出版。1870年此书在俄罗斯出版，却惨遭失败：审查人员要求将已准备刊发的卡拉姆津的文章从《俄罗斯档案》里抽走，并将其销毁。要等到1900年，《笔记》才得以在这位历史学家的祖国出版。从出版图书的迹象来看，足以证明尼古拉·卡拉姆津的观点是正确的；彼得改革的许许多多反对者后来也持这种看法，只是说得不太出色而已。

《新旧俄罗斯笔记》的作者是以这样一个判断来起头的："从米哈伊尔及其儿子在位时期开始，我们的祖先就已发现借鉴外国的某些习俗能带来无数好处，但他们还仍然认为俄罗斯笃信宗教的人才是完美世界的公民，神圣俄罗斯才是诸国之首。从中可以看出这样的说法有点错乱；但这是对祖国何等的爱，何等样的道德力量啊！"这位历史学家继续写道：经过了一个世纪的"外国人的熏陶"，原本将欧洲人视为异教徒的俄罗斯人开始将他们视为兄弟。卡拉姆津又问：究竟是背教者还是兄弟在束缚俄罗斯？他的结论是："我们已经成为世界公民，但在某种程度上，我们并没有成为俄罗斯公民。而这是彼得的错。"接下来，卡拉姆津下了判决："这位性格急躁的君主充满了热腾腾的想象力，他发现了欧洲，想要在俄罗斯实行荷兰那一套。"[3]

亚历山大·普希金在其诗歌《波尔塔瓦》中提到了这位主人公，说他是常胜军的统帅（"他长相俊美，犹如神圣的惊雷"），在《青铜骑士》一诗中，还讴歌了北方都城彼得堡（"彼得之作"，通往欧洲的窗户），普希金从引领改革的沙皇身上看到了他所作所为的两个面向。普希金在未完成的《彼得一世的历史》中，着重指出彼得大帝的敕令与其日常教诲之间的矛盾："前者是宽广的心灵杰出的硕果，充盈着仁慈和智慧；后者时常显得残忍，异想天开，出现鞭刑的字眼。"[4]诗人支持沙皇的目标，却谴责其方法。从这个观点来看，他和卡拉姆津一样，也无法忘却"彼得堡建于死亡和泪水之上"。

不过，索洛维约夫的弟子，俄罗斯最杰出、最有才能的历史学家瓦西里·克柳切夫斯基对彼得的改革没有像他老师那样狂热。他觉得那些改革讲究的是实用，所以受到了限制："彼得大帝完成的改革并不是要重建政治、社会、道德秩序，而只是想用西欧的知识和物质武装俄罗斯国和人民……"[5]人民的反抗使得彼得只能寻求残暴的手段，所以予人一种是在革命的印象。事实上，克柳切夫斯基认为，彼得的作品"更像是撼动，而非颠覆。"[6]这位历史学家特别指责彼得的一点是，在他的国家里，除了"权力和法律之外，便不存在驱动力、自由的个性，还有公民"。[7]

围绕彼得一世及其成就的科学和意识形态上的争论一直延续到了1917年的革命，那一天，国家遭受了新的撼动，举棋不定，被迫转向过去，来更好地勾勒现在。彼得的时代成了一个参考系，使人得以理解（设法去理解）布尔什维克革命的本质和意义。几乎与此同时，两位作家转向了彼得：1918年，阿列克谢·托尔斯泰写了《彼得的一天》，1919年，鲍里斯·皮利尼亚克写了《科涅波·彼得指挥官陛下》。托尔斯泰的小说描述了帝国首都修建时的一天："沙皇的城市建在土地边缘的沼泽带，而日耳曼人的土地很近。谁要住那种地方？这又是哪门子的折磨，让成千上万的人流血流汗，成批死去——人民没听他的……但除了听话，严禁思想和感受。因此，在他那片遍布沼泽的荒漠中，凭其一己之意愿，彼得夯实了国家，重建了国土。"[8]残忍暴虐，君主的专制权力……可是对这位作家来说，这个冷酷无情的事业有一个意义："沙皇的斧子凿穿了人民的骨头和血肉！在那呼啸的寒风中，温和平静的庄稼汉们都还不知道自己究竟为何要献出生命的时候就凋亡了！从上到下，都是那样昏昏欲睡！因为窗户终于是捅开了，一股清风涌入平静的闺房。那风将睡眼惺忪的布尔乔亚撵出了暖烘烘的屋子，俄罗斯民众开始骚动起来，潜入缩回的国境，想要参与共同的事业，国家的事业。"[9]彼得建造了一个强大的国家，故而，他的所作所为以及为此所作的辩白意义就在于此。

鲍里斯·皮利尼亚克的观点截然不同。他笔下的彼得冷酷无情，破坏力惊人，彼得这幅肖像在俄罗斯文学和历史文献中可以说是无与伦比。只有将彼得堡的建造者视为敌基督者化身的旧信徒谈到他的时候才会用这样的字眼。"这人只有行动的时候才会感到快乐。这人拥有惊人的才能。这人不正常，整天醉醺醺，得了梅毒，神经衰弱，时而忧郁，时而狂怒，精神上危机重重，后来还亲手杀了自己的儿子。不懂节制、不懂自控的君主就是个暴君。这人没有丝毫的责任感，蔑视一切，直至生命终了，都没能领会历史的逻辑和人民的生命力。就是个狂人、胆小鬼。充满恐惧的童年，充满了对旧的憎恨，盲目接受新，和蜂拥而入的外国人生活在一起，被快钱的诱惑所吸引；这人在兵营里受的教育，将荷兰水手的道德当作理想。这人直至死亡都还是个孩子，喜欢玩高高在上的游戏，他终其一生都在打仗，坐船，检阅，开会，顿悟，去欧洲……"[10]

鲍里斯·皮利尼亚克不厌其烦地列举了俄罗斯第一个皇帝的缺陷和罪行。让作家得意扬扬的是，自己终于勇猛果断地深入到了沙皇充斥着意识和无意识的迷宫之中。但皮利尼亚克揭穿彼得还有一个迫切的需要，就是要让十月革命呈现为真正的俄罗斯现象，亦即反彼得的现象。

皮利尼亚克在小说《荒年》（1922）中是这么说的："自彼得以来，欧洲就凌驾在了俄罗斯之上，而在腾跃而起的马蹄之下则是我们的人民[11]，他们的生活和一千年前没什么两样……革命让俄罗斯和欧洲对立了起来……从革命第一天起，俄罗斯，还有它的习俗、城市就都回到了17世纪……"[12]作家坚信布尔什维克革命是人民起义，将彼得及其继承者的东西扫荡一空，这样才能将俄罗斯带入反彼得的好时代。皮利尼亚克还相信这个前景是有可能发生的，因为"古罗斯充满了智慧，它来自久远的过去，连同它的生活方式、壮士歌、史诗和修道院，似乎都折返回了隐藏蛰伏两个世纪之久的自身……"[13]

鲍里斯·皮利尼亚克并不理解布尔什维克争辩的本质（但他很快就发现对己不利），最主要的是，他没能领会十月革命领袖们的特点和目标。那些让人爱的就是彼得大帝。列宁在讲起自己对这位皇帝的看法时，说得又清楚又简洁："……彼得加快脚步让野蛮的罗斯接纳了西方模式，不惜采取最野蛮的方式来击败野蛮。"布尔什维克党的创建者一再重复说，目的决定手段；认为有必要"接纳西方模式"，这样才能唤醒俄罗斯，所以他是赞同彼得的所作所为的。

斯大林对崇尚改革的沙皇看法的演变正好和他对布尔什维克革命的看法相符合。1931年，在和德国作家埃米尔·路德维希交谈时，斯大林向对谈者承认："彼得大帝为国家的发展，将西方文化引入俄罗斯方面做得很多"，但他还说："当然，彼得大帝也为地主阶级和新兴的商人阶级的上升做了很多……他为确立和强化地主和商人的民族国家做了很多。"[14]

几年后，斯大林对"民族国家"大唱赞歌。他对阿列克谢·托尔斯泰寄予厚望，于是后者便做出了回应，写了一部名为《彼得一世》的小说，为强国的缔造者大唱赞歌。30年代末，根据这部小说拍了部同名电影。但在40年代后半段，斯大林更倾向于伊凡雷帝，因为他发现彼得政策上存在一个严重的缺陷。在同谢尔盖·爱森斯坦和在《伊凡雷帝》中扮演沙皇一角的尼古拉·切尔卡索夫交谈时，斯大林说："彼得一世也是个伟大的君主，但他把门……打得太开了，让外国人在国内发挥影响……"[15]斯大林在其生命末期，丝毫没有指责彼得的方法不对，而是批评他的目标错了，那个目标就是："接纳西方模式"。

之后，俄罗斯第一位皇帝被历史学家视为伟大的君主，强大的中央集权国家的缔造者，但有时也会采取极其暴虐的方式。到20世纪80年代中期，彼得一世的形象再次具有强烈的现实性。改革者在俄罗斯历史上发现了好几个典范，其中就包括彼得大帝。再说，亚历山大·赫尔岑不也说了"彼得和习俗教会我们要大踏步地向前走，要一步就从一月怀胎跳到九月"吗，所以怎么可能对这位沙皇无动于衷呢？对赫尔岑而言，这位俄罗斯皇帝是个革命者，和法国革命的领袖们一样。重要的是要知道如何"从一月怀胎跳到九月"。

"纵身一跃"的想法颇为诱人，到1993年底，自由派和民主派阵营获准参加立法会选举，为此还在彼得堡竖起了彼得大帝的雕像（彼得大帝骑着俄罗斯骏马腾跃而起），上面还有三个词："自由、繁荣、法制。"该阵营因此也就取名为"俄罗斯选择"。

彼得反复具有现实相关性这一点，使得对他的成就和个人的评估变得愈加迫切，这一点超过了俄罗斯的其他君主。彼得的神话——国家的伟大缔造者或敌基督者，俄罗斯杰出的进步主义君主或"被调包的沙皇"——充斥着历史学家、政客、意识形态思想家的观点。有一件事是确定的：在俄罗斯历史上，没有哪个人能占据彼得的位置。正如20世纪末的事件所证实的那样，他的神话也许要比这位喜欢当木匠的沙皇现实中的行为更重要。

注　释

1 Voltaire, *Histoire de l'Empire de Russie sous Pierre le Grand*, Paris, 1819.

2 N. M. Karamzin, *Zapiska o drevnej i novoj Rossii v ee političeskom i graždanskom otnošenijax*, Moscou, 191, p. 37.

3 N. M. Karamzin, *Zapiska...*, *op. cit.*, pp. 36–37.

4 A. S. Puškin, *Polnoe sobranie sočinenij*, volumes 1 à 10, Moscou, 1956–1958, vol. 9, p. 287.

5 V. Ključevskij, *op. cit.*, p. 291.

6 *Ibid.*, p. 292.

7 *Ibid.*, p. 476.

8 Aleksej Tolstoj, *Sobranie sočinenij v 10 tomax*, Moscou, 1958, tome 3, p. 82.

9 *Ibid.*, p. 84.

10 Boris Pil'njak, *Ego veličestvo kneeb Piter komandor*, Berlin, 1922, pp. 23–24.

11 Allusion à la statue de Pierre le Grand, à Saint-Pétersbourg.

12 Boris Pil'njak, «Golyj god», in *Izbrannye proizvedenija*, Moscou, 1976, p. 83.

13 Boris Pil'njak, *Ego veličestvo...*, *op. cit.*, p. 19.

14 I. Stalin, *Sočinenija*, Moscou, 1951, tome 13, pp. 104–105.

15 Ju. Gerasimov, Z. Skverčinskaja, *Čerkasov*, Moscou, 1976, p. 275.

2　成长岁月

我还是学生，需要受教。

——彼得为自己的印玺挑选的铭文

尽管对彼得时代以及他的所作所为和他的个性中无数的谜团进行了广泛的研究，但晦暗不明之处和分歧依旧存在。不过，外国人和俄罗斯人所写的文献和回忆文字非常丰富。瓦西里·克柳切夫斯基并不像谢尔盖·索洛维约夫那样认为彼得的改革具有革命的性质，他写道："这是一场革命，但不是而言目的和结果，而是就其进程和它对当时人的精神和神经所造成的影响而言的革命。"[1]精神和神经事实上正在经受严峻的考验，从克柳切夫斯基这话之后几十年人们的亲身经历来看，并不仅仅当时的人是这样。包括彼得的后人在内，所有人都经受了冲击，而这冲击也影响了对彼得堡缔造者的看法。

从那个时代大多数人的作品来看，他们对彼得的童年、少年和青年时期并无异议。开场一般都会讲他十岁时发生的天翻地覆的事件，以及这些事件对他终身造成的影响：1682年，沙皇费奥多尔死后爆发的射击军叛乱。彼得和他的兄长伊凡经宣布成为沙皇，他协助杀害了波雅尔马特维耶夫以及他母亲娜塔莉娅·纳雷什金娜皇后的几个兄弟。这些童年时期的印象可以解释他为何会如此残暴无情，十六年后，彼得就是这样残暴地镇压了射击军的又一次暴动的。

阿列克谢·米哈伊洛维奇第二任妻子的父母未经审判即遭处决，这样就在克里姆林宫为索菲娅和他的第一任妻子玛利亚·米洛斯拉夫斯卡娅腾出了位置，索菲娅是阿列克谢的第三个女儿。对彼得而言，七年的摄政期也是他的成熟期。他还是王储的时候就已学会了读写字母、音节，可以阅读《诗篇》、福音书，还会书法。后来，遵照莫斯科古老的规矩，他进入了更高的阶段，被委托给了基辅的博学修士，由后者来教他语法、演讲术、修辞术、辩证术，以及波兰语。彼得的长兄和姐妹都接受了这样的教育。但这位未来的皇帝并没有机会获取经院哲学方面的知识。索菲娅对他的教育并不上心，皇后娜塔莉娅对基辅的学者及其莫斯科的弟子颇为忌惮，因为这些人受到了摄政的庇护。

只有举办需要沙皇彼得在场的官方典礼时，娜塔莉娅和她的儿子才会去克里姆林宫，平时他们基本上都住在莫斯科周围的两个村子，即普列奥布拉任斯科耶村和科洛缅斯科耶村。所以，彼得对传统教育不以为然：用某位研究者的说法，他的文体"实在可怕"，没什么语法和正字法的概念。对他觉得有用的知识，他就不是这种态度了，而是消化得又快又扎实。

彼得颇为任性，只做自己喜欢的事。他对两个领域很有激情：战争和技术。两者彼此相关。他会和"士兵"玩战争游戏，"就是为了找乐子"，但这样的游戏后来也变得越来越严肃。真的火炮很快就取代了木头玩具炮。他看着这些真正的火器，内心激发了对细木工、木工、车工这些职业的兴趣。从皇家的消费记录来看，宫中的账册记录了一系列年轻的沙皇订购的物品：首先是玩具士兵，其次是真实的武器，最后是"细木工工作台""全套锻铁用具"，等等。1686年，彼得十四岁，从账册上可见有一大批建筑材料运往普列奥布拉任斯科耶村：事实上，彼得希望在村子附近建造"好玩的城市"，这座堡垒后来被取名为普莱斯堡。

堡垒的建造、火炮的出现使这个孩子对平面图、度量法和算数都有所熟悉。阿列克谢·米哈伊洛维奇在位时期，宫廷对专家有不小的需求，所以从那时候起，皇室就会找德意志人去帮忙。荷兰人弗朗茨·提莫曼向彼得讲解了等高仪的用法，还教他"数学、堡垒建造术，让他了解了车工和烟火行业"。这样的教育所导致的一个结果就是，沙皇会在数学运算时使用拉丁语：不说 slojenié，而是说 additsia（加法），不说 vytchitanié，而是说 soubstraktsia（减法）。在亚历山大·苏马罗科夫所谓的"俄罗斯的伯利恒"伊斯梅洛沃村，童年彼得在阿列克谢沙皇以前的用品中发现了一艘外国船。提莫曼告诉他这是一艘英国小艇，可以挂帆行驶，迎风逆风都行。他们还找到了另一个荷兰人克里斯蒂安·布兰特（彼得称之为卡尔斯滕·布兰特），让他来修小船，教沙皇驾驶船舶。从那时起，大海和航行就成了彼得的终生爱好。他的父亲阿列克谢就曾觉得有必要建立一支舰队。第一艘军舰已在阿斯特拉罕建成，名为"老鹰号"。但哥萨克和拉辛一把火将船烧了，沙皇也就放弃了这个念头。他的儿子终生都在打仗，就是想让俄罗斯用舰队征服大海。

年轻的彼得会驾着修复好的小艇航行在亚乌扎河上，只是在那儿驾船多有不便，因为亚乌扎河太窄了。不过，在陡峭的河岸对面就是德意志人区。它距普列奥布拉任斯科耶村两俄里，从水路走更近。彼得很快就将目光从亚乌扎河转到了佩列亚斯拉夫尔湖（就在三一修道院边上）上，那儿不仅能航行，还能造船。

随着彼得年齿渐长，他玩的游戏也越来越正经。原本是"为了找乐子的军队"，现在则设立了两个团：普列奥布拉任斯基团和谢苗诺夫斯基团，这两个团将会成为新式常规军的核心力量。外国人帮年轻的沙皇组建了军事力量，让他发现了一个新世界，所以他对外国人的喜欢便越来越明显。他少年时期自由自在，没受到传统的束缚和父母的监督，这样就让他对限制完全不放在眼里，哪怕一丁点想法没得到满足，都会让他无法忍受。

帕·米留科夫写道，他这辈子，母亲就正儿八经地管过他一次，就是让他娶叶芙多基娅·洛普欣娜为妻。皇后很着急：儿子已经十六岁零八个月大了。叶芙多基娅出身卑微，但很乐天，没把彼得放在心上：纳雷什金家族不想让他和大家族联姻，怕他和自己搞竞争。未婚妻随身带入宫中的至少有三十个穷亲戚，都是洛普欣纳家族的。索菲娅的心腹圈对此很不满，这点也影响到了娜塔莉娅和彼得。这不是摄政和沙皇之间唯一一次剑拔弩张：彼得已经长大了，结了婚，所以摄政也就对自己的皇冠越来越上心；他们自然会成为敌对关系。双方阵营的支持者想尽一切办法让他们之间的关系变糟。索菲娅担心被她叫作"普列奥布拉任斯科耶村的二流子"的彼得对自己发起攻击，于是让射击军保护自己；而彼得也很忌惮射击军会来打他。

1689年8月7日至8日晚，有人通知在普列奥布拉任斯科耶村的彼得，说有一队士兵正朝他的皇宫进发，要来"消灭他"。历史学家并不知道这一天是否真的存在这样的危险，也不知道是谁把沙皇敌人的动向传到了普列奥布拉任斯科耶村。他们只知道彼得得知迫在眉睫的危险之后，只穿了件衬衫，就马上趁着夜色逃至三一修道院，把他的母亲和怀孕的妻子丢下不管了。后来，彼得并没有展现出任何的懦弱；每逢危险，他总会表现得很英勇。他之所以逃跑，有可能是因为回忆起儿时的射击军叛乱，他曾目睹屠杀的惨况。当时的人注意到，从那天晚上起，彼得就患上了神经抽搐，导致脸部肌肉扭曲。他自己则将这个弱点归结于自己对射击军的恐惧。他后来在回忆的时候说："我身上的每一根神经都在颤抖，一想到这一点，我就无法入睡。"

彼得在三一修道院附近安顿好之后，便让家人和忠诚于他的部队赶来，并要求索菲娅下台。摄政所依靠的波雅尔和射击军很快就表示不支持索菲娅。渐渐地，莫斯科就归附到了沙皇身边：牧首、波雅尔、常规军和大部分射击军。彼得觉得能成事，便向德意志人区发送消息，命令所有将军、上校和外国军官前来三一修道院，而且要骑马且全副武装。最先做出归附彼得决定的人是苏格兰人帕特里克·戈登将军，克里米亚战争时期，他就是俄罗斯军队的指挥官。整个德意志人区全都跟随着他。戈登将军在日记中写道："我们前来三一修道院一事至关重要；之后，所有人都开始公开宣称支持年轻的沙皇。"[2]

在那之前，彼得经常会去外国工匠那里；那些了解欧洲、发现莫斯科的生活与之截然不同的军人都会去三一修道院那里见他。有些人长期跟随在彼得左右。帕特里克·戈登就是其中之一，还有最受欢迎的外国人日内瓦人弗兰茨·勒弗尔，阿列克谢·米哈伊洛维奇时代他就来莫斯科了；后来他在军中服役，有所成就，不过和其他上校军官并无很大不同。直到死前，勒弗尔都是彼得的心腹；他将欧洲的情况讲给沙皇听，教他饮酒、寻欢作乐。皇后娜塔莉娅的（也是沙皇的）亲戚鲍里斯·库拉金亲王对彼得时代留下了热情洋溢的描述。他的许多话都进入了历史文献之中，只是并没有人知道作者是谁。库拉金认为弗兰茨·勒弗尔是"法国酒色之徒"，但他又说勒弗尔不像许多外国人那样傲慢，还说他受到沙皇的宠信，但没伤害过任何人。

眼见自己胜利在望，彼得便要求把摄政的亲信，射击军统帅费奥多尔·沙克洛维特，以及普遍认为的阴谋对抗沙皇的组织者交出来。索菲娅不敢不从，只能将沙克洛维特及其军中同伙交了出来，这些人受到严刑拷打后被处死。瓦西里·戈利岑遭到流放，索菲娅则被关入了女修道院。

1689年9月6日，彼得给自己的哥哥伊凡写了一封信，向他解释了剔除索菲娅的必要性，说自己会"像尊重父亲那样"尊重自己的哥哥，并要他将管理国家事务的重担卸下来。就这样，伊凡也被剔除掉了；直到他于1696年去世为止，他都在名义上履行沙皇的职责。

9月12日，以彼得之名为莫斯科国所有中枢机构都指定了新的负责人。沙皇的传记作者写道："我们可以把9月12日看作彼得真正开始君临天下的日子。"十岁被选为沙皇的彼得在十七岁（零四个月）登上皇位的时候仍然是孤家寡人，但他还没有开始统治。他对权力不感兴趣。于是就由皇太后娜塔莉娅来管理国家，但正如鲍里斯·库拉金所说，娜塔莉娅"没有管理能力，头脑也不聪明"[3]，管理权都被她家人握在了手里。库拉金亲王还说："皇太后娜塔莉娅·基里洛夫娜摄政时期混乱不堪，人民很不满意。那时候，法官不秉公断案，贪腐严重，对国家的偷盗延续至今，而且愈演愈烈。这伤口很难愈合。"

新政府的特点之一就是公然敌视外国人，这是对索菲娅宫廷的西方主义做出的反应。牧首约阿希姆在和"外国帮"的斗争中起到了重要作用。他在遗训（牧首死于1690年3月17日）中坚持认为："我们不应和不虔诚的拉丁人、路德派、加尔文派、鞑靼人来往……"那个时代采取的措施使莫斯科和西方的关系变得更为复杂化（强化检查信件的措施，限制外国人进入俄罗斯的人数）；1689年，半波兰血统半德意志血统的奎里努斯·库尔曼于那年4月来到莫斯科，想使莫斯科国成为《圣经·启示录》中的第五国，届时基督重临，将会建立千禧王国，但他后来被送上了红场的火刑堆。莫斯科宣布库尔曼为异端，将他连同他的弟子一起被活活烧死，他的著作也被悉数焚毁。

与此同时，彼得开始时常大摇大摆地前往德意志人区，他在那儿不仅交到了朋友，还产生了恋情。1691年，他迷上了德意志工匠的女儿安娜·蒙斯。他们的恋情持续了十年之久。帕特里克·戈登1690年的时候五十五岁，成了他在军事技艺上的师傅，而时年三十七岁的"酒色之徒"弗兰茨·勒弗尔则教彼得勇往直前地追寻巴库斯和维纳斯的享乐之道。那个时代还出现了一个想法，就是要设立一个"酒徒和滑稽大公会议"，由沙皇的亲信参加。"大公会议"模仿教会仪轨，目的就在于胡吃海喝，荒淫宴乐。会议由彼得以前的老师（教其读写）的尼基塔·佐托夫来主持，为此还赐予了他"滑稽牧首"或"亲王-教宗"的称号。费奥多尔·罗莫达诺夫斯基亲王被起了个"亲王-恺撒"的名号，彼得则是修士大司祭。伊凡雷帝曾亲自创立由特辖军团构成的独立"教会"，为恐怖时期的受害者祈祷。相较之下，彼得的模仿与之没什么区别，只是更无害：就是想找个狂喝滥饮的场合罢了。

还有一些心理上的原因促使彼得直到生命终期仍在玩"大公会议"这个游戏，以此来嘲讽教会的仪式。尼康的改革将会急遽改变教会和国家之间的关系，而这些亵渎神灵的戏仿就这样长久地为尼康的改革做好了准备。彼得少年时期对在亚乌扎河上航行的激情促使他创建了舰队，而军事游戏也导致他组建了新的军队。

彼得并没有发明任何新的东西：我们知道，他父亲喜欢排场，喜欢设宴，把波雅尔和神职人员灌得头昏脑涨，而他也对舰队感兴趣。不过，父亲和儿子之间的区别并不仅仅是气质的问题。彼得所有天生的特质，他的爱好，他的激情，他的情感，他的欲望，自他和德意志人区来自另一个世界的民众相遇起，从质上看就出现了一个截然不同的走向。1690年，他从克里姆林宫到德意志人区所跨出的那一步标志着他和昔日的传统开始决裂，他把墙给推倒了。谢尔盖·索洛维约夫写道："彼得从宫中逃到街上，不想像前任那样返回禁锢人的宫廷。"这位历史学家解释道，对彼得的祖父、父亲和哥哥来说，"宫殿难以抵达，神圣的辉煌和恐怖，和古时候俄罗斯女人的闺房没什么两样：都是为了保卫习俗的纯洁性……阿列克谢最小的儿子拥有热烈的性格，从宫中逃到了街上，可是我们都知道17世纪末俄罗斯的马路有多脏"。[4]一到了街上，年轻的沙皇便去了德意志人区，此时他已走在了通往欧洲的半道上。

娱乐活动完全占据了年轻君主的心灵，或许他也不想去管理国家，因为别人在这方面从不征求他的意见。牧首约阿希姆死后，彼得建议普斯科夫都主教马克尔为其继任者，但皇太后娜塔莉娅及其随行的神职人员都想让喀山都主教阿德里安继任。七年后，沙皇向外国人提到了这件事："莫斯科最后一任牧首死的时候，想任命一个游历甚广，会讲拉丁语、意大利语和法语的博学之士继承其衣钵；但俄罗斯人强烈恳求沙皇别这么做，他们的理由如下：首先是因为他懂蛮子的语言，其次因为他的胡须不够长，与牧首的尊严不符，最后因为他时常坐马车出行，不骑马，这违背了习俗。"[5]

被排除在国家事务之外的彼得就全身心地投入到自己感兴趣的事务上去了，首先就是舰队。他去了阿尔汉格尔斯克两次，都是去看海，那儿是俄罗斯唯一的海港；他下令建造了两艘舰船。他还组织军事演习，让他那些"搞笑团"参与军演。沙皇的传记作者指出，他"学巴库斯的样，天马行空，肆无忌惮"。[6]

1694年1月，皇太后娜塔莉娅薨，死时四十五岁不到。沙皇第二次开始行沙皇之责。一开始，他就发起了战争。伏尔泰根据从彼得堡收到的文件写了彼得的历史，他就指出，沙皇选择在土耳其、瑞典，和中国之间发动军事行动。理论上，这么说没错。但中国还太远，瑞典太强大；那就只剩下了土耳其及其附庸克里米亚汗。历史学家对他1695年和强大的奥斯曼帝国进行战争的决定有不同的说法。诚然，两国确实有账要算，关系也在变坏，尤其在鞑靼人对小罗斯进行了残酷的劫掠之后关系更是急转直下；但莫斯科还存在一个想要抵达黑海的想法，而这个想法正是16世纪以来俄罗斯外交政策的诱因。我们要记得，伪德米特里是在和鞑靼人打仗前夕被杀死的。从小罗斯再次归附以来，对黑海的需求就变得尤为迫切。彼得的父亲在位时，哥萨克夺取了亚速，但我们知道，莫斯科意识到哥萨克无力保住这个港口，于是提出了要求，哥萨克只能将亚速让出。摄政索菲娅有两次试图夺取克里米亚，但都没有成功。

卡尔·马克思在其著名的《18世纪的秘密外交》中写道："俄罗斯

需要水。这些词是他［彼得］生命的格言。"在这种情况下，很难反驳马克思（在苏联历史学家看来，他的话将会使帝国缔造者的征服政策变得合理）。不过，这第一场目标直指黑海的战事只不过刚开了个头，好戏还在后头。

彼得发动的克里米亚战争像是瓦西里·戈利岑远征的翻版。真正的目标是亚速，它堵住了从顿河前往黑海的大门。我们知道，瓦西里·戈利岑失败的一大主因是大草原太干旱，而要夺取半岛就得穿过这片干旱的大草原。彼得的计划显然是由帕特里克·戈登制订的，他准备向克里米亚迂回前进，并从水路运送部分军队和物资，这一点极富创意。按旧时传统组建起来的这支庞大的军队共有十二万人，由波雅尔鲍里斯·舍列梅捷夫指挥，军队将与哥萨克联合行动，攻打第聂伯河上的土耳其堡垒。而由波雅尔阿尔塔蒙·戈洛文、帕特里克·戈登和弗兰茨·勒弗尔率领的新军则前往亚速，向这座堡垒发动进攻，堡垒的土耳其守军有八千人。

彼得自己也在"新军"，位列"普列奥布拉任斯基团掷弹手"之列，尤其是负责炮兵这一块。前线的指挥层是一大败笔，因为指挥官根本就没有达成一致意见。士兵和军官都没做好准备，守军拼死抵抗，亚速的防守无懈可击，所有这一切都促成了俄军的失败。围攻三个月，三次进攻被击溃，人员伤亡惨重，于是只能决定放弃。撤退时穿过大草原，受到鞑靼人的纠缠骚扰，又平添了众多受难者。伤亡要比戈利岑发动的那些战事的伤亡更多。

彼得沙皇初尝败绩，由此显露出他的一个主要的性格特征：战败反而让他劲头更足，于是他调动所有军力再次开战，一定要打赢。谢尔盖·索洛维约夫写道："失败让伟人现了形：彼得从来不会觉得气馁，他会愈挫愈勇，干劲十足，抹去战败的耻辱，确保下一次战争能够打赢。"

他着手开始进行第二次尝试。他决定不但要从陆路，也要从水路向亚速发起进攻。因此，舰船就变得至关重要，于是他就在沃罗涅日的造船厂造船。米哈伊尔沙皇在位时期，就生产了平底小船；该地区的森林腹地有大量栎树、椴树、松树，这些都是绝佳的造船材料。彼得下令按照从荷兰带回的模型来建造双桅战船。第一艘双桅战船取名"开端号"，沙皇本人亲自任船长，而且舰船的建造他都亲自全程跟进。除了双桅战船和运输船之外，他还命令建造炮舰："使徒彼得号"。沃罗涅日造船厂的工人多达两万六千人。农民由于是被强迫拉去造船的，所以出工慢，还会逃走。于是，造船的任务交给了外国工匠。

1696年春，亚速再次遭到围攻，这次是陆路和水路都遭到堵截。7月，堡垒投降。俄罗斯军队很久以来都没尝过胜利的滋味，所以这次胜利更是意义非凡。打败苏丹增加了莫斯科在西方眼里的地位，毕竟西方也在不遗余力地和奥斯曼帝国打仗。莫斯科取得了一场令人难以置信的胜利。一座宏伟的拱形雕塑竖立了起来，高至少十米，其上镂刻了莫斯科人绝对理解不了的象征和铭文：这个做法其实是受到了罗马皇帝打胜仗的启发。到处都刻了月桂皇冠，铭文是在庆祝赫拉克勒斯和玛尔斯的丰功伟绩；还将恺撒那句著名的话译成了俄语："我来，我见，我征服。"他们庆祝的到底是谁呢？对于这一点，观者无不感到困惑。民众看见载着统帅波雅尔谢延、海军统帅勒弗尔的战车鱼贯而入；后面，彼得沙皇步行出场，他穿的是黑色的德意志服装，那是船长的制服。莫斯科哪曾见过这样的场面，更是想象不出来。

但是，彼得觉得这场胜利还不够；他觉得必须巩固胜利，得让自己更进一步。他邀请波雅尔杜马"纵马驰骋，抓住机会"，想办法实现这个计划：组建舰队，进击黑海，以期继续和土耳其人开战。但建造舰队还缺钱，缺少技术人才。于是，他就设立了极重的特别税：莫斯科国的所有居民都要参与舰队的建设。他还组建"商行"，类似于像地主的集合体，有宗教人士，也有世俗人士，迫使这些人负责建造舰船；商人也必须造船。专家、造船工人、木匠都是从外国招来的。

沙皇迫使工人入驻，向亚速调动了三千名射击军及其家眷，着手在沃罗涅日建造港口。

帕维尔·米留科夫对彼得改革时期的俄罗斯经济状况很感兴趣，他的观察是："'商行'建造的船只并不可用，最先组建的舰队耗费了当时近九十万卢布（国库每年收入大约是一百五十万卢布的税收），却毫无实战用途。"[7]军事战争无休无止，因为彼得准备和"异教徒"战斗，狂热的造船运动、沉重的税负、沙皇周边数目极其庞大的外国人，这些都激起了越来越严重的不满情绪。

谢尔盖·普拉东诺夫在彼得的传记中写道："［……］后来的观察者对他在这个时期的行为的看法是，他还不是一个成熟的政治家和国务活动家，而是一个年轻的乌托邦主义者和异想天开的人，将强烈的个性和聪明的头脑独特地结合了起来，但从政治上看却极其天真幼稚。"[8]这位历史学家认为，自己就是那位"后来的观察者"。他在改革者沙皇的两百周年忌辰那天对沙皇的生平大张挞伐。但他同时又庆祝了十月革命的八周年纪念日。与此同时（1926），大作家安德烈·普拉东诺夫写了一则历史故事《圣主船闸》，讲述按照彼得的计划建造顿河至奥卡河运河一事；这只不过是宏大计划的部分项目而已：用运河将俄罗斯的河流连接起来，以此在波罗的海、黑海和里海之间建设"完整的河道网"。历史学家和作家发现了彼得的计划的特点：强制劳工建造工事，既不顾惜有多少人牺牲，也不考虑最后的结果如何。

贬低彼得的人，无论是其同时代人，还是"后来的观察者"，都无法否认他的前后连贯性。彼得很清楚得有自己的专业人才，于是就向国外派了六十一个年轻的贵族（其中二十三人都拥有亲王的头衔），并有士兵随行（每人一个）。后来，到1697年3月，他自己也跟着庞大的代表团去了国外。这个使团的负责人是西伯利亚总督费奥多尔·戈洛文和海军元帅勒弗尔。沙皇则微服私访，更名为彼得·米哈伊洛夫上尉。彼得愿意始终待在幕后，将自己的仆从推向前台，沙皇最爱玩这种游戏，但他也真心承认其他人懂得比他多，自己还得多学习。

尽管不满情绪越来越厉害，也日益明显，但沙皇还是出国去了。1697年初，亚伯拉罕修士揭露，彼得虽贵为沙皇，其行为却令人不齿。他罗列了沙皇的大量罪状，其中就说到沙皇爱玩"游戏"，却荒废朝政。修士受到了严刑拷打，结果供出了许多人，那些人诟病彼得，说他的治理模式"令上帝不悦"。2月，启程后两个星期，有人通知沙皇，射击军上校伊万·齐克列尔阴谋叛变，想要杀害他。这时候，上校支持索菲娅，调查人员顺藤摸瓜，想将阴谋分子和昔日的摄政牵上线。尽管嫌犯受到了严刑拷打，但这根藤并没有接上。于是，沙皇下令处死了阴谋分子，把射击军调出了莫斯科，将都城重任交给了外国人指挥的部队，并加强了对索菲娅的监视。

1697年3月9日，阴谋分子一被处决，彼得就动身前往外国。他不在朝的时候，管理国家的任务就交给了他的舅舅、外交大臣列夫·纳雷什金，以及鲍里斯·戈利岑亲王和谢苗·普洛佐洛夫斯基亲王。费奥多尔·罗莫达诺夫斯基亲王则负责对莫斯科进行管控。罗莫达诺夫斯基是"酒徒大公会议"的常客，拥有"亲王-恺撒"的称号，但他也是普列奥布拉任斯基衙门大臣。普列奥布拉任斯基团的这位参谋很快就成了秘密警察，而普列奥布拉任斯基衙门就是秘密警察部门。我们知道，从阿列克谢·米哈伊洛维奇的时代起，就存在秘密事务衙门，该衙门职责不少，其中一项就是治安。普列奥布拉任斯基衙门后来就成了俄罗斯最早出现的政治警察。费奥多尔·罗莫达诺夫斯基是该部门的负责人，直至1717年去世为止；他儿子伊万接替他坐上了这个位子。该衙门并不负责调查，没这个需要，只要有检举告发就行了。规定是："对告密者施以鞭刑"，我们知道这样可以确保没人再敢血口喷人。经过鞭刑和其他许多折磨方式（反正折磨的方式变幻无穷）之后，都能套出口供。一般情况下，判决均由费奥多尔·罗莫达诺夫斯基亲自宣读。

官方所谓的这个"大使团"共计有两百多号人。他们都是一等使节弗兰茨·勒弗尔、二等使节费奥多尔·戈洛文、三等使节普罗科菲·沃兹尼钦的随行人员。戈洛文是个经验丰富的外交官，1689年和中国签订了《涅尔琴斯克条约》（《尼布楚条约》），而沃兹尼钦则是杜马的工作人员，是个专业的外交官。我们说过，随从也包括了"彼得·米哈伊洛夫上尉"这个人。

官方的说法是，促使沙皇决定向皇帝、英国国王和丹麦国王、教宗、荷兰、勃兰登堡选帝侯以及威尼斯派遣使团的原因属于外交范畴：目的是为了"增强长期以来处理基督教事务所发展起来的友谊和情谊，以期削弱上主十字架的敌人土耳其苏丹、克里米亚汗和所有异族人……"这是一个令人信服的动机：亚速的主宰者彼得希望奥斯曼帝国的其他对手都能做好准备，继续和"上主十字架的敌人"开战，形成一个共同的战略。行程已依照官方计划设定好。17世纪80年代前五年诞生的反土耳其联盟包括了奥匈帝国、波兰，还有威尼斯。联盟的庇护者和担保人是教宗英诺森十一世，他还为之取名神圣同盟。

出了俄罗斯边境，彼得很快便相信欧洲对哈布斯堡王朝和波旁王朝之间的战争最上心。后来他又得知皇帝准备和苏丹签订和约，但根本没想着通知俄罗斯。沙皇并没有特别生气，在那时候，外交并不是他的主要兴趣点。如果说彼得离开自己的国家毫不后悔，那是因为到目前为止他还没真正地进行统治。他因好奇心驱使来到外国，想要看看、学习自己感兴趣的领域内所不了解的东西。法国驻斯德哥尔摩的大使达沃伯爵跟着俄罗斯代表团游历欧洲，他向路易十四报告说，这趟行程"很奇怪，可以说完全不合情理"。[9]

彼得很清楚自己为什么要出发。他从国外寄给莫斯科的大量信件的封蜡上都印了一个年轻的木匠，周围都是武器和航海用具，其上的铭文是："我还是学生，需要受教。"沙皇想学习，就去了能找到老师的地方。后来，在《海军条例》的前言里，他这样解释了此次行程的目标："为了让这个新的领域（造舰船）能永远在俄罗斯立足，君主想要向民众教授这项技艺，为达此目的，他派遣大量出身高贵的人士前往荷兰和其他国家，学习建筑和航海。很特别的是，君主仿佛羞于在掌握这项技艺时落后于自己的民众，故率先前往荷兰。"[10]

彼得在欧洲游历了十六个月：使团从俄罗斯人不受欢迎的里加来到了库尔兰，在那儿受到了很好的招待，随后便去了勃兰登堡，很快那儿就成了普鲁士，最后来到了荷兰和英国。彼得在后面这几个国家待了九个月，大部分时间都在造船厂。俄罗斯使团随后来到了帝国的首都维也纳，这是前往威尼斯的中途站点。但射击军在莫斯科发动叛乱的消息迫使彼得中断行程，匆匆回国。

彼得什么都想看，也看了许多东西。尽管他主要对船舶感兴趣，但也去了许多博物馆、莱顿的解剖室、伦敦议会；他还见了各国君主、政治家、学者。无论在何处，他都是一样的做派：他发现随从中有人看见陈尸房的尸体觉得恶心，他就让那些人用牙齿把尸体的肌肉扯开。苏联时代（1922）的第一批小说中有那么一部，主人公是名契卡，他就讲到暴力死亡的场景会使人堕落，并列举了彼得一世下令随从用牙齿撕扯尸体的做法："这是另一码事，这么做丝毫不会使人堕落。这样做是必须的，不会让人腐化变质。"[11]

卡拉姆津指责彼得想要"让俄罗斯成为荷兰"。19世纪初，这么说有那么点荒谬，但在16世纪末，荷兰（那时候，俄罗斯把荷兰叫作低地之国、三级会议之国）是欧洲强国，无论从物质层面，还是文化层面来看，国力都极为强盛，相当富足。彼得从孩提时起喜爱荷兰（尚未亲眼见过）。德意志人区的荷兰人是他学习航海和造船术，以及许多行业领域最初的老师；他掌握的唯一一门语言就是荷兰语。

和梦想中的国家相遇并没有让沙皇失望。彼得微服私访，住在赞丹的一座小房子内，后来这儿就成了瞻仰朝圣之地。拿破仑本人也来这里短暂走访了一下。当后来的亚历山大二世去那儿的时候，与之同行的诗人瓦西里·茹科夫斯基用蜡笔在墙上写了这样几行诗句："在这朴素的乡间茅舍上方，天使在飞翔。欢迎你，伟大的君王：这就是你的帝国的摇篮。此地诞生了伟大的俄罗斯。"可以看出诗歌夸大其词，没人会认为俄罗斯帝国诞生于赞丹的小房子里。不过，茹科夫斯基的诗行也确实反映了后来人对彼得游历欧洲一事所产生的印象。但在17世纪末的俄罗斯，沙皇长时期不在引人担忧，有流言说沙皇已被人替换，敌基督者马上就要来临。

彼得注视着欧洲，欧洲也注视着沙皇。奥地利驻莫斯科的代表让皇帝放心，说沙皇的游历并不是什么前所未闻的事，因为11世纪，罗斯的一位君主就去了皇帝亨利四世在沃尔姆斯的宫廷。外交官指的是1075年伊孜亚斯拉夫·亚罗斯拉沃维奇大公前往西欧一事。但六百年来，欧洲还没见过俄罗斯君主。

我们知道，从16世纪中叶起，从游历者的叙述中可看出，他们发现了俄罗斯这个奇异而遥远的国度，这些游历者有：赫伯斯坦（1549—1556）、波塞韦诺（1568）、弗莱彻（1591）、彼特雷（1615）、奥列亚里乌斯（1656）。从1629年起，有关俄罗斯的信息刊登在17世纪的流行报纸《欧洲舞台》上，1638年，"莫斯科大公国"上了头版，成为长盛不衰的话题。沙皇彼得抵达欧洲吸引了欧洲人对他的国家的关注；俄罗斯所呈现出来的形象在许多方面既有变化，也有确认。

彼得的传记作者总是会引用德意志两位公主的观点，她们分别是汉诺威和勃兰登堡的公主，一个是母亲，一个是女儿，沙皇是在长途游历之初与之相遇的。女儿索菲-夏洛特声称："很显然，他还没学会怎么用餐，不过我倒还挺欣赏他自然而然、随心所欲的方式。"她母亲索菲则认为："如果他受了更好的教育，那他就会是个完人，因为他拥有许多品质，思想很特别。"凡是游历期间见过彼得的人都会留下证词，和两位公主的观点相似：沙皇天分很高，聪明，活跃，但没受过丁点儿教育；他完全不懂欧洲为人处世的方式。

那个时候的人惊讶于他的外貌和举止、他无穷无尽的好奇心以及奇异的习俗，对此都留下了一致的看法：彼得在欧洲逗留期间，展现了他想要进步，以及从黑暗走向光明的意愿。有些人，其中也包括莱布尼茨，都折服于沙皇的意志力及智慧程度，都认为他会成功。还有些人则对此持怀疑态度。威尼斯外交官卢奇尼总结了这些人的观点："很难说沙皇游历期间所作的观察，以及他邀请许多人前去俄罗斯教授其臣民，将各行各业发展起来，是否足以将这些野蛮人转变为文明人，并促使其行动起来。如果民众的精神状态和意志力与这个沙皇国广大的面积相符的话，那莫斯科国就会成为强国。"[12] 一个半世纪后，英国著名的历史学家麦考利认为，彼得这次游历"不仅是他自己国家历史上的一个时代，也是英国和世界历史上的一个时代"。[13]

彼得的所作所为绝对比其前任重要得多。稍微这么动一下就犹如惊天爆炸，对那个时代所产生的冲击波又增强了爆炸的威力，而且在"布尔什维克沙皇"死后好几十年依旧能感受到这波爆炸的威力。

谢尔盖·索洛维约夫写道："彼得始于血腥，又归于血腥。"彼得是在处死了射击军上校齐克列尔之后才前往欧洲的；他返回俄罗斯的时候，射击军的叛乱已经失败，他回来就是为了审判这些骚乱分子。

5月底，被从莫斯科流放出去的射击军决定返回都城，"劫掠德意志人区，屠杀德意志人，因为东正教正是因为这些人而受到了糟蹋，他们还要屠杀波雅尔……不能让君主进入莫斯科，得把他杀了，因为他太信任德意志人……"官方派出了由谢因率领的政府军去迎击射击军。6月18日爆发了战斗。帕特里克·戈登的炮兵起到了决定性作用。战败的射击军遭到逮捕。经过初步审讯之后，罗莫达诺夫斯基处死了五十六名骚乱者。彼得回复了"亲王-恺撒"的来信，他对这次叛乱是这么写的："阁下说伊凡·米哈伊洛维奇的种子已经发芽，为此我请您要立场坚定；若非如此，便根本不可能扑灭这场大火。"沙皇还宣布会尽快返回，但这也就意味着不能去威尼斯了。

在彼得看来，射击军第一次叛乱（当时沙皇年仅十岁）的组织者伊凡·米哈伊洛维奇·米洛斯拉夫斯基这个名字仍然让他恐惧。彼得实在太害怕，所以在惩处齐克列尔的时候，还下令挖出伊凡·米洛斯拉夫斯基的尸体，处决"死者"。可是，米洛斯拉夫斯基的"种子"竟然还"发芽了"。

返回莫斯科后，彼得便决定和这些射击军来个彻底了断，毕竟十二年来，这些军人让他的皇位始终风雨飘摇。沙皇长于行动，于是亲自参与对叛乱的原因进行调查，还调查了他们和索菲娅之间的关联，此外他还参与了对叛乱分子的拷打折磨。历史学家对沙皇在处决叛乱分子的过程中扮演了什么角色众说纷纭。谢尔盖·索洛维约夫相信奥地利外交官的说法，他写道，彼得亲自砍下了五名射击军的脑袋，还迫使罗莫达诺夫斯基、戈利岑和孟什科夫也这么做。直到如今，关于叛乱如何遭到镇压的主要信息来源仍然是帝国使节约翰-格奥尔格·科布的日记，他是1698年被利奥波德一世派往莫斯科的。日记在维也纳出版了拉丁文版，但俄罗斯当局很快便要求销毁该著作，而且成功做到了这一点。不过，科布日记的俄文版是1866年至1867年出版的。使团的负责人伊格纳修-克里索托夫·瓜伦蒂也写下了自己的印象。不过，奥地利人并非刑场的直接目击者。因此，他们都是依照俄罗斯友人的说法记录下来的。这样一来，有些历史学家便否认彼得参与了屠杀行为。

显然，彼得并不比他父亲更残忍，他父亲在镇压自己在位期间的无数暴动时表现得极端残暴。他也没有比射击军更残忍，1682年，射击军将波雅尔和外国人撕成了碎片。沙皇执意要根除射击军暴动的种子，这个做法给人留下了特别残暴的印象。不管怎么说，即便按照那个时代的习俗来看，惩处过程也是极其残酷的：9月和10月这两个月，被处决的人数达到了好几千人。1699年2月，又处决了好几百个人。1699年6月，彼得肢解了射击军的十六个团，剥夺了他们的武器，将之驱散至各座城市，而且规定他们不得离开。

尽管调查紧锣密鼓，彼得还是没有找到射击军叛乱和索菲娅有关的证据。但这位昔日的摄政还是被迫戴上了面纱，改名苏珊嬷嬷。她后来就一直隐居在诺沃捷维奇修道院（新圣女修道院）内，受到层层看管，后于1704年7月3日去世。

彼得第三次开始统治。但这次的情况最好。沙皇终于紧紧攥住了所有的权力。

注　释

1　V. Ključevskij, *op. cit.*, p. 292.

2　A. G. Brikner, *Istorija Petra Velikogo*, Saint-Pétersbourg, 1882, p. 101.

3　En français dans le texte.

4　S. M. Solovev, *Publičnye čtenija o Petre Velikom*, Moscou, 1984, p. 54.

5　A. G. Brikner, *op. cit.*, pp. 109−110.

6　S. F. Platonov, *Petr Velikij, op. cit.*, p. 78.

7　P. Miljukov, «Petr Ier», *Enciklopedičeskij slovar'*, Saint-Pétersbourg, 1898, tome XXIII a, p. 489.

8　S. F. Platonov, *Petr Velikij*, Paris, 1927, p. 84.

9　Cf. Reinhard Wittram, *Peter I, Czar und Kaiser. Zur Geschichte Peters des Grossen in seiner Zeit*, Göttingen, 1964, Ester Band, p. 133.

10　Cf. A. Brikner, *op. cit.*, p. 156.

11　Aleksandr Arossev, *Zapiski Terentija Zabytogo*, Berlin, 1922, p. 44.

12　Cf. A. Brikner, *op. cit.*, p. 155.

13　Thomas Babington Macaulay, *The History of England from the Accession of James II*, Londres, 1923, vol. III, p. 84.

3　北方战争

沉重的物体就这样
将玻璃碾为齑粉，
锻造出
宝剑

——亚历山大·普希金

亚历山大·普希金写了一首讲述波尔塔瓦战役的诗，长期以来被认为是欧洲最优秀的瑞典军队在此次战役中遭到惨败，普希金在诗中描绘了俄罗斯如何开始变成了"男人"。诗人未曾有一刻怀疑过这场胜利的创造者；他断言说多亏了"天才彼得"，俄罗斯经受了最严峻的考验，变得日益强大。彼得的德国传记作者给讲述这场战争的章节取名为"宿命般的战争"。他这么写自有理由。彼得要到1698年底才真真正正地成为俄罗斯沙皇，而并不仅仅拥有沙皇这个头衔。1700年爆发了18世纪最漫长的北方战争，战争要到1721年才会结束。彼得是1725年驾崩的。因此，和瑞典的战争几乎占据了他的整个掌权时期，而他的改革也是以此为基础展开的。战争是所有变化的根源：它改变了国境线，使俄罗斯进入强国之列（但和其他强国时常不和谐），影响了行政管理、财政、经济。对射击军最后一次叛乱进行镇压并取消其建制标志着莫斯科罗斯的终结。随着北方战争的爆发，帝国也就此诞生：1721年，两国签订尼斯塔德条约，承认俄罗斯战胜瑞典，于是沙皇也就获得了皇帝的称号。

我们知道，彼得去外国的时候抱有对土耳其人进行十字军东征的想法，因此他希望获得神圣同盟的支援，以此来攻占克里米亚。回国的时候，他已经制订了攻打波罗的海的战争计划。从根子上来说，俄罗斯的外交政策未曾发生过变化。只是因优先选项的不同而有所变化，而打击目标却不会改变。一旦安定下来，莫斯科国便想要控制南面和西面的海洋。向"大海"方向运动既具有防御性质（势不两立的敌人从南部和西部威胁莫斯科），又具有进攻性质（可使国家持续扩张领土）。

彼得发动的亚速战事只不过是莫斯科君主东方政策的延续，实现了伪德米特里和索菲娅摄政的梦想而已。同样，夺取波罗的海沿岸的战争也是传统政策的延续：彼得的祖父和父亲两人都曾和瑞典人打过仗。历史学家说，促使彼得向强大的瑞典宣战有好几重理由。他本人也不止一次地讲过自己是怎么想到这个计划的。

沙皇在前往西欧的途中，早期有一次在里加停留，我们知道他受到了很糟糕的接待。几年之后，他仍然没有忘记这件事，他觉得只有在1710年夺取这座城市才终于抹去了这段难堪的记忆。另外一个动机更重要（虽然彼得认为自己受到羞辱已足以成为一个借口），那就是想要夺回"俄罗斯以前的土地"。苏联历史学家塔尔列院士指出，"从16世纪起，俄罗斯就不得不放弃沿岸的土地"，"伊凡雷帝想要让罗斯人夺取入海口的战斗并未成功，最后甚至还丢失了宝贵的领土"。[1]

塔尔列之前一个世纪，谢尔盖·索洛维约夫就讲到了重回海洋的历史合法性："俄罗斯的土地就是从那儿开始的，也应该返回到那儿，这样才能找到方法继续让自己存在于历史之中。"[2]这位19世纪的俄罗斯历史学家为了支撑自己的观点，便提到了瓦良格人，这些来自波罗的海沿岸地区的人建造了基辅国。而那位苏联历史学家自然会提到马克思和恩格斯来进行补充，他说马克思和恩格斯"好几次宣称……俄罗斯如果无法自由地掌握出海口，就没法正常地发展"。[3]

莫斯科的所有君主都希望拥有海港，其中许多人都为了掌握"出海口"而打过仗。彼得对海洋的渴望强于其他人，因为他对航海的热爱是真真切切的。但奥斯曼帝国和瑞典这些强大的国家都为莫斯科设了障碍。实现海洋梦想就得和其他国家，也就是奥斯曼土耳其帝国和瑞典人的敌人联合。先尝试攻占克里米亚，再在亚速打胜仗，才有可能形成强大的反土耳其联盟，而其核心就是哈布斯堡帝国。

彼得前往国外游历的行为使这位俄罗斯沙皇确信，自己的国家在和土耳其人的战争中并无潜在的盟友：奥地利正准备在奥斯曼最高朴特*签订和约。同时，彼得也隐约预感到有可能可以和瑞典结盟。彼得从维也纳仓促回国，在途中得知叛军被镇压，于是就在波兰的拉瓦小镇停了下来，在那儿和号称铁腕的国王奥古斯特二世见了面。对于这次会晤有许多说法，都强调了两位君主体格上的相似，他们都是巨人，力大无穷，年纪也相仿（彼得二十六岁，奥古斯特二十八岁）。他们谈了些什么呢？达成了什么协议吗？我们并不是很清楚，因为他们的这次相遇并无目击者。只是有回忆说两人喝得酩酊大醉，喝酒喝了整整三天（1698年7月31日至8月3日）。

《瑞典战争史》是彼得在胜利之后命人编纂的史书，书中说奥古斯特国王要求沙皇帮他攻打拒绝承认他的波兰人，而莫斯科君主则提到了自己在里加受到的羞辱。毋庸置疑的是两位君主惺惺相惜，觉得两国最终会联合起来攻打瑞典，只是"并无文字约束"。之后的事件证明了这一点。整整十八个月都在为发动战争而进行外交折冲。各类

---

* 奥斯曼帝国政府所在地和政府本身的代名词。

协议都弄好了：丹麦和波兰签订协议；丹麦大使普尔·海因斯前往莫斯科，肩负签订俄丹协议的使命。12月，奥古斯特的信使卡尔洛韦茨将军前往沃罗涅日面见彼得。沙皇第一次明确说出了自己的目标：俄罗斯"需要拿回被收走的波罗的海的所有港口"。[4]

彼得的说法（"波罗的海的所有港口"）表明沙皇很清楚自己需要什么。无论里加还是列威利都不是俄罗斯的：只有纳尔瓦、英格里亚和东卡累利阿有一段时间属于莫斯科国；这些城市就是有名的"俄罗斯旧有领土"，因为它们以前都是诺夫哥罗德的殖民地。波兰和丹麦想要和瑞典来个总算账，夺回丢失的领土，两国这个想法极其强烈，所以沙皇提什么要求，他们也都照单全收。1699年4月，俄丹条约的文本得到双方认可。该条约虽被认为是"防御性质的"，但一旦一方交战，另一方必予以支持，不管是谁点的火药筒，反正"不设任何限制"。彼得并不急于签署这份文件，8月，条约的倡议者丹麦国王克里斯蒂安五世驾崩，俄罗斯沙皇也就静观其变，看其继任者弗雷德里克四世是否有结盟的意愿。

10月27日，彼得接见了海因斯，直接向后者提了这个问题：丹麦国王是否愿意和瑞典开战？后来他又问了卡尔洛韦茨，后者承认奥古斯特二世已准备好参战。11月11日，沙皇在普列奥布拉任斯科耶村签署了进攻瑞典的协定。这份文件预见到俄罗斯在获取波罗的海沿岸"坚实的基础"时将会获得支持。为了钳制对手，奥古斯特将会进攻里加（俄罗斯军队会对其进行援助）。俄罗斯会在和土耳其签订和约之后便参与到战争中来，但时间不会在1700年4月之后。

对谢尔盖·索洛维约夫而言，俄罗斯历史上出现过两场大规模战争：18世纪初的北方战争和19世纪初反抗拿破仑的战争。这位生活于19世纪的历史学家并不知道20世纪将以另一场"大战"，也就是第一次世界大战作为开头。令人震惊的是，谢尔盖·索洛维约夫将1700年和1812年的战争等同视之。两者存在重要的差异：第一场是主动进攻（是彼得发动的对瑞典的战争），第二场是自卫（拿破仑进攻俄罗斯）。虽然这位俄罗斯历史学家毫不怀疑1812年战争是外国侵略的结果，可他也并不认为1700年的俄罗斯拥有战争的企图。

谢尔盖·索洛维约夫承认，俄罗斯国土广袤，会使人认为该国"是靠侵占土地而来的，就和古典时期的那些庞大的国家一样，如：波斯、马其顿、罗马"。[5]但对这位历史学家而言，这种看待事物的方式是错误的。谢尔盖·索洛维约夫坚信，莫斯科国向东扩张并不是"好战的大国侵占其他大致还算文明的大国"，而是"占据空闲的空间进行殖民以及和平劳作"。"在无垠的土地上相遇的那些民众，或者说部族"，政治发展极其薄弱，靠劫掠为生，毫不尊重法律，时常和邻近的部落争斗，于是"无奈，只能使之臣服"。[6]

他对向西行进的行为作了略有不同的解释。17世纪末，"西方出现了一个很大的威胁；睿智的做法就是去面对这个威胁，就是竭尽所能不要向西方纳贡、曲意逢迎……"[7]

谢尔盖·索洛维约夫的观点有意思的地方并不仅仅在于其明晰性和简洁性：东方有一片广袤的自由空间，那儿只有稀少的"部落"；西方，存在受到奴役的危险，只能向其赠送"贡品"，就像向土耳其苏丹纳贡那样。这些观点值得受到关注，因为从20世纪30年代起，这也是官方关于俄罗斯历史的观点。

北方战争的真实借口是宣称战争有可能会发生，这点和盟友的想法一样。17世纪初，统治瑞典的是那个时代最具才能的军事统帅古斯塔夫·阿道夫，他极大地拓展了领土，削弱了邻国，并成为该地区最强大的国家，但此时已开始显现疲态。1697年，十五岁的卡尔十二世登上王位。他只喜欢狩猎和玩战争游戏。其前任已经在和瑞典贵族斗争，后者不满国王权力太大，以及税收太重。1698年，利夫兰的一个贵族约翰·莱茵霍尔德·帕特库尔来到华沙，意图在利夫兰地区发动暴乱，使之从瑞典独立出来，归附于贵族的天堂波立联邦。由于得到了奥古斯特的支持，帕特库尔便陪同卡尔洛韦茨前往莫斯科，并成功得到彼得的支持。历史学家对他在向瑞典发动战争的进程中起到何种作用众说纷纭。有一点明确的是，他憎恨瑞典人，并制订了吸引那些庇护者的计划。他向奥古斯特承诺利夫兰将归附于他，还宣称让彼得攻占纳尔瓦令人难以接受。与此同时，他又向彼得提出了瓜分波立联邦的计划，并给普鲁士分上一杯羹。沙皇在此表现出了政治家的出色素质，只采纳了适合自己的那些建议。帕特库尔成了俄罗斯的外交使节，但他后来落入了卡尔十二世的手中，付出了惨重的代价。照波兰历史学家约瑟夫·费尔德曼的说法："创建一整套工具和方法，使俄罗斯的外交政策后来得以深入波立联邦的核心层面，这样的荣誉毋庸置疑属于帕特库尔。"[8]帕特库尔所承诺的利夫兰暴动是对瑞典开战的一个重要因素。

缔结反瑞典联盟的条件之一就是削弱波兰。扬三世·索比耶斯基的驾崩标志着无王时代的开启：华沙的觊觎王位者多如牛毛。已故的国王留下了三个儿子，但在波兰有个当国王的父亲还不够，还得看贵族的选择。为此就需要花钱，可扬·索比耶斯基的长子雅各正好缺钱。但法国的孔代亲王掌握财政，还得到了太阳王的支持。不停地和整个欧洲打仗的法国想要让波兰站在自己一边，甚而阻止哈布斯堡家族让自己人坐上华沙的王座。

萨克森选帝侯弗里德里希-奥古斯特突然成了候选者。他有钱（毕竟萨克森在德意志诸公国中最富有），有军队。此外，他还得到哈布斯堡王朝和俄罗斯的支持。莫斯科政府还在梦想着打败土耳其人，希望能和波兰结盟。

选择法国候选者坐上波兰王座的做法让俄罗斯的计划彻底破灭：路易十四是苏丹的盟友。大多数选帝侯都支持孔代亲王。但当亲王慢悠悠地去那儿登基的时候（他并不急于去华沙），却在敌视法国候选人的但泽那儿受到了长时间堵截，萨克森选帝侯便率领八千人马来到克拉科夫城门下。1697年9月15日，他发誓弃绝新教，皈依天主教，于是就坐上了王位，号称奥古斯特二世。听闻这消息，喜出望外的孔代亲王便返回了巴黎。

波兰再次处于和一百多年前相同的处境之中：同时选出了两个国王。不过，16世纪时，其中一个国王斯特凡·巴托里很快就巩固了自己的权力。但奥古斯特和巴托里不同。他的绰号是"铁腕"，因为他能轻而易举地折断马蹄铁，用银餐盘给自己卷烟斗；有传言说他至少有三百个私生子，可见情妇多到数不胜数。

选择奥古斯特违背了波兰的三个古老的传统：已故国王的后裔被排除在了候选人名单之外；他们选了一个德意志人，但这放在以前，贵族是绝对不会允许的；获少数支持的候选人取得了胜利。破坏传统再次表明该国已陷入混乱。王国的衰颓促使它投入军事冒险之中：向瑞典开战。

历史学家托马斯·卡莱尔在其《普鲁士腓特烈二世史》一书中提到了"倒霉蛋奥古斯特"时期的波兰（介于奥古斯特二世和斯坦尼斯瓦夫二世·奥古斯特·波尼亚托夫斯基之间的那段时期）："令人想起了一大堆鳞光闪闪的腐烂物。"卡莱尔解释道："从此以后，波兰就死了，至少已是濒死。它死了也活该。我们这个世界上并没有无政府状态的立足之地。对民众和报纸编辑来说，这名称悦耳动人，充满了吸引力，但在造物主看来，无政府状态始终都丑陋不堪……"[9]无论我们对这位英国历史学家所表达的观点持有何种看法，很显然，无政府状态（或者说波兰的国家结构）正在将国家拖向毁灭。奥古斯特二世的统治正标志了它末日的来临。

虚弱同样也将俄罗斯推向了战争。俄罗斯的行政管理体系明显已经过时；税收，彼得在位时期开始涌入的外国习俗，都激起了不满情绪；国家既无现代化军队，也缺乏军官团体。从国外回来后，彼得彻底废除了射击军的建制，并采取激进措施革新习俗：禁止蓄须，禁穿莫斯科古装。胡须必须完全剃干净，有可能的话，就从下颏开始；长袍的长袖和长下摆都要剪短，绝不通融。剃胡子和把服装改短的措施推行得雷厉风行，和彼得砍射击军士兵脑袋时的做法有得一比。所有这一切在在表明彼得想要马上将莫斯科国改造成荷兰的模样。

这些实施现代化的粗暴措施并没有调动大家的积极性，而积极性正是发动大战必不可少的因素。但对彼得而言，所有这些创新的措施都是为了让民众从麻木中清醒过来，那是为战争进行的磨炼。他极少会对舆论让步，其中一次让步是为了解释为何要采用新的历法（人们已不再从"创世"起纪年，而是从基督诞生起纪年），因为这"不仅和欧洲许多基督教国家有关，也和完全与我们东方东正教会相一致的斯拉夫人民有关……"因此，新纪年的第一天就变成了1700年1月1日。除了这样的解释之外，1700年10月牧首阿德里安死后，彼得决定不再任命其继任者，而是任命梁赞都主教司提反·雅沃尔斯基为"牧座守护者"。

17世纪初，神意、偶然性、君王的野心拯救了俄罗斯。那个时候，波瑞一旦结盟，对它而言就会很致命。但波兰和瑞典却选择彼此开战。18世纪初，俄罗斯和波兰这两个虚弱的国家联手攻打了同样虚弱的瑞典。其结果颠覆了东欧的格局。

北方战争（波兰-丹麦-俄罗斯联手对战斯德哥尔摩）之所以成为可能，是因为18世纪初，奥斯曼最高朴特已开始衰落。17世纪下半叶，也就是1660年至1680年间，土耳其侵占了匈牙利，接近了哈布斯堡帝国的核心地区；土耳其还侵占了乌克兰左岸，对波兰造成了威胁，将俄罗斯置于危险的境地；它还夺取了克里特，沉重地打击了威尼斯的气焰。1683年，波兰国王扬·索比耶斯基在维也纳对战土耳其人，阻止了后者的推进，在这之前，土耳其人都显得势不可挡。战胜土耳其人之后诞生的神圣同盟击退了苏丹的军队，迫使后者第一次弃守被自己攻占的领土。1699年，和约签订；从条款来看，土耳其必须将几乎整个匈牙利交还给奥地利，将乌克兰左岸交还给波兰；土耳其还将伯罗奔尼撒交还给了匈牙利；亚速则还给了俄罗斯。

夺取亚速之后，土耳其人和莫斯科签订了停战协定。在与瑞典开战之前，彼得想和奥斯曼帝国达成"永久和平"。和约的签订就成了俄罗斯开战的条件。由埃梅里昂·乌科拉因采夫率领的俄罗斯代表团从亚速前往刻赤，登上了"堡垒号"战舰，附近还有九艘新的战船；彼得就在其中一艘战舰上。土耳其人没料到俄罗斯舰队会来，于是一直都在拒绝"堡垒号"进入黑海，但后来还是同意其进入，于是俄罗斯使团便作为新的海上强国的代表抵达了伊斯坦布尔。

不过，会谈拖了很长时间。在和波兰签订协议的时候，彼得正准备在稍晚的4月份发动军事行动。他得知和约一事也要到8月份：亚速是俄罗斯的，但俄罗斯并没有权利在黑海上航行，彼得要求收回这样的权利。不过，没有国家有这一权利。正如乌科拉因采夫在报告中所指出的："奥斯曼最高朴特对黑海的控制，就像对年轻的处女百般呵护，不让任何人靠近那样。"

和土耳其的谈判持续了八个月之久。在这期间，彼得想尽办法安抚瑞典人：瑞典的外交官在莫斯科受到了很好的接待，沙皇确认俄罗斯和瑞典之间的"永久和平"已成为真真切切的现实；席尔科夫亲王被派往斯德哥尔摩，让担心莫斯科军队实力增强的瑞典人放心。向他们提这样的问题是完全有根据的。1699年11月，俄罗斯组建了二十七个团，分为三个师。两个师准备于1700年6月投入战斗。

8月18日，莫斯科的教堂告知民众，国家已和土耳其签订和约。从次日起，莫斯科军队将向纳尔瓦进发。

彼得恪守传统：从伊凡雷帝的时代起，俄罗斯人始终都是通过围攻纳尔瓦来和瑞典人开战的。彼得的军队要到10月底才包围这座要塞。其间，卡尔十二世说服丹麦人，并迫使其签订了和约，向对方强加了各类条款。遭奥古斯特的萨克森人围攻的里加打赢了围城战，波兰国王抱怨彼得的援助不够，撤除了包围。时年十八岁的卡尔十二世以震惊欧洲的迅雷不及掩耳之势让自己的军队渡过黑海，向纳尔瓦进军。他率领了一支八千人的军队，此时要塞被兵力至少多出四倍的俄罗斯军队包围着。

得知瑞典人逼近，彼得便离开众人，将指挥权交给了法国人克吕伊公爵，后者长时期在奥地利军中服役，后来俄罗斯人招募了四十八名军官，他就是其中一名。彼得匆忙写就的指示既无日期，亦无封印，照负责进攻技术领域的萨克森工程师哈拉尔特的说法，这份指示可谓"荒诞不经"。[10]

沙皇的行为让他的同时代人大为迷惑不解，对历史学家而言也仍然是个谜。20世纪俄罗斯的沙皇传记作者尼·帕夫连科写道："彼得的这个行为很难得到解释。"[11]其德国传记作者莱茵哈德·威特拉姆也承认，研究者很难对沙皇逃走的行为给出理由。[12]这两位历史学家都不认为这是因为沙皇懦弱：彼得已在好几个场合展现了自己的英勇。尼·帕夫连科认为彼得低估了对手，相信兵力上占据绝对优势的俄罗斯军队能在没有他的情况下战胜瑞典人。莱茵哈德·威特拉姆则认为沙皇预见到了自己会被打败：不用等卡尔十二世过来，他就将自己已然失败的军队弃之不顾，转身去准备发起新的战斗。波兰历史学家帕维尔·亚显尼卡驳斥了彼得传记的波裔法籍作者卡齐米日·瓦利泽维斯基的说法，后者认为沙皇的这个做法是"史无前例的逃跑行为"；他认为沙皇决定离开纳尔瓦的军队"拯救了俄罗斯"，还说："我们不应对这个天才的直觉太早下判断。"[13]

在纳尔瓦，俄罗斯军队全线溃败。当时的人和历史学家列举了溃败的好几个理由，其中有：沙皇离开，将指挥权交给听不懂士兵和军官说话的外国人；炮兵存在缺陷；士兵缺乏经验，被专业的瑞典军人包围。塔尔列院士在清单上加上了克吕伊公爵，说他"不满足于当个没有能力的军事统帅，结果还是个叛徒"。[14]对这位历史学家来说，公爵之所以叛变，是因为最先投降的是他，结果"几乎全体德意志军官"都跟着他投降了。当然，这种事对军人来说很不光彩；不过，伏尔泰在叙述纳尔瓦战役的时候，指出德意志军官对俄罗斯士兵的畏惧甚于对瑞典人的畏惧。他们这么做是有理由的。哈拉尔特将军在回忆录中说，克吕伊公爵之所以做出投降的决定，是因为他亲眼看见外国军官被俄罗斯士兵杀害。

这场战役可以说是惨败。俄罗斯军队几乎损失了一万二千人，有的被杀，有的当了俘虏，有的逃进了森林。但幸存下来的两万三千人都聚到了诺夫哥罗德，成为彼得立刻组建起来的新军队的核心力量。这和亚速战役战败之后的情形一样，彼得都是干劲十足地投入到了接下来的战斗之中。丹麦密使海因斯向国王报告了和彼得的谈话，后者在普列奥布拉任斯科耶接待了他。彼得指责丹麦人单独签订了和约，他认为那就是纳尔瓦战败的原因之一。但大使明确指出，沙皇很乐观："和我们受到的那个教训相比，这点损失算不上什么……莫斯科开始睁开眼睛，隐约看见了自己身上的弱点。"[15]

许多年之后，彼得在名为《瑞典战史》的"日记"中对纳尔瓦战役进行了总结。他强调自己的军队缺乏经验：只有两个近卫团参加过两次进攻亚速的战斗，其他人从来就没打过仗；此外，绝大多数军官没做任何准备。而且，事后他也看出了这次战败标志着神在大发慈悲，因为缺乏经验的俄罗斯如果在军事层面和政治层面上都打了胜仗，今后反而会摔得更惨。因此，彼得认为纳尔瓦战役失败是件好事，不是坏事，因为"必然性乃是一种法则，我们只能没日没夜地努力工作才行"。[16]

卡尔十二世成了西欧的宠儿：他和三支不同的军队（丹麦人、萨克森人、俄罗斯人）打过仗，都取得了迅如闪电的胜利，这让他获得了伟大统帅的荣耀。无论是在维也纳、海牙，还是其他都城，俄罗斯使节都能观察到彼得和俄罗斯的威望一落千丈。他们写道："人们对我们百般嘲讽。"戈利岑亲王在维也纳的报告写道:"我们的君主绝对需要来一场小胜,好让欧洲再次欢呼他的名。"

彼得疯狂部署的核心就是军队。他一心只想着军队,想让国家围绕着军队打转。于是,他宣布开始再次征兵。不到一年,兵员就翻了三番。整个炮兵(177门火炮)都驻守在纳尔瓦城前。炮兵还铸造新炮;缺乏金属,就用教堂的钟来凑数。1701年,又浇铸了243门加农炮、臼炮和榴弹炮。军队还需要钱。1701年至1709年间,军事开支相当于国家总开支的80%至90%。彼得在位初期,国家从民众手上收来的岁入为近140万卢布。1701年,军队的开支上涨到了230万卢布。这样就只能不停地设立新税种,以期弥补主要收入来源的不足,后者就是指关税和酒馆税;为了维持1701年新组建的骑兵,还创设了一种名为"龙骑银"的捐税。舰队则课"舰船银"。彼得在国外游历时随侍左右的阿列克谢·库尔巴托夫有了一种想法,堪称名副其实的发明,那就是:缴讫印花税纸。对货币的重新定价也带来了可观的收入:银钱重铸,失去了其真实的价值,但其票面价值仍然不变。国家还征收钓鱼税、家庭洗浴税、磨坊税。彼得从国外回来后对蓄须的打压也成了一笔收入来源:坚持蓄须的富商只能每年支付100卢布的税,穷人和市民则需缴纳60卢布,等等。对农民来说,每次进城或出城需课2戈比的税。蓄须者每次缴税之后,就会得到一个铜质证章,蓄须者必须随身携带,每年更换。

创建一支强大的军队可以使俄罗斯打到波罗的海。卡尔十二世认为俄罗斯是一个已被战胜的国家,无足挂齿,他的这个想法更是促使俄罗斯想要拥有精锐之师。因此,瑞典国王便同波立联邦和萨克森发动了战争。如果是在战时创建新军,对彼得来说,情况就会变得更困难。瑞典君主的战略正好给了俄罗斯所需要的喘息机会。从1700年到1708年展开的两场合二为一的战争就被称作北方战争。卡尔十二世将利夫兰、库尔兰和芬兰让给了彼得,自己则专心对付奥古斯特二世。

而波兰国王发动了两场战争：一场和瑞典打，另一场则是和不想与瑞典人开战的波兰贵族打。

在西欧，1700年是开始争夺西班牙继承权的年份。西班牙国王驾崩，路易十四宣布自己是王位继承人，还说依照传说，比利牛斯山脉不再成为阻隔。奥地利、英国、荷兰和勃兰登堡并不认同这种看法。于是战争爆发，且持续了十三年之久。对东欧来说，这场战争只有一个意义：欧洲各大国忙于战事，就不会对北方战争感兴趣了。

当彼得匆忙离开纳尔瓦城前的军队时，他解释了自己的态度，说有必要和波兰国王见面。四个月后，双方在拉齐维乌领地内的比尔吉会晤。奥古斯特想要从沙皇所处的困境中获益，于是坚持要求沙皇把小罗斯还给他。彼得眼见部分元老院议员对波兰国王持敌视态度，就担心波立联邦会学丹麦的样，同瑞典签订和约。可他极其需要一个盟友。因此，彼得决定做出一些让步，甚至建议可以再次讨论基辅问题。于是，再续盟约：彼得承诺向波兰国王派遣一万五千到两万步兵，再向其提供援款；奥古斯特则批准在利夫兰和埃斯特兰发动军事行动，以支援准备在英格里亚和卡累利阿开战的俄军。沙皇并没觉得利夫兰和埃斯特兰仍旧归属波立联邦有何不妥；甚至准备（有秘密条款）向国王支付两万卢布，以犒赏支持俄波联盟的波兰元老院议员。

如果卡尔十二世愿意，他是能和奥古斯特缔结和约的。瑞典人并不想和波兰开战。瑞典强大的基础在于波罗的海诸省，尤其是利夫兰。斯堪的纳维亚产铁，但缺小麦。肥沃的利夫兰可以为它提供小麦。可是，那地方受到了俄罗斯的威胁，瑞典就准备和俄罗斯开战。可瑞典国工却另有打算。军事史学家对卡尔十二世派遣军队攻打波兰的原因众说纷纭。有的认为这个年轻的军事统帅相信俄罗斯最终将会被战胜；他只要愿意，就会有时间来处理这事。况且，打手下败军也没什么好夸耀的。有些人则从瑞典国王打波兰的举措中看出瑞典有一个宏大的战略意图：一旦奥古斯特战败，他就可确保后方的安全，之后再占领俄罗斯。但没有任何东西可以证明卡尔十二世有过此等规模的计划。德国军事史学家汉斯·戴布流克认为瑞典国王是一个很有能力的统帅，"他在战斗期间懂得如何指挥军队，如何鼓舞士气和让士兵完全信任他"。同时，他也认为瑞典国王"刚愎自用，喜欢冒险"；他甚而说国王缺乏"明确的政治取向"。戴布流克以瑞典枢密官乌克森谢纳向年轻君主所提的建议为例："和奥古斯特保持和平，把自己的军队借给外国，你能从中获得极大的荣耀。"[17]

1701年7月9日，瑞典人在德维纳河沿岸碾压了萨克森的军队。波立联邦的元老院向卡尔十二世提议签订和约。国王同意，但有一个条件：奥古斯特二世退位。这个要求遭到断然拒绝，卡尔便向波兰进军。立陶宛部分大贵族在盖特曼卡齐米日·扬·萨皮耶哈的带领下，投入了瑞典阵营。除了北方战争之外，波兰还饱受内战的折磨。1702年5月27日，瑞典人占领了华沙。8月7日，卡尔十二世再次打败萨克森的军队，进入了克拉科夫。

对彼得而言，瑞典的胜利转变成了外交上的巨大胜利。反对瑞典的立陶宛人击败了萨皮耶哈的支持者，要求沙皇的援助。立陶宛大公实际上还接受了俄罗斯的庇护。俄罗斯军队进入了立陶宛的领土（三个步兵团和一万两千名哥萨克）。沙皇同意向立陶宛提供其所需的财政援助。

彼得后来是这么说自己的对手的：卡尔"在波兰陷入了困境"。当瑞典国王决定把奥古斯特二世赶下王位，和波兰人开战的时候，彼得也在发动战争。俄军在舍列梅捷夫的率领下，在利夫兰发起了军事行动。1701年12月29日，俄罗斯人在和瑞典人的战事中取得了第一次胜利。舍列梅捷夫当上了元帅，并被授予圣安德烈勋章（由彼得颁授）。元帅第二次（1702年7月）打败施利彭巴赫将军之后，瑞典人便只能弃守利夫兰。彼得下令劫掠该国，意图从敌人手中将其基地和所有给养剥夺殆尽。不久之后，舍列梅捷夫向沙皇汇报："……这片土地上已没有东西可以劫掠了，已无一例外遭到摧毁，并被洗劫一空。"

这种战争方式在18世纪司空见惯，之后也是如此。1704年，当时站在法国人一边攻打哈布斯堡王朝的萨伏伊-卡里尼昂亲王欧根透露了自己的计划："除了摧毁巴伐利亚以及包围着它的那些地区，使敌人再无可能从巴伐利亚或邻近地区发动战争之外，我实在看不出还有其他方法。"[18]欧根亲王的军队和舍列梅捷夫元帅的军队之间有唯一一个差别，就是俄罗斯统帅使用了卡尔梅克人，后者在非常备的骑兵部队中占了很大比重。在历史学家，尤其是西方人看来，大草原骑兵犯下的种种暴行实在太过恐怖。

俄军有两条战线，利夫兰是其中一条。另一条是英格里亚，也叫作英格曼兰或伊若拉，该地区就在涅瓦河和芬兰湾沿岸地带。彼得暂时将纳尔瓦放在一边，想要攻占涅瓦河出海口。1702年秋，俄军占领了瑞典的诺特堡要塞，这儿以前属于诺夫哥罗德，当时叫作奥列舍克。彼得并没有给这座小城起之前的俄罗斯名，而是自行发明，叫作什利谢利堡。许多年后，彼得说攻占诺特堡的"那一天，我们占了上风"，还回忆说"靠这把钥匙打开了许多城堡的大门"。

1703年5月，瑞典的尼山茨要塞失陷；要塞就坐落于奥赫塔河汇入涅瓦河之处。该地并不符合彼得的要求，于是他又找了一个地方，在涅瓦河的出海口，又造了一座港口和一座要塞。1703年5月，开始建设彼得保罗要塞，之后在要塞的护卫之下开始建城，首先名之为彼得波利斯，后名之为圣彼得堡。彼得无法预见他的这座城市辉煌的命运，它后来成为帝国的都城，开启了俄罗斯历史上的一个新时代，那就是：彼得堡时代。

普希金深入新都城缔造者内心的思想，写道："他在想：我们可以从这儿威胁瑞典人。这座城市的建成将会惹怒我们傲慢的邻居。这儿的大自然命令我们凿出了一扇面向欧洲的窗户。"1703年的时候，这第二个目标很可能并没有出现在沙皇的脑海中。但第一个目标显然是要威胁"瑞典人",创建一个反对"傲慢邻居"的基地。在涅瓦河出海口牢牢站稳脚跟之后,彼得便于1703年夏率军直指纳尔瓦。他夺取了科波列要塞和扬堡要塞之后,又于1704年夏攻占了德尔普特和纳尔瓦。夺取纳尔瓦不仅洗清了四年前所受的羞辱,也充分证明了创建一支不怕瑞典人的军队这一任务也完成了。最后,这么做还能保护夺来的英格里亚和新建的圣彼得堡。

1704年8月,波兰国王和俄罗斯沙皇的代表在纳尔瓦缔结了新的联盟,确认双方对战瑞典,直至将其击败,且不得单独与瑞典媾和。这次,这份文件并未提及俄罗斯有可能将其攻占的领土让给波兰这样的承诺。奥古斯特越来越需要获得彼得的支持;而沙皇也需要奥古斯特将瑞典引开,使其无法向俄罗斯发起军事行动。

卡尔十二世对波兰事务越来越感兴趣。瑞典国王虽然打赢了和波兰及萨克森的每一场战斗,但仍然没有最终攻占波兰。1704年7月,八百名波兰贵族满足了他的愿望,选择了斯坦尼斯瓦夫·莱什琴斯基担任波立联邦的国王。当奥古斯特的密使签订了纳尔瓦条约的时候,波兰就有了两个君主。"双政权"导致的第一个结果就是俄罗斯士兵出现在了波兰,他们是来支援奥古斯特的。波兰编年史家描述了戈利岑亲王率领的这支分遣队。"这些士兵都很勇猛,身着灰底军服,衣边镶蓝、白、红,武器齐全,水平高超……"[19]1705年10月,斯坦尼斯瓦夫·莱什琴斯基在华沙加冕登基,由此成为第二个合法国王。当月月底,奥古斯特和彼得在格罗德诺会晤。沙皇以胜利者的姿态进入波兰领土,他身上笼罩着军事统帅的光环,因为他攻占了米塔瓦要塞,让俄罗斯人在库尔兰占据了主导地位。奥古斯特则像个强盗那样从格但斯克和柯尼斯堡穿越而过。

俄罗斯军队取得胜利开始让欧洲觉得不安起来。彼得意欲驻守波罗的海沿岸的想法激起了荷兰、英国和法国的担心。西方外交官向沙皇提议由他们来调停,让沙皇和瑞典签订和约。彼得说他已做好签订条约的准备，只要卡尔十二世做出让步就行。沙皇有两个论据，以支持他保留被占土地和港口的愿望：一方面，这些领土以前就属于俄罗斯；另一方面，他的国家需要港口城市。"因为经由这些动脉，国家的心脏就能更健康，连接得就会更紧密。"我们将会注意到这个隐喻颇具现代性：血液流通的说法也就是在半个世纪前才真正为人所了解。

被派往西方各国都城的俄罗斯密使通知沙皇，无论是荷兰、法国，还是奥地利、英国，都并没真正地把他当回事，他们都不相信他有多强大，所以其斡旋对俄罗斯毫无助益。总之，劝他和瑞典签和约的说法只是个表面形式：卡尔这方面就完全不想这么做。1706年秋，瑞典军队肆无忌惮地破坏了奥地利西里西亚的中立地位，冲入萨克森，以迅雷不及掩耳之势抢占了德累斯顿。10月签订了阿尔特兰施塔特条约：奥古斯特二世让位给了斯坦尼斯瓦夫·莱什琴斯基，奥古斯特和俄罗斯的联盟及所有反瑞协议都不再作数，前来支援奥古斯特的俄罗斯军队也都成了瑞典人的阶下囚。他们还把不久前被抓的约翰·莱茵霍尔德·帕特库尔交给了卡尔十二世。瑞典国王下令折断其四肢，对其施以车轮刑，继之以枭首。卡尔十二世得知处刑的细节后，表达了对刽子手的不满情绪，说他们对这个利夫兰人的折磨时间太短了。

奥古斯特签订阿尔特兰施塔特条约的时候，并没有通知彼得。他就这样失去了一个盟友，而波兰贵族也分成了支持莱什琴斯基和支持奥古斯特，支持瑞典和支持俄罗斯两派。帕维尔·雅谢尼卡在其《波兰-立陶宛波立联邦史》一书中写道，亲俄派第一次在波兰出现。特别是首席主教斯坦尼斯拉斯·尚贝克，以及波兰和立陶宛的两名盖特曼均为亲俄派。亲俄派并无有组织的军事力量，所以就需要俄罗斯金钱和军力上的援助。1707年，瑞典军队在肥沃的萨克森土地上休养生息之后进入波兰，准备攻入俄罗斯，彼得的支持者只能阻挡敌军的推进，却心有余而力不足。但波立联邦的骤然衰落将在波兰和俄罗斯随后的历史上起到重要的作用。

和瑞典的战争让俄罗斯精疲力竭，但它也从中发现自己拥有取之不竭的资源；为了对此好好加以利用，只要能达成目标，彼得必然会不惜余力。1705年，他得知东南部偏远地区的阿斯特拉罕爆发叛乱。逃亡农民都在那儿避难，还有许多旧教信徒也去了那儿；射击军遭到镇压后也被流放至此。

要引爆这个大火药筒，火星有的是。财政上的压榨越来越严重，不满导致暴乱，当地的督军就向阿斯特拉罕居民中的蓄须者和穿俄罗斯传统装束者全面开战。1705年7月，有传言说婚礼已遭禁止，所有的年轻女孩都要嫁给德意志人。于是就开始了动乱。骚乱者将消息传给了哥萨克，希望他们也能加入进来；他们是这么写的，"起来造反，捍卫基督信仰"，反对下颏无须、德意志装束、使用烟草。整个俄罗斯的不满情绪都汇聚到了阿斯特拉罕。暴乱者誓要将"莫斯科搞得天翻地覆"，他们毫不怀疑占据皇位的是假的沙皇，要让真沙皇来替换之。

顿河哥萨克并不支持阿斯特拉罕，但彼得认为这是严重的威胁，便派遣大批军队去攻打骚乱者，而后者都来自刚被攻占的米塔瓦地区；部队横穿俄罗斯全境，经过了莫斯科和梁赞。远征军的指挥官是彼得手下最优秀的军事将领舍列梅捷夫元帅。阿尤克汗麾下的卡尔梅克人忠于沙皇，可汗向沙皇派去了援军。1706年3月，舍列梅捷夫发起进攻，叛军轻易就被击败，镇压开始了。领头者被押往莫斯科，这些人遭到严刑拷打，想要发现他们是否和其他城市有联系。在接下来的两年之内，这些人经过审讯之后都被处决了。

在前往阿斯特拉罕的路上，舍列梅捷夫在喀山收到了沙皇的命令，让他前去镇压1705年初爆发的巴什基尔人的暴动。要征服的这片土地上生活着巴什基尔人，他们是突厥系游牧部落，在卡马河和乌拉尔河之间游走，16世纪下半叶就已经开始了征服进程。建于1585年或1586年的乌法要塞是俄罗斯唯一一座可以控制这片广袤区域的城市。金帐汗国消失之后，鞑靼人创建了真正的国家，如喀山、阿斯特拉罕、西伯利亚、克里米亚，但和鞑靼人不同的是，巴什基尔人分成各个部落，分布在乌拉尔河两岸。俄罗斯人花了近一个世纪的时间，深入巴什基尔人的土地，但几乎没遇到什么抵抗：被攻占的部族同意用紫貂皮、貂属皮、狐狸皮当作牙萨克（iassak，即税收）来支付，而行政管理当局也就不去管那些人了。垦荒者过来，得到了土地，他们很快就和土著发生了冲突，而这就是1705年爆发起义的缘由，起义时而缓和，时而激烈，一直持续到了1710年。各部族曾经短暂地聚集在名为"萨坦沙皇"的可汗麾下。穆斯林贵族也支持起义军。1708年1月，巴什基尔人的部队已打到距喀山三十公里的地方。[20]

要等到1710年，指挥俄罗斯军队的彼得·霍万斯基才成功平定了巴什基尔地区。霍万斯基亲王遵照沙皇的指令，不仅想用武力来臣服巴什基尔人，也设法取消了税种，同巴什基尔人的首领和解。

阿斯特拉罕的暴动刚被镇压下去，巴什基尔地区就沸腾起来，顿河也燃起了熊熊大火。1707年，部队被派往顿河两岸搜寻逃往者，如农民、许多建筑工地的工人、士兵。当地人对新的习俗和不尊重古老的"特许制度"群情激愤，于是顿河揭竿而起。孔德拉季·布拉文率领的起义军一开始节节胜利，军队的规模很快便越拉越大。骚乱者想要获得旧教信徒的支持。起义军很快就抢占了地盘，离开顿河地区，开始威胁中央。叛军准备向坦波夫和图拉进军。彼得于是派遣瓦西里·多尔戈鲁基亲王率领大军前往镇压。军队的命令是"现场灭火"，沙皇给出了灭火的方法："把哥萨克的村子夷为平地，大开杀戒，对领头者施以木桩刑，继而烧死他们，这样就能根除敲诈勒索的欲望和习惯；因为只有残暴才能让这些趁火打劫的坏蛋消停下来。"[21]当时的人说骚乱者对敌人也毫不手软。

1708年夏，由于残酷镇压，再加上阿塔曼之间纷争不断，暴乱就这样被碾压了。孔德拉季·布拉文自杀身亡。

北方战争期间俄罗斯东南方出现的动荡引起了俄罗斯历史学家的注意。一方面，沙皇正在打一场对国家来说必不可少的战争；另一方面，人民也在为自己的权利而抗争。19世纪，这样的困境会相对容易得到解决。弗·索洛维约夫认为布拉文的暴乱就是哥萨克在搞事，既然后者需要依靠国家，那国家就有必要战胜哥萨克。苏联历史学家起初也给出了相当简单的解决方法：君主制是反动派，和封建主义作斗争就是进步人士。结果，孔德拉季·布拉文成了英雄，彼得就成了反动派。可当彼得成为"进步主义的沙皇"，而人民仍然是一个相当正面的概念时，这么说就把事态复杂化了。历史学家纳坦·埃杰尔曼说他20世纪50年代教书的时候，很难回答学生提的问题："彼得是进步主义吗？——当然是。——那俄罗斯的农民暴动也是进步主义者吗？——那是。——可农民、孔德拉季·布拉文，还有其他人怎么会起来反抗这么进步的彼得呢？" [22]

1975年，这位彼得的传记作者给出了答复，二十五年前，这位年轻的教员还做不到这一点："和封建时代的所有暴动一样，这次［孔德拉季·布拉文的暴动］并不是反抗沙皇的，它自发形成，没什么组织性，所以注定会失败。" [23] 换句话说，暴动没什么进步性，甚至完全算不上进步主义。1992年出版的《历史简明教程》一书的作者们也持这种观点："……起义军［都是指布拉文］的计划没有丝毫的反封建诉求。" [24] 看来"保守的农民阶级"是错误的。不过，作者们也说"暴动减缓了农奴制向新的地区扩散"。

1707年5月初，卡尔十二世离开萨克森，前往波兰。他毫不怀疑自己会攻打俄罗斯。到那时为止，瑞典国王似乎对俄罗斯在利夫兰和库尔兰的战事毫不担心，对彼得建造要塞和城市也没放在心上。反正，该来的总归会来，他就是这么说的。彼得采取各种积极的措施来保卫莫斯科，他相信瑞典人会对都城实施打击。他对马尔博罗公爵和英国女王安妮发话，希望他们能从中调停。他在给使节的指示中解释了在什么样的条件下他会同意停战：沙皇准备做出大量让步，甚至把纳尔瓦还回去。只有彼得堡是没法谈的，不管发生什么情况，彼得都不愿放弃彼得堡。沙皇还想让丹麦国王弗雷德里克四世和普鲁士国王腓特烈一世进行调停，还向法国进行求助。

卡尔十二世并没有一心想着怎么和平。1708年1月，瑞典国王占领了格罗德诺，俄罗斯军队未费一兵一卒就把城市让给了他，接着他又来到莫吉廖夫城前，在那儿稍事休整。

主动权掌握在国王这一边。彼得并不知道瑞典军队会向哪个地方进发：是向北走里加-普斯科夫-彼得堡，还是向西走斯摩棱斯克-莫扎伊斯克-莫斯科？俄罗斯军队此时计有十万人左右（在纳尔瓦，彼得还有四万人），卡尔这方则有六万三千人。叶甫根尼·塔尔列讲述了北方战争的进程，特别指出了彼得是军事天才，沙皇懂得如何掌握合适的时机，集中多于敌军的优势兵力，这点可以说是开了拿破仑战术的先河。塔尔列说得完全没错，但也得注意到彼得的军队依靠庞大的人力资源，却只能在数量上超越小小瑞典的军队。

1708年9月，卡尔做了一个令人意想不到的决定：他率领军队折向南部，进军乌克兰。他发动攻势的时候，并没有等待一支由吕文豪普特率领的一万六千人的军队赶来，这支军队从里加出发，配备了大量粮草和火炮。彼得将军队分成两部。一部由舍列梅捷夫指挥，追踪卡尔，另一路由彼得率领，迎战吕文豪普特。

9月28日，吕文豪普特的部队在列斯诺伊战败。后来，彼得说这场战役"是波尔塔瓦之母"。舍列梅捷夫率领部队与瑞典人平行进军。他下令将敌军穿越的地区悉数摧毁。彼得的指示是"用火焰和废墟来击垮主力部队"。焦土战术颇为奏效；一个世纪后，拿破仑试图侵占俄罗斯的时候，俄罗斯将军又再次使用了该战术。1941年，斯大林也记得这段历史。

卡尔十二世的许多传记作者都想理解他这个完全没有道理的行为，但都不得要领：为自己的军队选择行进路线，轻敌……不过，选择"乌克兰"作为发动攻势的地方，至少有一个合理的解释。瑞典国王希望乌克兰盖特曼马泽帕的援助。但这次，他又上当了。

盖特曼伊万·马泽帕是俄罗斯历史上最广为人知的人物之一。但凡有点重要性的诗人、剧作家、画家以及作曲家（更别提没什么名气的人）都逃不过这个人物对他们的浪漫主义吸引力：伏尔泰、拜伦、密茨凯维奇、雷列耶夫、普希金、笛福、斯沃瓦茨基、席勒都是如此，这份名单很长，我们没法一一列举。最开始，出现了波兰贵族扬·克里索斯托梅·帕塞卡的回忆文字，他在国王扬二世·卡齐米日的宫中见过马泽帕，且与之不和。他还说了一则故事，意图彻底搞臭这位未来盖特曼的名声。据他说，年轻的马泽帕勾引了他附近庄园主的老婆。丈夫怒火冲天，让仆人把马泽帕赤身裸体地绑在马上，让马在大草原上疾驰。历史学家确定这则故事是假的，但伏尔泰是从斯坦尼斯瓦夫一世·莱什琴斯基那儿听来的，后者失去王位后就住在了法国。

1731年，伏尔泰在其著作《卡尔十二世的历史》中讲述了马泽帕的这则艳遇。这本书在欧洲广为人知，还有次激发了拜伦的灵感。英国画家霍勒斯·韦尔内就画过一匹白色骏马惊慌失措地向着森林疾驰而去，赤身裸体的俊美年轻人躺在马背上，四周的狼群虎视眈眈，结果使得这则故事飞速传播开来。故事确实包含了所有的要素：倒霉的爱情，政治上的背叛，悲惨的结局。

对俄罗斯的诗人和历史学家而言，马泽帕这个人并不仅仅具有浪漫主义色彩。他们有一个问题：盖特曼是不是叛徒？在一首名为《沃伊纳罗夫斯基》的诗中，诗人、后来成为十二月党人的孔德拉季·雷列耶夫给出了否定的答案：马泽帕和他的侄子沃伊纳罗夫斯基不是叛徒，他们都是革命者，为了民族自由而与彼得斗争，此处的民族自由其实和政治自由是混为一谈的。普希金在其诗作《波尔塔瓦》（1828—1829）中说盖特曼"野心勃勃，背信弃义，十恶不赦"，比犹大坏得多。

大部分历史学家说伊万·马泽帕出生于1639年。他在基辅的学校读书，后在华沙成为耶稣会士，为国王的宫廷服务，年轻时游历甚广，去了法国、意大利、荷兰。返回乌克兰后，马泽帕投奔彼得·多罗申科，后又为萨莫伊洛维奇做事。他受过教育，有军事上的才能，拥有让人喜欢的本事（不仅是指讨女人欢心），于是飞黄腾达起来。马泽帕参与了克里米亚战争，让戈利岑亲王相信战败都是盖特曼萨莫伊洛维奇的错。1687年，马泽帕得到了戈利岑的大力支持，将失宠的盖特曼取而代之。卡尔十二世正准备和莫斯科打仗的时候，马泽帕已管理小罗斯达二十年之久。盖特曼大力推广教育：在他管理期间，基辅学校转变成了学院（这个决定得到了彼得的批准）。马泽帕鼓励建造学校和礼拜场所，他最关心的就是要让乌克兰的哥萨克高级军官形成一个新的精英阶层。在波立联邦内部，乌克兰已失去了其精英阶层，这些人均已波兰化。马泽帕觉得很有必要形成一个乌克兰的领导阶层，他心心念念梦想的就是乌克兰的独立。波兰历史学家写道："如果运气好的话，马泽帕二十年的管理经验可为他博得杰出政治家的名声。"[25]

北方战争压在小罗斯身上的压力并不比俄罗斯其他地区少。不仅仅是税收，还有无休无止的动员将年轻人送上了遥远的战场。大力抨击马泽帕的普希金也承认："乌克兰暗潮涌动。"布拉文的暴动表明了极大的不满情绪。和瑞典的战争对小罗斯造成了许许多多的困难，但与此同时，战争也增加了乌克兰在国际层面的分量，盖特曼对此心知肚明。博格丹·赫梅利尼茨基在死之前主导了同瑞典人的谈判。自此以后，真正的胜利者卡尔十二世便成了一个越来越具有吸引力的合作伙伴。有两个国王的波兰遭到了极大的削弱。彼得始终都很信任马泽帕，他也需要这位盖特曼。

1708年12月29日，伦敦一份报纸的头版头条写道："哥萨克统帅、七十岁的马泽帕将军听从瑞典将领的劝诫，率领军队投奔瑞方阵营。"英国记者的效率令人咋舌：盖特曼是10月24日投奔瑞典阵营的，驻守在杰斯纳河沿岸地带的彼得是11月16日得知此消息的，到12月底，整个欧洲就都知道了马泽帕的背叛行为。[26]

至少从1707年起，马泽帕就在和瑞典人及波兰人谈判。盖特曼（为数众多的）敌人时常会向沙皇告发，说马泽帕图谋不轨。告密者冒着生命危险提交的报告，君主全都拒绝相信。苏联历史学家无法解释彼得为什么会如此信任这个叛徒，通常情况下，彼得对人的判断都还不错。马泽帕的行为有力地证明了政治观念的相对性。伏尔泰让马泽帕成了《卡尔十二世的历史》一书中的主人公，在《彼得一世的历史》中则称之为叛徒。绝大多数俄罗斯历史学家都把马泽帕看作十恶不赦的罪犯。他们说得没错，因为他曾宣誓效忠俄罗斯沙皇（而且是以《圣经》发的誓）。但他们却说摩尔达维亚王公坎泰米尔是英雄，后者在几年以后就背叛了自己曾宣誓效忠的苏丹，就因为坎泰米尔离开苏丹，投到了彼得的阵营来。

七十岁的盖特曼之所以做出这个决定，有其自身的考量，但同样也有更广泛的考虑。对俄罗斯而言，小罗斯毫无疑问就是俄罗斯的一个省份。但对小罗斯而言，1654年的选择并没有盖棺论定。特别是因为佩列亚斯拉夫尔的人民会议所接受的依附条件，时常遭到俄罗斯满不在乎的对待。赫梅利尼茨基之后，没有一个盖特曼（除了多罗申科，但他也被剥夺了爵位）是寿终正寝的。小罗斯居民的权利越来越受到刁难。马泽帕为了强化乌克兰的地位，决定恢复盖特曼成为世袭职位。由于他并无子嗣，他就准备让自己的侄子安德烈·沃伊纳罗夫斯基成为继承人。

1707年，哥萨克军队实际上被交由亚历山大·缅什科夫亲王指挥，于是马泽帕便想废除盖特曼一职。在马泽帕的众多秘密线人当中，安娜·多尔斯卡娅就是其中一位，后者是波兰人，生活奢靡，时年四十岁，两任丈夫均已身故。尼古拉·科斯托马罗夫写道："多尔斯卡娅公主还不算老，勾引人的本事特别厉害。"马泽帕从白采尔科维赶来参加公主小女儿的受洗仪式，且"夜以继日地与之'畅谈'……"[27] 在写给盖特曼的加密信件中，公主在他和波兰的斯坦尼斯瓦夫国王之间牵线搭桥，将自己和俄罗斯将领的交谈内容告知这两个人。其中一则消息讲的是，舍列梅捷夫元帅和雷恩将军告诉她，彼得打算将小罗斯送给缅什科夫。照科斯托马罗夫的说法，马泽帕将多尔斯卡娅公主的情报说给了枢密官（秘书长）菲利普·奥尔里克听："我很清楚他们会怎么对付我和你们所有人。他们想给我一个神圣罗马帝国亲王的头衔，以此来废除盖特曼一职，任命自己人当上校，在各地强行安插地方长官。如果我们的人民起来抵制，他们就会把人民流放到伏尔加河以远的地方，让他们的人遍布乌克兰。"马泽帕的担心并非没有根据，后来不仅是莫斯科，还有彼得堡对小罗斯的态度都能说明这个问题。

卡尔决定折向乌克兰，这个做法让马泽帕大吃一惊。"真是见了鬼了！"盖特曼得知瑞典军队的动向后，就这么惊呼了起来。马泽帕希望卡尔十二世经由斯摩棱斯克和莫扎伊斯克前往莫斯科，这样哥萨克的军队就能在俄罗斯而非乌克兰的土地上支援瑞典人，打击彼得的军队。瑞典军队现在出乎意料地来到乌克兰，只能迫使盖特曼亮出自己的底牌。马泽帕的背叛让彼得惊得目瞪口呆。他在给阿普拉克辛将军的信中写道："马泽帕就是个真正的犹大，他为我服务了二十一年，现在马上就要行将就木，却成了重罪犯、人民的叛徒。"

马泽帕只带了一千五百多名哥萨克和少部分高级军官投奔瑞典人。他给自己留了卫戍部队守卫都城巴图林。亚历山大·缅什科夫得知马泽帕叛变，便来到巴图林城前，由于该城拒绝投降，他便发起攻击，纵火焚烧。科斯托马罗夫写道："居民一个不剩都被屠杀了，只有高官没被杀，但后来也都被处决了。"[28]沙皇的军队夺取了盖特曼的大量财宝、火炮和军事设施，将卡尔所指望的大量库存小麦付之一炬。

乌克兰人并没有跟随盖特曼。他转向转得太突然：谁都不会忘记，二十多年来，他对沙皇可谓尽忠尽责。彼得下令，叛徒盖特曼相继在基辅和莫斯科遭到了宗教上的惩罚。许多教堂都将他革出了教门，这种情况一直延续到了1917年。新的盖特曼很快被选了出来，当时彼得也在场，此人是伊万·斯科罗帕茨基。小罗斯拒绝用俄罗斯人来换瑞典人，不为所动，只有扎波罗热是个例外。1709年3月，他们在阿塔曼科斯佳·戈尔坚科的率领下重新归附到了马泽帕身边。事实上，在小罗斯统帅俄罗斯军队的亚历山大·缅什科夫对哥萨克进行了惩罚，派一支大部队歼灭了扎波罗热的城寨。缅什科夫向沙皇报了捷讯，也对他说了屠杀要塞防守者以及实施处决的情况；他说所有东西都被摧毁，"就是为了彻底根除这个罪犯窝"。俄罗斯军队不仅摧毁了要塞，还毁了扎波罗热哥萨克的所有村子。1917年革命前夕，俄罗斯共有十二支哥萨克军队驻守在帝国的边境地区：顿河、库班河、乌拉尔河等。只有扎波罗热的军队后来没恢复过来。

尽管乌克兰人拒绝追随马泽帕和扎波罗热人，但彼得的处境还是颇为艰难。1708年7月，由孔德拉季·布拉文指挥的骚乱部队试图夺取亚速，沙皇的部队费了九牛二虎之力才打赢。亚速的重要性并不仅仅在于其要塞与港口的位置，这些都是从土耳其人手上勉强夺来的。失去亚速或许会导致苏丹的政策出现转向。

卡尔十二世、斯坦尼斯瓦夫一世·莱什琴斯基、马泽帕一直都在鼓动最高朴特参战打俄罗斯。与彼得开战最坚定的支持者就是克里米亚汗德夫莱特-格来。局势已经相当不稳，1709年春，彼得离开小罗斯，前往亚速。有传言说俄罗斯强大的舰队一旦开战，就会离开亚速，投入黑海，沙皇驻君士坦丁堡的大使彼得·托尔斯泰就会用"金雨"浇灌苏丹的宫廷，促使后者表明奥斯曼帝国丝毫无意和俄罗斯开战。

在写往伊斯坦布尔的一封信中，马泽帕提醒对方：如果土耳其不抓住这个机会，支持乌克兰独立，不保护自己免受俄罗斯的侵袭，那它肯定会失去克里米亚。盖特曼的这则预言将在七十年后应验。

1709年4月1日，瑞典军队来到波尔塔瓦城门前。这座城市坐落于沃尔斯克拉河岸边。三百一十年前，帖木儿的一个将军就在这儿击败了由立陶宛的维托夫特大公率领的立陶宛、波兰和十字军士兵的联军。维托夫特战败也就标志着统一罗斯各公国的莫斯科的死亡。沃尔斯克拉河畔的新战斗持续了数月之久（19世纪时，普遍认为库里科沃战役之后，波尔塔瓦战役是决定俄罗斯命运的最重要的战役）。瑞典人试图夺取这座位处交通要道的城市，但没能成功。渐渐地，俄罗斯人相信他们必须在这里发动一场会战。6月4日，彼得来到现场。战斗前几天，卡尔十二世在敌军鼻子底下骑着马检阅时腿部受了伤。他最喜欢的就是这种虚张声势的做法。他把这叫作"呛敌取乐法"。在这种情况下，他只能躺在由两匹马抬着的担架上来指挥战斗了。

无论是否研究军事史，历史学家对波尔塔瓦战役的种种细节都作了大量的描述和研究，这场战役让诗人和散文家灵感勃发，已成一代传奇。战役最后以瑞典军队惨败收场（瑞典军队在战场上留下了近七千名士兵和三百多名军官的尸体，还有至少三千名士兵和军官当了俘虏）。卡尔十二世剩下的军队（约一万五千人）也都被俘。国王带领一小股骑兵最终渡过第聂伯河，躲到了土耳其人那里。马泽帕和他在一起。[29]法国一份报纸报道了波尔塔瓦战役的结局，它是这么写的："一句话总结，敌军全军都落得了法厄同的命运。"弗里德里希·恩格斯不像法国记者那样爱使用诗意的比喻，一个半世纪后，他对这场战役进行了总结，从政治观点层面归纳了它的意义："卡尔十二世试图深入俄罗斯腹地，从而导致瑞典失利，并向所有人证明了俄罗斯坚不可摧。"

彼得一世对和瑞典人的这场"会战"的结果相当满意。自从纳尔瓦战役战败起已过了九年时间，瑞典军队被完全抹去了。沙皇直接指挥军队战胜了不可一世的对手，自然认为自己完全应该获得更高的军衔。战斗期间，彼得是上校军衔；战役结束后，他向舍列梅捷夫元帅和阿普拉克辛海军元帅建议授予自己海军少将和中将军衔。他甚至认为自己有权跳过少将这一级，之所以如此，他的观点是胜利也有自己的功劳。12月底，莫斯科，克里姆林宫的火炮和城内所有的钟楼发出震耳欲聋的轰鸣声，胜利者开始游行。瑞典俘虏走在队列的最后面，徒步穿越全城。其中就有罗恩舍尔德元帅和瑞典枢密官皮佩尔伯爵。

在随后的宴会上，沙皇的精神突然崩溃，刚到莫斯科的丹麦使节也是宴会的宾客，他巨细靡遗地记录了这个场景。别人对他说，彼得担心心上人叶卡捷琳娜的健康出问题（三年后，叶卡捷琳娜成了他合法的妻子），两天前，叶卡捷琳娜为他生下了女儿伊丽莎白。

彼得还有其他担心的理由。和瑞典的战争尚未结束。波尔塔瓦战役的次日，卡尔向彼得派去了梅耶费尔特少将，打算交换战俘，商讨和谈的可能性。彼得想要结束战争，提了几个条件：要求获得英格里亚（和彼得堡）以及卡累利阿（和维堡）。卡尔认为这样的条件"太无耻"。瑞典国王还不愿相信这场战争自己已经失败。他还拒绝了彼得提出的用皮佩尔伯爵交换马泽帕的建议。老盖特曼的问题后来自行解决了：1709年12月，马泽帕去世。

卡尔逃到了当时由土耳其占领的摩尔达维亚的都城宾杰里，他劝说苏丹向他提供十万人的大军，他保证可以攻占俄罗斯和波兰。卡尔在给妹妹乌尔里卡-艾莉诺拉的信末提到了波尔塔瓦（没有明说）："［……］军队惨遭损失，我希望很快就能得到补充。"[30]

卡尔有一点说得没错：战争还没结束。波尔塔瓦之后，彼得让军队兵分两路。一路是利夫兰。1710年7月，舍列梅捷夫的军队夺取了里加；之后，杜纳蒙德、培尔诺夫、阿伦斯堡和埃泽尔岛相继陷落。9月29日，列瓦尔投降。利夫兰（也就是后来的立陶宛和爱沙尼亚）终于被全面攻占。1710年，俄罗斯人占领了维堡和芬兰的凯克斯霍尔姆。伊凡雷帝的梦想终于实现了：俄罗斯在波罗的海沿岸牢牢地扎下了根。

彼得选的第二个方向就是波兰。波尔塔瓦之后，斯坦尼斯瓦夫一世·莱什琴斯基在华沙的王位摇摇欲坠。不过，他仍然得到了冯·克拉骚将军指挥的瑞典军队的支持，后者还有一万左右的兵力。得知卡尔战败之后，奥古斯特二世便离开了萨克森；他郑重其事地声明，他会重新遵守阿尔特兰施塔特条约，也会逊位。1709年10月，彼得和奥古斯特在托伦见面，签订了新的盟约。盟约的一大"创新"并不仅仅是同意俄罗斯军队（四千到五千名步兵和一万两千名龙骑兵）驻扎在波兰境内，还有军力的分配，这点和十年前的状况截然不同。铁腕奥古斯特二世不再是一个纯粹的盟友，从现在开始，他只是一个羸弱的次要合作伙伴。波兰当代历史学家写道："彼得一世成了波立联邦的权威……事实上，他的权力扩展到了波兰全境，直至普鲁士、勃兰登堡和奥地利的边界地区。"[31]

战胜瑞典人之后，彼得和丹麦再次开始攻守同盟，还和普鲁士签订了防守条约，再加上和波兰结盟，这样一来，彼得就能确立反瑞同盟，此前卡尔十二世成功的时候，这样的同盟就分崩离析了。

俄罗斯军队在各条战线上不可遏制的势头因和土耳其开战而停了下来。卡尔的密使一直在伊斯坦布尔搞阴谋诡计，努力想要说服苏丹把俄罗斯打回原形。瑞典外交官的努力没有白费，终于在那儿找到了有利的条件。彼得再三要求让卡尔离开土耳其的领土，从而导致局势愈来愈紧张。1710年1月，俄罗斯和最高朴特续签和约，但这并不能阻止苏丹为战争做准备。埃及、非洲、巴尔干诸国的部队从庞大的奥斯曼帝国四面八方赶来，集中于边境地区。只要俄罗斯被瑞典人打败，土耳其采取观望态度，可以预料莫斯科很容易就会衰落下去。波尔塔瓦大捷促使苏丹觉得有必要宣战。彼得也同样持这种看法，他认为他有足够的兵力打击土耳其人。1710年10月，彼得要求最高朴特引渡卡尔，并指出，一旦这个要求没有得到满足，他就会诉诸武力。土耳其对此予以驳斥，并于11月向俄罗斯宣战。

彼得有巴尔干地区斯拉夫人（摩尔达维亚和瓦拉几亚的王公）的支持，并亲自指挥军队。俄罗斯军队（大约四万人）来到相对不太重要的普鲁特之后，被土耳其大军（近十五万人）包围。巴尔干诸王公虽然承诺提供粮草，但还是缺给养，这样就使局势变得愈发严峻。前来增援的一万九千名塞尔维亚人在多瑙河沿岸受到瓦拉几亚王公布兰科万的阻击，他突然决定不再支持俄罗斯，向苏丹宣誓效忠。

俄罗斯军队有可能会遭到惨败，沙皇也有可能被俘。外交斡旋拯救了他。沙皇代表副枢密官彼得·沙菲罗夫精通众多外语，曾陪沙皇游历欧洲，他在和指挥土耳其军队的维齐尔马哈茂德-巴拉尔基谈判期间，展现出出色的外交才能，并成功使俄罗斯军队从包围圈里抽身而出。彼得·沙菲罗夫除了拥有外交才能之外，还有一个强大的武器，那就是：行贿。与这些事件同时代的人曾计算过，为了买通维齐尔，陪同彼得的叶卡捷琳娜必须放弃自己所拥有的所有的珠宝。但彼得·沙菲罗夫从沙皇这儿得到命令，要他不惜任何代价让俄罗斯军队摆脱困境。沙皇同意向土耳其人交出自己从他们那儿攻占的所有城市，将利夫兰让给瑞典人（如果局势走到那一步的话）。但他断然拒绝让出英格里亚和彼得堡，如果没有其他解决办法，那就让出普斯科夫。

沙菲罗夫同意休战，但他获得了更优厚的条件。据说维齐尔马哈茂德-巴拉尔基（他是意大利人，原名朱里奥·马里亚尼，后成为伊斯兰教徒）收取了二十万卢布和叶卡捷琳娜的珠宝；他对彼得的承诺颇为满意，即将亚速还给苏丹，摧毁塔甘罗格（沙皇下令保留基础设施）以及顿河的其他要塞，停止介入波立联邦和乌克兰右岸的事务，最后就是让卡尔十二世回瑞典。沙菲罗夫和舍列梅捷夫的儿子被遣往伊斯坦布尔当人质。

普鲁特一役战败只是推迟了最终战胜瑞典人的步伐。1713年，彼得将莫斯科国的都城迁往彼得堡。他站在当年建造的一艘舰船上，对军中同僚发表讲话："兄弟们，三十年前你们能想象这一切吗？"十年前他也可以问同样的问题。彼得堡的时代开始了。当时把报纸叫作音乐自鸣钟，彼得命令报纸上不再称呼莫斯科国，而是称呼俄国。1739年住在彼得堡的意大利诗人及普鲁士伯爵阿尔戈罗蒂将这座城市称作"近期面向北方的一扇窗户，俄罗斯透过这扇窗户望向欧洲"。亚历山大·普希金罗列了俄罗斯第一位皇帝种种功绩的时候，采用了意大利诗人的形象化比喻，并作了很大的改动。俄罗斯诗人赞颂伟大的沙皇"用斧子凿出了一扇面向欧洲的窗户"。

英国历史学家阿诺德·汤因比发现，17世纪，俄罗斯历史上第一次经受了来自西方的强大压力（1610年和1612年，波兰人在莫斯科的存在，古斯塔夫-阿道夫麾下的瑞典人占领波罗的海沿岸地区），他写道："彼得大帝对西方的推进所作的回应就是1703年建立彼得堡。"俄国诗人和随笔作家弗拉基米尔·魏德列也认为，建设彼得堡是——十四个世纪之后——对建立君士坦丁堡所作的回应：彼得以自己的意志让俄罗斯重返它始终都归属其中的西方。[32]

战争还在打，因为待在宾杰里的卡尔仍然希望能获得土耳其军队的指挥权。他向斯德哥尔摩去信，说他永远无法接受"用丧失好几个省的代价来购买耻辱的和平……应该用极端的行动来解决问题，而不应容忍国家及其各省变得越来越羸弱，反而让俄罗斯得益"。[33]

要等到1713年秋，土耳其人才终于对瑞典国王失去耐心，勒令他离开宾杰里。1718年12月11日，他在围攻挪威一座要塞的时候被杀。

历史学家们断言他在夜袭的时候被一颗子弹打中，有些人则认为他是被护卫队的士兵所杀。不管怎么样，横亘在签署和平条约路上的一大障碍终于被清除了。1720年，瑞典王位被卡尔的妹妹乌尔里卡-艾莉诺拉占据，她觉得必须停止战争。

于是谈判开始了。但彼得要求得太多，瑞典人却并不承认自己已经彻底战败。俄国军队在芬兰和波美拉尼亚如有神助，从四面八方穿越波兰。1714年夏，俄国初出茅庐的舰队打了第一次胜仗：在汉戈乌德海岬附近，彼得（战斗期间，他给自己起名彼得·米哈伊洛夫，是值班水手）指挥的水兵通过接舷战术夺取了因海上风平浪静而麻痹大意的瑞典战船。

因打了胜仗，彼得被晋升为海军少将，不过他也活跃在外交战线上。1717年，前往法国的途中，他得知法国人在俄罗斯和瑞典的谈判中担任了调停者的角色，而且法国人也不再向瑞典国王支付援款。但奥兰群岛上的谈判拖了很长时间，于是俄国军队又开始发起军事行动。

1719年，在斯德哥尔摩周边地区发生了大规模登陆事件，哥萨克来到了瑞典首都的大门前。翌年，俄国军队再次踏上了瑞典的土地。

谈判就这么拖着，因为瑞典得到了英国的支持，后者想阻止俄罗斯插足波罗的海；而且，彼得自己的盟友普鲁士和波立联邦也在密谋反对俄罗斯。乌尔里卡-艾莉诺拉登上瑞典王位之后，外交官们齐聚尼斯塔德。1721年，俄国军队再次出现在瑞典，瑞典人只能相信自己被彻底打败了。1721年8月30日，尼斯塔德条约签订。俄国得到了利夫兰、埃斯特兰、英格里亚和部分卡累利阿，其中就包括维堡地区。芬兰被还给了瑞典。莫斯科国魂牵梦绕两个世纪之久的波罗的海沿岸地区终于成了俄国的领土。

北方战争的结果并不只是谁获得多少领土。伏尔泰充满激情地描述了波尔塔瓦战役："这场战役最重要的就是，在血腥味浓重的战斗期间，并不仅仅只是摧毁，还促进了人类的幸福，因为这场战役终于使沙皇可以自由地开化世界上很大一片地区。"[34]法国的这种激情只有在1935年的时候才被超越，那一年，亨利·巴比塞把斯大林说成个"恩人"。[35]

不过，伏尔泰说波尔塔瓦战役让彼得得到了机会，其最终的胜利使这机会赢面更大，这话说得没错。当汤因比认为彼得堡就是在回应西方的挑战时，他想到的是西方的两个"代表"瑞典和波兰对俄国的压力。北方战争以瑞典战败收场，瑞典不仅失去了波罗的海诸省，没法再威胁俄罗斯，还从欧洲的政治舞台上隐退了下去（被赶了下去）。

瑞典是俄国的敌人，它由于战败而丧失了影响力应该也有逻辑可言。但俄罗斯的盟友波立联邦数世纪以来一直是莫斯科国的敌人，也同样丧失了旧有的重要性。1716年，彼得在不满奥古斯特的贵族和国王之间进行了调停。1719年，迫于支持奥古斯特要求的英国和奥地利的压力，沙皇从波兰撤出了军队；但1720年，俄国和普鲁士达成协定，使之可以继续在波立联邦维持现有的国家体系（否决权和选举国王的权力），只是这种做法对国家相当有害。波兰历史学家帕维尔·雅谢尼卡得出结论："北方战争无可挽回地决定了我们的未来。"[36]事实上，瓜分波兰的条件在冲突期间就已具备。

尼斯塔德条约签订之后，元老院决定授予彼得"大帝"、"国父"以及"全俄皇帝"的称号。使用拉丁语（Imperator），而不是希腊语，是其中的一个特点，表明"第三罗马"就是"第一罗马"的继承人。伊凡雷帝也曾一门心思将自己追根溯源到了奥古斯都。枢密官格罗夫金伯爵在郑重地发表讲话时，总结了皇帝的种种行为：他将俄国"从无知的黑夜领到了光芒灿烂的世界舞台上"，使之"从虚空中诞生"，进入"文明人的社会"之中。彼得对此做出了回应，誓言俄国人会认识到战争结束以及和平来临的种种益处，但他也发出了如下的警告："若希冀和平，就不能让我们在军事上变弱，千万不能经历希腊君主制的命运。"希腊君主制就是指拜占庭。

到那时为止，欧洲只经历过一个帝国：德意志民族神圣罗马帝国，维也纳为其首都。不过，欧洲国家相对而言也比较快地承认了俄罗斯帝国：最先认可的是瑞典，最后认可的是1764年的波兰。对波立联邦而言，承认也就意味着自己将最终失去不久前由卡齐米日大帝的波兰和格迪米纳斯的立陶宛占有的土地。彼得大帝的新称号让突如其来的变化成了理所当然。自此以后，君主成了全俄、莫斯科、基辅、弗拉基米尔、诺夫哥罗德的皇帝和独裁者；只有在以前的鞑靼人的土地（喀山、阿斯特拉罕、西伯利亚）上才会称其为沙皇。这也就意味着俄罗斯沙皇不再存在了，从此以后只存在全俄皇帝。

注 释

1 E. V. Tarle, *Severnaja vojna*, Moscou, 1958, p. 11.

2 S. M. Solov'ev, *Publičnye čtenija o Petre Velikom, op. cit.*, p. 80.

3 E. V. Tarle, *op. cit.*, p. 12.

4 卡尔洛韦茨将军将自己和彼得的谈话一字不差地说给了丹麦密使，后者再报告给了国王。Cf. R. Wittram, *op. cit.*, p. 206.

5 S. M. Solov'ev, *Publičnye čtenija o Petre Velikom, op. cit.*, pp. 76-77.

6 *Ibid.*

7 *Ibid.*, p. 80.

8 Cité d'après Pawel Jasienica, *Rzeczpospolita obojga narodow*, Varsovie, 1972, tome III, p. 57.

9 Thomas Carlyle, *History of Frederic II of Prussia, called Frederick the Great*, Londres, 1958-1965, vol. 1 à 6, pp. 404-410.

10 Cf. A. G. Brikner, *op. cit.*, p. 406.

11 N. Pavlenko, *Petr Pervyj*, Moscou, 1975, p. 86.

12 Reinhard Wittram, *op. cit.*, p. 238.

13 Pawel Jasienica, *op. cit.*, p. 62.

14 E. V. Tarle, *op. cit.*, p. 50.

15 Reinhard Wittram, *op. cit.*, p. 242.

16 A. G. Brikner, *op. cit.*, pp. 408-409.

17 Gans Del'brjuk, *Istorija voennogo iskusstva v ramkax političeskoj istorii*, tome 4, Moscou, 1938, pp. 297-298.

18 Gans Del'brjuk, *op. cit.*, pp. 260-261.

19 Cf. Pawel Jasienica, *op. cit.*, p. 86.

20 Cf. Boris Nolde, *La Formation de l'Empire russe*, 2 vol., Paris, 1952, vol. 1, pp. 192‒215.

21 Cité d'après A. Brikner, *op. cit.*, pp. 212‒213.

22 Natan Ejdel'man, «Revoljucija sverxu», *v Rossii*, Moscou, 1989, p. 65.

23 N. Pavlenko, *Petr Pervyj*, *op. cit.*, p. 141.

24 A. P. Korelin (sous la direction de), *Kratkoe posobie po istorii*, Moscou, 1992, p. 43.

25 Pawel Jasienica, *op. cit.*, p. 97.

26 Cf. Theodor Mackiw, *Prince Mazepa Hetman of Ukraine in contemporary english Publications*, Chicago, 1967, p. 107.

27 N. I. Kostomarov, *Mazepa*, Moscou, 1992, p. 165.

28 N. I. Kostomarov, *Mazepa*, *op. cit.*, p. 252.

29 Reinhard Wittram, *op. cit.*, pp. 315‒320.

30 Cité d'après E. V. Tarle, *Severnaja vojna*, *op. cit.*, p. 446.

31 Pawel Jasienica, *op. cit.*, p. 117.

32 V. Vejdle, *op. cit.*, p. 34.

33 Cf. E. V. Tarle, *op. cit.*, p. 454.

34 Voltaire, *op. cit.*, p. 191.

35 Henri Barbusse, *Staline. Un monde nouveau vu à travers un homme*, Flammarion, Paris, 1935, p. 320.

36 Pawel Jasienica, *op. cit.*, p. 130.

4　改革抑或革命？

> 俄罗斯人并没有在西方邻国——波兰人、瑞典人、德意志人——的带领下被强行西方化，而是（……）自己进行社会转化，这样得以使之以大国的身份，而非殖民地或"穷亲戚"的身份，进入西方国家社群。
>
> ——阿诺德·汤因比

汤因比所说的"社会转化"首先指的就是彼得大帝的成就。这位英国历史学家认为，这是一个革命的进程。瓦西里·克柳切夫斯基并不赞同这种观点。我们说过，彼得的改革在他看来就是"一场革命，但不是就其目的和结果而言，而是就其进程和（它）对当时人的精神和神经所造成的影响而言"[1]。克柳切夫斯基的弟子帕维尔·米留科夫对老师的说法作了补充，他有一个颇为重要的观察："国家有权进行自己有能力进行的唯一一场改革。"[2]米留科夫进一步表明，改革乃偶然现象，进行得很混乱，"很仓促"，"一直都显得缺乏条理，是在零敲碎打"。[3]

美国历史学家马克·拉耶夫却持截然不同的观点；他把改革叫作"彼得式的革命"，他写道："与克柳切夫斯基和米留科夫不同，我并不觉得彼得的政策是战争必需，这只不过是一系列为了因应当时的需要而专门采取的措施。"马克·拉耶夫研究了重要法案的草拟和修订过程，他以近期的研究成果为基础，得出了结论，他认为"彼得以警察国家为模板，相当合乎逻辑地实施了转化计划"。[4]

纳坦·埃杰尔曼在改革时期对顶层发布政令推动革命的现象很感兴趣，他认为18世纪前二十五年的转化过程是"上层革命"的模板，在约一百五十年的时间里决定了俄罗斯的历史进程。这位历史学家指出，那个时代所有的观察者和评论者都试图通过彼得来预测他们自己的命运，他强调，在俄罗斯表现相当不错的那些时代，后彼得时代的一代又一代人对彼得都更为宽容，认为自身处境的暂时改善都是很久以前他实施改革的结果；但若是谈到反抗、萧条，他们就会说那都是为沙皇实施的转化过程奠基的那些"惨无人道的野蛮原则"所致。纳坦·埃杰尔曼合乎逻辑地从这些观察当中推导出"1700年至1725年的革命本质上含混不清"，各个层面随后彼此交替、互占上风的结论。

彼得改革对后世产生了各种各样的结果，其中有一种信念（几乎可以说是公理）认为，在俄罗斯，只有顶层推动，才有可能发生改革（和革命）。亚历山大·普希金写给彼得·恰达耶夫的信件草稿（1836年10月19日）对这个观点进行了极其清晰的阐述："政府仍然是俄罗斯唯一的欧洲人。"同确信只有"上面发话"才会发生转化的看法相辅相成的是另一个观点：国家进步所需的变化必然是受欧洲的启发而来。对俄罗斯历史的这些看法还有第三个受彼得"革命"所致的因素，就是坚信俄国不管需要什么，都能从欧洲借来。

莱布尼茨第一个提出了这个观点。这位著名的德意志学者密切关注彼得的动向，以及彼得为了将"光明"带给俄国而发动的战斗，他认为沙皇乃是人类的恩人。在1712年的一封信中，莱布尼茨向彼得解释了落后所带来的优势，照这位德国哲学家的看法，国家正是从这个时刻方才准备脱颖而出的。落后可以使人白手起家，采用外国的经验，很快这就会成为一种美德。莱布尼茨之后一个世纪，尼古拉·卡拉姆津写到了彼得时代："我们就这样看向欧洲，一眨眼的工夫，就将长期劳作结出的成果据为己有。"[6]与之同时代的《哲学书简》的作者彼得·恰达耶夫对此作了反驳："我们惯常都有一个习惯，就是觉得我们能瞬间吸取欧洲人缓慢得来、受到共同的道德力量直接影响所结出的进步果实，甚至都不需要知道如何才能做到这一点，这种想法难道一点都不幼稚吗？"但当卡拉姆津的观点反映了舆论的观点时，恰达耶夫就被人说成是疯子了。这些观点获得了支持。因为彼得所实施的转化证明是可以在转瞬间"将长期劳作结出的果实据为己有"的，而且照列夫·古米廖夫的说法，这么做还"惊人地轻松"。[7]

彼得所获得的经验强化了这样一种观点，即俄国历史上各段时期停滞不前，但这并不能阻碍它的发展，因为一旦从停滞不前里出来，俄罗斯就能一跃而起，"赶超"跑在它前面的那些国家。之后，一旦吸收了变强大所需的各种要素之后，俄罗斯就会稳步前进，重新返回惯常的生活模式之中。

一方面是必须"追赶"，另一方面是在吸收"进步果实"方面"惊人地轻松"，这两者都强化了两个世界印象的存在："他们"和"我们"，欧洲和俄罗斯。即便算不上彼此敌视，这也是两个根本相异的世界，一方对另一方充满蔑视、疑虑和恐惧。杰出的外交官和政治家安德烈·奥斯杰尔曼在日记中写下了这些有可能是彼得大帝亲口说过的话："我们会需要欧洲一段时间，但随后，我们就会扭头走开。"瓦西里·克柳切夫斯基相信这就是沙皇说的话，因为这话正好证明了"在他眼里，和欧洲走近只不过是达到自身目的的一种手段，而非目的本身"。[8]

很有可能，俄国的君主都未曾像彼得大帝游历那么广。这位沙皇永远都在走动，随着时间的推移，不仅是在俄国，他还去了波兰、德国、西欧。帕维尔·米留科夫写道，俄国"处处都能见到彼得和他的改革"。也正是为了改革,彼得才去了国外。

转变突然出现在各个领域和各个层级:国家层面的,精神层面的、私人生活层面的。年轻的沙皇一开始是要求剃胡须,之后成年了,就打压牧首制。如今,历史学家对彼得改革的性质仍然莫衷一是:这是偶然所致的结果,还是有其逻辑性?叶卡捷琳娜二世认为自己是第一个皇帝的继承人,这并非没有道理,她命人在彼得雕像上镌刻的这几个字"致彼得一世,叶卡捷琳娜二世"就是明证,她认为彼得"自己并不清楚什么法律适合在国内推广"。相反,谢尔盖·索洛维约夫则认为彼得有明确的改革计划。瓦西里·克柳切夫斯基得出的结论是,"彼得只是想到哪,做到哪,并没有费心……制订特定的计划",他"认为自己所做的事都很稀松平常,很正常,不是什么改革;他自己根本没注意到,通过这些稀松平常的事,他改变了自己周围的一切,改变了人和体制"。

有大量证据反对克柳切夫斯基的观点,证明改革计划确实存在,虽然细节不同,但大方向不变。1698年,彼得在英国逗留的时候,向神学家弗兰西斯·李坦诚自己想要为俄国制订改革计划。在向沙皇呈递的议案中,可以看到有人建议创建七个院,直接管理国家。1718年,彼得设立了这些院,数量达到九个,十五年后,他终于将英国神学家的建议利用了起来。与沙皇同时代的人和某些历史学家之所以留下改革是偶然为之、缺乏条理的印象,那是因为当时各个方面都出现了变化,还因为彼得一旦对创新觉得失望,或突然觉得自己追求的目标毫无用处,他就会将其骤然抛弃,投入另一项创新实验之中。而这就是耗费巨资推动进步的手段,两个世纪之后,这也成了布尔什维克的教义:"我们会从错误中吸取教训,能承受得了错误,因为我们是开荒者。"还要记住的是,彼得在立法和行政领域最亲近的合作者都是自学成才者和业余人士,沙皇自己就是。对瑞典战争结束之时,彼得自己也承认俄国的军事将领就是从这场战争中催生出来的:"战争让我有机会见到了我的蒂雷纳，但我活不到能见到我的絮利的那个时候。"事实上，尽管北方战争期间俄国出现了一批堪与17世纪这位星光灿烂的法国元帅相比的军事将领，但彼得周围圈子里的行政管理人员还没人能比得上亨利四世的这位大臣的胆魄和见识。"絮利"的缺席或许是因为并不需要这样的人，沙皇认为西欧国家懂得什么是"优秀的管理方式"，也就是良好的行政体系，而他所要做的就是利用这样的知识即可，他以前就懂得如何利用外国军事科技的成果。彼得觉得外国人掌握了组建国家的秘密，却对此秘而不宣。他把霍尔斯坦本地出生的海因里希·菲克派往瑞典，将所有可用于俄国的规章制度秘密复制下来。

改革先从军队入手，彼得认为军队——先是让他登上皇位的"滑稽团"，现在又是对瑞典人的大获全胜——是国家的基础。1715年，沙皇向皇太子阿列克谢解释自己政策的核心时断言，军事改革有利于俄国的进步，正是有了军队，"我们才能从黑暗走向光明"。

改革的目的是仿照西方的样板，创建一支俄国的正规军。其中一个困难是必须在战时建设这支军队。这也就意味着得招募源源不断的新兵：从1699年到1725年，共有五十三个征兵期。北方战争的第一年，三分之一的军官和所有的将军都是外国人。战争结束时，不再需要这些外国人了；沙皇下令，只有终其一生在俄国军队服役者才能获得晋升。1716年的军事条例基本都是按照卡尔十二世的规章为底本修订的（但也受到了萨克森、奥地利和法国的启发），确定了军队运转的种种细节问题。彼得亲自给这份草案作了两百处修订和更正。

一旦军队"优秀的管理方式"得到确立，它就能成为国家组织的典范。军队的目的就是服务。彼得穿起了军装，所有的朝臣也跟着他穿起了军装。我们发现，改革中最重要的是规定贵族子弟有义务参军服役——进入近卫团——从普通士兵做起，他们只能一步一步慢慢爬到军官这一级别。1716年的军事条例特别强调了这一点：凡参军者都称为士兵，无论将军，还是最末等的步兵或骑兵，概莫能外。条例确定了服役期间的所有细节，也考虑到了对违规者实施惩罚措施。被强制征兵的农民拒绝服役：1712年，逃兵的比例升到了10%。很快，逃跑现象就蔓延到了贵族阶层。从1708年起，家庭必须为逃跑的新兵负责；1712年和1715年，特别下达的敕令规定会用黑火药在逃兵的左手上烙刻十字架标记。

严厉的军队纪律成为模板，文职生活也因此受到了启发。彼得在其生命的最后一年向服务国家的人做了解释，说不得窃取国库，不得收受贿赂，为人必须诚实；他威胁道，如有违犯，就会受到极其严厉的惩罚，他这是将军队纪律方面的概念用在了文职工作上："凡工作中自愿且有意犯罪者，必将受到惩罚，和战时不愿履行职责的叛徒同等待遇……"

因战时需要所实施的行政改革很快便超越了战争框架。彼得经常不在莫斯科，但他什么都想知道，什么都想掌控，要在所有的领域做出最终决策。于是，他就设立了迄今为止俄国闻所未闻的行政管理机构"内阁"。"阁务秘书"阿列克谢·马卡洛夫一直都在沙皇左右，他在将文件呈递给彼得之前会将所有文件全都审核一遍，所以他也就成了最有权势的人。波雅尔杜马就这么不知不觉地消失不见了，甚至都不需要为此颁发特殊敕令。最后一次提到波雅尔杜马是在1700年2月。自然，彼得是从西方寻找可以更新并改革莫斯科陈旧过时的行政管理体系的方法的。"莫斯科罗斯衰落了，甚至传统文化也没落了，欧洲存在一个完美的政治观念和社会方法体系，这对彼得而言都是实施'革命'的有利条件，以使俄国融入欧洲'现代'强国的圈子。"[9]17世纪末，西欧和中欧出现了行政管理和政治原则（也是社会-经济原则）的类似体系。"官房学派"，对财政、经济、管理的研究，所有这些在中世纪大学教授的内容，最终导致17世纪出现了组织性极强的国家概念，很快就又变成了警察国家的概念。哈雷大学在

"官房学派"的发展过程中起到了特别重要的作用，大学的许多教授全都去了俄国。

马克·拉耶夫认为"官房学派"的重要原则全都来自16世纪和17世纪诞生于西欧的新世界观，以及后来伽利略、牛顿、笛卡尔的发现。这些思想家将中世纪世界封闭完善的观点变得一无是处，他们强调了世界的无限性，这样一来，自然资源也就有可能取之不尽，用之不竭。他们断言宇宙是可以通过学习来理解和组织的。但需要理性和意志。这两股力量结合起来，就能使人产生思考，认为未来就是现在的延续，只要掌握理性科学所证明的那些难以理解的法则，向着未来的发展进程就是可以计算出来的。人类能够增长知识、增加产量，从而改善自身的物质状况。换句话说，进步是可以做到的。

从这些哲学前提推导而来的一个政治结论是，必须对民众进行再教育，并且重构社会，这样他们才能为未来、为遥远的结果、为进步而拼搏。自此以后，就有两项任务落到了政府的肩上：第一个是长期组织社会活动，摆脱"农民"日复一日"生活的"心态；第二是消灭偏见和其他迷信，这些会阻碍对宇宙的理性阐释。马克·拉耶夫写道："政府和政治精英必须在对社会的再教育和再组织上发挥关键作用。"[10]中央集权制得到强化，君主（国家的化身）此后的政策也会具有清晰的逻辑性，其目的就是使国家的潜能变得最大化，如财富、实力、物质方面的福利。这样的任务显然没有尽头，一旦动起来，它就会内化于体制，使自身成为目的。

自此以后，国家的帝国主义实力就会倍增：它不仅掌控社会生活的方方面面（最终垄断私人生活），还不停地侵占新的领土（或国家），拓展各个领域。马克·拉耶夫对警察国家的定义是：彼得使用的方法"目的在于用从西欧和中欧进口的富有活力的体制来替换濒死的莫斯科文化"。[11]

彼得一如既往地做实验，强行实施新的法律法规，觉得不适合了再将之摒弃，就这样积极地对国家行政体系进行了重组。战事正酣的时候，俄国分成了八个行政管辖区（或曰省），这些省份几乎都是行政区和军事区，为一定数量的军队服务。1711 年，创建了中央政府机关——元老院。元老院的使命是沙皇不在都城的时候取代他发号施令；正式设立该机构的命令指出："每个人均应服从元老院……和我们。"新设立的机构有九名成员，机构拥有极广泛的权力（因为谁都认为它可以取代沙皇），可以履行无数的职能。1718 年，为了使元老院的活动合理化，彼得还设立了上文所说的院。莱布尼茨给彼得去信，说这些院可以撼动国家机器，就像一个小齿轮带动另一个小齿轮那样，归根结底，"生活的指针将会绝对无误地指向国家的幸福时刻"。

创建院（我们说过一开始是九所）可以扩大政府的治理领域，强化中央集权。首先是负责"外国"事务的院。之后出现的是陆军以及海军院（这在之前的俄国闻所未闻）。三个院负责财政事务：一征税，二安排预算资金，三控制花费。最后，另外三院负责贸易和工业事务：一院负责轻工业，二院责矿产，三院国外贸易。所有的院长（只有矿产交由苏格兰人雅各·布鲁斯负责，他是出色的炮兵统领）都是俄国人，副院长几乎都是外国人。一开始，院长同样也担任元老院议员。不过后来，彼得对这些职能又作了区分。

行政机关要受到帝国的双重监督：秘密监督财政（有线人网络），全体检察官公开监督法院。总检察长担任监督机构最高领导人。

正教院在行政体系中占据了一个特殊的地位。1700 年阿德里安牧首死后，教会便由"牧首御座的护卫者"司提反·雅沃尔斯基领导。这位神职人员表达了想要有一名牧首的愿望，彼得便做出了回应，于1721 年颁布《教会条例》，由费奥凡·普罗科波维奇执笔。领导教会的工作便交给了正教院，正教院的院士均为公职人员，和任何一个世俗机构一模一样。他们向沙皇宣誓，不折不扣地执行他的指示。正教院1722年的敕令命令教士需将告解时听来的叛国或反叛之类的意图报告给当局。

某些历史学家和彼得的许多同时代人一样，都认为教会改革的目的就是要强行让俄国具有新教的构架；而且，新教对彼得大帝颇具吸引力。彼得的德国传记作者认为是国家层面的考量，而非神学层面的考量，促使沙皇选择新教模式作为精神生活的组织形式。[12]尼古拉·卡拉姆津显然也注意到了这个事实，他写道："没什么东西能让[彼得]害怕。无论什么时代，俄国教会都有首领，先是都主教，后来则是牧首。彼得宣布自己是教会首领，取消了牧首一职，认为牧首对专制权力构成了威胁。"[13]

1589年设立的牧首一职表明官方正式确认莫斯科继承了拜占庭的遗产。取消牧首就表明全俄皇帝根本不需要中介存在于上帝和他之间。1716年通过军事条例的时候，彼得还没获得皇帝的头衔，也没创建正教院，军事条例是这么宣称的："陛下乃绝对君主，无须对世界上的任何人负责，但作为基督教君主，他拥有权力和力量，以自己的方式统治他的国家。"

沙皇和牧首——上帝选定的双重权力，具备上帝的智慧——代表了莫斯科国至高无上的权力。在1721年的《教会条例》中，给出了取消牧首一职的理由，即："庶民无从知晓精神权力和沙皇权力之间的差别。"为了不致造成太大的混乱，皇帝便将精神权力和世俗权力都掌握在了自己手中。彼得给象征符号赋予了极大的重要性，规定在莫斯科圣母升天大教堂内都主教彼得的墓旁不再放置一普特（poud，16.38公斤），而是一俄磅（funt：略少于500克）的蜡烛。

彼得改变行政架构，效法警察国家模式，同时用罗马帝国的世俗模式（因此，俄国既非沙皇国，亦非正教王国）取代神权政治的拜占庭模式（东正教沙皇国）。阻止君主成为国家绝对主人的牧首必须离开。彼得对他父亲发起的反尼康牧首的斗争可谓记忆犹新。照皇帝的看法，近卫军随便一个军官就能来领导教会。因此，彼得比路易十四更有理由说"朕即国家"这句话，因为俄国沙皇还加了一句：朕即教会。格奥尔基·维尔纳茨基在阐释教会改革的意义时写道，彼得的"整个精神结构属于俄国类型，但他的宗教观却使他成了非俄国类型的沙皇"。[14]

1722年设立的"官秩表"制定了管理体系的规章制度，是一份重要文献。彼得吸取绝对君主国——法国、普鲁士、瑞典及其他国家——现行的官阶制度，在国家内部创立了官阶等级制：军职人员和文职人员、宫廷人员。"官秩表"计十四"类"（或级），规定了该等级中依据能力、学识和热情的多寡来决定升迁的种种可能性。现在不再靠出身和家世，而是靠才能和工作能力方可走上一条通往"顶层"的道路。一级官阶（文职等级中的第九级）如获晋升，便可自动获得只荫及自身的贵族身份，六级军职（文职四级）则可获世袭贵族身份。

因此，贵族不再是封闭的社会等级：通道正向庶民开放。伊凡雷帝时期发起的反对门第授官制的斗争最终以沙皇的权力大获全胜收尾。此后，权利和特权的获得不再取决于出身和职务，而是取决于级别。"官秩表"一直在俄国沿用至1917年。彼得所确立的这个方案不仅可以对行政部门进行管控，也可以对社会阶梯上的每个公职人员进行管控。即便再琐碎的日常生活也都受到了严密的管制。比如，前五个级别购买制作制服的布料每俄尺（0.71米）不得超过四个卢布；随后三个等级的费用是三个卢布，其他等级则为两个卢布。

改革（或曰革命）不会放过任何一个人。贵族（领导阶层）获得了借用自波兰语的新称号：chliakhetstvo。但这个新词在俄国的土地上并没有波兰语的含义：俄国的贵族阶层并不像波兰什拉赫塔那样拥有这么多的权利，而是受到了极其严格的"管控"。彼得坚持认为十五岁是开始作为贵族服务的年纪，这样的服务并无限期（一直到五十五岁）。但他规定少儿贵族要在开始服务之前学习算数和几何基础（只有掌握一定水准的基础教育之后方可成婚）。十岁的小贵族刚开始的时候为普通士兵级别。"对士兵这个职业的基础情况都一无所知的"人没有任何机会可以成为军官。家财万贯的、头衔最高的家族出身的儿童都会加入首都近卫军，而其他儿童都要去军队服役。

1714年，彼得签署了一项敕令，针对的是遗产以及禁止分割不动产（采邑、庄园……）。接下来，父亲只能将财产遗赠给一个自己选定的儿子。瓦西里·克柳切夫斯基写道，这并不是西欧存在的长子继承制。由于立遗嘱者可选择继承人，故而土地（和其他财产）并不会自动来到长子手上。因此，彼得就这样规避了田产的碎块化，但由此也引发了贵族的贫困化，而贵族这个阶层主要是"军职人员"的来源。采邑和庄园的区别最终遭到废除，这样也就出现了一种新的田产形式，"可继承，不可分割，一劳永逸地迫使持有者履行军职和文职职能"。[15]

1714年设立的人头税是向农民的最终奴化走出了新的一步。由于民众想尽各种办法避免缴税，所以当局就实施了类似于"连带担保"的措施：地产主负责征税。农民的依附性越来越厉害。而且，通过"规范"和简化现有的关系，新颁发的敕令将所有农民一视同仁，取消了奴隶和自由民之间的所有区别（以前，后者并不属于领主）。农民作为耕作者，被固定在土地上，由此转变成了奴隶。此时建立起来的农奴制一直将持续到1861年才结束。很快，农奴制的种种形式引发了皇帝的不满。在1721年的一份敕令中，彼得禁止将农奴的家庭拆散，"像牲口那样""零售"出卖。但这份敕令一直都是一纸空文。

我们知道，成千上万的农民被用来建设沃罗涅日、亚速、阿尔汉格尔斯克的海军船坞，以及建设彼得所谓的"天堂"：圣彼得堡。外国亲历者说在建设塔甘罗格港口期间有三十万人死于饥饿或疾病。圣彼得堡的建造更是死伤无数。

战争有效地促进了工业的发展，其肇始源头可追溯至17世纪。当时在西方甚嚣尘上的重商主义逐渐站稳了脚跟。彼得有三个宏大的目标需要达成：鼓励采矿业开采俄国丰富的矿产资源；以外贸差额为基础，规范贸易；发展地方制造业。瓦西里·克柳切夫斯基写道："俄国的年轻企业并不能符合改革者的期望；必须下达敕令，命令资本家开办制造厂，创建商行……这样一来，创建工厂或商行就等于是在为国家服务，成了一种义务，而工厂和商行也就像是官方机构。"对此必须补充的是，被强制遣往矿场、制造厂、作坊的"在工厂干活的农民"，其处境要比专事耕种的农民凄惨得多。

不过，成效还是颇为惊人的。瓦西里·克柳切夫斯基从彼得的改革中看到了两个层面，他列举了改革所取得的成果："俄国没有正规军，沙皇就建了一支；俄国没有舰队，他就造了一支……原材料的开采发展不快，加工业几乎不存在：他在位末期留下了两百多家工厂和作坊……"[16]改革的成果甚至也受到了斯大林的关注，他在总结第一个五年计划时，受到了克柳切夫斯基文本的启发："以前，我们还没有重工业……现在有了。以前，我们生产不了拖拉机。现在也有了……"[17]

这些可观的变化同样也影响到了文化领域。对彼得而言，文化就是教育的同义词，他认为教育就是获取有用的知识，所以基本上就是技术方面的知识。弗拉基米尔·魏德列说彼得是"现代第一个技术官员"。学校开了不少，都是教授算数和几何的，还开了许多专业学校，培养工程师和炮手，航海和医学方面也有专门的机构。俄国以前的教育完全由教会管辖，现在第一次出现了世俗学校。1703年还出版了首批和宗教无关的出版物：《消息报》提供技术信息、刊登皇家敕令，列昂季·马格尼茨基的著作《算数》在当时那个时代风靡一时，书中除了算数运算规则之外，还提供了大量极为实用的信息。

文化层面的转变触及了彼得时代俄国人的生活方式。胡须消失了，服装变了，新的行为规范也得到了认可。当时畅销书的书名是：《青春时期诚实之镜，或日常良好的举止规范》。1717年和1718年这两年时间，印刷出来的189本书售罄，获得了极大的成功。这份讲述良好举止的指南教导年轻贵族如何落座、行走、致礼，使用餐刀、餐叉、餐巾、手帕，如何戴帽，以及如何施行宫廷社交礼仪。书名页上写道："应沙皇陛下之命印刷。"

《诚实之镜》也绘制了此书读者的肖像，由此定义了新文化得以传播的一个框架：新文化关涉的是宫廷、高级官员、首都的贵族阶层，以及部分外省贵族。新文化成了社会特权阶层的一个独特标记。

文化上的革命如火如荼进行着的时候，俄语也受到了撼动。新概念和新词汇的出现引入了大量外来词：三千多个来自拉丁语、德语、丹麦语、英语、瑞典语、法语、波兰语的词注入了俄语当中。几十年之后，俄语将这些外语消化殆尽，现代俄语也就从文学中诞生了出来。

在彼得的倡议之下，文化和教育都发生了变化，而其他生活领域也是一样。用1899年亚历山大·基泽维特的话来说，这些变化是"靠着强制和恐怖"才得以推行起来的。1956年，弗拉基米尔·魏德列用了一个形象：对他而言，彼得等于是把俄国这个"优秀的学生派到了工人学堂和欧洲去学习，他这人头脑很清晰，太清晰了，他觉得欧洲没有灵魂，很'美国化'（亦即只注重技术和工业）"。[19]

无论称之为改革还是革命，彼得的改造工作都遇到了社会大多数人的抵制，也由此形成了反对力量。阿斯特拉罕、顿河以及其他地区爆发的暴乱就是这种不满情绪的有力证明。但这并不仅仅是生活困难所致，也是当时的情感所致，因为许多人觉得自己所认定的生活方式、行为举止以及普遍的信仰都受到了威胁。彼得的支持者称其改造工作是"理性的胜利"，但俄国的大部分居民却认为这么做丧失了灵魂。沙皇设立的人头税（所谓的"按灵魂"征税）却将灵魂转变成了税基单位。

对彼得的反对出现在三个层面上。首先是社会层面。对暴乱的镇压极其严酷，但这丝毫无法改变绝大多数民众对沙皇及其新发明的看法。反方的第二个壁垒是神职人员，这些人虽然是分裂派教徒，但与官方教会仍有部分联系。分裂派从其源起和内在的逻辑来看，纯粹是一种宗教现象，完全不具备社会特点。不过，其发展的逻辑，还有它的起源，都导致了民族主义类型的反应。俄国的民族主义就是在这儿找到其根源的。"旧信仰"的传道者并不要求信徒通过个体的约束和努力来拯救灵魂，而是强调他人（外国人）的过错会使他们受到责罚，用这种威胁手段来吓唬羊群。帕维尔·米留科夫写道："分裂派要为这些民族宗教的形式而斗争，因为这些形式受到了希腊和基辅语法的误用。"[20]第三个反对因素主要由传统贵族阶层的残余力量构成。

从意识形态层面来看，反对派倾尽全部之力聚集在彼得的儿子，皇储阿列克谢的周围。阿列克谢为遭沙皇疏远的叶芙多基娅所生，所以成长过程中没有母亲的身影，阿列克谢和父亲一点都不像。"彼得具有开创精神，身形强健，精力充沛，和皇太子的温柔、懒散、孱弱形成鲜明对照。"[21]父亲对实用技术、手工劳作感兴趣，儿子则更喜欢神学和教会史。阿兰·贝桑松概述了父与子之间冲突的来由："父亲的要求就是对俄国的要求：俄国和他化为一体，与他的精力、事业步调一致……阿列克谢所要的是私人生活；而这一点，彼得绝不允许任何一个俄国人这么做。"[22]

随着阿列克谢日益长大，彼得对俄国的震动愈来愈强烈，再加上还存在不满情绪，沙皇与其继承人之间的分歧也就愈发明显。1717年8月，沙皇向时年二十岁的阿列克谢下了最后通牒：要么马上改正，成为合适的继承人，要么削发为僧。皇太子的回答就是逃往国外。他逃到维也纳后，受到了奥地利皇帝的庇护：阿列克谢的妻子、1714年去世的夏洛特公主就是查理六世的妻妹。用20世纪的语言来说，就是俄国皇位继承人要求奥地利皇帝给予其政治庇护。这种叛国行为已是不打自招：逃亡、侨居国外都承认了这种罪行。

彼得派经验丰富的外交官彼得·托尔斯泰去找皇太子，而后者则设法藏在了奥地利皇帝的领地内。彼得·托尔斯泰威胁利诱，还同意让他和叶芙罗欣生活在一起（叶芙罗欣是女仆，受阿列克谢钟爱，这次他也是和叶芙罗欣一块儿逃亡的），这才说服阿列克谢回国。奥地利宫廷根本就不支持这种叛逃行为，加之维也纳惧怕彼得大帝的雷霆之怒，所以看到阿列克谢离开自然欣喜万分。奥地利的大臣甚至还担心俄国军队会入侵帝国的领土：沙皇的军队就驻扎在波兰西里西亚的边境地带。

阿列克谢返回之后，对他的审判就开始了。先是逮捕了皇太子的身边人，那些人遭到了严刑拷打。沙皇想要找到儿子有罪的证据，想要获得阴谋反对他的那些人的名单（他相信有这样的阴谋）。身处彼得堡的汉诺威使节韦伯写道："我不想充当法官，我知道不管沙皇是否有理，都不会让皇太子登上皇位，还会对他进行诅咒。不管怎么说，神职人员、贵族和平民喜爱皇太子这一点是毋庸置疑的，每个人都清楚沙皇的遗嘱在他死后没人会加以理会。"[23]

彼得还亲自审问了叶芙罗欣（她没受到拷打），从而得知了儿子的梦想，他和自己心爱的女人分享了自己的梦想，那就是：登上皇位之后，阿列克谢想要国内保持平静，不再进行征伐，解散大部分军队，取消舰队。对皇太子而言，所谓的"国内"自然就是指莫斯科。皇储其实一心想着要把彼得堡变成"荒漠"。彼得生平所要做的就是实现宏图大业，凡对俄国至关重要的东西就要拿到手，而皇太子的这些梦想却与之背道而驰，这当然并不只是阿列克谢的臆想。彼得死后十二年，普鲁士驻俄国大使沃克罗特阐述了贵族反对沙皇政策所立的方案，这些看法是以他在"密"谈中听来的东西为基础的。首先，主要是反对外交政策。该方案的支持者反对俄国向西方推进：对他们而言，沙皇获取波罗的海领土一事对俄国的安全毫无助益，反而会冒风险，将国家拖入和外国纷争不断、你争我夺的局面。贵族阶层认为获取波罗的海既得不到好处，也没有土地上的益处；相反，"利夫兰人几乎都踩到了我们头上，所得的特权比我们还多"。此外，贵族还反对建设正规军，"即便敌人劫掠了整个国家，但和最糟糕的敌人相比，这么做都是有百害而无一利"。总之，俄国并不担心外国的入侵：地理位置决定了没有哪个国家能征服得了它。俄国想要变成海上强国的愿望荒唐至极。根本就不要什么舰队来保卫边境：唯一一个能从海上发动攻击的国家就是瑞典，可瑞典还是倾向于从地面攻打。最后，沙皇将居所搬至北部的首都，这么做可以说有害无益。在地处中枢的莫斯科管控国家要方便得多，而从外交层面而言，定都于彼得堡没什么帮助。当然，这座城市离瑞典更近，所以也就更易遭到进攻；而且，它离波兰和土耳其也都太远，而监控这两个国家相当重要。

这个方案令人想起了从叶芙罗欣那儿挖来的那些信息。在分析了彼得的对手的这些论据之后，帕维尔·米留科夫认为，他们想要保持和平的特色只是表面现象而已。事实上，反对者并没有说不要从波兰那儿"获取必要的土地"，也没说不要发起新的征战，"确保（土耳其）难以入侵"。但和彼得不同的是，他们认为莫斯科政策的老目标，用老的方式也可以做到。[24]

从叶芙罗欣那儿得到所希望的情报之后，彼得便迫使儿子坦白自己有哪些不可告人的计划。1718年5月，民众知道了皇太子所犯的罪行："[皇太子]想借助外国的帮助或通过武力发动骚乱，在其父亲在世之际登上皇位。"6月，彼得下令设立法庭，法庭成员由一百二十名神职人员和世俗人员构成，沙皇嘱咐这些人要"多多了解""君主的儿子"。阿列克谢被拘禁在彼得保罗要塞，并受到长时间的审问，而且遭受了可怕的折磨：沙皇想要知道所有皇太子的"同谋者"、所有不满者的名字。审问由彼得·托尔斯泰主导，此人就是说服阿列克谢回国的那个人。他既是外交官，也是刽子手，过了很久之后，他的后人说家里一直流传着一个传说，说阿列克谢临死时诅咒了彼得·托尔斯泰及其后人，一直诅咒到了第二十五代子孙。[25]法庭判定阿列克谢"大逆不道"，该当处死。

1718年7月26日，阿列克谢去世。沙皇下令向各国使节发布宣告，就说皇太子身故，乃"罹患重疾所致，起初，颇类卒中"。彼得的苏联传记作者指出死刑判决并未实施，但皇太子还是死了，"不太可能是身体和精神上受打击所致"。[26]

皇太子去世次日，就是波尔塔瓦战役的纪念日，沙皇和廷臣一起庆祝了这个节日。尼古拉·科斯托马罗夫是这么写的："没有举办丧事。"[27]

对彼得怀有极大好感的俄国历史学家也没能找出哪怕一丝一毫反对沙皇的阴谋诡计。A. 布里克纳在其《彼得大帝的历史》一书中陈述了俄国文献中传播极广的一种观点："事实上，根本就没有阴谋，也不存在真正的政党。但不满者的人数极多，许多人都表达了对皇太子的同情。"[28]但历史学家也都一致承认是国家理性、俄国的利益促使这位了不起的改革者消灭了自己的儿子。就连布里克纳也极为天真，他写道："彼得战胜了无数对手：沙皇认为属于'米洛斯拉夫斯基核心'的那些人遭到了碾压；射击军也没了；索菲娅死在了修道院里；阿斯特拉罕暴动、布拉文叛乱也都失败了；哥萨克和分裂派都已屈服于改革者的意志。最后就只剩下消灭皇太子阿列克谢了。"[29]

谢尔盖·索洛维约夫对彼得的欣赏毫无保留，他说神圣的君士坦丁大帝就处死了自己的儿子克里斯普斯，18世纪，普鲁士国王腓特烈·威廉一世也险些这么对待自己的继承人腓特烈二世，他还说沙皇在听到这些不祥的话语时内心的焦灼之情："他会死去，万物随之熄灭，俄国又将重回旧日的野蛮状态。"[30]所谓的必须求助于野蛮手段来与野蛮作斗争的理念在20世纪特别流行。谢尔盖·索洛维约夫的结论是，阿列克谢的死亡仍然迷雾重重，但他父亲的苦难却得到了澄清："彼得写道，我受苦始终都是为了祖国，只希望它好；敌人对我使尽了各种卑鄙手段；对这些事情不熟悉的人很难承认我的无辜；但上帝能察觉出真相。"[31]

这位俄国历史学家觉得有必要用外国权威人士的观点来支持自己，于是援引了伏尔泰的看法。《彼得大帝治下俄罗斯帝国史》一书的作者用了很长的篇幅讲述了"阿列克谢·彼得罗维奇王子被揭发一事"。伏尔泰提到过一本英国小册子，里面说如果皇太子受到议会的审判，一百四十四位法官没有一个人会投票支持惩罚他，因为无论是英国还是法国都和俄国不同，他们不会因为思想罪而去惩罚任何一个人，但伏尔泰解释了为什么必须处死彼得的儿子：一而再，再而三的不服从，在我们这儿会认为那只不过是行为不端，可施以惩罚，但对庞大帝国的继承人而言，不服从就是十恶不赦的罪行，会引发极大的破坏。[32]对伏尔泰而言，皇储之死是个极其昂贵的代价；但彼得以为人民谋福祉的名义坚决处死了他。

1759年，关于彼得时期历史的著作上半部分出版了，但俄国读者并不满意，伏尔泰于是给他最狂热的仰慕者，也是伊丽莎白皇后的宠臣舒瓦洛夫伯爵写了一封信："皇太子的悲惨结局让我略有不安……从审判中，我并没看出任何谋反的迹象……在我看来，这孩子不应被处死，他只是和父亲道不相同而已。"想一套，写一套，并不是只有伏尔泰才会这么做。但必须指出的是，住在莫斯科的外国人都很支持彼得大帝。汉诺威使节韦伯是这么说的："如果存在阴谋，这儿的所有外国人都会处境堪忧，无一例外都会成为平民怒火的牺牲品。"许多外交官都对阿列克谢持负面看法，其中也有法国人，他们担心的是皇太子有意要和奥地利结盟的做法。

1910年，瓦西里·克柳切夫斯基的《俄国史概论》第四卷出版了，这一卷专门讲彼得大帝。如今已经八十年过去了，这位历史学家以格言警句的形式巧妙呈现出来的观点似乎具有难得的正确性，因为这些格言都受到了后续事件的确认。瓦西里·克柳切夫斯基写到彼得改革的时候说："最高权力就是人民所熟悉的指路者，他所发起和推动的改革使用暴力手段，使改革开始成形，这有点类似于革命［……］。但这更像是一种撼动，而不是颠覆。"历史学家并不否认撼动的重要性，它对社会和未来都造成了冲击。但他不愿将沙皇的改革视为革命，因为俄国的基础得到了保存。克柳切夫斯基写道："彼得改革是专制政权和人民及其故步自封的特性作斗争。他想用恐怖手段来激发奴性社会的主动性，经由拥护奴隶制的贵族阶层，让欧洲科学进入俄国，对人民进行教育，并认为那就是社会苏醒的绝对条件；他希望的是，奴隶虽然还是奴隶，但可以自由清醒地行动起来。"这位历史学家的结论是："专制政权和自由、启蒙运动和奴隶制相结合，这就是化圆为方的做法，自从彼得时代以来，我们就一直想要解决这个政治方程式，但经过了两个世纪，直到如今，我们都没有做到这一点。"[33]

瓦西里·克柳切夫斯基死于1911年，六年后，布尔什维克便尝试解开"专制＋自由"这个方程式。20世纪末，如何解这个方程式仍然成谜，而俄罗斯也仍然想要找到"化圆为方难题"的解法。

注 释

1 V. Ključevskij, *op. cit.*, tome 4, p. 292.

2 P. Miljukov, *Očerki po istorii russkoj kul'tury*, Troisième Partie, Saint-Pétersbourg, 1909, p. 167.

3 *Ibid.*, p. 166.

4 Mark Raev, *Ponjat' dorevoljucionnuju Rossiju. Gosudarstvo i obščestvo v rossijskoj imperii*, Londres, 1990, p. 50.

5 Natan Ejdelman, *op. cit.*, pp. 67-68.

6 N. Karamzin, «O ljubvi k otečestvu i narodnoj gordosti», *Sočinenija*, Moscou, 1948, tome III, p. 471.

7 L. N. Gumilev, *Ot Rusi k Rossii*, *op. cit.*, p. 287.

8 V. Ključevskij, *op. cit.*, p. 283.

9 Mark Raev, *op. cit.*, pp. 36–37.

10 Mark Raev, *op. cit.*, p. 40.

11 Mark Raev, *op. cit.*, p. 45.

12 Reinhard Wittram, *op. cit.*, p. 191.

13 N. M. Karamzin, *Zapiska...*, *op. cit.*, pp. 35–36.

14 Georgij Vernadskij, *op. cit.*, p. 190.

15 V. Ključevskij, *op. cit.*, pp. 116–117.

16 V. Ključevskij, *op. cit.*, p. 283.

17 Stalin, *Sočinenija*, Moscou, 1951, tome 13, p. 178.

18 Al. Kizevetter, «Rossija», *Enciklopedičeskij slovar'*, 1899, tome XXIII, p. 456.

19 V. Vejdle, *op. cit.*, p. 34.

20 P. Miljukov, *Očerki russkoj kul'tury*, *op. cit.*, Troisième Partie, p. 168.

21 A. G. Brikner, *op. cit.*, p. 334.

22 Alain Besançon, *op. cit.*, pp. 112, 114.

23 Cité d'après A. G. Brikner, *op. cit.*, p. 362.

24 P. Miljukov, *op. cit.*, pp. 183–184.

25 Nikolai Tolstoy, *The Tolstoys. Twenty-four Generations of Russian History, 1353–1983*, Londres, 1983, p. 80.

26 N. Pavlenko, *op. cit.*, p. 260.

27 N. Kostomarov, *Russkaja istorija v žizneopisanijax glavnejšix dejatelej*, Saint-Pétersbourg, tome III, p. 238.

28 A. G. Brikner, *op. cit.*, p. 359.

29 *Ibid.*, p. 360.

30 S. Solov'ev, *op. cit.*, pp. 307–308.

31 S. Solov'ev, *op. cit.*, p. 136.

32 Voltaire, *op. cit.*, pp. 307, 308.

33 V. Ključevskij, *op. cit.*, pp. 292, 293.

5 彼得大帝的遗产

彼得的国度不会包含特权人物和特权群体，所有人皆为平等，那是一种面对国家，权利缺失的平等。

——谢尔盖·普拉东诺夫

濒死的彼得尚有时间在别人向他展开的纸上写道："我将一切遗赠……"可是，皇帝要把这"一切"遗赠给谁呢？没人知道。和以前发生过的许多次情况一样，有遗产，但没有继承人，要么就是同时出现太多继承人。阿列克谢已死，沙皇也就不再担心有可能会抹杀父亲功业的儿子登上皇位了。但这也会让他思考由谁来继位的问题。1715年10月，阿列克谢的妻子夏洛特生了个儿子，取名彼得。几天之后，沙皇的妻子叶卡捷琳娜也生了个儿子，也命名为彼得。1719年4月，彼得大帝的直接继承人夭折。当时有个人说叶卡捷琳娜"由于身形肥胖"，无法指望再生一个孩子。1722年，彼得颁布有关皇位继承的敕令，克利加尼齐就曾为迟迟无人继位而哀叹不已。这道敕令使沙皇可以任命他所选定的继承人。费奥凡·普罗科波维奇写了一本书，名为《君主意志之真理》，标志着新时代的开始，这位担任主教的学者在书中科学地证明了沙皇敕令的正当性和实用性。

继位问题并不会阻碍彼得继续狂热地我行我素，尤其是外交政策方面。皇帝已在波罗的海沿岸站稳了脚跟，现在将目光转向了东方。格奥尔基·维尔纳茨基概括道："彼得的东方政策有两大目标：和印度及中国密切接触。"[1]这两个国家并未威胁到俄国。但正如亚历山大·基泽维特所写的，"俄国（在彼得时期）的领土扩张尚未达到其自然限度"。[2]他说，俄国会继续"打磨边界"。尼古拉·科斯托马罗夫也从中看出了彼得的意志所在，一方面是为俄国打开通途，创建强大的海军，以在和欧洲大国的折冲樽俎中取得相应的地盘，一方面将西方文明的果实带往东方，"带给东方各民族，相较之下，这些民族仍处于文化发展的底层"。[3]这位苏联历史学家发现东进发源于经济（"彼得想要把俄国转变成东西方，尤其是印度和西欧之间的商贸中介"），还想使俄国"加强与（遭受土耳其和波斯威胁的）兄弟民族的关系"。[4]没有哪个俄国历史学家（出于各种理由）不会对扩张的帝国的必要性提出质疑。

和中国接近所作的尝试纯属外交性质：俄国皇帝驾崩之前不久仍未对没能同这个国家确立关系感到挫折，准备再派一名特使前往，后者听命于萨瓦·拉古津斯基伯爵。只是到了彼得驾崩之后，该使节才来到北京。彼得由于没能同印度缔结关系，便制订了一项计划，以期稳步向着设定的目标推进。他打算让希瓦汗国和布哈拉汗国臣服于俄国，让俄国分遣队常驻在那儿，作为大汗的贴身守卫。同时再勘探东方沿海地区，设法在那里建造堡垒。

1717年，别科维奇-切尔卡斯基亲王率领大部队（约四千人）进入希瓦。但部队遭到伏击，悉数覆灭。几番失败（1715年，卡尔梅克人在额尔济斯地区将布戈茨的部队打得落花流水）并没有让彼得灰心。1722年，他向波斯发动战争，且亲自率领军队打到阿斯特拉罕城下。这次出战的借口是沙赫势力太弱，波斯国内爆发内战，担心土耳其从中渔利。1723年，他和波斯签订和平协议，波斯将里海的西部和南部海岸地带（达吉斯坦、希尔万、吉兰、马赞德兰诸省）悉数让给了俄国。巴库也成了俄国城市。

从1720年起便担任阿斯特拉罕省长一职的阿尔捷米·沃伦斯基此时正积极筹备波斯战事，他在回忆录中写道："陛下并非只是剑指波斯。事实上，如果命运朝我们微笑，如果他宝贵的生命没有熄灭，那他显然就会打到印度，甚至瞄准中国，而我正好有幸亲聆陛下此等训示。"

和往常一样，彼得并不满足于做梦和制订计划，他要的是行动。1723年12月，两艘战舰接获秘密指示，驶离列瓦尔：取道马达加斯加，驶抵"印度东部，也就是孟加拉"，使印度和俄国建立起直接的联系。但战舰一旦驶入外洋，就不难发现造这些战舰的目的并不是为了仅仅走这么远。

我们发现，彼得并没有留下遗嘱。但很快就有人虚构了一份出来。"彼得大帝遗嘱"伪本的历史只不过是"彼得神话"的表现之一，并在后世一代又一代人的意识中代代相传。"遗嘱""伪本"令人颇感兴趣，其所造成的冲击远比真实事件来得大。看看《锡安长老会纪要》为何会名声这么响，也就能理解这一点了。

1812年，拿破仑攻打俄国前夕，欧洲第一次想聊聊"彼得大帝的遗嘱"。法国外交部官员勒絮尔匿名出版了一本书，名叫《俄国的发展》，里面就谈到了"遗嘱"。事实上，"遗嘱"只出现在第二版中，法皇觉得此时完全可以为针对俄皇的战争造一造舆论。这逻辑没毛病：向来攻城略地毫不含糊、满脑子宏图大业的拿破仑，认为其未来的对手俄国拥有掌控全世界的意图。所以"遗嘱"肯定是彼得写的："我接手时的俄国只是一条潺潺小溪，如今我已使之成为浩荡大河；我的继任者要使之成为汪洋大海，浇灌贫瘠的欧洲……"他甚至还指出了"浇灌欧洲"的方法："必须相继和凡尔赛及维也纳秘密商谈，与之共享世界帝国。吹捧其野心，满足其自尊，就容易达成共识，如果有一方同意，就利用这一方消灭另一方，再碾压剩余者……战果如何毫无疑问，因为俄国会拥有整个东方和大部分欧洲。"

皇帝向其子嗣提供的婚姻建议给了他迎头一击："需始终娶德意志公主为妻，以此增进家族联姻，使两者利益趋同，让德意志为我们的事业共同奋斗，扩大我们的影响力。""遗嘱"给波兰留了一个特殊的位子："必须分割波兰，使之动荡不息，纷争不止；必须用黄金收买领主，将之吸引过来，通过散播不和，对议事会采取行动，以此来影响国王的选择……"

"彼得大帝的遗嘱"的经历令人目不暇接。每次俄国和西方国家爆发冲突，它就会冒出水面。国务活动家、记者、小说家都说那是"彼得的指令"，说俄罗斯帝国想要攻占欧洲和亚洲。拿破仑之后，在克里米亚战争期间，法国人和英国人大量使用这份"遗嘱"。1914年和第二次世界大战时期，德国在宣传中也用到了它。

20世纪初，有证据表明彼得一世并未留下遗嘱，归于他名下的遗嘱是1797年10月由移民巴黎的波兰人米哈尔·索柯尼茨基凭空捏造出来的。后者将"遗嘱"文本提交给了督政府。1812年，拿破仑读了"遗嘱"，经过修正之后，命令放入勒絮尔的书中。后来成为拿破仑麾下将军的米哈尔·索柯尼茨基在第一次瓜分波兰之后即已撰写了"遗嘱"，那时他因参与柯斯丘什科起义而在彼得堡被关了两年之久。他这么做就是为了将俄国当作敌人，激发"北方帝国"威胁论，设法吸引西方站到波兰一边。

索柯尼茨基的这篇文本还起到了很奇妙的作用。19世纪末，法国的反犹主义者也编造出各种"文献"，目的是证明犹太人有着独霸世界的图谋；于是，他们就将目光投向了"彼得大帝的遗嘱"。后来，这些"文献"在编订《锡安长老会纪要》的时候得到了采用。[5]

很久以来，"彼得大帝的遗嘱"实属伪造一事早已不再受到质疑。但人们想要让俄国的第一任皇帝成为攻占世界的始作俑者这一事实，再次表明这么做所具有的历史意义。彼得运用武力使俄国跻身欧洲强国之列。自此以后，他的帝国就成了欧洲（因此，也是世界）政治的一个重要因素，因为他拥有庞大的军队。武力弥补了经济和文化的落后。

注　释

1 G. V. Vernadski, *op. cit.*, p. 192.

2 Al. Kizevetter, «Rossija», *Enciklopedičeskij slovar'*, op. cit., p. 489.

3 N. Kostomarov, *op. cit.*, p. 189.

4 N. Pavlenko, *op. cit.*, pp. 294, 297.

5 Henri Rollin, *L'Apocalypse de notre temps. Les dessous de la propagande allemande d'après des documents inédits*, Paris, 1991, p. 350.

第二章

女皇的时代

高处，他铁镣缠身，

让俄国勃然挺立……

——亚历山大·普希金

1725年1月26日，彼得大帝驾崩，还没来得及决定国家的命运。可以这么说，传统的继位问题又成了个难题。从俄国历史上看，18世纪相当重要，而且众说纷纭，从某种意义上来说可谓独一无二：彼得死后的七十五年间，有六十六年，登上俄罗斯帝国皇位的都是女性——两个叶卡捷琳娜，两个安娜，一个伊丽莎白。这些"女性"统治的代表人物对彼得大帝的创新以及由他所创建的国家结构的牢固性提出了考验。同样受到考验的还有专制权力这个观念，在很长一段时间内，专制权力都掌握在了女性的手中；在俄国社会中，女性开始从闺房里走了出来。最后，还有一个回到过去的问题：重返彼得之前的时代是否可能？事实上，对彼得的敌视是很强烈的，所以无法排除这样的可能性。民众并不接受改革，最有力的证据就是皇帝死后并没有出现"伪彼得"，而在皇储死后的二十年间却出现过不少"伪阿列克谢"。

彼得·恰达耶夫写道："彼得把我们扔到了世界进步的地盘上。"看来，无论愿意与否，俄国都将生活在"进步的地盘上"，因为已经不可能折返了。

1 "彼得巢中的雏鸟"

> 他身后紧跟着一群
>
> 彼得巢中的雏鸟，
>
> 他的伙伴和子女，
>
> 为了改变世界的命运
>
> 争权夺利，四处开战……
>
> ——亚历山大·普希金，《僭号者德米特里，1591—1613》

　　亚历山大·普希金的诗《波尔塔瓦》列举了伴随沙皇和瑞典打仗的那些人："贵族舍列梅捷夫、布鲁斯、布尔、列普宁，还有这个并非显赫门第的命运宠儿，拥有专制权力的主人……"名单还包含了彼得的两名家世显赫的同伴，他们分别是波雅尔舍列梅捷夫和亲王列普宁，两个外国人布鲁斯和布尔，还有彼得永远的朋友，"并非显赫门第的命运宠儿"亚历山大·缅什科夫。诗人忠实地描述了"彼得巢中"的构成，这些人都听命于沙皇，为其实现各种计划，为他所需要，也能讨他喜欢。彼得并不惧怕聪明人、有才能的人，他要的就是发挥主观能动性，一旦发现自己错了或受了骗，也能改变自己的看法。对他来说，无论国籍，还是社会出身，都不能成为他选择合作者的障碍。他只看重能力和忠心。这些品质使亚历山大·缅什科夫如鱼得水，照传奇故事的说法，他在莫斯科卖小馅饼为生，十二岁的时候认识了与之同岁的沙皇彼得，于是就平步青云，当上了陆军元帅、海军司令以及"帝国尊亲王"。彼得在位时期，政治生涯可以带来荣耀、头衔、财富，但危险也会来得突然，使之地位骤降。沙皇若是生了气，很不满，那么即便不死，也得失宠。

皇帝在生命的最后几年间，对"雏鸟们"越来越不满意。这些人对财富的贪求，对快速致富的渴望，对国库的掠夺，收受贿赂，都可以解释这种不满。腐败达到了触目惊心的程度。彼得的这些伙伴彼此纷争不断，不愿分享好处的达官显贵们彼此检举揭发，这让沙皇恼恨不已。只有他对缅什科夫不变的友情才使得这位尊亲王不致失宠。从缅什科夫及其同党的揭发来看，副内阁大臣、枢密院议员彼得·沙菲罗夫因渎职而被判死刑，最后一刻，脑袋都被搁到木架子上了，才得到赦免。

我们说过，尤里·克里加尼齐是第一个解释了国家必须出台明确继位法的人。这个深爱莫斯科的克罗地亚人从动乱时代吸取了教训，那时的影响到沙皇阿列克谢时期仍能感受得到。彼得驾崩之后，"克里加尼齐综合征"仍然是一种俄国疾病。九个君主和女沙皇在一个世纪内你方唱罢我登场，皇位的变换充满了各种冲突。1825年，俄国第一位皇帝死后正好一百年，已故沙皇的儿子登基，开启了十二月党人反抗的序幕。只有最后三个皇帝——亚历山大二世、亚历山大三世和尼古拉二世——登基时没遇到阻力。不过，我们要记得亚历山大二世后遭恐怖分子刺杀，尼古拉二世也不得善终。

我们知道，彼得一世对继位问题颇为操心。但1719年他和叶卡捷琳娜所生的时年四岁的儿子夭折之后，皇帝便明确想让他妻子取代他，当帝国的首脑。叶卡捷琳娜·阿列克谢耶芙娜在彼得大帝死后便登上了皇位，俄国有许多令人震惊的事件，她的历史便是其中之一。叶卡捷琳娜生于1684年4月5日，父亲萨穆埃尔·斯卡乌龙斯基是立陶宛农民，她小时候名叫玛尔塔，和母亲住在利夫兰，服侍格鲁克神父。俄国夺取马林堡之后，陆军元帅舍列梅捷夫就把她当作战俘带在了身边。缅什科夫注意到她后，便让她当了仆人。1705年，彼得发现了她，此后便没和她分开过。彼得从他的宠臣勒弗尔手中得到了自己的第一个情妇，又从另一个宠臣缅什科夫手中得到了自己的妻子，对此，心理学家显然是可以做出解释的。1712年，彼得娶她为妻，而她改宗东正教之后，便取了叶卡捷琳娜这个名字。沙皇当了她的教父，并将自己的父姓赐给了她（阿列克谢耶芙娜）。此外，他也确立了她给自己生的两个女儿——安娜（生于1708年）和伊丽莎白（1709）——的地位。1722年，作为彼得的妻子，叶卡捷琳娜当了皇后。1724年，她因品德优异而第二次获得加冕，枢密院和教务会议联合发文说："她为俄国夙夜操劳。"自从玛丽娜·姆尼舍克获加冕以来，俄国还从未有过这样的事。

不过，从彼得临终前的旨意来看，他并未提及叶卡捷琳娜，她并非唯一潜在的继承人。毕竟还有子嗣阿列克谢、彼得和娜塔莉娅，以及彼得的兄长伊凡的女儿叶卡捷琳娜、安娜和普拉斯科维娅。由于异见纷呈，皇帝的尸身便没有落葬。旧日贵族的代表，那些最古老的俄国家族，如戈利岑、多尔戈鲁基、特鲁别茨科伊、巴里亚津斯基家族，都支持被处死的皇太子的儿子彼得继位。缅什科夫、副内阁大臣安德烈·奥斯杰尔曼、安东·捷维尔将军（彼得堡警察部门负责人，其父是改宗的葡萄牙犹太人，被彼得从荷兰带回）均支持叶卡捷琳娜。德米特里·戈利岑亲王提出一个折中方案：年幼的彼得加冕，叶卡捷琳娜摄政；但这个提议未获通过。叶卡捷琳娜的主要支持者是时年八十岁的彼得·托尔斯泰伯爵。这位耄耋之年的外交官对皇太子阿列克谢之死负有主要责任，所以并不希望他的儿子登基。伯爵的一个后人对彼得大帝死后发生的继位纷争是这么说的："彼得·安德烈耶维奇对理性争论不屑一顾，而是采取了预防性外交措施。"[1]其中一项"外交措施"就是把近卫军官全都召至决定未来皇位的宫殿小厅内。隆隆的鼓声宣告两个近卫团来到皇宫，这才终于让顽拒者屈服，宣示叶卡捷琳娜为女沙皇和专制君主。

历史学家都同意，俄国历史上并没有出现过军事政变。这话说得没错，毕竟从来没有哪个将军登上过俄国皇位。严格说来，只有伪德米特里是个例外，他是用武力夺取了莫斯科。不过，他是以伊凡雷帝"合法"继承人的名分当上沙皇的。尽管军队并未为自己谋取权力，但它仍然是一个重要的因素，可以帮助"设立沙皇"。阿列克谢·米哈伊洛维奇死后，射击军便开始介入继位争夺之中。我们知道，彼得并未忘记这件事，所以取缔了这支部队。由他所创建的"滑稽团"后来帮助他从他的姐姐，也就是摄政索菲娅手中夺取了属于他的继承权。"滑稽团"很快就转变成了近卫军，在北方战争期间发挥了很大的作用。皇帝死后，国库就落入了叶卡捷琳娜的手中，后者的支持者们利用这一点，就把国库里的钱分给近卫部队和彼得保罗要塞的卫戍部队，以巩固自身阵营的战果。在随后的一百年间，近卫军将会成为王朝纷争的一个决定性因素，可以说弥补了继位法阙如的窘境。

向女皇叶卡捷琳娜一世宣誓效忠进行得颇为平稳。确实，少数几个不愿效忠的人都受到了皮鞭和火刑的伺候。科斯托马罗夫写道："俄国人在已故国王漫长的统治期内，已被他采取的残暴手段吓破了胆，尽管他们反对至高权力的观点和禁令，但仍然没有能力表达自己的情感。"[2]马基雅维利在思考权力的本质时，就想知道对君主来说，到底是让人爱戴，还是让人恐惧来得更好。他的回答是：最好能在臣民的心中激发起这两种情感，可如果事情变得太棘手，那比起爱戴，恐惧的风险要小得多。彼得大帝的手段证实了马基雅维利那些观点的正确性，列宁则称之为"聪明的佛罗伦萨人"。

事实上，女皇只拥有纸面上的权力，因为统管一切的是缅什科夫和拥戴她登上皇位的那些人。缅什科夫对已故皇储的支持者毫不留情。他们主要是老牌贵族的代表，但和"彼得巢中的雏鸟"聚到了一起，这些人受不了这位最尊贵亲王的傲慢态度和专制做派。缅什科夫用一个接一个的阴谋肃清了旧日朋党彼得·托尔斯泰和德维耶将军，他们被褫夺了贵族头衔和领地，遭到流放，一个去了西伯利亚，一个去了索洛韦茨基，但这么做并未减缓紧张局势。

1726年2月设立了枢密院，由女皇主持，这是一个折中的尝试：缅什科夫和他的某些支持者和反对者都进了里面。这个新的权力机关必须和早于它的元老院及至圣治理会议联合起来运行，但由于缅什科夫折冲樽俎的手腕，后者很快就听命于枢密院了。彼得大帝的这位旧日宠臣获得叶卡捷琳娜的首肯之后，便要将自己的女儿玛利亚嫁给时年十一岁的皇位继承人彼得，他的权力由此便急遽增加。不过，缅什科夫的权力只持续了四个月：他最亲近的盟友、副内阁大臣奥斯杰尔曼（负责教导彼得大公）突然改弦更张，投奔了这位无上尊贵亲王敌人的阵营。缅什科夫被流放到偏远的西伯利亚城市别廖佐夫。瓦西里·苏里科夫有一幅很著名的画《缅什科夫在别廖佐夫》，该画表现的就是这个失宠的彼得心腹陷入忧郁的沉思之中，身边是他的两个女儿和弟媳妇。尊亲王不禁悲从中来：他的九万名农民、六座城市、一千三百万卢布、一百万卢布的财产（两百多普特的金银餐具和宝石）全都被充了公（其中九百万卢布存在外国银行里）。

缅什科夫的位子很快就被多尔戈鲁基亲王家族夺取，后者把十七岁的叶卡捷琳娜·多尔戈鲁卡娅许配给了皇储。1727年，叶卡捷琳娜一世驾崩，为彼得二世·阿列克谢耶维奇登基打开了通路。

1728年，萨克森使节弗朗茨·勒弗尔将后彼得时代的俄国比作一艘舰船，被狂风刮得东倒西歪，有被暴风雨倾覆的危险，而船长和船员却要么呼呼大睡，要么酩酊大醉。他写道："大家都想知道这么大一艘船在没有任何帮助和外援的情况下该如何行驶。每个人只想给自己减轻负担，谁都不想负丝毫的责任，所有人都在拆墙……"这个外国观察者是这么总结当时局势的："巨大的船只被随意抛掷；无人操心其未来；船员都在期待第一波飓风的到来，好在船难之后瓜分战利品。"

帕维尔·米留科夫对勒弗尔的观察作了评论。他认为这名欧洲外交官对彼得大帝死后的俄国局势刻画得很好，但他"忘了一个重要的特征：水面下的同一股水流引领着彼得的舰船向前驶去，被船长弃船而去的船只继续跟随着船长，但他的内心充满着恐惧，部分船员也很想掉转船头"。[3]

我们知道，彼得改革的鼓动者、组织者、实现者死亡之后，其改革的意义便愈发明显。事实上，不管愿意与否，回头路已经走不了了。不过，许多人还是希望往相反的方向出发。首先，改革的反对者就有这样的意图，他们想要收复被"新人"剥夺的权力，后者浑然不论出身，却在战时和动乱时代被拔擢至权力的顶峰。争夺权力的短暂争斗先是揭示出"雏鸟们"，尤其是缅什科夫没有能力在处理帝国的事务时保持优势：彼得宠臣开始将部分权力让给了对手，将他们纳入枢密院，之后又完全失去了对枢密院的掌控。

叶卡捷琳娜一世在位时期，有一段时间权力还在缅什科夫的手中，但他在强化自身影响力的同时被弄得焦头烂额，只采取了一项重要措施：在乌克兰重新恢复盖特曼的头衔。科斯托马罗夫注意到，从彼得堡遥控处理乌克兰事务的"小罗斯学院"激发了"小罗斯人土地上的仇恨情绪"。尊亲王为了确保得到乌克兰人的承认，使之怀抱善意，便取缔了这个机构，同意对盖特曼和民间及军队缙绅进行选举（除了犹太人以外，全体民众均可参与投票）；置于收税一事，则规定按照佩列亚斯拉夫尔条约（1654）所定的标准执行即可。

彼得二世在位时期，权力落到了多尔戈鲁基家族的手中，他们基本上把国库抢了个底朝天（当时的人注意到他们甚至连沙皇的财产也抢）。如今已向过去跨出了关键性的一步，就是摒弃彼得堡，返回故都莫斯科。围绕在御座周围的那些人开始采取种种反对措施，也就是全然否定，坚定倒退。其中一个关键点就是叫停对彼得大帝来说至关重要的所有政府事务：军队，舰队，外交政策。

十六岁的彼得二世和叶卡捷琳娜·多尔戈鲁卡娅举办婚礼前夕，突患天花暴毙。罗曼诺夫王朝的男性一脉也就随之而湮灭了。于是各大家族为争权夺利，也就是为支持各自的候选人坐上皇位频发纷争，而这在俄国历史上实属司空见惯。枢密院由其中两方掌控：多尔戈鲁基家族和戈利岑家族，他们在八个位子中占了六个。彼得二世未婚妻的父亲出示了凭空捏造的遗嘱，说那是年轻的沙皇死前写就的，要将皇位让给叶卡捷琳娜·多尔戈鲁卡娅。但伊凡·多尔戈鲁基还不够强大，并没有足够多的支持者来助其达成目标。而且，所有人都能看出来这份遗嘱简直就是粗制滥造。于是，德米特里·戈利岑提出了一个出其不意的建议，就是选彼得大帝的哥哥伊凡的幼女安娜当女皇。枢密院的成员（称之为枢密顾问）都同意了这个提议，这样一来，就将彼得一世的女儿伊丽莎白和皇帝十二岁的外孙排除在外了，后者是他另一个死于1728年的女儿所生。

注　释

1 Nikolay Tolstoy, *op. cit.*, p. 84.

2 N. I. Kostomarov, *op. cit.*, p. 251.

3 P. Miljukov, *op. cit.*, troisième partie, pp. 183−184.

2　五周的君主立宪政体

盛宴已备。可主人却名不副实。

——德米特里·戈利岑

对那些枢密顾问来说，支持安娜当女皇的论据极具说服力。伊凡的长女，也就是安娜的姐姐已嫁给梅克伦堡公爵；如果为其戴上皇冠，就等于是请一个外国亲王登上御座，而此人却又是出了名的神经质的性格。

安娜从没接受过任何教育，只懂基础的德语。1710年，她十七岁的时候就嫁了库尔兰公爵，后者死于1711年1月，同时代的人都知道公爵"喝起酒来不要命"。年轻的寡妇在库尔兰待了十九年，俄国、瑞典、普鲁士和波兰都对这地方虎视眈眈。比如，缅什科夫就梦想当那儿的王。萨克森的莫里茨（奥古斯特二世的私生子）想要牵起安娜的玉手，但莫斯科不同意，这样的联姻会削弱俄国对库尔兰的影响力。安娜并没断开和俄国的联系，她有时也会回去。不过，她并不属于哪一"派"。

安娜的疏离，她既不忠于谁，也不属于哪个派别，这个事实对枢密顾问们而言，正好具备了担任未来女皇的诱人品质。德米特里·戈利岑在得到枢密院全体成员的同意之后，便宣布："得让生活轻松点。"他的想法很快就明确了起来：让生活轻松的目的就是为了增强自己的权力。因此，他罗列了一长串"条件"，来限制君主专制政体。

他很快就开始行动了起来。诸事皆停，所以清单很快备好，寄到了米陶*，安娜就住在那儿。充当信使的是瓦西里·多尔戈鲁基亲王。女皇必须承诺加冕后不得再婚；不得在生前立遗嘱指定继承人；继续保持枢密院八名成员的架构，维护其完整性和权利；若无枢密院的首肯，不得宣战，也不得缔结和约；不得引入新的税种；无权任命上校这一层级以上的高级军职人员和文职人员；不得不经审判即剥夺贵族的生命、财产及荣誉；不得肆意挥霍国家资源。

条件已经说得很清楚了：安娜接受了这些条件，就说明俄国成了君主立宪政体。国家体制也就不可避免会发生变化。莫斯科经历过两次波雅尔限制专制权力的做法，史书称之为"七波雅尔摄政"。1730年，枢密院共有八名成员。枢密顾问其实就是在统治国家，只是在御座上放了女皇，迫使其同意削减权力。"条件"的倡议者德米特里·戈利岑并不满足于理论上的权力。无论是他，还是其他枢密顾问都觉得仅有承诺并不够，对在十字架前宣誓的做法也并不满足，以前有时候，俄国君主迫于形势也会这样宣誓。

枢密顾问有两个限制权力的样板可以参考：波兰和瑞典。瑞典的榜样特别诱人：17世纪末，国王拥有了专制权力，议事会完全屈服于卡尔十一世；他的儿子卡尔十二世同样也是绝对君主。但他打输了北方战争，1718年驾崩，就使议事会有可能突然限制王权。1723年批准的对政府形式的决议将权力分给了议事会中起代表作用的各个社会阶层。

俄国的政治语汇要到20世纪90年代末才会吸收"政变"（"putsch"，

＊米陶是德语名称，即如今拉脱维亚的城市耶尔加瓦。——译注

这是外国词语）这个词。如果莫斯科在1730年的时候就已熟悉该词，那肯定会用来定义当时发生的种种事件。枢密院掌握了完整的权力；不过，由于担心遇到抵抗，枢密院是在极端秘密的情况下将这些"条件"告知安娜的。相距三十俄里的莫斯科四周都是部队，若是没有枢密院签发的通行证，没人能出得去。枢密院之所以称之为"密"，是因为该院是由国家最高等级的人构成的，这些人占据了"官秩表"的最上层。他们头上冠有"现行枢密顾问"的称号，保密正是为了对国家事务进行磋商。不过，如此神秘化还不够：对"条件"进行斟酌，再寄给安娜的做法，除了几个大家族之外，没人知道。

尽管采取了这些预防措施，但安娜还是得知了"波雅尔"有意限制她的权力。她完全接受了"条件"，在德米特里·多尔戈鲁基的陪伴下，踏上了俄国之路。2月10日，女皇抵达莫斯科郊外，她得在那儿等待预计15号举办的隆重的入城仪式。可是，从2月1日起，米陶的信使就已通知枢密顾问，说女皇已经接受了"条件"。翌日，元老院、将军们以及文职高官都被召集起来，以了解都有哪些"条件"，以及新的政府形式。于是，五百多号人聚在一起。参与大会的费奥凡·普罗科波维奇写道，大家在读这些"条件"的时候，虽然浑身发抖，但也都签了字。枢密顾问并不满足于高官们的赞同之举。丹麦使节威斯特法伦亲历了这件事，他通知政府，说枢密顾问会开门整整一周，凡是赞成或反对改变政治体制的人都可以来。相当于上校这一级别的军职人员和文职人员，也就是"官秩表"上最顶层的六类官员，均有权表达自己的观点。教会要人亦可畅所欲言。

英国史学家约翰·勒多恩研究了专制主义时期的俄国政府体制，发现最高层级的精英阶层有一群人，人数在十五至二十之间。之后就是顶层三个类别的文职和军职人员，共有两百到两百五十个人。这上面还可加上大地主，这些人占有至少一百个"魂灵"。勒多恩认为广义上的领导阶层共有大约八千五百人，占五万四千名贵族（人数）的16%。

如果考虑到1730年"政变"时的局势,那这样的计算结果就会很有意思。偶然性也起了作用,特别是莫斯科还存在大量外省贵族,这些人都是来参加彼得二世的婚礼的,后来也留下来参加了他的葬礼。枢密顾问限制专制政体权力的做法遭到了很多人的反对。彼得大帝时期取名为chliakhetstvo*的贵族阶层就表达了异议。我们知道chliakhetstvo这个词源于什拉赫塔(szlachta),后者指的是波兰贵族阶层。该词是由小罗斯人引入俄国的,前不久,小罗斯人还是波立联邦的臣民,如今却突然在沙皇的朝廷踏上仕途。

在像波兰那样的君主制和寡头共和国里,"遴选而出的"国王的权力遭到了很多限制,许多权力都让给了贵族阶层。但历史学家却并未在chliakhetstvo出现的那个时代发现俄国贵族阶层愿意跟随波兰什拉赫塔的榜样。只有一个例外。在波兰,大贵族和普通贵族阶层之间的区别肉眼可见,两者间常有明显的敌意。同样,俄国的chliakhetstvo也对家世悠久的贵族怀有敌意,生怕权力落到"波雅尔"的手中。

因此,枢密顾问们的计划就遭到了chliakhetstvo的反对。莫斯科开始骚动起来;局势和各种各样的判断引发了大量争论,导致出现了阿列克谢·米哈伊洛维奇时代首都爆发过的那种动乱,后者就是对尼康改革的争论所致。但这次的争论属于政治性质。费奥凡·普罗科波维奇在其回忆录中写道,枢密顾问对此根本就不屑一顾:"所有人都在骂他们自以为是,贪得无厌,贪恋权力。"Chliakhetstvo圈子里流传着的一封匿名信宣称:"我们要说的是,现在所做的事,以及已经做的事,都是为了能有一个共和国……上帝不希望出现专制君主,也不想让我们堕入大家族的权力牢笼内,因为这样就会是chliakhetstvo的损失,我们也会比以前更糟,不得不卑躬屈膝,听人差遣……"

---

* Chliakhetstvo(шляхетство)是18世纪俄国对贵族的称呼。——译注

历史学家们注意到，作为限制君主制权力的理论家，德米特里·戈利岑亲王提出了一种创建新的政府体制的规划。但chliakhetstvo并没听说这件事（他们是从外国使节的公函里才得知此事的）；所以，他们并不知道戈利岑在制订计划的时候，并没有把他们给忘了。戈利岑亲王提议女皇的权力只限于宫中，国库每年会拨付一定数额的钱维持其生活。政治权力完全落入由十至十二名高级贵族代表构成的枢密院手中。枢密院负责战争及和平方面的事务，任命军队统帅和财政官，后者只对枢密院负责。除了枢密院之外，他们还准备设立：由六十六名元老构成的元老院，预先研读呈递给枢密院的文件；由两百名遴选出来的人构成的贵族院，负责保护chliakhetstvo的权利；城市代表院（每个城市两名代表），负责商贸，确保民众的利益（当然，没农民什么事儿）。因此，戈利岑亲王的这项规划使出身"高贵门第"的寡头的权力得到了确立，而两院并不享有真正的权力：它们的任务只是保护其所在团体的权利。

　　统一在chliakhetstvo之下的各个圈子都在讨论政治；还制定了许多草案（至少有十二个），上面还写上了制定者和支持者的大名。有时签署者多达一万一千一百人。这些计划突出了新贵族阶层的两大诉求：一是政治层面（拒绝寡头制，扩大全体chliakhetstvo的权利），一是社会层面（减少强制服役时间，确立公职人员和地主的特权）。外国使节报告说，莫斯科人都在讨论英国的宪法和议会，所有人都要求获得自由，分歧也只局限在限制君主权力方面。

　　其中一份草案针对俄国政府需采取何种形式，罗列了极其详尽的观点。这应该是出自瓦西里·塔季谢夫（1686—1750）的手笔，他在彼得大帝统治时期极为活跃，撰写了俄国的第一部史书。这份草案有一个好处，即它是建立在对俄国历史的分析上得出的，吸收了欧洲政治思想的成果，也引用了胡戈·格劳秀斯和萨穆埃尔·普芬多夫的著作，这两人都是"自然法"理论家，彼得一世曾下令将其作品译成了俄语。

对塔季谢夫而言，理想的政府形式就是民主制，但照他的说法，民主制只可在小国实施，因所有居民均可聚于一地。他所列的第二位的是代议制（贵族）政府，但只适合于不受外国侵略、民众开明的国家（比如岛屿）。因为"开明的"民众会全力遵守法律，"严刑峻法实无必要"。君主制就排在之后，君主制虽然实施"严刑峻法"，但从地理与政治条件来看，俄国难以避免君主制。

从上下文语境来看，每个政府均有其价值。瓦西里·塔季谢夫举了例子：荷兰、瑞士、热那亚均为民主共和国；匈牙利是成功的贵族制；日耳曼帝国和波兰都是由君主和贵族统治的；俄国，以及法国、西班牙、土耳其、波斯、印度和中国，"都是大国，只有专制权力"。俄国第一流的历史学家研究俄国的往昔历史，认为专制制度有其必要性：证据表明强人君主可以很好地保卫国家，扩张领土；反之，就像动乱时代那样，前景就会不妙。

苏联的塔季谢夫传记作者认为他的"想法并非毫无根据"。该作者为了证明这一点，引用了马克思的说法，马克思将俄国"中央集权的专制政体"同其社会组织条件相关联，认为俄国"国土广袤"，"从蒙古入侵那个时代起就决定了其政治上的宿命"。[2]

瓦西里·塔季谢夫从历史和理论分析一直聊到其所在时代的现实，建议限制安娜的权力。他这么说是出于这样一个事实，即女皇是拥有"女性性别者"；因此，"并不适合履行一定量的任务"。她必须受到协助，推荐给她的（从贵族阶层）选出的机构可以对她提供支持。

女皇隆重地进入首都之后，便接受了chliakhetstvo的请求。2月25日，贵族群体来到皇宫；其中就有切尔卡西亲王、陆军元帅特鲁别茨科伊和塔季谢夫。官衔最高的特鲁别茨科伊年纪太大，所以由头脑清晰的塔季谢夫感谢女皇接受这些"条件"，并肯请其召开由高级军队将领、官员及chliakhetstvo的代表组成的咨询大会，来一劳永逸地解决政府模式问题。这个请求由支持选安娜当女皇的八十七个支持者签署，但他们还是认为枢密顾问们所做的决策必须由全体chliakhetstvo的代表批准。安娜在请求书上签了字，但大厅内满布的近卫军军官却高声喊叫，要求恢复专制制度。

新登基的女皇甫抵莫斯科，接受了限制其权力的"条件"之后，便发现chliakhetstvo骚动不安，异见纷呈，且常常互相矛盾。除了枢密顾问们以及围绕在切尔卡西亲王、特鲁别茨科伊、塔季谢夫这个圈子之外的人，支持绝对君主制的人也并没有消停。那位对民族问题颇为上心的苏联历史学家认为"专制派的领头者是三个俄国化的外国人：安德烈·奥斯杰尔曼、费奥凡·普罗科波维奇和安齐奥赫·康捷米尔"。[3] 也就是说：一个是德意志人，一个是乌克兰人，还有一个人的父亲是摩尔达维亚亲王，因遭土耳其人驱逐，举家逃至俄国。

安娜进入莫斯科之前，在弗谢斯维亚茨基村暂居了数日，有一个枢密顾问建议其自封为普列奥布拉任斯基团"上校"和近卫骑兵"队长"，但此人究竟是谁，历史学家们尚不知晓。这两个行为违反了"条件"，我们知道，女皇如果没有得到枢密院的首肯，是没有权力来任命军队和近卫军的指挥官的。但安娜对近卫团有不小的影响。军队由三名陆军元帅和枢密顾问指挥，但军队离他们还远着呢。期望得到女皇优待的近卫队军官列席了呈递请求书的仪式。

尼基塔·特鲁别茨科伊亲王在近卫军的高喊声中，递交了另一种类型的请求书，共有一百七十人在上面签了名，安齐奥赫·康捷米尔亲王也读过："恳请女皇陛下降下恩泽，效法拥有丰功伟绩的先祖，以专制君主的身份进行统治，摒弃枢密院呈递女皇陛下且由您签署的那份请求。"[4]

有一个亲历者记下了女皇的反应。女君主开始问枢密顾问们对"我目前同意的民众诉求"是否支持。枢密顾问低头不语，其实也就是默认了。他们别无选择。亲历者说，如果他们对 chliakhetstvo 的谴责表达哪怕一丝的反对，近卫军军官就会从窗外冲进来。女皇继续说道："你们让我在米陶签署的那份请愿书难道并未表达民众的意愿？"一听到有人说"是的！"，安娜便朝多尔戈鲁基亲王转身看去："瓦西里·卢基奇亲王，你难道骗了我不成？"

于是，女皇下令把那份她在米陶签署的"条件"书拿来，撕了个粉碎。

Chliakhetstvo 便不再等寡头枢密顾问发话，而是直接向君主面陈。"政变"和"反政变"就是彼得大帝所实现的功业的一个重要的结果：新的社会力量——chliakhetstvo——出现了，而老的贵族阶层寿终正寝。各种不同政治观念之间的争斗（说实话，得到了近卫军的帮助）以费奥凡·普罗科波维奇《君主意志之真理》一书中所表达的理念胜出。1726年，叶卡捷琳娜一世觉得有必要重版普罗科波维奇的这本书（首版是1722年），来捍卫自身权力的合法性。从这位身为学者的总主教的思想来看，他是用"自然法"来为君主的专制权力正名，所谓的"自然法"其实类似于社会契约，使君主成为和平和社会秩序的保障者，从而导致安娜决定将强加给她的"条件"撕个粉碎。

瓦西里·克柳切夫斯基的结论是："18世纪的俄国，由枢密院临时政府花四周时间确立起来的贵族立宪君主制就这么结束了。"结局并不明朗。旧贵族落败，但大量贵族大家族对枢密院充满了敌意。作为社会新阶层的 chliakhetstvo 胜出，只是其首脑人物都是元老院议员、将军和亲王。目的仍然模糊不清：枢密顾问想要限制专制权力，却又不想改换政府体制；其对手想要保存君主的专制权力，来改换体制。只有领导阶层的一小撮人骚动不安（政治斗争和理念相争），民众根本没把这些放在心上。

唯一确定、牢固的（专制政体的基础）仍然是君主的权力。彼得剥夺了君主神性方面的合法性。专制政体变得世俗化，费奥凡·普罗科波维奇科学地证明了这么做的必要性，以及"君主意志之真理"不可避免的特性。

注　释

1　John P. Le Donne, «The Eighteenth Century Russian Nobility: Bureaucracy orruling Class?», *Cahiers du Monde russe et soviétique*, XXXIV (1-2), janvier-juin 1993, pp. 141-142.

2　Apollon Kouz'min, *Tatiščev*, Moscou, 1981, p. 155.

3　Apollon Kouz'min, *op. cit.*, p. 162.

4　N. Kostomarov, *op. cit.*, p. 365.

5　V. Ključevskij, *op. cit.*, p. 382.

3　女皇与宠臣

安娜与其宠臣之间不祥的亲密关系可谓卑鄙下贱，这让她的
生平及其回忆在历史上变得暗淡无光。

——尼古拉·卡拉姆津

历史学家、哲学家、心理学家对个体在历史上的作用这个问题多
有涉及。宠臣（或宠姬）的作用也时常得到论及，且均有具体的案例
为基础。可以写一本"宠信学"这样的著作，可以花好几章的篇幅专
门来论述宠臣和宠姬对君主的影响。

在1730年2月10日安娜来到莫斯科之前，俄国历史对这个问题已
经有了一定的经验。伊凡雷帝、阿列克谢和彼得一世的宠臣都对政治
产生了影响，他们要么支持沙皇，要么为其设置障碍。女性登基，其
身边宠臣的作用也有漫长的历史。伊凡雷帝的母亲叶连娜·格林斯卡
娅对伊凡·奥韦契纳-捷列普涅夫-奥勃连斯基亲王的支持，索菲娅摄
政时期将政府权力交给了瓦西里·戈利岑亲王，叶卡捷琳娜一世在位
时期，当道的是亚历山大·缅什科夫。安娜女皇在俄国给我们带来了
恩斯特-约翰·比伦（1690—1772），后者将名字改成了比隆，想用这
样一个细微的改变来展示自己和法国比隆家族的亲缘关系。

这场致命的相遇是在米陶发生的。库尔兰女公爵只是在纸面上管理自己的省份：彼得大帝的代表彼得·别斯图热夫以俄国君主的名义在那儿发号施令，他也是安娜的密友。据说在米陶，有个年轻能干的美男子比伦，其父是个马夫，此人受到了别斯图热夫的庇护。彼得·别斯图热夫有时会回俄国，他在返回库尔兰后，发现自己在女公爵身边的位子被人占了。尼古拉·科斯托马罗夫在专门写安娜的章节里写道："照时人的证词，安娜·约安诺夫娜*和比隆异乎寻常地亲密。安娜·约安诺夫娜的思想和行为完全受到了宠臣的影响，与之亦步亦趋。不管她做什么，都是因比隆而起。她在库尔兰当女公爵，后在俄国当女皇的时候，每个人对此都是心照不宣。"[1]

女皇对马夫的儿子可谓痴心不改，不仅将其封为公爵，还将俄国的权力拱手相让，这完全就是历史小说的理想主题，宠臣的个性也激起了时人以及后人的评说。彼得·别斯图热夫的女儿沃尔康斯卡娅女亲王对比隆没好话，她在信里说比隆就是"库尔兰无赖汉"。瓦西里·克柳切夫斯基则对"无赖汉比隆"说了好话。俄国历史上只有三个重要的角色把自己的名字献给了时代：18世纪的比隆苛政（Bironovchtchina），19世纪的阿拉克切耶夫制度（Araktcheievchtchina，源于亚历山大一世时期权倾朝野的大臣阿拉克切耶夫之名），20世纪的叶若夫大镇压（Iéjovtchina，源于叶若夫之名）。女皇安娜的宠臣，亚历山大一世青睐的大臣，斯大林忠心耿耿的人民委员都把自己的名字留给了俄国历史上最凄惨的时期。在对宠臣的回忆当中，比隆占据了独特的地位。他没什么"规划"，也不像阿拉克切耶夫那样希望改变社会或像叶若夫那样想要改变世界。"无赖汉比隆"只贪恋财富、荣耀和权力。

比隆苛政从1730年持续至1740年，也就是说从安娜登上皇位到

---

* 安娜·约安诺夫娜的俄语化名字即安娜·伊凡诺夫娜。——译注

她驾崩为止。当时那个时代，"德意志人"统治着俄国。和阿拉克切耶夫及叶若夫不同的是，比隆极其懒散，也没在政府享有一官半职。而且，他什么都不愿操心，也不想干什么活；他唯一担心的就是积累财富，如何确保自己的利益。他由于是宠臣（女皇时刻都会满足他的任何欲望），所以就成了"德意志"事业的象征。瓦西里·克柳切夫斯基写道："德意志人纷纷来到俄国，就像是袋子破了，掉出来各色垃圾，他们围绕在御座四周，政府内部收益最高的职位，他们都会插手干预。"[2]这位历史学家首先想到的是这个只喜欢纯种狗的"库尔兰无赖汉"，以及利夫兰的"另一个无赖汉"，即吕文沃尔德伯爵，此人"名不副实，专门投机倒把，收受贿赂不遗余力"，而他同样也是女皇的宠臣。

克柳切夫斯基的同时代人，但年纪更大的尼古拉·科斯托马罗夫认为，安娜统治时期"严刑苛政"的特点并不能归咎于"围绕在她身边的比隆和德意志人"。[3]科斯托马罗夫特地强调，并不能把"德意志人看作铁板一块，因为这些担负国家领导职位的人并未形成一个统一的团体，目标也各不相同"。此外，还必须说的是，这样的说法并不见得能代表真正的德意志人。比隆和吕文沃尔德如今都被看作是拉脱维亚人；安娜政府的实际领导人安德烈·奥斯杰尔曼以及陆军元帅慕尼黑（当时位阶最高的军事统帅）都是德意志人；另一个军事将领，陆军元帅拉希则是荷兰人。

所谓的"德意志"事业事实上就是指外国人统治。从娶了索菲娅·帕列奥洛格的伊凡三世当政起，他就把宫廷的大门向外国人敞开了，尤其是向希腊人，希腊人主要待在俄国的莫斯科，其次是彼得堡（从彼得一世起），这些人受到了严格的管控，虽然俄国人对他们很不满，但由于觉得有必要让他们待在这儿，所以他们就得到了容忍。外国人主要担任技术人员（军人、工程师、建筑师），他们把俄国缺乏的经验和知识都带了过来。彼得一世在位时期，他们开始担任政府官职，但受到君主的密切关注。比隆苛政时期，外国人将国家的笼头牢牢地握在自己手中，管控并不太严。尼古拉·科斯托马罗夫写道："一切都听命于女皇，但其实她的御座上坐的是一个乳臭未干的小儿。"

外国人在俄国状况的演变和女皇的个性并不完全有关。彼得大帝在波罗的海地区的胜利，以前属于瑞典的省份并入俄国，将通往都城的通途向势力强大、组织良好、拥有欧洲知识和经验的一群外国人敞开，这才是主要原因。帝国扩张边界之后，这些外国人就都成了俄国人。正是在那个时候，费奥凡·普罗科波维奇生造出了一个词，叫作rossiïanine（指某个人住在俄国，却又非俄裔），苏联解体之后，这个词在20世纪末颇为流行。

"德意志人"（丹麦人、普鲁士人、威斯特伐利亚人、荷尔斯泰因人、立窝尼亚人、库尔兰人）势力越来越大，所激发的敌意也就越来越多。由于担心不满情绪日增，而且她也很清楚都是因为近卫军军官出手干预，自己才掌握了专制权力，于是她刚登基，就让后者设立了第三团，名为"伊兹马伊洛夫斯基团"（名称取自她在伊兹马伊洛沃的宅邸）。该团必须与普列奥布拉任斯基团和谢苗诺夫斯基团相抗衡。指挥权交给了吕文沃尔德伯爵，后者都是在外国人中间选拔的军官（主要选拔新"俄国人"，也就是波罗的海的德意志人）；其副手是德意志人雅科夫·凯特，他以前在俄国军中短暂地服役过一阵。人们认为他是首批在俄国组建共济会支部的组织者之一（他和汉堡的共济会有联系）。伊兹马伊洛夫斯基团的普通士兵均从小罗斯征募，苏联的一个历史学家指出："招募的都是反俄情绪持续高涨的社会阶层人士。"[4]

不过，女皇最强有力的支持者并不是伊兹马伊洛夫斯基团，而是chliakhetstvo，这些人想尽一切办法让女皇保有专制权力。撕毁强加于己身的"条件"书那天晚上，安娜宣布："我若言而无信，无法信守承诺，我就会摘下俄国皇冠。"（北极光出现在莫斯科的上空，在那个纬度，这种现象极为罕见。）大家认为那是不祥的征兆。当天晚上，德米特里·戈利岑亲王说出了这么一番具有预见性的话："盛宴已备。可主人却名不副实。我并不知道自己是否会成为满盘皆输的牺牲品。管它呢！我将会为祖国而受难……那些让我泪水涟涟的人，也会痛哭流涕，哭的时间将比我更长。"

比隆苛政是一个恐怖的时期。最先受到影响的是枢密顾问及其支持者。我们知道，那个时代最有教养的人费奥凡·普罗科波维奇也是俄国最早的宣传者之一。他和安·康捷米尔和瓦·塔季谢夫所属的"学者团"对彼得大帝的所作所为歌功颂德。后来，"彼得巢中的雏鸟"又大力支持叶卡捷琳娜一世，也积极参与了和枢密顾问的斗争（我们说过，在当时那种情况下，即便瓦·塔季谢夫的地位也有些特别）。

费奥凡总主教的诗为安娜大唱赞歌，从中可以看出，如果俄国诗歌真想一飞冲天的话，那它就会明白必须对君主忠心耿耿："你是我们的光亮，你是美丽的花朵，你是善，你是快乐、荣光。"安娜的许多事都可以拿来说，但说她善良，这就有点过了。毕竟女皇为人恶毒，记仇心重。

甫登王位，安娜就于1730年3月设立了掌玺公署，取代了彼得二世时期遭裁撤的普列奥布拉任斯基衙门。她让安德烈·乌沙科夫将军担任了该政治警察部门的负责人，乌沙科夫前不久还在费奥多尔·罗莫达诺夫斯基领导的普列奥布拉任斯基衙门里工作，从残忍性来看，他和彼得大帝的宠臣相比不遑多让。不过，时人注意到掌玺公署的负责人将天性残忍和上流社会的门面结合了起来。安德烈·乌沙科夫直接向女皇汇报，从女皇那里听取指示。从1732年起，圣彼得堡最终成为帝国的都城，掌玺公署迁移至圣彼得堡后，除了乌沙科夫将军之外，还有两名秘书和二十一名职员。尽管人数不多，但该部门工作量极大：两万多人被流放至西伯利亚，死刑判决也在快马加鞭。瓦·克柳切夫斯基说："间谍行为从此以后就成了最受国家鼓励的工作。"若对女沙皇有失礼之处，且又未受举报，就会为此下达特谕，未举报者将会被处死。

历史学家传统上称之为"比隆恐怖"，虽然这基本上就是俄国人的作品，但它还是影响了安娜同时代人及随后几代人的想象力，尤其是因为那些极其古老的家族都受到了打压：多尔戈鲁基家族遭到流放，后被处死；德米特里·戈利岑亲王死在了什利谢利堡的堡垒内。安娜在位时期反响最大的政治事件就是对"内阁大臣"阿尔捷米·沃伦斯基进行的审判。

被皇帝看重的沃伦斯基很快就对女皇产生了很大的影响，也和比隆及奥斯杰尔曼发生了冲突，但最终落败。他向朋友承认："可以这么说，女人都是背信弃义的，她们一旦给你露出好脸色，你就得害怕了！拿我们的女皇为例：有时，她会发火，但我根本就不知道原因；她自己拿不定主意，都是公爵替她拿。"沃伦斯基被送上法庭之后，承认自己有罪（严刑拷打之下，他只能承认讲过女皇的坏话），于是就被判处割舌的刑罚，之后再被处以桩刑。最后一刻，安娜宽恕了自己的旧臣，减轻了刑罚：将阿尔捷米·沃伦斯基割舌之后，直接斩首了事。

镇压也落到了那些想要限制专制权力的人身上；但在打压的同时，1730年贵族在各项"规划"中提出的某些要求也得到了满足。安娜从登基起，就废除了彼得大帝针对继承权订立的法律，后者批准一家之主有权将财产遗赠给自己选定的人。新法则要求不动产需在"所有人之间"平分，但抹除了采邑（可继承的领地）和田庄（提供服务和服务期间所让予的土地）之间的区别。因此，田庄就成了chliakhetstvo可继承的私产。

1731年，"陆军贵族子弟团体"创建，这个教育机构只针对贵族家的孩子。从1733年的教学大纲可以看出，学生都在上什么课，对什么更感兴趣。那一年，贵族子弟团体有243名报名者。237人学习德语，110人学习舞蹈，51人学习法语，47人学习剑术，39人学习音乐，36人学习几何，34人学习绘图，28人学习历史，20人学习马术，18人学习俄语，17人学习地理，15人学习拉丁语，11人学习法律。[5]课程结束之后，他们就会成为军官，或从事文职工作。

1736年，女皇颁发敕令，对贵族的一个主要诉求做出了有利的回复：军队的义务服役期缩短至二十五年（之前一直是没有时限的）。而且，父亲以后也有权将一个儿子留在家中照料产业，孩子至少能读写即可。这个决定相当重要：为国家服务（军职或文职）不再是贵族唯一的可能的职业途径。不再为国家服务的新的地主阶层形成了。四分之一个世纪以后，全体贵族就再也不用服义务兵役了。但朝这个方向踏上的第一步还要拜1736年的敕令所赐。服役满二十五年即可离开军队的规定使二十岁开始服役的贵族得以在年富力强之时返回自己的领地。

另一个象征性的行动也可以看出女皇对chliakhetstvo的关注：从现在起，俄国人的军饷和外国人的军饷相等，此前，外国人的军饷要高得多。不过，要说明的是，这个行动只具有象征意义，因为这样的军饷在安娜在位时期很少发放。事实上，国库空虚得很：宫廷花钱大手大脚，国库全都被宠臣劫掠殆尽，而外交政策也靡费甚巨。

Chliakhetstvo转变成特权阶层，农民阶层在接下来的数十年内也受奴役益深；农民成了名副其实的奴隶。这样的进程根本不可阻挡：贵族产业的权利越来越多，农奴的权利也就越来越少，到最后就连一丝一毫的权利都已丧失。如果说18世纪是女皇和贵族的世纪，那么它也是农民阶层彻底受奴役的时代。在该世纪末，剥夺农民一切人权的法律将由另一位女性来强行推进，这显然是历史的巧合。叶卡捷琳娜二世既是法国哲学家的偶像，也是开明君主的典范，到她1796年驾崩的时候，俄国共计3600万居民：其中979万名农民都将落入私有产业主的手中，727.6万人属于帝国所有。从家庭层面来看的话，90%的俄国人口都将成为农奴，遭到地主或国家的奴役。

女皇安娜将财政任务强加到地主身上，允许他们从自己的农奴头上抽取人头税，从而大大加速了奴役进程。农奴制的强化，再加上连续两年作物歉收（1734—1736），使得道路上处处可见乞丐和游民。农奴逃亡数量惊人。为了阻止这种情况，1736年便颁布敕令，地主只要觉得合适，就可对逃亡农奴做出惩罚。乞丐和游民结成匪帮，四处劫掠。在令商人胆战心惊的伏尔加河与奥卡河沿岸地区，发号施令的就是匪帮，但首都周边地区匪帮也不少。军队将圣彼得堡通往莫斯科沿途的森林砍伐殆尽，以便找出匪徒的身影。1740年，安娜驾崩前没多久，"流民"袭击了彼得保罗要塞，杀了守卫，夺取了属于国家的钱财。

彼得大帝推动得太厉害，结果就算缺乏名副其实的船长，俄国的舰船仍旧在指定的航向上巡弋。三十七岁登上皇位的安娜设法弥补自己在米陶百无聊赖的岁月。女皇的传记作者尼古拉·科斯托马罗夫说得很无情："安娜·约安诺夫娜懒惰，放浪，笃信鬼神，但也傲慢自大，狂妄无礼，别人哪怕只是稍稍惹了她不高兴，她也不会宽以待人，她从未致力于培养自己的工作能力和工作习惯，尤其是思考能力，考虑到她地位如此崇高，思考能力可是万不可缺的。"[6]安娜喜妆容（她听了比隆的建议，尤喜艳丽的色彩）和节庆。1736年，她把意大利歌剧团请来俄国进行"首场"演出。最让她着迷的都是丑角和闹剧。

她在位的十年只不过是俄国历史上的一个短章节，最值得记忆的无疑是"冰屋"。她生命最后一年下令建造了一座由冰块砌成的屋子，墙壁、大门、窗户、家具、餐具均由冰块制成。冰屋建成之后，就在里面举办了皈依天主教的米哈伊尔·戈利岑亲王的大婚仪式，由女丑角、以畸形知名的卡尔梅克人安娜·布杰尼诺瓦扮演小丑。某苏联历史学家略显夸张地说，这段"冰婚"史乃是"俄国的耻辱，比纳尔瓦、奥斯特里茨还要糟糕"。[7] 1835年，作家伊万·拉哲契尼科夫在历史小说《冰屋》中严厉抨击了安娜，将阿尔捷米·沃伦斯基当作正面形象来描述，说后者是俄国的捍卫者，与外国宠臣比隆横眉冷对。

安娜政府并不讳言对彼得大帝改革的态度。安娜（或由她选择的担负内政外交的负责人）既不愿反对，也不愿亦步亦趋，只是根据时势的需要或自己的利益来定。她所采取的"管理"国家的措施有：常设邮政通联，每隔二十五俄里就设立一个驿站，战时每个驿站配备二十五匹马，和平时期为五匹；二十三座大城市均设立治安管理机构（此前只有大城市有）；1737年，下令市政当局在城内配备医生（从军医内部遴选），月薪为十二卢布；还开设药局，由财政拨款购入药物。

彼得大帝致力于发展医药行业，其主要趋势就是将一直以来由国家控制的行业转为私有。由国库拥有的矿业也都转为个体经营。矿产企业落入了俄国人和外国人创办的公司手中。关闭了部分工厂和矿场，原本在伏尔加河下游地区红红火火的捕鱼业也没了声息。种马场得到了极大的关注，种马的数量得以快速增长。必须说的是比隆嗜马如命。安娜政府对货币也特别关注：切尔文券是一种价值三卢布的金币，彼得大帝时期铸造，具有新的恒定价值：两卢布二十戈比。1731年，小额银币遭到废除，由大额银币取代：银卢布、半银卢布以及十分之一银卢布，成色为77%。同样，铜币也从流通中撤了回来。

彼得大帝反对教会的政策得到了遵循，安娜在位时期将这项政策保留下来或许也是题中之义。主教会议负责教会所有事务。换言之，神职人员的所有财物（采邑和隐修所）均独立于政府部门。对其他宗教的态度取决于国家利益所向，彼得大帝时期便是如此。旧派信徒遭到迫害，这倒不是因为他们有自己的信仰方式，而是因为他们脱离了占主导地位的教会，在国家内部引起了分裂。旧派信徒支付双倍的人头税，其修道院遭到劫掠，这些"偏离"正教者还被抓去终身服苦役。他们为了逃避迫害，离开中心区域，逃至偏远地区（西伯利亚、高加索的山里）或外国。

新教徒占据了特殊地位，这一点不仅反映在彼得大帝的政策上，也可以从女皇的倾向上反映出来，她的身边都是信奉新教的宠臣。圣彼得堡建造了一所路德宗教堂（和一座亚美尼亚教堂）；其他城市同意他们可以建造自己的教堂，毕竟那儿有许多德意志工人。瓦西里·塔季谢夫的《论科学与教育机构的功用》一书在俄国历史上第一次为"世俗生活方式"进行了辩护。当然，他并没有抛弃"精神生活"，但认为两者有权共存。作者在阐述自己的计划时，强调有必要从国家"世俗生活"的角度实施绝对的宗教宽容。他写道，俄国"不仅不会因多元信仰而受损，甚至还会变得更统一"。他觉得唯一例外的是"背信弃义"的耶稣会士和"没有信仰且天性邪恶"[8]的犹太人。

推行宗教宽容是出于国家利益的考量，但对叛教者的迫害还是相当严厉，那些人因皈依其他信仰而抛弃了东正教。1738年，舰队军官沃兹尼钦皈依犹太教，被送上了火刑架。同时被送上火刑架的还有偏离东正教正道的伯鲁奇·莱博维茨。1740年，西伯利亚的哥萨克伊萨耶夫皈依伊斯兰教，被处以极刑。不过，这些情况很罕见。最厉害的诱惑是天主教。长期生活于西方的俄国人就会信奉天主教。

天主教宣传基本都来自波兰。1992年首次出版了由修道院院长雅克·于贝编写的小册子，1728年12月，于贝来到俄国，1732年3月逃离，从他身上可以很好地看出安娜统治时期（当然不仅仅在她的治下）天主教传教士在圣彼得堡的艰难处境。修道院院长于贝是以戈利岑家族的伊琳娜·多尔戈鲁卡娅公主的告解神父身份来到俄国的，公主在国外皈依了天主教。索邦的巴黎神学家交给于贝一项任务，就是调查是否有可能进行教会合并，彼得大帝在巴黎逗留期间就提出过这一设想。

修道院长于贝只散发小册子，就招来了迫害。而且，他还和两大失宠家族多尔戈鲁基家族及戈利岑家族交好。此外，俄国根本就不愿将天主教会和东正教会合并起来。1735年返回法国之后，雅克·于贝讲述了自己的遭遇，但他名为《莫斯科人的宗教和风俗》[9]的手稿要到两百五十年后才从鲁昂市立图书馆内被挖掘出来。修道院院长于贝的传教使命失败了。

一丝不苟的历史学家尼古拉·科斯托马罗夫尽管对安娜女皇及其所作所为持严厉的态度，但他也说："安娜·约安诺夫娜政府对分裂派和宗教上的偏差相当严厉（这位历史学家在此指的是除了东正教之外的其他宗教），但比起教会的某些狂热分子，她显得更温和与宽容。"他的结论是："政府比俄国人更早地意识到这样一个简单的真相，即恐怖政策并不足以使民众忠于东正教会。"[10]正是有了这层意识，才创建了神学院和学校，用来培养"睿智、渊博、道德操守极高的"[11]教士。

安娜政府的政策缺乏逻辑性，既采用彼得改革的某些孤立元素，又摒弃了其他一些要素，这一点可以从这样一个事实得到部分解释，即女皇并没有什么政治思想，而且将真正的权力托付给了宠臣；但同样确定的是，每一个宠臣（数量堪称庞大）都有自己对事物的看法，更会捍卫自己的个人利益。英国历史学家勒多恩是这么描述18世纪俄国的（他也明确表明，这些现象也同样适用于其他时期）："俄国政府内部的决策过程就是一个谜。"[12]这样的评语完全适用于安娜在位时期。瓦西里·克柳切夫斯基和绝大多数历史学家一样，也对比隆苛政时期的暗无天日予以严厉抨击，他提到了伟大的国务活动家、元老院高级检察官阿尼西姆·马斯洛夫，后者不遗余力地进行揭发，说"政府和元老院的高官缺乏良知，游手好闲"，并持续关注农民的悲惨境遇。"他不偏不倚、勇敢无畏、坚持不懈，这样的道德力对女皇及其宠臣毫无道德可言的个性发挥了影响。"[13]

副内阁大臣亨利·约翰·（安德烈·伊万诺维奇）奥斯杰尔曼和陆军元帅布克哈德-克里斯托弗·慕尼黑也都是"彼得巢中的雏鸟"，

第一位皇帝当政时期，他们的事业就开始起步了。奥斯杰尔曼服役的时候年纪很轻，做过沙皇交付给他的各种工作，沙皇看重的是他的外交能力。彼得死后，作为"沙皇制造者"的奥斯杰尔曼扮演了重要的角色；他被誉为帝国最睿智的人，至少宫廷是这么看的，于是他在选择叶卡捷琳娜一世、彼得二世和安娜的过程中发挥了极大的作用。安娜在位时期，奥斯杰尔曼成了政府名副其实的首脑。女皇临死之前将比隆和奥斯杰尔曼叫到自己身边，把写有继承人名字的文件交给了副内阁大臣。

慕尼黑来到俄国的时候三十七岁。他出生于德意志的一个公国，奥尔登堡伯爵的这个公国从15世纪起即属丹麦所有。十六岁的时候，慕尼黑前往法国从事工程方面的工作。二十岁时，他就已经在欧洲各大军队里战斗过，在萨伏瓦的欧根亲王、马尔博罗公爵、铁腕奥古斯特二世治下的波兰军队里服役过。他在俄国从事的工作是修建拉多加运河，他担任负责人，得到了彼得大帝的高度赞赏。

皇帝驾崩之后经过了五年动荡时期，慕尼黑和奥斯杰尔曼走得很近，安娜登基之后，他便在"内阁"负责起了军事事务。他提出要改革军队，并创建了两个近卫团（伊兹马伊洛夫斯基团和骑兵近卫团）和一支重装骑兵部队，在某些特定的部队内设立工程兵，在陆军内部设立贵族子弟军团。他还提高了俄国军官的军饷，使之与外国人的军饷相同。在他的统领之下，还兴建了成系统的军事要塞，在顿河与北顿涅茨河之间设立了"乌克兰防线"，在防线沿线的堡垒内驻守了二十个"陆地民团"。宫廷迁移至圣彼得堡一事也受到他的很大影响，他先是担任总督，后成为女皇"内阁"的阁员。

导致俄国历史学家对安娜的对外政策、她发动战争进行批评的其中一个原因，尼·科斯托马罗夫已说得很清楚："每一个国家都想欺骗俄国，利用俄国的力量来为自己的目的服务……同俄国结盟对大家来说都很有诱惑力，这样就能使用俄国庞大的军事力量，牵着它的鼻子走。"欧洲两大强国，法国和奥地利（德意志民族神圣罗马帝国），是最先对俄国感兴趣的国家。它们在圣彼得堡的代表花钱大手大脚，就是为了将俄国政界的头面人物吸引至自己的阵营内。

整整十八年时间（1723—1741），虽然名义上的掌玺大臣是加夫列尔·戈洛夫金，但外交领域的负责人还是安德烈·奥斯杰尔曼伯爵。1992年在莫斯科出版的外交年鉴[14]着重指出，俄罗斯外交领域的所有领导人"无一例外都是以俄罗斯的历史利益为依归的，不过有时候在不损害国家利益的情况下，某些掌玺大臣会以此来为自己谋私利"。安德烈·奥斯杰尔曼就懂得如何调和这两者。

波立联邦自国王萨克森的铁腕奥古斯特二世驾崩之后，从1733年2月1日起就不得不在奥地利和法国之间做出选择。唯一的合法继承人腓特烈-奥古斯特轻松登上了萨克森的王位，但和波兰王国发生了严重的冲突。法国坚决支持斯坦尼斯瓦夫一世·莱辛斯基的候选人身份。莱辛斯基以前曾被彼得大帝的军队驱逐出波兰，他是铁腕奥古斯特的支持者，也是卡尔十二世倒霉的候选人，他逃到法国之后，将自己的女儿玛丽许配给了年轻的路易十五。比他运气好的对手死亡之后，他便想要获取波立联邦的王冠。法国向他承诺，如有必要，会出兵支持他。1733年9月12日，波兰什拉赫塔一致同意选斯坦尼斯瓦夫一世·莱辛斯基当国王。

1732年12月，也就是奥古斯特二世死前两个月，他在柏林签订了一份条约，史称"吕文沃尔德条约"（取自俄国外交官，安娜宠臣之兄的名字）或称"三黑鹰条约"。订约方分别是俄国和奥地利，两者的纹章上都刻了双头鹰，普鲁士的纹章图案也是一只黑鹰，但只有一个脑袋。圣彼得堡、维也纳和柏林决定不让奥古斯特的儿子登上王位，而是让葡萄牙亲王当波兰国王。倡议订约的是奥地利皇帝查理六世，他自己没有子嗣，所以很想让自己的女儿（他有三个女儿）继承自己的皇位。可是，奥古斯特二世的儿子却在觊觎奥地利的皇位，所以查理六世就要阻止他在波兰登基，否则一旦登基，后者的力量就会大大加强。

斯坦尼斯瓦夫一世·莱辛斯基的出现让"三鹰"的图谋变得混乱起来。联盟方便决定支持萨克森的觊觎者，因为后者签署了《国事诏书》，签署这份议定书的目的就是在查理六世死后，把他的女儿选上维也纳的皇位。由陆军元帅拉希领头的俄国军队开进了波兰，随后进入的则是扎格里亚日斯基将军、伊兹马伊洛夫将军和列普宁亲王的军队。波兰民众进行了抵抗，却不是俄国正规军的对手。萨克森王位的觊觎者同样受到了部分什拉赫塔，尤其是立陶宛大贵族的支持。

1733年10月5日，斯坦尼斯瓦夫一世·莱辛斯基国王的对手推选萨克森选帝侯腓特烈-奥古斯特当波兰国王，称为奥古斯特三世。莱辛斯基逃往但泽，在那儿等待法国承诺的援军。俄国军队攻占了这座抵抗异常英勇的大型堡垒。自从慕尼黑将军开始负责军事行动起，局势就发生了变化。1734年3月，炮兵发起猛攻，被围困者对援军的到来希望破灭（一支法国分遣队来到了该城周边地区，却没敢靠近），6月27日，但泽投降。斯坦尼斯瓦夫一世·莱辛斯基逃往普鲁士，后又重返法国。落败者支付了数以百万塔勒的战争赔款。被盟国（首先是俄国军队）放上王位的国王奥古斯特三世平静地统治起了波兰。

法国是因为要对奥地利施压，才对波兰感兴趣的。路易十五觉得反对莱辛斯基的势力太强大，所以不太想派军队硬扛俄国军队，于是就同意和奥地利签订和约：斯坦尼斯瓦夫一世·莱辛斯基放弃对波兰王位的要求；他名义上仍然是终生国王，且终生作为法国近期攻占的洛林地区的领主。法国和波兰之间关系的本质从这样一个事实可以看出，即法国同意军援莱辛斯基的五年之后，终于和奥地利签署了莱辛斯基放弃王位的条约。

对法国而言，波兰在外交赌注中排在第三位。但对俄罗斯帝国而言，波兰具有头等价值。攻打斯坦尼斯瓦夫一世·莱辛斯基国王的战争是为了捍卫奥古斯特三世的"权利"，却让俄国军队付出了惨重代价。仅仅在但泽一地，俄国就损失了八千人。但这场战事也表明，俄国可以按照自己的意愿（经过其他"黑鹰"的同意）介入波兰的事务，并将自己选出的候选人送上波兰王位。奥古斯特二世死后，就开始选择华沙王位的候选人，波兰并没有任何想要冒犯俄国的企图，既不想侵犯边界，也不想和俄罗斯帝国的任何一个邻居组建联盟。但这些都没关系。安娜，或者说她的那些谋臣，遵循彼得的政策，都急于在波兰国家与社会体系崩溃之际从中牟利，波兰人则把这种无政府状态称为自由。波兰历史学家帕维尔·雅谢尼卡提出了一个颇具特征的事实："彼得堡被德国人弄得乱七八糟：为那个时代定下了基调，但并不具有决定性的重要意义。决定俄国政治的那些人，无论是奥斯杰尔曼、列普宁，还是其他人，都无关紧要。所有人的行事方式都一个样，谁都不想放弃彼得大帝夺来的战利品。"[15]

俄国的盟友奥地利和普鲁士也有自己的算盘，它们希望如有可能的话，侵占波兰，扩张自己的领土，但它们也同意将波立联邦置于俄罗斯帝国的保护之下。北方战争的胜利仍在结出硕果。

俄国已可确保西北边界无虞，便开始转向东南方和奥斯曼帝国。最高朴特，奥斯曼帝国，抑或是简单称之的土耳其，无论什么名称，反正它都是俄国的宿敌。土耳其相继阻挡了莫斯科和彼得堡通往黑海的道路。而且，土耳其还占据着乌克兰的部分地区，对波兰事务也有巨大的兴趣，而且它还是波立联邦的邻居。1721年，彼得在普鲁特河战败之后签订的条约使土耳其这方面的兴趣更加具有了合法性。

俄国和奥斯曼帝国的宿敌奥地利在波兰发起的行动，促使土耳其更加支持其藩属国克里米亚，而这么做就等于侵入了俄国的领土。俄国痛苦地感受到了普鲁特河的羞辱，他们总想好好地教训一番克里米亚汗，削弱土耳其的势力，1730年，土耳其禁卫军士兵再次推翻苏丹，让另一个苏丹坐上了王位——1735年，俄国有太多的理由可以对土耳其发动战争。

多年来，土耳其和波斯的冲突，一场败仗接着一场败仗。安娜手下的外交官决定介入冲突，便和波斯确立了良好关系，借由签订《拉什特条约》（1732），将彼得大帝夺走的阿斯特拉巴德和马赞德兰省归还给了波斯；1735年，通过《吉安加条约》，又把巴库、杰尔宾特及其他地区还了回去。获取里海周边新的领土的计划符合沙俄的利益，莫斯科沙皇很久以来就对高加索地区蠢蠢欲动。

1715年，彼得大帝派遣年轻的阿尔捷米·沃伦斯基（后来成为比隆和安娜的牺牲品）前往波斯担任使节，彼得给其下了指示，要他仔细研究里海周边地区、港口、城市与河流，特别要核实是否存在直通印度的河流，以及俄国是否存在与波斯及近东地区做生意的可能性。

1717年，沃伦斯基提出了一项计划，就是趁波斯内战之机，夺取里海沿岸的大片土地。此时，彼得正在和瑞典打仗，拿不出所需兵力来和这个国家开战。但他并没有将阿尔捷米·沃伦斯基的计划束之高阁，而是推迟了实施的时间；而该计划的发起者则被任命为阿斯特拉罕总督。沃伦斯基也并没有闲着，他继续让皇帝相信，只有自己可以利用沙赫的弱点。1722年的军事远征将会证明这个判断的正确性：俄国军队轻易赢得了胜利，夺取了里海东部和南部沿海地区的大片波斯土地，切断了波斯通往里海的道路，使波斯成了"俄国的伊朗"。

虽说是轻易获胜，但并不是说没有战损：61091名士兵参与了对里海的远征，其中36664名士兵或阵亡，或染疫身亡，或中暑而亡。[16]俄国夺取波斯的领土，土耳其并不可能无动于衷，于是也入侵了沙赫的领土。俄国和奥斯曼帝国在波斯各自划定了势力范围。

为了在和土耳其的战斗中寻求盟友，安娜的外交官便把夺取的地盘还给了对方；但《吉安加条约》有一个地方考虑到了今后的情况：无论出于何种借口，波斯都不应交出巴库和杰尔宾特。此时已是俄国-波斯共享的通往里海的道路就这样对土耳其关闭了。

表面上，并没有和土耳其开战，但打的是克里米亚的鞑靼人，后者不断地穿越高加索地区的俄国领土进行劫掠，和波斯打仗，可谓野心不小。陆军元帅慕尼黑下令从波兰向乌克兰进军，继而向鞑靼人开进，他在1736年8月14日写给比隆的信中说，明年俄国军队定会臣服克里米亚、库班和卡巴尔达。预计1739年就可夺取君士坦丁堡，让女皇安娜在圣索菲亚大教堂加冕登基。陆军元帅说完这个计划后，不禁惊叹："对女皇来说，这是何等的荣耀！"[17]

俄国军队冒着战损巨大的风险，取得了可观的胜利。陆军元帅拉希的围城战打得异常艰难，最终夺取了亚速，彼得原本也夺取过亚速，后在普鲁特河战败后又还给了土耳其，1736年6月20日终于又夺了过来。此时，慕尼黑的部队正在越过佩列科普地峡，第一次实现了俄国古老的梦想：进入克里米亚（1736年5月22日）。俄国夺取了克里米亚的城市，包括都城巴赫奇萨赖，并将这些城市付之一炬：可汗的宫殿被夷为了平地。但传染病、炎热、缺乏生活物资迫使俄军不得不向佩列科普撤退。

1737年春，慕尼黑再次挥师对战土耳其，这次的目标是夺取摩尔达维亚和瓦拉几亚。军事上的胜利，棘手的战况，奥地利（1726年起就联手俄国对付奥斯曼帝国）的踌躇不前，以及奥地利人败仗连连，最终促使俄国想要寻求和平。1737年8月，三个交战国各派代表齐聚涅米罗夫进行和谈。俄国使节遵守奥斯杰尔曼的指示；从指示来看，俄国想要获取土地和边界地区的战果。指示说得很明确，夺取边界地区是为了确保帝国及其居民的安全。最大的要求就是把克里米亚和库班割让给俄国。奥斯杰尔曼同意，若是无法获取所希望的边界地区，那就把塔曼半岛和亚速海沿岸地区及至别尔达的出海口（后据此建造了别尔江斯克这座城市）全部割让给俄国。这样一来，包含第聂伯河与德涅斯特河之间的整片领土就又可以回到俄国的手中了。最后，就是要求最高朴特同意让摩尔达维亚和瓦拉几亚（它们要求受俄国的保护）独立，从多瑙河的对岸撤军。

慕尼黑的计划是让安娜在君士坦丁堡加冕，这个想法似乎是异想天开。奥斯杰尔曼的计划则很现实：打了胜仗就能使俄国成为黑海的强国。不过，涅米罗夫会议并没有成功：俄国人提出了自己的要求，土耳其人则严词拒绝。1738年，战事再启。陆军元帅慕尼黑继续一场胜利接着一场胜利。坚固的奥恰科夫要塞陷落了。1739年8月，斯塔乌查尼战役，俄军第一次全歼了土军：因此，土军的精锐部队受损严重。俄军进入科丁，越过普鲁特河，替彼得大帝报了仇，随后进入雅西。慕尼黑准备继续向宾杰里发动攻势，之后经过多瑙河，进攻伊斯坦布尔。与此同时，率领四万大军的陆军元帅拉希正耀武扬威地走在克里米亚的土地上。

胜利纷至沓来。俄国没法消化这些战果。而且，在巴尔干地区被土耳其人战败的奥地利突然退出了战争，单独和奥斯曼帝国签订了和约。奥地利的盟军俄国没法迫使土耳其接手涅米罗夫的条件。俄国孤身一人，没有别的办法，只能着手进行和谈。奥斯杰尔曼伯爵委托法国驻君士坦丁堡的使节维勒讷夫侯爵进行交涉。法国是奥地利的宿敌，也是苏丹的传统盟友，所以由法国外交官调停达成了《贝尔格莱德和约》。1739年9月，法国外交官代表俄国签署了条约。这场战争让俄军付出了近十万人死亡的代价，却所获寥寥：俄国保留了亚速，但不得在那儿修筑防御工事；不得在黑海巡弋舰船，但获得了布格河与第聂伯河之间的大草原。

历史学家强调战争的代价及其成果不成比例。总是激情昂扬的瓦西里·克柳切夫斯基断言："俄国好多次都签署了让人难堪的和约；但像1739年那么荒唐耻辱的《贝尔格莱德和约》还真是从没见过，真希望从来没签订过。"[18]克柳切夫斯基不知道的是，整整两个世纪之后，还会签订一份更为耻辱、更为荒唐、更为悲惨的条约。《俄国简史》的作者指出了究竟是谁让俄国羞耻地抬不起头："这场牛皮吹得实在太昂贵，正是那个时代彼得堡政府最有才能的几个人的手笔，是外交界的好手奥斯杰尔曼的手笔，也是战争高手慕尼黑的手笔，他们那些怀有俄国理念的同胞也不遑多让。"[19]被他羞辱的这些人究竟是谁，可以说一目了然：都是些外国人，那些人只操心自己的个人利益，完全不顾俄国的利益。

瓦西里·克柳切夫斯基和其他历史学家说奥斯杰尔曼轻浮、轻佻是有道理的，毕竟他把和土耳其缔结和约的事委托给了法国外交官；他们一直在说战死者数量惊人，以及安娜侵略性政策造成了沉重的经济后果，也没有错。但归根结底，他们之所以指控安娜政府，是因为战果不佳，没有得到什么好处。他们认为女皇要为自己政策的失败负责。可是，并非所有的指责都是有根有据的。如果考虑到政策所致的后果，安娜在俄国登基的十年所具有的局限性，周围都是"库尔兰无赖汉"，那么这样说都没错。但如果放眼望去，看看俄罗斯帝国的过去和未来，俄国政治的常态就会跃入眼帘，安娜政府的各项规划也是与之若合符节的。安娜在位时期的外交官和军事首领和其前任、后来者一样，始终都想让"边疆绝对安全"。慕尼黑和拉希走的就是这条道路——向克里米亚、亚速、普鲁特河走——瓦西里·戈利岑和彼得大帝的军队也走过这条道路，波将金、鲁缅采夫、苏沃洛夫也是如此。

莫斯科以及之后的俄罗斯帝国所要求的都是边疆的"安全"，要无止境地扩张领土，这就是俄国政治坚定不移的方针，但由于贵族阶层这样占据军队指挥层的领导阶层对战争和军事事务丝毫不感兴趣，所以这种方针就更令人惊异了。在军队服役的贵族最大的愿望就是回家，回自己的家族领地。普鲁士驻彼得堡的使节沃克罗特报告说，当他说"以军功为至高荣耀的欧洲国家的贵族阶层"都以俄国贵族阶层"为榜样"的时候，俄国贵族的回答通常是这样的："这就证明了在这儿，白痴比聪明人多。聪明人不会连累自己的健康和生命，除非有需要，出于经济原因。俄国领主如果可以住在家里，经营地产，是不会饿死的。就算要耕地，也都比当兵好得多得多。"[20]

总之，聪明人相当多，比如波兰，那儿的贵族阶层拒绝打仗，随着集权日益削弱，这么做的人也就越来越少（排除邻里之间的纠纷）。萨克森国王时期，波立联邦的军队与其邻国军队的数量比如下：和普鲁士军队是1比11，和奥地利是1比17，和俄国是1比28。换句话说，国家没了军队，波兰注定会消亡。而俄国对强大的军队有很大的需求，因为只有有了军队，才能成为"防御性帝国主义"，而这正是国策的本质。君主的专制权力是一股力量，可以逼人参战，被逼的不仅仅是农奴（这工作不算太艰苦），还有喜欢待在"绅士窝里"过平静生活的chliakhetstvo。

1740年，安娜驾崩，腓特烈二世登上普鲁士王位。普鲁士的榜样得到大家公认，那个时代睿智的格奥尔格·海因里希·冯·贝伦霍斯特说："普鲁士君主国不是有军队的国家，而是有国家的军队。"这个榜样似乎对某些俄国贵族颇具吸引力，但考虑到国土广袤，人口规模大，所以没法将俄国转变成普鲁士，但他们还是特别想朝这个理想的目标无限靠近。

俄国为了朝各个方向扩张领土，手段特别多，并不会吝惜士兵的生命。在与其他国家接壤的地区设立障碍的地方，军队就成了"防御型帝国主义"的工具。在广袤的大草原、泰加林和冻土带上，逃离国家的那些人也就成了有利于这项政策的军事工具。寻求自由的人设法远离地产主和权力地带，就会移居到那些地方，国家也会步其后尘而来。

安娜在位的十年时间里，战事相当频繁，俄军在克里米亚、高加索、摩尔达维亚都打过仗。但与此同时，东南方又开辟了另一条战线。彼得大帝时期开始其职业生涯的伊万·基里洛夫于1728年当上了元老院位阶颇高的总秘，他为俄国制订了一项前往中亚的计划。基里洛夫依靠已成为帝国一分子的巴什基尔，建议在奥尔河与亚伊克河（后称为乌拉尔河）合流处建一座要塞，之后在深入咸海之处的锡尔河畔建造港口，并延长这条受保护的通路，前往中亚，随后抵达印度。建在奥尔河畔的这座城市后来就取了奥伦堡这个名字（这个德语发音的名字只有彼得堡喜欢）。他们着手建了两座要塞，使这片被基里洛夫称为"新俄罗斯"的土地焕发出了价值。

巴什基尔人的土地成了俄国挺进中亚的基地，他们生怕彼得堡官僚的权力做大，便起来造反。俄国和土耳其的战争需要的马匹犹如天文数字，正是因为这一点才导致巴什基尔人起义。苏联某位历史学家写道："反叛具有极其明显的封建特征。"[21]这样就能贬低巴什基尔人反抗俄国强权的做法。反叛只持续了不过五年（1735—1740），伊万·基里洛夫（1737）死后，才遭到镇压。取代基里洛夫担任奥伦堡委员会负责人的是瓦西里·塔季谢夫，也就是首部《俄罗斯史》的作者。

塔季谢夫认为俄国向东南方快速推进并不适宜，因为他认为国家还缺乏资源去这么做。而且，他发现各个部落之所以希望成为俄国的臣民，是因为想单方面获得好处，但这却损害了国家的利益。因此，他和伊万·基里洛夫的意见完全相左，后者所梦想的就是将那些城市的民众转变成俄国的臣民，"比如塔什干和阿拉尔……由布哈拉和撒马尔罕以及富饶的博多克山这些地方构成的省份"。[22]博多克山（又名博多坎或巴达赫尚）在阿富汗的领土上。

无论快慢，只要推进，就需要打压巴什基尔人。于是向那儿（巴什基尔人的人口约有十万）派遣了正规军，并采用传统的殖民政策，让某些人来对抗另一些人。在这种情况下，他们就利用了近来在此安顿的突厥人：梅切里亚克人、鞑靼人。最后在杰顿镇压反叛的总指挥乌鲁索夫亲王于1740年发去报告，提出了镇压叛军的方法。乌鲁索夫将军写道："宣读判决之后，犯罪分子和叛乱的主谋卡拉萨卡尔（姓名如下）被处以桩刑……十一个共谋者中，七人均为上述卡拉萨卡尔手下的首领，用肋骨吊吊死，八十五人勒喉绞死，二十一人斩首……"按照奥伦堡委员会文书（彼得·利奇科夫，后成为著名的地理学家和历史学家）的计算，1735至1740年间，共有16634人被处死，3236人遭到流放，9182人成了农奴。军事镇压的同时，还强行管控各反叛部落的首领，给新来者种种好处，这些新来者移居至巴什基尔的土地上，得到了俄国当局的支持。

受伊凡雷帝时期哥萨克叶尔马克的引诱，安娜时期，俄国人也纷纷前往远东地区。丹麦舰长维图斯·白令在俄军服役，他的第一次远征就是在彼得大帝时期规划的，但要到后者死后才得以实施（1725—1730）。白令穿越了隔绝亚洲和美洲的海峡，证实了1648年哥萨克谢苗·杰日尼奥夫的发现。不知疲倦的伊万·基里洛夫并不满足于地理发现，于是他规划了前往堪察加半岛的第二次远征（1733），并意欲在此殖民；他还想建造鄂霍次克要塞，勘察其他土地。他想"调查新的土地和岛屿"，以期"征服尽可能多的人"。

从传统角度看，俄罗斯帝国的扩张可以用缺乏安全感、寻找安全的边境、自然偏好来加以解释。它抵达了太平洋，这既是自然的边界，也是安全的边界，但这丝毫不能阻止扩张的脚步。半个世纪之后，俄国的殖民地又出现在了阿拉斯加和加利福尼亚地区。

注　释

1　N. Kostomarov, *op. cit.*, pp. 350‒351.

2　V. Ključevskij, *op. cit.*, p. 391.

3　N. Kostomarov, *op. cit.*, p. 412.

4　Apollon Kouz'min, *op. cit.*, p. 170.

5　P. Miljukov, *op. cit.*, pp. 206‒207.

6　N. Kostomarov, *op. cit.*, p. 367.

7　Apollon Kouz'min, *op. cit.*, p. 175.

8 Cf. P. Miljukov, *op. cit.*, pp. 211-212.

9 Jacques Jubé, *La Religion, les moeurs et les usages des Moskovites, texte présenté et annoté par Michel Mervaud*, Oxford, 1992.

10 N. Kostomarov, *op. cit.*, p. 97.

11 *Ibid.*

12 John P. Le Donne, «The Eighteenth-Century Russian Nobility», *Cahiers du Monde Russe et Soviétique*, vol. XXXIV (1-2), Paris, janvier-juin 1993.

13 V. Ključevskij, *op. cit.*, p. 398.

14 V. V. Poxlebkin, *Vnešnjaja politika Rusi, Rossii i SSSR za 1000 let v imenax, datax, faktax, Spravočnik*, Moscou, 1992, p. 201.

15 Pawel Jasienica, *Rzeczpospolita obojga narodow*, III, p. 199.

16 Cf. Boris Nolde, *La Formation de l'Empire russe, op. cit.*, vol. II, p. 335.

17 Cf. Boris Nolde, *op. cit.*, p. 341.

18 V. Ključevskij, *Kurs russkoj istorii, op. cit.*, tome 4, p. 398.

19 V. Ključevskij, *op. cit.*, p. 398.

20 Cf. P. Miljukov, *Očerki po istorii russkoj kul'tury, op. cit.*, troisième partie, deuxième édition, p. 185.

21 Apollon Kouz'min, *Tatiščev, op. cit.*, p. 244.

22 Cf. Boris Nolde, *op. cit.*, p. 228.

4　寻找继承人

> 国王驾崩之后，频繁出现的就是为争夺继位权而引发的战争
> 与不和。故而，这么做丝毫无助于强化王权，使王权长治久安；
> 没法维护和平，防止兄弟相残。所以除了确立严格的继位顺序，
> 别无他法。
>
> ——尤里·克里加尼齐

从历史上来看，安娜的统治时期——或胜或负的战争，国内的
发展，领土的扩张——都和比隆、比隆苛政、外国人掌权有关。瓦西
里·克柳切夫斯基说，从1730年起，"俄国贵族社会的精神状态就发
生了转向"：彼得改革之后，他们转向了自身，社会上这部分少许有
点思想的人就"有了一个重要的发现。他们觉得法规一大堆，法律却
完全付诸阙如"。[1]正如20世纪末所说的那样，研究法律、"依法治国"
是一件很痛苦的事："体验过缅什科夫和多尔戈鲁基家族治下俄国人的
任意专断之后，又体验到了比隆和吕文沃尔德治下德意志人的任意专
断。"显然，德意志人的任意专断要比"我们"俄国人的任意专断更
令人窒息。

安娜死之前仍旧很依恋比隆，此时后者也已获得库尔兰公爵的头

衔。她明示了自己的遗愿，并签了字：皇位的继承者是年仅两个月的小伊凡·安东诺维奇，比隆当他的导师。这个选择比1730年那次还要令人震惊，当时德米特里·戈利岑想要提名安娜。伊凡是安娜·利奥波多芙娜的孩子，而后者则是安娜的姐姐叶卡捷琳娜和梅克伦堡-什未林公爵的女儿。

　　从1732年起，安娜就决定将皇位留给自己外甥女的男性子嗣。这时候，安娜·利奥波多芙娜还没结婚。她就设法在取之不竭的德意志王子养鱼池里给利奥波多芙娜找配偶。幸运的入选者（由吕文沃尔德来进行考察）是皇帝卡尔六世的侄子、不伦瑞克-吕讷堡亲王安东·乌尔里希。第一次拣到火速赶往圣彼得堡的未婚夫时，女大公极其冷淡，但后来发现比隆想要把她嫁给自己的儿子之后，安娜·利奥波多芙娜就同意和不伦瑞克亲王结婚了。他们婚后的果实就是被选中登上皇位的伊凡·安东诺维奇。

　　让比隆摄政的决定是最后一刻做出的，就在女皇死之前。安娜的这个宠臣并不只是外国人在俄国宫廷肆意妄为的同义词，他也有着生性残暴的名声，而且自命不凡，凡是比他低的，他一概瞧不上。任命其为摄政的想法来自俄国的一名外交官，此人在彼得大帝时期即已开始从政，曾代表俄国前往丹麦、荷兰、汉堡和伦敦，他就是阿列克谢·别斯图热夫-留明。1740年，被召回圣彼得堡的留明当上了"内阁大臣"一职，没有负责处死阿尔捷米·沃伦斯基。别斯图热夫-留明编订了一份"顺应性的宣告"，他大体是这么说的：女皇驾崩之际，整个国家都希望库尔兰公爵担当摄政，直至未来皇帝成年为止。呈递给"大臣阁院"的这份宣告收集了四个等级的117个签名，其中就有枢密顾问切尔卡西亲王、陆军元帅慕尼黑和海军司令戈洛夫金伯爵。

　　1740年10月17日的宣告宣布女皇安娜驾崩，任命比隆担任摄政，获得"处理国家内外事务的权威和权力"。比隆摄政持续了三周时间。

11月8日至9日晚，陆军元帅慕尼黑及其副官曼施坦因获得安娜·利奥波多芙娜的首肯，带领数十名宫廷近卫军士兵，决定除掉比隆，救俄国于水火之中。公爵当时所住的夏宫由普列奥布拉任斯基团的三百名士兵守卫。慕尼黑以前担任过该团的长官，所以他一出现，所有人就都和他走到了一起。比隆及其兄弟，还有支持者都遭到了逮捕。安娜摆脱了"库尔兰公爵的暴政"，于是宣布在儿子成年之前担任摄政。经过简单的审判之后，比隆被判死刑，别斯图热夫被处以五马分尸刑。但最终处刑都不算太重：比隆被流放至距彼得堡三千俄里的佩雷姆，别斯图热夫则被软禁在其父的领地内，直至终老。

比隆被推翻这件事根本算不上是一场政变。摄政被踢出了权力体系是没错，但密谋者一刻都没想过要嘲笑安娜·约安诺夫娜的意志，也都尊重她让小伊凡·安东诺维奇继承她登上王位的选择。另一方面，慕尼黑及其近卫军的这个行动要比近卫军军官承诺武力支持叶卡捷琳娜一世和安娜·约安诺夫娜的行为要重大得多。这次，利剑出鞘，即已足够。自此以后，近卫军就成了处理继位纷争的一个关键性因素。

娇小可爱的金发女郎，温柔敦厚，慵懒怠惰：尼古拉·科斯托马罗夫就是这么描述安娜·利奥波多芙娜的。俄罗斯帝国的摄政此时二十二岁，宣布推翻比隆的宣告便是如此称呼她的。她身边有许多谋臣自告奋勇要管理国家，她对这个工作压根不感兴趣。谋臣数量极多，逮捕比隆之后没多久，他们之间便展开了殊死的斗争。

被任命为首席大臣的陆军元帅慕尼黑想要拥有无限的权力。奥斯杰尔曼男爵早已惯于在处理俄国事务的时候没人跟他竞争，于是就和摄政的丈夫不伦瑞克的安东-乌尔里希联手对付陆军元帅，武力夺权之后，乌尔里希就成了大元帅，从而使他成了帝国的第一号人物。波兰使节里纳尔伯爵对安娜·利奥波多芙娜拥有很大的影响力。他年轻帅气，女皇安娜在位时期代表奥古斯特三世驻守彼得堡，征服了当时还很年轻的安娜·利奥波多芙娜。由于担心使节有可能会使未来的摄政同不伦瑞克亲王之间的婚事泡汤，所以女皇就把使节遣了回去。

1741年，里纳尔伯爵返回俄国，担任波兰和萨克森特使。分离六年并未熄灭安娜·利奥波多芙娜的爱恋之情。但伯爵的任务主要涉及的是外交政策。研究安娜·利奥波多芙娜短暂摄政时期历史的历史学家只发现了在国内事务上值得一书的特点。在慕尼黑的提议下，俄国历史上第一次采纳了《工场法规》，用以修复产业主和工人之间的关系。工作日时长不得超过十五个小时，年工资应介于十八和五十卢布之间，工场必须配有医院；可以惩罚工人，包括体罚（鞭刑除外）。

摄政谋臣最关心的是外交事务。1740年10月20日，皇帝卡尔六世驾崩。依据《国事诏书》，其女儿玛丽-特蕾莎登上皇位。欧洲开始动荡。为争夺"奥地利继承权"爆发了战争。局势相当混乱。法国和英国为争夺美洲和印度的殖民地以及制海权而战斗不断。在欧洲，法国和奥地利发生不睦，奥地利国王是德意志民族神圣罗马帝国的皇帝，由诸多体量不等的德意志省份构成。从18世纪初起，欧洲舞台上就出现了一个国家，不知不觉间就成了强国：普鲁士。1701年，普鲁士成了王国，无保留地支持波兰国王铁腕奥古斯特二世，后者在日耳曼诸公国中找到了一个对付奥地利的盟友，他也支持彼得大帝，而彼得大帝也出于同样的目的，支持普鲁士国王腓特烈一世。

1740年5月，卡尔六世驾崩前数月，腓特烈二世（史称腓特烈大王）继承了普鲁士的王位。他的父亲号称士兵王，对自己的这个儿子评价不高，因为后者喜欢和伏尔泰讨论自由思想，对平民太温和，对法国哲学培养出了很不好的爱好。父亲很少会对儿子错看得这么厉害。自从宣布皇帝卡尔六世驾崩起，年轻的普鲁士国王便不宣而战进入了西里西亚，但他对奥地利的这个省份并无任何权利。腓特烈二世很快就形成了自己的信条：重要的是攻占土地，法学家再事后想办法合法化这样的行为。

腓特烈二世入侵西里西亚让俄国政府的处境很不舒服。慕尼黑还记得俄土战争期间奥地利背信弃义的行为，于是在他的敦促之下，俄国和普鲁士签订了攻守同盟的条约。签订当日，腓特烈二世在西里西亚发动新攻势的消息传到了圣彼得堡。俄国之所以觉得不安，是因为它已和奥地利达成协议（从1726年起），此时突然之间却和两个正在爆发冲突的国家结了盟。

慕尼黑觉得瑞典的威胁迫在眉睫，所以有必要和普鲁士结盟，因为瑞典总是想更改北方战争的结果。慕尼黑指望普鲁士会帮忙，但腓特烈二世却对瑞典略施小计，希望波罗的海的冲突能引开俄国的关注。而法国人则想着法子要让瑞典和俄国开战，这样就能削弱奥地利的盟友。1741年6月，瑞典向俄国宣战。唯一一场严重的冲突以陆军元帅拉希指挥的俄军胜出告终。

注　释

1　V. Ključevskij, *op. cit.*, p. 401.

5 彼得大帝的女儿

对德意志人的怒火唤醒了民族情感。这政治上新的激荡逐渐使人们关注起了彼得的女儿。

——瓦西里·克柳切夫斯基

安娜·利奥波多芙娜对政府事务和大臣之间的持续不和毫不关心，大量德意志人都围绕在她身边，比隆被推翻之后，德意志人的数量丝毫不见少，摄政还想让自己加冕登基，这一切都使人们怀疑，这政权还牢固得了吗？

三个情况给这种情绪火上浇油。首先，就是存在"政变"的传统：安娜·利奥波多芙娜是借助近卫军登基的第三个女君主。其次，还有一个继承人，就是彼得大帝还很年轻的女儿伊丽莎白，每次城头变换大王旗，她总是会被踢到一边去。最后，欧洲各国都在想方设法获得俄国的支持。18世纪出现过西班牙、波兰、奥地利因继承权而爆发的战争。法国、奥地利、普鲁士、瑞典也都可以随时为了俄国的继承权再来一场战争。瑞典对战俄国表面上的目标就是支持"合法继承人"伊丽莎白，只是伊丽莎白并没让他们这么做。

俄国历史学家都一致认为，公众舆论的反德情绪日益高涨，民族情绪也转嫁到了彼得大帝的女儿身上。他们忠实地记录了三位女君在位期间明显的趋势走向，并认为存在一种并不理性的民族情感。伊丽莎白·彼得罗芙娜在彼得与叶卡捷琳娜婚前三年出生，这个借口就能把她踢到一边。尽管她拥有俄国皇帝血脉的事实并无丝毫疑问，但伊丽莎白的母亲婚前名为玛尔塔·斯卡弗隆斯卡，改宗东正教之后才改名为叶卡捷琳娜，所以并不是俄国人。安娜·利奥波多芙娜的父亲卡尔-利奥波德为梅克伦堡-什未林公爵，是德意志人，但安娜的母亲叶卡捷琳娜·约安诺芙娜则是彼得大帝兄弟的女儿。那么，两人中究竟谁才更"俄罗斯"呢？母系和父系，哪个才是决定出身的关键因素呢？对这些问题很难给出最终的答案。但让伊丽莎白·彼得罗芙娜成为俄国的象征以及和外国人战斗的标志这种情感在眼下是确实存在着的。

在叙述1741年11月25日用武力将彼得大帝的女儿推上皇位这件事时，瓦·克柳切夫斯基是这么写的："这场武力行为伴随着激烈的爱国宣言、狂热的民族情感宣示，而这些都受到了外国人的践踏：他们冲入德意志人占据的宅邸，甚至就连枢密官奥斯杰尔曼和陆军元帅慕尼黑也遭到了粗暴对待。"[1] 爱国者们当时并不知道的是，如果把外国人全体都囊括其内的话，那可以说这场反抗"德意志人"的武力行为正是德意志人自己准备好的。

当时的人对伊丽莎白极尽吹捧之能事。经常和女大公见面的英国使节的妻子提到了女大公秀发飘飘，蓝眸灵动，牙齿漂亮，小嘴迷人。她体格高大、匀称，继承了其父精力充沛的一面，喜欢玩乐，整天都在过节，不待在宫中。她最亲近的密友就是个汉诺威的德意志人莱斯托克，他于彼得大帝时期来俄行医，叶卡捷琳娜一世将他放在了女儿伊丽莎白的身边。

作为伊丽莎白的私人外科医生，自从彼得二世驾崩那晚起，莱斯托克就请求近卫军的帮助，设法说服伊丽莎白主张自己登上皇位的权利。伊丽莎白拒绝了他的请求。十年后，形势发生变化。安娜·约安诺夫娜死后，想要"德意志人"霸权不再的希望落了空。安娜·利奥波多芙娜的政府似乎摇摆不定。尤其，在法国驻圣彼得堡使节拉谢塔迪侯爵的领导下，"法国党"开始行动了起来。彼得大帝在巴黎逗留期间，曾请求将伊丽莎白嫁给法国王位的继承人，也就是后来的路易十五。这场婚事虽未成，但伊丽莎白对法国却多了好感，她学了法语，似乎对法国有了很多兴趣。

除了拉谢塔迪之外，"法国党"还包括了瑞典使节诺尔肯，后者希望伊丽莎白一旦登上皇位，就会同意将彼得夺取的土地还给他们。"法国人"行动的协调人正是莱斯托克医生，他主要负责把各国使节转来的资金分发出去。整个彼得堡都已知道阴谋正在酝酿之中，只有安娜·利奥波多芙娜拒绝相信这一切。1741年11月25日，她打定主意，加冕登基，举办庆典。24日至25日夜间，在负责组织武力行动的莱斯托克的推动之下，伊丽莎白来到了普列奥布拉任斯基团的营房内。她提醒那些精锐士兵，说自己和他们息息相通，从而得到了这些人的全力支持。密谋者们逮捕了慕尼黑、奥斯杰尔曼、吕文沃尔德和枢密顾问戈洛夫金。伊丽莎白向陆军元帅拉希派遣了一名信使，向他问了一个问题："您是哪一派的？"年长的军事统帅并不知道皇冠已落入谁手，便这么回答道："属于当权派。"这个聪明谨慎的回答救了他一命。慕尼黑和奥斯杰尔曼对已被推翻的摄政忠心耿耿，都被判处了极其严厉的惩罚：奥斯杰尔曼受车轮刑，慕尼黑则被五马分尸。处刑的时候，宣布对他们开恩。女皇减轻了他们的刑罚，将之流放到了西伯利亚。当时没进行什么处罚：女皇刚登基，对前任统治者，如缅什科夫、彼得二世和两个安娜的牺牲品都格外开恩。

伊丽莎白的统治开始了。她在位二十年。历史学家对女皇的所作所为分歧颇多。1811年，尼·卡拉姆津下笔并不客气："一个法国医生[2]和几个喝得醉醺醺的近卫兵把彼得的女儿推举上了世界上最伟大的帝国的皇位上，还高喊：'外国人去死！荣耀归于俄国居民！'"他得出的结论是："伊丽莎白的统治在国家思想的领域内毫无建树。"[3]百年之后，有时尖酸刻薄的瓦·克柳切夫斯基是这么认为的："伊丽莎白的统治并非毫无亮点，也并非一无是处。"[4]卡拉姆津认为伊丽莎白"懒散，沉湎于感官享受之中"。克柳切夫斯基则认为她是"18世纪的俄国贵妇，聪明，善良，有些放荡，也有些古怪"。他还说："……照俄国的优秀传统来看，人活着总会受诋毁，照俄国的习俗来看，人死了都会哭得死去活来。"[5]

所有的历史学家都提到彼得的女儿对欢宴庆典、跳舞、化装舞会乐此不疲。克柳切夫斯基甚至认为："从索菲娅公主摄政那时候起，一直到1762年，俄国的生活再轻松不过，没有哪个时期能留下如此令人愉快的回忆。"[6]

这位历史学家所说的"轻松的生活""愉快的回忆"只局限于宫廷，以及chliakhetstvo很小的一个小圈子。阿·托尔斯泰（1817—1875）在一首名为《俄国史》的讽刺长诗中用简洁明快的文风将那个时代的矛盾体现了出来："伊丽莎白是个快乐的女沙皇：跳舞疯玩样样干，可惜不成体统。"叠句"可惜不成体统"确实可以用在整个俄国历史上，至少诗人是这么看的。宫廷和一小撮开明贵族之间的裂痕早在彼得大帝统治时期即已出现，而且裂痕越来越大，到伊丽莎白时期就再明显不过了，而这主要还是因为她无节制地追求快乐。

克柳切夫斯基说"不满的情绪在这十年时间里越积越多"，这话就是指当时许多人再也不愿受安娜身边那些"外国人的统治"，于是终于爆发，将彼得大帝的女儿推上了"真俄国"的皇位上。其主要谋臣首先（1748年之前）就是莱斯托克，他得到了伯爵的名分。法国使节拉谢塔迪侯爵也开始发挥起重要的作用。

但最受女皇宠爱的宠臣还是"小罗斯歌手"阿列克谢·拉祖莫夫斯基，这是卡拉姆津对他的蔑称，1742年，拉祖莫夫斯基就成了女皇的配偶。女皇和这个声音美妙的美男子举办了秘密婚礼，拉祖莫夫斯基也就多了一个伯爵的头衔，还当上了陆军元帅，积累了惊人的财富。拉祖莫夫斯基伯爵并不掺和国家事务，但他对行政事务和教会事务却拥有极大的影响力。他弟弟基里尔·拉祖莫夫斯基十九岁的时候被任命为科学院院长，后来又成了小罗斯的盖特曼。

1747年，出身于大家族的伊万·舒瓦洛夫（不同于出身平民的阿列克谢·拉祖莫夫斯基）进入了女皇的"恩宠圈"，并很快就成了宠臣。伊丽莎白的恩宠遍及舒瓦洛夫的整个家系，极大地影响了国家的政治。彼得·舒瓦洛夫渐渐地将国内事务揽为己有，其弟亚历山大则成了枢密院的负责人。照伊丽莎白专家作者的说法，亚历山大·舒瓦洛夫"留下了令人恨之入骨的回忆"，其残忍的作为大大超过了恐怖的前任乌沙科夫将军，而他的后继者斯捷潘·谢什科夫斯基又有过之而无不及。

伊丽莎白的第一个作为就是使"国家政府恢复秩序"，她认为自从彼得死后，政府就一直很混乱。彼得大帝的女儿撤除了枢密院，认为那儿是"几个人同矫揉造作的内阁耍阴谋诡计"的地方。她重新赋予了元老院所有权力，无论是之前和之后，元老院都从没享有过这样的权力。立法权同样也交给了元老院。伊丽莎白命令元老院对1725年以来采纳的敕令进行复核，凡与国家利益相悖者一律废除。元老院还是最高司法机关：没有它的同意，不得宣布对政治犯（例如，冒犯拉祖莫夫斯基家族的人）处以死刑。

撤除了内阁之后，元老院和女皇之间联系的纽带也中断了。此后，两者间直接联系，无须经由中间方。同样的权力体系只有在理论上才能成立。从实际情况来看，伊丽莎白身边都是些想见她就能见到她的近臣，所以这些人对政治都能发挥影响。随着女皇对国家事务愈益无感（她在位初期还会定期去元老院），这些近臣的权力也就越来越大。

波兰历史学家瓦迪斯瓦夫·科诺普辛斯基写过一本书，书名是《当女人统治我们》。如果波兰王位始终都是由男性占据，其配偶和情妇就会持续对国家管理层施加秘密的，有时却具决定性的影响力。在18世纪的俄国，五个女性相继成为国家首脑：其宠臣对她们和政府产生了极大的冲击。腓特烈二世简洁却生动地描绘了当时的局势："在波兰，理性依附于女人，她们费尽心机，处理各种事务，而其丈夫却喝得酩酊大醉。"普鲁士国王的这个观察无疑是怀有敌意的。因为在俄国，包括宫廷在内，喝酒的量至少和波兰是一样的。结果就是到18世纪末，波兰遭到了第一次瓜分，而俄国却成了欧洲第一梯队的大国。历史学家们还需弄清楚男性和女性直接权力或间接权力的重要性，澄清性别角色（承认存在这样的性别角色）对国家权力本质发挥了什么样的影响。

彼得大帝的女儿伊丽莎白·彼得罗芙娜的合法性似乎是毋庸置疑的。不过，有一道阴影轻轻地罩在了伊丽莎白的皇位上。安娜·约安诺夫娜死前，完全遵循俄国的继位法，指定安娜·利奥波多芙娜的儿子伊凡作为皇位的继承人。安娜·约安诺夫娜死后，伊凡（1740年8月12日出生）就被立为皇帝。不伦瑞克公爵安东-乌尔里希的儿子从母亲这方面来讲就是彼得大帝的哥哥伊凡的曾外孙，这样就使他也有了登上皇位的权利。伊丽莎白登基时（1741年11月25日）发表了首次简短的声明，一点都没提到伊凡·安东诺维奇。第二份声明（三天后面世）不容置辩地确认了伊丽莎白拥有当皇帝的权利，声明说，彼得二世驾崩之后，即应由她登基。这份声明并未提及叶卡捷琳娜一世（完全合法的）决定，即在她死后，将皇位传给安娜·彼得罗芙娜的儿子。

继位法让君主有权指定继承人，但脆弱的继承法给阴谋诡计和冒名顶替者打开了大门。伊丽莎白采取措施以确保皇位的安全。安娜·利奥波多芙娜及其家人（我们所谓的不伦瑞克家族）都被流放到了阿尔汉格尔斯克附近的霍尔莫戈雷，一直待到1746年年老的摄政驾崩为止。皇帝伊凡六世当时十六岁，被转移到什利谢利堡，得到了"头号犯人"这样的称号，1764年，有人制订荒唐的计划想要救他出狱的时候，他却被一名守卫杀死。女皇并不满足于囚禁不伦瑞克家族，她最后还选定了一名继承人，当时有人说她这么做是为了"安抚亡魂"。伊丽莎白的选择自然就落到了与之亲密的已故妹妹安娜·彼得罗芙娜和荷尔斯泰因公爵卡尔-弗里德里希的儿子身上。皇室联姻的做法迫使他们要么在不伦瑞克家族，要么在荷尔斯泰因家族中间选择俄国的皇帝。

年轻的卡尔-彼得-乌尔里希（十四岁）被召至伊丽莎白的宫中后，改宗东正教，成了彼得·费奥多罗维奇大公。身为继承人，他是彼得大帝的外孙，但从父亲一脉来看，他也是卡尔十二世的亲戚。这位未来的皇帝彼得三世并没有隐瞒自己无条件倾向自己伟大的瑞典祖先的态度。很快，就有人给他找了一个未婚妻：安哈尔特-采尔布斯特的索菲-奥古斯塔-弗里德里希公主，推荐她的是普鲁士国王腓特烈二世，这位年轻女孩的父亲就在他的军中服役，而腓特烈二世就是德意志无数小公国的主人。女孩作为候选人，受到了颇具影响力的莱斯托克的支持。公主一到俄国，就皈依了东正教，取名叶卡捷琳娜。1745年举办了皇位继承人的大婚典礼：罗曼诺夫王朝荷尔斯泰因一系战胜了不伦瑞克一系。

伊丽莎白在位的最初几年都在费尽心机排查各种阴谋。伊丽莎白惧怕的是不伦瑞克家族支持者从中作梗，不过该家族的名号已微不足道。女皇的亲信中间也朋党林立，彼此各施诡计，内心恐惧不安，战战兢兢。外国外交官都想对俄国的对外政策施加影响，所以都会积极参与到这种阴谋当中。莱斯托克想打击副内阁大臣阿列克谢·别斯图热夫-留明，就胡编乱造，说他密谋造反，也就是史称的"洛普欣娜事件"。

该事件的受害者是娜塔莉娅·洛普欣娜家族，洛普欣娜以美貌著称，据说她年轻的时候，就连后来的女皇都相形见绌。娜塔莉娅·洛普欣娜的罪名是希望不伦瑞克家族重返舞台，于是她和丈夫以及儿子都被判车轮刑。不过，伊丽莎白决定减免他们的刑罚，只处以割舌刑和鞭刑，并流放至他处。

　　一个研究18世纪上半叶俄国贵族阶层风俗习惯的历史学家写道："国家的社会结构从上到下都以农奴制为标志。所有的社会阶层都在受奴役。"因此，安娜和伊丽莎白借鉴欧洲模式、以其富丽堂皇而令外国人目瞪口呆的皇宫，事实上也只不过是一个庞大的农奴领地而已。[7]当时的亲历者对俄国上层社会的生活是有清晰的概念的。荷尔斯泰因人布戈尔茨曾在巴黎和柏林居住，他发现后彼得时代彼得堡宫中的贵妇丝毫不输欧洲，无论是社交活动、穿着打扮、化妆、梳头，都不输给法国人和德意志人。

　　伊丽莎白在位时期，法国、法语和法式风度取代了令人厌恶的德意志人，其奢华的装束、发型、装点男女的饰物变得更加耀目。伊丽莎白会定期举办假面舞会，女性必须着男装，男士需扮女装。彼得大帝并不满足于"简单的"当地伏特加，而是要喝茴香味儿的荷兰白酒，或者是"格但斯克"的伏特加。他们开始从外国进口"匈牙利"葡萄酒，接着是勃艮第葡萄酒，再后来就是香槟。餐饮美食也在发展：伊丽莎白的"阁老"切尔卡斯基第一个用葡萄款待宾客；彼得·舒瓦洛夫伯爵则用菠萝和香蕉招待客人，把客人看得目瞪口呆。叶卡捷琳娜二世的回忆录犹如一面镜子，映照出了伊丽莎白的宫廷，这位年轻的德意志公主并不怀疑彼得堡生活的奢华，她目睹了这一切。

　　瓦西里·克柳切夫斯基认为伊丽莎白在位时期乃是"金色赤贫期"。这位历史学家并没有仅仅考虑这样一个事实，即女皇时常缺钱，尽管她私人的开支用度用的都是国家的进项。他还提到了国家所处的赤贫状态，国家不停地在财政上进行压榨，剥削该国最重要的财富：应课税民众。彼得·舒瓦洛夫伯爵负责内政，也写过国家增收采取哪些主要手段的文章，他对此理解得很清晰。他写道："国家的主要力量是民众，他们正被人头税压得喘不过气。"贵族阶层和神职人员并不支付人头税，支付该税的市民比例不超过3%，农民则构成了96%的人口。伊丽莎白在位末期，隶属于地主的农奴占了乡村人口的46%。其他人则属于国库，也就是国家。

农奴是直接税的大宗来源。缴款的责任落到了领主身上。为了增加收入，政府扩大了地主压榨农民的权力，致使农民的处境日益恶劣。农民对这种重负压身的处境，采取了传统的手段：逃亡。弗拉基米尔·魏德列在思考俄国文化和特征的时候，提出了一个独特的俄国"概念"，即："这种自由的概念和西方不同，这不是一种建设某种属于自己的东西，要捍卫这种东西的权利，而是离开的权利，既不捍卫，也不建设。"[8]农民要么独自逃亡，要么拖家带口逃亡，或者整村逃亡。由于人口逃亡数太多，元老院决定进行"复核"（统计人口），要求逃亡者在1744年6月1日之前返回法律规定的田庄。从"复核"可见缴纳人头税者的数量流失得相当严重；依照克柳切夫斯基的估算，一百个纳税人要供养十五个不缴税的人。克柳切夫斯基指出，伊丽莎白在位时期，财政上的压榨太厉害，他说一百二十七年后，也就是19世纪下半叶，农民获得解放之后，形势才突然好转。这位历史学家列出了一张颇具说服力的图表。

对应于每一百个男性纳税人，不缴税的两性人数占比：[9]

世袭贵族阶层	18世纪40年代	1867年
	7.5	1.5
个体贵族和服役贵族	3	1
神职人员	4.5	2.3

逃亡是一个古老的表达不满的手段,分布极广。同样古老的就是向地主和当局进行直接抵抗。许多地区都爆发了反叛,但遭地方当局轻易镇压,不过,督军和总督有时也会请求军队增援。逃亡农民当了土匪,在伏尔加河、奥卡河、卡马河这三条大河沿线行自己的王法,劫掠该国中部地区地产和商人的货物且付之一炬。他们待在莫斯科周边大路、穆罗姆、西伯利亚的森林内。警方的报告指出了农民起义和匪帮之间的关联。

数十年后,农民小规模的不满情绪爆发成了真正的战争。随着农民阶层不可避免地从农奴转变成全方位的奴隶,不满情绪的增长也就难以阻挡了。

首先要注意的是农奴的数量持续增长。瓦西里·克柳切夫斯基认为这个进程就是在"清洗俄国社会",或者说是"上层阶级劫掠社会"。[10]每一次新的"复核",所有那些并不属于广大社会阶层的人就会沦落至农奴阶层:游民、孤儿、其他族裔的囚犯、失业的教阶仆役、士兵的孩子等等。并不存在将农奴转变成奴隶的法律。农奴必须缴税,由领主供养,就住在土地上。由于缺乏明确的法规确定两者的关系,地主逐渐并不满足于重新获得部分农民的劳力,还将农民完全变成了自己的财产,让农奴搬来搬去,出售、交换、遗赠。地主有权审判及惩罚农民,但其裁判权起初只局限于涉及农民的事务。但渐渐地,地主的权利扩大了。1760年,伊丽莎白颁发敕令,规定农民"只要行为有过失",领主就有权将农民流放至西伯利亚。该敕令指出,这些规定是为了"国家利益考虑,因为西伯利亚的有些地方适于殖民和劳作"。依照教会法,妇女有权跟随丈夫,但地主也有权留下孩子。流放出去以后,当局就会向领主颁发"招募收据",如此便可免除其向军队提供士兵的义务。

正如我们所说,如果不存在将农奴转变成奴隶的法律,则君主将农奴慷慨赠予宠臣的行为就提供了一个令人信服的先例。缅什科夫亲王就曾收到过一万名农奴，作为礼物和奖赏。女皇的配偶阿列克谢的弟弟基里尔·拉祖莫夫斯基就得到了和伊丽莎白几乎同样多的农奴。

法律的不明确，加之法律的缺失，导致存在着两种类型的农奴：合法农奴和实物农奴。前者要求农民向国家支付税收，向领主提供部分劳力；后者就是奴隶。叶卡捷琳娜二世将第二种变体合法化，于是就爆发了农民战争。

由于农奴阶层的反抗，由"国家主要力量"提供的收入在下降，彼得·舒瓦洛夫便再次寻找新的方法来填满国库。舒瓦洛夫伯爵作为政治家，风格酷似彼得，他并不害怕创新，如果不是因为贪婪，他在俄国历史上应会占据与之相匹配的地位。他求助于很出名的收入源头——盐税和酒税。1747年，他着手开发距伏尔加河不远处的埃利通湖的盐矿。相比外乌拉尔地区，埃利通湖的盐层离俄国中部更近，那地方属于斯特罗加诺夫家族。而且，埃利通湖的盐口味更好。但盐价一直在涨：17世纪的"盐业暴动"似乎早已被从记忆中抹除了。瓦西里·克柳切夫斯基曾计算过，伊丽莎白统治时期，盐价比20世纪初贵六倍。酒当然不像盐来得那么至关重要，但对烈酒爱好者而言也是必不可少的，所以酒的高价并没有让酒徒打退堂鼓，而且还增加了国库进账。当然，我们知道所谓的"酒"就是指伏特加，这种酒常常都是用谷物为底料来酿制的，也就是我们所谓的"小麦酒"。

经舒瓦洛夫的建议，人们便着手铸造比之前流通的铜币更轻的货币，这可以让国家获取可观的财富。作为这项计划的始作俑者，舒瓦洛夫的说法是，对民众来说，好处就是新币轻巧便携。

取消国内海关税费是舒瓦洛夫的一项主要改革（1753年12月20日颁发敕令）。研究伊丽莎白在位时期的历史学家指出，这项敕令对俄国市场的发展具有极大的重要性。对内和对外贸易遽然受到刺激。俄国禁止外国人在其国内从事零售贸易，但外贸几乎全在他们的手中。只有犹太人无权在集市上卖东西，这是女皇个人做的决定，她说她不想从基督的敌人手中获取利润。

在彼得·舒瓦洛夫的提议下，创建了两家银行，一家给贵族阶层用，一家给商人用，这对贸易的发展造成了巨大的影响。

注 释

1 V. Ključevskij, *op. cit.*, pp. 399–400.

2 Le «Français» auquel N. Karamzine fait allusion ici, est le médecin personnel d'Élisabeth, Lestocq.

3 N. M. Karamzin, *Zapiska o drevnej i novoj Rossii v ee političeskix i graždanskom otnošenijax*, Moscou, 1991, pp. 39, 40.

4 V. Ključevskij, *op. cit.*, p. 450.

5 V. Ključevskij, *op. cit.*, p. 434.

6 V. Ključevskij, *op. cit.*, p. 398.

7 M. M. Boguslavskij, *Byt i nravy russkogo dvorjanstva v pervoj polovine XVIII v.*, Moscou, 1904, pp. 37–38.

8 V. Vejdle, *Zada ssii, op. cit.*, p. 76.

9 V. Ključevskij, *op. cit.*, p. 443.

10 V. Ključevskij, *Kurs russkoj istorii*, cinquième partie, Petrograd pp. 81, 82.

6 新的土地

伊丽莎白在位时期在俄国的疆域内完成了大量事务，但一场狂莽的火灾也随时随地都会爆发。

——叶甫根尼·别洛夫，《伊丽莎白》，1894年

尽管失败过，损失过，暂时撤退过，但俄国历史的常量、永恒的因素就是扩张国家领土。19世纪末，亚历山大·基泽维特的一幅小小的画作描绘了这种现象。彼得大帝加冕前夕，俄国的领土是256 126平方英里。

彼得死后，面积是275 571平方英里。

安娜死后，面积是290 802平方英里。

伊丽莎白死后，面积是294 497平方英里。[1]

无论是君主的个性，还是皇帝身边的大臣，均无法改变这个进程；它会一直走下去，向着扩张领土和获取新的土地的目标一直走下去。

彼得大帝将帝国划分为八个军事行政区，称之为行政管辖区。这些行政管辖区又划分成省，由省长管理。伊丽莎白登基那年，俄国共有十个行政管辖区。1749年，又设立了两个管辖区。芬兰的行政管辖

区包含了战争期间从瑞典那儿夺取的土地，1743年，缔结奥布*和约，结束了战争。奥伦堡战争期间，伊塞特、乌法和外乌拉尔地区沿岸的省份成为俄国领土，这片土地上生活着数不胜数的民族：鞑靼人，梅切里亚克人，巴什基尔人，楚瓦什人，切列米斯人，莫尔多瓦人。但这些民族都有一个共同点，那就是：信仰伊斯兰教。

帝国疆域内主要发生麻烦的地方是小罗斯和巴什基尔（奥伦堡行政管辖区的主要构成部分）。

彼得大帝统治末期有关小罗斯的政策在1723年的敕令中写得很明确，颁布这道敕令是为了对哥萨克显贵做出回应，后者想要获准遴选自己的盖特曼：从1722年起，乌克兰的行政当局就落入了小罗斯学院手中。敕令驳斥了这个请求，论据如下："每个人都知道自从首位盖特曼博格丹·赫梅利尼茨基的时期以来，所有人都是叛徒，每个人都很清楚这对我们国家，尤其是小罗斯造成了不幸，每个人对马泽帕的记忆仍历历在目……"

敕令驳斥了遴选盖特曼这样的想法，说等到出现一个"值得信赖、忠诚无二的人"的时候再说。

我们知道，彼得二世登基后对小罗斯的政策发生了改变。这方面的事务被从元老院转到了外国学院，这表明小罗斯被视为帝国之外的一个省份。1728年，小罗斯获得了遴选盖特曼及其要员的权利，条件是要选出米尔哥罗德的上校达尼洛·阿波斯托尔。小罗斯有两个特点。一方面，它是自治体制：哥萨克可以选自己的首领。另一方面，不存在农奴制：农民可以选择脱离一个领主家，去另一个领主家干活。小罗斯的特殊地位从大罗斯人无权在乌克兰获取土地这个事实也可以看出来。

1734年，盖特曼阿波斯托尔去世，彼得堡政府设立了一个临时体

---

* 奥布（Abo）是瑞典的名称，现为芬兰城市土库或图尔库。——译注

制，保留了小罗斯的特殊地位。1750年，后者选出了自己的盖特曼。但谁都没料到这是最后一次。候选人由伊丽莎白提名。因此，小罗斯出身的基里尔·拉祖莫夫斯基就担任了这个职位。拉祖莫夫斯基是宠臣的弟弟（有长舌者说天性慷慨的伊丽莎白对这位未来的盖特曼也颇为关注）。基里尔·拉祖莫夫斯基的副手是格里高利·捷普洛夫，盖特曼的政策均由他来制定。

指导捷普洛夫行事的那些准则都写在了他为伊丽莎白记的笔记里，后来对叶卡捷琳娜二世影响甚巨。他试图证明小罗斯人一直都是罗斯人，该省内部的所有混乱都和俄罗斯沙皇赋予他们的权利有关，他们在受波兰人压迫的时候就已要求追回这些权利。

小罗斯冲突的主要根源就是当地缙绅和农民之间的关系，前者受俄国模式启发，力图奴役农民阶层，而后者对任何想要限制其自由的企图都进行了猛烈反抗。双方——就是所谓的"乌克兰悖论"——都想获得彼得堡政府及其官员的援助。1752年，缙绅向拉祖莫夫斯基发出了"低三下四的请求"，请他禁止农民迁移，因为这样做会损害国家的利益。盖特曼没有同意这个请求，但在1760年的"普天下告知的信件"中要求农民只有放弃所有财产方可离开地主领地。历史学家尼·瓦西连科是这样概述当时的局势的："总体来看，拉祖莫夫斯基政府对小罗斯人而言难以忍受。他无视自己的祖国有多么痛苦，而将直接管理这片地区的权力交给了缙绅，后者只想一劳永逸地奴役人民，只有大罗斯的官员严加管控，才能对他们有所遏制。"[2]

对于"乌克兰悖论"，只能这样才能说清楚：在大罗斯，农民阶层完全隶属于地主，而大罗斯派遣的官员却要保护小罗斯的农民不受小罗斯的缙绅奴役的企图，而小罗斯的缙绅需要获得彼得堡行政当局的支持来对抗农民。

创建奥伦堡政府，称之为"新俄罗斯"，以此来标志帝国向东扩张，进入外乌拉尔广袤无垠的大草原，我们知道，这么做就是对巴什基尔造成的麻烦进行回应，巴什基尔人是该地区最重要的种族群体（有十万人）。1735 至 1740 年对暴动的无情镇压并未将巴什基尔人平息下去。不满的情绪转变成公开反抗，1755 年，反抗军的首领是阿卜杜拉·米亚格萨尔丁毛拉，俄国人称之为"巴季尔察"（Batyrcha）（巴季尔 batyr、伯加季尔 bogatyr 意为勇士，巴季尔察是该词的指小词）。不满情绪的根本原因就是要使民众强行改宗东正教。尼古拉·科斯托马罗夫写道："扩张基督教是个极其古老的愿望，实现这一愿望的手法实在笨拙，实在不合基督教的规矩，到处都激发了对俄国人的憎恨。"[3] 狂热的信徒"巴季尔察"呼吁发动圣战；他在一份纲领宣言中，要求民众"将异教徒逐出我们的国家，杀了他们……"鼓励"血溅基督徒，抢夺他们的财物，把他们沦为奴隶……"

只有居住在伊雅克河上游沿岸地带的巴什基尔人响应了"巴季尔察"的呼吁。奥伦堡地区的总督涅普留耶夫可使唤的俄军兵力并不多，所以对他来说，这些人就构成了严重的威胁。暴乱者对俄军的镇压以牙还牙，凡落入他们手中的俄国人一概都会被杀。总督于是求助于帝国的传统手段：武装吉尔吉斯大草原上敌视巴什基尔人的游牧部落。设法逃离俄国迫害的巴什基尔人，都会遭到吉尔吉斯人-哈萨克人的清除。涅普留耶夫总督宣布大赦，终于平定了暴动。阿卜杜拉·米亚格萨尔丁被自己的同胞交了出来，被押往彼得堡，关在什利谢利堡，在"试图越狱时"被杀。

涅普留耶夫总督的军队轻易获胜的关键因素之一是俄国行政当局的先见之明，他们在外乌拉尔地区的大草原上设立了类似要塞的工场，可以作为镇压暴乱的基地。

定居在东北部极北地区的民族楚科奇人和科里亚克人也对俄国行政当局表达了同样的不满情绪。鄂霍次克堡垒建成可以监控太平洋沿岸地带的部分地区，这样就引发了起义。科里亚克人在木质要塞筑壕据守，他们宁愿自焚，也不愿投降俄国人。

注 释

1 A. Kizevetter, «Rossija», *Enciklopedičeskij slovar'*, op. cit., p. 473.

2 N. Vasilenko, «Istorija Malorossii», *Enciklopedičeskij slovar'*, *op. cit.*, tome XXVIII, p. 507.

3 N. Kostomarov, *op. cit.*, p. 207.

7 时代精神

> 俄国人的荣誉要求他在科学领域展现自己的能力和敏锐度，要求我们的祖国在起用自己孩子的时候，不仅注重其英勇战斗的能力和其他重要事务，也要注重对高深知识的思考。
>
> ——米哈伊尔·罗蒙诺索夫

1899年出版的《百科词典》中，与"俄罗斯"词条在一起的是"编年学"这个词条，该词条纳入了伊丽莎白在位二十年时间的十个日期（五个涉及军事行动）；也记录了拉祖莫夫斯基担任盖特曼一事（1750—1764），以及俄国第一家银行的创立（1754）；还有三个具有新时代特征的事件：莫斯科大学（1755）、彼得堡公共剧院（1756）、艺术学院（1757）的创建。尼古拉·科斯托马罗夫给伊丽莎白的生平下结论的时候，提到了"她统治时期的两个内政上的重要动作：推广教育……取消国内关税"。

这位历史学家所谓的"推广教育"事实上就是指创建了一个新的文化。那时候的俄国文化可以追溯至很遥远的时代：民俗传统丰富多样。弗拉基米尔·魏德列建议称之为"水平文化"。《俄国使命》一书的作者坚持认为："面对俄国如此丰富的民俗，怎能不心驰神往呢?"但他也下了这个断语:"无论如何,水平文化都无法取代垂直文化。"[1]

对新的垂直文化的需要,从一个事实可以看出,即"杰出的埃皮纳勒印版画[2]没法和鲁布廖夫的圣像画相提并论","穆罗姆的伊利亚的壮士歌不是《神曲》,也不是《罗兰之歌》"[3],但这些还不够。彼得大帝引入新文化,有其相当实用的目的:以此来强化国家威权。彼得需要技术性和实用性来转变生活和行为的模式。水平文化依靠的是世上的宗教概念。垂直文化就是世俗文化。

出身于手工珠宝家族的商人、工场主伊万·波索什科夫(1652—1726)曾写过一本名为《论贫穷和财富》的书,这是第一本俄国经济领域的著作。1719年,他在《父亲的遗嘱》中阐释了有德生活的规则,这种生活的终极目的就是拯救灵魂。1733年,国家官员瓦西里·塔季谢夫(第一本俄国史书的作者)写了《二友论科学与教育机构之实用性》一文。他在文中宣扬了"世俗生活"。但造化弄人,享受彼得大帝善心仁慈的伊万·波索什科夫在皇帝驾崩之后一年,即1726年死在了彼得保罗要塞,而仕途始于彼得在位时期的瓦西里·塔季谢夫也被伊丽莎白流放了出去。

两种文化和两种生活模式的支持者彼此并未爆发论战,这不仅是因为他们不读对方的书,也是因为他们是在和不同的公众对话。同时研究上述两位作者及其两种观点是件很有意思的事。对比可以突出水平文化和垂直文化之间冲突的社会政治特征。

伊万·波索什科夫让自己的儿子相继进入不同的社会环境中历练,并在每种情况下给他提供必要的建议。他的儿子可以成为商人、农民、工人、乞丐、唱经班成员、教士,也可以成为主教,当文书、法官,当兵,当军官。波索什科夫只认识一种科学:"如何过一种有益于灵魂的生活",以期达成永恒的救赎。而塔季谢夫的观点基于这样一种信念,即:对所有人而言,只存在一种自然法。除了基督降临之外，人类历史上只可以看到两个重要时刻：文字的发明和印刷术的发明。

这两位作者对生活意义的看法并不相同，接纳其他信仰的态度也大相径庭。伊万·波索什科夫承认自己年轻的时候和"邪恶的分离派教徒"走得并不远，至今还记得分离派对精神思想的影响，所以他说"要刻不容缓地根除"稗草，这样才能"让其他的好谷子不致遭扼杀"。他的原则是分离派"永远都教不好"，"再过个二十年，他们也学不会科学，所懂的只有残忍"，所以他建议要仔细把这些人找出来，一旦找到，就送上火刑架。[4] 瓦西里·塔季谢夫则谴责"尼康及其衣钵传承者"对"失去理智的分离派教徒大发雷霆，把成千上万的人送上了火刑架，成批成批地杀害他们，或将他们驱逐出这个国家"。[5]

对文化的争论、文化之间的争执（或者说冲突）都是以生活和生活模式为依归的。它们在决定国家的本质及其终极目的方面具有极其重要的作用。水平文化具有国族特征和防守特征，垂直文化则具有容纳各种民族和文化的特点。推广教育部分是因为受到了俄罗斯帝国边界扩张的激发。

无论国族还是帝国，平民还是贵族，文化均已成为一种独特的标记，导致了分化，并使这种分化继续维持下去。两种文化相互冲突、持续争斗的现象表现在科学院将拉丁语作为教学用语的做法当中：拉丁语是外国教师和俄国学生之间交流沟通的语言，可以使人对欧洲的文化与科学世界拥有更深的洞察力。但这是典型的天主教语言，是敌对的语言。

弗拉基米尔·魏德列在阐释两种文化关系的时候有非常独到的见解："俄国总是会让人想起硕大的烤饼[6]，这种烤饼用上乘的面团制成，但一毛不拔的家庭主妇却只敷了薄薄一层奶酪。"[7] 奥斯瓦尔德·斯宾格勒觉得俄国文化是一种历史假晶体。这位德国哲学家从矿物学借用了这个术语：石料层分布着水流运来的各色矿物，空腔被结晶的火山熔岩填满。新形成的结晶体占据了旧有的形体，其内部结构便与外部结构相悖。而这就是假晶体。斯宾格勒认为彼得堡的地基"将原始的俄国灵魂注入早期巴洛克及之后的启蒙时代的外来形体当中"[8]，这就是历史假晶体的例证。

就在旧时代与新时代相交之际，米哈伊尔·罗蒙诺索夫出现了，他是"俄国新文学和新文化的真正奠基者……是俄国新文明之父"，正如某位文学史家所说，俄国第一位伟大学者的肖像由此丰满起来："罗蒙诺索夫有两个激情，爱国主义和对科学的热爱。"[9]如果罗蒙诺索夫不存在，也不可能将他生造出来，因为他身上很好地体现了这两种文化及其相互之间的关系。

米哈伊尔·罗蒙诺索夫（1711—1765）出生于白海边上的霍尔莫戈雷，父亲从事打鱼，他很早就学会了斯拉夫文字，并于1731年冬徒步前往莫斯科（传奇故事里就是这么写的），进入希腊语-拉丁语-斯拉夫语学院读书。他在学校读书，丝毫没有家里人的资助。1736年，他跻身学院最优秀的十二名学生之列，被派往德意志，在马堡师从著名的克里斯蒂安·沃尔夫攻读哲学、物理学和化学，后攻读矿物学。1739年，他向彼得堡寄去《土耳其人和鞑靼人及夺取科丁颂歌》，这首诗赞颂俄国军队取得辉煌胜利，歌颂安娜女皇。如果不是按照新的诗艺所要求的那样，使之成为俄国第一首诗歌，《颂歌》无疑是不会引起特别关注的。

米哈伊尔·罗蒙诺索夫是个诗人，是第一部俄语语法书的作者，还是个对各门科学有着广泛兴趣的通才，也是个热诚的爱国者。在德意志花了几年时间完成学业，和一个德意志女人结婚之后，他便返回了自己的国家，在科学院带头发起斗争，清除"德意志影响"，以使崭新的俄国科学和文化不受德意志的浸染。在俄国仅有的科学机构科学院工作的俄国学者中间，有少数一些人对人数众多的外国人相当讨厌。让他们愤怒的是，科学院的许多外国人都很无知，认为自己的外国出身是最好的学业文凭。再加上两个安娜执政期间"德意志"宠臣权势熏天，这样的怒火就变得更为强烈，从而滋生了米哈伊尔·罗蒙诺索夫的爱国主义。

民族主义已成为19世纪初欧洲创造出来的一种学说。18世纪，尤其是在德意志，很熟悉祖国这一概念。罗蒙诺索夫无疑对这些新思潮也很熟悉。1772年，歌德对一本名为《论祖国之爱》的书进行了评述。1779年，腓特烈二世写了《写信论述祖国之爱》。在俄国也一样，认为信仰和宗教是讲同一种语言的人和生活在限定地域（国家）内的人之间唯一纽带的想法自此以后都成了过去式。

米哈伊尔·罗蒙诺索夫的爱国主义，他对祖国的爱，诞生自他和外国人的斗争和抵抗之中。罗蒙诺索夫坚信俄国这片大地"可以诞生我们自己种族的柏拉图"和"牛顿这样深刻的思想家"。他同样坚信必须坚决保护民族的历史不受外国的侵袭。对这位大学者而言，俄国的过去拥有坚不可摧的价值，那是主教士阿瓦库姆的信仰。罗蒙诺索夫毫不留情地批评格哈德·弗里德里希·米勒多年来研究西伯利亚以及俄国历史所得的成果。在罗蒙诺索夫看来，这位德意志出身的科学院院士认为自己写叶尔马克在远征西伯利亚之前干的是烧杀抢掠的勾当，以及"涅斯托尔受了骗"完全没有问题。罗蒙诺索夫对米勒的"游牧理论"特别气愤，照该理论的说法，俄国最初的几位亲王全都是瓦良格人。这位俄国学者并不想仅仅进行科学批评，而是直接向安娜女皇提起了控告。由格哈德·弗里德里希·米勒创办的俄国第一份期刊只得承认自己对涅斯托尔的看法是错误的，并说这是自己俄语水平不够造成的。

新的文化内容难以适应旧形式的普洛克路斯忒斯之床。俄国的这位第一流的大学者在创办莫斯科大学（1755）期间发挥了重要的作用，其重要性大大超越了他和科学院内德意志学者的斗争。他所打的这场战斗反映的是时代的精神，是俄国长足发展的爱国主义内在的一部分，可以这么来看："德意志"科学必不可少，但德意志人的涌入很危险。在写给伊丽莎白的《颂歌》之中，罗蒙诺索夫讲到了1741年至1742年战争期间战胜瑞典人一事，他写道："亲吻吧，斯德哥尔摩……伊丽莎白之剑"；他希望"全世界都会害怕俄国人。有了我们，北方、西方、东方的疆界便会广袤无垠"。[10]他拒绝承认外国人在俄国存在的必要性。米哈伊尔·罗蒙诺索夫的爱国主义具有极强的防御性，使之成为伊丽莎白教育推广时期的一股驱动力。

对教育的推广时断时续，并没有彼得大帝时期那样的计划，但也没有第一位皇帝做什么事都很匆忙、狂热的劲头。彼得认为要让臣民学习极端实用的知识，希望臣民成为国家的建造者，这与他死之后出现的对并无实际用处的知识产生兴趣相比，并不可怕。恐惧感分好几个等级。宣扬"世俗科学"功用性的瓦西里·塔季谢夫就对政治上的对手做出回应，后者认为"国人越是头脑简单，就越听话，越适于统治，发生骚乱和暴动的机会也就越少"，所以没必要推广科学知识。塔季谢夫说，无论在俄国还是在土耳其，都是"愚昧无知的无赖汉"在骚乱，教授科学知识反而有益于国家。

俄国第一个科学中心——科学院——分成了三个类别：天文与地理，物理（也包括化学、植物学和地质），物理-数学（包括机械制造、建筑、农业）。科学院同时也是一座大学，孕育了各类专家：地理学家和天文学家主要培养航海者，能描述地理状况，发现未知之地，使之臣服于俄国；第二类的学者培养矿产专家、地质学家、植物学家，研究新的矿物和新的植物，使国家受益；第三类培养今后的建造运河的专家和工程师等。

政府是从纯粹实用的角度来看待科学院的。由于伊万·舒瓦洛夫的努力而于1775年创建的莫斯科大学则面向另一种类型的科学，也就是我们如今所说的人文科学。大学设立了三个院系：法学（法律和政治），医学（解剖、药学、自然史），哲学（逻辑、形而上学、辩术、俄国历史和通史）。根据教授的能力不同，课程用拉丁语或俄语教授。除了农奴，学生代表了各个社会层级（如果贵族想要让自己的农奴受教育，就必须先解除其农奴身份），均需经过入学考试。海军学院的军校同样也提供教育；还有艺术学院，该学院先被视为科学院的构成部分，1759年成为独立自治的机构。

1708年，俄国教师见到了第一部世俗著作，是"借助在阿姆斯特丹新发明的字母"，也就是"世俗化"字母印刷的。彼得大帝强制要求使用新字母，并亲自指出哪些内容适合用这些字母进行印刷：敕令和对防御工事、火炮、建筑概论的翻译、工程师手册等。潜在的公众数量极少。而且，沙皇亲自要求翻译核心部分即可，不得"长篇大论"地翻译。在寻找译者方面存在一定的困难："有些人掌握语言，却不懂各项技艺，有些人掌握技艺，却不懂语言。"因此，译文有时就变得佶屈聱牙了。故而，世俗文学的爱好者仍然继续阅读手稿。宗教文献的读者则阅读主教会议印刷的著作，如连祷文和识字读本。

到了该世纪中，情况发生了变化。1748年，伊丽莎白建议科学院"设法用俄语来翻译和印刷各种内容的世俗书籍，结合实用性和娱乐性，使之与人民的道德生活相适应"。科学院便"想方设法"，建议有志于翻译外国著作的人从事翻译工作，并许诺赠送一百本图书作为薪资酬劳。学院和大学的学生做出了响应。出版工作也得到了促进，并设法开办了第二家印刷厂。

彼得当政时期，诞生了真正俄国的文学和诗歌。在巴黎担任使节达八年之久的安齐奥赫·康捷米尔亲王（1709—1744）的讽刺诗，以及父亲是个穷困潦倒的神父，后在法国首都攻读学业的瓦西里·特列季亚科夫斯基（1703—1768）的作品都是现代俄语诗歌的源头。特列季亚科夫斯基从法国返回后，被任命为科学院秘书。之后回国的米哈伊尔·罗蒙诺索夫对俄国文学语言的发展贡献尤多。

俄国首批诗人所实践的诗歌类型大多是讽刺诗、颂歌、颂诗，作为散文主要成分的抒情诗则不在其列。17世纪末，从波兰进入俄国的骑士小说变得相当流行。在这类文学作品之中，道德占据的位置越来越少，反而是复杂的情节交织成的浪漫故事和骑士英勇的冒险故事占主导地位。不太喜欢抒情的帕维尔·米留科夫概述道："引入情爱因素表明从生活而来的文学第一次胜出，也是生活经验首度借鉴文学。"[11]俄国文学作品原初的主人公经常都是被派往欧洲学习的俄国人。水手瓦西里或英勇的骑士亚历山大来到异国他乡，爱上了通常都是公主的漂亮的年轻女子；他为情所困，抒写爱恋的诗歌。经历无数冒险之后，要么有情人终成眷属，要么黯然神伤。

印刷厂终于可以有一个庞大的读者圈了。相对应的是，读者的出现也影响了印刷业，告诉后者时下的品味究竟是什么。安德烈·博洛托夫是个小有家产的贵族、地主、作家，他留下了一部相当有意思的回忆录《安德烈·博洛托夫为后人自叙的生平和冒险故事》。博洛托夫酷爱读书，直至临终一刻，仍在阅读从孩提时起就已读过的回忆录。他在回忆录里列出了从18世纪下半叶起俄国有文化阶层所能读到的世俗文学书单。

博洛托夫十一岁的时候在法国寄宿学校发现了《忒勒马科斯历险记》这本书，就爱上了阅读。芬乃伦的这部小说由特列季亚科夫斯基翻译，在很长一段时间里都是俄国人最喜欢的读物，虽然译笔生涩僵硬。年轻的博洛托夫还读了勒萨日的《吉尔·布拉斯》、修道院长普列沃斯的《克利夫兰或英国哲学家，克伦威尔的私生子》，以及那个时代俄国最知名的剧作家亚历山大·苏马罗科夫（1717—1777）的作品，这些属于最早一批的俄国小说和悲剧。

对剧作的需求源自对戏剧日益增长的兴趣。沙皇阿列克谢·米哈伊洛维奇创办的剧院只供宫廷中人观看。彼得大帝想要创建一座"供所有人观看的剧院"，于是于1702年下令在红场上建造了"戏剧殿堂"。但当时缺少观众，主要原因是缺乏合适的剧目：德意志悲剧或莫里哀的喜剧都翻译得一塌糊涂，译笔令人费解，让人很难明白情节的走向。

1749年，军校的年轻贵族创建了自己的剧院，上演了亚历山大·苏马罗科夫的四幕剧。某文学史家便将苏马罗科夫称为俄国文学的第一位专业作家。苏马罗科夫并不是像康捷米尔那样的玩票性质的贵族，他也不像特列季亚科夫斯基或罗蒙诺索夫那样是个教授。他出生于莫斯科有钱有闲的贵族家庭，在圣彼得堡的军校学习，精通法语。在罗蒙诺索夫的支持之下，古典主义成了年轻俄国文学的金科玉律，从而使布瓦洛成为毋庸置疑的权威。

亚历山大·苏马罗科夫认为自己就是俄国的拉辛和伏尔泰，他创作剧作、讽刺诗、情歌。他创作的悲剧尤其成功，其中就有借鉴"幽暗的"莎士比亚创作的俄国版《哈姆雷特》。在俄国第一座向公众开放的剧院，苏马罗科夫的作品就成了基础剧目。1757年5月5日，"为人民创作的俄国不拘形式的悲剧第一次收费演出"。由于翻译了大量剧作，尤其是莫里哀的作品，剧目很快就变得丰富起来。1757年上演了其中六出，次年又多加了两出。不久之前，德语还是主导语言，那现在是否说明法语和法国文化使德语屈居二线了呢？

1755年，俄国第一本期刊面世。该期刊由科学院编辑出版，我们知道主编就是历史学家米勒，罗蒙诺索夫曾与之发生激烈的争执。米勒出版的这些《注重实用和消遣的月度作品》以汉堡、汉诺威、莱比锡的期刊为蓝本，而后者又模仿了由艾迪逊和斯提尔出版的《饶舌》《观察者》《卫报》这些英国著名的杂志。《月度作品》积压了大量诗歌，大多由苏马罗科夫、米哈伊尔·赫拉斯科夫（1733—1807）及其他作者的供稿，这些人全都是军校生。1759年，亚历山大·苏马罗科夫着手推出了第一份私人报纸《勤劳的蜜蜂》，1760年，赫拉斯科夫也推出了自己的报纸《有益的消遣》。

这些出版物的印数都很少（最受欢迎的《月度作品》预订量为五百份到七百份），但它们作为俄国社会思想的摇篮，新式俄语和哲学语汇的翻译基地，其重要性不可估量。

伊丽莎白的传记作者说得颇为谨慎："政府通常在保护用俄语书写的书本教育的同时，对认为不适宜的书本教育成果也会进行抵制。"[12]这么做，首先就是设立极其严格的教会审查机构：若无主教会议核准的宗教著作一律不得出版。除非经主教会议核准，否则在外国出版的俄语著作，或提及前任君王的外国著作，均不得进口至俄国。教会在审查方面发挥了巨大的作用，这是那个时代的一个标志：伊丽莎白女皇是极其虔诚的君主，正如其传记作者所写的，"无论她下什么命令，都是设法让更多的臣民信仰东正教，削弱其他信仰"。[13]

对抗和削弱"其他信仰"，就包括对旧教徒的无情迫害。这位历史学家写道："在俄国，无论谁当政，都没有像18世纪那样，对分立派教徒表现得如此不宽容……女皇的宗教倾向使其易于受到某些影响，所以她对分立派的憎恨极不宽容。而饱受迫害的分立派教徒也陷入疯狂，甚至将自杀树立为宗教信条。"[14]尼·科斯托马罗夫指出，在那些躲避迫害的旧教徒中间，自焚越来越常见。

用弗拉基米尔·魏德列的说法，烤饼有两个层面，就是民众"上乘的面团"和贵族的薄薄一层"白奶酪"，两者的生活方式越离越远。条件的不同始终存在，通常都会导致物质财产上的差异。但在伊丽莎白统治时期，行为举止和生活规则的分裂也愈演愈烈。通常是翻译过来的实用性的指南变得越来越抢手，尤其是前面提及的《青春时期的诚实之镜》。1767年，该书出版了第五版。修道院院长贝尔加德的

《孩子的完美教育，包含出身贵族家系、位列贵族等级的年轻人之行为规则》也出了三版（1747，1759，1778）。

指南教导年轻贵族"不得向乡巴佬看齐"，无论是行走、致意、落座，还是世俗交流都得注意（不得激烈反驳对话者，适度表达自己的观点，不必从始至终说真话）。对如何在宫中为人处世也提供了宝贵的建议（表现得大胆，展现自己的优点，要求报偿，因为"只有上帝毫无所图"）。指南还坚称这样一个事实，即"有教养"的标志就是懂外语。

首都彼得堡创建者的女儿对这座都城相当关注，从某种意义上来说，彼得堡就是伊丽莎白在位时期的象征。这座城市的人口数堪与莫斯科媲美。其宫殿和纪念场所之奢华，桥梁之美，街巷之宽广，将旧都远远地抛在了后面。俄国建筑专家认为那是"伊丽莎白时期的巴洛克风"，尤其和巴尔托洛梅奥·拉斯特雷利（1700—1771）有关，后者的俄语名是巴尔托洛梅·巴尔托洛梅耶维奇。他是意大利人，父亲是个雕塑家，他彼得大帝（死于1741年）时期来到俄国，在彼得堡建造了宫殿（其中就有冬宫，伊丽莎白为此耗费了大笔钱财，却仍未建成；要等到女皇驾崩之后才完工）、教堂、府邸（富有的地产主对模仿这位女皇建筑师风格所造的宅邸倍感自豪）。

拉斯特雷利是法国建筑的门徒，但也借鉴了大量德意志人的风格（慕尼黑、德累斯顿、维也纳都是他的模板），他设计了辉煌的宫殿，气势如虹，用柱廊和凸窗打破了千篇一律的外观；奢华的宫殿中，装饰图案极其丰富，尤以巴洛克风格为主，内饰也异常繁复。叶卡捷琳娜二世的回忆录认为，这些宫殿既不舒服，也不便利；常用的建材都是木材，无论内饰还是珍贵的家具转瞬间就能燃成灰烬。

外国使节的文字、时人的亲历对女皇宫殿所体现的奢华与贫贱、精妙与粗俗混为一体的风格，简直令人叹为观止。叶卡捷琳娜二世看见断腿桌上放了一只金托盘的时候惊得目瞪口呆。未来的女皇写了一首短诗，表达了德意志公主突然置身于自己无法理解的宇宙中时，内心的惶惑不安。

> 造了栋房子
> 简直一无是处：
> 冬天冻得硬邦邦，
> 夏天无凉风。
> 忘了搭楼梯
> 所以挂绳梯。

叶卡捷琳娜完美地表达了皇宫对她造成的影响，照许多旁观者看来，装饰和现实、外观和内饰之间产生了断裂。这些都是整个国家固有的特征。变化也不可避免：彼得堡的章节在俄国的历史上徐徐展开。两代人之间的接替正在进行之中。经历过动乱时代和莫斯科国东山再起的人相继见证了彼得时期的动荡。新出现的人则经历了改革被接纳、刚开始对教育的推广，经历了军事上的胜利，觉得国家稳固而强大。

注 释

1 Vladimir Vejdle, *Zadači Rossii*, *op. cit.*, p. 78.

2 Équivalent russe de l'«image d'Épinal».

3 V. Vejdle, *op. cit.*, p. 78.

4 Cf. P. Miljukov, *Očerki po istorii russkoj kul'tury, op. cit.*, Troisième Partie, p. 199.

5 Cf. P. Miljukov, *op. cit.*, p. 211.

6 Tarte au fromage blanc.

7 V. Vejdle, *op. cit.*, pp. 80–81.

8 Oswald Spengler, *Der Untergang des Abendlandes, op. cit.*, p. 789.

9 D. S. Mirskij, *Istorija russkoj literatury, op. cit.*, pp. 75, 76.

10 M. V. Lomonosov, *Stixotvorenija*, Leningrad, 1954, pp. 89, 79.

11 P. Miljukov, *Očerki po istorii russkoj kul'tury, op. cit.*, tome II, p. 299.

12 N. Kostomarov, *op. cit.*, p. 235.

13 N. Kostomarov, *op. cit.*, p. 225.

14 N. Kostomarov, *op. cit.*, p. 229.

8　欧洲中心的战争

　　欧洲的局势始终都很危急，而且错综复杂。法国被视为欧洲大陆上的强国，英国则想方设法要剥夺法国的霸权。其主要盟友是奥地利，潜在盟友是瑞典、波立联邦、萨克森。我们知道，1740年，普鲁士国王腓特烈二世出兵奥地利的西里西亚省，没有其他借口，目的就是要扩张领土，这一招打破了平衡。

　　为争夺"奥地利的遗产"，欧洲各国都卷入了战争之中，于是各显神通，想要将俄国吸引到自己的阵营中来。法国积极参战成了伊丽莎白宫廷外交游戏中的一个新因素。18世纪上半叶，法国可以说是俄国永久的敌手。俄国传统上的敌人——奥斯曼帝国、瑞典、波兰——总是能在凡尔赛宫中找到坚实的依靠。法国的态度是由其对抗哈布斯堡王朝的外交政策所决定的，也是由其对遥远蛮荒的俄国大地嗤之以鼻的看法所决定的。

　　和俄国接近的提议是由法国驻安娜·约安诺夫娜的宫廷使节拉谢塔迪侯爵提出来的。安娜当政时期，拉谢塔迪根本没法改变那些大臣的外交政策，所以他就开始和伊丽莎白女大公套近乎。后来有些不知羞耻的人说，法国使节虽然想缓和法俄两国的关系，但也不失时机地爬上了女大公的床。于是在圣彼得堡就诞生了"法国派"，除了路易十五的这个使节之外，法国派还包括伊丽莎白所青睐的医生莱斯托克。我们知道，密谋策划将彼得大帝的女儿送上皇位的正是这些人。

在俄国的宫廷里，外交政策占据核心地位，无所不在。使节、特工、宠臣，彼得继承者的年轻随从及其配偶叶卡捷琳娜的随从也都积极参与其中，这些人要么支持奥地利或法国，要么支持普鲁士或英国。每个人都能得到好处：为了感谢这些人的付出，他们都能从使节和外国特工手里获得所谓的"补助"。

伊丽莎白继承下来的战争是由其前任发起的。1741年6月，瑞典在法国的推动下向俄国宣战，希望收复《尼斯塔德条约》规定放弃的那些省份。瑞军的统帅是吕文豪普特，他父亲就是卡尔十二世的战友，名气很大。当然，他并没有其父的军事才能，但这还不足以解释瑞军的败北：两个觊觎王位的人——丹麦国王的儿子和荷尔斯泰因亲王——彼此之间的争斗才是主要原因。伊丽莎白支持荷尔斯泰因的阿道夫-腓特烈，承诺一旦他夺得瑞典王位，就将俄军攻占的部分芬兰土地交给他。1743年6月27日，俄国选出了自己的候选人，8月在亚博和瑞典签订和约，尼斯塔德的协议原封未动，而且承认俄国有权占据芬兰的部分土地。不过，丹麦的觊觎王位者得到了瑞典部分民众的支持，所以他不愿就此罢手。结果，俄军登陆瑞典，占领了斯德哥尔摩。用罗蒙诺索夫的说法，瑞典首都"落在了伊丽莎白的利剑之下"。1744年2月，丹麦承认荷尔斯泰因的阿道夫-腓特烈的合法性。俄国赢得了战争，巩固并扩大了自己在波罗的海的地盘。

在此期间，欧洲于1740年又爆发了一场新的冲突。德皇卡尔六世的女儿玛丽-特蕾莎登基，哈布斯堡王朝的敌人发现这是一个从中获利的千载难逢的良机。1741年，法国联合他国对抗维也纳。普鲁士的腓特烈二世也不去找什么潜在的盟友了，而是直接将西里西亚占为己有。广受法国哲学家喜爱、仰慕伏尔泰的腓特烈大王（德国人对他的称呼）只从父亲手中继承下了一个小小的国家。普鲁士只是一个小王国，人口五十万都不到，但对这样体量的国家而言，军队却极其庞大（八万三千名士兵和军官），且大多由专业的佣军构成。

腓特烈二世在其漫长的在位期内（1740—1786），最操心的就是如何扩大普鲁士的领土，使之变得强大。我们知道，他给自己谋得了"开明君主"的名声。"弗里茨老爹"的那些传记作者笔下的历史精确地描述了他眼中的开明专制究竟是怎么回事。一天，腓特烈二世在自己的王国内游历，看到几个农民一见他走进，就躲进了灌木丛。国王于是喊停车驾，下得车来，把那些农民撵了出来，这才得知他们之所以躲藏起来，是因为怕他，于是就把这些农民打了一顿，边打边说："应该爱戴君主，而不是怕他！"

争夺奥地利遗产的战争之所以也会涉及俄国，是因为自从1726年12月底两国签订条约起，俄国就是奥地利的盟友。但我们知道，1740年，俄国同样也和普鲁士签订了联合防御的条约，希望在和瑞典的冲突中得到普鲁士的支持。而且，伊丽莎白的登基也为"法国派"打开了几近于无限的视野。

"法国派"的主要对手是主导俄国外交政策的副内阁大臣阿列克谢·别斯图热夫-留明伯爵（1693—1766）。1740年他之所以被排除在外，是因为他没有参与支持伊丽莎白的行动，但1742年，他很快又被任命为副内阁大臣。

和瑞典的冲突结局喜人，这样一来，法国就被打了个措手不及，再加上副内阁大臣对普鲁士怀有敌意，就使后者成了拉谢塔迪施展阴谋诡计的靶子。腓特烈二世想要把拉谢塔迪弄下台，就给驻彼得堡的普鲁士使节写了封信："如果我只需要处理匈牙利女王［玛丽-特蕾莎］，那天平永远都会朝有利于我的一方倾斜。要做到这一点，最大的条件——必要条件——就是让别斯图热夫完蛋，否则我们将一无所获。在俄国宫廷，我们必须有一个大臣，让他来迫使女皇按照我们的意愿来行事。"[1]洛普欣娜及其家人遭到指控，说他们阴谋反对女皇，支持伊凡·安东诺维奇（这么做就是为了刻意误导），这起事件的目的就是搞垮副内阁大臣。别斯图热夫-留明的弟弟米哈伊尔的妻子也参与其中。

副内阁大臣没有掺和进去为洛普欣娜的父母辩护，女皇对阿列克谢伯爵和洛普欣娜划清界限的做法颇为欣赏。别斯图热夫-留明也对敌人算起了账：拉谢塔迪写给国王的信被截获，破译后被呈递给了女皇。这位冒失的法国外交官在信中就法国对俄政策发表了直抒胸臆的做法，伊丽莎白原本也许会原谅这种鲁莽的做法，但对信中对她本人说话不敬这一点，她实在无法释怀。侯爵在信中写道："我们要对付的是一个女人，不能对她抱什么指望……"路易十五的信使就这样被逐出了俄国，这次走得太突然，连辞任书都没来得及上呈。1744年，阿列克谢·别斯图热夫-留明被任命为俄罗斯帝国的内阁大臣。

赞同俄国外交政策负责人这种做法的历史学家说他收了外国的钱（也就是如今所谓的贿赂）。他是他那个时代的产物，历史学家在解释其态度的时候就是这么说的。他们说得没错：灿烂的18世纪道德感不强。不过，波兰历史学家瓦迪斯瓦夫·科诺普辛斯基是这样说的："别斯图热夫-留明只拿了英国、奥地利和萨克森的酬金，但从来没被普鲁士的塔勒脏过自己的手。"内阁大臣收受"礼物"也有"地缘因素"存在，恰好反映了他的外交政策纲领，就是：只收俄国盟友的礼物。

当上内阁大臣的阿列克谢·别斯图热夫-留明表明了自己的外交政策，他在写给副内阁大臣米哈伊尔·沃龙佐夫伯爵的信中名之为"彼得一世体系"。有鉴于前四分之一个世纪内出现的某些变化，内阁大臣阐发了自己对俄国第一任皇帝的看法。他的观点可以从俄国政治及其目标的持久性这一层面来看待。其中第一个就是解决"土耳其问题"。在19世纪最后二十五年里，瓦西里·克柳切夫斯基言简意赅地点名了这个问题的本质："国家的南部边疆地区生活着靠劫掠为生的半游牧的鞑靼人，他们自己不去开发南方大草原的土地，也无法忍受农业人口的到来。俄国要把南部疆界延长到其自然界限处为止，也就是一直通往黑海的海滨地区……"[2] 我们将会注意到这个论据的演变过程：到目前为止，向南推进的目的就是为了捍卫莫斯科国的边疆；从此以后，都可以用需要肥沃的土壤来做解释。先是战略理由，随后就是经济理由。

第二个目标（俄国政治的目的在这儿并不是按重要性呈现的）在西方：就是波罗的海和波兰的沿海地区，换句话说就是瑞典和波立联邦。15世纪末，伊凡三世断言和波兰绝无和平可言，俄国君主始终都在和波兰开战，有时会停一停，也就是喘口气而已。五十年后，他的孙子伊凡四世拒绝了波兰国王齐格蒙特二世·奥古斯特缔结永久和平的提议："国王永远拥有自己的采邑，也就是基辅、沃里尼亚、维捷布斯克、波洛茨克，以及其他许多俄国城市。那又何必同波兰国王缔结永久和平的协定呢？"

18世纪中叶，形势已变，但还没有完全变化。俄军已打到克里米亚，只是还无法在那儿稳定下来。亚博和约和1745年签署的俄瑞防务条约之后，波罗的海沿海地区已属于俄国，脚跟也已站稳。现在只剩下"波兰问题"了。"大部分俄国人都生活在波兰-立陶宛国的疆域内……必须从波兰手中把西罗斯夺过来。"瓦西里·克柳切夫斯基对"波兰问题[3]"就是如此概括的。

阿列克谢·别斯图热夫-留明以俄国外交政策为基础，制定了自己的"彼得一世体系"，负责处理这两个"问题"，那是帝国的大量任务。为解决这些任务，他认为必须小心翼翼地和与俄国利益相符的国家保持联盟。对这位内阁大臣来说（也是彼得大帝的意见），这些国家都是海上强国，即英国和荷兰。和萨克森结盟并非没有意义，从17世纪末起，萨克森选帝侯就是波兰国王。而且，内阁大臣还参照彼得大帝的做法，后者认为和萨克森宫廷保持紧密的关系，使两国联合起来，就能"控制波兰的波立联邦"。

在阿列克谢·别斯图热夫-留明的体系中，俄国的主要盟友就是哈布斯堡帝国。奥地利是法国的宿敌，它有意于在中东欧保持某种平衡；可是，这种平衡却由于凡尔赛影响力的增强而受到了威胁。对阿列克谢·别斯图热夫-留明来说，俄奥联盟的主要目的就是抵御威胁两国南疆的奥斯曼帝国。

至于敌人，说得就很明白了：那就是瑞典，瑞典想要复仇，而法国则是土耳其的传统盟友。阿列克谢·别斯图热夫-留明的警觉性和洞察力都很不错，所以又发现了一个新的对手：普鲁士。内阁大臣对腓特烈二世侵略性的政策所造成的威胁颇为警惕，他认为普鲁士这个邻居"强大，肤浅，易变"，无法与之结盟，对普鲁士说的话一概都不能信。

阿列克谢·别斯图热夫-留明的政策方针与宫廷内部的抵制力量发生了冲撞。副内阁大臣米哈伊尔·沃龙佐夫持有不同的观点，对法国和普鲁士的使节善待有加，而这些人也就想方设法想要让他成为内阁大臣。

1744年8月，腓特烈二世再次对奥地利发动战争。它占领了波希米亚的一部分地区，并入侵了萨克森。俄国的处境就变得复杂起来：它和奥地利和萨克森都签有防务条约（1744年还和后者更新了条约）。但它也和普鲁士签署了条约。

俄国就这样被牵扯进了自己并没有发动的战争之中。理论上讲，它可以选择自己愿意支持的一方。伊丽莎白收到了两份如何应对普鲁士入侵萨克森的报告。第一份由阿列克谢·别斯图热夫-留明呈递，报告写得毫不含糊：普鲁士攻击了奥地利和萨克森，俄国与之均签有条约，故负有义务。同样，普鲁士打破了和俄国签署的协定。因此，内阁大臣建议采取外交手段，支持萨克森；但如果外交手段失败，就必须派遣军队前往增援。第二份报告由米哈伊尔·沃龙佐夫呈递。副内阁大臣承认普鲁士的威胁，但他不同意军援萨克森，而是建议仅限于金援。

帝国的内阁大臣虽是个强有力的政治家，但他不是伊丽莎白的情人。在那个时代，对国事影响力的大小和伊丽莎白喜好的程度成比例，所以他是个特例。阿列克谢·别斯图热夫-留明的报告是通过伊万·舒瓦洛夫作为中间人呈交给伊丽莎白的：内阁大臣无法直接面见女皇。但伊丽莎白对别斯图热夫-留明伯爵对国家的看法持高度赞赏的态度，据时人所说，女皇对他颇为感谢，所以帮他摆脱了烦人的文书工作，担负现在这个职位。

女皇对国事并不上心，她慵懒怠惰，就连给重要文件签名这样的工作都会推迟数月，但这并不能妨碍她有自己的观点，虽然不是对外交政策有看法（这点毋庸置疑），但至少对其他国家的君主还是可以评头论足的。伊丽莎白对路易十五颇有好感，二十五年前彼得一世就曾想把她嫁给后者。她对腓特烈二世则抱有强烈的敌意：一方面是因为她说普鲁士国王"不惧上帝"；另一方面则是因为他总想着靠伊凡·安东诺维奇皇帝复位这样的流言从中渔利，还派遣情报人员煽动分裂分子。

伊丽莎白支持别斯图热夫-留明。于是她决定援助萨克森。1745年12月，军队开始在利夫兰和埃斯特兰活动，方向是库尔兰。军人数量为五万人。预计1746年春将会对德意志发动攻势。但俄国人还没投入战争，腓特烈二世就于1745年12月在德累斯顿和奥地利签署了和约，得以保住了对西里西亚的占领。不过，谁都知道这只是暂缓而已，普鲁士的外交官还在四处活动，想要形成反俄联盟。腓特烈二世承诺使瑞典夺回波罗的海海滨地区，让波兰收复基辅和斯摩棱斯克，以此来确保瑞典和波兰的支持。

1746年5月，俄国和奥地利签署了同盟二十五年的条约，等于是重续了1726年的协定。双方承诺如有第三方入侵，就对彼此进行军事援助（两万步兵和一万骑兵）。秘密条款提及了一旦采取行动攻击土耳其和普鲁士时彼此的义务。如果普鲁士全面入侵奥地利、俄国或波兰，则结盟方就不能只提供三万人马，而必须是六万人马。

从1746年俄奥条约可以看出，俄国在欧洲的处境发生了急剧变化。俄罗斯帝国的外交政策从土耳其-波兰-瑞典三角脱身而出，而进入了欧洲中心，成为决定欧陆命运的一个决定性力量。在一个多世纪的时间里，圣彼得堡和维也纳的联盟将成为俄国外交政策的基石。两大帝国之间的关系也有冷淡期与和睦期，既有猜忌，也有热恋。不管怎么说，双方从这次结盟中都获得了好处。

1747年，一支由列普宁亲王率领的三万人的军队离开利夫兰，前往德意志，基于过去的协定，支援奥军。俄军士兵出现在莱茵河畔这件事迫使为争夺奥地利继承权的开战双方着手求和。1748年在亚琛签订了和约。路易十五放弃了法国数十年来都想夺取的低地国家。玛丽-特蕾莎接受了失去西里西亚的现实，并将意大利的几个省份还给了撒丁王国和西班牙，不过她的丈夫被选为了皇帝。除了威望以及对俄军实力的尊重之外，俄国一无所获。

俄军由各个阶层的民众构成，会定期征兵。募兵多少都根据需求而定。地主想向军队提供多少农奴，就可以提供多少。服役满八年之后，若无过错，普通士兵即可如愿返回原本的居住地。贵族士官服役满十年则可以升至准尉，被转至国家行政管理的岗位上。为了预防逃兵现象，适合服役的士兵就会被"刮脑门"（剃发）。服役者介于二十五至三十岁之间，身高为两俄尺六俄寸（舰队可矮两俄寸）。[4]

据1742年的普查（计算可缴人头税的人口），俄国有一千四百万居民。这对军队而言可以说是个很大的库存。但军队的质量就另当别论了。七年战争是俄军历练的学校。几年前，腓特烈二世在其《政治遗嘱》（他写了好几稿）中是这么写的："显然，俄国常备军好不令人生畏；只有卡尔梅克人和鞑靼人让人恐惧，他们攻城略地之余，就会烧杀抢掠。综合考虑，应避免和俄国的武装冲突，因为这样很容易导致暴动和内部武力夺权。"这些话是1752年写的。四年后，普鲁士国王入侵萨克森，引发了七年战争，他也知道俄国和奥地利就是自己的对手。

亚琛和约令任何一方都不觉得满意。普鲁士夺来的土地得到了条约的认可，所以想获取更多的土地。奥地利还想着复仇，想要最终消除普鲁士的威胁。法国在和英国争夺加拿大的冲突中落了败，想在欧洲大陆上找出敌人的弱点：汉诺威。这个德意志公国其实属于英国国王，如果在法英殖民地冲突中成为一个筹码，那英国就会不惜一切代价保住它。

如火如荼的外交游戏刚开始的时候，靶子是俄国。英国建议俄国提供五万五千名士兵来保卫汉诺威，并会给后者五万五千利弗尔，每年还会多支付五万，作为驻军军费。俄国想每年获得二十万利弗尔。法国则和其宿敌奥地利秘密会谈，而后者也想找盟友打击普鲁士。法奥的接近迫使凡尔赛从俄国这边转了开去。由于在圣彼得堡并无外交代表，路易十五便向其派遣了秘密情报人员，其中就有大名鼎鼎的德翁骑士，有人说他出现在伊丽莎白的近臣中间，扮成女孩子的模样，以赢得信任。不过，历史学家认为这只是个传说而已。尽管德翁的表面身份是驻凡尔赛宫廷秘密代表的苏格兰人麦肯齐·道格拉斯的秘书，但他能接近女皇，使法俄关系日益走近。

据当代法国的一位作家所说，法国敌视俄国，"对之嗤之以鼻"[5]，且对"北方帝国"的处境一无所知。有递交给道格拉斯的问卷为证：上面可以提供有关军队和舰队、经济的状况、女皇的性格等方面的信息。但在彼得堡，俄国对法国却很了解，伊丽莎白的部分谋臣很久以来一直都在说服女皇，说同路易十五结盟有益无害。由副内阁大臣领衔的"法国派"在舒瓦洛夫加入之后便实力大增。"法国人"的对手是别斯图热夫，他也是普鲁士的敌人，支持和英国结盟。

一系列条约巩固了战争形成的各个集团。1757年1月19日，和俄国达成谅解的英国（协议规定每年支付十万利弗尔，用作俄军驻军的费用）发生了转向，和普鲁士结了盟，英国认为相比和俄国结盟，这样能更好地保卫汉诺威。"背信弃义的阿尔比恩"，英国外交上的这个操作对别斯图热夫的政策造成了极其沉重的打击。1757年5月1日，法国、奥地利和俄国在凡尔赛签署了防务条约。瑞典和德意志的一众公国随后也相继加入。

反奥联盟正式形成，但事实上，战争一年前即已开始。1756年8月，尽管一众大臣劝谏腓特烈二世不要发动军事行动，但后者还是以迅雷不及掩耳之势攻占了萨克森，俘获其军队（一万八千人），并将之并入自己的版图。而这就是七年战争的开端。

1757年夏，俄军加入战争，率领军队的是陆军元帅斯捷潘·阿普拉克辛。这位总指挥并没什么才能，就是个纨绔子弟，辎重也就五百多匹马匹。陆军元帅打得可谓小心翼翼，他所担心的不是前方的普鲁士，而是后方的圣彼得堡。女皇憎恨普鲁士，想要战争，但"小朝廷"却持截然相反的观点。皇储彼得大公疯狂崇拜普鲁士国王，处处都在模仿他；而叶卡捷琳娜女大公则更倾向于英国，而非法国。

俄军遵从彼得堡的指示，进入东普鲁士，至少在1757年8月，在大耶格尔斯多夫击败了莱瓦尔德将军率领的普军。通往柯尼斯堡的道路就在陆军元帅面前敞开了，但他犹豫再三之后，还是力排众议，下令俄军返回俄国。返程的道路要穿过被俄军摧残过的东普鲁士，烧杀抢掠的首先是令腓特烈二世印象深刻的哥萨克和卡尔梅克人。女皇命令斯捷潘·阿普拉克辛回彼得堡，想要了解他为什么要这么做。可陆军元帅在未抵达都城之前即因中风而亡。

在巴黎和维也纳都有传言说阿普拉克辛已遭英国人收买，流言同样还提到别斯图热夫-留明也参与了密谋。虽然流言并未证实，但显然阿普拉克辛在东普鲁士的时候即已知悉（或许是从别斯图热夫这儿得知的）女皇生了重病。于是，内阁大臣遭到逮捕，指控他和叶卡捷琳娜秘密通信，意图让皇储反对伊丽莎白。经过十四个月的调查之后，阿列克谢·别斯图热夫-留明被流放到了他自己的一块领地上去了。

战争还在继续。被三支军队——俄军、奥军、法军——包围的腓特烈二世想先赢得一场关键性的胜利，逐个消灭对手。1758年8月14日，佐恩多夫附近爆发了一场恶战。结果并未如普鲁士国王所料。俄军守住了阵地，后来自行决定撤退。双方都说自己打了胜仗，但从阵亡者人数来看，俄军损失更大。一年后的1759年8月，库讷斯多夫战役，普军战败，俄奥联军取得了关键性的胜利。从俄军的表现来看，多年的战争使之获益良多。士兵作战勇猛，意志坚定，在统帅彼得·萨尔蒂科夫的指挥下打得很出色。俄军对腓特烈二世的战术作了仔细的研究，喜欢从背后突袭，战斗之前，他们会向西部署后备部队，普鲁士国王一旦绕过这支俄军，就会出现在萨尔蒂科夫军队的正前方。

德国军事史家汉斯·戴布流克提出了七年战争的一个大问题：该如何解释腓特烈二世在库讷斯多夫落败这件事？[6]答案是多方面的：盟军间的分歧；腓特烈二世改变战术，不打大的战役；不清楚俄国的战争目的；军队损失严重；日益厌战。伊丽莎白还想继续打：她想好好教训教训普鲁士国王的欲望并没变化。用女皇自己的话说，如果继续开战缺乏资金，她已做好出售自己半数珠宝的准备。

但所有参战的国家都有明显的厌战情绪。普鲁士打得很绝望，所以遭到极大削弱。现在可以开始瓜分战利品了。开始进行秘密的外交谈判。法国建议俄国当奥地利和普鲁士的中间人。法国驻圣彼得堡新上任的使节是路易-奥古斯特·德·布勒特伊男爵，取代了年迈多病的洛必达侯爵。尽管他缺乏货真价实的外交经验，但素质还是不错的。科斯托马罗夫说他"俊美，和蔼，在贵妇人的圈子内堪称完美……"这位二十九岁的使节有一个明确的使命：将叶卡捷琳娜女大公吸引到法国这一边。不过，要靠布勒特伊男爵的男性魅力并不够。事实上，女皇对战争该有什么样的解决有自己的看法。继失宠的别斯图热夫-留明之后担任内阁大臣的米哈伊尔·沃龙佐夫在两份照会中提出了俄国的建议：奥地利拿回西里西亚，将佛兰德部分地区让给法国（毕竟，法国在战争中也出了力），而作为补偿，俄国则获得已被其军队占领的东普鲁士。随后，再和波兰拿来交换乌克兰右岸地区。路易十五断然拒绝俄国因调停有功而向其支付费用的提议，生怕这样做会激发奥斯曼帝国的不满。

战争仍在继续，普鲁士的处境日益恶化。1760年10月，俄军攻占了其首都柏林。腓特烈二世拒绝承认失败，也不愿交出领土。普军构成复杂，由动员起来的普鲁士人、参军的萨克森人以及俄军俘虏组成，国王就率领这支军队继续硬撑着，以此来避免受到羞辱，并成功利用了对手"蠢驴般的愚蠢行径"。1761年12月底，在波美拉尼亚作战的鲁缅采夫将军的军队迫使科尔贝格（科沃布热格）要塞投降。从冲突开始起，俄军两次围攻了波罗的海的这座港口，都没有打下来。科尔贝格的失陷使普鲁士败局已定。

当鲁缅采夫将军胜利的消息传到彼得堡的时候，女皇伊丽莎白已不在人世。继承人彼得三世皇帝便向在普鲁士的俄军统帅下达命令，立刻停止和腓特烈二世的敌对行动。历史上很少见到这种盟友彻底变换阵营的现象。普鲁士国王觉得这次获救令人意想不到，称之为"勃兰登堡门的奇迹"。1945年4月，在被围困的柏林，躲入地堡内的希特勒不愿相信战败，他还记得腓特烈二世，希望能出现奇迹。戈培尔告诉他罗斯福已死，宣称历史正在重复：德国将再一次获得拯救。但局势已有所不同。

俄国纯粹是凭皇帝的意志，经过七年战争，约六万人伤亡（普鲁士损失二十万人）的代价[7]，在既无所得，亦无所失的情况下将边界地区搞得天翻地覆。俄国历史学家认为这场战争对俄国来说毫无用处，因为缺乏摸得着的结果，也就是说没占领土地。内阁大臣沃龙佐夫的记事本上显示俄国的计划是扩张领地。这个计划并没有实现，主要是因为坐上皇位的皇帝只关心普鲁士国王的利益。

注　释

1 *Politische Correspondenz Friedrichs des Grossen*, Berlin, 1880, Bd. 2, p. 271.

2 V. Ključevskij, *Kurs russkoj istorii*, cinquième partie, Petrograd, 1921, p. 23.

3 *Ibid.*

4 一俄尺等于71.12厘米，一俄寸（verchok）等于4.445厘米。

5 Gilles Perrault, *Le Secret du Roi*, Paris, 1992, p. 305.

6 Gans Del'brjuk, *Istorija voennogo iskusstva v ramkax političeskoj istorii*, tome 4, Moscou, 1938, p. 325.

7 B. C. Urlanis, *Vojny i narodonaselenie Evropy. Ljudskie poteri vooružennyx sil evropejsikx stran v vojnax XVII-XVIII v.*, Moscou, 1960, p. 56.

9 古怪的皇帝

彼得三世显露出所有智力发育迟缓的迹象，是一个已经成熟的孩子。

——谢尔盖·索洛维约夫

《俄罗斯史》作者所下的判断可谓相当严厉。尼古拉·卡拉姆津说"不幸的彼得三世缺陷太多"，而瓦西里·克柳切夫斯基得出的结论则是，"在伊丽莎白留下的后嗣当中，这位皇位继承者可以说最不讨喜"。帕维尔·米留科夫则说彼得三世"身体和精神都很羸弱"。

我们知道，后来的彼得三世（卡尔-彼得-乌尔里希）是彼得大帝的外孙（他女儿的孩子），也是卡尔十二世的孙辈（瑞典国王妹妹的外甥），1738年，他出生于荷尔斯泰因-戈托普公爵家。起初，他准备坐上瑞典的王位，可1742年，他的姨母，也就是伊丽莎白女皇让他成了俄国皇位的继承人。他在既没时间学好瑞典语，也没时间了解路德宗的情况下，只得再学习俄语（从未真正学会）和东正教教义。同时代的人指出，就连伊丽莎白本人都对彼得三世的无知感到惊讶。瓦西里·克柳切夫斯基写道："大自然不似命运那般眷顾他。"不过，命运也并没有特别善待他。1761年12月25日下午四点，官方正式宣布：
"女皇伊丽莎白·彼得罗芙娜驾崩，俄罗斯帝国的主人为彼得三世皇
帝陛下。"1762年7月7日，彼得三世在逊位之后，宣布自己"患有
痔疮"。

　　唯一的合法继承人彼得三世轻而易举登上了皇位，同样，他作
为合法的皇帝后来也被轻而易举赶下了台。同时代的人留下了回忆
录，其中就有彼得三世的妻子叶卡捷琳娜以及他的情妇的妹妹叶卡捷
琳娜·达什科娃，她们为他绘制了肖像，说他的所作所为等于是在让
"俄国社会"起来反对他。他和普鲁士签订新条约，将俄军攻占的所
有领土悉数归还给腓特烈二世之后，还抹除了七年战争做出的所有努
力，并立刻着手备战，想要对丹麦发动战争，目的是扩大其出生地荷
尔斯泰因的疆域。皇帝对东正教神职人员的蔑视有目共睹，他关闭私
人教堂，将教会不动产充为俗用。他还让军队穿普鲁士军装，身边的
守卫也都由外国人组成，尤其是普军的逃兵。

　　叶卡捷琳娜·达什科娃在回忆录里指出，许多人都瞧不起彼得三
世。密谋推翻皇帝的达什科娃写道："清晨装扮成下士长检阅部队，享
用丰盛的早餐，品尝勃艮第的佳酿，晚上同小丑和几个女人厮混，执
行普鲁士国王的命令——彼得三世这么做最开心。"[1]不过，她也承认
皇帝不是个坏人。对他的儿子保罗（在位六年，而非六个月）也不能
这么说。

　　彼得三世的行为通常都很愚蠢、很荒唐，像是智障儿童在胡搅蛮
缠。皇帝三十三岁登基，所以这事就显得更古怪了。同时代的人都不
愿给他找台阶下。彼得三世命令"所有神父全把胡子剃了""穿外国
牧师服"。半个世纪前，他外祖父，也就是彼得大帝也这么做过。彼
得三世崇拜腓特烈二世，而以伏尔泰为首的法国哲学家也对这位普鲁
士国王推崇有加。法国哲学家们当然不会把被占领土还给他，反而还
想着从他那儿得到些好处。

彼得三世之死有两个主因：首先，俄国社会认为他的所作所为就是在复辟比隆苛政，是想冒犯民族荣誉；其次，他的妻子叶卡捷琳娜野心勃勃，来俄国没多久，就想登上皇位，而且还在积极谋划。

瓦西里·克柳切夫斯基在说起彼得三世的时候，语调哀戚："他偶然坐上俄国皇位，好似俄国政治天穹上的一颗流星，每个人都在想他怎么就这么出现了呢。"[2]不过，很难认为彼得大帝的外孙是"偶然坐上俄国皇位"的。叶卡捷琳娜一世、两个安娜才更为偶然。对"彼得三世为什么会出现在俄国的苍穹上"这样的问题，其实答案还是挺简单的。

我们发现，同时代人描绘彼得三世的时候，都一致说他"被天花毁了容，几乎每时每刻都醉醺醺的，而且体弱多病，思维也很奇怪"[3]，但在他的这幅画像和他六个月在位期间签署的那些敕令的内容之间却有着怪异的矛盾之处。

同时代人和历史学家对彼得三世的主要抱怨之处是不愿继续打腓特烈二世，还在1762年和普鲁士签了和约，从其中一段文字来看，可以看出接下来两国会攻守同盟。但彼得三世从未掩饰过对普鲁士国王的倾慕之情，甚至还公开吹嘘，说俄军动向的情报寄到了柏林。从登上皇位起，他就一直在毫不含糊地说要立刻恢复和平。彼得三世对腓特烈二世的倾慕有那么点歇斯底里。不过，和普鲁士结盟的想法始终都是俄国外交政策中的一个变量。推翻了自己的丈夫之后，叶卡捷琳娜二世本人也没有废除和腓特烈二世结盟的政策。

1762年初，彼得堡政府做出决定，想要再次深入高加索地区，这一直都是俄国的传统政策。在捷列克河中游的左岸地带建了莫兹多克要塞。小卡巴尔达的一些部落都落入了俄军的势力范围之内。叶卡捷琳娜二世后来就用莫兹多克作为据点，向高加索地区发起进攻。

叶卡捷琳娜二世的一位传记作者不无嘲讽地写道："内政方面，彼得三世显得像是个大刀阔斧的改革者。一道敕令接着一道敕令：将神职人员的地产充作俗用，让贵族阶层不再服义务兵役，压制'秘密内阁'。"那么问题来了："彼得到底算不算自由派？"[4]可以换个方式提这个问题：皇帝为什么要签署极具自由化倾向的敕令？谜题就在这儿，历史学家作了各种各样的阐释。有些人用反复无常来解释彼得三世的改革做派，他就是想打翻一切，大笔一挥，就能来个大变样。还有的人认为那是大臣的影响所致，内阁大臣米哈伊尔·沃龙佐夫更是抬高了君主的威望，因为他自己的命运与之直接相关。

19世纪下半叶，日内瓦出现了一本毫不客气的回忆录，作者彼得·多尔戈鲁科夫亲王讲述了彼得三世的同时代人米哈伊尔·舍尔巴托夫亲王是如何评价无须贵族阶层服义务兵役这项敕令的。皇帝召来国务秘书德米特里·沃尔科夫，向他宣布："我对沃龙佐娃（指彼得的情妇伊丽莎白·沃龙佐娃）说我会和你在晚上制定一项极端重要的法律。所以，明天必须让宫廷和城市谈论这项法律。"沃尔科夫鞠了一躬，翌日，法律就拟好了。至于瓦·克柳切夫斯基所说的彼得三世为何出现在俄国的苍穹上这个问题，可以这么说，那就是彼得大帝的这个外孙之所以出现，是为了能在1762年2月18日签署一项声明，"免除俄国整个贵族阶层的税收，使之获得自由"。

毋庸置疑，这份俄国历史上最重要的文献很可能是由彼得三世的一个后继者签署的：一切都在朝这个方向行进，国家的发展也需要它。皇帝性格古怪，受同时代人和后人的憎恨，所以只能加速行动。鲍里斯·契切林认为，俄国的历史就是俄国这个国家形成的过程，他提出一个很简单的方案。莫斯科沙皇为了构建国家这个大厦，剥夺了社会所有阶层的自由：所有人都必须担负起为国服务的重担。最先"受到奴役"的是波雅尔，然后是市民，最后就是农民。为了让"军职人员"完成自己的任务，就得给予他们土地，由于皇帝没有任何收益，所以必须将人口固定在土地上。这位历史学家概述道："奴役一部分人，就会导致其他人也会遭到奴役。"随后，当国家得到巩固，就可以自由地服务，而不是强制，这样进程就颠倒了过来，而这个颠倒的进程就是：解放。首先解放贵族，随后是城市居民，最后是农民阶层。[5]

彼得三世这份声明的重要性就在于这样一个事实，即他进行了推动，推翻了进程。我们将会注意到，农民获解放是自由俄罗斯存在下去的必要条件，一个世纪零一天后，也就是1862年2月19日就是这么宣布的。推迟百年之久在俄国历史上是个不好的兆头。

鲍里斯·契切林有一个独到的说法：奴役一些人会导致另一些人的奴役。由此可见，解放一些人也必将导致另一些人获解放，农民绝对相信这一点。贵族服务国家，作为交换，便有了土地和农民。一旦可以不用再这样服务，那他们对土地和农奴的权力也就不再合法了。1762年宣言激发起来的希望并未得到实现。十年之后，失望情绪开始弥漫，叶梅利扬·普加乔夫领导的农民战争由此开启。

推翻彼得三世既不是因为他古怪，也不是因为他有什么荒唐的想法，更不是因为他颁发了合情合理的敕令。他本可以统治到自然死亡为止，可他并没有妻子那样的野心。反对彼得三世的阴谋是俄国历史上最有名的一个片段。有参与者和亲历者的叙述，尤其是叶卡捷琳娜二世的回忆录和信件，还有叶卡捷琳娜·达什科娃的记事本（达什科娃成为这场密谋的核心人物属实有些夸张），也有谙熟宫廷内幕的各国使节的详细报告。而且，这个主题也启发了历史研究、小说和电影。不过，"女皇阴谋"的大量细节问题仍然没有搞清楚。

不想让彼得登基的想法早在伊丽莎白统治末期即已出现：别斯图热夫-留明、尼基塔·帕宁（彼得三世和叶卡捷琳娜之子保罗时期的总督），以及其他许多人都有过这样的计划。甚至还有人想过撇开彼得三世，让时年七岁的保罗登基，由叶卡捷琳娜摄政。已经没人记得伊凡·安东诺维奇皇帝还活着（就关在彼得保罗要塞内）。但这些只不过是计划、交谈、空洞的梦想。除此之外，他们还有"可在政变中发挥作用的武器"：近卫军。

密谋的纬线就这么懒散地交织在一起，混乱不堪，充满了恐惧：毕竟，彼得三世乃是合法的君主。皇帝本人也起到了两次推动作用，从而对密谋造成了撼动。叶卡捷琳娜坚信彼得三世想娶伊丽莎白·沃龙佐娃为妻，而他身边的近卫军也相信这样的流言，即沙皇想要取消近卫军，就像彼得大帝取消射击军那样。

密谋者人数不多，既无真正的领导，也不能确信自己能赢。此外，彼得三世的阵营里还有陆军元帅慕尼黑，这位经验丰富的军人是忠于皇帝的荷尔斯泰因人的统帅。密谋者夺取彼得堡之后，陆军元帅便建议住在彼得霍夫宫的皇帝从海路前往波美拉尼亚，那儿驻有俄军。但彼得三世犹豫未决。某位历史学家说他被推翻，就像孩子被打发上床睡觉那样。他被逮捕后，要求给他留下四样他在这世上最留恋的东西：小提琴，心爱的狗，派来服侍他的小黑人，以及伊丽莎白·沃龙佐娃。所有的条件都得到了满足，唯有沃龙佐娃没有给他，而是把她打发去了莫斯科，将她嫁人了事。

不得不承认瓦西里·克柳切夫斯基的判断，他说这次宫廷叛乱是"一场我们从未见过的极为欢快、优雅的革命，没有流下一滴血"。照他的说法，这应该是一场"真正的贵妇革命"。但这位历史学家却认为这场"优雅欢快的革命"其实在酒水方面付出了极大的代价：1762年6月30日，叶卡捷琳娜旗开得胜地进入彼得堡的时候，下令所有的酒馆全都开门营业。但正如酒馆老板后来的计算，总共只喝掉了八万卢布零几个戈比，这个数字即便放在当时那个时代也不算大。

注　释

1　E. R. Daškova, *Zapiski*, Moscou, 1987, pp. 64, 65.

2　V. Ključevskij, *op. cit.*, tome IV, p. 471.

3 *Sočinenija Ekateriny II. Sostavlenie i vstupitel'naja stat'ja O.N. Mixajlova*, Moscou, 1990, p. 7.

4 K. Vališevskij, *Roman imperatricy. Ekaterina Vtoraja − imperatrica vserossijskaja*, Saint-Pétersbourg, 1908, p. 141.

5 B. Čičerin, *Sobstvennost' i gosudarstvo*, Moscou, 1882, Première Partie, p. 23.

10　开明女皇

……局势堪忧，唯有祈求上帝，让国家治理有方，消除恶业。

——舍尔巴托夫亲王，1790 年

……叶卡捷琳娜时代是俄国公民最幸福的时代；我们每一个人几乎都希望生活在那个时代，而非其他任何时代。

——尼古拉·卡拉姆津，1811 年

上述两位俄国历史学家对叶卡捷琳娜二世的统治持截然相反的观点。除了观点和性格不同，还有一个事实可以解释，那就是写过一本名为《论俄国风俗之败坏》的传记作家和政论家舍尔巴托夫亲王是叶卡捷琳娜二世的同代人，在后者的宫中任职，而尼古拉·卡拉姆津则是在女皇驾崩之后十五年写了《论新旧俄国》一书。卡拉姆津尽管也有赞扬之词，但他并不掩饰，说"某些污点"玷污了叶卡捷琳娜二世光辉的统治。他列出了这些污点，即"风俗败坏"以及"出卖真理和官爵"，认为女皇"看不见，也不想看见这么多的弊端"。卡拉姆津对叶卡捷琳娜二世的判断有一个重要的特点：在她生命晚期，"我们对她批评多，赞扬少"。随后的几代人对"北方的塞弥拉弥斯"的看法要比女皇的同时代人好太多。因此，也就出现了这样的"历史判断"：

女皇的统治不再只起到一个过渡性的作用，而是如后人所持的正面看法那样，认为那段时期重要，而且宝贵。

君主所作所为的重要性和价值都只具有相对性，叶卡捷琳娜二世的功业在俄国和其他国家的历史学家中间产生了极其激烈的争论。彼得大帝之后，叶卡捷琳娜二世是唯一一个能激发异彩纷呈观点的皇帝。不过，对女皇行为的看法和是否支持她并没有关系。舍尔巴托夫亲王是个狂热的保守分子，他认为"风俗败坏"是从彼得大帝那个时候始于俄国的，他对叶卡捷琳娜二世的时代也毫不留情，与之不遑多让的是《圣彼得堡至莫斯科行记》一书的作者、坚定的自由派亚历山大·拉季舍夫，他是在外国上的大学。专制体制坚定的吹鼓手尼古拉·卡拉姆津认为，叶卡捷琳娜二世时代是"最令人幸福的时代"，这和苏联历史学家叶甫根尼·塔尔列的观点完全一致。

当法国画家维杰-勒布伦前往彼得堡，为受法国哲学家吹捧的伟大女君主画肖像的时候，有个和俄国有关系的人给了她这个建议："不要用画布，要用俄罗斯帝国的地图；底色就是无知愚昧的黑色；被撕得四分五裂的波兰作黑纱；人血当颜料；背景画上叶卡捷琳娜统治的丰碑……"女皇的传记作者是这么评论的："这幅阴沉的画作包含了部分真相。但缺乏浓淡深浅。"[1]要说明的是，法国画家是在叶卡捷琳娜在位末期去的俄国。

不过，开始的时候一切都好似玫瑰色一般，甚至有些令人惊叹。当然，皇帝下台并不会让人吃惊。自从彼得大帝死后，政变就相继发生。德意志公主登上皇位这种事不太常见，她的血管里根本就没流着罗曼诺夫的血，两个安娜、伊丽莎白、彼得三世与之不同，所有的罗曼诺夫都有百分之五十的血统。可是，总有先例：叶卡捷琳娜一世由于是彼得大帝的妻子，所以当了女皇。同样，叶卡捷琳娜二世也是作为彼得三世的妻子登了基。在第一种情况下，皇帝死了。后一种情况下，皇帝很快被杀（究竟是怎么被杀的，历史学家还没搞清楚）。从法律的角度来看，安哈尔特-采尔布斯特公主，也就是后来的叶卡捷琳娜二世，并不具有统治的合法性，立陶宛农妇也成不了叶卡捷琳娜一世。

不过，无论是法律问题，还是合法性问题，都不存在。一小撮密谋者恬不知耻地窃取了权力。其主要的推手就是奥尔洛夫家族，这四兄弟都在近卫军里供职。其中一人，即格里高利，是叶卡捷琳娜的情人。多年以后，达什科娃公主在回想起1762年6月27日至28日晚间具有决定性意义的那些事件时（当时她十八岁），说当她得知近卫军的一个密谋者被捕时，她就冲到街上，认出一队骑兵队正好经过，其中就有奥尔洛夫家族里的人，那人命令她"快去彼得霍夫宫"，代他面呈叶卡捷琳娜，让后者"坐上为她租来的马车，前往伊兹马伊洛夫斯基团营地，很快就会在那儿宣布她为君主"。[2]叶卡捷琳娜·达什科娃在回忆录里特地夸大了自己在这场阴谋中所起的作用，但事情的进展和她说的也差不多。叶卡捷琳娜来到伊兹马伊洛夫斯基团的军营。奥尔洛夫家族及其战友叫醒士兵，一起高喊："女皇万岁。"被强行押来的一名教士嘟嘟囔囔地宣读了誓词，挥动十字架，而不耐烦地等着发伏特加的近卫军士兵则向女皇叶卡捷琳娜二世宣誓效忠。

目睹"政变"的法国目击者吕里耶尔讲起"1762年革命"的时候说："叶卡捷琳娜是七八点钟到的，就这样成了世界上最广袤的国家的绝对主人：她开始出发，对当兵的那些话信以为真，前头走着农民，陪在身边的有她的情人，后面跟着侍女和美发师。"[3]一个世纪后，擅长无情讽刺的萨尔蒂科夫-谢德林在讲述"一个城市的故事"时，说他发现那城市其实就是俄国历史的拙劣翻版。他还不忘在结尾的时候又讲了一段小故事，讲的是一个女人想要当格鲁波夫城的总督[4]；"列瓦尔本地人阿玛利亚·卡尔洛夫娜·斯托克费施说她这么做基于这样一个事实，那就是两个月以来，她一直都是某个城市总督的蓬帕杜夫人。"这位讽刺作家讲述女主人公如何夺取权力的时候，参考了历史文献："年轻貌美的斯托克费施骑着白色的骏马，面对着人群，身边杵着六个喝得醉醺醺的丘八……"[5]

移民国外的民主派人士亚历山大·赫尔岑对"女皇的世纪"并不客气："连俄语都说不利索的颠顸的亲王，德意志人和孩子在皇位上上上下下……领导国家的是一小撮阴谋分子和佣兵队长。"

叶卡捷琳娜结束了这种风水轮流转的现象。她统治了三十四年，结束了彼得大帝统治留下的这个缺口。她满怀自信地确立了自己在俄国历史上的地位，命人在彼得堡创建者的纪念碑上镌刻了由法尔科内创作的著名的"青铜骑士"像："致彼得一世，叶卡捷琳娜二世"。第一任皇帝在位时期，俄国亮明了自身的权利，参与决策欧洲事务；叶卡捷琳娜二世在位时期，俄罗斯帝国变成了伟大的国家。

1781年，也就是登基十九年之后，叶卡捷琳娜向常驻巴黎的特使弗里德里希·格林寄去了一份功绩单：

依据新规建立的省份：29

建造的城市：144

缔结的协约和条约：30

与法律或新规相关的重要敕令：88

为减轻人民苦难的敕令：123

据列出清单的叶卡捷琳娜的秘书亚历山大·别兹博罗德科的计算，共有四百九十二项功绩算在女皇的头上。而且女皇接下来还要再统治十五年，只是她自己还不知道而已。

上述的这份清单突出了女皇功绩的三大导向，至少呈现出来的是这种情况：行政改革，外交政策，人民福祉。

尽管对叶卡捷琳娜二世功绩的评价众说纷纭，但历史学家也都一致承认她对清单里提到的那些问题，以及其他许多问题也都关注过。

所有人都同意，女皇一旦坐上皇位，就遇到了数不胜数的麻烦事。一开始，她是否有权利当皇帝这件事就十分可疑。在最好的情况下，已故皇帝的妻子和继承人的母亲也只能当摄政，直至政变时只有十二岁的保罗成年为止。更别说还有这样的问题，历史学家直至今日仍在诘问皇储父亲的真实身份（彼得三世根本就不在潜在候选人之列），而叶卡捷琳娜仍然只是个外国人而已。

但叶卡捷琳娜并不想当摄政。一方面，三十五年内的所有摄政（从缅什科夫到安娜·利奥波多芙娜，当中还有比隆）结局都不好。另一方面，她坚持要当皇帝。十五岁来俄国嫁给皇储的安哈尔特-采尔布斯特公主很久以来都对当皇帝这件事跃跃欲试。彼得登上皇位的时候没敢加冕，因为他觉得命运并不看好他，没让他当上普鲁士军官。叶卡捷琳娜不但一上来就加了冕（从1762年9月起），而且还严格遵守传统，在莫斯科举办了加冕典礼。

俄国历史上很少出现过这么多的文献，甚至让人可以研究细枝末节。女皇是第一个操心文献资料的人：她留下了回忆录，可惜的是，这本坦诚的自传只写到伊丽莎白临终前数月，便戛然而止。但由她亲手所写的数千封信件保留了下来，有些是给亲信、大臣的，也有些是给外国人的。叶卡捷琳娜二世似乎只有大笔在握时才算真正地活了过来。受她的影响，同时代人也都喜欢啰啰唆唆地写很多东西。特别是她的秘书都记有详细的日记。

注　释

1 K. Vališevskij, *Roman imperatricy...*, *op. cit.*, p. 221.

2 E. P. Daškova, *Zapiski. Pis'ma sester M. i K. Vil'mot iz Rossii*, Moscou, 1987, p. 68.

3 Rulhière, *Histoire ou anecdotes sur la Révolution de Russie en 1762*, Paris, 1797, 1er volume.

4 Équivalent d'*Imbécileville*.

5 M. E. Saltykov-Ščedrin, *Izbrannye sočinenija*, Moscou, 1946, p. 20.

11 掌权的技术

这事我说过了无数遍：我对俄国来说一无是处。

——叶卡捷琳娜二世写给格林的信，1777年5月17日

叶卡捷琳娜二世比她之前那些登上御座的人都要有教养。换言之，就像她自己在回忆录里所说，年轻的公主来到了一个陌生的国家，身边是个并不爱她的陌生的丈夫，读了大量的书，主要是法语书（也有德语书）。她的几个传记作者指责她取法独创的思想，理由是她的"训令"所包含的改革规划，其实是从孟德斯鸠、贝卡里亚、布莱克斯通那儿"剽窃"来的。不过，她的实践精神，还有她领导国家的能力是不容置疑的。叶卡捷琳娜二世在皇位上坐了三十四年，但她刚登基的时候却处境堪忧，所以这也能看出她的能力。这主要体现在她是如何发挥权力技术的，而这正是俄国特殊的治理技术。

叶卡捷琳娜对基本事实的理解很到位：若想统治俄国，就必须成为俄国人。谁都知道她是德意志人，不是俄国人，但这不是什么问题，她真的做到了：改宗东正教，学习语言，了解风俗习惯。她得到了配偶极大的帮助，后者想方设法强调对这个自己管理的国家的痛恨之情。宣布彼得三世下台、叶卡捷琳娜上台的声明是这么说的：彼得

政府威胁要消灭俄国的东正教信仰，要和被俄军打败的普鲁士签订和约，让祖国蒙羞，还要违背国家的风俗习惯。声明宣布，叶卡捷琳娜加冕称帝，就是要消除这些威胁，"接受上帝的帮助，遵从全体臣民的意愿"。

值得注意的是，自鲍里斯·戈杜诺夫之后，所谓的"臣民的意愿"都是出现在遴选莫斯科沙皇的时候。但叶卡捷琳娜并不是被选出来的，在后来颁布的无数声明中，她始终都在强调忠实的臣民都想让她登上皇位。1762年7月5日第一份声明之后一个星期，女皇颁布了一份敕令，降低盐价；说叶卡捷琳娜加冕俄皇，是"遵从了俄国臣民以及俄国真正子孙的一致意愿"。之后一天颁布的声明确定了1762年9月举行加冕礼：这清楚地表明女皇之所以登上皇位，是因为她内心虔诚，热爱俄国，以及"忠实的臣民期盼我坐上皇位"。

十一天后的一份敕令提到有必要终结俄国的贪污现象（并非最后一次），叶卡捷琳娜详细剖析了促使她坐上皇位的动机："不是因为野心，也不是出于个人利益，而是对祖国真诚的爱，而全体人民的愿望便引领着朕担负起政府的重担。"翌日的一份敕令邀请俄国的所有逃犯和背叛者返回祖国，开头是这么写的："同样，由于忠实的臣民和热爱祖国的子孙真诚的愿望和不懈的祈祷，朕登上了俄国的皇位……"

女皇声称自己愿意遵从臣民的意愿，从中可以看出她的内心的担忧，这种安全感的缺失一直要到很多年后才会消失。女皇确实有理由感到忐忑。合法的继承人是她的儿子保罗。而且，彼得大帝哥哥伊凡的曾孙伊凡·安东诺维奇已被安娜·约安诺夫娜指定为继承人，后被伊丽莎白推翻因禁，正在什利谢利堡枯萎凋零。1764年7月5日叶卡捷琳娜登基之后两年，驻扎于要塞的瓦西里·米洛维奇中尉想要释放"头号囚犯"，但守卫遵守的是彼得三世的指令，而且这道指令也经过了女皇批准：谁若想要释放囚犯，则"诛杀之，别让他落入其他任何人的手中"。"米洛维奇阴谋"为什么会出现，这一点从来就没被彻底地澄清过。中尉遭到处死。直到最后，他仍然说自己没有同谋。叶卡捷琳娜二世的声明宣称已向法庭提告米洛维奇，声明开头是这么写的："朕遵从全体臣民的意愿加冕称帝，决定减轻安东·德·不伦瑞克与安娜·德·梅克伦堡之子约翰亲王的苦难，而他只是短暂加冕，不具合法性。"一句话中，叶卡捷琳娜二世三次说了不符合真相的话：若无"全体臣民的意愿"，其实女皇根本不想改变什利谢利堡囚犯的处境，尽管后者是合法的君主。

恐惧促使叶卡捷琳娜不厌其烦地提到所谓的"全体臣民的意愿"，以此作为自己掌权的基础。至于说的是不是实话，她根本不在乎。担任大臣的诗人加甫里尔·杰尔查文对女皇很熟悉，他写道："……她根据政治环境或自己的观点，而非神圣的真理，来领导国家，落实正义。"[1] 身为国务活动家的诗人当然不会不知道历史上罕有政府会"遵从神圣的真理"来行事。杰尔查文指出女皇（诗人称之为费丽察，对其大加颂扬）的所作所为都会优先考虑政治环境和个人利益，他指出叶卡捷琳娜的所有行为都经过深思熟虑，是她有意识这么做的。她经常会提到自己的"权利"，她很清楚之所以这么不厌其烦地再三重复，就是想最终说服臣民自己坐上皇位是具有合法性的。

瓦西里·克柳切夫斯基说："失败的专制制度就不再具有合法性。"[2] 意译过来的话，就是说成功的专制政体可获得合法性。叶卡捷琳娜二世坚信自己会成功。首先，她很清楚自己有这个意愿。和之前的那些皇帝不同，彼得除外，她已事无巨细地准备了很长时间来履行这个职责，从她来到俄国的第一天起，她就梦想着当皇帝。彼得一世通过造船、学习战争技艺、航行至国外学会了当沙皇，和他不同的是，叶卡捷琳娜是通过读书，让自己拥有能影响个体的能力这种方式学会当女皇的。

叶卡捷琳娜想当俄国的女皇。但她并没有受权力特质的吸引，而是受权力本身的吸引。她想持久投入地进行统治，她渴望掌握帝国的缰绳。统治管理是人类最古老的职业。上帝一旦创造了第二个"人"，也就是夏娃的时候，如何使用权力这个问题就提了出来。随着权力职能和权力规模越来越多、越来越大，统治科学也得到了发展。所有的统治者为了实践权力，都会使用大量法律，但每个人都会琢磨自己的技术，以期用自己的方式来领导臣民。

叶卡捷琳娜了解其中的道道。她制定的新法律极其庞大，而且还召集"立法委员会"，对其发布"训令"，该训令的前三章指出，在俄国，"国家面积广大，专制权力需集中于一人之身，以确保统治"。叶卡捷琳娜说得很高调："其他任何政府不仅有害于俄国，而且会导致灾难。"之前的任何一个皇帝都从未质疑过专制权力的必要性。叶卡捷琳娜的贡献就是提到了孟德斯鸠。女皇逐字逐句借用了《论法的精神》里对独裁政治的看法："大国需实施独裁权，权力集中于统治者的个体身上。需快速推进决断性措施，以弥补路途遥远之故。"

通过亲眼所见或通过信笺了解叶卡捷琳娜，并设法去理解其个性的同时代人，都会先说她的性格。瓦西里·克柳切夫斯基观察到一个事实，他明确指出，女皇的思想既不深刻，也毫无亮点。不过，这位历史学家注意到，她"头脑很灵光"，善于随机应变，谨慎处事，为人精明，知道什么是天时地利，不会受表象的迷惑。[3]叶卡捷琳娜拥有当国家元首的一个根本性的素质：她对现实处境和自己在环境中的地位有深刻的理解。在草拟训令的时候，她会尽力挖掘孟德斯鸠、意大利刑法学家贝卡里亚、英国法学家布莱克斯通的思想和思考方式。她对此并不讳言，甚至还强调自己灵感的来源。在写给宠臣、管理者或关系不深的人的无数封信件中，叶卡捷琳娜都会说明自己的政策、计划，甚至还会说起自己。我们知道，彼得大帝很喜欢写信，经常会口述信件。叶卡捷琳娜则始终都是自己动笔；她不断地扩大通信者的范围，而且和俄国的第一任皇帝不同，她并不满足于沟通普通的信息：她会做出解释，说服对方，确保将自己的观点和自己的为人推销出去。

这些给俄国的收件人信件在大量的信件中只占一部分。普鲁士国王腓特烈二世很有一套，创建了一个外国通信者的网络，在欧洲散播他那开明君主的形象，所以在这方面，只有腓特烈二世可与之相比。以前，在她之前和之后（一直到布尔什维克这些宣传高手掌权之前），俄国历史上都没有人懂得如何推广俄国，推广它或真实或虚构的成功之处，从外国人的赞扬之词中获益，以强化自己在国内的权力。1763年，甫登皇位，叶卡捷琳娜便开始和伏尔泰通信，这段关系一直持续到这位欧洲最具影响力的作家去世为止。伏尔泰对开明君主没什么抵抗力，腓特烈二世的名声就是他确立起来的；但后来他和普鲁士国王发生不睦，但对俄国女皇还是交了心的。他对叶卡捷琳娜的功绩百般颂扬，甚至可以说阿谀奉承。这位法国哲学家说她比梭伦和吕库古还要伟大，比彼得一世、路易十四、汉尼拔还要非凡。"费内*智者"的这些话很快就传遍了西欧和俄国。

得知《百科全书》的出版出现困难，叶卡捷琳娜便立刻伸出援手：在里加建了座印刷厂。得知狄德罗的财政状况有问题，她便按照狄德罗所定的价格买下了他的图书馆，但狄德罗终其一生都能使用这座图书馆，甚至还让他担任图书管理员，并向其支付每年一千利弗尔的年金。弗里德里希-梅勒西奥·格林在叶卡捷琳娜的通信者当中占据了一个特殊的地位。这位德意志男爵来巴黎找发财的机会，认识了狄德罗与卢梭，后来又在雷纳尔修道院院长身边担任精英色彩浓厚的《文学通讯》的编辑，每隔十五天这些印刷物都会分发给各国希望了解巴黎文化事件的首脑人物。叶卡捷琳娜二世也是订户，1773年格林前来彼得堡的时候，女皇就接待了他。于是两人就开始了频繁的通信。如今，许多人都认为格林男爵是极具影响力的人物，尤其是他于

---

*费内是伏尔泰度过晚年的地方。——译注

1776年第二次来圣彼得堡的时候，还领到了每年两千卢布的年金。

为了展现自己的权力，女皇需要人的配合。掌管国家之后，她发现自己从前任手里继承了"人力材料"。新执政者的第一项任务，也是第一个困难，是如何建立自己的权力机构。叶卡捷琳娜将伊丽莎白统治时期的人继承了下来。她建立机构的速度很慢，首先是因为她觉得皇位不稳，其次是因为她相信自己的方法没问题；她使用经验丰富的人，但也使用新人、年轻人。她到晚年的时候，在给格林的信中解释了自己的观点："我觉得没有哪个国家缺人。问题不是怎么找到这些人，而是如何使用他们……人有很多，但得让他们动起来：如果有人能这么干，那一切都会顺利。"这就是女皇所具有的才能。她在巴黎写道："我从来不去找人，手底下总有人为我干活，而且几乎都干得很好。"[4]

谁服务于她，并令其满意，叶卡捷琳娜就会大大地赏赐该人。她会尽情展现女性的魅力。只要提起叶卡捷琳娜二世，就不能不提她的那些情人，也就是她的"宠臣"，同时代人就是这么称呼这些人的。臣民们中间这样的故事和谜团有很多。无论是同时代人，还是历史学家，都无法确定女皇情人的数量：最温和的说法是十二个，最激进的说法是给这个数字再乘上好几倍。但无论这些人的性情如何，"北方的塞弥拉弥斯"的传记作者在有一点上是没有异议的：在女皇的一生当中，爱和政治已水乳交融，难以分离。

从叶卡捷琳娜的大量肖像或雕像来看，首先展现的是她的公主身份，其次展现的是她的女皇身份，她活了六十七年，在位三十四年，可以从中看出她那时刻变化的形象。撇开她的年龄不谈，同时代人对她有好几种看法：有些人说她眼眸是蓝色的，有些人说是栗色的，有人说她眼睛大，但其实不然。相比其他任何人，提到这些差异最多的还是叶卡捷琳娜自己。她在回忆录里写道："有人说我非常漂亮，身材极好；说实话，我没觉得自己有多漂亮，但我很开心，而这显然就是我的力量所在。"[5]普希金有时说女皇是"穿衬裙的答丢夫",他是这样描述女皇的:"她会穿清晨穿的白袍,戴晚上戴的软帽,披一件长棉袄,看上去四十来岁。她脸部丰满,面色红润,显得温柔而平静。她双眼呈蓝色,嫣然一笑,魅力无穷。"[6]普希金是女人和爱情的吹鼓手,他知道如何奉承女皇:她在《上尉的女儿》一书中出现的时候是四十五岁。

女皇利用自己的情人,或许并不仅仅是为了满足伊凡雷帝所说的"肉体需要",而是为了有助于实施统治。她的每一个宠臣都有可能展现自己作为政治人物的能力(有些人展现了真正的才能,最好的例子无疑就是格里高利·波将金)。尽管女皇有时会让自己的情人担任军事统帅或大臣,但她也会把军事统帅和大臣当作自己的情人,反正看自己怎么高兴怎么来。

女性魅力到了叶卡捷琳娜的手里就成了重要的武器,她将这武器使用得非常娴熟。她写过一篇短文,就保存在她的档案里,文章是她对外交官的建议:"要研究人,努力利用人,但不要不分青红皂白地去相信他们。"[7]她自己就终其一生信奉这些原则。叶卡捷琳娜二世在位时期最优秀的专家谢·巴尔斯科夫认为,撒谎是女皇最有力的武器:"她从孩提时代到暮年时分,终其一生都在使用这个武器,可谓用得炉火纯青,连自己的父母、执政者,自己的丈夫、臣民、外国人、同时代人,还有后人,都被她骗过了。"[8]

叶卡捷琳娜在位历时漫长,占了三分之一个世纪,其间,内战和对外作战不可谓不频仍,而且时疫流行,灾难不断,首先遭殃的就是占人口绝大多数比例的农民。父亲死后加冕的保罗一世向欧洲各国宫廷发了一封通告,他在通告中说俄国"是世界上一个独特的国家,四十年来,都处在压榨自己人民的悲惨处境之中"。叶卡捷琳娜的继任者想要指出的是,从1756年和七年战争开始起,俄国就战祸不断,始终处于战争之中。这话对叶卡捷琳娜的在位时期并不完全适用:她登基之后的五年，如果撇开大量农民暴动不谈，则国内局势相对平静。她在位的第一年，大约有二十万农民参与暴动。为了镇压暴动，军队就必须进行远征。

经过了相当平静的五年之后，就是对外战争的七年（1768—1774），其间又暴发了鼠疫，莫斯科民众由此爆发起义，也出现了普加乔夫的暴动。在库苏克-凯纳卡和奥斯曼帝国签订和约（1774）之后，俄国休养了十二年，并对夺来的土地进行同化。用叶卡捷琳娜的说法，这是一段"立法狂热期"，其间，立法活动和行政改革开展得如火如荼。她在位末期的九年，再次以战争为主，而且又是攻打土耳其、瑞典、波兰和波斯；此外，她还对爆发革命的法国发起军事行动。从这个简单的二分法可以看出：叶卡捷琳娜三十四年的在位时期，可以分成十七年的战争期和十七年的喘息期。

叶卡捷琳娜虽然会变换宠臣、法律、政策、观点，但仍然忠于自己的大原则：她要事必躬亲，由自己来统治俄国，当一个专制君主。女皇亲手写下法律，对一个自诩熟读孟德斯鸠、卢梭和伏尔泰的人而言，这应该是件很自然的事。但同样，战争时期，她手下的军事统帅发动军事行动之前，也会从她这儿听取详尽的指示，还配有标注过的地图可看。

女皇最操心的就是如何教育臣民，像她在给法国哲学家的信中所说的，尤其得教育那些可以形成"舆论"的人。1769年，她着手出版了每周印行的《杂论》，对读者进行教育。文学和期刊在俄国日渐发展，女皇不得不花费大量时间对之进行审查。审查员都是各级官员，但头号审查官还是叶卡捷琳娜自己。当时著名作家尼古拉·尼科列夫的悲剧《索列娜与扎米尔》于1785年2月12日上演了第一场之后，莫斯科的军事统帅便对其下了禁令。其实，观众在看到沙皇姆斯季斯拉夫背信弃义，导致这对夫妻分离的场景时潸然泪下，但这位军事统帅却被这几行台词给吸引了："但愿包罗万象的君王意志，那致人以死地的种种安排都能消失殆尽；难道只有骄横的傲气才应受褒扬，所有心灵都应受到一人在上的威权束缚，才能期待幸福吗？在君王的身上并不总是能找到父亲的影子的。"

军事统帅中断了演出，将剧作手稿连同自己的评语一起交给了最高审查官。他从叶卡捷琳娜那儿得到了回复，从中可以揭示出女皇对自己在国内的地位究竟是如何构想的，她写道："我很惊讶，您竟然会把这出这么受公众欢迎的悲剧演出叫停。您的长篇大论和君主并没有什么关系。作者反抗的是暴君的专制，并不是叶卡捷琳娜的专制，你们不都说了嘛，叶卡捷琳娜是你们的母亲。"9

人民的"好母亲"虽然严厉，却很公正。叶卡捷琳娜正是想给人留下这样的印象，西方的仰慕者就赋予了她"北方密涅瓦"的形象：在他们的努力之下，叶卡捷琳娜在欧洲树立起了威望，而她也将从那儿赢得俄国。叶卡捷琳娜要的正是君主公正的名声，但也要强化铁面无私的名声。帝王权力的这个层面很好地体现在了斯捷潘·谢什科夫斯基（1727—1793）的身上。从伊凡雷帝以来，每一任君主都有自己的刽子手，这些人擅长干秘密勾当，让人心生畏惧，而这恰是专制权力必不可少的特质：马留塔·斯库拉托夫在伊凡四世身边，罗莫达诺夫斯基亲王在彼得大帝身边就扮演这样的角色。只是机构的名称发生了变化：叫作沙皇特辖制或普列奥布拉任斯基衙门。伊丽莎白时期，"枢密院"处理的都是类似的事务。彼得三世在短暂的在位期内，发布了一份声明，宣布废止这样的机构。所有的档案文件都被加封转移至元老院，或让其"永久被人遗忘"。彼得三世取代"枢密院"，创建了"机密处理"部门。只是这个机构没能阻止政变，也没能阻止他的死亡。

叶卡捷琳娜保留了这个名称，但将机构的管制权交给了元老院，由自己来掌控。斯捷潘·谢什科夫斯基在伊丽莎白时期开始其政治生涯，此时正平步青云：他从秘书变成了叶卡捷琳娜时期的秘书长和秘密警察头子。他作为"安全部门的头子"可谓享有盛誉，他会亲自审问大政治犯：阿尔谢尼都主教、普加乔夫、拉季舍夫、诺维科夫。同时代的人和俄国历史学家都说谢什科夫斯基是"鞭刑高手"，就是指他这个"机密处理"部门的头子鞭打起人来特别来劲儿，他就是靠鞭刑来让人招供的。所谓的进步其实很有限，这一点可以从审问方式的进步看出来：除了这些包括鞭刑在内的小小的"热情"之外，叶卡捷琳娜在位时期并没用过酷刑。有传言说谢什科夫斯基在审问贵族的时候会使用鞭子。研究叶卡捷琳娜时期的英国专家伊莎贝尔·德·马达里亚加指出，没有任何文献可以证实这则流言：在审问高级别的犯人时，谢什科夫斯基会从精神上施压，而非使用肉刑。[10] 不过，谢什科夫斯基作为刽子手和鞭刑高手的名声已经深深地烙印在俄罗斯的历史上，无论是什么样的研究都无法撼动这一点。

　　部分而言，秘密警察的效率是否高，要看其所采取的行动留下了什么烙印。证据越是不足，名声就越是大。斯捷潘·谢什科夫斯基出色地履行了警察的主要职责：激发恐惧。在俄国秘密警察的名单中，他占据了一个醒目的位置。

注 释

　　1 *Zapiska iz izvestnyx vsem proisšestvij i podlinnyx del, zaključajušca sebe žizn' Gavrily Romanoviča Deržavina*, Saint-Pétersbourg, sans date, p. 339.

　　2 V. O. Ključevskij, *Literaturnye portrety*, Moscou, 1991, p. 454.

　　3 V. O. Ključevskij, *Literaturnye portrety*, *op. cit.*, p. 361.

　　4 *Sbornik Imperatorskogo Russkogo Istoričeskogo Obščestva*, tome XXIII, p. 607 et 622. Lettres du 28 août 1794 et du 7 avril 1795. Cf. K. Vališevskij, *op. cit.*, p. 306.

　　5 *Sočinenija Ekateriny II*, *op. cit.*, p. 118.

　　6 A. S. Puškin, «Kapitanskaja dočka», *Sočinenija v trex tomax*, Moscou, 1954, tome 3, p. 525.

　　7 «Nravstennye idealy imperatricy Ekateriny II», Publikacija S. Sobolevskogo, *Russkij arxiv*, Moscou, 1863, tome 1.

　　8 Cité d'après *Rossijskaja diplomatija v portretax*, *op. cit.*, p. 82.

　　9 Cité d'après P. Miljukov, *Očerki russkoj kul'tury*, deuxième édition, troisième partie, pp. 53-54.

　　10 Isabel de Madariaga, *Russia in the Age of Catherine the Great*, Londres, 1981, p. 560.

12　规则之国

> 女沙皇仍然一副欧洲人的派头，她以女人的方式，深入罪恶之中，软化莫斯科沙皇（彼得大帝）的改革，使权力显得更人性化，使宫廷更体面，使政府更讲礼貌，更讲尊严，使机构更注重规则。[1]
>
> ——阿纳托尔·勒鲁瓦-博利厄

19世纪的这位法国历史学家尽管已经说得很清晰，但他对"北方密涅瓦"的态度仍有些"派别之见"。阿纳托尔·勒鲁瓦-博利厄指出了叶卡捷琳娜"纯欧洲"的出身，认为她对"莫斯科沙皇"的改革采取了软化的态度。毫无疑问的是，在戴上帝国的冠冕之后，安哈尔特-采尔布斯特公主就有意实施改革，来规整权力体系。她了解国家事务，能隐约看出行政机构臃肿，元老院拖拖拉拉到不可思议的地步，国库空虚，在外国银行家看来俄国的信用已经崩塌。她的观察是："贪污受贿已到惊人的程度，对政府而言绝不可等闲视之，而正义断不可被这样的伤口感染；有人想要谋求一个职位？花钱就行；有人想要不受诽谤？有钱就没事；有人散播谰言？送礼就能让自己的那些阴谋诡计得逞。"

叶卡捷琳娜表达出想要实施改革的欲望，而且很快就让人明白她并不会因头戴皇冠而沾沾自喜，她已经决定要正儿八经地进行统治。任驻瑞典使节，后又返回俄国教导皇储保罗的尼基塔·帕宁（1718—1783）是推翻彼得三世的主要谋划者之一，叶卡捷琳娜为此给了他伯爵的头衔和五千卢布的年金，帕宁自女皇登基那天起，就向她呈交报告，认为有必要设立"帝国参政院"这一机构。

帕宁伯爵的说法是，在现行的国家体制中，维护国家利益和制定新法这样的事全落在了"君主一人"身上。帕宁建议为了使施政更具效率，就必须"将立法权理性分割，由少部分人掌握，尤其是那些被选拔出来的人"。报告中所称的"帝国参政院"必须由六到八名参政员组成，其中四名是国务秘书，即内务秘书、外务秘书、军部秘书和舰部秘书。

帕宁已经说得很清楚：设立参政院的目的是，以后国家生活"不是由人力来领导，而是由政府职员来领导"。叶卡捷琳娜犹豫了很长时间：1762年12月，她签署了设立参政院的文件和声明，之后任命了"参政员"。但她很快又撕毁了这道敕令，摒弃了帕宁的这个计划。叶卡捷琳娜始终都在犹豫，后来她说服自己，认为限制专制权力的想法——她很清楚这么做正是帝国参政院的目的——并不会得到大量政要的支持。在给新上任的总检察长维亚泽姆斯基亲王的指示中，她说政要当中存在两个"派别"：一派人诚实正直，另一派人别有所图。她还说："这些人在外国土地上待的时间太久，没有人认为一切事情都必须按照他们所深爱的这片土地上的政策来行事。"这么说就是在明确指涉尼基塔·帕宁同情瑞典。叶卡捷琳娜拒绝采纳帕宁所希望的限制专制政权的瑞典模式，对此又没有明确地表达出来。

叶卡捷琳娜摒弃了帕宁伯爵的计划，让后者担任外务院领导。女皇这么做一石两鸟：既可以将尼基塔·帕宁排除出内政事务，又能利用他杰出的外交才能。1781年之前，没有他的参与，叶卡捷琳娜是不可能处理外交事务的。但他不可能当内阁大臣：他要限制专制权力的计划，女皇是不会忘的。

叶卡捷琳娜发现现行的法律并不完善，觉得有必要制定新的法律，以替换1649年阿列克谢·米哈伊洛维奇在位时制定的法律，于是她召集"贤能博学之士"组建委员会，进行商议。罗斯主要有两部法典，分别是1550年的《律书》和1649年的《法令汇编》，均由全俄缙绅会议制定。1766年12月14日发布声明，召开"委员会"，就是在延续这个传统。

委员会的一部分由政府机构的代表构成，另一部分由社会各阶层推选的代表构成。后者由贵族阶层、各大城市、常驻在此的外族人遴选。不过，下层神职人员和农民属于地主或皇室，并不会成为委员会的代表。

1767年6月30日，委员会齐聚莫斯科克里姆林宫内的多棱宫。他们先了解了由女皇本人拟定的"训令"。叶卡捷琳娜是于1765年1月着手草拟训令，于一年后拟定的。之后，她又将训令读给几个近臣听。帕宁伯爵的说法表达了大家普遍的意见："这就是拆墙原则。"第一批读者都认为训令太宽容，女皇考虑了他们的意见。

训令的基本原则借用自孟德斯鸠的《论法的精神》（从526条条款中借用了250条条款）。超过100条条款（第10章专论刑法和裁判原理）都是从意大利人贝卡里亚出版于1764年的《论犯罪与刑罚》一书借用的，该书在欧洲引起了广泛的兴趣。二十年后，也就是1787年，叶卡捷琳娜给格林去信："我召开的代表大会举办得很成功，因为我向他们宣布：'我的意见摆在这儿，你们来向我申诉吧：鞋子哪儿不合你们的脚了？我们一起来找到解决办法；我没什么体系，只想大家都好，因为大家好，我也好。'"

叶卡捷琳娜对过去的看法是经过美化的：她召开的"代表大会"，还有她所任命的委员会根本就不成功。先后在莫斯科和彼得堡忙活了一年半，举办了203场会议，却没有得出任何具体的结果。1768年底，和土耳其的战争爆发，便不再举办会议。不过，叶卡捷琳娜的训令和代表们的评论却引起了极大的兴趣。训令的第一大优点是在面对俄国的现状时，表达了最高权力的不满之情，从而证明可以解决国家所面临的各种主要问题。叶卡捷琳娜提出了三大问题，也给出了答案。她先说明了国家的地理位置。第1章第6段是这么说的："俄国是欧洲国家。"这一点在18世纪下半叶并非显而易见，要到20世纪末大家才会这么认为。历史学家、政论家米哈伊尔·舍尔巴托夫亲王（1733—1790）著有十五卷《起源以来俄国史》和小册子《论俄国风俗之败坏》及《彼得一世的罪恶与专制制度》，他对叶卡捷琳娜二世的训令写了详细的评论。他在论述第6段的时候写道："我们无法把整个俄国都看作欧洲国家，因为许多地区都在亚洲边境地带，阿斯特拉罕省和奥伦堡省，以及整个西伯利亚均是如此。"[2] 晚近的欧亚理论的雏形就是在这儿出现的（反映了俄国持续向亚洲扩张这一事实）。

关于第二个问题，也就是俄国的权力体系问题，叶卡捷琳娜给出了不容置疑的答复。第9段宣称："君主为专制者；因为除了集于其一身的权力之外，其他任何权力均无法因应面积如此庞大的国家。"我们发现，这个说法是直接借用自《论法的精神》的，女皇只是用"专制权力"替换了"独裁权力"这一说法。米哈伊尔·舍尔巴托夫反对没有限制的专制权力，他认为必须让高级贵族阶层参与政府管理，对这一段他是这么说的："我认为这个观点并不正确。"而且补充说独裁权力和"最为卑劣的暴政鲜有区别"。[3]

还有第三个问题。说明了俄国的地缘状态和政府管理模式之后，叶卡捷琳娜还必须决定农民的命运。农民的境况和贵族的境况水乳交融。使后者不用再受彼得三世的为国家服务这一政策所限，就会让农民权利问题变得更为棘手。叶卡捷琳娜还是女大公的时候，满脑子都是启蒙时代法国哲学家的思想，她曾写道："将人变为奴隶有悖于基督教信仰：他们生来自由。"她还说自己找到了一种简单的方法，可以轻易废除农奴制：每当一块领地落入新地主的手中，就可以宣布生活在那儿的农民为自由人。女大公估算不到一个世纪，农奴制就会消失。

叶卡捷琳娜的训令表达了她登基之后的思想和意图。大多数历史学家认为女皇和贵族阶层相对立，前者有自由主义思想，倾心于自由，而后者坚决反对解放农民。叶卡捷琳娜觉得自己的权力并不稳固，有可能会暂缓快速推进解放农民的议程，也就是说暂缓激烈改变俄国的社会结构。这个解释并非毫无根据。贵族确实不想废除农奴制。1766年，叶卡捷琳娜向创建于彼得堡的独立自主的经济协会建言，要他们对这个问题好好思考思考："哪一个更有益：是让农民自己拥有土地，还是只当个动产？"女皇在训令中又回到了这个问题，她说："农民一无所有，农业也就不可能繁荣。"舍尔巴托夫亲王赞同这个说法，他提到了两种农奴制："罗马人那里，或者说如今的土耳其人和鞑靼人那里，奴隶只能从主人那里得到所需的食物和服装，他的一切产出均归于主人；这样一来，农民就不会像拥有财物那样专心致力于自己的工作。但俄国的奴隶制有另一个基础。俄国的农民尽管是领主的奴隶，而领主又是他们所耕种的土地的所有人，但他们还是受到了各自利益的驱动；因为没人会把财物和土地从农民手中夺走，到目前为止，后者根本没有感受到这一切都不属于他们……"

对米哈伊尔·舍尔巴托尔而言，俄国农奴制和土耳其（或罗马）农奴制之间的区别在于俄国的地主很清楚自己的利益，这样就迫使他们将小块土地交由农民来耕种，而且农民"也根本感受不到这一切都属于领主"。普加乔夫领导的农民战争平息之后，舍尔巴托夫亲王撰写了他的那些评论，战争期间，"这些思想"涌入了农民的头脑中，于是导致"大量地主死亡"。这些事件迫使这位宫廷政论家相信，农民"不值得拥有任何自由，彻底废除地主对农民一直以来所享有的权力，只会导致大规模的灾难，将国家摧毁"。4

历史学家绘制了一幅"开明女皇"理想化的肖像，认为她相信"规则之国的准则和方式，通过推动富有活力、注重产出的积极的社会规划，就能使国家踏上规则化的道路，而这些准则和方式也会得到俄国社会所有开明人士的赞同"。换言之："她仍然保留幻想，而忽视了她五年前开始统治的社会有什么样的需要。"5

但并非所有历史学家都是这样来推论的。"自由，万物之灵魂！若非汝，万物皆亡。"瓦西里·克柳切夫斯基引用了叶卡捷琳娜二世刚戴上皇冠时所说的这句话，他的评论很无情："这当然只是三十五岁女人内心在政治上的过度表现，是青春期的郁积而已。"6亚历山大·基泽维特详细分析了叶卡捷琳娜的功业，他通过研究文献得出的结论是，这是一种"平常的表现方式，在1767年召集委员会之前，叶卡捷琳娜相当激进，冒着和社会各阶层的自私自利及其诉求相冲撞的风险，可后来她为了保护自己，背弃理想，变得黯然失色"。这位历史学家表明，叶卡捷琳娜丝毫不想解放农民，从一开始起，她唯一的目的就只是想用法律来限定农奴所服徭役的规模。很久以来，就有传言说女皇在训令的段落中表达出来想要废除农奴制的想法，但她看出委员会代表的情绪和倾向之后，就废弃了最终版。19世纪末出版的学院版训令放回了所有被删除的段落，从中可以看出她最多只是想对农奴服徭役进行限定，承认农奴有权占有动产。

历史学家费·塔拉诺夫斯基将叶卡捷琳娜借用自《论法的精神》的文字和原初的文本进行了比较，发现女皇在论及孟德斯鸠思想的时候作了精细的润色。叶卡捷琳娜从来就不会"掠夺"他人的思想，就像她自己所说的，她会谨慎、熟练地再三审定，使他人的思想为己所用。比如，只要增添几个字就能锐化孟德斯鸠的思想，通过将暴政同规则化的君主制以及专制制度相区分，就能使之比这位法国哲学家的原意更为激进。叶卡捷琳娜在发展必须将贵族阶层的利益固定下来的想法时，依据的是《论法的精神》里的文字，但她假装没注意到孟德斯鸠所设想的乃是规则化的体制，而非专制体制。

叶卡捷琳娜不想让"欧洲规则化国家"和她所统治的国家现实发生抵牾。女皇的逻辑无懈可击：法律（孟德斯鸠所强调的法律）必须符合人民的处境；俄国人民都在欧洲（这一点得到了训令第6段的确认）；训令里的观点源自欧洲。瓦西里·克柳切夫斯基在思考这种形式的推论时，发现了一个问题，那就是孟德斯鸠的观点和贝卡里亚的观点并非西欧任何一个国家的基础。不过，训令的乌托邦特色在别的地方。叶卡捷琳娜的目的是创建一个奴隶制类型的规则化国家，以启蒙时代哲学为基础，而启蒙时代的哲学所设想的却是一个截然不同的国家类型。女皇真实的纲领就是与前任制定的政策一脉相承：无限制的专制主义，依靠享有特权、拥有土地和农民的贵族阶层。

叶卡捷琳娜对这种传统政治做出了贡献，对其国家政治的两大基础准则作了美化：专制体制和农奴制，后者养活了贵族阶层，而贵族又是国家的主要依靠。

大量的重要理论都能解释俄国历史的特殊性，从上帝愿意让莫斯科成为"第三罗马"，到历史进程"钢铁般的步伐"，将无产阶级，以及之后的俄国无产阶级放到了前台。从20世纪90年代起，社会学家亚历山大·阿希耶泽尔汲取苏联解体、再次出现"动乱时代"的教训，又提出了一个理论：分裂。当然，这并不是17世纪教会内部出现的分裂派运动，而是更为重要的文明的现象。亚历山大·阿希耶泽尔发现俄国在传统的文明和自由的文明之间不停摇摆这一特有的现象，尤其可以从俄国究竟立于世界地图上的哪个位置这个问题看出端倪。他由此得出结论：俄国陷在了这两大文明之间。"两者间的边界穿过活生生的人民，使之处于分裂状态。"[7]

分裂、断裂的理论无法回答俄国特殊性这个问题，但可以从新的角度来看待叶卡捷琳娜二世立法规划和采取的具体措施。亚历山大·阿希耶泽尔所定义的分裂理论首先就是指社会和国家内部、精神领袖和权力精英、人民和威权、人民和知识分子的沟通断裂，以及人民自身内部的断裂。18世纪下半叶，社会才刚刚开始诞生，还要等到该时期结束，才会出现俄国知识分子的鼻祖；但权力和臣民之间、领导精英和人民内部的沟通断裂，在叶卡捷琳娜二世在位时期更具显性特征。

尼康改革分裂了东正教会，彼得一世的改革分裂了俄罗斯的文化，人民保存了自己的文化，也就是俄罗斯的文化，贵族则采纳了西方文化。叶卡捷琳娜的训令试图在主要的断裂处，亦即多数农奴和少数自由民之间架设一座桥梁。彼得三世的声明突出了农奴制的存在，在那之前，农奴制的存在都是被普遍缺乏自由的所谓平等掩盖着的。叶卡捷琳娜从未想过要解放农民，只是想通过规制农奴和地主之间的关系来软化这个体制。女皇懂得如何将自己的改革梦和改革计划展现给外国的通信者，但她无法找到"沟通的界限"，无论是和农民（她并不想沟通），还是和贵族（她努力想要沟通），都找不到。

亚历山大·阿希耶泽尔发现通过一个事实，可以看出分裂现象极其明显，这个事实就是："能指在跨越疆界之时，内容会急遽变化。含义甚至会全然颠倒。两个语义体系在社会中由此形成，互相渗透，彼此毁灭。"[8]

分裂现象的复兴存在于分裂的环境之中，这是俄国历史的一个主要特殊性。适应奴隶和自由个体之间断裂的一种形式，就是否认对自由的需求。那个时代最知名的戏剧家杰尼斯·冯维辛（1744—1792）创作过一部后来成为经典的戏剧《矿工》，他是尼基塔·帕宁伯爵的秘书，1777至1778年在法国居住。照一位文学史家的说法，《法国来信》"是那个时代最优雅的散文，同时也是论述反法民族主义的惊人文献，叶卡捷琳娜在位时期，这种民族主义浸润了俄国的精英阶层，可他们对法国文学的喜爱却丝毫不受影响"[9]。

法国人对自由的追求特别让这位俄国旅客气愤。"法国的首要权力就是自由；但它真正的状况却是奴隶制，因为穷人只能做奴工才能糊口，若想从宝贵的自由中获益，那他就得饿死。"不幸的法国人认为自己自由，其实还得干活，冯维辛将之和俄国人进行了对比。"考虑到法兰西民族的状态，我已学会区分权利自由和事实自由。我们的人民并不享有前者，但享有很大一部分后者。有权拥有自由的法国人却反而活在名副其实的奴隶制之中。"《矿工》的作者认为，法国的生活比"我们这儿"差得多："对我们最好地区的农民和最差地区的农民不带偏见地进行比较，我们就会发现我们的状态要幸福得多……人，马，土地，燃料储备丰富，简言之，我们这儿一切都很好，我们比他们更像人。"[10]同时代翻译伏尔泰、卢梭和《百科全书》（一直翻译到字母"K"）的历史学家伊万·博尔岑认为，俄国农民并没觉得农奴地位有什么不幸。博尔岑将军写道："他们不可能呈现其他的状态，也不想要自己不懂的东西：人的幸福乃是想象力的果实。"[11]

自从冯维辛遇见法国农民之后，他便开始反思俄国农民的命运（他觉得农民命很好）。博尔岑对极具批评性的三卷本著作《俄国史》写了评注，该书出版于1783至1785年的巴黎，作者是法国外科医生勒克莱尔[12]，他在评注中展现了自己对幸福和奴隶制的看法。同另一种观点和另一种条件进行对比，导致他抛弃现实，与分裂论相适应。必须注意的是，冯维辛和博尔岑都是在叶梅利扬·普加乔夫（自认为是彼得三世）领导的农民战争结束之后写出这两部作品的。

普加乔夫的著名口号，他的主要承诺，就是将"所有的自由"赋予受奴役的农民。叶卡捷琳娜二世对"普加乔夫侯爵先生"的胜利倍感震惊，她在写给外国通信者的信中就是这么称呼这位农民暴动领袖的。但她更害怕的还是亚历山大·拉季舍夫（1749—1802）的著作《圣彼得堡至莫斯科行记》。这部著作出版于1790年，由作者自掏腰包印刷，印量为六百本。该书一出版，女皇就拜读了。令人生畏的女读者读完之后有了反应：6月30日，作者遭到逮捕；7月26日，被判死刑；8月8日获减刑，移送至西伯利亚服苦役，刑期十年。

18世纪后半叶，住在俄国的许多人都是外国人。回国之后，这些人在其旅行笔记中，时常会对俄罗斯帝国的风俗和政治组织进行批评。有时，他们的反应会激起彼得堡的怒火。1770年，法国修道院院长、天文学家、法兰西学院院士让·沙佩·达奥特罗什的《西伯利亚行记》在巴黎出版之后，叶卡捷琳娜亲自出了小册子《解毒剂》作为回复。博学的修道院院长评论了地主，说他们"贩卖自己的奴隶就像其他地区贩卖牲口一样"，并且希望女皇并不要只将自由赋予贵族阶层，也要尽量将"这种善扩及所有臣民"。

在俄国游历的外国人的观察容易损害帝国的威望，首先是女皇的威望。而对踏遍自己国家的俄国游历者，他们所作的观察则需要一剂"解毒剂"，而且这剂解毒剂要比小册子来得更有效。亚历山大·拉季舍夫在开篇就公布了自己看世界的意图："我环顾四周，我的灵魂因人性的苦难而伤痕累累。"[13] 作为自己国家的异乡人，他发现农民阶层生存于其中的奴隶制滋养了拥护奴隶制的人，也就是地主。"贪婪的兽类，不知餍足的蚂蟥！"他对拥有奴隶的贵族发起了抨击，当然他也把自己包括了进去。"我们能把什么东西留给农民？我们从他们那儿拿不走的东西只有：空气。对，只有空气……法律禁止剥夺他们的生命。至少此刻是这样。因为我们有无数种方法可以逐渐剥夺他们！一方面，几近于至高无上；另一方面，绝对的无能为力。因为在农民眼中，地主就是立法者、法官、自行拿主意的人，他只要愿意，就能当原告，而被告什么都做不了。这就是俘虏的命运，是散发腐臭味的监狱囚犯的命运，是牛遭扼颈的命运。"[14]

叶卡捷琳娜有这个反应，并不是因为"揭露"农民受奴役的现象而被激发起来的。女皇颁布了一系列敕令，终于将农奴转变成了奴隶。美国历史学家詹姆斯·贝灵顿甚至认为拉季舍夫批评奴隶制，只不过是对叶卡捷琳娜向自己在位初期设立的自由经济协会所提的问题做出了迟来的答复。[15]《行记》出版选定的时机是法国大革命刚开始的时候，这一点也会吓坏叶卡捷琳娜；拉季舍夫就算在法国大革命之前写了此书，对她而言，也不会有任何区别。但开明女君愤怒的主要原因是《行记》作者太恬不知耻，因为他揭露了"分裂派"——"大断裂"——而且批评最高权力没有能力废除农奴制。

女皇认为拉季舍夫的著作是在对她进行个人攻击。不过，在《解毒剂》中，她对为什么无法解放农民做了解释，说得很简洁，但也很清晰，理由是：地主不愿解放他们。叶卡捷琳娜写道："要废除某些东西是相当困难的，毕竟共同利益和大量个体的私人利益会发生冲撞。"[16]她坚信国家能找到调和共同利益和私人利益的方法。她着重指出："不到一百年前，政府一直在尽可能地鼓励社会。"大约半个世纪之后，普希金承认叶卡捷琳娜的观点正确，他们都认为"政府始终都是俄国唯一一个欧洲人"。

《圣彼得堡至莫斯科行记》出现于叶卡捷琳娜二世在位末期，其时，主要的行政改革皆已完成。拉季舍夫孤立的声音并没被听到，也不会被听到，因为他表达的是极端少数派的观点。拉季舍夫的书只是在由赫尔岑于1858年在伦敦出版之后才为众人所知。而且，读者圈仍然相当有限。《行记》的第一版完整科学版要到1905年才问世。此时，布尔什维克需要找到有名望的先人，拉季舍夫就成了"革命者""俄国知识分子之父"，成了偶像。

1790年，俄罗斯帝国因叶卡捷琳娜的改革而重归有序。总之，亚历山大·拉季舍夫是这些改革的其中一个成果，区别是他的梦想走得比女皇所想的要远得多。

彼得大帝死后，政治生活就成了不同权贵团体之间的角力，宠臣和女皇走马灯似的轮番上台，围绕在国家最高决策机关周围。由帕宁向叶卡捷琳娜提出的"帝国参政院"这一规划只是延长了这个趋势。

但彼得三世的声明中说要解放贵族，从而使得他们可以重回领地，也使地方的行政改革走上了前台。高级行政机构的持续重组，对外省行政机关的彻底蔑视，使地方上的专制权力落到了省长和总督的手中，从而使国家的管理变得混乱无序。叶卡捷琳娜登基之后，发现国家权力的所有组成部分"都没了根基"。

叶卡捷琳娜在位的头五年，着手进行了行政改革，她意识到政治改革——也就是转换农民的地位——只会遭到贵族的抵抗。我们知道，由于和土耳其爆发冲突以及自称彼得三世的叶梅利扬·普加乔夫领导的农民战争，女皇的立法工作被迫中断。要等到1775年，叶卡捷琳娜才签署《省级机构制度》，实施了大量地方性的行政改革，为地方机构定下基调，从而使之持续了近一个世纪，直到19世纪60年代的改革为止。

先增加行政部门的数量，但减小规模；再划分行政和公安、司法和财政这些行政机关；省机构和县机构均经局部遴选而出。之前是二十个省，往后就成了五十个。每个省计有三十万至四十万居民。省再分成县，居民数为两万至三万不等。

省级行政机构和司法机构形成了三个层级。最高级是中央权力的直属工具：省长和副省长，以及议院。后者的特点是集体负责制：议长、参事、助理均由彼得堡任命。第二个层级涉及的是地方当局的代表机关：行会法庭，公义庭，公共事务协助衙门（负责学校、孤儿院、济贫机构的事务）。这些机构的负责人均由皇帝任命，参事由地方当局遴选，任期三年，由省长核准任命。叶卡捷琳娜想将俄国社会划分成不同的"等级"，她颁布敕令，专断地创建了不同的层级，认为这是"规则化"国家体系的条件之一。三个等级由此得以确立起来：贵族；商人（按其所支配的资金多寡，分成三个行会）；mechtchanié（"市民""小资产阶级"），自由耕作者（依附于国家、皇帝以及其他并未受奴役的农民）。最后，最下层由县级机构构成，由各等级选出（负责人、参事）。

省级行政机器颇为复杂，需要大量机构。到目前为止，需要十到十五个官员，以后就变成了一百个。不过，改革还是朝着国家体制规则化的方向前进了一步，地方自治的萌芽也由此诞生，从而也就确保了个体的权利。这个机器依照"开明专制制度"这个最好的模板建成，但有两个因素瘫痪了机器的运转。首先，1775年的《机构制度》确立了某个等级，也就是贵族阶层的至高地位，使之傲视其他等级。"在首都和各省，贵族作为皇帝的官员实施统治；他们还作为该等级的代表在各省占据统治地位。"[17]其次，权力代表威权傍身，被称为"省府老大"。在立法者眼里，后者的权限并不明确，这样就可以狠抓法律事务，使法律的运行不与地方行政机器发生冲突，事实上也就使之拥有了无限的权力。

美国历史学家马克·拉耶夫比起19世纪俄国自由派历史学家，对叶卡捷琳娜二世的行政改革的态度要正面得多，他认为缺乏完善、稳定的司法体系，成了"等级制"和居间的自治机构无法强化的一个主因。"当然，俄国有司法机关，叶卡捷琳娜的立法还对之起到了改善作用，尤其是缩减了调查的流程。但司法调查机构合并之后，只不过成了帝国行政的一个组成部分而已；它们既无行动的自治权，也没有独立的标准可依。因此，官员们也就可以彻底玩转司法。"[18]

改革所创建的公义庭，其目的是为了解决个体与个体之间的小纷争，尤其是遗产纠纷、未成年人是否可获得财产之类问题。因民众利益而建构起来的这些进程，将会推迟俄国成为一个法治国家的进程。亚·奥斯特洛夫斯基的剧作《炽热的心》（1868）就很好地归纳了这个悖论。剧中一个主人公是法官，前往公共广场处理冲突，他向赶来看热闹的人群提出了这样一个问题：究竟如何来判案？是依良心，还是依法？他指着面前桌子上堆着的一堆书说："好好看看这些法律。他听到有人回答说：依良心断案，老爷。"

"依良心"来判案（公义庭）会使法官无法依法断案。19世纪，斯拉夫派发展出了这个理论，将（内心的）道德律和外在的、明确的法律对立了起来。

1785年4月21日的宪章阐发了1762年声明的原则，明确规定了贵族阶层的权利，也就是特权：贵族阶层被认为是所有不动产，含农民在内的产业主，他们不用单独缴税，只受同辈的审判，唯有法庭判决才能惩罚他，而且可以不受任何体罚；最后，对贵族所犯罪行的判决，只有得到皇帝的核准，方可执行。自此以后，贵族均会穿上与其等级相符的制服，各省都有自己的颜色和配饰。

1785年，《城市规章》明确了市民所能享有的自治等级。不过，"在代表皇帝的省府官员，亦即省长的重压之下，城市自治发展得特别艰难；而贵族阶层的自治化则运行良好"。[19]

1792年待在俄国、参加贵族大会的法国旅客得出的结论是，贵族大会就像是在发出革命的信号。不管怎么说，这对国内革命已经开始的外国访客确实留下了印象。俄国贵族阶层还不需要革命，因为他们从叶卡捷琳娜那里得到了自己想要的一切。治安、司法、对各省的部分管理权都落到了他们的手里。很久以来，贵族阶层就像一个团体。叶卡捷琳娜把他们组织了起来。

登基后头五年有了最初的经验之后，随着和土耳其的战争终于结束，尤其是镇压了普加乔夫农民暴动后，叶卡捷琳娜的立法工作，她的"立法狂热"也就喷涌而出了。农民战争始终都是从外围开始的。要记住的是，第一场农民战争是在东南方爆发的，而博罗特尼科夫率领的骚乱者则打到了莫斯科郊外，获得其支持的第一伪德米特里还占据了莫斯科的王位（虽然时间不长）。还有斯捷潘·拉辛的暴动（将那些僭号者、"阿列克谢·米哈伊洛维奇之子"，以及"尼康总主教"送上"帝国的小船"），以及在顿河流域爆发的孔德拉季·布拉文的暴动。普加乔夫领导的农民战争的策源地是在亚伊克河，这道边界线确保了俄国可以在东方攻城略地。哥萨克军队揭竿而起：第聂伯河（扎波罗热城寨寿终正寝之际）恢复"秩序"之后，政府一个接一个地撤回了亚伊克的特权。渔业和盐业的收成因此为国家垄断。阿塔曼由彼得堡任命，沙皇的官员可审判哥萨克。

1772年，亚伊克河畔出现了顿河哥萨克叶梅利扬·普加乔夫。那一年，他三十岁。在军中服役，参加了七年战争，当了逃兵，在经历了种种艰难险阻之后，叶梅利扬·普加乔夫宣布自己就是彼得三世皇帝，尽管其妻叶卡捷琳娜背信弃义，但他仍然奇迹般地生还了。他立刻就在亚伊克的哥萨克中找到了战友。[20]

起义军以迅雷不及掩耳之势夺得了大片土地。随时准备捍卫自己信仰的分裂派信徒，伏尔加河畔、卡马河畔、乌拉尔地区的农民以及巴什基尔的农民都还记得当年反抗俄国的经历，于是全都集合到了"彼得三世"的麾下。叶卡捷琳娜派出了最好的军事将领。1774年夏，起义军包围了喀山，期望城市一旦落入自己手中，便向莫斯科进军，让"彼得三世"当皇帝。

叶卡捷琳娜想方设法想要将开始威胁到她权力的暴动镇压下去。她让新任命的统帅彼得·帕宁统领大军。女皇给他写信，说："我们已经武装了这么多的军队来对抗匪帮，我们的邻居都看得心惊胆战。"1774年9月，普加乔夫的战友密谋推翻他，将他交给了当时最著名的军队统帅、此时被派来对战农民军的亚历山大·苏沃洛夫。1775年1月10日，叶梅利扬·普加乔夫在莫斯科被处死。参与行刑的安德烈·博洛托夫在笔记中表达了自己内心的满足，因为现在"贵族终于真真切切地战胜了这些恶棍，那是他们共同的敌人"。

博洛托夫有充足的理由可以将普加乔夫视为敌人，因为这位农民起义领袖的目标就是要消灭贵族阶层。"彼得三世"在大量敕令、声明、致辞中说："对于庄园和采邑里的贵族，可以抓起来抽，再把他们绞死，等到消灭了这些贵族无赖之后，和平与平静的生活就会永远延续下去。"普希金查看档案，前往战斗地点游历，还和亲历者交谈，开始在其创作的《普加乔夫起义史》一书中谈到了俄国的起义，认为那些起义"荒唐又无情"。这些话在20世纪的第一个十年出现之后，又出现在了20世纪末。叶卡捷琳娜手下的大臣，编定《省级机构制度》的西弗斯伯爵在给女皇的信中说："奥伦堡、喀山、伏尔加之所以动乱，全赖令人难以忍受的农奴制所赐……普加乔夫的同党清一色都是对领主不满的农奴。"他还说："只要农业法不出台，这因素将始终存在。"[21]

叶卡捷琳娜对此很清楚。她还知道她既不能，也不想解放农民，因为贵族会反对。叶卡捷琳娜在统治的头五年里就做了这个选择，在普加乔夫暴动的那几年里又再次肯定了这一点。当喀山的贵族阶层发现城市受到农民军的威胁时，便决定特设骑兵队，女皇宣布他们是"喀山大地的所有者"，并决定向其提供从帝国领地内抓来的新兵。喀山贵族的回复是当时首屈一指的诗人杰尔查文写就的，他说："我们承认你是我们的一个领主；我们将与你为伴；你若喜欢，就让你和我们平起平坐。"

女皇最终认可了社会分裂成主人和奴隶这样的说法，于是正式认可这个选择，即她属于少数领导层的一员。莫斯科国建基其上的"众皆平等，因众皆为奴"的原则遭到了破坏。解放贵族阶层使俄罗斯帝国的根基产生了分裂。

1785年颁布的《贵族宪章》确立了领导层的权利。叶卡捷琳娜一高兴，便在俄国南部和东部设立了移居点，鼓励外国人，也就是德意志人、塞尔维亚人等来此定居。自由耕作、荒无人烟的土地可以将逃离自己土地的农奴吸引过来。将这些土地转让给移居者必然会阻止俄国农民向帝国的边境地区逃亡。处处留情的叶卡捷琳娜显得特别慷慨：她送给宠臣金钱和珠宝，还有成千上万的农奴，用那个时代的官方说法，就是成千上万的"灵魂"。女皇将属于皇帝自己的受奴役的农民分发给自己的宠臣。因此，可以看出，受宠二十年的奥尔洛夫家族共计收到一千七百万卢布、宫殿、宝石，以及四万到五万"灵魂"。农奴制还传到了小罗斯。阿列克谢·托尔斯泰在其讽刺诗《俄国史》(1868)当中指出，伏尔泰和狄德罗建议叶卡捷琳娜赋予人民自由，因为她是"你们的母亲"，而女皇的回答是"要把乌克兰人固定在土地上"。

历史学家虽然对叶卡捷琳娜二世的统治评价不同，但都一致承认她是"贵族阶层的女皇"，在她治下，完成了"18世纪的基本进程：依靠奴役人民，创建了享有特权的贵族阶层"。[22] 他们一致承认叶卡捷琳娜的功业的主要成果就是巩固了贵族阶层作为俄国领导阶层的地位，但历史学家在这点上是有分歧的，甚至互相对立，因为这涉及该如何来定义俄国贵族阶层的性质。叶卡捷琳娜赋予贵族基层以全面的自由，让他们全面支配农奴，还推出了新的概念，比如："良好风俗""人性""对人的爱""祖国""公民""同情心""人类心灵的感觉"。她所提出的那些问题引起了随后几代人的争论：俄国和西方，新俄与旧俄，民族性格。文化得到了极大的推动：叶卡捷琳娜时期，撒下了种子，过个几十年，就会生长出俄国文化的黄金时代。

如瓦西里·克柳切夫斯基所写的，18世纪末的贵族就是用来引领俄国社会走向进步的，他们是一群奇怪的生物。"他们的社会处境依赖的是政治上的不公，而且游手好闲。他们离开了给予其基本教导的教堂司事，投入法国导师身边，在意大利剧院或法国餐厅完成训练，最后进入莫斯科或农村的官场，手上还拿着伏尔泰的书……这些做派、习惯、鉴赏力、同情心，甚至语言，都是舶来的外国货，他内心里与自身所处的环境并无生动、有机的关联，日常活动也毫无严肃性可言。"妙语频出的克柳切夫斯基画出了一幅贵族沾沾自喜的肖像："他们在自己人中间是外国人，而在外国人中间又特别想成为自己人，觉得自己在欧洲社会就是被收养的孩子。欧洲人把他们当作乔装打扮的鞑靼人，而他们内心里则觉得自己是俄国出生的法国人。"[23]

七十年后，也就是20世纪50年代的后五年，亲历革命后来移民的弗拉基米尔·魏德列认为，在彼得大帝为俄国所做的一切当中，"贵族阶层或许最优秀"。魏德列还说，俄国贵族阶层的最大品质在于这样一个事实，即它既是领导阶层，又是有文化的阶层。"贵族阶层还创造了彼得堡俄国文化"。当然，瓦·克柳切夫斯基对此并不否认；但他指出，对绝大多数人民而言，这种文化具有异质性。弗·魏德列虽然赞扬贵族阶层的优点，但也承认存在"不可调和的文化传统……"；"垂直文化和水平文化之间"存在不和谐，"人民总是和顶层的生活模式相隔绝，更严重的是，他们还和那儿发生的事情相隔绝"。[24]

1989年，那个时代最受欢迎的历史学家纳坦·埃杰尔曼试图理解改革的意涵。他是这么写贵族的："俄国贵族红光满面，有才华，善于独创，有很强的能力做一切事情（从启蒙时代的顶峰到罄竹难书的野蛮行为），他们向18世纪的俄国提供了几乎所有国际层级最为活跃的人物；（正如许多人所说，）他们和'底层'人民严重脱节，而照（名人托克维尔的说法），法国'是一个人和人之间极其相像的国家'。"[25]

历史学家的判断很少会与事件发生同时期的人的说法相一致。叶卡捷琳娜时期的俄国贵族阶层正在和自由度"蜜月期"（这是克柳切夫斯基的说法），陶醉得很，所以并没看到"断裂"这个悲剧。他们从"恶棍普加乔夫"所激发的恐惧中回过神来，想在俄国和西方之间找到一个位置。西方游历者始终都对俄国的落后状况感到震惊。威廉·考克斯1784年住在波兰和俄国，他特别指出了"俄国农民的落后"，这既是指农民缺乏所需的工具，又是指农民的经济和社会状况。考克斯把18世纪末的俄国比作11和12世纪的欧洲。这位英国游历者认为，"只要大多数人今后仍然处于绝对的奴隶制状态之中，状况就不会改善"。[26]

毫无疑问，在俄国，只有拉季舍夫持此种观点。考克斯和其他外国观察者所认为的"落后"其实就是不足，是一种弱点，而在贵族阶层的空想家的眼里则是一种优势，一种力量。身在巴黎的冯维辛给朋友伊·布尔加科夫写信说："尽管他们走在我们前头，但至少我们已经开始在生活了，能获得自己想要的那种形式，从而避免他们身上那种根深蒂固的缺陷和祸害。我们开始，他们结束。[27]我认为出生的人总比死亡的人要幸福。"[28]

两百多年后，列夫·古米廖夫认同杰尼斯·冯维辛的这些理论："当然，如果我们和同时期的西欧人或美国人相比，天平并不朝向我们；我们感到痛心，我们犯了大错……欧洲人比我们，比我们如今所经历的一切早了五百年，西欧在15世纪末和16世纪初就经历过这些了。"这位俄罗斯历史学家说："密特朗时期的法国风平浪静，15世纪的时候，却出现了恐怖事件，被内战点燃，这点和20世纪的俄国很像；只是打仗的并不是红军和白军、二世奥尔良公爵和勃艮第公爵。在法国人看来，把人在树上吊死是一道习以为常的风景。"[29]

无论是人民，还是国家，年轻总归是一个很有说服力的论点，可以击退对国家落后之类的批评。但还有另一个论点更有说服力，那就是：俄罗斯帝国的实力和军事上的成功。

注　释

1 Anatole Leroy-Beaulieu, *op. cit.*, p. 200.

2 Knjaz' M. M. Ščerbatov, *Neizdannye sočinenija*, Moscou, 1935, p. 18.

3 Knjaz' M. M. Ščerbatov, *op. cit.*, p. 21.

4 Knjaz' M. M. Ščerbatov, *op. cit.*, p. 56.

5 Mark Raev, *op. cit.*, p. 117.

6 V. Ključevskij, *op. cit.*, tome V, p. 44.

7 Aleksandr Axiezer, «Specifika istoričeskogo puti Rossii», *Russia*, Venise, 1993, N° 8, p. 10.

8 Aleksandr Axiezer, *op. cit.*, p. 10.

9 D. S. Mirskij, *Istorija russkoj literatury*, *op. cit.*, p. 92.

10 D. I. Fonvizin, *Sočinenija*, Moscou-Leningrad, 1959, tome 11, pp. 485‒486, 466.

11 Ivan Boltin, *Primečanija na istoriju drevnej i nynešnej Rossii g. Leklerka*, Saint-Pétersbourg, 1788, tome 11, p. 383.

12 Le Clerc, *Histoire physique, morale et politique de la Russie moderne*, Paris, 1783‒1785, 3 volumes.

13 A. S. Radiščev, *Izbrannoe*, Moscou, 1959, p. 61.

14 A. S. Radiščev, *op. cit.*, p. 219.

15 James H. Billington, *The Icon and the Axe*, *op. cit.*, p. 241.

16 Cité d'après Franco Venturi, «Préface», in Alexandre Radichtchev, *Voyage de Pétersbourg à Moscou*, Paris, 1988, p. 51.

17 V. Ključevskij, *op. cit.*, tome V, p. 73.

18 Mark Raev, *op. cit.*, p. 127.

19 V. Ključevskij, *op. cit.*, p. 74.

20 Cf. *La Révolte de Pougatchev*, présentée par Pierre Pascal, Paris, 1971.

21 Cf. P. Miljukov, *Očerki russkoj kul'tury*, *op. cit.*, Troisième Partie, Deuxième Édition, p. 114.

22 A. Kizevetter, «Rossija», *Brokgauz i Efron*, *op. cit.*, XXVIII, p. 477.

23 V. Ključevskij, *op. cit.*, p. 147.

24 V. Vejdle, *Zadači Rossii*, *op. cit.*, pp. 88, 89.

25 Natan Ejdel'man, *«Revoljucija sverxu» v Rossii*, *op. cit.*, p. 73.

26 William Coxe, *Travels into Poland, Russia...*, Londres 1784, premier volume.

27 En français dans le texte.

28 D. I. Fonvizin, *Sočinenija v 2-x tomax*, Moscou-Leningrad, 1960, tome 1, p. 493.

29 L. N. Gumilev, *Ritmy Evrazii*, *op. cit.*, p. 184.

13　叶卡捷琳娜二世的外交政策

> 彼得没想到自己会胜利。叶卡捷琳娜却认为那是家常便饭。
>
> ——尼古拉·卡拉姆津

经计算，在罗曼诺夫王朝存在的三百年间，俄罗斯帝国以每天140平方公里的速度在飞速扩张。从面积上来看，叶卡捷琳娜二世占领的土地超过了彼得大帝。人口的增长也更多。1762年，俄国计有1900万人口；1796年，则计有3600万人口。

对莫斯科国及之后的俄罗斯帝国为何一刻不停地在扩张，一而再，再而三地获取新的领土，历史学家、政治学家、心理学家可谓众说纷纭。第一种回答是19世纪大量俄国历史学家给出的，他们认为必须将所有的俄国土地、领土集中起来，因为这些土地在以前都在基辅罗斯和莫斯科罗斯的疆域之内。第二个回答就是必须确保国境的安全，抵达自然边界，保护俄国不受敌人的侵略。马克思主义则从经济层面提出了解释：工业和商业的发展要求新的领土。但这些解释没有一个能令人满意。事实上，即便俄国疆域之内纳入了所有的土地，它还在不停地扩张。获取新的领土之后，对边境的威胁就失去了意义，而是出现了对邻国的威胁，从而又出现了新的敌人。最后就是工业和商业，即使在18世纪，它们也没能发展到需要新的土地的地步。

还有意识形态层面的解释：俄国是"第三罗马"，是拜占庭的继承者，其使命就是重建伟大的东正教沙皇国。20世纪20年代，欧亚主义者们选了另一种模板来解释俄罗斯帝国从太平洋到里海难以阻挡的前进脚步：对他们来说，成吉思汗的帝国，"陆地-海洋"的广袤的欧亚平原才能算是一个独一无二的强大国家。

政治层面的解释则认为广袤的领土需要一个强大的国家；而反过来看，则是强大的国家就需要扩张领土。

这些包罗万象的理论尽管提供了各种回答，但仍然有许多层面未曾涉及；万能钥匙并没有打开所有的门。于是，他们就求助于另外一些解释，那些解释并不认为自己构建了富有逻辑性的完善的体系。有一批历史学家认为个体利益在其中扮演了角色，这些利益在某个时刻决定了外交政策，从而导致攻占新的领土。有人就持"时机有利"论：每一次时机出现，俄国就会走上前台，向着新的边界进发，越走越远。

第一次和土耳其的战争从1762年持续到了1774年，俄国取得了辉煌的胜利，获取了大量领土，俄国扩张的理由五花八门，而这样一来，就能使用这些理由来解释其成因。在官方的解释中间，有想要将俄国土地汇集起来的欲望，让遭受土耳其压迫的斯拉夫人民获得解放，确保南部和西部边界安全无虞。战争开始，都是在"国际政治对俄国有利的情况下发生的，叶卡捷琳娜知道如何从这种外交环境中获取最大利益"。[1]最后，还有个体利益起到了巨大的作用：每次瓜分波兰都会让女皇的宠臣获得庞大的领土和数千名农奴。

波兰历史学家认为普拉东·祖博夫是第二和第三次瓜分的主要倡议者，第三次瓜分后，他就获得了土地以及土地之上耕作的一万三千名农民（这个之前还送了礼物给他）。第一次瓜分之后，奥尔洛夫家族获得了大量补助。格里高利·波将金晚年时梦想拥有自己的王国，希望将波兰东南各省也纳入进去。如果相信女皇的私人秘书亚历山大·别兹博罗德科（1746—1815）的话，那第二次瓜分之后，叶卡捷琳娜一天之内就将相关省份的十一万农奴分了出去，鉴于当时农奴的价格（十个卢布），这一笔费用就达到了一千一百万卢布。

叶卡捷琳娜显然也很关心自己的利益。她想要荣耀加身，"谁都知道她想要漂亮的战斗、辉煌的胜利，来证明自己登上皇位合理合法，以期获得臣民之爱；所以她亲口承认，事无巨细，自己都不会忽视"。[2]《起源以来的俄罗斯史》一书的作者谢尔盖·索洛维约夫提到君主和国家之间的利益是重合的，尤其是在专制政体内。俄国沙皇只能是专制君主，因为国家面积使然，只能采用这种管理模式。照这位历史学家的说法，若想在俄国社会宣扬自由思想（西欧意义上的），就必须对专制国家的自由概念进行规定。谢尔盖·索洛维约夫的论证如下：国民、国家、君主的荣耀是专制国家的目的和目标；民族自豪感可以在专制体制下民众的心中塑造出一种自由感，激发臣民的高尚情感及其心中的善，至少在这一点上，它和自由一样。

民族自豪感可以替换自由，这在战时尤其如此，攻占外国土地就会极大地刺激这种自豪感。但我们可以在这位俄国历史学家（19世纪下半叶写了一部大作）的思考上再补充一点，即战争可以在"分裂"之上架起一座桥梁，将农奴身份的士兵和有产者身份的军官结合成一支军队，达成同一个目标，那就是：俄国的荣光。

瓦西里·克柳切夫斯基归纳道："外交政策是叶卡捷琳娜政治功业最为鲜明的一个层面。当我们说她的统治什么地方最出色的时候，讲的就是她的对外行动……"[4]这个观点得到所有历史学家的认同，对女皇的同时代人而言乃是显而易见的事。1945年战胜德国之后，以院士叶甫根尼·塔尔列为首的苏联历史学家尝试将叶卡捷琳娜二世的外交政策视为斯大林外交政策的模板，而女皇本人就是前辈。照他们的解释，斯大林所占据的军事头衔——最高统帅——就参照了叶卡捷琳娜时期的伟大将领鲁缅采夫和苏沃洛夫。

对瓦西里·克柳切夫斯基而言，叶卡捷琳娜在位的最初五年（巩固女皇的皇位）过了之后，她就着手解决"两个外交领域悬而未决的大问题，一直以来的棘手问题……"一个指的是"有必要将俄国南部的边界延伸至黑海，另一个就是吞并西罗斯"。[5] 克柳切夫斯基之后过了一百年，苏联的一位女性历史学家完全赞同他的这个说法："叶卡捷琳娜在位时期国家外交政策的核心任务就是：确保可以进入黑海；将受波兰管辖的乌克兰和白俄罗斯的土地合并进来；加强在波罗的海地区的地位。"[6]

俄国外交政策所面对的那些"问题"和"任务"如此具有侵略性，令人咋舌。他们的解决办法在国境线之外，得把他们打退回去。这些"任务"和"问题"并不是新出现的，而是由不可触犯的因素、地缘政治范畴所决定的。一旦确保进入波罗的海，只需在那儿"巩固地位"，接下来就轮到黑海了。俄国南部的对手是奥斯曼帝国。西边也存在很大的障碍。"吞并西罗斯"就得和波兰发生冲突，而波兰和拥有乌克兰部分土地的土耳其的边境线接壤。俄国对波立联邦内的领土有诉求，这一点让伊斯坦布尔觉得直接受到了威胁。土耳其和波兰的"问题"错综复杂。敌视俄国、大力支持土耳其的法国在这儿就成了一个额外的因素。

彼得三世对普鲁士国王的景仰之情出其不意地使七年战争戛然而止。冲突结束之后，盟友、非盟友都倒了个个儿：到目前为止，普鲁士的盟友和俄国的对手英国和彼得堡开始接近起来；相反，俄国反腓特烈二世的盟友奥地利却又对叶卡捷琳娜的政策心怀敌视；而和俄国人联手攻打普鲁士的法国此后又成了这些国家的主要敌人。

盟友关系脆弱表明利益具有永恒的价值。18世纪下半叶俄国那些最杰出的外交官，以彼此矛盾的外交手段为基础构建了帝国的外交政策。1744年起领导国家外交政策事务的阿列克谢·别斯图热夫-留明伯爵认为有必要强化同英国、荷兰、奥地利的联合，对抗法国、普鲁士和土耳其。可英国政策发生了转向，开始和普鲁士联合（18世纪50年代中期），导致内阁大臣于1758年2月被捕。叶卡捷琳娜登基后释放了留明，而留明在政治舞台上也就不再具有影响力了。继他担任内阁大臣的米哈伊尔·沃龙佐夫（1714—1767）赞同与法国联合。沃龙佐夫由于和彼得三世走得太近而成了牺牲品。这件事直接导致他倒台。

接下来就是由尼基塔·帕宁（1718—1783）负责外交政策事务。"他长相俊美，为人自信；二十三岁就成了议员，二十九岁成了侍从。"[7]女皇伊丽莎白注意到了他，便将他召来，他就睡在那里，等待女皇把他叫入寝宫。但这并未阻止他走上一条有意思的外交之途，后来又被任命为保罗·彼得罗维奇大公的导师。他支持叶卡捷琳娜登上皇位。他先是担任女皇非正式的顾问，1763年，则成了"外事院"负责人，负责俄国的外交政策，时间几乎长达整整二十年。

他的名字和"北方协定"或"北方体系"这一外交政策相关联。"北方协定"想让英国、普鲁士、俄国联合起来，丹麦也会受到邀请。俄国同新教国家结盟，是为了对抗"波旁联盟"，也就是天主教的法国、西班牙和奥地利。和大部分历史学家的看法不同，叶甫根尼·塔尔列认为查塔姆伯爵、首相、大不列颠外交大臣威廉·皮特（人称小威廉·皮特）是这个计划的真正主导者。皮特以前就有俄-普-英联盟的想法，甚至早于叶卡捷琳娜上位之前。丹麦对北方联合计划很感兴趣，吸引了俄国使节科尔夫男爵，后者以自己的名义向彼得堡提出这个建议，而帕宁正是那儿的"老大"。

院士塔尔列发表过一篇文章，他在文章中认为查塔姆伯爵是"北方协定"计划的作者，1945年，塔尔列想再一次证明第二次世界大战结束之后，"英国背信弃义"，昨日的盟友再度爆发分歧的情况。这位历史学家认为，18世纪，英国的外交政策就是为了"让俄国同法国开战"。[8]

叶卡捷琳娜二世的传记作者卡·瓦利泽维斯基认为，"北方体系是女皇的私人事务"。[9]他没去争论谁是这个想法的发起者（彼得大帝支持新教国家，所以这个计划不是什么新鲜事），而是指出了该想法的意义和影响，帕宁伯爵和他的看法一致："我们将改变自己的依附体系（奥地利和法国的宫廷），在此基础上，设立另一个不会阻碍我们行动的体系。"照他的看法，"北方体系"让俄国可以实施独立的外交政策。叶卡捷琳娜和他的想法也完全一致，女皇在统治初期的时候就说过："时代表明我们不会落后于人。"[10]

独立自主的外交政策是外交官们的梦想，但事实上，这只能存在于纸面上。瓦西里·克柳切夫斯基认为，尼基塔·帕宁是"田园牧歌般的外交官"[11]，也就是说他"胡思乱想"，给出的计划和现实一点都不搭边。"北方协定"的缺点既不是构成联盟的国家体制之间的差异（差异无碍于结盟），也不是利益相左。主要还是俄国和奥地利的关系破裂，后者同时与波兰和奥斯曼帝国拥有共同的边界，而这两个国家正是俄国外交政策的两个目标。

在叶卡捷琳娜看来，波兰事件标志着七年的和平统治期结束。1763年10月5日，波立联邦的国王奥古斯特三世驾崩。每次都是这样，新君主的遴选会激发国内外无数僭位者称王的欲望。波兰是一个由强大的领主家族拥有的封建领地的集合体，他们追求是个人目标，想要和巴黎、维也纳、柏林、伊斯坦布尔结盟。中央权力也完全没有能力统治国家。仅仅只是想通过决议，就能使议事会瘫痪。自由否决权授权什拉赫塔的所有成员可以反对任何法律草案，而且还可以有很好的机会买选票，最终摧毁了国家。

18世纪下半叶，波立联邦计有一千一百万居民；面积超过了法国和西班牙，但王室军队只有一万两千人。许多人都是拥兵自重的领主，兵员数量更多。

彼得大帝以来，俄国依靠一小股强大的亲俄团体，对波兰政治拥有很大的影响力。腓特烈二世也对波兰有很大的兴趣：普鲁士领土分散，许多都被波兰的土地隔开。还有波立联邦的第三个邻国奥地利，它也同样关心波兰事务。

针对空缺的王位，有人提到了斯坦尼斯瓦夫·波尼亚托夫斯基，此人得到了叶卡捷琳娜二世和普鲁士国王的支持。女皇很熟悉这个候选人。1755至1758年间，叶卡捷琳娜还是女大公，是彼得三世不幸的妻子，年轻帅气的斯坦尼斯瓦夫·波尼亚托夫斯基来到俄国，他是英国使节的随从，喜欢巴黎的沙龙文化，正好可以来这儿抚慰她。后来，波尼亚托夫斯基离开彼得堡，但女皇与其昔日的宠臣之间仍保持着通信。一位波兰历史学家对此是这么说的："波尼亚托夫斯基对叶卡捷琳娜的爱也可以说是我们的不幸。"[12]

当选择新的波兰国王的时机到来的时候，叶卡捷琳娜觉得斯坦尼斯瓦夫·波尼亚托夫斯基最适合，这倒不是因为女皇还在怀念二十六岁时的缠绵缱绻，而是因为她的这位昔日宠臣和有权有势的恰尔托雷斯基家族结了姻亲，而后者在立陶宛拥有广袤的领土，很久以来就亲俄。1763年，奥古斯特三世还没咽气，俄国军队就进入了波兰和立陶宛；开始"选举造势"的时候，俄军已向华沙进发。1764年9月6日，什拉赫塔的5584名成员选了斯坦尼斯瓦夫·波尼亚托夫斯基当波立联邦国王，称之为斯坦尼斯瓦夫-奥古斯特。纯粹出于礼貌，俄军在距选举者齐聚的大草原大约三英里的地方停了下来。恰尔托雷斯基家族的军队则在维持秩序。

1764年3月，俄国和普鲁士签订了协约。许多历史学家都在指责腓特烈二世采取对波兰施压的政策，甚至叶卡捷琳娜所认可的候选人登上王位之后仍然如此。波立联邦那些强大的邻国主要的目的就是维持古老的"无政府共和国"现状：采取一切措施阻止改革。斯坦尼斯瓦夫-奥古斯特和恰尔托雷斯基家族却不这么想，他们想通过改革来强化中央权力，并将波立联邦置于俄国的庇护之下。他们（很久以来）就在讨论限制或废除自由否决权的可能性。邻国都希望波兰这个国家变得衰弱。俄国和普鲁士成为自由和什拉赫塔权利的捍卫者，他们并不想否弃自由否决权。因此，彼得堡和柏林就像是在保护"异见人士"的权利。这个词在18世纪70年代，是指波立联邦的清教徒和正教徒，也就是非天主教徒。后者享有所有的公民权利和信仰自由，但叶卡捷琳娜和腓特烈二世还要求赋予其和天主教徒同等的所有的政治权利，但无论在俄国、普鲁士，还是在英国、法国、西班牙，都不是这么回事。

尼基塔·帕宁向俄国驻华沙使节尼古拉·列普宁解释说，异见人士的问题不应成为向波兰传播正教信仰或清教信仰的借口，但可以成为帮俄国找到支持者的一种方式……显然，叶卡捷琳娜就是这么想的。随着农奴制日益严酷，逃往波兰的俄国人越来越多。扩大波兰东正教徒自由的做法只能吸引更多的逃亡者。异见人士问题使波兰领主之间的不和日益加深，从而削弱了整个国家。叶卡捷琳娜很喜欢自己扮演的"捍卫自由"的角色，更何况18世纪的那些精神领袖、法国哲学家在这件事上对她可谓不吝赞美之词。1768年，伏尔泰向斯坦尼斯瓦夫-奥古斯特祝贺俄军进入波兰一事："俄国女皇在你国广袤的土地上树立宽容精神，她还向波兰派遣了军队，那是人类历史上的第一支和平大军，这么做只是用来捍卫公民的权利，让敌人浑身颤抖。"[13]从尚福尔的《箴言录》可见，伏尔泰对"和平大军"的激情并不是没有私心的：这位从俄国返回的医生并不觉得这个国家如伏尔泰所描述的那般田园牧歌，面对医生的指责，费内智者声称有人给他寄来了很棒的毛毯，毛毯很管用，因为实在太冷了。

俄国历史学家格奥尔格·维尔纳茨基是欧亚主义的信徒，1927年，他言简意赅地提到了斯坦尼斯瓦夫·波尼亚托夫斯基当选后的事件："波兰议事会拒绝了有关异见人士权利的动议……于是，俄军进入华沙，极端拉丁派（也就是反俄派）的首脑都遭到了逮捕。于是，议事会同意颁布一项法律，让异见人士拥有和天主教徒同样的权利（1767）。作为回应，波兰人在巴尔形成了极端拉丁派联盟。"[14]1801年，俄国重要的外交官、后长期在伦敦担任使节的谢苗·沃龙佐夫在一封写给亚历山大一世的信中解释了波兰发生的事情："……对波兰宪章的改革大有裨益……是普鲁士……迫使帕宁消除了改革势力，好使自己轻易占领这个国家。普鲁士还说服这位大人赋予异见人士担任所有国家官职的权利，但不得采取不利于波兰人的极端措施。一旦采取这些措施，就会形成各个联盟，而联盟的数量有多少，是没人会告诉女皇的。主教和元老在议事会遭到逮捕，甚至被流放至俄国。我们的军队进入波兰，沿途所及之处烧杀抢掠，将联盟派赶入土耳其境内，而这种违反国际法的行为正是土耳其人向我们宣战的起因……"[15]

"巴尔联盟"向俄国发动了战争。对哥萨克和农民来讲，这就是反抗波兰领主和犹太人的暴动信号。有传闻说女沙皇叶卡捷琳娜寄出"黄金宪章"，呼吁海达马卡人杀害天主教徒和犹太人。起义由扎波罗热人马克西姆·耶列兹尼亚克领导。伊万·贡塔在乌曼城领导忠于波兰国王的哥萨克军队，他向海达马卡人打开了城门。乌曼屠杀期间，计有近两万人死亡，从而在大屠杀历史上占据了一席之地。面对联盟派，俄军利用海达马卡人的支持，让东正教徒对战天主教徒。

但叶卡捷琳娜无论如何都不想让农民起来反抗地主，即便前者是乌克兰人，而后者是波兰人。海达马卡人和俄军心照不宣的结盟根本维持不了多久：在沙皇的军队和国王的军队通力合作之下，暴动被无情地镇压了下去。不过，之前海达马卡人就已攻打巴尔塔，将城里的市民消灭殆尽。巴尔塔在摩尔达维亚境内，也就是说那儿是属于土耳其的领土。苏丹阿卜杜勒-哈米德一世向俄国下了最后通牒：俄国必须撤出波兰军队，不再保护东正教徒（异见人士）。俄国表示拒绝，土耳其便向俄国宣战。法国使出浑身解数促使土耳其做出了这个决定。法国一本极受欢迎的历史小册子在这一点上说得毫不含糊："法国大臣舒瓦瑟尔设法援助波兰的爱国者，于是让土耳其人对抗俄国人。"[16]舒瓦瑟尔公爵从1766年起即负责法国的外交事务，我们想知道他这么行动，是否真的就是因为贵族想要援助波兰的爱国者，还是如他所想的那样为了保护法国的利益。不管怎么说，法国外交在土耳其政策中发挥影响力这一点是毋庸置疑的，叶卡捷琳娜也没忽视这一点：亚历山大·奥布列兹科夫多年以来一直都是她在伊斯坦布尔的使节，对奥斯曼帝国的处境相当了解，女皇亲自读了他的邮件，给予了极大的关注。

1768年3月26日，叶卡捷琳娜寄给奥布列兹科夫的指示没有透露出任何怀疑：女皇决定继续对波兰的政策，哪怕代价是和土耳其开战。在到底是要继续和"巴尔联盟"打仗，还是由于存在和土耳其人发生冲突的威胁而不开战的衡量下，叶卡捷琳娜选择"最小损失"，她强调自己不想要战争。但她在写给使节的信中说："我们宁愿要冲突，也不要让我们的事业前功尽弃……因为这是女皇陛下的荣誉、荣耀和尊严，是我们政治体制货真价实、不可触犯的原则。"[17]

于是和土耳其的战争再次爆发，18世纪总共有四次战争，到19世纪末则有十四次。1768年标志着叶卡捷琳娜在位期间的第一次冲突开始。战争在两条战线上展开：对战军强马壮的"巴尔联盟"，对战土耳其人，撤除作为辅助的鞑靼人的部队之外，后者理论上有六十万人马。1767年，俄军有十八万七千人，其中十五万人是步兵。还有不属于正规军的哥萨克部队。宣战后开始动员，又招募了五万士兵。

在波兰的军事行动目标逐渐在发生变化：本来的想法是强化俄国对波兰国家的影响力，现在则变成了通过三次瓜分来肃清波立联邦。至于和土耳其发生战争的目的，叶卡捷琳娜及其近臣构成的参政院也都说了，她这么做是想让参政院和她共同来负责作战行动：增强俄国在黑海的地位，确保俄国舰队可在黑海自由航行。叶卡捷琳娜逐渐受到俄军战果的鼓励，胃口也就变得更大了。

三个国家彼此对抗达数世纪之久，因地理因素导致在世界的这块地方为了争夺霸权而打来打去。战争的结果是在和土耳其发生第二次冲突之后得出胜负的，对奥斯曼帝国而言，瓜分波兰也就标志着它开始长达一个世纪之久的衰落过程，对波兰而言，则是消失达一百五十年之久。叶卡捷琳娜第一次和土耳其爆发的战争既不缺借口，也不缺动机，但最重要的还是削弱土耳其和波立联邦，同时增强俄国。俄国变得更为强大，因为邻国都变弱了，而它们日益变弱也就成了彼得堡帝国愈益强大的一个原因。

进入18世纪，由于签订了《卡洛维茨条约》（1699），最高朴特便失去了自己在欧洲部分的领土。土耳其开始走下坡路。原因有多方面：帝国庞大的面积，中央权力的虚弱，还有坚决拒绝求助于西方经验。改宗伊斯兰教的匈牙利人易卜拉欣·穆特费里卡在一部名为《人民秩序不可或缺的理性基础》的著作中写道："我们之所以虚弱，并不是我们传统的法律和规章制度不完善所致，也不是我们的政治体制所致，而是因为我们对崭新的欧洲方法一无所知。"[18]1731年，易卜拉欣·穆特费里卡的这部著作在土耳其第一次印刷出版。

波立联邦的政治体制使他们允许占据王位的外国人的大贵族各自捍卫自己的利益，而这就导致了国家开始衰落。和土耳其或俄国不同，波兰对西方影响敞开着大门，它认为自己在许多方面都是欧洲不可分割的一分子，它的文化在17和18世纪是一段光辉璀璨的飞跃时期。但这并没能拯救国家。

俄国在社会严重分裂的背景下得到了发展，在彼得大帝之后转向西方，进入欧洲大国之列，完全以君主不可分割的专制权力为依归。为了限制皇权而进行的小心翼翼的尝试都遭到了碾压。随后几个世纪都能证实这个观察，而这一切都要拜叶卡捷琳娜所赐。沙佩·达奥特罗什批评了俄国的专制制度，叶卡捷琳娜对他做出回应，并向他证明俄国的专制权力乃是进步的发动机。女皇说得没错，革命让她所领导的这个国家强化了权力，而非削弱权力，一旦权力空缺，无法感受到专制政权，革命就会爆发。

专制权力使君王可以调动国家所有资源，而不用担心有多少牺牲品，得花多少钱，从而达到预设的目标。和土耳其的战争表明叶卡捷琳娜有能力驾驭俄国这驾马车驶往它想去的地方。叶卡捷琳娜对土耳其发起军事行动，按照传统，向亚速、克里米亚以及摩尔达维亚、瓦拉几亚派遣军队，命令时年四十岁、前途无量的苏沃洛夫镇压"波兰起义"，之后她还开辟了第三条战线。这个想法是由奥尔洛夫兄弟阿列克谢和格里高利提出来的，后者是女皇的宠臣，也是参政院的成员，他的想法是：从奥斯曼帝国南部的海陆两路向土耳其发动进攻。

这个计划是要让巴尔干地区的东正教徒（希腊人、黑山人）起来造反，并派遣俄国舰船驶往地中海（阿什佩群岛水域），以支持暴动，攻打土耳其军舰。俄舰（三个舰队，由海军中将斯皮里多夫、英国人埃尔芬斯顿、丹麦人哈尔夫率领）将离开波罗的海，驶经斯卡格拉克海峡、卡特加特海峡、北海、大西洋、直布罗陀海峡、地中海，驶抵莫雷埃（伯罗奔尼撒半岛）和阿什佩群岛的沿海地带。航程耗时半年。长途航行一结束，舰队就由俄国在地中海地区的陆海军统帅阿列克谢·奥尔洛夫指挥，他当时住在意大利，他在写给叶卡捷琳娜的信中，勾勒出让基督徒起来反抗土耳其这一妙不可言的计划。奥尔洛夫身材相当高大，整张脸上横亘着一条刀劈的伤痕，他是俄罗斯历史上最让人震惊的一个人物。什么都阻止不了他：彼得三世失势之后，他毫不犹豫就把他杀了。他尽管对海军这个领域一窍不通，但仍然在海上打了一场大胜仗，他还用自己的计划来引诱女皇，毕竟女皇对他很是信得过。

叶卡捷琳娜这个德意志的小公主出身于面积很小的大公国，头戴

"莫诺马赫王冠",以实现俄国沙皇的种种梦想和奇思异想为己任。其中的一个梦想就是君士坦丁堡。1711年在攻打土耳其的时候,彼得大帝就在实施"第三罗马"这个计划,想要如17世纪的尤里·克里扎尼齐所愿,将莫斯科变成斯拉夫帝国的都城,而这个帝国要把奥斯曼帝国的拜占庭的领土悉数纳为己有。彼得失败了,普鲁特河的惨败只能推迟实现这个梦想。

1762年,慕尼黑元帅给刚登上皇位的叶卡捷琳娜去信:"我想用坚实的论据向您证明,彼得大帝1695年第一次包围亚速的时候,他的最大心愿和最大宏图就是花三十年时间来攻占希腊。"[19]老元帅希望年轻的女皇让他再来一次远征。叶卡捷琳娜拒绝了慕尼黑的提议,但将彼得的计划留在了心里。这些计划刚开始设想的时候虽然显得异想天开,难以实现,但仍然持续在俄国的外交政策中发挥着不可忽视的影响。

战争进展得很不错。俄军这次终于夺取了亚速,之后进入克里米亚。对俄军来说,克里米亚从古至今就纷争不断。他们在摩尔达维亚和瓦拉几亚的战斗取得了瞩目的胜利,这些都是臣服于奥斯曼帝国的基督教公国。1769年,俄国人夺取摩尔达维亚的都城拉希,之后拿下瓦拉几亚的都城布达佩斯。1770年,俄军又在拉尔加河及卡尔卡河数次打败土军,亚历山大·鲁缅采夫将军和彼得·帕宁将军获得了很大的荣耀。当年,土军舰队彻底被打败,在切什梅海湾被付之一炬。俄军舰船就这样夺得了地中海的霸权。1772年,叶卡捷琳娜向希腊诸岛派去了第四支舰队,由海军司令奇恰戈夫率领,1774年派出的第五支舰队则由切什梅战役的英雄、荷兰人塞缪尔·格雷格率领。

俄军在各条战线上都打了胜仗,所以也就没怎么关注国内的困境。1770年,俄国暴发瘟疫。1771年春,莫斯科疫情加剧。夏初,每天的死亡人数是四百人。民众觉得反正大不了一死,还不如揭竿而起。9月,叶卡捷琳娜派格里高利·奥尔洛夫在旧都恢复秩序。但疫情趋缓，到10月就彻底消停了下来。仅在莫斯科一地死亡人数就达到了十三万人。

疫情刚一结束，就爆发了普加乔夫暴动，帝国为之震动。外部有三条战线，而镇压起义军还要调动巨大的资源。坐上皇位的叶卡捷琳娜发现国库空空如也。她在日记里写道："我在普鲁士发现了一支步兵部队，他们有三分之二的军饷没有拿到。国务办公室出台的有我签名的一千七百万卢布的敕令并没有得到执行……几乎所有的贸易行均已为私人所独占垄断……七年战争期间，伊丽莎白·彼得罗芙娜想从荷兰借两百万卢布，但没人愿意担保这笔借款；因为当时俄国既无信誉，也缺乏信心……"[20]

最初的一些改革纯粹徒有表象，根本无益于现状。俄国收入不到一千七百万卢布。法国当时的预算就有五亿之多，英国的预算则是一千两百万英镑。叶卡捷琳娜不想比这更少，而是要多多益善。她也做到了这一点。1796年，俄国的预算达到了八千万卢布。1787年，奥地利皇帝约瑟夫二世宣称："女皇是欧洲唯一一个真正富有的君主。她到处大把大把地花钱，谁都不欠；她想让纸币值多少钱，就值多少钱。"[21]

收入的来源就是人头税、多如牛毛的各项税收（包括蓄须税）、酒精税。1765年的时候，后者也只有四百万卢布，1786年就变成了一千万。18世纪中叶，在大罗斯的各个省份，伏特加又出现了踪影；在那之前，民众喝的都是啤酒和布拉加（braga）。[22] "可怕的酗酒现象出现了。"《俄国酒馆史》一书的作者写道。[23] 瓦·克柳切夫斯基认为，在叶卡捷琳娜统治时期，直接税翻了1.3倍，每个人花在酒水上的消费翻了三倍多。[24] 但国家收入的这些传统来源还不够。

叶卡捷琳娜的财富可以买下任何东西，用约瑟夫二世的说法，她的财富主要就是"纸币"。彼得三世登基时，颁布了生产纸币的敕令。他被推翻之后，他的妻子对这个想法颇为冷淡，但1768年她回过了神来。她废除了商业银行和贵族银行，但创建了指券银行，印刷的指券数量庞大，让女皇有了在政坛呼风唤雨的手段。指券既不是彼得三世，也不是叶卡捷琳娜的发明。许多国家都在使用指券来填充国库。但在任何地方使用都得有好几份担保才行。如果担保方倒了，那钱也就失去了价值，变成废纸。

不过，俄国是个特例。我们知道，当过农民、酿酒工、写过《论贫穷与财富》这本俄国首部经济著作的伊万·波索什科夫（约1652—1726）是这么来论述货币的："我们不是外国人，不用计算铜的价格，我们要荣耀我们的沙皇……在我们这儿，最有权威的是最尊贵的陛下所说的话，如果她下令要用一佐洛特尼克的铜来铸造卢布，那这卢布就会立刻在商贸中流通起来，并永远保持这个价值。"

伊万·波索什科夫论述的是彼得大帝时期的金融财政。1786年，在叶卡捷琳娜二世统治时期，法国使节塞居尔伯爵写道："刚来此地，就必须将其他国家的财政是如何运作的给忘了。在欧洲国家，君主只管各种事务，而不管舆论；而在这儿，舆论要听女皇的话；银行有大量钞票，但根本不可能用任何一种资本来给它做担保，金币和银币由于造假已失去了其一半的价值，简而言之，放在另一个国家，所有这一切必将导致破产倒闭和最激烈的革命，但在这儿却丝毫不会引起警惕，也不会削弱信任，我可以肯定，女皇只要下命令，就算是一小截骨头，也都能当货币用。"[25]

担保俄国指券的资本就是对君主的信任：她在皇位上坐的时间越长，她南征北战的胜利越有回响，那和她名字相连的价值就会越大。这种印纸为钱的神奇方法也有缺点，那就是：国家赤字会越积越多。女皇给自己的儿子，也就是皇储留下的债务比她在位最后三年所得的收入还要多出3.5倍。

俄国的胜利开始让欧洲各国不安。英国则不在其列：它让敌视俄国的法国保持中立，让俄国舰队称霸地中海达四年之久。还要等好几十年，英俄关系才会起冲突。但叶卡捷琳娜的盟友腓特烈二世和支持土耳其的奥地利都真真切切地感受到了忐忑。普鲁士和奥地利化敌为友有俄国的功劳，它们坚决要求对俄国和土耳其进行调停，使之缔结和平条约。同时，补偿问题又出现了。对奥地利和普鲁士而言，这是一个平衡问题：俄国打了胜仗，夺了土地，它们必须要从中获得补偿。

瓜分波兰的想法并不新鲜。1572年齐格蒙特二世死后，欧洲各国的宫廷已经在提这件事。波立联邦持续在走下坡路，这一问题也就提上了日程。俄国和普鲁士支持斯坦尼斯瓦夫-奥古斯特当选，奥地利则联手"巴尔联盟"反对这个选择，而奥古斯特被选上，就使瓜分这个病恹恹的国家成了迫在眉睫的现实问题。俄国的胜利成了借口，提供了一种奇怪的托词：波兰的三个邻国决定就波立联邦的领土提出赔偿。第一个宣称要"瓜分波兰！"的人提出了这个倡议，问题也就摆上了台面，如今也仍然如此。

历史学家经常悲叹缺乏文献，没法阅读档案。以前确实如此，但欧洲各国，包括瓜分波兰的那些参与者的外交政策，文献都相当丰富，以至于每个观点都有官方文件、通信、回忆录加以支撑。无数历史学家认为第一次瓜分的始作俑者是普鲁士国王腓特烈二世。他们这么认为自有其道理：腓特烈二世自己这么说过，而且普鲁士的兴趣就是要获取土地，所以要将君主分散的土地整合起来。瓦西里·克柳切夫斯基说得很肯定："瓜分波兰的想法从柏林诞生、扩散了出去。"我们还可以参考腓特烈二世的回忆录，他在书中说，1769年，他向彼得堡发了一封照会，提到了瓜分这个计划。叶卡捷琳娜拒绝了这个提议：俄国已有足够的土地，她根本不需要新的领土。

对卡·瓦利泽维斯基来说，有一件事毋庸置疑：第三个捕猎者奥地利"走出了第一步，第一个向外国土地伸出了手"。这事无可辩驳。奥地利女皇玛丽-特蕾莎不赞同这个想法，但与之一起统治的儿子约瑟夫二世皇帝对此却很认同。朝廷内颇有影响力的外交大臣考尼茨还提出了一个更为激进的政策。1770年，奥地利在没有可信理由的情况下，替换了界标，侵占了瓦尔米亚的部分领土。1771年初，彼得堡接待了普鲁士国王的弟弟海因里希亲王。叶卡捷琳娜得知奥地利跨出了"第一步"，便对他宣称："你们如果这么做，其他人为什么不做呢？"

事态就急遽发展起来：俄国向奥地利传达了和土耳其签订和约的条件；就瓜分波立联邦一事举行了谈判。俄国和普鲁士首先达成谅解，于1772年2月17日在彼得堡缔结和约。同年8月5日，还是在彼得堡，俄国、普鲁士和奥地利又签订了条约。俄国得到白俄罗斯的土地（波洛茨克、维捷布斯克、奥廖尔、莫吉廖夫），共计9.2万平方公里的领土，还有180万人口成了俄国新的臣民。奥地利占据了9.3万平方公里，人口是250万（波兰人和乌克兰人）。普鲁士"仅"获取了3.6万平方公里和58万波兰人。但东普鲁士也以这种方式合并到了勃兰登堡的麾下。

波立联邦丧失了30%的领土和35%的人口。国家消亡只不过是个时间问题。第二次瓜分是在1793年。俄国将明斯克、沃里尼亚和波多里亚的部分土地占为己有。普鲁士侵占了波兹南。第三次瓜分（1796）之后，波兰国就消失了。在现代历史上，彻底肃清一个拥有古老的历史和欧洲基督教传统的重要国家，这还是第一次。俄国获得了库尔兰（古老的保护领地）、立陶宛、西沃里尼亚；还吞并了西南部俄国的所有土地，除了霍尔姆、加利奇、吴戈尔罗斯（外喀尔巴阡地区）和布科维纳。普鲁士则收复了马索维亚（连同华沙），奥地利则拿到了小波兰（连同克拉科夫）。

叶卡捷琳娜在统治末期，想方设法终于解决了波兰问题。1791年5月3日，议事会通过宪章，将波立联邦转变成中央集权国家，废除了自由否决权，向公民赋予民主权利之后，俄军深入该国，占据了华沙。俄国和普鲁士支持聚在"塔戈维查联盟"旗下反对改革的亲俄派，迫使议事会废除宪章，又夺取了波兰的一些省份。1794年，华沙和克拉科夫爆发反对侵略者的暴动，领导者是塔德乌什·柯斯丘什科。叶卡捷琳娜派遣苏沃洛夫率领精英部队攻打波兰人。俄军这位了不起的军事统帅由此通过对华沙市郊布拉格的居民进行血腥屠杀进入了波兰历史。第三次瓜分终结了波兰的存在，这种情况直到1918年才结束。俄国得到了立陶宛和库尔兰的余下地区（逾12万平方公里）。

瓦西里·克柳切夫斯基激烈批评了叶卡捷琳娜的波兰政策，但他并不是出于抽象的道德和人道主义观点，而是基于俄国的利益来考量的。他认为所有"俄国的土地"，也就是东正教徒占据的土地均应成为帝国的构成部分，这位历史学家罗列了瓜分所致的负面因素：俄国、普鲁士和奥地利之间的缓冲国消失了，这些国家的关系会日益紧张；一个斯拉夫国家消失了，其领土和人口从此以后都可以用来强化两个德意志国家。瓦·克柳切夫斯基还说："消灭独立的波兰国并不能使我们避免和它的人民作战：19世纪，我们有三次都在和波兰打仗。"[26] 瓦西里·克柳切夫斯基不知道的是，20世纪仍然会"和波兰人民作战"。

这位历史学家尤其指责叶卡捷琳娜使波兰"日耳曼化"，面对的不再是可以握在手心里的弱小邻国，而是两个贪婪的掠夺者，它们都是斯拉夫世界的宿敌。

这些考量并没有考虑到这样一个事实，即瓜分波兰（最终导致波立联邦被肃清）是让奥地利和普鲁士接受俄国战胜土耳其人这一事实而必须付出的代价。1774年7月10日，经历了漫长的谈判，终于在库楚克-开纳吉（坐落于多瑙河畔）这座迷你的小村落里签订了和约，叶卡捷琳娜在得知此事之后，向鲁缅采夫将军发去祝贺："迄今为止，俄国从未签订过这样的协定。"女皇说得没错。更何况，1945年之前，俄国再也没有签订过对以举国之力进行战争作出补偿的条约。在雅尔塔，斯大林从他的盎格鲁-撒克逊盟友那儿得到了比叶卡捷琳娜在库楚克-开纳吉所得到的更好的条件。

从和约的条款来看，俄国获得了亚速、刻赤、金伯恩，也就是顿河、第聂伯河的出海口以及刻赤海峡。黑海沿岸地区也宣布从苏丹那儿独立出来。从此以后，俄军舰队有权自由航行于黑海水域。第聂伯河与布格河之间的大草原也都成了俄国的领土。克里米亚和库班的鞑靼人不再是奥斯曼帝国的附庸：俄国可以放手开干了。

伊斯坦布尔协定同意克里米亚"独立"，由此可见土耳其军队已力不从心。克里米亚其实住的都是穆斯林：可是，苏丹、哈里发、伊斯兰神权必须援助穆斯林。失去克里米亚是奥斯曼帝国最惨痛的经历，这已经超过了它在欧洲丧失的全部土地；这表明最高朴特已经病入膏肓。俄国得到了保护和捍卫土耳其各省东正教徒的权利，那些地方是：摩尔达维亚、瓦拉几亚、巴尔干半岛。

土耳其终于承认北高加索平原和高加索主山里的大小卡巴尔达（都是独立自主的山民部落）这两片土地都属于俄罗斯帝国。这些穆斯林山民从土耳其和克里米亚汗的保护当中得到过不少好处。库楚克-开纳吉条约因此同意了俄国很久以来就有的领土诉求，将捷列克河与高加索山之间的整片地区都割让给了俄国。于是，俄国再以那儿作为跳板，逐步向外高加索地区推进。俄国在这片地区的胜利规模之大令人咋舌，我们可以将它拿来同签订贝尔格莱德条约（1739）时的环境作一对比，后者明确表明"两个卡巴尔达地区仍然保持自由，它们并不臣服于这两个帝国，并在两国之间设立屏障"。

不过，叶卡捷琳娜并没有得到自己想要的东西。她没有力量做到这一点。她必须向保持中立的欧洲各国支付费用。不过，尽管如此，成果还是相当惊人的。俄国成了欧洲最强大的国家之一。她向西、向南、向东极大地拓展了边界。接下来的十年就必须巩固这些得来的成果。

"消化成果"的时代和格里高利·波将金（1736—1791）密不可

分。波将金并没有在莫斯科大学完成学业，而是成了彼得堡的荷尔斯泰因亲王格奥尔格的勤务兵，参与了将叶卡捷琳娜推上皇位的政变。后来，他在主教会议、负责制定法典（1767）的委员会任职，任期长达十年，他还以少将身份与土耳其人作战，但并没有表现出过人的军事才能。叶卡捷琳娜和奥尔洛夫关系破裂，为波将金打开了通途。1774年3月20日，冯维辛对驻伊斯坦布尔的世界奥布列兹科夫说："……波将金少将被任命为普列奥布拉任斯基团的副官和上校。懂的人自然会懂。"[27]

对"知晓内情的人"来说，一切都一目了然。叶卡捷琳娜在位时期开启了一个新时代，那就是：波将金时代。这个时代可分成两个区间。第一个区间从1774年到1776年，叶卡捷琳娜对这个名声不怎么样的骑士很是迷恋，不过波将金是个聪明的谋臣，而且可靠、忠诚。这段罗曼史和奥尔洛夫那次一样戛然而止，不过，女皇对此不露声色，对波将金的宠信仍然一如既往。第二段时期持续了十三年，从1776年到1789年。在这些年里，荣获尊贵亲王头衔的格里高利·波将金仍然是女皇最亲密的朋友、她的主要谋臣，是国家的第二号人物。不过，1789年，叶卡捷琳娜的新宠臣、年轻的普拉东·祖博夫出现，波将金由此黯然失色。1791年返回彼得堡的波将金很快就明白了，往日不会再来；他返回南方，在那儿没多久就死了。

可以认为波将金时代是库楚克-开纳吉主要在南方地区的成果得以巩固的一个时期。布格河与第聂伯河之间被土耳其放弃的大草原都成了扎波罗热城寨的领土。只要扎波罗热人愿意对抗克里米亚汗，叶卡捷琳娜就会容忍他们。战争还没结束，女皇就决定摆脱他们。应尼基塔·帕宁的请求，俄罗斯科学院院士格哈德·弗里德里希·米勒写了一份照会，表明扎波罗热人并不具备特殊的政治地位，以后也不会。扎波罗热城寨并不同意这种说法，理由是他们有斯捷潘·巴托里和博格丹·赫梅利尼茨基的证书为据。米勒说这些证书均系伪造，扎波罗热人就是乌克兰哥萨克的一部分，所以他们要求获得特定的政治权利的说法都是无稽之谈。

在这种情况下，叶卡捷琳娜并不关心历史上的那些先例。她只是认为扎波罗热城寨阻碍了新俄罗斯中央权力的巩固，这片广袤的土地从黑海延伸到亚速海，近来的攻城略地又使之不断扩大。签署于1775年8月5日的一份声明是这么说的："现有声明向帝国忠诚的臣民宣告，扎波罗热城寨最终将会被拆除，将来，扎波罗热哥萨克这一名称也将被禁止使用，因为这些哥萨克傲慢自大，违反了最高命令，冒犯了我们的女皇陛下。"[28]禁止使用这个名称是叶卡捷琳娜的新发明。普加乔夫暴动被镇压之后，亚伊克河就变成了乌拉尔河，因为第一批响应伪彼得三世呼吁的正是亚伊克河的哥萨克。

格里高利·波将金在将荒芜的大草原转变成新俄罗斯的过程中获得了极大的权力，他推出了出色的计划，使帝国向南方继续扩张。他建造了城市、港口，以女皇的名义签订协定。通常，波将金的功绩，要么从他制订的计划，要么从他取得的成果来评定。担任阿斯特拉罕和萨拉托夫总督的波将金也想在大草原上建造一座名为叶卡捷琳诺斯拉夫的城市（他自己任省长），他想在城里建造类似罗马圣彼得大教堂那样的教堂，建一所音乐学院，一座设有天文台的大学，十二家羊毛工厂，等等。这些梦想始终停留在纸面上，但城市倒是建了起来，和尼古拉耶夫和赫尔松类似。1783年，克里米亚成为俄国的领土。吞并这座半岛的决定也是波将金提议的，得到了亚历山大·别兹博罗德科（1746—1815）的支持，后者从1775年起就担任叶卡捷琳娜的私人秘书，尼基塔·帕宁死后，别兹博罗德科就成了外交事务领域的主要谋臣。1783年4月8日，女皇签署证明文件，宣称"克里米亚半岛、塔曼以及库班的所有沿岸地区均归俄国"。波将金立刻就建造了塞瓦斯托波尔，创建了黑海舰队。

在波将金的严密监控之下，同东格鲁吉亚地区的卡特利与卡赫季沙皇希拉克略二世的谈判开始了。1783 年 8 月 5 日，双方缔结了圣乔治条约，"永久"承认这片地区受俄国的保护，承认俄国的权威。叶卡捷琳娜的一道特殊敕令对格里高利·波将金表达了满意之情："得知克里米亚和鞑靼人的所有土地均在我国的权威之下，朕相当满意，您的报告已收悉……在您的领导之下，和卡特利与卡赫季沙皇顺利签订条约……这件事让朕非常高兴，荣耀归于朕，朕肯定能从中获益；朕要向您这位负责此事的倡议者和负责人表达至高的敬意。"[29]

波将金在宫中的对手试图说服叶卡捷琳娜，帝国既不需要克里米亚，也不需要新俄罗斯，因为由此产生的费用高得离谱。1787 年夏天，女皇前往南方，想要亲眼看看自己的宠臣干出了哪些名堂。她在卡尼夫得到了斯坦尼斯瓦夫-奥古斯特的接待，之后奥地利皇帝约瑟夫二世也加入了她的行列。萨克森外交官冯·黑尔比希为我们绘制了一幅图画，画中，叶卡捷琳娜游历的都是波将金虚构出来的地区，后者还向女皇展示了画在纸板上的村庄。冯·黑尔比希的说法导致了一个很出名的表达法："波将金村。"当然，他的说法并不能反映真实情况，但这个故事很巧妙，比真相更有市场。事实上，没人能欺骗叶卡捷琳娜，除非她自己愿意。

波将金在南方的行动对女皇来说很重要，女皇觉得在她实现"希腊计划"的征途中又迈出了一步。1779 年，当保罗生下第二个儿子的时候，就给他取名君士坦丁，叶卡捷琳娜说取这个名字纯粹属于巧合。1781 年，女皇下令刻一块像章，小君士坦丁就被刻在博斯普鲁斯海峡的沿岸，再加上基督教的三美德，而希望*则指着东方苍穹的一颗星星。一天晚上，叶卡捷琳娜在鞑靼汗的旧都巴赫奇萨赖过夜，心想不用四十八小时就能从海路抵达君士坦丁堡。她立刻就在信中把这事告诉了孙子君士坦丁。

---

*汉语神学界译为：信、望、爱。望即希望。——译注

兼并克里米亚公然违反了和奥斯曼帝国之前的条约。伊斯坦布尔把叶卡捷琳娜前往南方游历视为挑衅。

土耳其向俄国宣战。俄奥互助条约立刻便付诸实施。约瑟夫二世赶忙加入叶卡捷琳娜的阵营，而后者正前往视察帝国的新省份，约瑟夫难掩担忧之情。皇帝应该相信塞居尔伯爵的看法，即奥地利无法支持俄国持续扩张的政策，尤其是占领君士坦丁堡。不过，奥地利认为"戴头巾的邻国没有戴皮毛的邻国危险"。

但奥地利必须与俄国结盟，这么做主要就是为了对付对巴伐利亚虎视眈眈的普鲁士。普鲁士和英国接近的威胁也冒了出来。除了七年战争，后者是俄国的传统盟友，而且也结束了在加拿大和法国的冲突：英国担心汉诺威的局势，对彼得堡奋勇直前直捣君士坦丁堡的做法也很忧心，于是尝试接近普鲁士。

叶卡捷琳娜的第二次土耳其战争与第一次所处的国际局势已截然不同。1787年夏，俄国中部各省份农业大歉收；开始出现饥荒。叶卡捷琳娜采取措施，以期确保将小麦从俄国南方运出，保证自己能继续进行战争。她想将大部分兵力用于夺取扼守第聂伯河出河口的奥恰科夫要塞，并向布格河和德涅斯特河之间的地区发动攻势。这项计划预料可以再次激发土耳其土地上的东正教民众起事，将俄国舰队驶入地中海。各路密使在摩尔达维亚、瓦拉几亚、希腊和巴尔干地区煽动暴乱。但英国拒绝驰援俄国舰队；可没有英国人，远征阿什佩就会极其艰难。但叶卡捷琳娜不愿放弃。1788年5月，瑞典开始向俄国开战。

再一次，叶卡捷琳娜不得不在两条战线上作战。而且，缺乏部队向南行进，就会让帝国的都城限于危险境地。叶卡捷琳娜的秘书亚历山大·赫拉波维茨基的日记里对这些事件记得很详细，他记下了1788年7月10日女皇说的这句话："说实话，彼得一世把首都建得太近了……"

1772年，瑞典国王古斯塔夫三世废除了将所有权力赋予大贵族的旧宪章，颁布新宪章，将绝对权力赋予君主，这样就与俄国的抵制发生了冲突，因为后者要用领主的"自由"来反制君王。在向俄国下的最后通牒中，他要求取消尼斯塔德条约和库楚克·开纳吉条约。瑞典人动作缓慢，俄国舰队在波罗的海打了胜仗，反对古斯塔夫三世的声浪，再加上反君主制的暴动，只能迫使瑞典于1790年8月和俄国签订和约。边界原封未动，但叶卡捷琳娜承认了古斯塔夫三世的新宪章。

1790年，约瑟夫二世驾崩。他最小的弟弟利奥波德二世继之为王。利奥波德二世和普鲁士取得谅解，推出了和土耳其的冲突。反土耳其战争的第一年，俄国并未取得多少胜利。最高统帅格里高利·波将金好几次都失去了取胜的希望，便向叶卡捷琳娜建议离开克里米亚，也就是把它交给土耳其人，之后再派出更多的兵力将之夺回。女皇断然拒绝了这一提议。她设法说服、安慰她的这位主要的谋臣，使之放心。

1788年，奥恰科夫终于陷落。亚历山大·苏沃洛夫率领的俄军跨过普鲁特河，在弗克萨尼和勒姆尼库将土军打得落花流水（1790）。海军司令费奥多尔·乌沙科夫指挥的黑海舰队在哈希贝和滕德拉岛之间的海域击败了土军舰队，排除了敌军在刻赤登陆的威胁。1790年11月23日，苏沃洛夫的军队包围了伊兹梅尔，这是土耳其在多瑙河上最强大的要塞，也是欧洲最重要的要塞之一。12月7日，苏沃洛夫向要塞指挥官发去最后通牒，通牒颇有恺撒风范："思考二十四小时，做好投降的准备，你们就自由了；我军第一声枪响，你们就都成为俘虏，进攻一开始，就是死亡。"指挥官选择继续战斗，要塞就被夺了下来。旗开得胜的俄国将军让士兵对该城整整劫掠了三天。

1792年1月9日，双方在雅西签订和约。土耳其承认失去了库楚克-开纳吉条约的失地，最终放弃了克里米亚，接受俄军在黑海盆地活动的现状。叶卡捷琳娜则不再实施让多瑙河各公国独立的计划。俄国将版图扩张到了黑海沿岸和亚速海沿岸（第聂斯特河与布格河的出河口），获取了亚速海和库班（扎波罗热哥萨克被流放到了那儿）之间的大片地区。

经在俄军服役的海军副司令西班牙人德·里巴斯的提议，在土耳其哈希贝小要塞的原址上开始建造一座港口。后来，希腊移民在那儿安顿了下来，叶卡捷琳娜给它取了一个新名（接受了科学院的建议），她觉得那名字有希腊味儿，那就是：敖德萨。我们发现，女皇并没有放弃她的"希腊计划"。这座城市后来变得很有名。这座从未冰封的港口适于俄国发展贸易，可以让新俄罗斯的农业得到突飞猛进的发展。

注　释

1 E. Tarle, «Česmenskij boj i pervaja russkaja ekspedicija v Arxipelag (1769–1774)», *Sočinenija v 12 tomax*, Moscou, 1959, p. 11.

2 V. O. Ključevskij, *Literaturnye portrety*, op. cit., p. 379.

3 S. Solov'ev, *Istorija Rossii s drevnejšix vremen*, Saint-Pétersbourg, sans date, tome VI, pp. 338–339.

4 V. O. Ključevskij, *Kurs russkoj istorii*, op. cit., tome 5, p. 26.

5 V. Ključevskij, *Literaturnye portrety*, op. cit., p. 379.

6 G. I. Gerasimova, «Severnyj akkord grafa Panina. Proekt i real'nost'», *Rossijskaja diplomatija v portretax, op. cit.*, p. 69.

7 N. K. Sil'der, *Imperator Pavel Pervyj. Istoriko-biografičeskij očerk*, Saint-Pétersbourg, 1901, p. 10.

8 E. Tarle, *Česmenskij boj...*, op. cit., p. 13.

9 K. Vališevskij, *Roman imperatricy*, op. cit., p. 369.

10 G. I. Gerasimova, op. cit., p. 69.

11 V. Ključevskij, *Kurs istorii*, op. cit., p. 27.

12 Pawel Jasienica, op. cit., p. 292.

13 *OEuvres complètes de Voltaire*, Paris, 1879, tome 26, p. 582 ; cité d'après Norman Davies, *op. cit.*, p. 485.

14 G. V. Vernadskij, *Načertanie russkoj istorii*, Prague, 1927, pp. 205–206.

15 «Pis'mo grafa Voroncova Aleksandru I, London, 27 sen. (8 okt.) 1801 g.», *Russkij arxiv*, 1874, 11, p. 997.

16 Malet et Isaac, *L'Histoire*, op. cit., p. 504.

17 Cité d'après Boris Nolde, op. cit., p. 54.

18 Cf. Ulrich Klever, *Das Weltreich der Türken. Das Volk, das aus Steppe kam.*, Bayreuth, 1981.

19 Cf. K. Vališevskij, *op. cit.*, p. 409.

20 Cf. K. Vališevskij, *op. cit.*, pp. 349–350.

21 Cf. K. Vališevskij, *op. cit.*, Moscou, p. 414.

22 无论是否含有酒精，农民酿制的饮料，其底料均为谷物。

23 I.T. Pyžov, *op. cit.*, pp. 221–223.

24 V. Ključevskij, *Kurs russkoj istorii*, *op. cit.*, tome V, p. 113.

25 1786年5月5日，塞居尔伯爵致信维尔甘纳伯爵。法国外交部的"俄国"档案。Cité d'après K. Vališevskij, *op. cit.*, pp. 355–356.

26 V. Ključevskij, *op. cit.*, p. 34.

27 Cf. A. Kizevetter, *Istoričeskie siluety*, *op. cit.*, p. 99.

28 Cf. B. Nolde, *op. cit.*, p. 111.

29 *Voprosy istorii*, N° 7, 1983, p. 116.

14　庞大的计划

> 最后几年，特别是……当她被自己的胜利冲昏了头脑，便不再想将新的王国置于自己的权杖之下。
>
> ——加甫里尔·杰尔查文

加甫里尔·杰尔查文（1743—1816）是叶卡捷琳娜在位时期最伟大的诗人，他给费丽察，也就是他笔下的女皇写了无数颂歌，并在政府担任要职，对政治颇为熟稔。女皇死后，他写了回忆录，对她提出了不痛不痒的批评："假如经后人严苛的判断，这位强大睿智的女君主的名字并不永葆伟大，那这是因为她并不总是遵守神圣的正义，而是取悦自己的随从，对宠臣更是百般讨好，像是生怕惹恼了那些人。"[1] 诗人憎恨"宠臣"有好几个理由，因为那些人争先恐后在叶卡捷琳娜面前诋毁他，尤其是其中的一个人。

叶卡捷琳娜二世生命的最后一段时期，也是她建功立业的最后一段时期，始于1789年，那时她再次抛弃了宠臣亚历山大·马莫诺夫，当即选了个新人，就是时年二十二岁的普拉东·祖博夫。女皇当时六十六岁。斯坦尼斯瓦夫-奥古斯特在隔了三十年后，终于在1787年再次见到了自己的心上人，发现她变得很胖，但仍旧脸色红润，魅力依旧，虽然缺了牙齿，却并没有变得老态龙钟。

和格里高利·奥尔洛夫前不久做的一样，普拉东·祖博夫也将自己的兄弟带在身边。祖博夫家共四兄弟；除了普拉东之外，还有和女皇特别亲近的十九岁的瓦列里安。新晋的宠臣对女皇的"恩宠"心生感激，所以一心想着赶快获得头衔和官阶，好发家致富。宫中的文人学者都在说女皇暮年沉湎于"柏拉图"之爱。波将金得知有新的宠臣入宫，而且不是他撮合而成的，便离开前线，返回彼得堡，他说他回来是想"拔颗牙"。但他没有达到目的，便再次离开，心里很清楚自己的时代结束了。

叶卡捷琳娜身边的人走马灯似的换，和1789年7月14日法国出现的激烈动荡有关，法国的局势让世界都吃了一惊。赫拉波维茨基在私人日记中写道："信使带来消息，说巴黎……人民躁动不安……他们夺取了巴士底狱……守卫也加入到了民众中去。"[2]对叶卡捷琳娜而言，她完全被震撼到了。1788年4月，她不是还给格林写过信："我并不同意那些人的观点，他们认为我们正处在大革命爆发的前夜"？可一年半都没到，革命就来了。

除了几位哲学家，叶卡捷琳娜既不喜欢法国，也不喜欢法国人。对帕维尔·米留科夫而言，她的"整个一生都不待见法国人，这是实实在在的德意志情感"。[3]还必须补充的是，法国始终敌视俄国也只会得到对方的敌视。但路易十六登基之后，叶卡捷琳娜就改变了态度。为了接近，两国的关系开始发展起来。

巴黎事态的发展，女皇并不吃惊；但她很快对国王束手无策感到恼火，他竟然没有采取必要的措施来清除麻烦。路易十六缺乏"专业性"令她倍感震惊：他明显不知道自己该干什么。女皇对此很确定，便给格林去信说："该国外部的绳子绷得太紧了，必须放松放松。"也就是说，通过外部战争的方式来让国内局势平定下去。

"法国之恶"突然就出现在了帝国内部。赫拉波维茨基写道："必须逮捕这儿的海关负责人亚历山大·拉季舍夫，因为他写了一本书：《圣彼得堡至莫斯科行记》。从中可以看出抛弃权威这一法国流行病已经蔓延开来。"[4]拉季舍夫断言（也设法证明了）自己的著作"早于法国暴动"。但叶卡捷琳娜毫不怀疑他所阐发的那些理论都是借用自卢梭和雷纳尔，"正是这些理论让法国翻天覆地"。

巴黎的革命浪潮愈涨愈高，女皇的焦虑也愈涨愈高。1792年4月24日，她命人逮捕了"玫瑰十字会，也就是莫斯科的'马丁教派'的首领，此人是著名的出版商和印刷商"尼古拉·诺维科夫（1744—1816），怀疑他犯有多项国家重罪。8月1日，叶卡捷琳娜签署了涉及诺维科夫的敕令，宣称"其罪行极为严重"，该名罪犯必受最高的惩罚；不过，女皇内心的人性又引领着她将刑罚减少至十五年，将诺维科夫关押在什利谢利堡内。尼古拉·诺维科夫所犯罪行的清单令人毫不怀疑他所构成的威胁有多大。他被控组织秘密聚会，和敌方普鲁士秘密通信，私下印刷"毁人思想、违背东正教律法的禁书"，最后就是图谋在其世界范围的教派内将"文件中提及的某个人"卷入进去，某个人指的就是保罗大公。

四种类型的罪行都归于俄罗斯名副其实的印刷之父的身上：非法集会，和外敌通信，私下印刷反东正教的书籍，图谋针对皇储。叶卡捷琳娜在其晚年有很大一部分担忧都体现在了谴责诺维科夫的那份敕令之中。"拉季舍夫事件"具有公开性，与之不同的是，"诺维科夫事件"始终都是在秘密处理：逮捕一事并未张扬出去，敕令也没有发布。没有一个遭到指控的首领得到确认，我们可以在谴责诺维科夫行为的字里行间看出女皇的个人情感。

神职人员检查了诺维科夫的书，却并未检查出任何反东正教的书籍，所以那些书得以正式出版。而且他还出版了很多。俄国史上有许多著名的国家首脑、军队统帅、作家。而尼古拉·诺维科夫也许可以算是最为杰出的出版商。帕维尔·米留科夫列出了一张19世纪出版图书的目录。69%的图书（除去报纸和圣书）都出现在1776至1800年的最后二十五年间，而功劳大多都得归于诺维科夫。大多数书籍涉及的是专业需求、教育机构类需求，以及公众对有助拯救灵魂的教化类文字古已有之的兴趣。但40%的书籍面对的则是新型读者，他们寻求的是供消遣用的快餐读物：小说，故事，诗歌，剧本。这些书展现了人类的情感世界，展现了爱情、幸福、温情、感恩。安德烈·博洛托夫酷爱读小说，他并不认为这些书会"腐坏精神，败坏心灵"。他写道："至于我的心灵，我有许许多多阅读都是靠这些充满温情的、个人化的小说来填满的，我发现自己发生了很大的改变，从某种意义上说，觉得自己重生了。"[5]

新的读者读报纸的时候，也想滋养自己的精神，而不仅仅是情感。1769年，叶卡捷琳娜出版了一份非官方发行的报纸，名为《杂货》，以英国的《旁观者》蓝本。还有其他报纸，如《雄峰》（1769—1770）和《画师》（1772—1773），尼古拉·诺维科夫负责编辑，这两份报纸都占据了独特的地位。想要启发臣民的愿望折磨着女皇。但她只想完全由自己来掌控，至少起领导者的作用。对新闻业进行推动之后，叶卡捷琳娜发觉记者并不总是会写自己想看的东西，于是就将那些报纸禁了。1782年，女皇向私人印刷商赋予权力，但我们都知道，1791年，尼古拉·诺维科夫却遭到逮捕，他的印刷厂也关了门，虽然印刷厂曾经出版过女皇的历史著作。叶卡捷琳娜签发了禁止开设私人印刷厂的敕令，设立了严格的审查制度；她死之后，敕令便开始正式得到执行。

逮捕拉季舍夫，之后又逮捕诺维科夫，焚毁雅科夫·科尼亚日宁（1742—1792）的一部作品（该作品描述的是共和主义者诺夫哥罗德的瓦基姆和君主留里克斗争的场景），还指控了加甫里尔·杰尔查文，说他假借翻译《诗篇》第81篇大卫向上帝的陈词，而写了"雅各宾派的诗歌"："站起来吧，上帝啊，来审判大地，因你君临万国"[6]，女皇采取这么多措施都是因为对法国发生的事情感到恐惧。这是毋庸置疑的事实，虽然叶卡捷琳娜的恐惧还有其他原因。

1786年，也就是法国大革命发生之前，女皇下令关闭莫斯科的共济会各支部。1913年，帕维尔·米留科夫写道："我们这时代，共济会似乎已是遥远陌生的事情，有些好奇和可笑。"[7]20世纪末，关于共济会的观点在俄国流布甚广，说共济会是个秘密组织，源起就是要将革命，也就是共产主义引入俄国，要让国家打败仗。这话反映了对"共济会会员"（francs-maçons）的看法：这个法语词成了俄语里的farmason，出版于19世纪下半叶的达尔的《理性词典》将farmason定义为"自由思想者，不信上帝者"。在骗子的语汇中，farmason就是指专业骗子，把假珠宝当真珠宝来卖。

"从1774至1775年起，各阶层、各官阶、各行各业的代表，直到商人和手艺人，都在加入共济会。那时候，俄国的导师不再是外国人了：俄国人伊·叶拉金就占据了这个突出的位置。"[8]

19世纪第一个二十五年，俄国的共济会致力于制造政治问题。叶卡捷琳娜时期，共济会是"唯一的道德哲学学校"，这是一种伦理教育的形式。[9]尼古拉·诺维科夫在解释是什么使他"进入共济会社团"的时候说："我发现自己就站在伏尔泰哲学和宗教的十字路口，我找不着'支撑点，找不着垫脚石，好让我在那上面让灵魂平静下来'。"[10]诺维科夫很好地解释了开明的俄国人会采取什么样的选择，他们在宗教里找不到对自己那些问题的回答，也不接受叶卡捷琳娜所推崇的"伏尔泰哲学"的答案。

俄国共济会的一大特点就是，它和基督教很相似。在接受德意志共济会会员的问询时，莫斯科的"兄弟"断然回答，希腊-俄国教会的仪式和共济会的仪式实在太相似，所以不用怀疑两者有着同样的源头。当叶卡捷琳娜要求莫斯科都主教普拉东评论诺维科夫的信条时，她得到了一个意想不到的答复。都主教很熟悉诺维科夫印刷的书籍，并未从中发现削弱宗教情感或败坏风俗的内容。俄国"兄弟"认为共济会就是一种由理性之光点亮的信仰。法国哲学家认为人可通过理性的立法得以重生，他们则对此提出了"道德重生"。俄国共济会会员的斗争并不是为了实施改革，而是给人分配了了解自己、自我完善、宣扬爱人类的任务，因为四海之内皆兄弟嘛。帕维尔·米留科夫认为叶卡捷琳娜时期的共济会就是"那个时代的托尔斯泰主义"。

共同的事业抹去了共济会无数"体系"信徒之间的差异。"18世纪末，共济会的三大支柱——诺维科夫、施瓦茨和尼·特鲁别茨柯伊——有各种'细微的'不同之处，这无碍于他们共同来完成事业。"[11]不过，还是存在一个根本性的分歧：彼得堡和莫斯科共济会会员的观点并不总是若合符节。新都倾向于西方，旧都倾向于莫斯科传统。19世纪的"西方论者"和"斯拉夫派"之间的第一次思想观念大辩论（20世纪再次重现）就在于莫斯科和彼得堡的共济会会员之间的歧异。1779年，彼得堡共济会会员诺维科夫前往莫斯科共济会，他在那儿见到了伊万·（约翰）·施瓦茨（1751—1784），他是德意志人，来俄教授语言，并从1780年起被任命为莫斯科大学哲学教授。

在推广共济会的文明理念，用德意志影响力取代法国影响力的过程中，施瓦茨的作用相当之大。莫斯科共济会圈内最受欢迎的法国思想家是路易-克劳德·德·圣马丁，他是伏尔泰的劲敌。他的著作《论谬误和真理》被美国一位历史学家称为"反制法国启蒙思想的神秘主义反攻派圣经"[12]，出版于1775年，很快就被翻译成了俄语，在共济会领导层圈内得到了广泛传播。显然正是因为有他，才造出了"马丁主义者"这个词，而叶卡捷琳娜就是用这个词来污蔑诺维科夫和他的那些朋友的。

叶卡捷琳娜坚信自己，相信如椽之笔的力量，于是着手和共济会战斗，她于1780年出版了一本小册子《无名氏揭露反荒谬社团的秘密》，嘲笑共济会会员。小册子匿名出版，但谁都认为那就是女皇写的。讽刺是叶卡捷琳娜选择的第一种武器。她在《杂货》中就说起过，笑是一种可以对观点产生影响的工具。共济会会员就这样就成了被讽刺的对象，"饶舌，幼稚，虚伪，拿仪式说事"。1786年1月、2月、7月，宫廷剧院演出了叶卡捷琳娜写的三部喜剧，嘲讽1779年造访彼得堡的马尔基什基（其实就是马丁主义者[13]）和骗子卡廖斯特罗。喜剧作者在给格林的信中说："必须给这些头脑过分清醒的人挠挠痒，他们都开始翘鼻子了。"

喜剧写完之后，共济会会员开始感到害怕了。1784年，有人在巴伐利亚发现了"光照派"秘密社团，他们想用自然神论取代基督教，用共和制取代君主制。"光照派"并非共济会，虽然从后者那儿借用了某些仪式。但叶卡捷琳娜和所有不加入秘密社团的人一样，对共济会、"马丁主义者"、玫瑰十字会、"光照派"完全不加区分。作为伏尔泰的弟子，她既理解不了，也不愿去理解共济会的神秘主义，她觉得那是在侮辱哲学和常识。

女皇从"通过笑"来进行批评过渡到了镇压。在有关叶卡捷琳娜的大部头传记中，伊莎贝尔·德·马达里亚加并不认同俄国和苏联历史学家的传统观点，对后者而言，反动派女皇从诺维科夫刚当出版商和政论家那时候起就已经在迫害他了，时间是1769年。这位英国历史学家认为，诺维科夫和当局最初的冲突和其共济会或改革的行为没关系，而是随便对待著作权的态度。1784年，他被指控出版了两本教学用书，另一个出版商拥有该书的版权。[14]伊莎贝尔·德·马达里亚加有理由说叶卡捷琳娜所梦想的规则化国家还在形成之中。尼古拉·诺维科夫想要靠出版教学用书和宗教书籍来挣钱，可后者被至圣治理会议垄断了。但叶卡捷琳娜对诺维科夫的行为早已不满，所以一有机会就逮住了他。

不满的理由也确实不少。1787年，叶卡捷琳娜正在攻占的新俄罗斯得意扬扬地巡回考察，该国中部地区突然爆发饥荒。诺维科夫的共济会圈子于是就向私人募集资金，来帮助饥民。共济会会员的行为在女皇的眼里显得越来越可疑，她开始觉得这些人是想要革命。至少她是这么说的，警察后来发现共济会和皇位继承人保罗·彼得罗维奇之间有关联。逮捕诺维科夫之后，调查法官收到卷宗，负责查清两者的关系究竟是什么性质。但还是缺乏证据。不过，他们还真找到了建筑师瓦西里·巴热诺夫的一封信，巴热诺夫应叶卡捷琳娜的要求，在莫斯科郊外建造了俄国版的凡尔赛宫（察里津公园），他预感到克里姆林宫会出现剧烈的变化。建筑师本人就是共济会会员，便给皇储寄去了诺维科夫出版的宗教书籍，照预审法官所说，他的目的是"建立联系"。

18世纪80年代末，敌视叶卡捷琳娜的人都戴上了共济会的面具。和土耳其的第二次战争伊始，普鲁士和瑞典就去了敌手的阵营，而这两个国家的君主都和共济会有关系，俄国的共济会和他们的普鲁士即瑞典"兄弟"都有通信往来。在俄国，共济会会员像是一股反对力量，女皇无法掌控之。诺维科夫及其共谋者遭到指控，说他们"组织秘密大会"，私下通敌，"而这一切都发生在柏林宫廷对我们这儿虎视眈眈之时"，还秘密图谋为教派招募大公，还有其他无数罪行。我们知道，尼古拉·诺维科夫被判了死刑，但叶卡捷琳娜在1792年8月1日的敕令中开了恩，让他在什利谢利堡要塞坐十五年的牢。至于他的同党，如尼古拉·特鲁别茨柯伊亲王、退役旅长伊万·洛普欣和伊万·屠格涅夫，都被流放至各自的村子，远离都城。

叶卡捷琳娜的秘书在私人笔记中记录了两名农夫之间的对话，一个是特鲁别茨柯伊亲王的农奴，一个是属于皇家的农民，对话是这样的："他们为什么要流放你们家老爷？"第二个问。"据说他想要再找一个上帝。"特鲁别茨柯伊的农奴回道。"那他确实是犯了罪，"对话者下了结论，"有比俄国的上帝更好的上帝吗？"[15]

女皇特别在意的计划有好多，从中可以看出她并不想把皇位传给合法继承人保罗大公，而是后者的长子亚历山大，也是叶卡捷琳娜最喜欢的孙子。因此，她着手重新定义了继位法。1792年8月，女皇对自己的心腹格林说，时年十五岁的亚历山大要和时年十三岁的巴登公主路易斯-玛丽-奥古斯塔成婚："我的亚历山大结婚后，我会举办盛典，极其隆重地为他加冕。"

帝国的性质改变了："第三罗马"的神学观成了政治观，甚至是地缘政治观。瓜分波兰时期俄国从波兰手中获取省份，标志着在俄国的领导下将斯拉夫人联合起来的计划迈出了第一步。瓦西里·彼得洛夫在一首名为《夺取华沙。1795年3月20日》的颂歌中，称叶卡捷琳娜是"伟大的凯旋者"，即便怒火中烧，也仍然是"最最温柔的母亲"，被派来"看护世界，使之永远保持完整"。[16]

诗人歌颂苏沃洛夫夺取华沙的战功。将军言简意赅，向女皇发去了一条简洁的信息宣告胜利："乌拉！华沙是我们的了！"而他收到了更为简洁的祝贺信息："乌拉，元帅！"土耳其战争的这位无上荣耀的英雄因夺取波兰首都而获得了俄军最高的荣誉。列夫·恩格尔哈特上校参与攻打布拉格和华沙郊区的战役，他在晚年说："可以想象得出战斗有多恐怖，战斗一旦结束，你就不得不见证这一切。打到维斯图拉河畔的时候，每走一步都能看到各个军阶的死者，河岸上都是一堆堆死者和伤者的残肢断骸：士兵，城里的居民，犹太人，僧侣，女人，孩子。见到此情此景，内心感到寒冷，哪怕看一眼，都会感受到莫大的羞耻。"[17]1943年，苏联历史学家叶·塔尔列认为必须夺取布拉格，要打出"苏沃洛夫那样的胜利，那是最为艰难，也是最为辉煌的历史事件"。[18]

波兰爆发了塔德乌什·柯斯丘什科领导的起义，却遭到残酷镇压，王国剩余的部分最终遭到瓜分，胜利者由此得到了数不胜数的补偿。叶卡捷琳娜为了突出这起事件的重要性，向军功卓著的人共分发了十二万农奴。得到最多的是普拉东·祖博夫，一万三千名，元帅苏沃洛夫和鲁缅采夫每人得到七千名，其他人更少。

边界向西扩张，就得在欧亚空间获取邻国的土地。我们知道，"希腊计划"的始作俑者就是格里高利·波将金，看得更远、坚持不懈的瓦西里·彼得洛夫在歌颂波将金的颂歌中赞颂了女皇"母亲般的情感"："摩尔达维亚人，亚美尼亚人，印度人，希腊人，还有黑皮肤的埃塞俄比亚人，都是世界各地同一片天空下的人，万民皆将叶卡捷琳娜视为母亲，都得到了她的恩赐。"

照诗人的说法，在将"叶卡捷琳娜视为母亲"的各族名单中，"印度人"受到了特别关注。1795 年，普拉东·祖博夫呈递了一份文件，名为"政策评论概览"，历史学家们认为那就是"印度计划"。"评论"由两部分组成。第一部分是政治性的，重画了世界地图，通往瑞典、普鲁士、奥地利、丹麦和土耳其的通路消失不见了。俄罗斯帝国在那儿有六个都城：彼得堡、莫斯科、阿斯特拉罕、维也纳、君士坦丁堡和柏林。都城各有宫廷。但只有一个帝国最高管理机构。"评论"的第二部分是军事性的，预测两万大军会向波斯远征，由普拉东最年幼的弟弟瓦列里安·祖博夫指挥。之后，俄军将会占领阿纳托利亚，截断君士坦丁堡和亚洲的通路。这时，苏沃洛夫越过巴尔干地区，在伊斯坦布尔城门前和祖博夫的军队会合，叶卡捷琳娜将亲自率领舰队在那儿与之会合。

普拉东·祖博夫想要获得至少同波将金等量齐观的军功，由他发起的这个"印度计划"经常被视为异想天开。我们很难想象叶卡捷琳娜最后的这个宠臣既无丝毫的军事观念，也没有特别的政治才能，却能写出"评论"。我们觉得那是外交官、政治家的作品。从叶卡捷琳娜时代那些诗人的梦想来看，"印度计划"根本就不存在。他阐发的其实是"希腊计划"。1782 年，杰尔查文在他最著名的颂歌、献给女皇的《费丽察》中写道："何处能看到你那闪闪发光的皇位？巴格达，士麦那，喀什米尔？"一个世纪之后，后来想成为政治思想家的杰出的诗人费奥多尔·秋切夫又拾起了普拉东·祖博夫和杰尔查文的梦想:"……七个内海和七条大河……从尼罗河到涅瓦河,从易北河到中国,从伏尔加河到幼发拉底河,从恒河到多瑙河……这就是俄罗斯王国……"

诗人的奇思异想催生出了政治计划,而后者又催生出了政客们的梦想。赫拉波维茨基指出,1792年4月,叶卡捷琳娜亲自改定遗嘱,详细说明落葬何处,身着何服(头戴金冠)。她最后写道:我的计划是将希腊帝国的皇位交给君士坦丁堡。1796年4月,伯爵瓦列里安·祖博夫将军收到命令,"亲率大军,跨越波斯边境",借口是已经下台的穆尔塔扎·库利汗请求他们这么做的。穆尔塔扎来到彼得堡,恳求女皇出兵援助,攻打篡夺汗位的阿迦·穆罕默德。女皇认为,若不采取军事措施,"就不可能让波斯从掠夺者的手中挣脱出来,让局势恢复平静,也无法开展贸易,使住在那儿的臣民免受羞辱……"[19] 但还有另一个动机:必须捍卫受俄国保护的格鲁吉亚沙皇国。叶卡捷琳娜向祖博夫军中的总参谋长本尼格森将军透露了真正的理由:想要在里海南部沿岸地带建立商业基地,"目的是将部分面向伦敦的印度贸易转至彼得堡"。[20]

"希腊计划"仍然萦绕在20世纪俄国外交官的心头。我们知道,若想实现这项计划,第一阶段就要把克里米亚和库班地区交到俄国手上,着手对新俄罗斯集中进行殖民。叶卡捷琳娜之死中断了祖博夫将军的波斯战事。俄军开始回国,但仍抓紧时间将巴库和杰尔宾特并入帝国,这两个重要的基地可以用来深入高加索地区以远的地方。

注　释

1　Deržavin, Zapiski, *op. cit.*, p. 387.

2　*Pamjatnye zapiski A. V. Xrapovickogo*, Moscou, 1862, p. 200.

3 P. Miljukov, *Očerki po istorii russkoj kul'tury*, *op. cit.*, troisième partie, p. 394.

4 *Pamjatnye zapisi A. V. Xrapovickogo*, *op. cit.*, p. 226.

5 Cf. P. Miljukov, *op. cit.*, p. 333.

6 Zapiski Deržavina, *op. cit.*, Venise, pp. 381–382.

7 P. Miljukov, *op. cit.*, p. 341.

8 T. A. Bakunina, *Znamenitye russkie masony*, Moscou, 1991, pp. 115.

9 T. A. Bakunina, *op. cit.*, p. 98.

10 P. Miljukov, *op. cit.*, p. 341.

11 T. A. Bakunina, *op. cit.*, p. 101.

12 James H. Billington, *op. cit.*, p. 255.

13 "马丁教派"（martiniste）发音上与俄语的martychka相近，意为"猴子"。

14 Isabel de Madariaga, *op. cit.*, p. 525.

15 *Pamjatnye zapiski Xrapovickogo*, *op. cit.*, p. 275.

16 Cf. Leonid Heller, Michel Niqueux, *Histoire de l'utopie en Russie*, Paris, 1995, p. 72.

17 L. N. Engel'gardt, *Zapiski. Russkie memuary. Izbrannye stranicy. XVIII v.*, édité par I. I. 4Poldol'skaja, Moscou, 1988, pp. 294–295.

18 E. Tarle, *Sočinenija*, Moscou, 1962, tome XII, p. 80.

19 A. M. Gribovskij, *Zapiski o imperatrice Ekaterine Velikoj*, Moscou, 1864.

20 Cf. N. Ejdel'man, *Iz potaennoj istorii Rossii XVIII-XIX vv.*, Moscou, 1993, p. 289.

15　马耳他骑士团团长

令人景仰的王子，铁面无情的专制君主。

——亚历山大·苏沃洛夫

俄国居民认为这位君主好似危险的流星，分分秒秒地计算着，不耐烦地等待着最后一颗流星远逝。

——尼古拉·卡拉姆津

叶卡捷琳娜二世突然死于1796年11月6日，享年六十六岁半。由于没找到任何剥夺合法继承人保罗大公皇位的正式指示，所以11月7日就拟定了声明，宣称女皇驾崩，皇帝保罗一世登基。一个月前，新皇帝庆祝了他的四十二岁生日。

保罗一世的出身并不确定。不过，有一点似乎大家都是接受的：皇帝彼得三世不可能是他的父亲。叶卡捷琳娜在回忆录中说，女皇伊丽莎白对彼得还没有后嗣感到很生气，便不客气地向女大公说："……我建议您在谢尔盖·萨尔蒂科夫和列夫·纳雷什金当中选。如果我没弄错的话，您已经选了后者。对此，我要大声说：不行，当然不行。于是，她对我说：好吧，如果不行，另一个肯定没问题。"[1]叶卡捷琳娜想必知道自己孩子的父亲是谁。可是，怀疑仍然存在。一开始，保罗既不像萨尔蒂科夫，也不像纳雷什金，两人都是美男子；而他是个塌鼻子，塌到让人触目惊心的地步，但倒可以说和彼得三世挺相配，是他的继承人。当时的人觉得是萨尔蒂科夫的叔叔，后者也是个塌鼻子，但这说法并没什么说服力。有人说保罗一世一登上皇位，便把母亲的情人叫过来，问他："你是我父亲吗？"萨尔蒂科夫回答得颇为局促："你母亲身边的人实在太多……"还有传言说叶卡捷琳娜的头生子出生即夭折，结果用一个芬兰人替换了这个孩子。这倒是可以解释未来皇帝的长相。

不过，保罗坚信自己就是彼得三世的儿子，很难接受自己七岁的时候皇帝骤然被杀一事。孩子一出生，伊丽莎白就把他带在身边，让保罗和自己的母亲分了开来，而孩子的母亲既不关心孩子，也不爱他。如果保罗一世不存在的话，西格蒙德·弗洛伊德也会把他给编造出来。

1760年，保罗还不到六岁的时候，女皇给他安排了一名Oberhofmeister，也就是首席教师。我们知道，从1763年起，尼基塔·帕宁就开始负责俄国外交事务，达近二十年之久。1773年，叶卡捷琳娜不再让帕宁伯爵担任皇储的教师，"不让他对自己的学生施加政治影响力"。受过良好教育的尼基塔·帕宁为大公设计了大量课程，包括历史、地理、数学、俄语、德语、法语，还有一点拉丁语。当过保罗教师的还有那个时代最开明的人谢苗·波罗申，他给自己学生的童年时代写过很有名的回忆录，其他当过皇子老师的还有物理学家弗朗茨·埃皮努斯院士，修道院院长、后成为都主教的普拉东。保罗读了很多书：有俄国诗歌，如苏马罗科夫、罗蒙诺索夫、杰尔查文，还阅读西方作家的作品，如拉辛、高乃依、莫里哀、伏尔泰、塞万提斯；后者的作品是1769年第一次翻译成俄语的，保罗显然读的是法语版的《堂吉诃德》。

保罗一世的同时代传记作者是这么概括波罗申的观察的："保罗

十一岁了，但他的生活习惯和思想很明显都受到了规划……他今后生活中出现的状况此时已显露端倪；后来，这样的状况就愈来愈明显。他虚荣心特别强。而且易受影响。会莫名发怒。怨气却又很快熄灭。生性多疑。信任告密者。会歇斯底里。头脑敏锐，却无法专注。做事匆匆忙忙。无法和任何人建立亲密关系。想要有讲知心话的人、信得过的人。酷爱战争游戏……对自己担任国家领导人的使命很清楚。渴求关注和爱……渴望成为马耳他骑士团的一员。对秘密行事的共济会很感兴趣。梦想和曾祖父彼得一世一比高下。"[2]

　　1772年9月，叶卡捷琳娜决定给时年十八岁的皇储娶妻。德国各公国有取之不尽的未婚妻资源：达姆施塔特有三个公主，符腾堡三个，科堡三个，巴登两个，等等。女皇给保罗选了黑森-达姆施塔特的威廉明妮，后者改宗东正教之后，就改名为娜塔莉娅·阿列克谢耶芙娜。保罗很爱自己的妻子，但1776年妻子去世了。之后，他得知女大公和她最要好的朋友拉祖莫夫斯基伯爵欺骗了他。叶卡捷琳娜将仰慕他妻子的那些情人的信拿给儿子看。她这么做是想安慰他，减轻他的痛苦。当时没有举办任何丧事，保罗也没参加葬礼。五个月后，女皇又给皇储挑了新妻子，符腾堡的索菲·多萝西娅公主，后改名为玛利亚·费奥多萝芙娜。

　　现在就等着登上皇位了。保罗和妻子以谢韦尔内伯爵和伯爵夫人的名义游历了欧洲：奥地利、意大利、法国。在巴黎的时候，他受到了路易十六和玛丽-安托瓦内特的接见。皇储所到之处，都给人留下了极好的印象，虽然有人发现他时常心怀忧郁。保罗在维也纳停留的时候，莫扎特也正好在那儿，莫扎特在写给父亲的信中讲了一则轶事："为了欢迎一位外国贵客，他们想上演莎士比亚的悲剧《哈姆雷特》，但扮演该角色的演员却说当着俄国哈姆雷特的面演这出戏不太合适。约瑟夫二世为此还给了演员五十杜卡特。"[3]

　　保罗专程来柏林认识符腾堡公主，和保罗在柏林见面的腓特烈二世写下了自己对叶卡捷琳娜儿子的看法："他看上去很高傲，自命不凡，性格粗暴，这样就让那些了解俄国的人担心他在位时间会不长久，毕竟他治下的人民都很难对付，也很狂暴，几位女皇都太温和，所以这些人都被政府宠坏了，他的命运很有可能会和他那个倒霉的父亲一样。"[4]我们无法否认普鲁士国王是有一定洞察力的。

保罗在自己的庄园（石岛、巴甫洛夫斯科耶、加特契纳）内创建了宫廷，设立了一支小分队，由护卫他的士兵与军官组成。颇受保罗信任的费奥多尔·罗斯托普钦在写给俄国驻伦敦的使节谢苗·沃龙佐夫的信中写道："大公在巴甫洛夫斯科耶，情绪一直都不好，满脑子的幻想，围着他的那些人里，哪怕最实诚的，都应该不加判决直接车轮刑处死。"

皇储那支小分队里的有些人"难以回避"，其中一个是个炮兵中尉，二十三岁，叫阿列克谢·阿拉克切耶夫（1769—1834）。阿拉克切耶夫来加特契纳学习操作火炮，保罗很喜欢他，所以就一直让他留在了卫戍地。同时代有个人写道："他行事相当严格，近乎暴虐……阿拉克切耶夫从外表上看，令人想起猴子穿了身军服……他双眼深陷，呈灰色，从整体的面相上来看，既有智慧，也不缺戾气。"[5]阿拉克切耶夫的许多行动都发生在亚历山大一世在位时期。他在俄国历史上青史留名，是所谓的阿拉克切耶夫制度时期。他是保罗一世和亚历山大一世时期的宠臣，一提他的名字，就会让人唾弃，就连喜欢指出苏联语言学家错误的斯大林都用已在该科学领域内站稳脚跟的"阿拉克切耶夫制度"这个词来对他们解释错在哪儿。[6]

阿拉克切耶夫在保罗的小朝廷里组织了一个普鲁士风格的体系。1784年，波将金亲王给俄军换上了更为舒适的新军装：以后，士兵就得剃光头，用短外套替换了长摆军服。此时，保罗的小分队穿的则是普鲁士军装。这么做并不仅仅是为了惹恼波将金。保罗以父亲彼得三世为榜样，对普鲁士也充满爱戴。就在俄国准备和这个国家发生冲突的时候，保罗给腓特烈-威廉二世写了封信，他写道："这套体系让我和普鲁士国王紧密联系了起来，我对该体系的喜爱不会改变……不管您的目的是什么，我都会真心诚意支持您。"[7]

皇储有自己的看法。他对共济会特别感兴趣，他的那些个宠臣，如他在欧洲游历之时陪在他身边的亚历山大·库拉金亲王和谢尔盖·普列奇切耶夫，都是共济会会员。没有任何证据证明保罗也加入了共济会，成为会中"兄弟"，但从无数证词中可以看出他在共济会会员当中很受欢迎。

保罗十二岁的时候，谢苗·波洛欣让他阅读《马耳他骑士团历史》一书。从此以后，皇储便对耶路撒冷圣约翰骑士团产生了兴趣，而且直至其死亡，这一兴趣都未曾减弱。

不过，皇储并不是只对宏伟的思想感兴趣。1788年，保罗三十四岁，准备攻打土耳其人，并制订一项与国家构造有关的计划。这项计划最后形成了一份宣言，清晰地体现出了开明专制主义的精髓："全社会的目标就是所有人和每个人的福祉。如果每个人的意志无法通往共同的目标，那社会也就不可能存在。"该计划断言，"没有比专制政体更优越的典范了"，因为"专制政体将法律力量和灵活应变的个体权力调和了起来"。在俄国皇储看来，普鲁士的国家体制就是和谐的典范。登基之前，保罗就公开反对扩张俄国边界，认为必须先在俄国已有的领土上确立秩序。他尤其反对瓜分波兰。

保罗的老师之一弗朗茨·埃皮努斯是德语学者、磁力和电力专家，他曾这样说自己的学生："他头脑聪明，但这头脑只靠一根线维系着，其机制是什么，我并不清楚。如果这根线即将断裂，机器就会超速运行，而智慧和常识也会消失不见。"埃皮努斯于1798年离开了彼得堡。他还来得及看到自己昔日的学生登上皇位，认为自己在皇帝童年时期所作的观察完全正确。

1796年11月6日至7日晚，女皇叶卡捷琳娜二世驾崩，近卫团宣誓效忠皇帝保罗一世，这么多年来，他是头一个合法登基的君主。新皇帝立刻就开始马不停蹄地活动起来。一个亲历者发现，每时每刻都会出现睿智的变化、公正的惩罚、分明的赏罚。11月7日，尼古拉·诺维科夫被从什利谢利堡要塞内放了出来，流放在外的"马丁派分子"也都获准返回都城。11月9日，塔德乌什·柯斯丘什科和其他参与1794年反俄起义的波兰人也都相继获释。保罗前往拜访了伊格纳修·波托茨基亲王，并对他说："我向来反对瓜分波兰，这个做法让人羞耻，也不具有政治性。但事已至此。难以想象奥地利和普鲁士会同意重建波兰。我不会让出我的那部分，让他们变强，而我自己变弱。我也不想和他们开战。我们的国家打仗打得太多了，得让它喘口气了。所以，您还是听天由命，平静生活下去吧。"而且为了让良心过得去，保罗拨给柯斯丘什科和波托茨基每人一千个农奴。柯斯丘什科回答说，他要的是叮当响的现金，于是保罗就给了他一张汇票，让他去英国的银行取款：一千个农奴等值于六万卢布。[8]11月23日，皇帝签署敕令，释放了拉季舍夫，取消了他在伊利姆斯克服苦役的刑罚。

对那个时代的人而言，一切都很清晰：新皇帝最初的作为主要就是想修正母亲的所作所为。当然，并不仅限于释放被叶卡捷琳娜关起来的囚犯。彼得三世还没来得及加冕就被人杀害了。保罗下令挖出父亲的尸体（只找到他的帽子、手套、高筒靴），将皇冠戴在他的头颅上。彼得三世的棺椁在冬宫内叶卡捷琳娜的棺柩边放了几天时间。他颁布敕令，命令给父皇穿上俄式服装：禁穿法式服装。全军都穿普鲁士军服。1769年，加特契纳小分队计有28名军官和2399名士兵，如今则成了近卫团。阿拉克切耶夫被任命为彼得堡司令，并升任至将军。他的使命就是确立新的秩序。

在从1796年11月7日至1801年3月11日的这1586天当中，皇帝保罗共颁布了2179份声明、敕令、命令以及其他法规。叶卡捷琳娜二世的数字是其两倍，但那是在三十四年的时间里。

瓦西里·克柳切夫斯基在研究保罗一世的行为与决策的共同点时，认为保罗是"第一个反贵族的沙皇"，认为他所推崇的"秩序、纪律、平等"以及对抗不同阶层的特权，乃是他的主要使命。

照保罗的说法，平等是奴隶的平等。在他的帝国中，所有社会阶层都是平等的，没有任何人享有丝毫特权。在那些俄国历史最有名的宣言中，我们可以找到保罗一世向瑞典密使所说的话："俄国唯一了不起的人就是我和他讲话的那个人，而我现在就在和那个人讲话。"

保罗确实在严格限制贵族的特权。对受到叶卡捷琳娜法律豁免的贵族，他特别制定了体罚。他还对贵族的自我管理进行了限制。同样，他还阻止强化农奴制，甚至还做了一些事来弱化这个制度，而这对贵族阶层而言又是一个打击。徭役仅限于三天期限。禁止以拍卖的方式将仆人和农民（像物品一样被）卖掉。从此以后，农民要向皇帝宣誓，这可是闻所未闻。可另一方面，保罗在登上皇位的时候，却向宠臣分发了十万个农奴。

保罗戴上皇冠的时候，头脑中只有一个想法：纠正母亲犯下的种种错误。帝国一如往常需要改革。1765年5月，后来的亚历山大一世（也就是叶卡捷琳娜二世最喜爱的孙子）给朋友写了一封信："……我们在处理事务的时候一团糟；到处劫掠；领地维护得一个比一个差；不管什么地方都看不到秩序，而帝国的目的却是扩张边界。"[11]亚历山大没想到管理起来这么困难，也很清楚祖母有意撇开他的父亲，要将皇位传给他，但他仍然对朋友说了自己的意图，说他想"和这片穷山恶水一刀两断……"要和自己的妻子住在"莱茵河畔"，幸福地生活在朋友们的陪伴之中，研究大自然。

保罗一世并不害怕困难。他先是着手改善帝国的各种事务。只要发现有人在滥用权力，他就会毫不留情。为了知晓一切，他命人在宫中凿出一个特制的窗口，每个人都能以皇帝之名在此投递请愿书。农民也可以投诉领主。每天清晨七点，君主就会拿起那些小条子，开始读。用一位回忆录作者的话来说，恐惧将对人类的爱注入了官员的心中。而且，皇帝还亲自确立预算，下令在宫前烧毁相当于5 316 655卢布的银行汇票，以此来提升外汇的流动性。

对瓦西里·克柳切夫斯基来说，保罗的行为不具政治性，更具病理性。[12]或是因为情感，或是出于理性的驱使，或是一刻都不曾消停的恐惧，保罗一世以闪电般的速度改定种种决策；他发布自相矛盾的命令，头脑一旦不冷静，就会勃然大怒。1901年出版了整整一大卷逸事录，可以让我们对保罗一世时代的氛围有所了解，在他的统治之下，一切都有可能发生。尤里·季尼亚诺夫在他一本名为《吉哲中尉》的故事集中讲了两则逸事，这些故事很有可能都是建立于真实事件之上的。第一则逸事讲述的是一名神职人员抄写错了一个名字，结果拼写错误的名字反倒变成了一个有血有肉的人。受到皇帝的注意之后，这个名字便开始飞黄腾达。当保罗要见一见这位他刚任命为将军的军官的时候，有人对他说吉哲将军已经去世了。皇帝便说了这段悲伤的话：我失去了最优秀的军官。第二则逸事讲的是一名军官错误地出现在了亡者名单上。当"死者"要求重新列入军队的在编人员名录时，皇帝便写了如下的一道决议："前中尉希尼乌哈耶夫因死亡而请求划出在编人员之列，现出于同样理由将此请求拒绝。"

皇帝保罗一世能够做任何事情：让一个从未存在过的人活下去，或者将一个活人看作死人。保罗就是个暴君。俄国的专制君主始终享有巨大的权力。但后者一直都受到法律、习俗等种种力量的约束，而专制君主依靠的就是这些东西。但保罗一世没有受到任何限制。

当代一位历史学家在叶卡捷琳娜的儿子身上寻找"理性的种子"时，说保罗一世"所要的就是一个守成的乌托邦"；一个世纪之后，他仍然想要使用彼得一世的方式方法。[13]保罗的同时代人尼古拉·卡拉姆津认为皇帝"想要成为伊凡四世"。19世纪的一位历史学家则认为保罗一世的时代"充满了恐怖"。作为君主原则的吹鼓手，卡拉姆津谴责保罗损害了专制政体这一概念："他的所作所为让人对滥用专制政体的人深恶痛绝。"将这位俄国皇帝和雅各宾派相比来看的话，后者由于对专制政体使用不当，从而玷污了共和政体的原则。[14]

保罗一世的"滥用"和伊凡雷帝的残暴无法相提并论。彼得三世的儿子反复无常，只会影响到宫廷老爷和近卫军官这样一些小圈子。很少会延及普通士兵。贵族阶层越来越无法忍受皇帝的雷霆怒火，毕竟他们早已习惯叶卡捷琳娜在位时期所享有的种种特权。女皇肯定不会让这些事情发生，所以保罗一旦想模仿她，就会激起很大的不满。我们知道，叶卡捷琳娜想要剥夺儿子的继承权，改由自己的孙子继位。很显然，如果她不死，就会执行这样的计划，而且不会遇到任何阻力。保罗登基之后没多久，就发布了特定的敕令，确立了继位顺序，这种做法在俄国可是闻所未闻：有点类似于同皇储及其配偶签订了一份协定。但皇帝也是刚刚才注意到这样的计划："同意。保罗。"他设想的是将皇位传给年轻的符腾堡的欧根王子，后者是女沙皇玛利亚·费奥多萝芙娜的外甥。

保罗最不受人待见的行为引起了民众对贵族圈的愤怒，其中就有引入普鲁士军装和大量普鲁士习俗，以及使用天主教会的祈祷手势这样一些做法。

教宗禁止耶稣会之后，耶稣会士就在普鲁士的波兰和俄国的波兰找到了避难所，叶卡捷琳娜曾在那儿接待过他们。保罗作为专制君主，自认为处于宗教评议会和各个主教之上，并将教会领袖这样的称号据为己有，加冕时自己给自己领圣体。法国大革命的时候，马耳他骑士团遭法国驱逐，叶卡捷琳娜二世时期便和骑士团建立起了联系。而保罗走得更远：1798年他戴上皇冠之后，重新启用了骑士团导师的标志，丝毫不担心这样一个事实，即耶路撒冷圣约翰骑士团是奉教宗为教会领袖的。保罗受骑士精神所驱策，来对抗法国大革命，所以他自然是支持雅各宾派与之宣战的天主教徒。皇帝同意在彼得堡设立天主教教区。耶稣会士获准在维尔纽斯开设神学院。加布里埃尔·格鲁伯（1740—1805）带着其他几名耶稣会士来到俄国的时候，叶卡捷琳娜给他们提供了庇护。保罗在位时期，他就住在彼得堡，成为皇帝的心腹：只有格鲁伯神父一人可以不用通报即可面见皇帝。1801年3月11日上午，他向君主提出了教会统一这一最新版的老调重弹的计划，保罗也肯定会批准。但皇帝由于有其他的事需要操心，故而推迟了和这位耶稣会士的见面。次日晚，保罗一世就被刺杀了。

保罗的儿子亚历山大一世在位时期，对天主教的迷恋仍然活跃于宫中。但暴君、"反贵族沙皇"所反对、所拒绝的东西，年轻的自由派君主却可以做到。

注　释

1 *Sočinenija Ekateriny II, op. cit.*, p. 137.

2 «7 nojabrja. Anekdoty i fakty», édité par A.M. Peskov, *Družba narodov*, n° 11, 1993, p. 25.

3 N. K. Šil'der, *Imperator Pavel Pervyj. Istoriko-biografičeskij očerk*, Saint-Pétersbourg, 1901, pp. 158-159.

4 Cf. Georgij Čulkov, *Imperatory*, Moscou-Leningrad, 1928, 2e édition, 1933, p. 37.

5 *Zapiski N. A. Sablukova. Careubijstvo 11 marta 1801*, Saint-Pétersbourg, 1907, p. 35.

6 I. V. Stalin, «Marksizm i voprosy jazykoznanija», *Sočinenija*, tome 3 (XVI), Stanford, 1967, p. 145.

7 Cf. A. M. Peskov, *op. cit.*, p. 44.

8 Pawel Jasienica, *op. cit.*, p. 575.

9 N. Ja. Ejdel'man, *Gran' vekov. Političeskaja bor'ba v Rossii. Konec XVIII-načalo XIX vv.*, Moscou, 1982, p. 61.

10 V. Ključevskij, *op. cit.*, tome 5, p. 154.

11 «Aleksandr Pavlovič V.P. Kočubeju, 10 maja 1796», cf. A. M. Peskov, *op. cit.*, p. 54.

12 V. Ključevskij, *op. cit.*, tome 5, p. 157.

13 Natan Ejdel'man, «Revoljucija sverxu», *op. cit.*, p. 77.

14 N. M. Karamzin, *Zapiska o drevnej i novoj Rossii, op. cit.*, p. 45.

16　新边界

俄国，以其所处的位置，取之不竭的力量，必将成为世界上第一大强国。

——费奥多尔·罗斯托普钦致保罗一世

叶卡捷琳娜二世给自己的儿子留下了一个几乎大一统的俄国，其中包括了俄国长久以来声称属于自己的土地，也收复了历史上的疆域。而且，从"希腊计划"和"印度计划"都可以看出俄国并不决意止步于此。

因此，保罗一世仍然需要证明随着国际局势所致的变化，俄国还拥有新的可能性。1992年，俄罗斯一位历史学家写道："18世纪的成功导致俄国的外交政策转向了新的边界。俄罗斯帝国拥有了新的视野，让它可以在中欧强化自己的影响力，巩固近东地区，并且继续向亚洲扩张。"[1]这位历史学家观察到，俄国属于那类想要夺取欧洲霸权的国家。

1800年10月1日，俄国外交事务负责人罗斯托普钦伯爵向保罗一世提交了一份阐明新政策的计划书。开篇就是这样的断言："俄国，以其所处的位置，取之不竭的力量，必将成为世界上第一大强国。"费奥多尔·罗斯托普钦描绘了一幅欧洲的局势图："普鲁士会疼爱我们"，也就是说普鲁士会奉承俄国，希望得到后者的支持，"奥地利会匍匐于我们脚下"（刚在马伦哥败于拿破仑），"英国也需要和平"。罗斯托普钦伯爵随后又作了这样的评定："波拿巴采用一切手段想要寻求我们的恩惠。"保罗在这句话的边上写道："他能得到。"

俄国外交事务负责人以这幅草图为基础，建议"和法国、普鲁士、奥地利结盟，确立武装中立政策，来对抗英国，瓜分土耳其，为俄国夺取君士坦丁堡、保加利亚、摩尔达维亚、罗马尼亚，把波斯尼亚、塞尔维亚、瓦拉几亚让给奥地利，形成一个受盟军庇护的希腊共和国，但随后的目的还是要将希腊人置于俄国的掌控之下"。皇帝又在边上批注道："也可以用计夺取。"罗斯托普钦伯爵大度地给出了结论，他说对于普鲁士，可以让它得到汉诺威、明斯特、帕德博恩，而法国可以得到埃及。保罗一世给出了积极的回馈："我批准你的计划，希望你将之付诸实施。上帝会同意我们这么做的。"[2]

保罗还可以活六个月，他所同意的外交计划得由他的子孙来完成了。一方面，罗斯托普钦的计划遵循的是叶卡捷琳娜划定的线路；另一方面，他又确定了新的任务、新的边界。为了摆脱"自然边界"，扩张就需要理由，需要合理化的证明。瓦西里·克柳切夫斯基写道："俄国找到了……新的种族-宗教使命，可以说不经意间就踏上了征途……"

这个意料之外的发现是在和奥斯曼帝国战争期间获得的。被土耳其人臣服的斯拉夫人大多都是东正教徒，所以需要将他们解放出来。俄国负责这项任务。确实，俄国人很清楚什么是自由，也强烈地感受到了其他国家的自由也都付诸阙如。彼得时代的诗人卡里昂·伊斯托明说："美洲渴求贪婪的自由……那儿愚行遍布，恶行充斥。"[3]半个世纪之后，1769年，叶卡捷琳娜二世写了一封信给"捍卫祖国和自由的科西嘉勇士，尤其是帕奥利将军"。俄国女皇写道："先生们！反抗压迫，捍卫和拯救祖国，反击恶意入侵，为争取自由而战斗，你们很久以来就已如此教导欧洲。"发给科西嘉人的这个信息出自叶卡捷琳娜本人之手，她的签名是："你们忠诚的朋友，北极居民。"[4]

如有需要，获得军队支持的俄国外交官在18世纪下半叶捍卫了波兰东正教徒的权利、瑞典封建领主的自由，瑞典国王想要限制他们的权利。奥斯曼帝国的衰弱让俄国外交界开始思考如何使斯拉夫东正教徒获得民族解放。尽管在瓜分波兰的时候，有一部分斯拉夫人重新受奥地利和普鲁士的统治，但这并不重要。罗斯托普钦的这个计划也做出了预测，认为斯拉夫人的土地——塞尔维亚和波斯尼亚——会被让给奥地利。解放斯拉夫人成为俄国外交政策的主要工具，是其主要使命之一。这样的政策定向可以追溯到16世纪尤里·克里加尼齐的那个计划。

不过，还存在第二个使命，全新的使命：法国革命使叶卡捷琳娜二世在灵魂深处感受到迷茫和愤怒，她时常谈及要与之战斗，但说归说，最多也就是向法国保王党移民敞开俄国边界，呼吁欧洲各君主国与共和国进行战斗。保罗一世则派遣军队和法国革命者战斗，出色地实施了这项任务，可以认为他是出于意识形态才这么做的。

这两项任务，两个目标，也就是克柳切夫斯基所说的"种族-宗教"层面和意识形态层面（即反革命和反共和）的目标，让俄国外交界拥有了大量可操作的空间，并在各种形势下按需选择盟友。

保罗一世反复无常、性格暴虐，让彼得堡的贵族阶层又怕又恨，这样也就为恐怖滑稽的奇闻逸事提供了丰富的素材，但这并非牵掣外交政策的基本目标。历史学家们从中发现，皇帝只要稍微移动，政策就会突然转向，但每个转向也都有其逻辑，受帝国目标的规定。

格奥尔格·维尔纳茨基认为保罗一世的外交政策是"俄国外交史上的重大事件"。这位赞成俄国同穆斯林国家结盟的欧亚主义历史学家高度赞扬了"俄国在地中海东方部分发挥影响力，通过架桥通路，而不是战争来对付土耳其，与土耳其越走越近"。[5]苏联历史学家叶甫根尼·塔尔列则对保罗的外交政策没有好话：一方面，皇帝赞成扩大俄国的边界，从后世来看，这是一种进步主义的现象；另一方面，保罗是"捍卫君主制原则的骑士"，他确立了"欧洲的宪兵传统"，这个传统后在亚历山大一世和尼古拉的沙俄时期仍将发挥很长时间的作用。[6]不过，这位历史学家发现了一个很聪明的解决办法：对保罗一世迷恋君主制原则进行谴责，赞扬苏沃洛夫元帅和乌沙科夫海军司令的英雄主义和军事技能，这两个人率领俄国人中"勇猛无畏"的佼佼者，在陆路和海路都打败了法国人。

叶卡捷琳娜时期，俄国和土耳其打了两场艰难而漫长的战争。俄国人以前曾经打败过土耳其人。因此，1798年夏，保罗提议和奥斯曼帝国结盟就让人觉得根本摸不着头脑。这样做的目的是"共同对付法国的邪恶意图"。第一次想和土耳其走近是在法国夺取马耳他时出现的（俄国皇帝喜欢这座岛）。马耳他骑士团就移到了俄国。8月30日，保罗宣布自己就是耶路撒冷圣约翰医院骑士团的导师，也是该岛的庇护者。俄国和土耳其就这样加入了由英国、奥地利和那不勒斯王国构成的联盟之中。

由于对拿破仑在亚历山大港登陆一事（1798年7月底）感到害怕，苏丹塞利姆三世及其大臣只能同意俄国舰队穿越博斯普鲁斯海峡，封堵通路，不让其他国家的舰队驶入。由乌沙科夫海军司令率领的俄土舰队驶入了亚得里亚海。法国人被赶出了伊奥尼亚群岛，在群岛上成立了一个共和国，受土耳其官方保护，但实际是受俄国控制。1799年，黑山请求成为俄国的属国。格奥尔格·维尔纳茨基对此做了总结："保罗的政策使俄国在亚得里亚海上确立了一个基地；从此以后，就能真真切切地掌控巴尔干地区东正教徒和斯拉夫人的处境了。"[7]这位欧亚主义历史学家似乎没有考虑这样一个事实，即和奥斯曼帝国结盟使俄国再也无法将斯拉夫人从土耳其的桎梏中解放出来。

海路上的胜仗尽管打得很漂亮，其程度却远远不如苏沃洛夫元帅的胜利。奥地利皇帝弗朗茨二世请求保罗派兵援助，攻打已夺取北意大利的法国人，并坚持要求撤退的时候由苏沃洛夫只会俄军。1799年4月，俄国开始向意大利胜利大进军：10日，他们攻占了布雷西亚要塞；16日，进入米兰；5月27日，打到都灵。8月19日，苏沃洛夫攻占特雷比亚，随后又打赢了诺维战役。9月30日，俄军进入罗马。人群热烈欢迎了胜利者的军队："元帅万岁！莫斯科人万岁！"罗马人喊得声嘶力竭，拼命拍着手。至少，指挥小分队的巴拉金中尉在向海军司令乌沙科夫呈交的报告中是这样描述进入罗马的场景的。[9]

北意大利摆脱了法国人，但俄军的胜利开始让奥地利和英国很不自在。奥地利将军和苏沃洛夫之间出现了严重的不睦。俄军派了一个军前往瑞士。该部队虽说名气很大，成功穿越了阿尔卑斯山，但他们其实是被盟军抛弃的，差点被打败。皇帝将亚历山大·苏沃洛夫升任至大元帅的行列。但这位军队统帅并没觉得满意，他写道："我打败了法国人，但未将之消灭，而这都是奥地利人背信弃义所致。巴黎就是我的靶子。"

进入巴黎的战斗以后是会打响，但要到俄国的下一任皇帝在位期间。保罗一世一如既往，又骤然改变了战线。一方面，俄军在意大利和地中海打了胜仗，令盟军倍感不安，这让他心中愤恨；另一方面，法国发生的事也刺激了他。共和八年雾月18日（1799年11月9日）发生政变，波拿巴被任命为第一执政，对保罗来说，这也就意味着革命结束了。皇帝对此表达了极大的赞许："法国发生了变化，必须耐心等待它出现转机，而不要耗尽……我对第一执政及其军事才能表达敬意……他雷厉风行，我们可以和他打交道。"[10]谁又能想到玛格丽特·撒切尔第一次和米哈伊尔·戈尔巴乔夫见面的时候，就援引了保罗一世的这句话，说我们能"和他打交道"。但这无疑只是个巧合罢了。

现在和法国开始接近起来。对保罗来说，头号敌人是英国。1800年3月，英国驻彼得堡的使节韦兹沃德勋爵给伦敦写信："……我们必须对接下来发生的事做好准备。但有一个事实……皇帝已经完全失去了头脑……自从登基以来，他就变得越来越疯癫……皇帝的所作所为既无规章，亦无明确的原则可言。他的所有行为要么是反复无常所致，要么就是胡思乱想……"韦兹沃德勋爵的这封急件被中途截获，于是就命令这位英国使节离开彼得堡。

英国人从法国人手中夺取马耳他一事使保罗和波拿巴日益亲近起来。同时，皇帝的反英情绪也日益明确。10月，英国商船在俄国港口遭劫，船长和水手（1 043人）悉数遭到逮捕，十人一组被关入各省和各区的城市里。12月底，保罗收到法国第一执政寄来的信件，建议与之结盟。1801年1月2日，保罗立刻就接受了这个提议。为了表明自己新出现的亲法情绪真诚无误，皇帝将所有移民都逐出了俄国，其中就包括后来的路易十八。

保罗一世开始加速筹备和英国的战争，于是命令顿河军的阿塔曼"前去占领印度"。1801年2月27日，哥萨克便出发去打仗了。据说他们将英国打得措手不及。如想打败英国舰队，就必须让俄国、瑞典、丹麦和普鲁士的舰队联合行动，这些国家均已缔结盟约，共同对抗"背信弃义的阿尔比恩"。

但此时，保罗的日子已是屈指可数了。

注　释

1 *Rossijskaja diplomatija v portretax*, *op. cit.*, p. 99.

2 *Russkij arxiv*, 1878, livre 1, p. 103.

3 Karion Istomin, *Virši: sillabičeskaja poezija XVII-XVIII vv.*, Izd. I. Berkov, Leningrad, 1935, p. 151.

4 Cf. K. Vrševskij, *op. cit.*, p. 266.

5 G. Vernadskij, *Načertanie russkoj istorii*, *op. cit.*, p. 211.

6 E. V. Tarle, *op. cit.*, tome XII, pp. 116–117.

7 G. Vernadskij, *op. cit.*, p. 212.

8 此处的所有的日期均为俄国旧历。

9 Cité d'après E. V. Tarle, *op. cit.*, p. 207.

10 Cité d'après N. Ejdel'man, *Gran'vekov*, *op. cit.*, p. 188.

17 弑君

俄国政府被人掐了脖子，故其专制有所缓和。

——斯戴尔夫人

俄国的18世纪结束于1801年3月11日保罗一世被刺杀之时。当天，19世纪以合法继承人亚历山大一世登基这一天正式开始。王朝并没发生危机，已故君主签署的继位法完美运行。

斯戴尔夫人在解释俄国的政府体制的时候用了一个将会进入历史的说法，她看得很准。保罗"反贵族"政策引发的不满日益增长。尼古拉·卡拉姆津注意到一个"对观察者来说颇为有趣的特点"：在"恐怖统治时期，俄国居民……讲话都很大胆！……各首府洋溢着真诚的兄弟情谊：共同的不幸拉近了彼此的心灵，面对滥用权力时的绝望之情堵塞了个体谨慎的声音。"[1]亚当·恰尔托雷斯基亲王几乎是逐字逐句引用了卡拉姆津的观察："1797年，我在离开彼得堡之前，宫廷内的年轻人批评和讥讽保罗的种种行为、写讽刺诗嘲讽他的做法已蔚为风气，通常来说，他只要一有风吹草动，大家就喊得很凶。大家都会把国家机密说给任何一个人听，甚至都会说给女人和附庸风雅的年轻人听，可是没人会不情不愿地透露哪怕一个字，没人会去泄密。"[2]

照卡拉姆津的说法，保罗让"各个首府"的整个社会阶层都开始起来反对他，照恰尔托雷斯基的说法，"宫廷内的年轻人"都在反保罗。继承人亚历山大"一半有意，一半不由自主地成了反帕甫洛夫力量的核心人物……"[3]围绕在他周围的那些"年轻朋友"的圈子中也包括恰尔托雷斯基亲王、尼古拉·诺沃西尔采夫伯爵和保罗·斯特罗加诺夫伯爵，他们会讨论各种计划，目的是"赐予人民自由"，并确立宪章。

叶卡捷琳娜时期曾任秘书的内阁大臣亚历山大·别兹博罗德科就写了一篇名为《俄罗斯帝国的需要》的笔记。1798至1799年末，这份笔记被秘密交到了亚历山大手里。里面写到了开明专制主义的原则，以及叶卡捷琳娜所珍视的规则化专制政体的原则，只可惜保罗将之摒弃了。从笔记里可以看到，"专制政体哪怕只有一个很小的缺陷，也会导致无数省份离心离德，国家受到削弱，人民遭受数不胜数的苦难。但专制君主如果具备身为君王所需的品质，那他就必须感受到无限的权力并不是给他，让他随心所欲进行统治的……由于已经提出了法律，那他就必须……第一个遵守法律，听命于法律"。[4]

如果君主不"具备身为君王所需的品质"，也丝毫没有办法剥夺其权力。只有一个例外。格利高里（叶卡捷琳娜的情夫，切什梅的英雄）的弟弟阿列克谢·奥尔洛夫在和宫中权势熏天的娜塔莉娅·扎格里亚日斯卡娅谈话时，惊讶地发现竟然"有人支持这样一个恶魔"。"那能怎么办？"扎格里亚日斯卡娅问。"总不能把他掐死吧？""怎么不能，夫人？"阿列克谢·奥尔洛夫虽然明显感到害怕，但还是这么回答了。奥尔洛夫伯爵的震惊并不是装出来的：三十六年前，他就杀死了彼得三世。

奥尔洛夫和扎格里亚日斯卡娅之间的谈话就发生在保罗一世当政的第三年。让他下台的想法变得越来越具体。副内阁大臣和外交政策的一名负责人尼基塔·帕宁伯爵秘密制订了一项摄政计划，理由是皇帝精神不健全。摄政这个角色又落到了继承人亚历山大大公身上。帕宁列举了两个现实发生的相似的例子：英国的乔治三世患病期间，政府事务许多次都是委托给德迦勒亲王处理的；丹麦的克里斯蒂安七世在位期间患病，从1784年起，就由后来的国王弗雷德里克六世摄政。

所有了解保罗的人都相信他是不会自行下台的。有一段时间，他们想争得元老院的同意，来实施帕宁的计划。冯·德·帕连伯爵回忆道："大部分元老都是些蠢货，既没灵魂，又没灵感。"[5]因此，只剩下一个法子。冯·德·帕连（1745—1826）为人果断，铁石心肠，他原本是库尔兰人，但在俄军长期服役，如今成了这场阴谋的组织者。

1801年的阴谋可以被视为类似于政变，参与者和亲历者对这场阴谋都已讲了很多。叶卡捷琳娜夺权是临时起意的政变，偶然成功。后来的女皇亲自参与，再加上彼得三世荒诞乖谬的行为，终于使整个行动获得了成功。亚历山大一世夺权则是由帕连精心策划和设想的。在这两个例子里，执行者都是近卫军。在这两个例子里，继位者都已准备妥当；不同之处在于，亚历山大同意了这件事，但并未亲自参与进攻皇宫。理论上，要推翻保罗会很难，因为他已在位四年时间，不像他父亲只有六个月，而且和近卫军官不同，近卫军士兵都忠于保罗。

帕连讲述了1801年3月7日他和保罗之间的一场对话，令人震惊。阴谋的主导者当时是彼得堡省长，秘密警察头子，他还取代了被皇帝迁怒的罗斯托普钦，负责外交事务和驿站管理。帕连来到皇帝面前，听到皇帝说："1762年您也在这儿吗？""没错，但我只是个目击者，没有参与政变。为什么您要问这个？"帕连问。于是，皇帝给出了这个答复：因为你想要重演1762年。

阴谋策划者的冷静异于常人，他说："对的，陛下，我是想这么做。我知道这事，参与了阴谋……我手里掌握着一切。"

帕连说得头头是道，向皇帝解释了为什么没有危险："您父亲是个外国人；您是俄国人。他恨俄国人，公开表示自己蔑视这个地方，人民这才会反对他。而您正好相反，您爱俄国人，尊重他们，重视他们……他没加冕，您加冕了。他迫害神职人员，您尊敬他们。他让近卫团很生气；而近卫团对您绝对忠诚……"保罗信了。不过，他还是对彼得堡省长发出了警告："那么，一切都还好，但不能打瞌睡。"[6]

帕连有计划，有人执行（近卫军官），亚历山大也同意了，他向亚历山大保证保罗不会有事的：我们只是想让他下台。帕连握有权力，可以不让阿拉克切耶夫（皇帝心血来潮，把他派往外省，随后又被召回）返回彼得堡。现在就缺实施这项计划的人。

帕连找到了列昂季·本尼格森（1745—1826）本人。列昂季是汉诺威人，在出生过的王家军队里担任中尉，后来从1773年起，又在俄军服役，1794年担任少将，在瓦列里安·祖博夫率领的夺取波斯的军队中担任参谋长，他是个职业士兵，是个佣兵，会严格执行任务。拿破仑在圣赫勒拿岛上曾回忆起他："本尼格森将军会给出最后一击：踏着尸体前进。"拿破仑之所以想起本尼格森将军另有原因：本尼格森伯爵在弗里德兰率领的俄军被法国人战败；不过，六个月前，俄军在本尼格森的率领下，在埃劳守住了阵地。

没有什么能证实拿破仑的这些话。本尼格森将军并没有"踏着（保罗一世的）尸体前进"。但3月11日至12日晚，确实是他引领谋反分子进入米哈伊洛夫斯基宫，之后又领着他们进入皇帝的寝殿的。

那天晚上发生的事情，差不多有近四十种说法。不过，所有的说法都是根据参与者，甚至是第三者的叙述写下来的。有两个例外：军官康斯坦丁·波尔托拉茨基的记事本和本尼格森的回忆录。尽管如此，皇帝保罗是怎么遇害的仍然不确定；有好几个版本在各说各话。我们说的是最常见的版本，就是他是被掐死的；也有说尼古拉·祖博夫（他和其弟，也就是叶卡捷琳娜的最后一个宠臣普拉东进入寝殿）力大无穷，用金鼻烟盒砸中了保罗的太阳穴。

"好几名军官对我说：'我们把他给结果了。'"因此，本尼格森将军便将结果报告给了亚历山大·朗杰龙将军，后者是法国移民，在俄军中服役。

照同时代人的说法，帕连将军没有尾随密谋者进入寝殿；他只是在外面等待。如果保罗幸免于难，这种情况是有可能发生的，那这位彼得堡省长就会飞奔过去帮助他们。得知保罗一世亡故之后，在参与阴谋的军官们面前列队的近卫军士兵有些迟疑不决，亚历山大绝望之余宣布父亲的死讯这些事情之后，帕连就去找了继承人，"粗鲁地抓住他的胳膊，对他说：'别这么幼稚了！快去统治，去近卫军那里展现一下自己。'"

阴谋就这样成功了。合法继承人登上了皇位。

注　释

1　N. M. Karamzin, *op. cit.*, p. 45.

2　N. Ejdel'man, *Iz potaennoj istorii Rossii, op. cit.*, p. 275.

3　N. Ejdel'man, *Iz potaennoj istorii Rossii, op. cit.*, p. 274.

4　N. Ejdel'man, *Iz potaennoj istorii Rossii, op. cit.*, p. 279.

5　A. G. Brikner, *Pavel I*, Paris, 1935, p. 43.

6　*Iz zapisok grafa Lanžerona. Careubijstvo 11 marta 1801g.*, Saint-Pétersbourg, 1907, pp. 138-139.

7　*Iz zapisok grafa Lanžerona, op. cit.*, p. 149.

第三章

皇帝们的世纪

1　亚历山大的现实与梦想

没有哪个国家像俄国那样，政治语汇和现实是如此不合拍。

——米哈伊尔·斯佩兰斯基

亚历山大一世向丰盛的诱惑敞开心扉，逐渐迷上了含混不清的自由主义和专制神秘主义，他能感受到人民的苦恼，多年来梦想着治愈这一切。

——阿纳托尔·勒鲁瓦-博利厄

同时代人异口同声：保罗一世的死讯一经宣布，民众欢腾。当时最著名的诗人加甫里尔·杰尔查文写道：

> 嘶吼的北风使呼喊缄默，
> 恐怖瘆人的眼睛终于闭上……

这位大臣兼诗人心里很清楚，这"眼睛"不是自己闭上的，而是别人迫使它闭上的。而且，他也忘了1797年皇帝登基之时，他也曾写颂歌赞颂：

没错，在保罗的领导下

我们将光芒四射，繁花似锦。

杰尔查文和所有人一样，都很确定：新的统治开始了，反正不可能比前任更糟糕。而且，声明宣告年轻的皇帝登基，指出他"依据法律和叶卡捷琳娜的心灵"来进行统治。有了保罗这一出，叶卡捷琳娜的统治犹如天堂。

约瑟夫·德·迈斯特逃离法国革命军占领的萨瓦，躲到了俄国，但他不是移民，而是撒丁国王的密使，他是自由主义和启蒙时代哲学的宿敌，他的话充满怨恨，但也不见得全都是错的："如果俄国皇帝突发奇想，将圣彼得堡烧成灰烬，没人会对他说这样的行为多有不便，即便在极为糟糕的气候下，也没必要烧这么大一把火；但所有人都缄默不语，到了迫不得已之时，就会把他们的君王杀掉（要说的是，这并不意味着那些人不尊重他），而且没人会事先透露一个字。"[1]

毋庸置疑的是，保罗一世会出于只有自己知道的原因，做出放火焚毁都城的决定。但他又属于那种会很乐意去谴责放火焚城的人。人们会秘密地筹划刺杀行动，事情也确实如此。18 世纪唯一一种可以限制专制政体的形式就是"扼杀"，照杰尔曼·德·斯戴尔的说法，"扼杀"会对君主的行为产生影响。

诗人、哲学家阿列克谢·霍米亚科夫（1804—1860）是亲斯拉夫运动的一个理论家，尼古拉一世驾崩时，他预言其继承人亚历山大二世将会成为改革派沙皇。因为，照霍米亚科夫的估计，"在俄国，好领导层和坏领导层都是交替出现的：彼得三世坏，叶卡捷琳娜二世好；保罗一世坏，亚历山大好；尼古拉一世坏，亚历山大二世好"。[2]斯戴尔夫人认为一位出色的皇帝要好过一部宪章，亚历山大一世驳斥了这种说法，他说："我只是运气好罢了。"

在这一点上我们同意他的看法，不过也得考虑到叶卡捷琳娜二世在教育孙儿上面确实花了很大的力气。首先，必须强调其中存在某种规则：叶卡捷琳娜的儿子保罗从出生起就被从母亲身边带走，遵照他祖母，也就是女皇伊丽莎白的指示进行抚育；保罗的儿子亚历山大则被他祖母叶卡捷琳娜从他父亲身边带走，进行培养。在这两种情况下，继承人都有权利找到最优秀的老师。用在亚历山大身上的教学大纲是由叶卡捷琳娜亲自设计的：祖母并不满足于对孙儿的老师做出具体的指导，她还亲自制定教育的准则。当代的一位历史学家写道："不得不承认，制定这些准则的人思维敏锐，思路开阔，而且思想自由。亚历山大的教育是建立在自然、理性、个体自由、健康规范的生活模式这些基础之上的。"[3]

向皇储以及小他两岁的弟弟康斯坦丁教授俄国历史和文学的人是米哈伊尔·穆拉维约夫，他是那个时代享有盛名的作家，地理和自然科学则由德意志著名的博物学家和探险家彼得·帕拉斯教授。由于担心那些人向皇储传授迷信思想，叶卡捷琳娜委托大司祭桑博尔斯基对他进行宗教指导，桑博尔斯基在英国生活了很长时间，还娶了个英国女子，胡须都剪了，穿一身英国式样的平民服装。简言之，从他身上丝毫看不出东正教神职人员的样子。

应叶卡捷琳娜的请求，在教导皇储这一方面起主要作用的还是瑞士人弗里德里克-恺撒·拉阿尔普。女皇亲自挑选了拉阿尔普，因为之前他来俄国的时候两人就相识了，当时他正在给女皇一名宠臣的弟弟当老师。即便后来发现这个瑞士人是个坚定的共和派，女皇也仍然让他继续教育自己的孙辈。她觉得只有卢梭（她在编写识字课本时就以卢梭的思想为基础）的同胞瑞士人才能让自己的孙儿成为开明君主。

拉阿尔普和学生一起阅读洛克、吉本、卢梭、马布利，给他们讲理想的力量、人性的善、社会契约、正义、平等、自由。他谴责专制政体和奴隶制。亚历山大的一位现代传记作者说得毫不含糊："经由拉阿尔普，亚历山大吸收了法国启蒙时代的思想，而这些思想后来又转变成了法国大革命的口号。这些思想似乎落入了合适的土壤中，在未来皇帝的灵魂深处留下了一条长长的印记。"[4]

19世纪的历史学家瓦西里·克柳切夫斯基激烈批评了大公所受的教育：他们在十四岁的时候阅读了最先进的思想，也就是说读得太早了；并没有反复教导他们货真价实的知识，只是告诉他们那些伟大的思想，而孩子们就认为这些是美丽动听的"政治和道德故事"。这位历史学家指责这些教育者："他们教孩子如何去感受，如何为人处世，却没教他们如何去思考，如何去行动。"[5]

对拉阿尔普所起作用的争论（依据同时代人和历史学家观点的不同，有正面，也有负面）也部分包括了对亚历山大一世性格及其意外转向的成因的讨论。所有人都承认的是：拉阿尔普对亚历山大产生了很大的影响。后者当上皇帝之后，立刻就让这位瑞士共和派待在自己身边，有一段时间他还曾担任过瑞士联邦的领导人。拉阿尔普现在在教育两位大公；可是，亚历山大的弟弟康士坦丁却对瑞士人试图向他灌输的思想滴水不进。

瓦西里·克柳切夫斯基是俄国君主最优秀的肖像画家，他承认从个体品质的层面上来看，能与亚历山大相比的只有沙皇阿列克谢·米哈伊洛维奇：他是"一朵漂亮的花，但是暖房里的花，他既没时间，也没能力适应俄国的土地；他长大后，只要天公作美，就能盛开，但自从北风呼啸，自从俄国恶劣的气候降临，他就枯萎了，凋谢了"。[6]这个判断很残酷，显然也大有可辩之处。

亚历山大的教育零零碎碎，时常要看运气。叶卡捷琳娜只抓要点。当负责跟进大公日常发展的普罗塔索夫将军发现，十四岁的亚历山大"由于时常和漂亮女人说话，所以无论是说话时，还是夜晚的梦境里，肉体的欲望都日益强烈"，这点变得很明显，女皇立刻就嘱咐宫中的一名女官负责让自己的孙儿了解"产生感官快乐的各种秘密"。十六岁的时候，亚历山大从老师那儿已经学不到什么东西了。叶卡捷琳娜便做主让他和巴登的路易丝公主成婚，后者便是伊丽莎白·阿列克谢耶芙娜女大公。当时她十四岁。

大公在祖母的宫中所受的耳提面命对他们今后的生活来说只能起到一半的作用。另一半则属于父亲在加特契纳的宫廷，孩提时代和青少年时代，他们都要学习遵守纪律，以及成为士兵的基本知识。他们大肆嘲笑叶卡捷琳娜身边的人，同样，女皇身边的人也会无情地嘲讽合法继承人保罗宫廷现行的习俗。保罗一世一旦坐上皇位，给苏沃洛夫下的命令就是和法国人开战，并且下令穿越瑞士，捉拿拉阿尔普，把他带回彼得堡。皇帝并不喜欢儿子的这个老师。

亚历山大"只能分裂成两种性格，以两种态度示人，除了家庭日常的第三种性格之外，他还有两套行为方式、两种观念和情感。"[7]结果，历史学家就能聚焦于"两种性格"之中的一种，要么强调拉阿尔普的重要性，要么强调亚历山大对军事幕僚的喜爱以及和阿拉克切耶夫的友谊。亚历山大·普希金先是对年轻的皇帝大为赞赏，后来又为他写了些特别难听的讽刺诗，特别是说他"听着战鼓长大……"，尽管他也知道加特契纳的战鼓只不过构成了亚历山大教育的一部分而已。在普希金看来，亚历山大一世是个"滑稽演员和丑角"，是个有两张面孔的阴险诡诈的统治者。

一天早上，内阁大臣别兹博罗德科在收到保罗一世三封自相矛盾的敕令时，不禁大呼："可怜的俄国啊！还得这样再过六十年。"[8]当时负责国家事务的这位年老的外交官说这话究竟是什么意思，我们不得而知。不过，六十年之后，农奴制将会被废除，改革之前的俄国将会属于过去。在这近六十年的时间里——确切地说是五十五年——保罗的两个儿子将会统治帝国：先是亚历山大一世，之后是他的弟弟尼古拉一世。

亚历山大一世的统治持续了四分之一个世纪，相当于他的半生：他登上皇位的时候二十三岁，是个年轻人；四十八岁的时候，他因厌倦生活和权力而死。

19世纪的头二十五年里，俄国积极参与了欧洲事务：国家时刻都在筹备战争，发动战争，缔结和约，留出必要的喘息时间，整合必不可少的力量为下一次冲突做准备。政策发生剧烈变化，敌人变成盟友，盟友又变成敌人。这些转向、这些曲折标志着亚历山大一世在位时期将是一个不同的局面。

其中第一个时期（1801—1805）是充满希望的时代，打算改革的时代。第二个时期（1805—1807）里，俄国首次和拿破仑发生战斗。第三个时期（1808—1812）是和拿破仑联合，参与大陆体系，结果给俄国经济造成致命影响的时代。这时候，俄国掉转船头，进行了战争时期遭到废弃的改革。之后，又是一个新的时期，就是和拿破仑发生战争的时期（1812—1815），标志着改革遭到放弃。这是一个社会出现反应，诞生革命运动的时代，1825年12月爆发了近卫军军官暴动的事件。

亚历山大一世在位时期各个阶段出现的政治上的急遽转向、观点上的激烈变化，使他得到了城府深、阴险狡诈、两面三刀的名声，同时人们又觉得他能力弱，容易受近臣的影响。我们都知道拿破仑的评语："亚历山大挺聪明，也讨人喜欢，有教养，但就是不值得信任；他这人不真诚：是个货真价实的拜占庭人……为人精明，善于伪装，诡计多端。"瑞典使节朗格比尔克则给俄国皇帝绘制了一幅更为生动的肖像："从政治上看，亚历山大好似针尖一般精明，似剃刀一般锋利，似海上的泡沫一般有欺骗性。"[9]这样一来，自然就出现了一个问题：亚历山大为什么要对拿破仑显得真诚，为什么要给他留下好的声誉？这两人即便在结盟的时候也仍然是对手，法国皇帝所做的一切就是为了欺骗俄国皇帝。

亚历山大作为人和君主的优点和缺点在我们回答以下这个问题的时候就会真正地显露出来："他生命当中无论哪个阶段都在追求什么样

的国家目标，他是在什么样的环境中努力实现这个目标，在符合这些目标和这个大背景的情况下用的又是什么手段？"[10]

注　释

1 «Jozef de Mestr o Rossii», Édition et traduction de V. A. Mil'čina, *Rodina*, 1992, n°ˢ 6-7, p. 160.

2 Natan Ejdel'man, *«Revoljucija sverxu» v Rossii, op. cit.*, p. 114.

3 A. N. Saxarov, «Aleksandr I (K istorii žizni i smerti)», in *Rossijskie samoderžcy. 1801-1917*, Moscou, 1994, p. 28.

4 A. N. Saxarov, *op. cit.*, p. 34.

5 V. Ključevskij, *op. cit.*, tome 5, p. 167.

6 V. Ključevskij, *op. cit.*, p. 172.

7 V. Ključevskij, *op. cit.*, p. 169.

8 Cf. N. Ja. Ejdel'man, *Gercen protiv samoderžavija*, Moscou, 1973, p. 131.

9 V. A. Fedorov, «Aleksandr I», *Voprosy istorii*, n° 1, 1990, pp. 55-56.

10 A. N. Saxarov, *op. cit.*, p. 43.

2 密友委员会

亚历山大时期，美丽的开端。

——亚历山大·普希金

俄国君主登上皇位之初都很轻松自在：只要废除、赦免、平反，总之，只要将前任做的事纠正一番即可。1822年，普希金充满怀旧之情地提到了亚历山大登基时的美好岁月。1801年，所有人都很幸福。

3月15日，保罗一世遇刺之后第四天，新沙皇赦免了一百五十六个人，其中就有拉季舍夫。随后颁布的那些赦令宣布给已故皇帝治下的其他受害者免罪，总共有一万两千人。考虑到保罗的怒火首先殃及的领导层人士数目很少，所以这个数字特别触目惊心。3月，他重新在各省确立遴选贵族的制度；大赦躲到外国的俄国人；开放进出俄国的自由；他还准许私人印刷厂开业，进口任何外国书籍。4月2日，叶卡捷琳娜时代针对贵族阶层和城市所定的宪章得到重新确立。"机密处理"部门（皇帝手下的秘密警察）遭到撤销。9月27日，酷刑和"不公审讯"遭到禁止。"酷刑"一词本身也不得用在法律事务的处理中。

亚历山大一世在其发布的声明、颁布的赦令、私下的谈话中都表露出很想确立法制，以取代专制。为了准备实施必不可少的改革，他把年轻的朋友召集到自己身边，1801年5月，这些人都成了"密友委员会"的一员。

委员会一直到1804年9月都有秘密会议召开，其构成使支持改革的人满怀希望，使反对改革的人内心忐忑。亚历山大从年轻一代中任命了四个人担任委员，这些人受过18世纪最先进思想的教育，对西欧了如指掌。拉阿尔普受皇帝之邀前来彼得堡，虽未进入委员会，但亚历山大会时常与之商谈。

19世纪下半叶，密友委员会的会议纪要均已公开出版，所有委员也都撰写了回忆录。亚历山大一世的梦想和现实之间的第一次碰撞也就详细地记录在案了。

帕维尔·斯特罗加诺夫伯爵（1772—1817）是叶卡捷琳娜时代最有权有势者的独子，又是亚历山大的密友，他在一份记录中向沙皇指出有必要设立密友委员会，对俄国的转型规划进行讨论。1790年，帕维尔·斯特罗加诺夫和他的老师正在巴黎，他的老师是法国数学家、共和派人士夏尔-吉尔贝·罗姆。他加入雅各宾俱乐部之后，成了狂热的革命者安妮·约瑟芬·泰洛瓦涅·德·梅里库尔的恋人。[1]叶卡捷琳娜将帕维尔·斯特罗加诺夫召回莫斯科，后者被流放至乡村，但很快又返回了宫中。通过亚当·恰尔托雷斯基亲王（1770—1861）的牵线搭桥，他也认识了亚历山大大公。

在叶卡捷琳娜的宫廷及其父亲在加特契纳的宫廷之间两头牵扯的亚历山大，和恰尔托雷斯基亲王结下了友谊，柯斯丘什科起义遭到镇压之后，恰尔托雷斯基就被押在彼得堡当人质。甚至在皇储登上皇位之后，他们之间仍然保持着友谊。有传言说皇储的年轻妻子迷上了这位波兰亲王，但这也丝毫无碍于这份友情。据说在1799年5月，伊丽莎白女大公生下了一个女儿，把她带给保罗看。皇帝便问宫中一位名为列文的女官："夫人，丈夫是金发，他的妻子也是金发，有没有可能生下黑发的孩子？"女官反驳得很在理："陛下，上帝无所不能。"恰尔托雷斯基于是遭到"外派",担任正在流放的撒丁国王的宫中使节，但他仍然是亚历山大的近臣，保罗遇刺之后，他又被召回彼得堡。

帕维尔·斯特罗加诺夫的表兄尼古拉·诺沃西尔采夫（1761—1836）是委员会的第三名委员。第四个人是维克托·科楚贝（1768—1834），此人是内阁大臣别兹博罗德科的外甥，在英国受过教育，二十四岁的时候，被任命为驻君士坦丁堡的使节。

皇帝的这些朋友有才华，受过教育，他们从密友委员会的第一次会议起，就阐述了自己即将面对的那些任务，给出了如何完满完成这些任务的计划：了解俄国的真实现况；改革政府机制；最后，通过宪章来确保国家机构的独立性，宪章需经由专制权力的同意，符合俄国人民的精神。

有两个始终存在的根本性问题成为当日的议程：专制政权和农奴制。亚历山大很清楚需要对沙皇-专制君主的地位进行规定；他同意拉阿尔普的建议，后者的说法是"法律超越君主"。但如何去化圆为方还是令人进退两难：如何限制专制权力，却又不至于束缚君主的权力？杰尔查文说，他在一次和亚历山大的谈话中表明，自己身为大臣，要斗胆为自己的一个提议进行辩护，沙皇怒气冲冲地打断了他的话头："你总是想给我讲大道理。我是不是专制君主？那好，我想干什么就干什么。"[2]我们要注意的是，这场谈话发生在亚历山大在位期间思想最自由的那段时期。

农民问题也很棘手。在密友委员会讨论的时候存在着各种不同的意见。恰尔托雷斯基反对农奴制，因为让人沦为奴隶不道德。诺沃希尔采夫和斯特罗加诺夫则指出，激怒贵族风险太高。可是，为了解决这个问题，他们只提出了两种方式：采纳海军司令莫尔德维诺夫的计划，他长期侨居英国，照他的传记作者的说法，"他深受英国科学精神的浸淫，尊重该国的教育"[3]；第二个措施关于自由耕作者，由鲁缅采夫伯爵提出。

莫尔德维诺夫看待农民问题时提供了一个出其不意的角度。他颇为仰慕亚当·斯密和边沁，他说有必要让经济体系确立起来，这样贵族阶层就会亲口承认农奴在受到约束的情况下进行劳作是无法盈利的，于是他们就会自愿放弃自己的这些权利。在这样的状况下，莫尔德维诺夫建议向商人、市民、小资产阶级和皇家农民赋予占有不动产的权利，不得让贵族阶层独占土地。他认为，这样一来，就会出现雇佣性质的农场，可以和农奴制进行竞争，并促使贵族地主同意解放农民。1801年，这个计划拥有了法律效力。

1803年，委员会受鲁缅采夫计划的启发，针对自由耕作者进行了立法。贵族地主获准将自由出售给农民，再加一小块土地。农民成为"自由耕作者"，这样也就没必要登记为其他社会等级了。地主同意，农民有钱，这件事情就能得到解决。在亚历山大统治期间，以这道敕令为基础，47153户家庭都将获得自由，尼古拉一世在位期间，又有67149户家庭获得解放。

从关于自由耕作者的立法，以及对贵族阶层独占土地的打压来看，皇帝确实是想解决农民问题的，但他缺乏一个完整的计划，也不具备实现这个计划所需的真正意志力。摆出雅各宾派派头和民主派派头的拉阿尔普根本就不知道怎么去推进这个计划。他认为俄国尤其需要教育，需要一场启蒙运动，否则什么都做不到；但他也承认，在农奴制的状态下，很难推广教育。这位瑞士共和派人士无力摆脱这个恶性怪圈。

密友委员会后来只切实推进了一个任务：改革中央政府机关。1802年9月8日，创建各部以取代外事院、战争和海洋衙门；新设了内务、财政、公共教育、司法和商务衙门。元老院作为国家行政管理部门及最高司法机构制定新规，规定了各部的职责。

密友委员会的行为激发了恐惧、不满和抵制。被任命为司法大臣的杰尔查文猛烈批评了设立各部的想法，强调这个计划的始作俑者

"恰尔托雷斯基亲王和科楚贝伯爵这些人并不真正了解国家和国内事务"。[4]既是诗人,又是大臣的杰尔查文不仅不把新同事(亚当·恰尔托雷斯基是外事衙门副国务秘书,沃龙佐夫伯爵为外事衙门大臣,维克托·科楚贝是内政大臣)放在眼里,还指出法律的种种不足之处,而且认为各大臣的权利和义务都显得很不明确。

加甫里尔·杰尔查文对皇帝身边那些人"满脑子法国和波兰的制宪精神"深恶痛绝。诗人在回忆录中提到了恰尔托雷斯基的全名,但对其他"雅各宾派"都只写了首字母:N(诺沃希尔采夫),K(科楚贝),S(斯特罗加诺夫)。[5]亚历山大·沃龙佐夫大臣六十一岁,被认为已经老态龙钟,而在他手下当差的恰尔托雷斯基亲王才是事实上的俄国外交政策负责人,所以让杰尔查文特别不满,因为"围绕在君主身边的那些波兰男女"[6]当中,就属他最有影响力。对当时的人来说,他所谓的"波兰女人"是谁可以说不言自明,他们都知道皇帝的情人玛利亚·纳雷什金娜原来是切特维尔津斯卡娅公主,她是波兰人,据说是个"爱卖弄风情的美人胚子"。

加甫里尔·杰尔查文对密友委员会及其委员的看法在社会上层很普遍。

这并不是委员会唯一的羁绊。还有一个障碍出自行政管理部门。尽管梦想制宪和建立法制,但委员会本身是一个没什么权力的机构,成立时就这样,而且这也是君主的意愿。亚当·恰尔托雷斯基写道:"这段时期,真正的政府——元老院和各部大臣——继续用自己的方式管理国家,处理国家事务,因为在特定的小房间里开完会,皇帝就会走开,再次受到旧臣的影响,无法推行我们做出的任何决策,毕竟委员会不是什么正式的机构。"[7]

恰尔托雷斯基亲王在参与密友委员会之后过了许多年才写了回忆录,他说委员会觉得皇帝的犹豫迟疑及其对"旧臣"的让步只产生了微不足道的影响,但他认为这种想法是错误的。当代的一位历史学家认为，亚历山大一世在改革领域内，并未一以贯之地做好祭出关键性步骤的准备，他"从心底里觉得变化的到来不可避免，但从思想上来看，他只是那个时代的产物，代表的是他所在的那个社会等级，他很清楚一旦变化来临，就意味着自己作为专制君主的地位首先会发生变化"。[8]

给亚历山大一世绘制心理肖像的亚历山大·基泽维特并不同意对保罗一世之子缺点多、优柔寡断的指责。他指出，皇帝性格果决，有能力捍卫自己的观点。同时，这位历史学家也承认，在密友委员会的委员当中，"亚历山大在政治创新的道路上，最不容易采取关键性的步骤"。他发现这有两个原因。首先就是他既对政治自由这一美丽的光谱心生痴迷，却又不愿让自己投身其中。"这并不是说他不真诚，也不是说他缺少意志力；这只是表明他对没有肉身的梦想比较冷感，再加上他也害怕自己一旦去加以落实，梦想就会消失无踪。"[9]除了心理层面的恐惧之外，亚历山大内心还存在切切实实的恐惧：他的祖父和父亲都是被不满其政策的近臣所杀的。

亚历山大的犹豫不决、优柔寡断、内心恐惧并非无凭无据。拉阿尔普头脑很清醒，还曾是瑞士共和国的领导者之一，故而拥有从政经验，他受皇帝之邀重返俄国，为昔日的学生工作，对社会各阶层的力量进行分析，看他们对改革会采取何种态度。

照拉阿尔普的意见，整个贵族阶层或者说几乎整个贵族阶层都反对改革，官员和大部分商人（他们梦想成为"贵族"，占有农民）也是如此。最激烈的抵抗便来自这些人，他们惧怕"法国模式，也就是说惧怕几乎所有年富力强之人和几乎所有外国人"。拉阿尔普对企图呼吁人民参与改革的做法持提防心理。俄国人并不缺乏"意志、胆识，他们温良敦厚，天性快乐"，可是贵族使他们长期沦为奴隶，所以他们都没受过什么教育。结果，尽管"人民希望发生变化……但他们还是不会往自己想要的方向行进"。

因此，改革派沙皇所能依靠的力量并不强大：少部分有教养的贵族（尤其是"年轻军官"），部分资产阶级，一些文人。所以，这位瑞士共和派人士并不建议限制专制（沙皇传统权威本身就拥有巨大的力量）。他建议在教育领域加大力度。[10]

以卡拉姆津为首的保守派历史学家（以及同时代人）指责亚历山大一世太倾向于改革，盲目追随有害的谋臣。而自由派历史学家则指责他在引领改革方面缺乏决断力，盲目偏向保守派臣子。卡拉姆津在写给君主的《笔记》中说"智者犹如尺规"，他们知道"国家领域内的所有新潮事物均为恶"。[11]我们知道，克柳切夫斯基在讲起亚历山大的时候，说他好似"一朵漂亮的花，但是暖房里的花"："他相信自由和繁荣一下子就可以靠自己确立起来，无须努力，也不会有障碍，就像魔棒一挥，'突然'就成了。"[12]

20世纪80年代下半叶和产生许多幻想的改革头几年，历史学家转向过去，寻找类似之处。纳坦·埃杰尔曼讲"上层革命"的理论讲得很清晰，这是俄国唯一可能做到的"不流血的"革命。在分析了亚历山大一世的行为之后，他得出结论，认为"在俄国，'上层'看得更清楚"。专制政体政治生活的微弱发展和数世纪之久的实践使得"在最高层的大臣和沙皇中间，自然会出现那样一种人，他们能洞察其所在阶层、等级、整个国家的利益"。纳坦·埃杰尔曼使用国际象棋的术语，认为这些能"洞察"一切的人懂得计算，能走得更快，而拥护奴隶制的人和大多数官僚都只会一步一步走。[13]

密友委员会的行动所得甚少，他们无法为政治和社会的两个根本性问题找到答案，即如何限制专制权力却又不致束缚专制君主，以及如何解放农民却又不致冒犯地主，但这并不意味着社会处于故步自封的状态。结果恰恰相反！那个时代的社会动力，毋庸置疑都得归功于亚历山大的倡议和思想。

叶卡捷琳娜的孙子作为帝国的继承者，在其任上仍在继续扩张，他相当清楚俄罗斯帝国的性格。这从他对这个广袤帝国的政府所带来的问题很感兴趣就可以看出来。亚历山大年轻的时候对联邦制颇感好奇，可以认为这是受了拉阿尔普的影响。登基之后，他又设法和1801年当选美国总统的托马斯·杰斐逊取得联系。各省行政管理机构的改革正反映了这种兴趣。自此以后，各省省长就得直接向君主汇报工作，而地方机构则听命于各部大臣而非元老院。"这样一来，行政机构某种程度的分权也就有了可能，地方自治机构拥有了更大的创制权和自由度；给机械上油，让行政机构有更大的柔韧性，这都是必不可少的。"[14]

在他这个君主看来，帝国往哪个方向走取决于这样一个事实，即他能分辨出各个不同构成要素之间的差异。亚历山大遵循叶卡捷琳娜的政策，关心的是如何快速向俄国南部殖民。在1803年到1805年间，超过5000名移民在新俄罗斯定居下来（德意志人、捷克人、南斯拉夫人）。新来者都获得了相当多的好处。敖德萨的省长就是法国移民黎塞留公爵（他的雕像至今仍装点着这座城市），该城取得了免税区的地位，免缴关税，从而成为重要的商贸港口。南部肥沃土壤的价值很快就体现了出来，新俄罗斯成为谷物的主要出口地，排在第一位的就是小麦。

1805年之后，南部大草原的殖民地化首先是通过附属于皇家的农民，人口密度相对高的外省（图拉、库尔斯克）人口，以及迁移至新俄罗斯的人发展起来的。于是，政府不再让大量外国人过来。可是，虽然往分权的路上走了几步，彼得堡却仍然不愿放弃控制。美洲的非凡经历倒是可以为这项政策再多提供一个例证。

从18世纪起，俄国水手就在太平洋沿岸的一块相当有限的地区从事商贸活动，那地方靠近鄂霍次克海和堪察加半岛，一直通往阿留申群岛和北美沿岸地带。那时，彼得堡对从事商贸活动的水手请求支持的呼吁充耳不闻。要等到1799年，在格里高利·舍利霍夫（1747—1795）这个活动能力超强的俄国航海家及商人等了十五年之久、创始者本人都已离世的情况下，商贸活动才获得皇帝保罗一世的批准。于是，创建了由国家控制的俄美公司，垄断了太平洋商贸。18世纪，和印度及其他殖民地做生意的荷兰、英国、法国公司都有特许状，所以俄美公司也从中受到了启发，才有了这样的地位。亚历山大一世秉承其父的做法，将俄美公司的行政班子从伊尔库茨克迁到了彼得堡。

亚历山大一世在位的最初几年充满了梦想，时常在讲改革，这也是一段宗教宽容时期，将它和尼古拉一世的政策相比，其宽容的程度相当明显。可以认为皇帝对官方宗教无感，也可以认为后者只是教导人民的一种形式，也可以看出他对秘传和神秘学感兴趣。在同时代的人看来，密友委员会的所有委员都被认为是共济会会员。亚历山大·戈利岑亲王被亚历山大任命为至圣治理会议公会的高级检察官，所以也就成了东正教会的首领，有人怀疑他就是共济会会员，这种说法并非没有根据。1803年，年轻的皇帝接待了来访的I. 贝博，后者是那个时代最知名的共济会会员。亚历山大被他的对话者折服，想必会说："你对我讲了社团的事情，所以我不仅会保护你，还会请求成为其中一员。"从我们掌握的现有的各种版本来看，亚历山大一世应当是1808年在埃尔福特、1812年在彼得堡或1813年在巴黎加入的共济会，普鲁士国王腓特烈·威廉三世也是在这个时期加入的。

1783至1785年间，叶卡捷琳娜二世终止了禁止"分裂派"的措施。亚历山大在位时期，就毫不犹豫地开始允许旧教徒建造自己的教堂和礼拜堂，举办自己的典礼，拥有自己的公墓。对历史学家而言，亚历山大时期是俄国宗派运动的"黄金时期"。18世纪下半叶出现了无数教派，反映了俄国人民具有强烈的精神需求以及全国普遍性的宗教氛围紧张的状况，这些教派受到的迫害远甚于旧教徒。刚刚加冕，亚历山大一世便停止了对各教派的迫害：所有坐牢的教徒都被释放出狱，流放者也得以返回自己的家园。鞭笞派、阉割派、反仪式派（字面意思是"经由圣灵的战斗者"）、饮奶派等许多教派的教徒们现在有权离开各省，不再受地方当局的欺侮和民众的敌视，继续跋涉前往塔夫利省、阿斯特拉罕省、萨马拉省。

权力的宽容在首都的上层社会内部引发了对俄国"灵性基督教"以及各教派的兴趣。尤其是鞭笞派和阉割派这些神秘主义教派引起了许多人的关注。阉割派教徒认为女人的美具有"吞噬性"，会"阻碍人接近上帝，由于任何药物对女人都无效，所以只能剥夺男人犯下罪孽的可能性"。阉割派的创建者孔德拉季·谢利瓦诺夫从西伯利亚流放（1775—1796）回来后，在彼得堡定居（1832年去世），他颇为享受上层社会和商人对他的浓厚兴趣。1805年，亚历山大一世在即将随军出战之前，还去拜访了他。据说孔德拉季·谢利瓦诺夫预言皇帝会在奥斯特里茨战败。

宗教作为教育工具的观点在很大程度上决定了皇帝与路德宗和天主教的关系。亚历山大的传记作者写道："正因如此，在亚历山大看来，路德宗牧师和天主教神父这些了解世俗文化的人要比我们的东正教神职人员更受尊敬。波兰的神父和路德宗的牧师于是很轻松就得到了特权，而俄国的高级神职人员对这是连想都不敢想的。"[15]

从保罗一世遇刺以来，俄国皈依天主教的计划就遭到了搁置，如今又被提上了议事日程。天主教最卖力的倡导者当属约瑟夫·德·迈斯特，他认为必须让十几个贵族女人改宗天主教。于是在这方面取得了丰硕的成果：皇帝的宠妃玛利亚·纳雷什金娜（切特维尔金斯卡），还有布杜林、戈利岑、托尔斯泰、罗斯托普钦、舒瓦洛夫、加加林、库拉金等大家族的女性代表人物，她们都是耶稣会的属灵女性。

那个时代自由的氛围很适合做梦。波兰最后一任国王的侍从、住在彼得堡的阿列克谢·耶连斯基成了阉割派的一员，1804年，他还向诺沃希尔采夫提出了创建"国家先知团"的计划。所谓的先知都将是政府里的头面人物,他们会祈求上帝的恩典,说那就是神意。耶连斯基建议让阉割派的"神"孔德拉季·谢利瓦诺夫来担任皇帝身边的"圣灵首席代表"一职。这项计划一直停留在诺沃希尔采夫的纸面上,其始作俑者后来被派往了修道院。不过,一年之后,亚历山大就去拜访了谢利瓦诺夫。

帝国在扩张过程中蚕食了波立联邦的领土,最终在第三次瓜分波兰之后解决了这个问题,18世纪末,一百万犹太人被纳入进来。由此诞生了"犹太人问题",这个问题不停地困扰着政治家和国家官员、思想家和政论家,而且一直持续到了20世纪末。

如其回忆录所述,叶卡捷琳娜二世即位后必须解决同意犹太人进入俄国的问题(当时在元老院还对此进行了讨论)。得知伊丽莎白摒弃了这个想法,并宣称她不希望"从耶稣基督的敌人身上牟利"之后,年轻的女皇便下令推迟这个问题,"另定时间"。可是,随着帝国的领土不断扩大,犹太人人口不断增长,这个问题就有了另一种性质。犹太人进入俄国的问题就成了如何让他们生活在帝国内部的问题。

1791年,设立了"居住区",犹太人不准在这个范围以外定居。居住区包括了小俄罗斯、新俄罗斯、克里米亚和瓜分波兰之后所得的省份。但在这片领土的内部,犹太人只能住在城市里,乡村是不能住的。1794年,叶卡捷琳娜向他们征收人头税,数额高出基督徒一倍。

1798年,元老加甫里尔·杰尔查文被派往白俄罗斯,目的是"研究犹太人的行为,核实他们是否并不会通过骗人的勾当来羞辱当地人,了解他们是否能自行谋生,不会给当地人造成负担"。[16]杰尔查文如其在回忆录中所说,从"睿智的小资产阶级、(普沃茨克的)耶稣会、所有的行政机构、贵族阶层和商人,以及哥萨克那里搜集了犹太人生活模式方面的信息……"

元老杰尔查文将自己"对犹太人的看法"呈递给了保罗一世，但后者根本就没看。杰尔查文在这个问题上所作的笔记只有到亚历山大一世时期才能发挥作用。于是后来就成立了一个特定的委员会。从委员会的构成可以看出对这个问题的重视程度。里面有恰尔托雷斯基伯爵、波托茨基、瓦列里安·祖博夫，以及加甫里尔·杰尔查文。[17]委员会所作的第一个决策就是邀请犹太人代表前来，以便看看他们对杰尔查文的那些结论有什么意见。

1804年，他们制定了"犹太人规则"。居住区维持原状，但界限扩大，包含了阿斯特拉罕省和高加索省。在居住区内部，犹太人将会受到"法律的保护，和俄国的其他臣民地位平等"。他们仍然禁止犹太人入住乡村，并严格禁止其从事葡萄酒生意。从1804年的规则可以看出，最重要的是鼓励犹太人受教育的那些条款。犹太人的孩子有权入读所有的民间教育机构、学院、大学。同样，如果他们愿意的话，也可以"创建（犹太人自己的）特殊学校"。

1804年的规则是俄罗斯帝国内部第一个确立犹太人地位的官方法规。其自由宽容的特性是当时那个时代的标志，和后来始终都很严厉的立法相比，差异颇为明显。

注　释

1　Deržavin, *Zapiski*, *op. cit.*, p. 387.

2　*Zapiski Deržavina*, *op. cit.*, p. 481.

3　Cf. V. V. Leontovič, *Istorija liberalizma v Rossii*, Paris, 1980, p. 54.

4　Zapiski Deržavina, *op. cit.*, p. 455.

5　Zapiski Deržavina, *op. cit.*, p. 463.

6　Zapiski Deržavina, *op. cit.*, p. 470.

7　*Memuary knjazja Adama Čartoryjskogo*, Moscou, 1912, tome 1, p. 236.

8　A. N. Saxarov, *op. cit.*, p. 60.

9　A. Kizevetter, *op. cit.*, p. 132.

10　Cf. Natan Ejdel'man, *«Revoljucija sverxu» v Rossii*, *op. cit.*, p. 80.

11 N. Karamzin, *Zapiska o drevnej i novoj Rossii, op. cit.*, p. 56.

12 V. Ključevskij, *op. cit.*, tome 5, pp. 170−171.

13 Natan Ejdel'man, *«Revoljucija sverxu» v Rossii, op. cit.*, p. 88.

14 Mark Raev, *Ponjat' dorevoljucionnuju Rossiju, op. cit.*, p. 146.

15 Georgij Čulkov, *op. cit.*, p. 108.

16 Zapiski Deržavina, *op. cit.*, p. 407.

17 Zapiski Deržavina, *op. cit.*, p. 474.

3 欧洲地图

> 如果我们想走在前方，我们就必须设立一个还没有达成的目标。但若想时刻保持进步的状态，我们就必须给自己设定一个永远无法达成的目标。
>
> ——亚当·恰尔托雷斯基

1802年9月，亚历山大一世签署了一份创建各部衙门，以及任命亚当·恰尔托雷斯基的敕令，恰尔托雷斯基是外交大臣的左膀右臂。我们知道，外交大臣亚历山大·沃龙佐夫伯爵年事已高，而且患病在身，所以相当倚赖副手。1804年1月，亚当·恰尔托雷斯基亲王获得了外交大臣一职。从这项任命可以看出，皇帝对自己小时候的朋友还是相当信任的，而且亚历山大心里很清楚自己的这个做法并没有顺应舆论，舆论会平静地接受德意志人担任俄国外交事务衙门的负责人，却不会同意一个波兰人担任这个职务。约瑟夫·德·迈斯特给撒丁国王写了一封信："恰尔托雷斯基傲慢自负，话不多……我怀疑想要自己当国王的波兰人不会是个好俄国人。"拿破仑向伊丽莎白皇后担任巴登总督的父亲发出警告，说亚历山大"身边都是波兰人，他手下的大臣和情妇都属于这个民族……"

拿破仑有太多的理由对恰尔托雷斯基不满，此人来到彼得堡就猛烈批评保罗批准同法国签订和约一事。对这位未来的外交大臣而言，和约剥夺了亚历山大积极染指欧洲未来道路的可能性。

亚历山大在位的最初几年只有一个愿望：坚持不参与欧洲事务，只将全身心力放在帝国的内部事务上。亚当·恰尔托雷斯基在回忆录中写道："皇帝谈话的时候对叶卡捷琳娜发动战争和保罗倾心专制的做派同样都很厌恶。"这位既是波兰亲王，又是俄国臣民的恰尔托雷斯基认为，俄国的孤立使之完全无法取信于欧洲，这对俄国而言是莫大的羞辱，也不会受到舆论的赞赏。

事实上，1803年，领导帝国外交的亚当·恰尔托雷斯基向皇帝提交了一份厚重的备忘录，名为《适合俄国采纳的政治体制》。备忘录其实是一份外交政策纲要，建议俄国积极投身欧洲事务，在当时就是指投身世界事务。这份文件从未出版过，一直保存在作者的档案中，是波兰历史学家 M. 库基耶尔在那儿发现了它。[1]

备忘录对此表达了极大的兴趣，理由有好几个。作为"启蒙世纪"的忠实信徒，作者将在欧洲确立永久和平作为其目标。这样的话，就需要三个条件：落后民族文明的进步，考虑各国实情和自然屏障来重新划分边界，创设自由派的机构和代议权。亚当·恰尔托雷斯基在圣皮埃尔修道院长、卢梭及康德之后，提到了"永久和平"和"国际联盟"。但他是第一个提到民族问题和政治上自由主义重要性的人。

经过理论上的通盘考虑之后，备忘录对俄国在欧洲的地位、外交政策的大方针、19世纪初的国际局势、欧洲大陆各主要国家与俄罗斯帝国所持的立场都作了评估。亚当·恰尔托雷斯基写道，俄国本质上并不是一个侵略性的国家。它的未来必须以如何同化广袤的领土，而非攻城略地为基础。俄国的状况使之采取积极的外交政策。这份纲要的作者并没有忽视俄国政治的传统倾向。所以，他虽然认为没有必要侵占别国领土，但仍然建议采取具体措施解放巴尔干半岛的斯拉夫民众，必须将他们置于俄国的保护之下。

他对俄国潜在的对手及盟友所作的判断清晰无误，颇具洞察力。恰尔托雷斯基只见到一个真实的威胁：英国。而同时，英国又是一个无与伦比、独一无二的贸易伙伴，由于英国希望欧洲保持和平与安全，所以它也有可能成为盟友；此外，自由主义已在欧洲大陆遭到肃清，所以英国还是自由主义的最后堡垒。备忘录建议创建一支庞大的舰队，和各个实力不太强大的海上国家缔结盟约，以此来反制英国。恰尔托雷斯基还特别强调美国的重要性。

备忘录说，如果俄国和英国最终达成谅解，则它们的政策将成为整个欧洲大陆的法则。因此，恰尔托雷斯基对如何与英国结盟又制定了新的外交政策纲要。

他说，俄国和法国之间并没有利益上的冲突。18世纪，法国之所以采取政治上的敌视态度，是因为巴黎想要支持瑞典、土耳其、波兰这些国家，而这些国家传统上又对俄国构成了威胁。拿破仑将法国的边界拓张至其自然边界的极限，而欧洲各国只要联合起来就能阻止法国侵占别国领土。至于法国大革命的理念，恰尔托雷斯基认为可以通过推动自由主义对法国的舆论施加影响，来阻碍革命理念的传播，以期鼓动舆论来对抗拿破仑的暴政。

我们怀疑亚当·恰尔托雷斯基从未掩盖他的波兰爱国主义，"波兰问题"在备忘录里占据了优先地位。瓜分波兰使奥地利和普鲁士成了俄国的邻居。恰尔托雷斯基想让皇帝注意到这些邻国的潜在威胁，并指出今后德意志诸国有可能会进攻俄国。一个东山再起、获得统一的波兰就能确保俄国的安全，使之不受德意志在布格河畔的威胁。备忘录建议将波兰王位授予亚历山大的弟弟康斯坦丁大公，期望两个斯拉夫国家得以统一，这样就能确保俄国控制但泽，将边界一直拓展至喀尔巴阡山脉一带。

对备忘录的作者而言，奥斯曼帝国只是一具垂死的躯体。因此，必须阻止任何欧洲国家夺取这个将死之国的遗产，尤其是海峡地带。在这种情况下，俄国的目标就是建立希腊国，保障巴尔干地区民众的安全。长远来看，他认为土耳其和奥地利的斯拉夫人终归会走向统一，变成一个独立的国家，也就是大克罗地亚。

亚当·恰尔托雷斯基认为，亚平宁山脉有可能会成为意大利各公国的统一之地，北部则会出现一个独立的国家，包括意大利共和国、皮埃蒙特和威尼斯。

最后，备忘录提议效仿瑞士或美国，让独立于奥地利和普鲁士的德意志诸国创建联盟或联邦，成立一个"西部德国"。

恰尔托雷斯基亲王制定的外交政策纲要受到了密友委员会和皇帝的热情赞许。这可以从几件事上看出来，如任命亚当·恰尔托雷斯基领衔外交事务衙门，亚历山大签署"秘密指示"，再加上1804年9月派遣尼古拉·诺沃西尔采夫去伦敦执行特殊使命。

当然，这份极其睿智的外交政策纲要不可能将所有状况都考虑进去，或者照信息时代的说法，不可能将所有利于实施还是不利于实施的数据都考虑进去。在19世纪初影响俄国外交政策的数不胜数的因素（政治的、经济的、宗教的）当中，还有一个德意志因素。

即便不具决定性意义，德意志也占有相当重要的地位。我们不应忘记，安哈尔特-采尔布斯特公主，即后来的叶卡捷琳娜二世，就是亚历山大的祖母。皇帝的母亲是黑森-达姆城的公主，他的妻子是巴登的世袭公主。亚历山大有五个姐妹，分别嫁给了奥地利的大公、低地国的国王、梅克伦堡-什未林的公爵、萨克森-魏玛的公爵和奥尔登堡的公爵。当然，亲缘关系并不能阻止战争，但能大大扩展利益相关的区域。和德意志诸国及哈布斯堡家族的家庭关系使俄国和法国对莱茵河一线的利益冲突变得不可避免。拿破仑突破德意志防线，就能掌控整个欧洲大陆，而他这么做就等于在攻打俄罗斯帝国的家庭成员。

亚历山大和拿破仑开战并不缺乏理由。不过，值得注意的是，昂甘公爵手下的掷弹兵在巴登的领土上夺取了俄国皇后父亲的领地之后，才爆发了军事冲突的第一阶段。1812年战争的序曲是拿破仑攻占了奥尔登堡公爵的土地，而后者是亚历山大的又一个亲戚，被剥夺了爵位。

1802年，在没有将计划告知密友委员会的情况下，亚历山大前往梅梅尔，和普鲁士国王腓特烈·威廉三世及其妻子路易丝见面，后者很快就被沙皇的魅力所折服。四年后，亚当·恰尔托雷斯基在给亚历山大的信中写道："陛下从这时候起（指梅梅尔会晤）便不再从政治上将普鲁士看作一个国家，而是将之视为一个爱人，对之负有某些义务。"[2]

登上皇位之后，亚历山大一世将保罗一世的外交官拟定的同法国的和约也一同继承了下来。1801年3月，他在和约上签了字。内阁大臣尼古拉·鲁缅采夫、副内阁大臣亚历山大·库拉金，以及海军司令尼古拉·莫尔德维诺夫亲近法国，他们宣扬"自由"政策，不赞成同英国、法国、奥地利、普鲁士分别结盟，支持扩大同所有国家的贸易关系。赞成同英国联盟的人都聚集在谢苗·沃龙佐夫伯爵的周围，他担任俄国驻伦敦的使节有很长一段时间，指出有必要和拿破仑治下的法国来一场战争。享有亡夫遗产的玛利亚·费奥多萝芙娜太后则是赞成同普鲁士结盟的核心人物。

拿破仑的侵略政策终结了欧洲稳定的政治格局，使重新划分欧洲大陆版图有了各种各样的可能性，依照波拿巴的计划，接下来瓜分整个世界也都充满了可能性。19世纪初，俄国有很大的"自由度"，也就是说它拥有选择的自由。最初，两次结盟都是为了对付法国，但保罗一世本人最终还是选择了和法国结盟。恰尔托雷斯基的备忘录中所设定的欧洲版图，认为以下三个国家会起关键性的作用：英国、法国、俄国。影响欧洲，乃至于世界的命运，更别提还有因此而来的物质上的好处（领土上的、经济上的），这种简单易懂的可能性自然会促使俄国采取积极的政策。

1804年9月，诺沃希尔采夫前往伦敦时怀揣着的"秘密指示"说得很明确：俄国和英国这两个国家决定欧洲大陆的命运，确定边界，规定摆脱波拿巴暴政的国家的政府机构性质。

在恰尔托雷斯基看来，"指示"让他想起了三十年战争之后，由日耳曼皇帝、法国和瑞典签署的《威斯特伐利亚和约》。该和约决定了欧洲的边界，且延续了一百五十年之久。法国大革命和拿破仑的出现使再次划分欧洲版图成为必要。诺沃希尔采夫在伦敦说道，这是俄国和英国必须完成的一项任务。

从伊凡雷帝开始出现的俄英两国的紧密关系（也曾因暂时的冲突而中断）在宫中自有其支持者，但反对者更多。"背信弃义的阿尔比恩"的政策始终让人对它的意图充满了怀疑，总是怀疑它想要施展诡计，为自己火中取栗。俄国出现了一条谚语：英国女人就是害人精。

俄国首位马克思主义历史学家米哈伊尔·波克罗夫斯基指出，保罗一世遇刺之后，彼得堡充斥着焦虑不安的氛围："那时候，彼得堡的社会上都在公开谈论宫廷有可能会发生革命，而国外报纸上也都会写这些事情。但在这个所谓阴谋的核心地带，总是能见到英国外交官平静自信的身影。"[3]波克罗夫斯基丝毫不怀疑：既然"俄国资本主义的未来取决于和英国结盟"，那俄国的资本主义者就会设法达成这个目标。英国则只想利用俄国来获取自己的利益。美国的一位历史学家说得还要绝对："当彼得三世和保罗一世跨出这一步时，最终会不可避免地导向战争，出口贸易中断，巨大的利益消失，两国的君主都会被推翻，他们的决策也会很快被废除。"[4]

经济利益当然会影响政策，但在那个时代，这种影响并不直接，而且程度不大。亚历山大·索尔仁尼琴在概括罗曼诺夫王朝三个世纪的历史时，关于亚历山大一世，他问了这个问题："我们为什么一定要插手欧洲事务？"[5]我们可以找到政治和经济上的答复，但我觉得心理上的因素极为重要。亚历山大一世很清楚自己拥有一个庞大的帝国，因此他能够，而且必须决定欧洲和世界的命运。

尼古拉·诺沃西尔采夫在伦敦从两个层面展开了谈判：讨论创建一个特殊的机构来维持欧洲和平；同时，还要具体讨论各国以前和现在的边界问题（拿破仑胜利之后形成的边界问题）。此外，亚历山大一世的这位密使对其英国谈判者小威廉·皮特首相提出了政治上的建议。诺沃希尔采夫因此向这位辉格党（自由派）的首脑建议将托利党（保守派）也纳入政府。民主尚未来到俄国，但它们已经知道该怎么操作了。

具体事务（意大利各公国的边界，英国不同意让俄国来保护马耳他，增加贷款）经过讨论之后，便于1805年7月被批准通过。十天之后，奥地利也加入进来。考虑到保罗一世曾向法国发动了两次战争，所以新的反拿破仑联盟便被认为是"第三次反法同盟"。

亚历山大并没少冒犯"科西嘉暴君"，其中有些冒犯属于个人性质。我们知道，昂甘公爵被从巴登领土上赶了出去，亚历山大认为自己就是公爵的天然保护者。更让人觉得羞辱的是塔列朗对俄国的抗议照会所作的答复：如果亚历山大知道他父亲就是在距俄国边境几公里的地方遇刺的话，他难道不会像拿破仑那样对待昂甘公爵？亚历山大永远不会忘记说他参与谋杀保罗一世这样公然的指责。1804年5月，拿破仑的加冕典礼也同样很冒犯人。

于是，战争就爆发了，1992年的一位历史学家说得出奇的直白，正如他所说，战争的主要目的就是"确立俄英在欧洲的主导地位"。[6]俄军向着多瑙河、维斯瓦河、奥得河进发。海军司令谢尼亚文被派往地中海保护伊奥尼亚群岛，科孚岛成为俄军的舰队基地。奥军将与俄军在德意志的领土上会合，"解放"意大利。英国和瑞典的远征军也会采取相似的军事行动。

问题出在普鲁士身上。为了迎击拿破仑，就必须穿越普鲁士的领土。可是，它没参与结盟，因为它希望和法国缔约，从而占领汉诺威和瑞典的波美拉尼亚。因此，普鲁士拒绝俄军穿越其领土；只是当法国的贝尔纳多特元帅未征得普鲁士的同意便率军前来时，普鲁士才改变了主意。亚历山大表示感激之后，便向曾和普鲁士签订协约的波茨坦扑去，并允许后者在第三次反法同盟的各国和法国之间充当斡旋者。在一篇私下写就的文章里，亚历山大同意支持普鲁士对汉诺威的诉求，而这就等于粗暴地违反了之前和英国签订的协定。

皇帝在波茨坦赶上了自己的部队，这就清楚地表明了库图佐夫将军被排除出了指挥层。当亚历山大来到有俄国驻军的奥尔米茨时，由马阿克率领的奥军在巴伐利亚已被打得落花流水，投降了。拿破仑占领了维也纳。于是，奥地利失去了打仗的兴趣，因为他别无选择，只能依赖于亚历山大或拿破仑。皇帝出现在军中，担任最高指挥官，并不会带来胜利。我们知道，彼得大帝在普鲁特河沿岸打过败仗。亚历山大在奥斯特里茨也打了败仗。后来，到了1916年，尼古拉二世决定接过最高指挥权，这也将会对俄罗斯帝国产生致命一击。

亚历山大不得不和奥地利盟军及其亲普鲁士的谋臣战斗，库图佐夫将军说服了他。支持战斗的人也都在盼着冲突快点结束。

奥斯特里茨的失败标志着第三次反法同盟寿终正寝。但欧洲霸权的问题并未得到解决。和法国缔结的和约只不过是一份临时性的协定。谢尼亚文的舰队最终的命运很好地表明了当时局势起伏得有多猛烈。俄军舰队驶抵科孚岛的时候，第三次反法同盟向拿破仑宣布的战争刚开始就结束了。奥斯特里茨之后，谢尼亚文接到命令驶返黑海。海军司令没去理睬上头下达的命令，而是接触了黑山亲王-主教彼得·涅戈什，占领了科托尔湾，那是达尔马提亚海岸重要的商贸港口。

谢尼亚文断然拒绝了奥地利人的要求，后者已和彼得堡商定，要求俄国将这座城市及其周围地区让给他们，之后再把它们交还给法国人。谢尼亚文的传记作者问道："谢尼亚文完成这些从正式、专业的层面来看风险很大的行为，究竟想得到什么？"他没找到答案，但这并未妨碍其得出结论："他差点被送上军事法庭，也没要他对自己的所作所为负责，但这并不是什么奇迹，而是1806年夏末，俄罗斯帝国的外交政策出现了新的、猛烈的转向。"[7]

第三次反法同盟被打败之后，普鲁士最终倒向了法国一边，从而得到了汉诺威。俄国和法国之间的战争以后就变得不再可能了：普鲁士的领土将两个对手分隔了开来。不过，在选择法国为其盟友的时候，普鲁士也选择了和英国开战。英国的舰船夺取了普鲁士的四百多艘舰船，他们所有的港口都被堵住了。柏林的宿敌瑞典则倒向了英国。普鲁士没了出海口，贸易便日渐凋零。宫中支持和法国开战的呼声日益高涨；他们有路易丝皇后本人的支持，皇后对亚历山大一世影响极大。本来，1806年1月，沙皇还在督促普鲁士和俄国攻守同盟，可突然之间，普鲁士就加入了对抗拿破仑的战争，因为它认为自己拥有世界上最好的军队。

第四次反法同盟开始形成，但没有英国，因为英国无法原谅普鲁士人夺取汉诺威，战败的奥地利和与英国结盟的瑞典也没有加入。俄国外交大臣恰尔托雷斯基反对再次和法国开战；1806年7月，他被免职。密友委员会的另外两名委员也都支持他的观点，他们是诺沃希尔采夫和斯特罗加诺夫。安德烈·（戈塔尔·）布德伯格男爵成为外交事务衙门的负责人，而俄国教会也开始诅咒"人类之敌"、"东正教信仰的迫害者"法国。

1806年4月，恰尔托雷斯基亲王心里很清楚亚历山大对他的批评意见颇为恼火，便给皇帝写了一封信，他在信中总结了自己过去三年负责俄国外交事务的情况。他特别分析了拿破仑胜利的原因。"欧洲只有一位君主清楚时间的代价：波拿巴会一直取得成功……波拿巴已经战胜了奥地利、普鲁士和俄国，因为他知道如何从眼下获益，而不用考虑未来的发展。这样就会让他的军队获得两倍、三倍的力量……"几个月不到，这个分析的正确性就彻底得到了验证。拿破仑在耶拿和奥尔施泰特打败了普鲁士军队。和法国的战争开始于9月底，从10月末起，法军的对手只剩下了俄军。普军的残兵对反法同盟而言只具有象征意义。

1806至1807年冬，两军打了好几仗，可以说是拿破仑战争中最血腥的战役。俄军在埃劳损失了两万六千人，是博罗金诺之后阵亡者最多的战役。法军在这场战役中死亡人数更多，达到四万五千人。战斗虽然血腥，但双方阵营均未取得决定性的胜利，不过，亚历山大相信打败法国还是可能的。1806年11月，俄军成立了民兵队，共有六十一万两千人，其中只有五分之一的人配发了步枪。

冬春两季，克服了东欧气候上的特点，也就是霜冻和烂泥之后，随着夏天的来临，法国人又掌握了机动性，这是法军的一个特点。俄国在弗里德兰战役中惨败。在冬季的战斗中，冷兵器又获得了主导地位。信奉苏沃洛夫战术的俄军（"子弹没有用，刺刀才是王道"）自从拼马刀和刺刀以来，和拿破仑军队相比并没有落下风。但在弗里德兰，法国的炮兵决定了战斗的结局。

战斗前夕，亚历山大的弟弟康斯坦丁亲王就说有必要终止战争，与法国缔结和约。恰尔托雷斯基、诺沃希尔采夫与副内阁大臣库拉金也都持这个意见。可是，皇帝断然拒绝和拿破仑谈判。弗里德兰一役败北，损失惨重，军队溃散，溃军到蒂尔西特附近才停下脚步，普鲁士国王也逃到了梅梅尔，所有这一切再次让亚历山大明白不可能打赢拿破仑。这还不包括已经开始显现的财政上的极大困难。1807年初，亚历山大一世向伦敦请求借款六百万利弗尔（其实就是贷款），但遭后者拒绝。英国对俄国支持普鲁士觊觎汉诺威的诉求颇为怨愤，尤其是英国得出了结论，即在和法国的战斗中有必要改变战略。在欧洲大陆，屡战屡败的盟友再互相支持也不会带来胜利。"海上霸主"对拿破仑封锁岛屿的请求做出了回应，对拿破仑的欧洲实施了封锁。

接下来的事情层出不穷：6月3日，亚历山大从统帅本尼格森将军的一份报告中获悉俄军已经战败。4日，皇帝向本尼格森派去罗巴诺夫-罗斯托夫斯基亲王，后者的任务是"将他派往波拿巴处"。10日，拿破仑认可了停战文本，向沙皇特使宣布想和亚历山大见面。13日，两位皇帝第一次见面，地点是涅曼河上一座系泊的小筏子。翌日，两人第二次会晤，之后几乎每天都在蒂尔西特见面，一直到25日。

弗里德兰战役之后一个月还没过，俄国和法国不仅签订了和约，还结了盟。俄国的外交政策再次出现一百八十度转向。

当时的人和之后的几代人对蒂尔西特和约的看法并不相同。米哈伊尔·波克罗夫斯基认为那是"拿破仑和塔列朗外交艺术的巅峰，给予俄国沉重一击，消灭了俄国在18世纪的政治成果……"[8] 亚历山大·索尔仁尼琴则认为，"亚历山大之所以快速向拿破仑示好"，是因为憎恨英国"没有信守承诺"，索尔仁尼琴写道："不可否认这一步对那个时代的俄国而言收效颇丰……"他认为俄国帝国主义的侵略行径对人民而言不啻是场灾难，蒂尔西特和约签订之后和法国维持"友好的中立关系"让俄国受益颇丰，因为这样可以让俄国"远离欧洲战端，巩固自身，在国内层面上重新拾取力量"。[9]

1807年6月25日，在蒂尔西特签署了两份文件：和约和保持友谊的条约，以及一份攻守同盟的协定。前者很快就公之于众（除了秘密条款）；而后者，签约双方对之采取了保密措施（法国发现文件系伪造之后，便很快违背了誓言）。和约的反对者并不缺论据。俄国正式承认了法国皇帝，但昨天还说他是"人类公敌"；它还认可了西欧所有领土和政治上的变化，而这也正是拿破仑发动战事所要的结果。

不过，俄国不仅没有遭受领土上的损失，还扩张了领土，从旧日盟友普鲁士那里夺来比亚韦斯托克，将之占为己有。塔列朗向亚历山大解释，如果他不拿下比亚韦斯托克，该地区就会落入华沙大公手中，毕竟那是从波兰旧有的土地中分割出来的。波兰似乎已被从历史上抹去，而法国同意为波兰弄一个"后裔"出来，算是对俄国的让步。亚历山大则同意将伊奥尼亚群岛让予法国。格奥尔基·维尔纳茨基写道，这也就意味着"俄国在地中海的计划彻底破灭了"。[10]

同样，现下的各方同意将欧洲划分成各个势力范围区：从这个观点来看，西欧属于法国，东欧属于俄国。不过，亚历山大一世让普鲁士保持了独立。当代俄国的一位历史学家写道："从整个和约来看，我们可以毫不夸张地说，被打败的俄国不见得比胜利的法国少拿了多少好处。"[11]这话自有可争议之处，但它说到了点子上：和约是在输了两场战争的俄国和打赢这两场战争的法国之间签订的。

和约就是攻守同盟的协定。尽管许多表达法显得模棱两可，也并没有将英国直接视为敌人，但这份结盟协定仍然表明了亚历山大同意在和英国人的战争中支持法国。英国若拒绝和法国签订和约——亚历山大被指定为斡旋者——则从1807年12月1日起，俄国将会支持对欧洲大陆进行封锁。

亚历山大一世对协定很满意。1807年6月17日，他在蒂尔西特给妹妹叶卡捷琳娜，也是他最亲密的朋友写了一封信："上帝放过我们了！我们摆脱了战争，不再有牺牲，甚至可以说结果很不错。"18日，副内阁大臣库拉金在一封写给玛利亚·费奥多萝芙娜皇后的信中，将亚历山大对协定所说的话汇报给了皇后听："俄国从这场战争中获得了荣耀和意想不到的财富。与之战斗的那个国家虽然军力上完全占优，却仍寻求它的支持。"

亚历山大一世在位初期主要的几个大臣都对和法国结盟持反对意见。皇帝的心腹好友纳雷什金娜夫人也是"反法派"的一员。不过，拿破仑倒是亲自给她挑选了衣服，从巴黎寄给了她。但亚历山大并没放弃。撇除蒂尔西特和约的优劣不谈，必须要补充的是，亚历山大所认为的最重要的东西是什么：和平必不可少，这样国家才能从不幸的战争中脱身而出。而且拿破仑为签订和约而定的协定承认了俄国的力量和它在欧洲的地位。

我们知道，诺沃希尔采夫在伦敦遵从亚历山大的指示，着力于签订瓜分欧洲的协定：俄国和英国若能战胜拿破仑，就能随心所欲地重新划分欧陆版图。蒂尔西特确认了这个方程式的正确性，只是其中有一个条款发生了变化。从此以后，就是俄国和法国要战胜英国，随心所欲地瓜分欧洲了。拿破仑在极短的时间内击败了三个欧陆强国：奥地利、普鲁士、俄国。但他已经得出结论：若无俄国，最终的胜利也无从谈起。

用回忆录作者的话来说，小筏子上的谈判是以拿破仑的一句问话开始的："我们究竟为什么打仗？"传统的说法是，亚历山大回答道："我对英国人的憎恨并不比你少……"

蒂尔西特会晤之前五年，拿破仑在一次早餐期间，向尼古拉·沃尔康斯基亲王透露："向您的君主转达我的说法，我是他的朋友……如果我们两相联手，和平就指日可待。宇宙就都汇集到我手中的这个苹果上。我们可以把它一分为二，彼此各拿一半。"当沃尔康斯基将"苹果"的故事说给亚历山大听的时候，后者笑着说："能拿到一半他会很满意，但之后，出于忌妒，又会想要另一半。"

五年后，亚历山大在蒂尔西特意识到必须严密监视自己的伙伴瓜分"苹果"，因为他很清楚眼下自己只得到了一小块。

注　释

1 Cf. M. Kukiel, *Czartoyrski and European Unity. 1770–1861*, Princeton University Press, 1995.

2 1806年4月15日，亚历山大的信，cf. M. Kukiel, *op. cit.*, p. 29。

3 M. N. Pokrovskij, *Diplomatija i vojny carskoj Rossii v XIX stoletii*, Londres, 1991.

4 Robert E. Jones, «The Nobility and russian Foreign Policy», *Cahiers du Monde russe et soviétique*, vol. XXXIV (1-2), 1993.

5 Aleksandr Solženicyn, « "Russkij vopros" k koncu XIX veka», *Novyj mir*, 1994, n° 7, p. 146.

6 G. A. Kuznecov, «Diplomatičeskij debjut Aleksandra I. Til'zitskij mir», in *Rossijskaja diplomatija v portretax, op. cit.*, p. 105.

7 Evgenij Tarle, «Ekspedicija admirala Senjavina v Sredizemnoe more (1805-1807)», in Akademik Evenij Viktorovič Tarle, *Sočinenija*, tome X, p. 24.

8 M. N. Pokrovskij, *op. cit.*, p. 22.

9 A. Solženicyn, « "Russkij vopros" k koncu XX veka», *Novyj mir*, n° 7, 1994, p. 147.

10 Georgij Vernadskij, *op. cit.*, p. 212.

11 G. A. Kuznecova, *op. cit.*, p. 117.

4　第二波改革

……米·斯佩兰斯基制订的计划与众不同，特别严格，由于使用了符合基本原则的逻辑，所以也很精确。但这项计划定调太高，无论是君主还是作者均无法使之回到俄国生活的需求和真实手段的层面上。

——瓦西里·克柳切夫斯基

瓦西里·克柳切夫斯基评论了米哈伊尔·斯佩兰斯基制订的改革计划，认为这只是空中楼阁，他说出这番话一百年之后，美国历史学家马克·拉耶夫表达了不同的观点："我们习惯于把改革计划和规划叫作'立宪'，亚历山大的'宪政'（被其同代人所借用）只不过是让行政管理有序化，使其结构更具逻辑性，提高其效率的一种尝试。亚历山大一世（及其继任者）在位时期，都远远没达到这个目标。不过，那个时候，逻辑、稳定、相对高效的体系的基础已经打好，可以说还很稳固，毕竟它有能力毫无变化地一直存在下去，直到20世纪初革命来临为止。"[1]

19世纪末的俄国历史学家和20世纪末的美国同行对斯佩兰斯基改革的看法出现了颇具吊诡意味的分歧，说明他们对（俄国所需要的）变化的节奏有着不同的观点。瓦西里·克柳切夫斯基觉得刻不容缓，马克·拉耶夫则见证并分析了1917年革命，发现了渐进变化的好处。

蒂尔西特让亚历山大喘了一口气，使他可以重新开始被拿破仑战争中断的改革进程。这次，他将米哈伊尔·斯佩兰斯基（1772—1839）拔擢为内阁大臣。斯佩兰斯基的父亲是个普通的乡村神父，以前在神学院读书，从出身来看，他和密友委员会那些皇帝的朋友一个都不像，从受的教育和处理政务的能力上来看，他也没什么好羡慕那些人的。

作为科楚贝伯爵领导的内务衙门的一个部门的负责人，斯佩兰斯基在亚历山大在位初年制定了一些极其重要的法律。他是在1808年和皇帝私下见面的。即将前往埃尔福特会晤拿破仑的亚历山大将斯佩兰斯基带在了身边。皇帝手下的这位新任大臣法语相当出色，他还仔细研究过法国现行的行政体系。皇帝问他对法国和俄国有什么看法，斯佩兰斯基的回答是：这儿有制度，我们那儿人更优秀。

埃尔福特一行之后，米哈伊尔·斯佩兰斯基就被任命为司法大臣的左膀右臂，在皇帝的绝对支持下，着手制订国家改革的计划，照马克思主义历史学家米利查·涅奇基娜的说法，这"是俄国国家政体的布尔乔亚式改造计划，着力发展资本主义工业"。米哈伊尔·斯佩兰斯基的计划和思想在20世纪最后十年具有惊人的现实性，当时，俄国再次意识到必须改革国家结构，解决那些老问题，这些问题一旦出现，就会永远找不到答案。

19世纪末，瓦西里·克柳切夫斯基分析了斯佩兰斯基的计划，而且多次提出口头警告："首先必须注意的是我们没有意识到这个计划不仅完整，而且颇具独创性：我们只能通过当时人所作的摘录来进行评判。"[2]米哈伊尔·斯佩兰斯基的文件要到1961年才会完整发布。[3]纳坦·埃杰尔曼看了文件内容，他在20世纪末的改革最深入的时候写道:"斯佩兰斯基知道自己想要什么,他的计划不是乌托邦,而是关于'上层革命'的一个计划,很有意思。"4

呈递给皇帝的这份改革计划由两大部分组成:对俄国国家体制的批判和弥补不足之处的方案。

对改革第一阶段、蒂尔西特和约、打输两场战争之后的国家现状进行批判,是沙皇身边圈子的时兴话题。海军司令尼古拉·莫尔德维诺夫(1754—1845)写给皇帝的一封信以其敢言给宫廷留下了很深的印象。他是"俄国自由主义最值得注意的代表"5,赞赏英国的制度,欣赏亚当·斯密和杰里米·边沁,是斯佩兰斯基的同路人,向后者提出了一套新的经济体制。尼古拉·莫尔德维诺夫给亚历山大绘制了"一幅国家彻底衰败的可怕景象"。这样的景象确实毫无诱人之处:"……瘟疫抵近我们的边境……阿斯特拉罕人的暴动,内外贸易中断……乌拉尔人难以约束,彼尔姆的冶金厂工人根本不服管教;一有风吹草动,德意志农民就会起事;犹太人毫无来由地遭到迫害,没法正常生活,他们还受到外来影响,随时准备起来反抗政府,因为政府只对他们的宗教采取不宽容的态度,而对其他民族不会这样;波兰农民和他们的主人受到邻国同胞获得自由的影响;克里米亚的鞑靼人陷入狂热,准备归附土耳其人;各个首府物价高企,边境省份饿殍遍野,缺少人力和牲口,人都被征兵处和民兵组织拉过去了,从北到南,所有的省份,各个阶层的臣民,无论贵族、神职人员还是商人和耕作者,都弥漫着绝望和反叛的情绪……"

莫尔德维诺夫向皇帝描述了恶的具体表现形式,恶会侵蚀国家的机体:"军队缺乏经验丰富的指挥层,鲜血白流,已丧失往昔的精神……如今和约已经缔结,外交部门也就表明了他们能做些什么;不过,必须承认还有一个优点,那就是我们被一个外国人领导,他至少向我们国家提供了安慰:永恒的饥馑不会落到俄国人的身上。政府要求神职人员憎恨和辱骂祖国的敌人,结果他们却又受到这个政府的谴责，所以神职人员遭到了民众的蔑视。"

尼古拉·莫尔德维诺夫大胆抨击君主；军队缺乏经验丰富的统帅，因为沙皇决定亲自指挥；蒂尔西特和约由"外国人"布德伯格男爵签定，但和法国结盟的决策只能由皇帝做出。正是他在教会之后，以政府发文的形式，诅咒波拿巴，现在却与之签订充满了友爱互助的和约。这封信的作者向君王提出了"补救措施"："大力依靠贵族阶层，这才是国家的中坚力量……"6

尼古拉·卡拉姆津在其《笔记》中也没少抨击，说俄国盛行的就是烧杀抢掠，目无法纪："到处都有人在偷抢，但有谁受到惩罚？"7

米哈伊尔·斯佩兰斯基关注的是本质问题。他一开始是这么来定义的："如果国家权力不受限制，如果国家武力完全听命于专制权力，致使臣民毫无权利，那这样的国家就是奴隶制国家，其政府就是独裁的。"往回看我们就会注意到，阿列克谢·米哈伊洛维奇在位期间，俄国在走向自由，斯佩兰斯基指出，从彼得大帝开始，国家的政策始终都摇摆不定。比如，叶卡捷琳娜二世时期，权力享有种种独裁的好处，还和哲学理想相结合，给自己贴金。改革计划的作者注意到，俄国的法律是在雅典或英国写就的，而行政管理体制却借用自土耳其。

俄国拥有完整的民法，但谁也没法受到任何法律的保障，因为就像斯佩兰斯基所说的那样，这些法律条文任何时候都能被专制权力这块大石头给砸碎。而这才是关键：专制权力就是独裁，就是奴隶制。

改革的目的是要在俄国创造一个君主制政府，在斯佩兰斯基看来，那应该是立宪君主制。但"在一个半数人口完全处于奴隶制，而且这奴隶制和几乎所有的政治和军事组织的构成者均有关联，同时这一体制因边界和政局方面的原因又十分必要"的国家，究竟该如何做到这一点呢？对于"半数人口完全处于奴隶制"，米哈伊尔·斯佩兰斯基说得很明确：俄国社会的主要阶层是地产贵族和耕种土地的农民；前者是皇室的奴隶，后者又是前者的奴隶。斯佩兰斯基提出了这样一个言简意赅的公式：在俄国，只有乞丐和哲人是自由的。随后的历史表明哲人会拥有各种各样的财富，而仍然保持自由的唯有乞丐。

因此，斯佩兰斯基的改革就是要使国家发生改变，创建一个规则化的君主体制，一种受宪法限制的君主制。为此，就必须解放农奴。推行这个计划自然会遇到困难。解放农民是实施改革的条件。但问题很快就来了：必须解放有地农民还是无地农民？如果是前者，土地是卖给他们还是免费赠予？如果是卖给他们，又该如何给自由和土地定价？

半个多世纪期间（直到亚历山大二世颁布农民解放宣言为止），俄国一直都在讨论上面这些问题，大家都在寻找答案。但即便解决了，这些问题仍然在20世纪末出其不意地再次出现。集体农庄体系被解散，这和废除农奴制一样都很艰难。当时在农业领域出现的那些问题也可以使我们理解19世纪农民解放种种相异的困难之处。

斯佩兰斯基的计划推迟了对农民的解放，放在第一位的是国家体制改革。他写道："必须清理行政管理机构，必须确立宪法，也就是说政治自由，然后才能一步步实现公民自由，也就是解决农民自由这个问题。这必然是处理事情真正的顺序。"[8]

瓦西里·克柳切夫斯基认为斯佩兰斯基的思想太过体系化，他认为俄国历史上只有另一个人如此酷爱体系，此人是阿法纳西·奥尔金-纳肖金，是沙皇阿列克谢·米哈伊洛维奇的近臣。[9] "伟大的体系论者"，亚历山大·基泽维特就是这么称呼斯佩兰斯基的，基泽维特认为其改革计划"具体的特质"惹怒了亚历山大："这些计划将自由纯洁的梦想变成了干巴巴的逻辑公式、明确的司法规定和彻头彻尾的文章段落。"[10]

米哈伊尔·斯佩兰斯基的计划考虑的是一个法治国家。我们发现该体系的基础是：掌权的立宪君主受基本法的限制；君主制的贵族阶层监督法律和权力的运行情况；自由的人民和贵族阶层因相同的利益而连结在一起。正如斯佩兰斯基所设想的，贵族阶层包括了等级制最上层的三到四个等级，人民向他们赋予了全部的权力。

解放农民必须分两个时间段来实施：个体解放（农民仍然被绑缚在土地上），随后是在地主间自由迁徙（因此这里涉及的就是对无地者的解放）。

斯佩兰斯基提出的国家体制，从基础上看，对权力作了严格的划分。立法权属于国家杜马，行政权属于向杜马负责的各衙门，司法权属于元老院，元老均由杜马选出。该计划一个很大的特点就是所有机构都具有选举的特征。

乡（最小的行政单位）杜马由地主和皇室农民的代表构成。由他们来选举县杜马的代表，以此类推，后者再选举省杜马，省杜马选举国家杜马议员。地方杜马每次任期为三年，国家杜马每年选举。行政权由乡、县、省的行政部门掌握，听命于各部。其成员由相应的地方杜马选举产生，而各部大臣则由君主任命。每个行政区划均设法庭。县和省的法院由经选举产生的法官构成，与陪审员共同办案。元老院是司法的守护者，由国家杜马选举产生。这个结构的最后一环是国家参政院，参政院由贵族阶层的成员组成。

1810年1月，斯佩兰斯基的计划得到了亚历山大的批准。这是在创建了一个新的最高权力机构，也就是国家参政院之后没多久宣布的。但参政院的职能相较于计划而言还是受到了限制；新的机构只不过成了皇帝身边的一个咨询机构。反对改革者施加的压力使该计划大为失色。

反对者的批评基本上出现在两个层面。如果我们归纳一下主要议题，斯佩兰斯基的计划就是：宪法必须限制君权，不能让农奴制阻碍法制国家的确立。反对斯佩兰斯基最激烈，也最出色的人是尼古拉·卡拉姆津，他宣称："专制原则就是俄国的保障，保护该原则的完整性就是在守护国家的幸福；为了国家长治久安，就必须奴役人，而不是赋予其不合时宜的自由。"[11]

在反对改革的诸多论据之中，有一个始终都能观察到的事实：农奴制俄国是个强大的国家，在欧洲举足轻重。19世纪80年代，也就是在解放农民之后，鲍里斯·契切林注意到了这样一个历史现实：多亏了农奴制，俄国才成为文明大国。这位历史学家认为："只有农奴制俄国才能在欧洲大陆上战胜由世界上最伟大的军事天才指挥的自由法兰西大军。"[12]1882年，鲍里斯·契切林认为如果要取消农奴制，也是因为农奴制已经很好地为俄国做出了贡献。对尼古拉·卡拉姆津而言，1811年，农奴制的好处还远远没有穷尽。

尼古拉·卡拉姆津并非那些脑满肠肥的农奴制支持者，一心想着如何填满自己的腰包。在其《俄国史》一书中，他也说过不受限制的专制主义独断专行所带来的种种恶果。他之所以和米哈伊尔·斯佩兰斯基起争论，还是因为一个原则问题。卡拉姆津写道："该时期的立法者犯了一个很大的错误，就是太过尊重国家行为的种种形式：于是创建了各个衙门，建立了参政院等等。"《新旧俄罗斯记》一书的作者所下的结论是："形式不重要，重要的是人。"[13]

换言之，法律是次要的，重要的是人和人之间的关系，而其中首先就是君主和人民之间的关系。

美国历史学家马克·拉耶夫没去考虑俄国改革的支持者与反对者之间的纷争；他的结论是，这些争论是"那些主事者发起的"，归根结底，这么做"有助于增加中央权力的行政效率，这影响了国家经济、社会和公共生活的无数领域"。不过，他也看出了改革的限度，特别指出："如果要让具有逻辑性的帝国政策长期持续下去，各部的建议并不是必不可少的工具。"

围绕斯佩兰斯基改革所引发的争论到20世纪末尘嚣再起。我们会发现提上日程的是同样的问题：法律以及人与人之间的关系，到底哪一个才更重要？如何限制最高权力？必须师法西方，还是发明自己的体制，寻求一条"俄国道路"？瓦西里·克柳切夫斯基对斯佩兰斯基计划进行了分析，指出了其改革计划的种种优点，但也指出了这些计划不切实际。照他的观点来看，俄国对此根本就没做好准备。20世纪末，俄国突然就"走上了资本主义的道路"，19世纪的这位历史学家的种种说法似乎就具备了极强的现实性。瓦西里·克柳切夫斯基写道，如果村民没有任何东西可以交易，我们也就无从规定在哪个村做生意。他又说："我们无法规定别人去爱自由。"[14]

俄国历史学家，无论是革命前的自由主义历史学家，还是苏联历史学家，通常都并不看好斯佩兰斯基的改革以及改革的鼓动者亚历山大一世。理由是他想要创建一个稳固的司法结构，把它放在改革的第一位，而且改革失败也可以认为是沙皇优柔寡断、心有畏惧导致的，再加上斯佩兰斯基的理念过于乌托邦。

20世纪80年代，历史学家（至少其中某些人）开始修正前人对亚历山大一世改革所持的看法。他们注意到亚历山大洞察到了必须解决摆在俄国面前的两个基本问题。亚历山大时代的一个研究者是这样写皇帝的："相信农奴制是一种恶，地主和农民之间的关系不应保存旧有的状态，但他最终还是没能靠自己弄明白如何对农奴乡村进行重组。"[15]当代，亚历山大的传记作者发展了这个思想，指出这位君主内心里存在两股永远在彼此争锋的趋向：解放农民，成为俄国历史上大转折（也就是现代文明）的首倡者，又因为恐惧，想由贵族阶层来提出解放农民的倡议，但在那个时代，无论是在道德层面，还是在物质层面，贵族阶层都没做好这个准备。

现当代历史学家的结论是，俄国没做好准备的是靠农奴劳作得利的贵族阶层；还因为皇帝优柔寡断，他并不具备力量，无法成为"上层"革命者。20世纪80年代下半叶，苏联出现了改革的尝试，19世纪末俄国的状况提供了颇具指导意义的类比，证明了在某种条件下"上层革命"的必要性和可能性。

改革仍然没有完成，压力实在太大。亚历山大并没有放弃这两个压在他身上的重大任务，但他相信必须首先对方法和结果进行测试。1816年，应当地贵族阶层的要求，他废除了埃斯特兰的农奴制。一年后，他又设法迫使小俄罗斯的地主走上这条道路，但后者断然拒绝解放农民。但库尔兰和利夫兰的贵族看到了其中的好处，便分别于1817年和1819年废除了农奴制。关于利夫兰的改革，亚历山大宣称："我很高兴利夫兰的贵族阶层证实了我的期待。你们的榜样值得他人效仿。你们顺应时代的需要，明白只有自由的原则才能构建人民的幸福。"[16]

由于觉得有必要在整个帝国推动"自由原则"，亚历山大将这项解决农民问题的任务交给了他的宠臣阿拉克切耶夫，此人是个政治上的反动派，另外一个受到托付的是财政大臣古里耶夫，当然也不能认为他具有"投石党人的"理念。阿拉克切耶夫的计划规定农民用信用来购买自由和土地，而这就成了1861年改革的基础。古里耶夫伯爵则建议在俄国让"不同种类的田产"共存。后来，各路政治家对这个想法进行了激烈的争论，想要在20世纪末解决农民问题。

这两个计划都受到了采纳，但始终没有公开。亚历山大害怕去实施这两个计划。

对宪法的梦想也同样受到了考验。1809年攻占芬兰之后，皇帝在这个新得的省份停留了一段时间，开设了议事会，宣布"依照各国宪法，维持目前每个国家，特别是芬兰全体居民的信仰、基本法、权利和特权"。于是，在俄罗斯帝国的国境之内第一次出现了宪法。

1818年3月，亚历山大在波兰议事会讲话：拿破仑胜利之后和部分并入俄罗斯帝国之后诞生的波兰王国拥有了宪法。皇帝宣布会立刻在波兰王国境内设立"符合法律的自由的机构":"我时常在思考这些事情,希望在上帝的帮助下,由神意赋予我在各个国家传布救赎者的影响力。"

当代一位历史学家写道,波兰王国的宪法"在亚历山大一世看来是一种独创的体验。波兰在某种意义上成了试炼皇帝和专制权力联手共生是否具有有效性的试验场"。[17]

在华沙,亚历山大让早已不存在的密友委员会的一名委员主持会议,委托一群大臣拟定制宪计划。《俄罗斯帝国国家法规》这份文件很快就拟定好了。他建议将俄国转变成立宪君主制,并创设两院议会,设立地方代议机构,也就是"议事会",将行政权和立法权在皇帝和选举机构之间分配。宪法保障言论自由、出版自由、信仰自由,个人财产不受侵犯。

这份计划也被尘封在了秘密档案之中。两种彼此矛盾的倾向始终在起作用:亚历山大很想引领改革,却又担心别人阻止他,之所以有这个担心,正是因为他很清楚地意识到贵族阶层对改变现存秩序的所有尝试均持敌视态度。领导层接受改革中央各机构,转变地方行政部门,后者日渐起到了官僚机构的作用,今后就会成为贵族阶层和皇帝之间的传送带。

1815至1818年间的改革行动在帝国的西方各省造成了有形的结果,许许多多计划仍然停留在良好意图的阶段,第二波改革对此继续推进,只是因与拿破仑进行新的战争又被迫中断。斯佩兰斯基遭到解职,后被流放,首先被流放至下诺夫哥罗德,后至彼尔姆。所谓的"斯佩兰斯基时代"就此寿终正寝。不满改革者的情绪一滴一滴溢出了水杯,他们的不满所针对的是财政改革的提议。所有人都起而反对增加直接税和间接税,反对指券发行中断。俄国当时所经历的巨大的财政困难很大一部分是蒂尔西特和约的结果。和拿破仑结盟导致俄国参与欧陆封锁,结果就戏剧化地呈现在了俄国的经济上。摒弃财政改革也就意味着亚历山大选择了另一种解决政治和经济问题的方式。抛弃斯佩兰斯基一事也表明了和法国的战争将变得不可避免。

注　释

1 Mark Raev, *op. cit.*, p. 142.

2 V. Ključevskij, *op. cit.*, tome V, p. 181.

3 M. M. Speranskij, *Proekty i zapiski*, Moscou, 1961.

4 Natan Ejdel'man, *«Revoljucija sverxu» v Rossii, op. cit.*, p. 82.

5 V. V. Leontovič, *Istorija liberalizma v Rossii. 1762–1914, op. cit.*, p. 56.

6 Cité d'après A. N. Saxarov, *Aleksandr I, op. cit.*, pp. 64, 65.

7 N. Karamzin, *Zapiska o drevnej i novoj Rossii, op. cit.*, p. 101.

8 Cf. V. V. Leontovič, *op. cit.*, p. 66.

9 V. Ključevskij, *op. cit.*, p. 180.

10 A. Kizevetter, *op. cit.*, p. 133.

11 N. M. Karamzin, *op. cit.*, pp. 105, 74.

12 B. Čičerin, *op. cit.*, pp. 23, 24.

13 N. M. Karamzin, *op. cit.*, p. 98.

14 V. Ključevskij, *op. cit.*, p. 186.

15 S. V. Mironenko, *Samoderžavie i reformy. Političeskaja bor'ba v Rossii v načale XIX v.*, Moscou, 1989, p. 66.

16 Cf. S. V. Mironenko, *op. cit.*, p. 117.

17 S. V. Mironenko, *op. cit.*, pp. 163, 155.

5 "小型战争"

我们知道，蒂尔西特和约是1805至1806年被法国打败所导致的结果，也让俄国有了喘息的机会。俄国很快就趁此时机发动了针对瑞典、土耳其和波斯的军事行动。所有这些冲突都属于进攻性质。攻打瑞典的借口是其国王古斯塔夫四世对蒂尔西特和约迫使其终止和英国的关系感到不满。1808年3月宣战，一直打到1809年9月，双方最终签订了弗里德里克山条约。芬兰一直到托尔内奥河以及奥兰德群岛都划给了俄国。

俄国历史学家正确地认为，是拿破仑怂恿亚历山大，使之向瑞典发动战争的。当然，法国皇帝没法迫使俄国发动战争来夺取芬兰。他只是表达自己的想法，指出这种可能性，甚至还承诺提供援助（无法兑现的承诺）。但开战的决定还是俄国皇帝自己做出的，而且是惯性使然：可能性是存在的，从中获益也不错；那儿有一个空腔，防守不力，所以必须来填满这个空腔。

对土耳其和波斯的战争耗费了大量的时间、军力、精力，死伤惨重。1806年夏，俄国攻打土耳其，夺取了摩尔达维亚和瓦拉几亚。我们要记得这些多瑙河畔的省份都属于奥斯曼帝国。战争缓缓展开。蒂尔西特和约签订，亚历山大和拿破仑在埃尔福特会晤（1808），法国支持俄国对多瑙河各公国的诉求，只是在这之后，战争才开始激烈起来。

1811年，俄军最杰出的军事将领米哈伊尔·库图佐夫被派往战场，担任摩尔达维亚军队统帅。库图佐夫在准备和土耳其人的战事之时，还和敌军进行了外交谈判。俄国要求吞并摩尔达维亚和瓦拉几亚，沿多瑙河同土耳其确立边境线，让塞尔维亚自治，并要土耳其在外高加索作出一些让步。

土耳其人只是到被打败的时候才同意了这些要求。1812年5月，也就是拿破仑进入俄国之前几个星期，俄国和土耳其在布加勒斯特签订了和约。此时，国际局势突然发生变化，首先是俄法关系恶化，拿破仑对土耳其的支持越来越积极，法国和俄国的敌人英国对苏丹提供援助，这些对签订协定的条件肯定会产生影响。俄国并没有得到自己想要的一切，预计军事胜利后能得到的东西也没得到。

但俄国所获得的利益也不可小觑。普鲁特河成了最高朴特和俄罗斯帝国之间的界河，比萨拉比亚也就成了俄国的领土，摩尔达维亚和瓦拉几亚归还给土耳其，但两地获得了自治。俄国在该地区保留了影响力。塞尔维亚获得了很大的自治权，俄国则有权核实土耳其是否很好地遵守了为塞尔维亚人所采纳的那些准则。在外高加索地区达成了和解。俄国夺取的土地和要塞都归还给了奥斯曼帝国，那些愿意归附于俄国的地方仍旧属于俄国。土耳其同样承认伊梅列季和门戈列里归附于俄罗斯帝国，阿布哈兹和古利亚也都如此，也就是说黑海东岸地区两百多公里的长条形地带都成了俄国的领土。这也就意味着整个东格鲁吉亚和西格鲁吉亚的很大一片地方都成了俄国的。

征服高加索是对土耳其，也是对该地区另一个大国波斯发动战争的成果。我们知道，出现在高加索山区的首批俄军士兵就是彼得大帝的龙骑兵。18世纪，俄军就已进入过那个地方。事实上，是波斯沙赫属国的格鲁吉亚沙皇请求成为俄国臣民的，"高加索问题"和这个请求有关。

1801年1月，保罗一世在彼得堡说过，想要让格鲁吉亚沙皇国成为俄国的领土。同年9月，亚历山大一世建立了格鲁吉亚国内政府，任命当时的国务大臣P. 科瓦连斯基担任格鲁吉亚摄政。不久之后，俄国和波斯开战。战争幸好是在1803至1804年展开的：位于波斯属地阿拉斯河北岸的诸"汗国"均被征服。当时有两个汗国，其中一个的首府吉安加被更名为伊丽莎白城，以纪念亚历山大的妻子。驻扎在格鲁吉亚的军队统帅兹孜亚诺夫亲王成为俄国在高加索地区的化身。他到处散播恐怖的种子，不遵守任何待客的法则，巴库汗邀请他共进早餐，却被他杀害。

自西方各国介入进来，战争便开始越拖越长。1807年5月，法国和波斯签订和约，承诺对其进行援助，不仅要夺回被兹孜亚诺夫攻占的省份，还要夺回格鲁吉亚。尽管签订了蒂尔西特和约，法国军官却仍然在波斯军队服役，头衔是"顾问"。英国也没闲着：1810年起，它每年向沙赫提供补助，而且还给波斯军队配备了两万支步枪。

在这场战争中，与波斯人的战斗，山民自然会介入。俄国始终都很惧怕山民会切断在阿拉斯河沿岸作战的部队与基地之间的联系。因此，从战略上来看，就必须征服山民。因此，"高加索战争"迅速发酵，其目的就是要征服这片地区，战争在19世纪打了数十年之久；结果到20世纪40年代，俄国仍然惧怕的那些山民都被驱逐到了哈萨克斯坦。20世纪90年代，俄国和车臣之间的冲突让人对"高加索战争"记忆犹新。

和波斯的战争拖了很长时间，一直到国际形势发生剧烈变化为止：俄国和拿破仑闹翻，俄英再次结盟，遂导致俄国人于1812年和土耳其签订和约，之后又于1813年和孤立的波斯签订和约。波斯军队被击败之后，阿巴斯-米尔扎这次听取了英国外交官的和平建议（威胁不再援助），于1813年10月在古利斯坦签订了和约。波斯所有被夺取的省份都成了俄国的领土。

6 卫国战争和对外战争

谁来帮我们？冬天，巴克莱·德托利，还是俄罗斯的上帝？

——亚历山大·普希金

当大家庆祝斯大林夺取柏林的时候，他回答道：亚历山大一世去了巴黎。

——斯大林逸事

1815年，莫斯科出现了一本作者名为费奥多尔·格林卡的书，书名是《俄国军官书信中的波兰、奥地利领地、普鲁士和法国，且详细描述1805年和1806年的俄法战争，以及1812至1815年的卫国战争和对外战争》。这名年轻军官后来成为流行诗人，他这部著作的一个特点就是在"爱国"战争和"对外"战争之间，也就是在拿破仑军队侵略俄国的战斗和俄军在外国（直捣巴黎）发动的战事之间进行了区分。

蒂尔西特和约似乎宣告了和平时代的来临，使人可以专注于国内事务。和瑞典的短暂冲突，对土耳其以及波斯的军事行动，只不过是些"小型战争"，资源投入得并不多。拿破仑诱惑俄国，说要联合它在印度发动战事，打击英国人的大后方，彼得堡听得还挺仔细。不过，这个想法还是太新鲜了。我们要记得，保罗一世死前两个月，还命令顿河哥萨克的阿塔曼奥尔洛夫向印度进军，更给出了明确的指示："从我国前往印度：从奥伦堡出发需行军三个月，从我们这儿出发去那儿需时一个月，所以总计四个月。"所以，最好"带炮兵"从奥伦堡出发，"穿越布哈拉和希瓦，沿印度河河岸径直行军，就能找到英国人的设施"。皇帝保罗向顿河哥萨克及其阿塔曼承诺："这次远征，印度的所有财富都将用来犒劳你们。"

不过，彼得堡并没把和印度的战事太当回事。和拿破仑结盟所出现的困难远超亚历山大的预想。我们说过，和法国联盟的代价就是要参与对欧洲大陆的封锁，这对俄国的经济造成了明显的影响。而拿破仑则向俄国承诺会援助它成为多瑙河诸公国的主人：事实上，他（秘密）援助的是土耳其。

亚历山大对华沙大公国的创建以及法国在"波兰问题"上的打算备感不安。他决定和拿破仑见个面，澄清所有的误解。但法国皇帝并没有找到会晤的时间。1808年7月，法国的一个师在西班牙拜伦附近的山地遭到包围，投降了游击队。这只不过是拿破仑军队攻入西班牙的一小部分，但"由于道德上的影响，拿破仑的法国还从未经受过这样的打击"。[1]

拜伦受降的后果之一便是两位皇帝于1808年9月在埃尔福特见上了面。拿破仑终于找到了时间。

启程前往埃尔福特的前夕，亚历山大收到了亚当·恰尔托雷斯基的备忘录，这位前外交大臣在备忘录中猛烈抨击了和法国结盟的政策。他特别指出拿破仑"绝对会想方设法羞辱俄国。只要俄国顺服于他的欲望，支持他实施自己的计划，他就会让俄国保持和平，但他一旦察觉出俄国有反抗之心，就会设法用武力将之镇压下去……"亚当·恰尔托雷斯基给自己的朋友绘制了一幅长时间惨淡的未来画卷：拿破仑进入俄国，向德维纳河和第聂伯河挺进，援助土耳其人，重建波兰王国，解放俄国农民，蚕食帝国，在帝国的领土上创建好几个独立国家。[2]在埃尔福特，亚历山大出其不意地认可了恰尔托雷斯基亲王所传达的那种担忧之情：塔列朗向俄国皇帝提出了担任其顾问、为其服务并秘密结盟的请求。他建议两者共同抵抗拿破仑，互相支持，以拯救欧洲。

在埃尔福特的时候，拿破仑明确承诺会支持俄国对多瑙河诸公国的诉求，同意不会让普鲁士占领这些公国（亚历山大对普鲁士可是一刻都没忘），但作为交换，他要求一旦奥地利入侵，俄国能向法国提供协助。返回彼得堡之后，亚历山大一世便立刻着手和维也纳宫廷秘密谈判。奥地利驻俄国使节施瓦岑贝格亲王和皇帝会谈之后，便通知维也纳，说一旦发生战争，俄国并不会真正援助法国。秘密会谈的内容要到20世纪初才为人所知。[3]

亚历山大鼓励奥地利反对拿破仑并不仅仅是为了削弱法国，他还想找到一个盟友，反对波兰重建计划。收到彼得堡的信号之后，奥地利便发动了战争：奥军侵入了巴伐利亚和华沙大公国。奥军在瓦格拉姆战败（1809年7月），被迫签订维也纳和约（1809年10月），这次战役后，奥地利在波兰损失了相当大的地盘。拿破仑将占领的一些省份并入了华沙大公国，并将捷尔诺波尔给了亚历山大作为"酬金"。大公国的人口增加了近两百万，四分之三的波兰人都被整合到了一起。

在俄国眼里，奥法战争终结得出其不意，华沙大公国得到了极大的扩张，波兰民族的军队也得以再生，虽然尚处于雏形，其统帅是波尼亚托夫斯基。尼古拉·卡拉姆津认为，蒂尔西特和约是一件很糟糕的事情，得以让波兰的胚胎成型。对这位俄国历史学家和政治作家而言，波兰不应该"以任何形式、任何名号"存在。他还说："哪怕让拿破仑夺取石勒苏益格，甚至柏林，都不应承认华沙大公国。"[4]

大公国的存在标志着波兰有可能重生，这就会激发政治上的摩擦，让法俄联盟危在旦夕。同样，由于削弱了蒂尔西特和约的基础，经济困难也日益加剧。封锁欧陆显然对俄国不利。事实上，英国买入廉价的原材料，如木材、亚麻、大麻、小麦，需用黄金或昂贵的制成品支付。法国则倾向于就近贸易（穿越整个欧洲大陆从俄国进口太贵），而将里昂的丝绸和必须用黄金支付的其他产品卖给俄国。

拿破仑于1810年8月批准了特里亚农关税，允许从殖民地进口食品（之前都是通过走私运入），但关税定得极高。对那些工业渐成雏形的国家和地区（萨克森、德意志西部、比利时、意大利北部）来说这还能承受，而且这些地方都和法国联系紧密。但对依靠出口原材料的国家和地区，如瑞典、德意志东北部或俄国来说，就不可接受了。

为了应对特里亚农关税，亚历山大一世于1810年12月确立了俄国高昂的关税，甚至还对奢侈品（丝绸、花边等）实施禁令，对走私贩运这些货品处以严厉的刑罚。而这肯定违背了蒂尔西特和约。法国历史学家甚至认为那是"明目张胆的背叛行为"。[5]拿破仑将汉萨同盟的所有城市及相邻领土，包括伊丽莎白皇后父亲的奥尔登堡公国均纳入法兰西帝国，亚历山大一世认为这是对他个人的冒犯。人们经常将"奥尔登堡事件"作为1812年战争的一个直接原因。1812年1月22日，拿破仑发布敕令，规定将该公国并入法国。但之前的1810年12月25日，亚历山大在一封写给恰尔托雷斯基亲王的信中则提到一个计划，就是让俄军突发干预华沙大公国和普鲁士。这是一项先发制人的战争计划，目的就是阻止拿破仑迫在眉睫的干预行为，比他抢先一步行动。

亚历山大的这个计划基于重建波兰这样一个大胆的想法，这与传统的观点相左。皇帝向亚当·恰尔托雷斯基解释说，复兴波兰王国的想法会在战争开始之前宣告。亚历山大将一项任务交给了这位曾经的密友委员会委员：让波兰全体人民和军队与俄国结盟。必须由波兰军方和政界的要人签署一份宣言，来保障这个决策。1811年1月6日，亚当·恰尔托雷斯基写了封信作为回复，他在信中提出了几个条件：只有恢复1791年5月3日的宪法，将波兰所有土地集中于一根权杖之下，打通波兰通往大海的通路，才能战胜拿破仑吞并波兰的企图。

2月12日，亚历山大一世全盘接受：将波兰的土地整合起来（除了白俄罗斯，以及位于第聂伯河和德维纳河以东的领土），确保存在全国范围的政府和军队。重生的波兰同俄国结盟，这是皇帝提出的条件。亚历山大宣告："只要我还不相信波兰人的合作意愿，我就不会和法国开战。"亚当·恰尔托雷斯基的任务以失败告终：波兰领导人选择和拿破仑结盟。1812年4月1日，经过长时间的沉默之后，亚历山大一世给恰尔托雷斯基去信，说他会推迟这项计划，知道的人太多了，还警告说不要对拿破仑报有太多的希望。皇帝的结论是："您必须记住波兰人将要经受的悲惨命运，他们行进在法国的旗帜下，给俄国人提供了复仇的借口……"[6]

亚历山大的计划表明，他相信对法战争不可避免；他同样相信，若想发动战争，就必须付出和波兰重生同样高的代价。冲突的直接起因有很多：亚历山大内心憎恨拿破仑，宫中由于担心敌视俄国的波兰重生而生发的反拿破仑情绪，俄国由于封锁欧洲大陆而导致的经济困境，伦敦引领的反法行动，以及其他许多原因。战争之所以不可避免，还可以用各国都有称霸欧洲的企图这一点来解释。为了打败英国，拿破仑就必须使俄国保持中立或打败俄国。至于亚历山大，则想让欧洲免于暴君的统治。

1812年6月24日（旧历），大军团跨过涅曼河，进入科夫诺和格罗德诺。法国发起了战争。自1612年起第一次，外国军队进入了俄罗斯帝国的领土。一百二十九年后，1941年6月22日，纳粹军队侵略苏联：战胜拿破仑的记忆将会在战争的第一阶段抚慰苏联人的心灵，那段时间里，战局对苏军非常不利。为了纪念反抗拿破仑的那场战争，反抗纳粹德国的战争也被命名为"卫国战争"。

毕竟，这两场"卫国战争"并不缺乏类比性。拿破仑和希特勒都选择了6月入侵。虽然在这两种情况下，大家很久以来就认为会爆发战争，但俄军和苏军都仍然被打了个措手不及。亚历山大的计划和斯大林的计划都是进攻型的：所有的食物储备和弹药储备都集中到了前线，但很快就落入了敌军之手。拿破仑和希特勒都是率领着多国部队，向东进发。人们习惯于说拿破仑带着"十乘两倍的语言"，也就是二十门语言：军队里有法国人，也有各被占公国的德意志人，还有旧日反拿破仑同盟的盟军，如奥地利人和普鲁士人、瑞士人、意大利人、荷兰人等。

传统上大家都认为大军团有六十万人。在圣赫勒拿岛上，拿破仑说有四十万士兵，包括盟军在内。米哈伊尔·波克罗夫斯基认为入侵俄国的军队差不多是这个数目。[7]无论如何，都可以表明，法国从未在战场上派出过如此强大的军队，而且其数量比俄军多出两倍。

在欧洲，没人怀疑拿破仑会赢。他似乎拥有一张决定性的王牌：天才的军队统帅具有催眠般的魔力，打赢过无数场战斗。冲突的最初几个月也证实了这种普遍的看法：俄军向东撤退，将土地让给了法国人。不过，拿破仑没能迫使敌军与之打一场决定性的战役，通常在这种情况下，法国皇帝都会赢。历史学家时常谈起"西徐亚人的战术"，这指的是将法军引入俄国纵深的做法，这是放弃了在波兰先发制人的干预措施之后，所精心谋划的一个计划。面对载誉而归的对德胜利，斯大林最喜欢谈论的就是"古老的帕提亚人"，他们"将罗马人克拉苏及其军队引入该国纵深地带，随后发动反攻，分而歼之"。用斯大林的说法："我们天才的统帅库图佐夫（精通历史），运用酝酿已久的反击战打败了拿破仑和他的手下。"[8]

事实上，俄军就是在撤退，因为将军们彼此意见不一，他们没有计划，就算制订了计划，也没有将之付诸实施。担任西线主力军队指挥官的米哈伊尔·巴克莱·德托利（1761—1818，1810年担任战争大臣）之所以不受欢迎，是因为他的德意志出身。有人解释说，俄军向本国纵深地带撤退，是因为不够爱国。拿破仑只认定一件事：必须在尽可能短的时间里击溃俄国。帝国的身体上，西班牙的伤口还没有愈合，所以不能再承受另一次失败——败给俄国人。

他的军事计划完全说得通：他没向首都彼得堡进军，而是向该国的经济中心莫斯科，那儿是极其重要的河流汇集地；河流几乎是唯一的交通轴线。彼得堡和向它提供小麦的外省隔了开来，亚历山大也被阻隔在都城，除了接受拿破仑的条件，别无他法。

但后者对俄国并无任何政治上的计划。法国皇帝很清楚他是不可能占领这个国家的，他也没想将它肢解，这样反而会让奥地利和普鲁士得益，而这两个国家增强对法国是不利的。拿破仑提议重建波兰，因为那是阻隔俄国的一道屏障。他想在战胜俄国人之后，将欧洲转变成一个统一的空间，既无通行证，也没有边界：巴黎、莫斯科、华沙、柏林、罗马的居民都能到处安家。在大军团的队列中有废除农奴制的宣言，但拿破仑并没决定把对待德意志的方法用在俄国身上。

在俄国境内的这场战争和法国人通常打的那些战斗截然不同。到处都会让人震惊。酷热的暴雨使道路成了烂泥的汪洋，骑兵的马匹难以行进；营养不良，再加上路途难行，士兵成百上千地死去。法国统帅在准备打这场仗的时候，就将俄国官方地图印好，分发给了各团。但地图很差劲，反而导致了更不利的后果。

同样出其不意的还有撤退的俄军士兵进行了激烈的抵抗。旧要塞斯摩棱斯克仍然保有反抗巴托里的战斗记忆，成功击退了法军的进攻。后者只是在俄军决定撤离后才夺取了这座城市。斯摩棱斯克投降的阴影之所以会略略消散了些，是因为当时任命了米哈伊尔·库图佐夫（1745—1813）担任俄军最高统帅，库图佐夫在之前一天还被提升至亲王级别。这位俄军旧帅从奥斯特利茨起就没时间讨亚历山大的欢心。首都舆论要求采取决定性的行动，让俄国人担任军队统帅，迫于压力，皇帝只能将他召来。

德意志人（波罗的海人或德意志诸国居民）人数众多是俄罗斯帝国军队的一大特征。16名军长中有7名都是德裔。库图佐夫的军队共有69名将领、96名上校和上尉、近760名下级军官为德裔。[9]通常，德裔指挥官军纪严明，这是军队所需要的。但不能忽视的是皇帝对他们都很好，而且德裔军官都颇为倾向于在军队建功立业。亚历山大一世和功勋卓著的叶尔莫洛夫将军有过一次谈话，这则故事在俄国流传甚广。皇帝说他夺取了高加索，该如何对他进行奖赏，将军的回答是："让我成为德意志人。"

新任的最高统帅库图佐夫亲王继续采取巴克莱·德托利的战术，将俄军引入该国腹地，避免和拿破仑来一场决定性战斗。

在莫斯科城门旁的博罗金诺，俄法两军遭遇，几百部作品都描述过这场战役，最先起头的就是列夫·托尔斯泰的《战争与和平》。尽管有许多亲历者参与了战斗，或身临其境，军事史学家也进行了相当认真的研究，但他们始终不知道拿破仑和库图佐夫究竟有多少兵力，伤亡又是如何。博罗金诺战役五十周年之际，参与者之一的利普兰季将军对这场"卫国战争"中外国人的贡献作了总结。28名作者认为法军兵力占优，13人意见相左，11人认为两军兵力持平。

至于伤亡人数，我们发现也出现了同样的分歧。1812年卫国战争的官方史家亚·米哈伊洛夫斯基-达尼列夫斯基认为俄军方面伤亡5.7万或5.8万人；一个世纪后，苏联的一位人口统计学者则说38506人阵亡、受伤或失踪。[10]他采用法国的资料，认为法军在博罗金诺损失了58478人，[11]但米哈伊尔·波克罗夫斯基则认为这个数字是2.8万人。[12]

至于究竟谁在这场血腥的战斗中获了胜，同样也是异见纷呈。唯一一个毋庸置疑的结果是：俄军指挥层决定不再守卫这座旧都之后，法军便夺取了莫斯科。拿破仑于9月2日进入莫斯科，在那儿待了五个星期。那时候，法军就察觉到他们对俄国一无所知。他们生平头一次占领了一座可以说没有"生产者"的城市。只要有消费者（地主及其家人）住在那儿，城市就什么都不会缺，因为农民会给城市带来丰富的食物。但当地主都离开了莫斯科，那占领者就什么都没得吃了。

经省长罗斯托普钦将军的倡议，这座城市被付之一炬。更严重的是，亚历山大根本没有表现出想要进行拿破仑所需要的那种和平谈判的意思。法军离开莫斯科后，便开始向波兰边境撤退，他们越撤越快，军队也越来越失序。由于没有粮食，士兵便在所经之处大肆劫掠，而当地居民也就抵抗得越来越激烈。历史学家米哈伊尔·波克罗夫斯基对有关爱国主义的论述向来持强烈的怀疑态度，想要为各种情感寻求物质基础，他写道："士兵偷盗都是自动发生的，先是在莫斯科周边地带，之后越来越远，而政府再怎么发布宣言，发起呼吁，都没有成功引发人民战争。"用列夫·托尔斯泰的话来说："人民战争的狼牙棒挥舞起来了。"

寒冬出其不意地降临了。在莫斯科的时候，拿破仑就要求了解俄国中部过去二十年的气温。所以他很清楚真正的寒冬要到12月才会开始，在最坏的情况下，11月的气温会降至零下十度。但1812年却是个例外：严寒在10月份就开始了。

在渡过别列津纳河之前，俄军指挥层并不怀疑拿破仑会被困在那里。最好的亲历证词，也是法军惨败最具说服力的证据，就是指挥其中一支部队的海军司令奇恰戈夫给俄军士兵和民众下的那道命令。他描绘了法国皇帝的相貌："他是个矮个子，矮胖，脸色苍白，脖子短壮，脑袋大，头发为褐色。安全起见，凡是矮个子，一律抓起来交给我。"[13]对拿破仑而言，这场俄国战事持续了六个月之久。在这段时间里，法国皇帝打到了涅曼和莫斯科，再原路返回，却一路损兵折将，那是他整个军事生涯当中输得最惨的一次。拿破仑并没有明确的目的，只是想迫使亚历山大签订和约，却输掉了这场称霸欧洲的战斗。俄国胜利了。

第一个获胜者是亚历山大。法军进入莫斯科之后，彼得堡宫廷只想着一件事：和平。皇后和皇帝的弟弟君士坦丁都是这个意见。但亚历山大不想进行和谈。他想继续打下去，直至胜利，直至敌人被赶出俄国。当时的人对为何会胜利作了很多思考，意见很不统一。普希金言简意赅地指出了三个主要原因，战争的亲历者说这三个原因可以解释拿破仑为何会惨败：巴克莱·德托利的计划，寒冬使没做好准备的侵略者元气大伤，俄国的上帝是俄国的庇佑者。当时的人认为爱国主义情感的迸发是一个原因，使人民在面对外国军队时紧密团结在了一起。历史学家则同意列夫·托尔斯泰的说法，将最后一个因素放在了第一位，即俄国人民愿意在自己的土地上，为了自己，抵抗外国侵略者。同样，米哈伊尔·库图佐夫军事天才的作用也变得越来越重要，但在当时没有注意到这一点。

胜利的另一个重要理由是俄军的军事素养。弗里德里希·冯·舒伯特出生于彼得堡德意志天文学家的家庭，当时他们受科学院之邀前来俄国，舒伯特在和拿破仑作战的时候是名年轻军官，他是这样描写战友的："那时候，俄军很神奇，他们仍然是叶卡捷琳娜和苏沃洛夫的士兵，各支部队都对自己古老的名号和曾经的荣耀倍感自豪。士兵认为敌人就是异端分子，是俄国教会的对手，是和俄国皇帝作对的骚乱者……许多将领都没教养，很愚蠢，军官大多都没受过教育，又是狂喝滥饮，又是玩牌。但从来没人会想过要去批评指挥层的行动和计划。所有人的看法都清一色：他们的职责就是，上面把他们放在哪里，他们就在那里直到战死。"[14]

卫国战争终结于别列津纳河两岸。亚历山大的许多战友，首先是库图佐夫亲王，从那时起都认为拿破仑已被赶出俄国：战争的目的达到了。库图佐夫再三说，我们和欧洲没什么关系，他们只要觉得行，那就让他们自己安排自己的事！但亚历山大却持不同的看法：俄国获得了解放，他还梦想解放欧洲。人们指责沙皇想要援助昨日和明日的敌人，也就是西欧各国，从而牺牲了俄国的利益。人们指责他虚荣心太强：拿破仑到了莫斯科，他就要去巴黎。他想要继续战争的想法，将他一直送到了俄罗斯帝国边界以外，不过其中部分原因，也是他的算计冷静而清晰。亚历山大认为拿破仑法国是俄国不共戴天的敌人：除了短暂的喘息时间，俄国和法国打了近二十年的仗。大军团被打败了，却并没有被消灭：死亡的基本上是年轻士兵和"盟军"，整个军官阶层还很完整，会再次成为新军的核心，可以让拿破仑再打两年仗。

地缘政治的冰冷考量再结合普世幸福的美好愿景，亚历山大一世向来都是如此。"让各个民族都能全面拥有权利，享有教育，与我们联合在一起，受到庇护，保护我们不受侵略者野心的侵袭，这就是我们所希望达成的基础，在上帝的帮助下，竖立起这个崭新的体制。"而这就是亚历山大针对欧洲的计划。他的"体制"和拿破仑所宣扬的打通边界、确立普世福祉的计划没有任何区别。不过，欧洲并没有这两位施主的位置。

俄军深入华沙大公国的领土，波兰人很不高兴，对他们态度冷淡，而犹太人则对他们热烈欢迎，表现出急切的亲俄情感，这也表达了他们对波兰人所怀的敌意。来到大公国边界的时候，俄国发布了一份胜利宣言，宣告拿破仑已被逐出俄国。一周前，指挥大军团内普鲁士军队的约克·冯·瓦滕堡将军和代表亚历山大的季比奇将军进行了秘密谈判。1812年12月30日，在陶拉格签订了协定：普鲁士军队宣布保持中立，不再同法军一起战斗。几个月之后，俄国和普鲁士便签订了结盟条约。"陶拉格"因此也就成了俄德关系出其不意转折的一个象征。1922年，苏联和德国签订拉帕洛条约，之后在1939年签订苏德条约期间，也都出现过这样的转折。

俄国和普鲁士结盟便形成了新的反拿破仑同盟的核心，对已部分恢复的法军发起军事行动。普鲁士人和波兰人不同，他们把俄军士兵视为解放者。在普鲁士，之后又在日耳曼其他国家，都出现了反对法国侵略者的人民运动。1813年7月，奥地利向法国宣战，组建了反拿破仑同盟。继承人是法国人贝尔纳多特元帅的瑞典成了同盟的第四名成员。

1813年1月，拿破仑在俄国惨败之后返回巴黎，他当时仍然是欧洲的主宰者。同年10月，他只剩下了法国。敌军打到了莱茵河沿岸。1814年3月，皇帝亚历山大一世率领得胜之军进入了巴黎。4月6日，拿破仑遭废黜，被流放至厄尔巴岛。拿破仑战争的时代自此成了过去时。从厄尔巴岛返回之后的百日王朝也只不过是徒劳的尝试：拿破仑的帝国分崩离析。打了三个月的仗之后，维也纳会议召开，会上想要重新划分欧洲版图，瓜分胜利成果，开完会又接着打。1815年6月9日，在维也纳签署了定稿文件。正如之后所显示的那样，欧洲版图遭到重新定义，时间达百年之久。但这份条约也蕴含着冲突、革命和战争。

在最终消灭拿破仑帝国的进程中，起主要作用的正是亚历山大一世。自联军打到莱茵河之后，英国和奥地利便倾向于签订和约：英国想要避免俄国在欧洲大陆坐大；而奥地利则不想让普鲁士变强，认为只要削弱拿破仑就能做到这一点（让波旁王朝重新坐上法国的御座并没在哈布斯堡王朝的算计之中）。亚历山大的观点占了上风。战争继续进行，直至最后胜利。

联军之间的分歧使路易十八的代表塔列朗得以起到调停者的作用，并成功（考虑到当时的环境）捍卫了法国的利益。英国保留了其海上征服的土地：马耳他、锡兰、好望角。奥地利则获得了伊利里亚、蒂罗尔、伦巴底和威尼斯，在意大利半岛上重新开始发挥影响力。从领土上来看，主要的赢家是普鲁士，这是亚历山大始终都想见到的局面。俄国保留了芬兰（1809年从瑞典人手中夺走）、比萨拉比亚（1812年获得）和华沙大公国。

亚历山大梦想将以前波兰王国的领土悉数纳入俄罗斯帝国之中，但在盟军施压之下，他同意将波兹南让给普鲁士，把加利西亚让给奥地利。不过，他仍然保留了波兰国王，或者说是波兰沙皇的头衔（这是官方头衔）。维也纳会议之后过了半个世纪才面世的《俄国和欧洲》一书的作者尼古拉·达尼列夫斯基得出了一个结论，他认为1812年战争"给俄国在道德上造成了很大的影响。如果同拿破仑和解，让德意志和欧洲走向各自的宿命，它本来是能获得更多更具体的成果的"。[15]

亚历山大无论如何是不会这样去想的，他坚信自己有能力影响整个欧洲的命运，特别是德意志的命运。

注　释

1　M. N. Pokrovskij, *op. cit.*, p. 25.

2　M. Kukiel, *op. cit.*, pp. 87–88.

3　M. Kukiel, *op. cit.*, p. 89.

4　N. M. Karamzin, *op. cit.*, p. 54.

5　Malet et Isaac, *L'Histoire...*, *op. cit.*, p. 741.

6　Cf. M. Kukiel, *op. cit.*, pp. 94–97.

7　M. N. Pokrovskij, *Diplomatija i vojny carskoj Rossii v XIX v.*, *op. cit.*, p. 39.

8　I. Stalin, «Otvet t-šču Razinu. 23 fevralja 1946 g.», *Bol'ševik*, n° 2, 1947, pp. 6–8.

9　Ingeborg Fleischhauer, *Die Deutschen im Zarenreich*, Stuttgart, 1986, p. 144.

10　B. C. Urlanis, *op. cit.*, p. 80.

11　B. C. Urlanis, *op. cit.*, p. 82.

12　M. N. Pokrovskij, *op. cit.*, p. 55.

13　Mixajlovskij-Danilevskij, *Opisanie Otečestvennoj vojny v 1812 godu*, Pétersbourg, 1839, livre IV, p. 287.

14　Cité d'après Ingeborg Fleischhauer, *op. cit.*, pp. 143–144.

15　N. Ja. Danilevskij, *Rossija i Evropa*, Reprint, New York-Londres, 1966, p. 320.

7 "欧洲的救世主"

> 1815年之后，俄国显然在欧洲发挥了很大的影响力。
>
> ——尼古拉·达尼列夫斯基

  亚历山大在维也纳会议取得了胜利。他是唯一一个直接参与"战胜者大会"的君主，大会的目的是瓜分战利品，也就是战败者的财产。他背后依靠的是整个俄国的力量和巴黎的俄国驻军。但他首先代表的还是自己。我们知道，彼得三世对自己只是俄国皇帝颇感遗憾，梦想着穿上普鲁士上尉的军服。而亚历山大觉得俄国的御座坐得有点挤，梦想获得欧洲救世主的荣耀。

  同时代的人特别指出，他对俄军在外国驻军的做法并没放在心上，对庆祝战胜法军，特别是博罗金诺战役的周年纪念日也缺乏热情。亚历山大对俄罗斯帝国的态度或许从他选择外交事务负责人这件事能看得更清楚。从1814年2月起，外交事务部门就由毫不突出的德裔外交官伊万（约翰）·安德烈耶维奇·魏德迈尔领衔。不过，在他身边工作的还有两个国务秘书，分别是卡尔（卡尔·罗伯特）·瓦西里耶维奇·涅塞尔罗捷和伊万·安东诺维奇（让·安托万）·卡波·伊斯特里亚（或卡波季斯特里亚斯）。涅塞尔罗捷伯爵（1780—

1862）的父亲是信奉天主教、为俄国服务的德裔外交官，母亲是改宗的犹太新教徒，他在俄国外交大臣这个职位上待了四十年之久（1816—1856），比该国历史上的其他任何人时间都要长。卡波·伊斯特里亚伯爵（1766年出生于科孚岛，1831年在希腊的纳夫普利翁遇刺身亡）在伊奥尼亚群岛担任国务秘书一职，引起了彼得堡宫廷的注意，伊奥尼亚群岛共和国成立于1800年，是近代史上第一个独立的希腊国家，受俄国的保护。1807年，根据蒂尔西特和约的条款，伊奥尼亚群岛被归还给了法国，仍然相信只有俄国才能帮助希腊人获得独立的卡波·伊斯特里亚就被派往俄国任职。

俾斯麦认为能"两手同时做事"乃是政治家的重要素养。亚历山大一世的"两手"就是这两位国务秘书。涅塞尔罗捷是坚定的保守派；作为梅特涅的崇拜者，他宣扬的是亲奥政策。卡波·伊斯特里亚反对"奥地利体制"，支持立宪君主制。卡拉姆津认为卡波·伊斯特里亚是"当今宫廷内最智慧的人"。皇帝则一会儿拔高一人，一会儿又拔高另一人，随自己的意愿改变政策。

拿破仑战败后，战胜者便决定在欧洲确立一个新的政治体制。1815年9月14日，亚历山大、奥地利的弗朗茨一世以及普鲁士国王腓特烈·威廉在巴黎签署了"神圣同盟公约"。英国正式拒绝加入，但愿意尊重他们的原则。11月，路易十八加入同盟。1815至1817年间，除了土耳其和梵蒂冈之外，几乎所有的欧洲国家都成了其成员。

对那个时代的外交文书来说，神圣同盟公约的文本颇不寻常。两位皇帝和一位国王"以至圣且不可分割之三位一体之名"勠力捍卫"正义、基督之爱、和平"；他们宣告"用真正永存的兄弟之情彼此联合起来"，互相视为同胞，互帮互助，互相扶持。弗朗茨一世读到同盟书时说："如果这是宗教文书，那这件事就归听告解的神父管；如果这是政治文书，那这就和梅特涅有关。"而后者则认为该文本"混合了自由派的、宗教的和政治的理念"。

这位奥地利首相说得没错：神圣同盟公约融合了亚历山大一世的奇思异想，他的政治规划是否能实现都取决于这些奇思异想。俄国政府想要清晰阐明神圣同盟的理念和目标，以吸引新的成员，他们在这方面大张旗鼓，彰显了其中的关键之处：俄国外交的目的就是捍卫欧洲的和平。作为这场运动的鼓吹者，卡波·伊斯特里亚宣称1815年签署的那些协定，尤其是9月14日的协定，代表了“一个独一无二的体制，能拯救人类于水火之中”。

1814至1820年间，俄国皇帝最操心的就是确保欧洲和平、拯救人类。更有甚者，神圣同盟甚至每年都要召开一次大会，也就是所谓的“峰会”。亚琛、特罗保、莱巴赫、维罗纳，亚历山大一次都没缺席，他到处都在捍卫这些至高的原则，到处宣讲以福音训诫为基础的政策。1818年在亚琛的时候，俄国皇帝大力支持禁止黑奴贸易。在那个时代的俄国，可以完全自由、合法地买卖人，有时甚至都可以没有土地。理论上，亚历山大反对奴隶制，支持自由、宪法、各民族之间的博爱。而且，他还开始觉得东正教会对他束缚太多。

至圣治理会议的督察长亚历山大·戈利岑亲王曾经是百科全书派的狂热崇拜者，如今他发现了一个新的信仰。亚历山大·戈利岑平生头一遭读《圣经》，就深受基督生平和教诲的启发，并说服他的皇帝朋友阅读福音书。亚历山大就这么读了，他也是平生头一遭阅读，他的观点和督察长完全一致。对“敌基督”拿破仑、“人类之敌”开战也就转变成了精神使命：必须拯救人类。

拿破仑一旦被逐出莫斯科，俄国皇帝及其军队在欧洲的推进便呈现出神秘的朝圣气息。在立窝尼亚，亚历山大拜访了摩拉维亚弟兄会，之后又去了弟兄会在萨克森的大修道院。1814年在伦敦，贵格会教徒前来寻找俄国沙皇。四年后，他们在彼得堡逗留的时候，受到了亚历山大的接见，后者建议他们在精神上与之一同祈祷，致力于冥想。1815年，巴伐利亚神秘主义者弗朗茨·冯·巴德尔亲自向皇帝递交了他一年前写的一篇论文，题目是《论法国大革命所导致的在政治和宗教之间建立新型内在联系的必要性》。论文题献给戈利岑亲王，指出必须以基督教原则为基础，进行训导，确立政策，并借助其他宗教和神话的要素来扩展基督教。

波罗的海的男爵夫人芭芭拉·朱丽安娜·克鲁德纳（1764—1824）对皇帝造成了很大的影响。克鲁德纳是个作家，离异，狂热崇拜德意志的神秘主义，她预言基督即将登临亚拉拉特山，所以基督要去的地方就是俄国人占领的高加索那片土地，亚历山大在确立上帝在地上的王国中将起到举足轻重的作用。与此同时，在彼得堡，叶卡捷琳娜·塔塔里诺娃（出生于布克舍登）——丈夫是一名上校，后战死沙场——对宫廷圈的影响日益明显，尤其是对戈利岑亲王。在她组建的圈子里，鞭笞派和阉割派的理念和东正教的原则糅合在了一起。美国历史学家詹姆斯·贝灵顿将这个"迷人女性"群体（其中也包括基娜伊达·沃尔康斯卡娅和奥尔洛娃-切斯缅斯卡娅伯爵夫人）对亚历山大周围的"反动派"所产生的影响，同阿列克谢·米哈伊洛维奇时代女性对保守派波雅尔所产生的影响做了比较。

从神圣同盟的语汇可以看出神秘主义对亚历山大日益彰显的影响，他坚信同盟就是对法国大革命的回应，而他这个俄国皇帝就是上帝手中的工具。他在位初期所受天主教的影响（这是宫廷从保罗那儿继承下来的），此时已让位给新教的影响。对亚历山大而言，无论哪种宗教都能完善、扩大东正教，打开人类灵魂伟大的博爱通途，而他愿意让自己成为这博爱最好的化身。

维也纳大会在意识形态-宗教基础上所确立起来的和平体系很快就出现了裂痕。1819年在曼海姆，耶拿大学神学系的学生卡尔·赞德用匕首刺杀了德意志三流剧作家奥古斯特·冯·科策布，科策布长期为俄国服务，从1814年起，他就发行了《俄德大众报》，用德语宣扬神圣同盟的原则。赞德认为他是"祖国的叛徒",所以将其刺杀,而他"匕首一击",也就成了为自由而战的象征,成为初现端倪的现代民族主义的一个标志。

科策布遇刺后,赞德被处以死刑,使人对俄国产生了很不好的印象,这在开明的年轻人的头脑中产生了激烈的回响。1820年2月,巴黎工人路易-皮埃尔·路维尔用匕首刺杀了法国王位的继承人贝里公爵。普希金在舞台上展现出了路维尔的形象,并配了图说"给沙皇上了一课",而普希金也因此被从彼得堡流放了出去。

1820年成为西班牙革命的开端。拉斐尔·德尔·里耶哥率领的起义军迫使斐迪南七世在国内重新实施1812年宪法,战胜拿破仑之后,国王曾废除宪法。三个月后,秘密社团烧炭党在两西西里王国发起革命,7月,那不勒斯守军迫使斐迪南一世在本国内施行宪法。新的名字,如里耶哥,新的概念,如烧炭党,就这样进入了那个时代的政治语汇当中,尤其是俄国的语汇。

欧洲南部的革命,其目的是建立立宪政体,使国家统一。宪法必须约束国王的独裁统治;至于国家统一,由于德意志和意大利都只不过是地理实体,所以看上去是有必要的。维也纳大会确立了德意志邦联,将三十九个国家整合到了一起。这是相当大的进步,因为1789年的时候共有三百六十个国家,1803年的时候就只剩下了八十二个国家。但民族主义者只想要一个德国。在亚平宁山脉,国家数目从十个变成了八个。

特拉波会议(1820年秋)制定了干预原则:凡是革命成功的国家,均被排除出神圣同盟;若革命威胁到其他国家的安定,盟国便有责任进行干预,首先是"友情告诫",之后就是"武力镇压",目的是重新建立秩序。西班牙和意大利的革命、德意志的民族主义运动都直接威胁到了奥地利的利益。梅特涅需要亚历山大,于是他设法说服俄国皇帝,说他的国家现在表面上很平静,但革命接下来就会威胁到它。就像是对奥地利首相的话遥相呼应一般，谢苗诺夫斯基团的士兵哗变，反抗指挥官施瓦茨上校惨无人道的虐待行为。亚历山大就是在特拉波得知兵变一事的。

1822年春，莱巴赫大会"明确了"干预原则的基础：神圣同盟并没有摒弃"有益或必须的改变"这一理念。但只有出自"自由意愿，以及上帝托付权力的那些人经过深思熟虑之后所做的决定"，才可予以施行。同盟准许合法君主进行"上层革命"。

神圣同盟所经手的重大考验就是希腊起义，希腊反抗土耳其的统治地位，欲求独立。亚历山大在理想和现实之间经受了极其严峻的冲突。希腊人起而反抗合法的君主土耳其苏丹。另一方面，反叛的信号是亚历山大·伊普斯兰提斯发出的，他的父亲是摩尔达维亚和瓦拉几亚的总督，他自己是俄军军官、皇帝的副官。1821年2月，伊普斯兰提斯率领一支骑兵队离开了俄国边境地带，前往亚希，投入到解放希腊的斗争当中。

俄国拒绝支持希腊的东正教徒。亚历山大在维罗纳大会上宣称："我放弃希腊事务，因为我在这场战争中看见了时代革命的信号。"亚历山大选择了意识形态，也就是反对革命，不愿面对现实政治的种种可能性：土耳其已病入膏肓，塞尔维亚、瓦拉几亚、摩尔达维亚、希腊的解放事业箭在弦上。那时候的人和许多历史学家都从中发现梅特涅在插手干预，他并不想削弱奥斯曼帝国，因为这么做就等于在强化俄国。尼古拉·达尼列夫斯基评估了亚历山大的政策，写道："我不愿当十字架和受压迫人民自由的旗手，我们都是保守主义的勇士……"这位亲斯拉夫的理论家由此得出结论："我们越是想要真诚、公平地让欧洲的观点成为我们自己的观点，欧洲就越是不愿相信我们的真诚，认定我们野心勃勃、用心险恶，我们也就越是憎恨欧洲，可我们对欧洲的正统主义和保守主义却忠心耿耿。"[1]

战胜拿破仑使俄国在欧洲扮演了"重要的角色"，但这也毁了这个国家。除了胜利所带来的重负之外，还有外交政策的重负。和平时期，亚历山大就维持着一支近百万人的大军（1825年，兵员达到92.4万人，比他登基之时多出了三倍），以此来支撑神圣同盟体系。

在亚历山大看来，为了向庞大的军队提供必需品，就会导致经济问题，军屯制似乎是对这些问题给出的激进答案。军屯制存在的四十多年时间（亚历山大在位最后十年和尼古拉一世的整个在位时期）是1917年之前俄国乌托邦理论得以实施的最佳范例。和所有的乌托邦一样，这个乌托邦也来自西方。但实践方式却是俄国式的。

第一次实践要回溯到1812年的战争之前。蒂尔西特和约大幅减少了普鲁士军队的兵员，普鲁士战争大臣沙恩霍斯特绕过缔约时的条件，创建了战时后备军体系。士兵以战争为职业，不得离开自己的居住地。1809年，沙恩霍斯特的方法也在俄国进行了实验。俄国在莫吉廖夫省设立了一个团。为了让位给军屯制，村里的农民都被流放到了新俄罗斯；大多数人死在了路上。反拿破仑战争期间，亚历山大看到了1793年的战争大臣塞尔旺将军写的一篇文章，军屯制计划就是由他设想构思的。这篇文章被译成了俄语，因为皇帝委托其实施该计划的阿拉克切耶夫将军不怎么懂法语。

在同时代的人和随后几代人看来，军屯制和阿拉克切耶夫存在密不可分的关系。自1810年起，阿拉克切耶夫伯爵就在国家参政院内部负责军事事务部门的工作（之前从1808年起担任战争大臣），现被任命为军屯制事务的主要负责人。他以极大的热情努力组建军垦农场（这种热情只有他那生性的残暴可与之匹敌）。我们说过，阿列克谢·阿拉克切耶夫是俄国历史上最遭人痛恨的人物之一。不过，他的组织能力还是不错的，1812年战争期间在军队筹备方面做了不少事，尤其是在炮兵部队中。阿拉克切耶夫自己出资，在诺夫哥罗德创建了军校学员队，开设了大约一百五十所小学和专业机构，还创立了俄国第一所师范学校。可他同时也是一个铁石心肠的粗野之辈。

军事史学家安·凯尔斯诺夫斯基想要破除当时有关阿拉克切耶夫的传奇说法，说他一辈子就爱三样东西：服役、炮兵、君主。[2]很久以来，历史学家都认为阿拉克切耶夫是亚历山大的"邪恶智囊"，认为他是"反动十年"的主谋。不过从文献来看，阿拉克切耶夫所写的那些最重要的文本，都是他靠皇帝提纲挈领写出来的。许多人说阿拉克切耶夫是"军屯制之父"，但他其实是激烈反对创建军垦农场的。他和军中以巴克莱·德托利为首的其他负责人一道，想要说服亚历山大放弃这个计划，他甚至还跪地恳求："陛下，您这是要建立射击军啊。"亚历山大一世不为所动，并说："就算从彼得堡到丘多沃的路上布满了尸体，军垦农场也是要创建的。"

阿拉克切耶夫是俄国历史上最后一个宠臣。由库尔布斯基亲王或尊贵的波将金亲王为杰出代表的这一脉到他手里便寿终正寝了。阿拉克切耶夫之后，俄国皇帝也都有近臣，但皇帝已不用冷眼旁观或高高在上，将自己（相当）一部分的权力出让给这些人。在保罗一世看来，阿拉克切耶夫的一大优点是专心致志服侍君王，而在亚历山大一世看来，他是皇帝忠心耿耿的大臣。忠心使军屯制计划的负责人成了理想的仆人，而且他也是个出色的管理者，官僚的典范。归根结底，阿拉克切耶夫对别人命令他做的事都嗤之以鼻；重要的是君主下的命令。当亚历山大要他制订解放农民的计划时，即便他是个保守派，他也会提交一份自由主义的报告。当皇帝命令他创建军垦农场时，即便他觉得这想法很危险，他也仍然会去创建。

塞尔旺将军建议效仿罗马人的先例，在帝国边境地带设立军垦农场。沙恩霍斯特成功创建了普鲁士新军，但后备军军人只不过是每年当两个月的士兵而已，其余时间他们都是农民。俄国体系则以服役二十五年为基础，效法西方既是士兵又是耕作者的理念。阿拉克切耶夫担心射击军哗变，当年彼得大帝耗费了多少力气，流了多少血才将射击军肃清，于是他就设立了一个绝对控制的体系来规避风险。

1817年7月9日，颁布了与军垦农场相关的敕令。但从1815年起，军队就已开始被调动至各地。从莫吉廖夫军垦农场的经验来看，上头决定不再驱逐当地人口，而是让他们待在原地，使之与军队相融合。军垦农场的所有私人领地（贵族田产）都遭征用。所有人都得遵守巨细靡遗的规章制度，从服装的样式、住宅的外观和内饰、军事操练一直到儿童的营养以及菜品的配制莫不如是。儿童七岁就会加入工兵营，一直在那儿待到十二岁。之后他们就会重返家庭，帮助父母从事垦殖。到了十八岁，他们会再次入伍，服役二十五年。

作家萨尔蒂科夫·谢德林在《一座城市的历史》中认为这些军垦农场就是城市最疯狂的总督乌格留姆-布切耶夫的"癫狂噩梦"。让人震惊的是，作家并不是在杜撰。军垦农场的现状超过了铁面无情的讽刺作家的想象力。军垦农场的一个特征就是毫无实用性。军事纪律把农民从地头田间连根拔起，使土地荒芜；而士兵由于从事田间劳作，未受军事教育，只知道"行军"，就连枪也打不好。

我们说过，"波将金村"已成为拿糊弄人的东西来装点门面、取代现实的同义词，而且该词并不仅仅在俄语中使用。军垦农场就是在靠表象和幻象当道。住宅造得不错，但屋里不准生火炉，以免损坏屋子；路修得平平整整，但不准车来人往；无懈可击的桥梁建在河上，但军垦人员只能涉水而过。

军垦农场的榜样就是普鲁士军营，但营房只是为了展示用，是军营样板房。一位军事史学家认为俄军（和所有军队一样）以前就已经在使用"糊弄人"的奇技淫巧。不过，从创建军垦农场起，这种技巧就已体系化，这"必将对我们的整个军事生涯留下令人后悔不迭的特殊印记，一直到塞瓦斯托波尔为止"。[3]换句话说，就是直到俄军在克里米亚战争中败北为止。

当然，甚至在1856年之后，他们还仍然在"糊弄人"。幻象日益剥落，每次打败仗，现实就必然会显现出来；但打了胜仗之后，这种现象又会甚嚣尘上，有时达到惊人的程度。表象、幻象填满了乌托邦梦想之间的裂缝，反倒变成了"癫狂噩梦"和现实，甚至在甚嚣尘上之时，处处取代了现实。表象、装点、彻头彻尾的谎言让人感觉时间仿佛消失了，它们会让人以为现实即刻就会转变，毫不费力就能做到这一点。

军屯制的理念并非"谵妄之语"，历史上的例子随处都可见到。在某些条件下，完全可以将农事和军训结合起来。俄国本身就有一个很不错的典范：哥萨克村。但哥萨克村并没有亚历山大想要的东西：他想控制臣民，带领他们走向幸福。

军屯制的确立反映了神圣同盟之父想要在俄国恢复掌控权，拿破仑战争之后，尤其是俄军还在祖国之外逗留过，掌控权已经有所削弱。和西欧生活一做比较，对俄国肯定是不利的。

亚历山大一世在位的最后十年被历史学家称为"反动十年"，他们注意到皇帝的政策日益趋向反动。事实上，亚历山大向来都喜欢一石二鸟。军屯制就是反动的标志。但1816年、1817年和1819年他又同时下达命令，解放波罗的海各省的农民。1818年，俄国皇帝获得了波兰沙皇的称号，在华沙为议事会举行了开幕典礼。俄国的专制君主、皇帝，到了波兰就成了立宪君主。

俄国的政策同时在走两条路，牵涉到文化和教育。依照兰卡斯特和贝尔的方法，创建学校，互助教学四处开花。文学的跃进（所谓的"黄金时代"）很大程度上归功于期刊举办的各种各样的活动。1802年，创办了《欧洲信使》；1813年，《祖国之子》；1818年，《祖国纪事》；1818至1825年间，《西伯利亚信使》。尼古拉·卡拉姆津出版了他的《俄国史》；编年史和其他历史资料也都在编辑出版。同样，1818年，米哈伊尔·马格尼茨基着手进行"文化革命"，宣布向"西方思想"开战,他认为西方思想敌视东正教。马格尼茨基的个性及其某些思想值得我们关注,因为颇具典型性:俄国历史上以前就出现过类似的现象,以后也还会存在。

米哈伊尔·马格尼茨基出身资产不多的贵族家庭,他随着亚历山大时代的演进而演进。他在普列奥布拉任斯基团服过役,在驻巴黎和维也纳的使馆中工作过,是共济会分会的会员。他是斯佩兰斯基身边的合作者,这位自由派立法者倒台后,他也受到牵连,1812年遭到流放。不过,他的职业生涯很快会东山再起(斯佩兰斯基也是如此)。米哈伊尔·马格尼茨基在担任辛比尔斯克总督一职时,抨击了俄国的教育体系。无论在他的"匿名"信还是公开信中,他都建议在俄国设立宗教裁判所,对印刷文字进行极其严厉的审查,要求取缔共济会,这些信件受到了时任教育大臣,也是皇帝亲信的亚历山大·戈利岑亲王的注意。他让米哈伊尔·马格尼茨基负责监察喀山大学,由此对这所大学造成了灾难性的影响。

在喀山待了六年之后,马格尼茨基返回彼得堡,他在报告中不仅坚持要求关闭喀山大学,还要求彻底将之夷平,连建筑都不放过。亚历山大一世还算头脑清楚,他在报告页边写道:"为何摧毁之?纠正即可。""纠正"这项任务就交到了报告作者的手中,他得到了如下指示:让喀山大学的教育取向符合神圣同盟的原则。

于是,他取消了地理科目,因为和《圣经》史不符;相似的命令也用到了数学教学上;但马格尼茨基对哲学特别不满。他认为错就错在"自由主义"上面,他在一份备忘录中建议将俄国和欧洲完全隔绝起来,目的是"让那些可怕事件的传闻再也传不过来"。

米哈伊尔·马格尼茨基反对欧洲污染的逻辑对卡拉姆津的说法提出了质疑,后者认为鞑靼桎梏这场灾难得为俄国的落后负责。马格尼茨基(首批"欧亚主义者")则认为鞑靼人将俄国从欧洲人的手里拯救了出来,对保护东正教信仰做出了贡献。马格尼茨基的理念得到了圣彼得堡大学的"管理者"鲁尼奇，尤其是苦修僧侣弗季的支持，后者在和皇帝见面的时候，给皇帝留下了很深的印象，所以他的这些理念也就得到了亚历山大一世的赞同。1824年5月，亚历山大收到弗季的一份笔记，其中写了该采取何种措施来"根除精神上的诱惑"，于是亚历山大就撤了自己的老朋友亚历山大·戈利岑教育大臣和精神事务大臣的职务，改由海军司令奇奇科夫担任，后者也是具有保守主义倾向的作家。

弗季呈递的第一份笔记叫作《秘密流布的革命计划，或俄国各地秘密社团所犯下的不法秘事》。完整的笔记叫作《俄国秘密社团透过〈圣经〉协会的所作所为》。弗季指的是共济会分会以及《圣经》协会俄国分会。但国内还有其他秘密社团。由于社团数目众多，再加上米哈伊尔·马格尼茨基及其同道的推波助澜，亚历山大于1823年不得不要求所有政府官员写下承诺书，承诺自己并未参加秘密社团。事实上，他还特地要求官员发誓自己不是"共济会员"。

1825年12月14日之前，"秘密的"这个形容词似乎人畜无害。它的意思是：对未加入者来说是秘密的，但对当局来说不是秘密的。瓦西里·克柳切夫斯基在其《俄国简史》一书中总结了19世纪80年代自己在大学的会议上所作的讲演，他说："当时成立秘密社团和现在成立股份公司一样方便。"4

俄军从欧洲返回后，秘密社团基本上就都是由文明社会的花朵近卫军军官成立的了。亚历山大·普希金在提到比自己年长的朋友彼得·恰达耶夫时写道："在罗马，他就是布鲁图斯，在雅典，他就是伯里克利。在我们这儿，他就是个轻骑兵军官。"帕维尔·佩斯捷尔上校是"十二月党人"运动的领导人之一，他在遭到逮捕后，预审法官问他"最初是何时从何人那儿获得投石党人的自由主义理念的"，佩斯捷尔的回答是，自己受到了"农奴制和人民的苦难，俄国政府的不作为，其他国家的自由主义革命"启发。因此，佩斯捷尔认为有必要改变俄国人民的物质状况，改变政府体制，既然俄国政府承认西方的革命树立了典范。

1821年，亚历山大获悉存在一个秘密社团——慈善联盟。他把该联盟重要成员的名单读了一遍后，就把它丢入了火中，他发现自己没法去惩罚这些密谋者，因为"我年轻时也赞同他们的观点"。费奥多尔·秋切夫在严厉判决"十二月党人"的时候，说他们是"非理性思想的"受害者，但他在一首题为"1825年12月14日"的诗中却这么写道："你们受到了专制体制的毒害……"[5]

关于秘密社团的情报、社团的计划及构成被呈交给亚历山大，但他并不想对这些社团采取行动。1824年6月，某个在俄军乌克兰第三团担任士官的名叫舍伍德的英国人向亚历山大汇报了帕维尔·佩斯捷尔阴谋的详情，佩斯捷尔领导南方联盟这个社团，骨干人员都是第二军的军官。线报如雪片般飞来。但皇帝也只是下令："继续调查。"

亚历山大一世一辈子游历甚广。在位的最后几年里他经常出游，最清醒的时候似乎都出现在交通工具上。尽管他以前都是去西方游历，但到了晚年，主要走的地方还是俄国。1823年8月16日，亚历山大离开皇村，打算于11月3日，也就是两个半月后返回。其间，他去了伊若尔斯克、科尔皮诺、什利谢利堡、拉多加、季赫温、莫洛加、雷宾斯克、雅罗斯拉夫尔、罗斯托夫、佩列亚斯拉夫尔、莫斯科、谢尔普霍夫、图拉、姆岑斯克、奥廖尔、卡拉切夫、布良斯克、罗斯拉夫尔、切尔尼戈夫、旧贝霍夫、博布鲁伊斯克、斯洛尼姆、科布林、布列斯特-立陶夫斯克、科韦利、卢茨克、杜布诺、奥斯特罗格、布拉茨拉夫、克拉皮夫纳、图利钦、乌曼、扎莫斯捷、苏拉日、大卢基。从地图上看，亚历山大的行程绕了一个大圈，沙皇在圈内迂回折转。1824年秋，亚历山大来到帝国的东部：他从皇村去了莫斯科、坦波夫、钱巴尔、奔萨、辛比尔斯克、斯塔夫罗波尔、萨马拉、奥伦堡、伊列茨卡亚-扎西塔、乌法、兹拉托乌斯特、米阿斯、叶卡捷琳堡、彼尔姆、维亚特卡。

他的传记作者写道，他在途中遇到了好些困难：行程没有经过特别准备，给养并不总是充足，经常长时间步行。亚历山大心理肖像的绘制者写道："他这样倒是能对俄国的情况形成自己的想法。"这位历史学家又说，他"原本以为自己为了祖国的繁荣做了种种努力，可（这一路走来），就连这些残存的幻想"[6]也都烟消云散了。

1825年9月13日，沙皇来到塔甘罗格，十天后，在那儿和身体不适的皇后相聚。他们住在一栋小平房里。11月初，亚历山大患上了感冒，于当月19日驾崩，时年四十八岁。普希金对他充满敌意，于是就写了这句挖苦的话："游历就是他的一生，但塔甘罗格要了他的命。"

亚历山大一世驾崩导致出现了种种传闻。皇帝英年早逝，而且远离都城。从那时起，就有传言坚持认为他还活着，为了逃避世间的虚荣，成了行脚僧，云游俄国。有一则传闻说有个名叫费奥多尔·库兹米奇的长老很是神秘，从而激起了列夫·托尔斯泰的兴趣，这个传说到20世纪末仍未停止。某些历史学家认为亚历山大一世原则上安葬于彼得堡的圣彼得与圣保罗大教堂内，只要挖出他的尸体，就能一劳永逸地给出答案。

亚历山大一世统治俄罗斯帝国达四分之一个世纪，被浪漫梦想和残酷现实撕扯着。死前三周，他在塞瓦斯托波尔和总参谋长伊·季比奇交谈，亚历山大指出："不管别人怎么说我，我生前和死后都是共和派。"[7]后任元帅的季比奇于1831年率领俄军镇压了波兰人的反叛，成为自由主义和共和国的敌人。皇帝觉得有必要让他了解自己的情感，但他毕竟是个专制君主，所以这么做还是有些奇怪的。

19世纪末，为《百科全书词典》撰写俄国历史的亚历山大·基泽维特不厌其烦地指出，每一任君主驾崩之后，帝国的边界就会扩大。他认为帝国的面积已达数千万平方英里。在亚历山大一世统治时期，俄国的空间增加了34079平方英里。[8]

得知亚历山大驾崩后，一位元老院议员在日记中总结了他二十五年的功过："如果我们审阅一遍他在位时期的所有事件，能看出什么？内政全面恶化，俄国在国际关系领域丧失了影响力……圣以撒教堂如今已成废墟[9]，而这正是政府的确切写照：他们拆除教堂，就是为了在旧址上用新的材料再建一座新的庙宇……由此导致了巨大的开支，但等到大家发现在没有完善计划的情况下建造一栋建筑会很危险的时候，工程肯定会被叫停。国家事务也采用同样的方法，一切都是在做实验，做测试，一切都是在盲目运行。"[10]

将俄国政府和在旧址上造新楼的做法相比较，确实可以体现出亚历山大时代以及之后时代的状况。不过，"盲目运行"的说法忠实体现了亚历山大一世驾崩之时俄国的形势。皇位继承形势错综复杂。已故的皇帝没有子嗣，但留有遗嘱，说由他最小的弟弟尼古拉一世接掌俄国，他应弟弟康斯坦丁的要求，将他排除出了继承人之列。但遗嘱秘而不宣。

注　释

1　N. Ja. Danilevskij, *op. cit.*, p. 321.

2　A. A. Kersnovskij, *Istorija russkoj armii, op. cit.*, tome 2, pp. 9–10.

3　A. A. Kersnovskij, *op. cit.*, p. 27.

4　V. Ključevskij, *op. cit.*, tome 5, p. 206.

5　F. I. Tjutčev, *Polnoe sobranie sočinenij*, Leningrad, 1957, p. 82.

6　A. N. Saxarov, «Aleksandr I (K istorii žizni i smerti)», in *Rossijskie samoderžcy, op. cit.*, p. 52.

7　A. N. Saxarov, *op. cit.*, p. 75.

8　*Enciklopedičeskij slovar'*, tome 55, p. 483.

9　后在毁掉的圣以撒教堂旧址上建造了圣以撒大教堂。

10　Cité d'après A. N. Saxarov, *op. cit.*, p. 79.

8　尼古拉一世：专制君主

> 专制独裁存在于俄国，这是我所领导的政府的本质，但又和
> 国家的精神相符。
>
> ——尼古拉一世和屈斯汀的对话[1]

继位问题是18世纪俄国的老问题，这次由于继承人康斯坦丁断然拒绝加冕，所以这个问题又被提了出来。他多次告知自己的兄长：他在波兰感觉良好，在那儿找到了爱情，故而拒绝离开波兰；而且，他打算迎娶约翰娜·格鲁津斯卡，这么做最终就会自动剥夺其登上俄国御座的机会。康斯坦丁时常想起父亲的命运，对彼得堡深感恐惧。1822年1月14日，他正式向亚历山大提出放弃皇位。1823年，沙皇委托都主教费拉列特拟定谕旨，让尼古拉成为皇位继承人。经沙皇批准之后，这份谕旨被秘密存放于莫斯科圣母升天大教堂的档案室中，数份副本则交由国家参政院、至圣治理会议和元老院，并保存至"我亲自下命令为止"（这是亚历山大亲手写在原本封皮上的话）。一旦皇帝驾崩，就必须"立刻"打开封皮。只有三个人知道亚历山大写有遗嘱：费拉列特、亚历山大·戈利岑亲王和阿拉克切耶夫伯爵。

历史学家对亚历山大一世的这个举动有不同的解读。有些人认为

沙皇想要放弃皇位，等时机成熟，公布遗嘱。另一些人则认为，在亚历山大看来，谕旨的意思就是指他所有的希望和计划都已失败。还有些人提出一种假设，认为皇帝并不想过早宣布让自己那个身强力壮、野心勃勃、残忍无情的弟弟来当自己的继承人，生怕争权夺利之事接踵而至。

亚历山大一世在塔甘罗格猝死，让权力落到了尼古拉的手中，毕竟大家眼中的继承人康斯坦丁还在华沙。亚历山大的决策一经公布，尼古拉便全面掌控了国家。但18世纪还有个良好的传统，这次近卫军也加入了这场王朝游戏之中。彼得堡军事总长米哈伊尔·米罗拉多维奇伯爵和近卫军的一群高级军官并不买账：合法继承人是康斯坦丁。米罗拉多维奇宣布"帝国的法律并不承认用遗嘱来决定皇位"。[2]压力之下，尼古拉向康斯坦丁宣誓，而康斯坦丁则也向尼古拉宣誓，并让波兰全国也这么做。康斯坦丁断然拒绝戴上皇冠的做法便不再存在其他的选择：12月13日，尼古拉决定宣布当皇帝。与各个兄弟和权贵们的谈判也在秘密进行。

也就是在这时候，对一群密谋者而言，亚历山大一世之死和继位问题似乎成了采取行动的合适时机。

注　释

1 Dans la première édition russe (1910) des *Lettres de Russie* du marquis de Custine, le mot «despotisme» était traduit par absolutisme.

2 Cité d'après S. V. Mironenko, *Stranicy tajnoj istorii samoderžavija*, Moscou, 1990, p. 89.

9 1825年12月14日

别讲述你的梦想，弗洛伊德主义者会来夺取权力。

——斯坦尼斯瓦夫·耶日·莱茨

每个国家的历史中，总有一些日子为所有人知道。对俄国来说，1825年12月14日就是其中之一。这一天，北方同盟的谋反者率领近卫军的几支部队来到元老院广场上，这些人都是自愿参与，认为自己是向康斯坦丁皇帝宣了誓的，所以这么做是在保护皇帝。

行动并没有做好准备。由于亚历山大突然身故，而且有情报说密谋已泄，政府已经知道参与者的名字，所以就仓促决定了哪一天反叛。近卫军上校谢尔盖·特鲁别茨柯伊亲王被北方同盟选为叛军的"独裁官"，但他并不敢前往元老院广场。在近五个小时的时间里，排成方阵的士兵都在等待谋反的指挥官下达命令，但这些军官自己也不知道该怎么做。天气越来越冷，气温降至零下八度。夜幕开始降临，尼古拉派人去找炮兵部队。18世纪，近卫军的阴谋有一个特点：被推翻的君主均无法与之抗衡。无论安娜·利奥波多芙娜、彼得三世还是保罗一世都没法捍卫自己。他们遭到出其不意的攻击，失去权力的同时，也经常会失去生命。

尼古拉一世没料到会发生这样的事。由于经过两次宣誓，他坚信自己拥有皇帝的权力，在局势艰难、阴晴不定之际，他也颇为果决，而且精力充沛。在不懈地和叛军谈判（至少在尝试这么做）期间，他也在集合力量。皇帝的另一个态度是可以导致"十二月党人"获胜的，就算他们按兵不动也将如此。

在冰动的广场上胡乱射击了几轮之后，士兵开始溃散，留下了阵亡者和伤员。叛乱就这样被扼杀了。1825年12月29日，南部地区的切尔尼戈夫团开始哗变。领头者是谢尔盖·穆拉维约夫-阿波斯托尔，他是南方同盟的成员。1826年1月3日，"切尔尼戈夫团"被击溃。开始在全境抓捕叛乱者。尼古拉一世密切关注着调查的进展，认为有近6000人牵涉进这场阴谋之中。[1]许多人都遭到了逮捕，再从中挑出"主事者"，共有121人。主事者都遭到了判决，五人被判处绞刑，其余人等被判处在西伯利亚服苦役，羁押日期不等。南方同盟的领导人帕维尔·佩斯捷尔、米哈伊尔·别斯图热夫-留明、谢尔盖·穆拉维约夫-阿波斯托尔，北方同盟的领袖孔德拉季·雷列耶夫，以及在元老院广场上重伤了米哈伊尔·米罗拉多维奇伯爵的彼得·卡霍夫斯基，皆被绞刑处死。

处死叛军首领让俄国社会颇受震动。这么做极大地促进了"十二月党人传奇"的诞生。我们说过，伊丽莎白下令在俄国取消死刑。可是没人想要废除1649年由沙皇阿列克谢·米哈伊洛维奇颁布的《法令汇编》，所以该国仍旧在实行死刑。有63种罪行和不法行为会被判以死刑。彼得大帝的《法规》也没有废止死刑，共有112种罪行会被处以死刑。在1825年12月14日之前的七十五年间，只有米洛维奇和"普加乔夫分子"受过极刑。但有好几千人在未经审判的情况下死在了鞭刑的笞打之下。1831年夏，旧鲁萨的军垦农场发生暴乱。2005人受到鞭刑，死亡150人。这种情况并未引起舆论的特别关注。

如果说处死十二月党人给社会造成了很大的震动，那是因为这是在攻击"自己人",攻击优秀的近卫军军官,他们都是大贵族家庭的代表人物,是反抗拿破仑的英雄。而且,密谋者都还年轻,平均年龄是二十七岁零四个月,而且都受过教育:其中一部分受审时都是用法语来作答的。

主事者死得很屈辱,暴动的其他参与者也受了重刑:苦役,流放,关入要塞,被遣往高加索地区,当作普通士兵面对车臣人的子弹——这让十二月党人成为俄国革命的"圣徒和殉道者",解放运动的先驱,首批自觉反抗专制政权的杰出人物。

谋反者被处死之后,他们的名字被彻底禁止在俄国出现:一个字都不能说出口,关于那场运动及其参与者,连一行字都不准写。审查不遗余力地执行着这些禁令。第一个干预公开谈论为自由而战的十二月党人、"英雄方阵"的是身在国外的亚历山大·赫尔岑。他在伦敦自己办的"自由俄国印刷所"编辑《北极星》报纸,封面上画着被处死的十二月党人的侧面像。对传播十二月党人传奇起到重要作用的是波兰移民,1831年起义遭到镇压之后,他们逃离了波兰,在国外找到了如亚历山大·赫尔岑、米哈伊尔·巴枯宁这些对他们满怀同情的俄国人,认为他们就是十二月党人思想的继承者。对波兰民主派的移民来说,十二月党人就这样成了俄国民主派的化身,成了"为了你我自由"而战的手足。毕竟,波兰民主派一直不懈地在俄国寻找思想的同道中人。

列宁在构建他的革命谱系时,也把十二月党人包含了进来。他的说法简单明了:十二月党人生成了赫尔岑,赫尔岑生成了"人民意志"运动,就这样一直到列宁出现。

十二月党人最后以失败告终。那么我们就要问了:如果密谋者成功夺取政权,他们会怎么做?他们给后人留下了梦想,从计划的草案,从回忆录作者、调查委员会详尽的报告中所记录的对话,都能看出这一点。

十二月党人的第一个社团创建于1816年，社团名称很长，叫作"祖国真诚的儿子和忠心耿耿者社团"，不过，"拯救同盟"这个称号更为人所知。其中最出名的成员有尼基塔·穆拉维约夫和帕维尔·佩斯捷尔，两人都是近卫军军官。组织者之间的不和导致了社团的瓦解。1817年，在其废墟上又成立了"公共之善联盟"。帕维尔·佩斯捷尔说："联盟的第一个计划就是解放农民。"

不过，政治问题很快就超越了激进的社会改革理念。佩斯捷尔在回答法官的提问时说道："第一次联盟的真正目的是建立立宪君主制政府。"[2] 在公共之善联盟内部，目标都是受到限制的：在社团的章程中并没有提到解放农民，只是表达了"希望政府实行善政的愿望"。

公共之善联盟的温和性吸引了年轻军官的心。但其中某些军官还是揭竿而起，佩斯捷尔是领头者，1820年初，他就提出了如何将俄国转变成共和国这一问题。1821年，公共之善联盟在莫斯科召开会议，决定终止社团。该社团解散之后，又出现了另外两个社团：佩斯捷尔领导的南方社团，尼基塔·穆拉维约夫和孔德拉季·雷列耶夫的北方社团。在一众十二月党人领导人中间，只有孔德拉季·雷列耶夫是一介平民；他既是诗人，也是俄美公司的经理。

所有十二月党人都认为有必要在俄国实施改革。所有人都承认他们无法"清扫上面的楼梯"，必不可少的改革（或如某些人所说的革命）只能通过密谋和宫廷叛乱，靠顶层来实现。起义之前不久，佩斯捷尔便断然说："大众什么都不是，个体才是一切，个体让大众干什么，大众就会干什么。"

但关于"怎么办"这个问题，回答可谓众说纷纭，"干什么"引起了大量的争论。我们可以把那些观点分成三类。我们说过，北方同盟的理论家尼基塔·穆拉维约夫（1796—1843）是宪法计划的发起人，这项计划得到了大多数"北方派"的认可。他想要将俄国转变成立宪君主制。纳税额提得很高（三万卢布的不动产或六万资产），这样就大大地限制了进入议会——最高杜马——的选民数量。宪法宣布："废除农奴和奴隶身份。"土地仍然为地主所有，农民只获得一小块土地（两俄亩）。

第二类的代表是尼古拉·屠格涅夫（1789—1871），他是公共之善联盟的创建者之一。由于害怕遭到逮捕，19世纪20年代初他就移居国外了。因此，他并未直接参与起义，被缺席判处永久劳役。这是死刑之外最严重的刑罚。

十二月党人中间极具影响力的尼古拉·屠格涅夫和尼基塔·穆拉维约夫不同，他将解放农民放在了首位。他说，必须先行确立公民自由，然后再梦想政治自由。他还说："数百万不幸的人在对简单的人的自由一无所知的情况下，并不适合梦想政治自由。"

解放农民构成了尼古拉·屠格涅夫计划的基石，他完全不同意尼基塔·穆拉维约夫想要扩大贵族阶层权利的计划。不过，在他看来，君主专制体制是一种可以限制地主过度扩张的手段，正如普希金所言，"沙皇一个动作"，农奴制就会垮台，所以他认为共和梦想有点言之过早。

帕维尔·帕斯捷尔（1793—1826）的纲领可以被看作是将尼基塔·穆拉维约夫和尼古拉·屠格涅夫的思想进行了独创性的综合。帕维尔·帕斯捷尔的父亲是西伯利亚总督，即便在那些同行看来，他父亲也是一个腐败透顶的人，而佩斯捷尔的军队生涯却很出彩（1812年时军衔是上校），人也相当聪明，文化修养高，而且意志坚定。自拯救联盟以来，他办过许多秘密社团，可以说相当活跃。他制定了《俄罗斯法典》，这是一部未来共和的俄罗斯的法典，只是后来并未完成，他的纲领堪称十二月党人运动中最详尽也最激进的文件。

帕维尔·佩斯捷尔主张让俄国走一条新的发展之路。首先意识到这一点的是米哈伊尔·巴枯宁。尼古拉一世驾崩、亚历山大二世登基，实施了一系列改革之后，米哈伊尔·巴枯宁在移居国外时编写了一本名为《人民的事业：罗曼诺夫、普加乔夫或佩斯捷尔》的小册子。这位以前的革命者相信"上层革命"，"沙皇一个动作"就能改变国家，他呼吁亚历山大二世召集全俄缙绅会议，解决俄国大地上的所有问题，获得人民的祝福，来实施改革。对人民（和为人民利益斗争的革命者）来说，可以走三条道路：罗曼诺夫、普加乔夫或新人佩斯捷尔的道路。1862年，米哈伊尔·巴枯宁写道："简言之，如果罗曼诺夫能够也愿意转变，从彼得堡的皇帝转变成全体人民的沙皇，那我们是愿意跟随罗曼诺夫的。"根本的问题就在于："他是想成为俄国人民的沙皇罗曼诺夫，还是彼得堡皇帝霍尔斯坦-戈托普？"在前者的情况下，由于"俄国人民还仍然承认他"，所以只有他能"很好地、和平地完成大革命，不让俄国人或斯拉夫人流一滴血"。但如果沙皇背叛俄国，革命就会变成血腥的灾难。米哈伊尔·巴枯宁提出了一个问题：运动究竟该采取何种形式，由谁来领导？"冒名顶替的沙皇普加乔夫，还是新人佩斯捷尔这样的独裁者？如果是普加乔夫这样的人，上帝会赋予他佩斯捷尔的政治才能，因为如果不是这样的话，他就会让俄国，甚至整个未来都淹没在血水之中。如果是佩斯捷尔，那就让他成为和普加乔夫一样属于人民的人，如果不是这样的话，人民会忍受不了他。"[3]

佩斯捷尔的激进革命论吸引了巴枯宁。对《人民的事业》一书的作者而言，北方同盟领导人的"政治才能"既表现在他密谋的本领上，也表现在他"拯救俄国"的纲领上。十二月党人伊万·戈尔巴切夫斯基在回忆录里写道，佩斯捷尔擅长密谋。他还说："佩斯捷尔简直就是帕连伯爵的信徒。"[4]

1818年，近卫军年轻军官帕维尔·佩斯捷尔结识了彼得·帕连将军，后者是1801年3月11日宫廷革命的首领，成功刺杀了保罗一世，让亚历山大一世登基。帕连当时七十一岁，已不再过问政事，住在米陶郊外的领地里。帕连经常和佩斯捷尔交谈，一天天气晴好，他给了佩斯捷尔一个建议："年轻人！如果你们想通过秘密社团来举事，就太蠢了。因为如果你们有十二个人，那可以肯定第十二个人就是叛徒！我有经验，我了解这世界和人。"[5]

帕维尔·佩斯捷尔的"政治才能"当然并没有体现在组织秘密社团上面，虽然南方同盟组织得要比北方同盟更好。况且，并不能排除如果1825年12月14日佩斯捷尔上校在彼得堡的话，密谋者是有可能可以夺取权力的。没有帕连伯爵，反对保罗一世的阴谋无疑成功不了。但帕维尔·佩斯捷尔是作为《俄罗斯法典》（彻底重组国家的计划）的作者留名于俄国历史上的。尼古拉·屠格涅夫比较了佩斯捷尔的纲领和傅立叶与欧文的"绝妙的乌托邦"。《俄国乌托邦史》的作者认为佩斯捷尔受到了马布利、摩莱里、巴贝夫的影响。[6]

佩斯捷尔对整个18世纪萦绕俄国社会的两个问题给出了清晰明确的答案：他提议抛弃君主制各种形式的限制，将俄国转变成共和国；"必须一劳永逸地消灭奴隶制，贵族阶层必须永远放弃占有其他人这种令人憎恶的特权"。同时，还要废除所有等级："贵族阶层这个词必须消失，其成员都应成为俄国整个公民阶层的一员。"20世纪末，佩斯捷尔的纲领不仅作为历史文件受到了关注，让人得以了解19世纪初的精神状况，同时在南方联盟的领导人去世一百七十年之后，也以其现实性向俄罗斯社会仍在争论的问题提供了某些解决方案。

帕维尔·帕斯捷尔始终坚持必须解放农民，他认为在与私产并行的同时，也必须让集体所有制的土地（村社所有）存在。因此，半数土地仍然在社会的手中。从不让全部土地落入地主手中可以看出，佩斯捷尔激烈反对"金钱贵族制"，也就是说反对以资本为取向。他觉得对人民而言，"金钱贵族制"比封建贵族制要坏得多。

和所有的乌托邦主义者一样，《俄罗斯法典》的作者并不相信人民能靠自己理解自身的利益，这点也正是他所担忧的。因此，帕维尔·佩斯捷尔对设立警务部（"问礼衙门"）、间谍（"秘密调查"）、审查体系这件事就特别上心，他建议各省创建一万人的宪兵队（"内卫队"），认为"对整个国家来说，五万宪兵足矣"。

行政组织问题在他的计划中占有很大的地位。他建议将乡作为基层行政单位。全国人口分配至各个乡，各乡自主管理，承担所有政治、经济甚至军事任务。乡内的土地均属乡所有：半数为集体所有，另一半在乡民中间分配。乡民若无授权，不得离开乡界。

绝对平等的原则是佩斯捷尔为帝国行政所提解决方案的基础。佩斯捷尔断然拒绝了联邦的想法，亚历山大一世一直到死前才摆脱了这个想法。帕维尔·佩斯捷尔设想的是一个中央集权的、不可分割的俄国。《俄罗斯法典》提出要让摩尔达维亚、高加索、部分中亚地区和蒙古都并入帝国。他认为必须将抵御俄军的不驯服的高加索山民迁移至俄国中部地区。东正教被宣布为国教，俄语是帝国唯一的语言。

对于犹太人，《俄罗斯法典》可以让他们同化，或使之迁移至近东地区，他们可以在那里建立自己的国家。

所有这些设想能让人了解南方同盟领导人对帝国问题的态度：他认为俄罗斯共和国是一个统一的、中央集权的国家，庇护由帝国各民族组成的人民。事实上，自亚历山大一世赋予波兰和芬兰很多权利起，他就已经将俄国变成了联邦。帕维尔·佩斯捷尔合乎逻辑地驳斥了联邦制的原则，对"波兰问题"给出了一个最终的解决方案。

已做好政变准备的南方同盟还着手同波兰的革命者进行谈判。对参加过一次秘密会晤的佩斯捷尔而言，重要的是要获得波兰人的支持，他希望波兰人和俄国人一道组织起义，在华沙刺杀康斯坦丁大公。波兰革命社团的代表则要求俄国承认波兰独立。

1825年，统一斯拉夫联盟的一小群激进的密谋者（其中既有俄国人也有波兰人）和南方同盟合并到了一起。他们想要创建斯拉夫共和国联邦，四海围绕着大地：黑海、白海、亚得里亚海、北冰洋。但后来他们很快就认为这些想法太过"亲俄"，对帕维尔·佩斯捷尔没有吸引力。他同意波兰独立，但有一堆条件。

首先，不同意波兰人有权和俄国相分离：俄国确立共和国之后，俄国临时政府就会承认波兰独立，将各省出让给波兰，使之成为波兰的领土。在这之前，波兰的领土仍然属于俄国所有。而且，俄国对未来波兰边界的走向拥有决定权。波兰和俄国将签订合作协议，其主要条件就是战时将波兰军队并入俄军。政府体制、行政组织和社会秩序的原则均需符合《俄罗斯法典》。佩斯捷尔希望消除波兰"贵族制"对社会的影响，他担心的是波兰人会依恋君主制。

北方同盟在"波兰问题"上并不接受佩斯捷尔的提议。尼基塔·穆拉维约夫认为任何情况下都不得将俄国获取的土地交出去，也无须和帝国的各族人民进行谈判，更没必要对外国作出让步，毕竟，今后这个国家很有可能会对俄国表现出敌意。

"北方派"同样也驳斥了佩斯捷尔的其他观点。其基本的理由是，上校的野心让许多十二月党人备感不安。这些担心并非空穴来风。认识佩斯捷尔的人都认为他性格专断。而且，他认为有必要延长独裁体制，这样做有利于构建俄罗斯帝国。有一位十二月党人认为可以将独裁体制延长数月，佩斯捷尔回答得很粗暴："您认为靠几个月的时间该怎么来转变这整个国家机器，赋予它另一个基础，让人民学习新的习俗？这样起码得有十二年！"[7]一想到《俄罗斯法典》的作者至少得实行十年独裁，就让北方同盟的成员感到不寒而栗。但更重要的是——这也是他们摒弃《俄罗斯法典》的主要动机——他们很担心佩斯捷尔纲领的极端主义色彩。南方同盟领导人彻头彻尾的激进主义从他们受到的质询中就能体现出来。

十二月党人坦率地向预审法官（其中也包括皇帝）阐述了自己的理念。确实，他们所面对的都是同一个世界的人（贵族、军官），即便不是亲戚，也关系良好。不过，一个是要表达自己的观点，另一个是要他们检举自己的同谋。密谋者对参与起义的其他成员有哪些这个问题做出了不同的回答。帕维尔·佩斯捷尔将所有人都供了出来。十二月党人的孩子叶甫根尼·雅库什金经常会和父亲的许多从流放地回来的战友见面，帮助他们撰写回忆录，他说出了自己对佩斯捷尔的看法："秘密社团中没有哪个成员有这样坚定的信念，对未来抱有这样的信心。至于采取何种手段，他并没有详说……当北方同盟表现得犹犹豫豫之时，他就宣布如果事情败露，他不会让任何人脱身，牺牲者越多，对事业就越有帮助。他没有食言。在调查委员会面前，他直接指出了所有属于同盟的人，尽管只有五个人被处以绞刑，而不是五百人，但这自然也不是佩斯捷尔的错：他自己为了事业也是不惜任何代价的。"[8]

1911年，一位俄国社会思想史学家写道："我们在佩斯捷尔的计划中看见了社会主义的萌芽，从19世纪下半叶起，这萌芽就成了俄国知识分子内部的主导思想。"自佩斯捷尔被处死已过去四分之三个世纪，此时尚需等待六年，才会发生一场将他的某些理念付诸实践的革命。

十二月党人受到最高刑事法庭的判决，斯佩兰斯基也参与了审判。他对政治罪的种类有过极其详细的分类，将那些参与起事的人分入不同的类别。这对量刑的等级产生了决定性的影响。历史学家指责这位著名的法学家将被控犯罪的人分入这个或那个类别，但他所提出的理由时常无法经受逻辑的考验。但尼古拉一世很满意，他给自己在华沙的兄弟康斯坦丁去信，说他的"这场审判几乎完全建立于代议制原则基础之上，从而向全世界表明我们的事业是如此的朴实、清晰、神圣"。康斯坦丁无疑已经受到华沙生活的败坏，他坚信彼得堡的审判是非法的，因为这是一场闭门审判，而且被告均没有辩护人。

共判决了三项罪行：图谋弑君、叛乱、兵变。五名首犯被判磔刑，这种刑罚在19世纪的俄国已不存在。皇帝决定以绞刑替代之。

一名亲历者说，由于绳索断了，受绞刑者从绞架上摔了下去。谢尔盖·穆拉维约夫高喊："可怜的俄国，就连正确地把人绞死都做不到！"由于没有备用绳索，所以还得等商店开门。起义的25名成员被判处终身服苦役，另外62人被判处时间不等的强制劳役，29人或遭流放，或遭降级。

参与起事的士兵和军官也都遭到了镇压：对他们判了两种刑罚，首先是鞭笞：身上绑上一把步枪，刺刀对着自己，犯人从两排握着柔韧的长枝条的士兵中间慢慢走过。每一个人会往前踏上一步，击打犯人的前胸或后背。我们知道，鞭笞刑是1701年由彼得大帝引入俄国的，他是从文明的德意志人那里借用过来的。抽打的次数介于一万至一万两千下之间。一般情况下，这个数字也就意味着犯人离死不远了。有6名士兵被处以这个刑罚，总共有188人经受过鞭笞刑。哗变士兵和军官经受的第二种刑罚就是被迁移至高加索地区，让他们和山民打仗。被派往那儿的有27400人。[9]

一位英国历史学家说得很谨慎，他说尽管十二月党人遭受的刑罚很残酷，但和他们所犯的过错相比，并无不对等之处。十二月党人确实遭受了全世界最严厉的刑罚。而且，被告并没有否认自己有罪。这位英国历史学家还举了一个例子以做比较：1820年，亚瑟·希泽伍德秘密杀害全体大臣。但密谋者并没有时间来实施这个计划。不过，法庭还是判决五名主事者绞刑，其余参与密谋的人都被流放至澳大利亚。英国舆论大为震动，并不是针对当局，而是对犯人的犯罪意图大感震惊。[10]

俄国舆论并不会原谅尼古拉一世对十二月党人的这种处理方式：随着他们意识形态观念中的某些理念在俄国越来越受欢迎，他们作为殉道者的名声也就水涨船高。

亚历山大·索尔仁尼琴的《古拉格群岛》将沙皇时期的苦役犯监狱和苏联的惩戒营做了比较："在阿卡图伊残酷的苦役犯监狱里，受的'教训'都很简单，没人能逃得过。"[11]瓦尔拉姆·沙拉莫夫的《科雷马故事》指出苏联的囚犯每天完成工作的标准要比十二月党人所完成的高得多。阿卡图伊的苦役犯监狱是一个可怕的地方。但这些都是比较而来的。加之于十二月党人身上的刑罚在那个时代而言已算极其严酷。

尽管犯人的相对数目特别高，可由于绝对数字相对低，所以判决造成的印象就愈发的强烈。人们虽然不曾见过叛军，但至少听说过他们的名字。他们出身的背景非常单一。米哈伊尔·巴枯宁在三十年之后说，十二月党人的叛乱"本质上就是俄国有教养的特权阶层的运动"。[12]瓦西里·克柳切夫斯基说得更明白："12月14日的事件在俄国的贵族阶层历史上有着极深远的意义：这是贵族和军人的最后一次运动。"这位历史学家观察道："12月14日使贵族阶层的政治作用寿终正寝。"[13]

可以这么说，随后的事件证实了克柳切夫斯基观点的正确性，他认为这场运动的缺点就在于密谋者缺乏真正的纲领，而且内部意见不一。"他们的父亲都是俄国人，教育使之成了法国人；孩子因为所受的教育成了法国人，却心心念念地想要成为俄国人。"[14]

注 释

1 Ivanov-Razumnik, *Istorija russkoj obščestvennoj mysli. Individual'nost' i meščanstvo v russkoj literature i žizni v XIX v.*, Saint-Pétersbourg, 1911, tome 1, p. 104.

2 Cité d'après Ivanov-Razoumnik, *op. cit.*, p. 100.

3 Mixail Bakunin, *Izbrannye proizvedenija*, Petrograd-Moscou, 1920, tome 3, p. 90.

4 Cité d'après N. Ejdel'man, *Iz potaennoj istorii Rossii XVIII-XIX vv.*, *op. cit.*, p. 345.

5 N. I. Lorer, *Zapiski dekabrista*, Irkoutsk, 1984, p. 69.

6 Leonid Heller, Michel Niqueux, *Histoire de l'utopie en Russie*, Paris, 1995, pp. 111.

7 A. I. Gercen, «Zagovor 1825 g.», in *Za sto let. 1800–1896. Sbornik po istorii političeskix i obščestvennyx dviženij v Rossii*, sous la direction de V.I. Burcev, Londres, 1897, p. 5.

8 Cf. N. Ejdel'man, *Lunin*, Moscou, 1970, pp. 143–144.

9 M. N. Gernet, *Istorija carskoj tjur'my v pjati tomax*, Moscou, 1961, tome 2, pp. 153−154.

10 Isabel de Madariaga, *op. cit.*, p. 168.

11 A. Solženicyn, *Arxipelag Goulag*, Paris, 1980, tome 2, p. 197.

12 Mixail Bakunin, *op. cit.*, p. 83.

13 V. Ključevskij, *Kurs russkoj istorii, op. cit.*, tome 5, p. 215.

14 *Ibid.*

10　体制的构建

我寻求财富和荣耀，

无畏地看向未来：

他们是彼得美丽的开端，

反叛和刑罚却阴云密布。

——亚历山大·普希金

　　普希金和十二月党人的友谊已经有许多人说过、写过，大多数情况下这些都属私交，但也掺杂着对十二月党人理念的同情。这个事实是毋庸置疑的，正如诗人在朋友上绞刑架的那一年所说的那样，他"无畏地看向未来"。他还说彼得大帝刚开始统治的时候就对叛军进行了惩处。1931年，农村因大饥荒哀鸿遍野，鲍里斯·帕斯捷尔纳克对普希金上面那首诗做出了回应："很久以前，大约一个世纪 / 只是欲念依旧 / 寻求财富和荣耀 / 无畏地看向现实。"[1]

　　鲍里斯·帕斯捷尔纳克有理由认为"欲念"就是渴望"无畏地看向现实"。俄国每一个皇帝当政，总会以希望开场，以苦涩的失望收场。普希金是1826年写下这些诗行的，但到1828年才将之付样。到那个时候，他仍然这么认为。1836年，博学的莫斯科大学教授、诗人弗拉基米尔·佩切林被派往国外执行任务，他决定不再回国："我逃离了俄国，就像逃离鼠疫肆虐的城市"，后来他写下文字，解释了自己这么做的理由。[2]普希金认为彼得大帝就是尼古拉一世的榜样。1839年，屈斯汀侯爵在俄国游历，他说得斩钉截铁："彼得大帝没死！（……）自彼得大帝建造这座都城以来，尼古拉这个君主在俄国堪称独一无二。"[3]

彼得大帝的性格、他行为的本质、他在俄国历史上的地位，早已有过激烈的争论，且一直延续至今。尼古拉一世的行为及其性格并没引起任何争论：时人和历史学家在这方面皆持负面看法。以亚历山大·赫尔岑为首专与专制体制为敌的革命派虽处草创时期，却毫不留情地谴责皇帝及其所作所为。1855年，颇为了解俄国的睿智的行政官员彼·瓦卢耶夫大臣对尼古拉在位的三十年作了总结："上层光芒四射，下层腐坏朽烂。"[4]与此同时，诗人、政论作家、坚定的保皇党人费奥多尔·秋切夫也严厉谴责了尼古拉一世："你既不侍奉上帝，也不侍奉俄国／却只顾自己的虚荣。你的一言一行／皆为谎言，自己也只不过是空洞的奇美拉／你不是什么沙皇，只是个小丑罢了。"[5]

君主制的对手抱持敌意完全可以理解：毕竟，三十年间，尼古拉一世一直在打击欧洲的革命。失望的君主主义者抱持敌意则表明，皇帝将命不久矣。1855年，瓦卢耶夫和秋切夫对尼古拉作了评判，而和西方之间的克里米亚战争突然显露出俄国极端落后的状况。无条件赞同皇帝的人也认为他是冲突惨败的罪魁祸首。历史学家米哈伊尔·波果金在写给沙皇的一封信中恳求后者理解"苦涩的现实"，不要去听"不怀好意的奉承话"。米哈伊尔·波果金恳求皇帝："解除无用的报禁，现在报纸就连'共同利益'这样的表达法都不能使用……下令打开全体大学、学院、教育机构的大门……"这位历史学家解释说，从实用的角度来看，这些措施都必不可少："让我们有办法学习如何熔铸火炮、马枪、子弹，毕竟敌人如今就是用这些武器来打击我们心爱的孩子的……无论在任何知识领域，我们都很落后：军事、物理、机械、化学、财政，莫不如是。那我们如今是否还能像他们那样，从这些指导中获益呢？"[6]

俄国的力量、它在欧洲所处的主导地位越是为大家所公认，战败所造成的冲击就越是明显。但君主制支持者对尼古拉的不满还有另一个由来。历史学家亚历山大·普列斯尼亚科夫将他写给皇帝的著作起名为《专制体制的巅峰》，极其明确地规定了该书的主人公在俄国历史上的地位。专制体制所需要的是专制者。1917年革命前夕，君主主义者瓦·舒尔金预言王朝即将崩溃，认为俄国是"没有专制者的专制政体"。尼古拉一世是理想的专制者，是俄国沙皇的典范：独断专行，身体强壮，刚愎自用，对自己担任俄国首脑的使命颇为自信。他认为自己是国家和臣民"模范的主人"。而大家也都是这么看的。宫廷女官安·秋切娃仔细观察了亚历山大一世和尼古拉一世时期的生活，她关于后者是这么写的："没人能比他更好地扮演专制者这个角色。他不仅相貌堂堂，而且拥有不可或缺的道德品质……对他而言，他所拥有的神圣的专制权力是一种信条，是万民尊崇的对象，他坚信自己既是偶像，又是宗教的大祭司，自己能在这两者之间左右逢源……"[7]

克里米亚战争时期的人突然发现统治失灵了，这也就摧毁了大家对专制君主的信仰。唯一的安慰就是，大家都一致想要将所有的责任推到皇帝身上。这次，费奥多尔·秋切夫在给自己妻子的信中写道："要想创造出这样一种找不到出路的局面，这个祸害得要多蠢才行。"诗人对自己内心中的君主制寄予厚望的想法感到不悦，所以他的这个看法并不公平。尼古拉一世并不见得有"多蠢"。他受的教育虽然没亚历山大一世那么多，教他的朗斯多夫伯爵还是个粗鄙之徒，经常会揍他，但他天生聪明，对数学、炮兵都很感兴趣，还在工兵中服过役，他是这么说自己的："我们都是工程师。"而且，他对各国的军队进行曲和军需都很了解。最后，他敲鼓敲得很棒。

尼古拉一世的绰号是"恶棍尼古拉",在19世纪的自由派历史学家,甚至20世纪的苏联历史学家看来,这样的名声着实不好听,可以说极其负面。现在有人做出尝试,想要为尼古拉"平反",说他曾力挽狂澜,堪称俄国的中流砥柱。

美国历史学家马克·赖耶夫是研究那个时代的专家,他既不想给这位君主平反,也不像其他人那样谴责他,他只是提出了他在位时期的一些悖论:尤其看重严酷的审查制度和对作家的打压,但同时,俄国的文化和文学却飞速发展,堪称真正的"黄金时代"。俄国在这么短暂的一段时间里,涌现出这么多文学天才。另一方面,沙皇却在批评普希金的作品,把莱蒙托夫贬谪至高加索直至死亡,流放赫尔岑,让陀思妥耶夫斯基登上断头台,却又在最后一刻予以赦免。他任内设立的"第三处"是首个现代政治警察部门,"第三处"这个词一直保留在俄语中,意思是"时刻警惕的眼睛",当局眼观六路,耳听八方,什么都看得见,什么都知道,一丁点罪行都会受到当局的惩罚。米哈伊尔·莱蒙托夫在出发前往高加索前线的时候写道:"你们,天蓝色的制服,人民对你俯首帖耳。"尼古拉一世削减了大学生数量,下令关闭哲学系。随随便便就能把"反革命行为"的清单拉长。俄国的大作家,还有那些同时代人在回忆录中为后人展现了一幅沙皇独断专行的可怕嘴脸,以及他所领导的国家充斥着的可怕景象,恐怖可以说无时无刻不在。

尼古拉当政时期,各种事实、各类事件、亲历者的证词都完全有理由将俄国的生活描绘得一片漆黑。马克·赖耶夫写道:"对其在位时期采取否定的态度,这种做法不仅不能解释,也使我们无法理解尼古拉一世死后便立刻实施的那些大改革(从解放农民开始),还有改革前期精心的准备工作,改革又是如何完成的,以及之后在19世纪60和70年代国家又为何会发展得热火朝天。"马克·赖耶夫最终得出的结论是："尼古拉当政时期，有某样东西蛰伏于深处，越变越大，同时代的人要么没有注意到它，要么经过的时候无视了它，而'传统史书'也莫不如此。"[8]

现代历史学家，无论是在国外，还是在俄国，现在都有机会自由地研究过去，他们所强调的是亚历山大二世改革前期暗中的铺垫过程。尼古拉一世死于1855年2月，就在六年后，他的儿子亚历山大二世签署了解放农奴宣言，解决了一个多世纪以来俄国的主要问题。亚历山大二世迅如闪电的改革就诞生于他父亲在位时期。

普希金的诗歌所展现的那些希望，许多人也都拥有。亚历山大一世在其在位的最后十年期间的所作所为（或不作为）令人倍感失望，从而使年轻的沙皇内心诞生了一个梦想，那就是摆脱这个由阿拉克切耶夫掌控的国家，对之实施必不可少的改革。我们知道，尼古拉一世命人给他备好一份十二月党人审问的汇编本，他时常将之置于案上，想要对这些犯上作乱者的批评意见和建议有所了解。

尼古拉皇帝坚信自己拥有对俄国进行专制统治的权力，认为专制权力必不可少，所以他要做一个首倡者，使俄国发生转变，并以之为目标，创建一个体制，在这个体制内，独揽大权能解决所有问题。为了启发尼古拉，普希金提到了他的先祖彼得大帝。这样的对比有一层意思：尼古拉应追随彼得的功业，确立一个规则化的国家。但他并不想要激烈的改变，或者说是改革，他希望的是改善体制的运行状况，完善种种细节，为此就必须建立一支完全听命于其意志的执行者队伍，那是一支官员的队伍，官僚的队伍，而这些人就是专制体制的力量。克柳切夫斯基说，尼古拉一世行为的基础是"修正，不是改革，是编纂法典，不是立法"。[9]

尼古拉一世的统治为12月14日叛乱打开了大门，哗变的部队只等一声令下，就向冬宫开拔，这让他心生恐惧。随后就是五年的平静期，但到了1830年，先是爆发了波兰起义，随后又是对波兰的战争和法国的革命，后者动摇了神圣同盟的基础。1848年的"人民之春"在彼得堡又引发了一场新的大地震，经历这一切的沙皇坚信这样的危险不仅威胁到了欧洲，也让俄国危如累卵。擅长工程学的尼古拉曾对萨克森大使说："我脚下的地面和你们脚下的地面一样，都已经受到了侵蚀。"

不过，危险吓不倒皇帝，尤其是他很清楚：只有他能使欧洲免于革命。亚历山大·缅什科夫亲王回忆道："从匈牙利战事开始，已故的君主就已经醉了（用'陶醉'更好）。他不接受任何理由，只相信自己至高的权力。"[10]国外爆发革命对俄国的许多政治规划起到了决定性作用，尼古拉一世在位时期由此可划分成三个阶段（1825—1830；1831—1848；1849—1855）。尼古拉一世相信：俄罗斯帝国获得安宁的一大条件就是他亲自领导所有事务。

他忠于一个原则：不要改革，要的是纠正。尼古拉完全没动政府机构。参政院新设立了一个部门，是处理波兰王国事务的部门。元老院边上设立了两个和华沙有关的部门。设立的第十一个衙门主要负责处理国家、土地、农民事务。为了能直接进行统治，皇帝还创立了"陛下私人事务办公室"，分成四个处：第一处准备各类文件，呈递给尼古拉，并执行最高指令；第二处的任务是编定法律；第三处负责国家安全；第四处负责救济事务。

"陛下私人事务办公室"的"第三处"也负责"宪兵队"，很出名，后来正如我们所说，该处成了尼古拉统治的象征。1826年1月，尼古拉在了解十二月党人事件的时候，收到了"副官本肯多夫寄来的一份笔记手稿，让他设立最高警察部门，由某个特定的大臣，也就是宪兵队督察来领导"。不过，皇帝不愿重设警察衙门，哪怕冠之以"最高"也不行，因为他不喜欢警察这个词的"法式"余味，这会让人想起拿破仑战争。但他还是保留了本肯多夫的核心观点，亲自给这栋大厦添加了一块极其重要的石头：警察成为他"私人事务办公室"不可或缺的一个部分，他亲自创立这样一个机构，并亲自领导，以此来确保国家安全。

与第一处和第二处不同的是，第三处拥有很大的执行权。1826年
7月3日签署的设立第三处的敕令列举了这个新的权力机构所"关注的
领域"：所有警方事务；收集不同教派和异议人士活动的情报；搜集
所有受警方监控的人的情报；调查与制假币和假文件相关的案件；调
查与居住在俄国的外国人相关的所有问题，以及其他许多事务。列举
完之后，敕令的第八段概括道："搜集任何事件的情况并汇报之，概无
例外。"

副官亚历山大·本肯多夫（1783—1844）被任命为第三处和宪兵
队负责人。本肯多夫相当活跃，是卫国战争时期的英雄，曾短暂加入
共济会分会（同道联盟），佩斯捷尔、恰达耶夫、格里博耶多夫也都
是该会会员，12月14日，本肯多夫向尼古拉展现了自己忠心不贰的
品质。科尔夫男爵在回忆录里写道，宪兵队负责人"只受过粗浅的教
育，不学无术，也不读书，甚至连正确的读写都成问题"。本肯多
夫都是用他那糟糕的法语写呈递给沙皇的报告的，不过这也情有可原，
因为他对俄语一窍不通。作为第三处的首要负责人，却完全没文化，
但他还是会给普希金提建议，这可以解释同时代的人和历史学家为什
么会对他这么敌视。

亚历山大·赫尔岑对他有过详尽的描述，他在长达十年的时间里
一直都是国家的二号人物："宪兵队负责人的长相丝毫没有让人不舒服
的地方；波罗的海的贵族普遍都是这种长相，德意志的贵族阶层也大
多如是。他面相疲惫、憔悴，眼神颇有欺骗性，目光躲闪或麻木不仁
之辈通常都会这样。也许，本肯多夫还算不上十恶不赦，作为恶贯满
盈的警察头子，置身法律之外，超越法律之上，他本来是有能力坏事
做绝的；我准备相信他，尤其是当我回想起他那张脸上黯淡无光的神
色……"

当他拥有无限权力之时，本可以坏事做绝，现在倒成了一个无可辩驳的美德。相较于20世纪那些"安全机关"的负责人将恶的界限推至无穷远，这样的品质更是难能可贵。在尼古拉一世的心目中，新设立的第三处乃是"保障安全的警察机构"。本肯多夫对自己的副官说，他曾问过皇帝，担任宪兵队负责人这个职位应该做什么，尼古拉就将自己的手帕递给他，说了下面这句话："擦干不幸者的眼泪，严禁滥用权力，你就照这么去做。"[11]某些历史学家将这段历史当作了传奇故事来读，还有些人则认为皇帝的话句句确实，很好地反映了皇帝的性格。

国家监控体系不放过任何蛛丝马迹，成了第三处的一大特点。确实，俄国历史上的一些秘密情报部门比这要厉害得多。但只有在尼古拉当政时期，才有了监控体系。俄国被划分成各个宪兵区，由各位将军领导。每个区再分成各个分区，由上校领导。俄国一开始设立了五个区，包含二十六个分区。领导班子都在大城市里。不知是何种原因，俄国把波兰王国给忘了，1827年，波兰并未被纳入监控体系之中，也没被纳入任何一个区。1830年，波兰爆发起义，警方的专家认为就是宪兵队管控不力所致。

1835至1837年，该体系日益完善。五个区增至七个区。当然，波兰也被纳入了这个网络之中（但这么做也没能阻止波兰三十年后再度爆发叛乱）；第六区监控高加索地区新占领的土地，第七区负责西伯利亚西部直至伊尔库茨克以及太平洋方向更远地带的事务。

如当时的人所述，如果考虑到土地面积（在外国的俄国人同样也会受到监控），加上皇帝想要了解全世界的事情，那"观察团"的编制人数并不是特别多。1836年，宪兵队共有4324人（军官和士兵）。[12]1861年12月，历史学家P. 耶夫列莫夫在一封写给友人的信中提到了第三处的在编人数："星期四，第三处全体开会，在兹纳缅斯卡娅大饭店用早餐。我不知道他们在庆祝什么，但他们都在喊'乌拉'，三十二个人喝空了三十五瓶酒。"[13]

从行政管理工作的体量来看，可以让人了解尼古拉时期政治警察活动的规模。1838年之前，第三处每年都会处理一万到一万两千份提交给他们的文件、多达四千份外发的文件，还会收到皇帝发来的多达两百条指令。1839至1861年间，每年该处都会向皇帝汇报三百至六百项事务；至于皇帝下发的指令，数量每年都会变化，两百五十到四百五十条不等。

当然，国家办事并不仅靠第三处和宪兵队的热情。但有一点清楚的是，宪兵队可以特别让人感受到专制权力的冲击力，因为它使人有种幻觉，认为他们可以完美地掌控国内发生的任何事情。在帝国境内外监控政治上可疑的个人只不过是"观察团"的一部分工作。上层对这个国家机关颇为关注。1847年，官员数量达到了61543人。其中一半都在两个衙门供职，即内务部和司法部，也就是32395人。1857年，全体官员的数量已经达到80139人。[14]

官僚机构扩容（半个世纪扩张了四倍）导致国库遭劫掠，而且腐败横行。由此形成恶性循环：用越来越多的官员来打击滥用权力的现象，滥用权力的现象反而会日益增多。国库遭劫掠和贪污受贿都是官僚体制的固有本质，分析个中原因就会发现，在任何国家，差不多都是同样的结果。获取贿赂是其中的一个主要动机，在索贿者看来，这么做可以对行政机器的齿轮进行润滑，加速其运行。各种不同的状况都能解释俄国腐败日增的情况：各部职员和小公务员生活环境悲惨[15]；在一个专制体制当道的国家，滥用权力乃是顺理成章之事；立法事务令人不可置信地复杂。

我们说过，皇帝想要知道一切，监控一切。军队是严密监控机制的完美例证，因此，军队要俯首帖耳，严格行事。民事部门官员的工作也被纳入这个体系之中，他们只能听话，这样他们才会依照等级拥有少部分权力，使自己成为专制君主的代表。精神和道德生活受到审查机制和第三处的规训和监管。其行为举止也会受到规则的固化，甚至就连外表也会受到波及。尼古拉对制服颜色和廓形予以了极大关注，对"穿礼服的人"完全不屑一顾。他密切关注对专制规则的遵守情况如何：军人要留胡须，文职人员无权蓄须。康斯坦丁·阿克萨科夫（1817—1860）是首批"亲斯拉夫主义者"之一，他斗争多年，就是为了获得蓄须的权利，但没有成功。胡须是农民的标志，而阿克萨科夫出身于古老的贵族家族。

"文书"（司法部下发的文件）是管控的主要工具。人们坚持不懈地参与构建官僚机构：对"文书"的需求（这是"上层"的要求）使得官员数量大增，结果也就导致"文书"数量激增。瓦西里·克柳切夫斯基举了一个例子，颇具19世纪20年代末和30年代初的特征：在元老院莫斯科分院，有十五名秘书负责档案事务，一份简单的文件摘要就有一万五千页之多。要将这些文书运往彼得堡，就需要好几辆马车。在两座都城之间的途中，档案竟然神奇地和马车一同消失不见了，后来也再没找到。

构建官僚机构，使之成为规则化国家的基础，始于彼得大帝时期。在尼古拉一世治下，官僚机构已在全力运行，方向已经定好，结果就造成现实不彰，全被林林总总的文书压在底下，没发挥丝毫影响力。不过，瓦西里·克柳切夫斯基在说及那则档案消失的故事时，还补充道："如今（近四十年之后），这显得'令人难以置信'。"[16]这位历史学家想通过这件事指出，不到半个世纪的时间，俄罗斯帝国的官僚机构就开始变成另一种模样，可以说它已变成一台标准的官僚机器。

对尼古拉一世统治最恶毒的诽谤者也都承认承皇帝之命完成编订法典一事的重要性。为达此目的，还在陛下私人事务办公室底下设立了第二处。1826年1月，从1821年起即任参政院议员的米哈伊尔·斯佩兰斯基为尼古拉一世写了一份通知，提议整理俄国法律。斯佩兰斯基建议起草《法律全编》（包含俄国重要的法律文献），然后是撰写《法典》（汇总所有现行的法律），最后是制定《法令汇编》，将根据国家政治和社会的发展水平来重新编订法律法规。尼古拉一世摒弃了《法令汇编》这个计划，说他担心这样会导致现有秩序发生动荡，但他同意了斯佩兰斯基前面的两个计划。

1830年初，四十五卷《法律全编》出版，书中收入了自1649年《法令汇编》颁布以来的三万余条敕令、决议以及各类文件。1832年，《法典》也完工了。米哈伊尔·斯佩兰斯基说，书中包含的法律"不可更动，而且时至今日仍然存有效力，通行于世"。[17]

尼古拉一世的传记作者写道："在他在位的三十年时间里，农民问题成为他最担心的问题。"[18]皇帝设立了九个秘密委员会，设法解决如下难题：如何解放被农奴制束缚的农民。历史学家指责尼古拉并没有一劳永逸地解放农民阶层。他们承认他认为有必要转变地主和农民之间的关系，但又谴责他不知如何去解决这个问题。委员会也没给出任何答案。20世纪末，解放农民的困难依然特别明显。即便在苏联体制消失之后，农民问题仍然悬而未决。摆在尼古拉一世面前的那些难题仍旧存在：应该解放有地农民还是无地农民？农民是否应该再次购入土地，如果是的话，用多少价格购入？

解决农民问题这件事就交给了陛下私人事务办公室的第五处。皇帝让帕维尔·基谢廖夫将军负责该处，他是那个时代尼古拉身边唯一一个有智慧的政治家，想要解放有地农民。尼古拉一世对帕维尔·基谢廖夫说，他"承认必须转变农奴制，农奴制再也不能维持现状"，并说："你在农民事务上是我的参谋长。"[19]皇帝只提出一个条件：不可剥夺地主的财产。

帕维尔·基谢廖夫的改革处处受到掣肘，他那些位高权重的同僚都认为他是"革命党人"，是"普加乔夫"，但他仍然着手为皇家农民和自由农民制定新的规则。他提议让皇家农民和私属农民（农奴）逐渐融合，以此来废除地主支配农民人身的权利。皇家农民经济活动的管理体系一旦得到改善，就会出现新形式的私产地主的典范。

皇家农民有近2000万人，当时和农奴的人数（2500万人）几乎持平。这占了俄国人口相当大的比例，从1835年的人口统计数据来看，那时的俄国计有6000万居民。基谢廖夫的改革只是微不足道地改善了皇家农民的命运，但这是一个必要的条件，可以继续使之与农奴融合到一起。这场改革重组了行政管理体系。1837年12月，创建了国资衙门，领导人是帕维尔·基谢廖夫。一个强有力的官僚机器终于就位：顶层有这个衙门，各省则有"国资会"；每个省划分成好几个由官员领导的区，每个区再划分成好几个乡，乡的行政管理人员由选举产生。各乡再分成数个农村公社，自行选出村长、耆老、收税员等。

组建这样一个既庞大又花费不菲的官僚机构所造成的后果就是，官员从此扮演起了拥有农奴的地主的角色。同样，地主的角色日渐式微。在自行其是的贵族阶层内部工作，也就成了为国家工作。贵族穿上了制服，也就是内务衙门的制服。更严重的是，他们在经济上的重要性也一落千丈。依照1835年对全体贵族所作的复核（人口统计）来看，俄国欧洲部分（波兰沙皇国、芬兰以及顿河军所占区域除外）有近12.7万人拥有农奴。其中大部分都是贵族地主，最多占有21名农奴，也就是说，他们都是中等规模的地主。1858年的复核发现地主的数量下降至103880人。数量减少正好表明了当时农奴数量正处于逐步下降的过程中。1835年，农奴占据了44.5%的人口，1858年仅为37.3%，而与此同时，总人口却在增长。克柳切夫斯基归纳道："农奴制不仅恶化了农民的经济状况，还最终阻碍了他们的自然繁衍。"[20]

现在终于出现了新的形势。俄国传统的生活布局就是国家-贵族-农民，现在这些从根基上开始动摇起来。面对国家和农民，贵族阶层开始衰落。国家由不断成长的官僚机构所代表。1855年，公务员达到了82352人。[21] 必须指出的是，我们还没将"官秩表"中的人算在其中，而且各办公室内还存在大量地位低下的职员。从1855年的人口统计来看，公务员的数量比地主的数量略多。

19世纪俄国的伟大文学倾力展现了已经风光不再的官员阶层的面貌。有时，他们像果戈理《外套》的主人公那样悲惨可怜；有时，他们腐败堕落，欺下瞒上，萨尔蒂科夫–谢德林就对此有过辛辣的描绘。这样的典型并不是文学作品虚构出来的。当时的人也是这么看的。弗拉基米尔·佩切林"犹如逃离瘟疫肆虐之城"一般逃离俄国的时候，是这样解释自己的行为的："我预测过，预料过，可以肯定的是如果我还留在俄国，由于我这人性格软弱、懒散，我必然就会成为最卑鄙、最热忱的公务员，要么就莫名其妙地去了西伯利亚。我逃离后就不会再返回，这样做就是为了在自己的内心中保留某种人类的尊严。"[22]

我们说过，弗拉基米尔·佩切林是莫斯科大学的教授；但或许正因如此，他面前只有两条路可走：要么成为热忱的公务员，要么流放西伯利亚。佩切林特别富于激情，他是俄国首批移民西方、呼吁发起革命行动的人，他读了菲利普·邦纳罗蒂的《为平等而密谋》之后，先是倾心于"巴贝夫的共产主义"和"圣西门的宗教、傅立叶的体制"；后来，发现了德拉梅内的小册子《信者之言》后，这本书就成了他的新福音书；最后，他皈依天主教，加入了救世主修会，二十年后，他又从那里逃了出来。赫尔岑在设法阐释俄罗斯的性格时说，如果俄国摒弃东正教，信奉天主教，就会成为耶稣会士。亚历山大·赫尔岑当时想到了佩切林，指出俄国性格本身就有对极端性的偏好。

公务员不值得尊重，俄国初生的知识分子阶层就是这么认为的。他们的队伍越是庞大，开明社会对他们的看法就越是糟糕。好的情况下，人们会说他们是专制体制的牺牲品，但通常情况下，没人喜欢他们，因为这些人就是专制体制的工具而已。果戈理《外套》里的主人公阿卡基·阿卡基耶维奇命运凄惨，令读者唏嘘不已，阿卡基虽是公务员，却无法（或者说不愿）得到培养，通过考试，在等级制度中往上跨一步，从而改变自己的生活方式。文学批评界认为《外套》主人公是社会环境的牺牲品（虽然果戈理并不这么认为），是公务员的化身，可悲可叹。

之所以对公务员，尤其是高级公务员普遍持负面态度，是因为他们被视为外国人，被认为都是德意志人。德意志人确实在俄国的国家机关当中占据了举足轻重的地位。1844年，国家参事菲利普·冯·德·维戈尔用法语出版了一本小册子，名为《德意志人入侵俄国》。维戈尔善于挖苦讽刺，所以这部作品既可以被看作是在揭露德意志无孔不入的影响力，也可以被看作是在赞扬德意志人在俄国的发展进程中所起的作用。[23] 尽管对事实的阐释会变来变去，但事实本身却不容置疑。美国历史学家瓦尔特·拉克尔计算过，俄国和波罗的海地区的德意志侨民与德意志人的人数占了俄国外国事务衙门内官员的57%，战争衙门的46%，邮政通信衙门的62%。[24] 俄国历史学家彼得·扎永奇科夫斯基是研究政府机关领域的专家，他认为1853年1月，参政院有74.5%的人员是俄国人，16.3%是德意志人，9.2%是波兰人。[25] 阁部最重要的职位都是由德意志人把持的。第三处也同样被认为是"德意志委员会"。财政衙门也在德意志人的手中。而后者只占人口的1%不到。

尼古拉一世认为自己就是唯我独尊的帝国主人，他让德意志人进入领导国家的官僚机构有许多理由。首先，他这么做是考虑了亲缘关系：皇后是普鲁士公主，身边的人自然都是家里人。更重要的是，尼古拉并没忘记1825年12月，俄国的上层贵族想要阻止他登基，所以他更信任德意志人，而非俄国人。我们都知道他有一句很有名的话：德意志公务员具备的素质，俄国同僚有时并不具备。由大臣叶戈尔·坎克林（1774—1845）实施的财政改革是尼古拉在位时期无可置疑的成就。坎克林的父亲是德意志矿业专家，应保罗一世之邀前来俄国。

尽管尼古拉一世有充分的理由聘用德意志人在行政机关任职，但他也意识到有些事情不正常。1849年，在里加总督苏沃洛夫亲王身边工作的尤里·萨马林被逮捕。萨马林后来成为斯拉夫派很有名的政治家，他在写给朋友的信中对"波罗的海德意志人"占据特定职位的做法提出了批评。尼古拉下令把他关入要塞，二十年后又将其召回，和他面谈。亚历山大·尼基坚科是莫斯科大学的教授，也是审查员，他在私密的日记中记下了彼得堡人对事件的看法。

"你知道你那本书第五章会引发什么吗？（尼古拉指的是以小册子形式流传的书信集中的其中一封信）。新的十二月十四日。

"萨马林做了一个害怕的动作。

"——别说话！我很清楚你不是故意的。那我来解释一下，自彼得大帝那时候起，俄国沙皇的所作所为就受到了德意志人的影响。你的想法很危险。如果这个想法在人民中间传播开来，就会导致可怕的灾难。"[26]

注　释

1　Boris Pasternak, *Stixotvorenija i poemy*, Moscou-Leningrad, 1965, p. 377.

2　V. S. Pečerin, *Zamogil'nye zapisi*, Moscou, 1932, p. 114.

3　Marquis de Custine, *La Russie en 1839*, Préface d'Hélène Carrère d'Encausse, Paris, 1990, pp. 240-241.

4　*Dnevnik P. A. Valueva, ministra vnutrennix del*, deux volumes, Moscou, 1961, tome 1, p. 19.

5　F. I. Tjutčev, *op. cit.*, p. 202.

6　Cité d'après P. A. Zajončkovskij, *Pravitel'stvennyj apparat samoderžavnoj Rossii v XIX v.*, Moscou, 1978, p. 179.

7　A. F. Tjutčeva, *Pri dvore dvux imperatorov*, Moscou, 1990, pp. 34-35.

8　Mark Raev, «Carstvovanie Nikolaja I i osveščenie sovremennoj istoriografii», *Russkij al'manax*,

Paris, 1981, p. 303.

9 V. Ključevskij, *op. cit.*, p. 218.

10 Cité d'après P. A. Zajončkovskij, *op. cit.*, p. 181.

11 Cité d'après P. S. Squire, *The Third Department. The Establishment and Practices of the political Police in the Russia of Nicholas I*, Cambridge, 1968, p. 59.

12 Cf. P. S. Squire, *op. cit.*, p. 95.

13 Cité d'après N. Ja. Ejdel'man, *Gercen protiv samoderžavija, op. cit.*, p. 323.

14 Cité d'après P. A. Zajončkovskij, *op. cit.*, pp. 67, 68.

15 那个世纪上半叶，司法衙门的雇员依职衔每月挣一到四个卢布。但卷宗的命运往往都依赖于他们。各省负责人每年的薪水最多可达三千卢布，还有贿赂可拿。

16 V. Ključevskij, *op. cit.*, pp. 324-325.

17 Cité d'après S. A. Cibirjaev, *Velikij russkij reformator. Žizn', dejatel'nost', politiceskie vzgljady M. M. Speranskogo*, Moscou, 1993, p. 160.

18 S. V. Mironenko, *Nikolaj I, op. cit.*, p. 141.

19 Cité d'après S. V. Mironenko, *Nikolaj I, op. cit.*, p. 142.

20 V. Ključevskij, *op. cit.*, p. 233.

21 Cité d'après W. Bruce Lincoln, *Mikolaj I*, Varsovie, 1988, p. 186.

22 V. S. Pečerin, *Zamogil'nye zapisi, op. cit.*, p. 115.

23 Ingeborg Fleischauer, *op. cit.*, p. 199.

24 W. Laqueur, *Deutschland und Russland*, Berlin, 1965, p. 79.

25 P. A. Zajončkovskij, *op. cit.*, p. 130.

26 A.V. Nikitenko, *Dnevnik v trex tomax*, Moscou, 1955, tome 1, pp. 328-329.

11　思想观念的诞生

尼古拉一世的头号目标就是稳定。严格掌控国家及其居民的生活对皇帝来说是一种确保国家安宁必不可少的手段。军队是国家秩序的典范。俄国被划分成各个省：半数省长都是将军，另外半数都是在内务衙门工作的官员。此外，19世纪中叶，计有十名将军省长，他们当然都有将军军衔。他们"强化了"外围各省和两座都城省长的权力。各区和各分区的宪兵网络可确保进行额外监控。

国家监管极其严厉，书报审查吹毛求疵，皇帝对各类精神生活和道德生活的展现形式密切关注，在这样的框架之中，各种思潮始终都沸腾不断。尼古拉一世的时代诞生了各种思想观念，所提出的问题对20世纪末而言仍具有现实意义。

造成该时代思想激荡有好几个因素，最重要的就是拿破仑战争之后，俄国在欧洲各国当中所处的地位。尼古拉一世被视为"欧洲宪兵"，这么说并不是毫无意义：谁都相信俄国军队堪称欧洲大陆最强。1835年，阿列克西·德·托克维尔完成了《论美国的民主》第一卷，他说过一些颇有预见性的话。他说一个世纪之后，两个超级大国，也就是俄国和美国将会控制世界。时人对美国占据这个位置都感到很惊讶，而俄国在世界范围内占据主导性的地位谁都觉得是显而易见的事。

俄罗斯帝国的强大会让人不禁要问，它为何会如此强大，它拥有何种天职和使命等等问题。无论是专制政体的支持者，还是其对手，都会提出这样的难题。对开明社会而言，其中的悖论日益明显，所以他们想解释这个悖论，那就是：尽管俄国是军事强国，但正如20世纪通常所说的那样，它却是"经济上的侏儒"。克里米亚战争显现出保卫俄国的军队技术上很落后（始终都在使用燧发枪）。人们还认为通讯能力太弱是俄军战败的一个因素。尼古拉一世时期，俄国建造了963.5俄里的铁路，但如果将芬兰、波兰沙皇国和高加索地区排除在外，俄国就只剩下了5625俄里的公路。

面对西欧在经济上的挑战，俄国给出了意识形态上的答复：经济疲弱是精神和道德力量优越的标志。西方的挑战被视为意识形态上的分歧，正如在其中扮演重要角色的那些人所言，这样的分歧早已出现，根源就在于东正教和天主教、俄国和西方、俄国人和德意志人（也就是外国人）之间的对立。

为了给出这个意识形态上的答复，整整耗费了二十年之久，这也是各路思想观念诞生的过程。1830年爆发的波兰起义形成了一股推力。1848年，欧洲爆发的革命让战胜拿破仑之后确立起来的体系开始崩塌，俄国于是聚焦于两种宏大的意识形态，而这两种意识形态一直到20世纪末都在滋养着俄国的政治生活和社会生活。

各种理论都在回答俄罗斯的使命、它的过去和未来这些"决定命运的问题"，而且这一整套理论光谱也相对快速地构建了起来，这都可以通过一个事实来加以解释，即这些问题都深深地植根于俄国历史之中，建基其上的那些信念也是很久以前就已形成的。1848年4月，法国二月革命之后，费奥多尔·秋切夫向尼古拉一世呈递了一份阐释欧洲现状的笔记。笔记开篇就做出了这个重要的判断："很久以前，欧洲就只存在两种活跃的力量：革命和俄国。自此以后，这两股力量彼此对立，明日就会兵戎相见。"[1]这个分析与马克思不谋而合，马克思认为俄国是革命的大敌。不过，在1848年，正好在欧洲积极参与"人民之春"革命运动的米哈伊尔·巴枯宁（1814—1876）来到俄国边境地区，用他自己的话来说，他这么做就是想把革命输入他出生长大的那个国家。

俄国和革命是俄国和西方对立关系的实质。所有的思想观念都聚焦于这个"决定命运的问题"：两个宇宙是会斗争，还是合作？西方是恶之源泉，还是智慧的源泉？未来究竟属于其中哪一个？最重要的是：是俄国所代表的精神，还是西方所代表的物质？

秋切夫知道这些问题很复杂，答案会更复杂，于是他用法语写了这份笔记，他在笔记中预言西方、查理大帝和1815年条约的欧洲，天主教和新教的欧洲会崩溃；1849年，这篇文本首次在巴黎出版。

许多年以后，亚历山大·赫尔岑（1812—1870）回忆道："突然，我们身边发生了爆炸，华沙起义的消息震耳欲聋……季比奇（负责平叛的俄军统帅）只要打败仗，我们就很开心，我们都不愿相信波兰人会战败，而我也迫不及待地想要在圣幛上画塔德乌什·柯斯丘什科的肖像。"[2] 赫尔岑的心情反映了俄国社会少数人的心情。普希金是大多数人最为杰出的代表。他接连写了三首反映波兰起义的诗。第一首诗名为《圣墓前》，诗人写道，俄军暂时失利令他心惊不已，于是在打败拿破仑、拯救俄国的米哈伊尔·库图佐夫墓前发出了呼吁："快起来，拯救沙皇和我们。"第二首最出名，是写给《俄国的诽谤者》及其西方的敌人的。第三首《博罗金诺周年》赞颂了博罗金诺战役的胜利：1831年8月26日，华沙陷落，这一天正好是博罗金诺战役的周年纪念日。

亚历山大·普希金认为西方没有权利干预"斯拉夫人之间的纷争"，他说欧洲本应感激俄国拯救它于水火之中，结果却忘恩负义，指控俄国镇压波兰起义。诗人勾勒出俄国的边境，"从彼尔姆到塔夫利，从芬兰寒冷的峭壁到科尔基斯，从……克里姆林宫到……中国"。[3]这就是帝国的边界，而波兰起义影响到了帝国的完整性。

亚历山大二世后来回忆道，"普希金写了这首颂歌（《致俄国的诽谤者》），就急不可耐地要让我们读"[4]，也就是要让尼古拉一世和他的家人读。这位伟大的诗人并不是奉皇帝之命写的这首诗，那都是他的真实想法。1830年12月9日，华沙起义的消息刚传来，他就告诉了库图佐夫的女儿伊丽莎白·希特罗沃："……战争开始就会持续到彻底灭亡，至少这次肯定会这样。"[5]1831年6月1日，诗人在写给密友、也是诗人的彼得·维亚泽姆斯基亲王的一封信中特别提到了波兰人："不管怎么样，必须碾碎他们，我们行动如此迟缓，实在可恨。"[6]

彼得·维亚泽姆斯基在记事本上记录了他和普希金发生的激烈论战："再生的欧洲为什么要爱我们？……我实在是厌倦了对地理地貌的自吹自擂，什么'从彼尔姆到塔夫利'。这有什么好的，难道彼此的思想要相隔五千俄里，我们才会感到开心，感到自豪？"[7]照某些批评家的说法，亚历山大·屠格涅夫读到《致亲波者》这首诗的时候"高喊'波兰没亡！我们的失败就和你没关系了'"，所以他也和普希金发生了争论。被判十二年苦役的十二月党人亚历山大·奥多耶夫斯基（1802—1839）当时在西伯利亚，他对波兰叛乱持不同的看法："你们要明白：维斯瓦河正打得不可开交！利亚克人*和俄国人打仗是为了争取自由……"

亚历山大·普希金的观点代表了俄国社会大部分人的看法。现代的普希金传记作者尤里·洛特曼说到当时的人对《致俄国的诽谤者》这首诗的反应时说：恰达耶夫大加赞赏，还称普希金是"人民的诗人"。[8]彼得·恰达耶夫（1794—1855）的意见对普希金来说很重要。我们说过，1816年，年轻的诗人就提到过优秀的恰达耶夫对拿破仑大张挞伐一事。这名年轻军官才能出众，军旅生涯相当出色，却于1821

---

*利亚克人是波兰人的旧称。——译注

年退役，结果让整个莫斯科社会都知道了他。彼得·恰达耶夫是共济会会员，后来的十二月党人的密友，后离开俄国，在西方游历数年。十二月党人的叛乱遭到镇压之后，他返回俄国，俄国凝重的氛围使他在《没有十二月的十二月党人》这篇文章中反思了人类的命运和俄国的命运。彼得·恰达耶夫在写给他在莫斯科的亲戚叶卡捷琳娜·帕诺娃的信中阐述了自己的理念。他本来并没想到让别人读到这些理念，但那些信件却很快人传人，就连沙龙里也在读，而这种情况在当时很常见。1836年，《望远镜报》第15期刊登了第一封信，称之为"哲学书简"。结果，读者的反应谁都没有料到。皇帝说："我读了这篇文章，发现里面的内容简直荒诞不经，精神错乱。"[9] 话既然说出了口，当局便下达指示，让一名医生经常去恰达耶夫家里看看他得的到底是什么"病"。不过，医生的寻访很快就中断了，一年之后，撤销了对他的监视，但条件是恰达耶夫"再不能发表任何东西"。

《哲学书简》体现了尼古拉在位时期的反动特征，对于书简的作者所经历的那些烦心事，别人已经写了很多。后来，有人提到彼得·恰达耶夫在20世纪60年代也会受苦。不过，要进行对比还是非常困难的，毕竟每个时代都存在自己特有的压力阈值。而且，要和20世纪竞争会相对比较困难。

亚历山大·赫尔岑对《哲学书简》的看法也和皇帝一致。但让尼古拉一世感到愤怒的内容却让赫尔岑觉得开心。年轻的赫尔岑在流放地写道："这是黑暗中迸发的枪火。"他在恰达耶夫的信中读到的是"痛苦的呼号，对彼得时期俄国的无情谴责，是对俄国猛烈的控告，是个人的抗争，虽然他受尽苦难，却仍想表达心中的所思所想"。[10] 研究恰达耶夫"生平与思想"的专家在引用这些话的时候，指出赫尔岑讲的是"黑夜中的枪火"，却并没有去了解"那是谁开的枪，打的又是谁"；他很快就认定"这是一位盟友，那枪火瞄准的就是共同的敌人"。[11]

革命者赫尔岑从恰达耶夫身上看到的是"自己"，因为他毫不留情地批判了俄国的过去，而且也受到了君王的谴责。但恰达耶夫的许多理念既被斯拉夫派采用，也被摒弃革命思想的西方主义者所采用。他对俄国的精神运动起到了强有力的推动作用，他不仅提出了许多重要的问题，也给出了回答，而且人们可以对这些回答用不同的方式进行阐释。

发表《哲学书简》的《望远镜报》也对彼得·恰达耶夫的理念进行了多重阐释，结果报纸遭禁，不再销售，而报纸的编辑、文学评论家尼古拉·纳杰日金被流放至乌斯特-塞索尔斯克。但有人真的读了第一封信，却没有完全理解其中的意思，这是因为作者也只不过刚刚开始思考。书简面世之时，彼得·恰达耶夫还在阐发自己的观点。《疯人的辩词》（1837）是这位思想家哲学散论的最后一环，别尔嘉耶夫认为他是"19世纪俄国最杰出的人物之一"。

要到1906年，彼得·恰达耶夫的作品才被翻译成俄语，但在俄国社会之外，还是以法语版为外界所知。完全有理由相信屈斯汀和恰达耶夫见了面。很容易就能发现前者的某些观察和后者不容妥协的判断之间有某种亲缘关系。因此"我们所在的国家似乎并不属于人类整体，其存在的理由就是为了向世界提供某个重要的教训"。[12]

彼得·恰达耶夫在第一封《哲学书简》中彻底抹杀了俄国的过去：那是"各民族历史上一个有趣的时代，也是各民族的青少年时期"，对那个时代的"回忆令人愉悦，却成了成年时的教训。而我们其他人都没有这样的回忆。先是野蛮暴行，再是粗俗的迷信，之后就是外国的统治，又凶残，又可耻，国家权力后来也就继承了这样的精神，而这就是我们年轻时期的悲惨历史"。[13]恰达耶夫认为教会分裂，再加上选择了拜占庭的"道德准则"，是俄国之所以落后的一个重要原因。

彼得·恰达耶夫在俄国思想运动史上之所以重要，就在于"俄国精神"处于萌芽状态的所有主要面向都包含在了他的思想之中，包含在他自相矛盾的表述之中。哲学家先是否认了俄国人的所有过去，随后又认为"人民的千年历史不可能只是一个巨大的错误"。[14]他得出结论，认为俄国命运的独创性是俄国独特使命的保证。彼得·恰达耶夫在《疯人的辩词》中总结了自己思想的演变过程。这个过程可以归纳为三个论点。首先，俄国没有过去。彼得·恰达耶夫在这儿仍然忠实于他在第一篇《哲学书简》中的观点。但他又从中得出了另一个结论：缺乏历史反倒是一种优势。第二个论点：俄罗斯心理的纯洁性、俄罗斯精神的纯洁性使年轻人得以享受欧洲各民族为他们准备的果实，走得更远，从而超越西方。接下来就是第三个论点，俄国未来的使命是要向其他民族指出解决最终存在问题的路径。1835年，彼得·恰达耶夫在写给亚历山大·屠格涅夫的信中说："我们都受到召唤（……）教会欧洲许许多多事情，缺了这个，欧洲人是无法理解这些事情的……总有一天，我们将成为欧洲的精神中心，就像现在我们是政治中心那样，我们未来的力量建基于理性，将会超越我们如今建基于物质实力的力量。"[15]

彼得·恰达耶夫对俄国与西方之间的关系这个"决定命运的问题"给出了一种回答。有两种危险同样威胁到了俄国：跟随西方的脚印和抛弃西方的经验。他给出了一条不同的道路，这条道路必须按自己的方式来走，但又要好好利用西方各民族的经验成果。

彼得·恰达耶夫所要提防的那些危险都是年轻贵族这个小圈子（尤其是莫斯科的圈子）里热烈讨论的话题。亲斯拉夫运动就是这些讨论、思考，以及年轻贵族在德意志的大学进行思索的成果。伊万·基列耶夫斯基、阿列克谢·霍米亚科夫、康斯坦丁·阿克萨科夫、弗拉基米尔·奥多耶夫斯基及其友人创造出了一种国族意识形态。

国族思想出现于19世纪初的欧洲。他们的学说源于这样一种原则，即人类以自然而然的方式划分成各个国族，各自具有明显不同的特征。由此出现的民族自决便成了独一无二的合法的权力形式。这种新学说的创始人主要都是德意志哲学家。弗里德里希·施莱尔马赫认为，每个国族注定会基于其本位主义及其在世界上的地位，展现这种或那种神性。约翰·戈特弗里德·赫尔德从柯尼斯堡去了里加，鼓励大家学习民族语言，尤其是德语，他认为德语正在受法语的威胁。约翰·戈特利布·费希特则认为，民族自决归根结底就是意志的彰显，民族主义就是一种用最正当的方式来彰显自身的方式。

德意志由大量小公国和王国组成，这种地缘状态容易诞生此类意识形态，且为此提供哲学基础，使创建一个统一国家的愿望变得更为合理化。拿破仑的胜利让德意志人倍感耻辱，从而为这种国族学说提供了一个重要的元素，那就是要去恨敌人。法国皇帝的政策刺激了波兰人、匈牙利人、意大利人的民族情感，这种情感一旦契合自己的议程，就会促使欧洲的民族学说发展起来。1806年，普鲁士人在耶拿战败，费希特当时所采取的立场将会成为解放运动的推动力。

德意志人、意大利人、波兰人、匈牙利人都想在这种国族学说中找到用作民族自决、创建民族国家的武器。俄国本身是一个强大的国家。如果它转向国族学说，就是想为悖论找到解释，所谓的悖论就是指俄国为什么会既强又弱。俄国强是就其军事层面而言，但它落后于西方则是就文化和技术方面而言。

知名的伊万·阿克萨科夫（1823—1886）是康斯坦丁的弟弟，后者则是俄国斯拉夫派的首脑，伊万·阿克萨科夫是这么讲述这场运动的："18世纪的法国思想家和全体哲学家的影响力让位给了德意志科学和哲学，后者所造成的冲击都很正面，只是有时会很肤浅。认真学习了德意志思想，俄国思想就变得清晰、扎实，就试图自觉地用哲学方法来看待俄国的人民性。"因此，斯拉夫派"都会盛赞俄国，说它是东正教和斯拉夫部族的代表，继承历史和精神上的使命，并预言俄国将在世界上拥有一个辉煌的未来"。[16]

用弗里德里希·谢林的一个狂热信徒的说法，谢林就如同克里斯托弗·哥伦布，在俄国的年轻贵族面前展开了一个灵魂的新大陆。后来的斯拉夫派想要找到"完善"世界的概念，可以用这种体系来回答各种"决定命运的问题"。他们就在谢林的浪漫主义哲学中找到了这一体系。在斯拉夫派的讲演和著作中，他们讲到了存在的意义、宗教和哲学的关系，但最终，这些不同的主题都可以归结为一个说法：俄国和它在世界历史上的地位。

斯拉夫派和恰达耶夫的观点一致，他们都承认俄国人民独一无二，因此拥有特殊的使命。《哲学书简》的作者和斯拉夫派之间的分歧，根源在于双方爱国主义的性质不同。恰达耶夫会自觉地去爱他认为俄国好的一面；"斯拉夫派的爱则是无条件的，非理性的"。[17]

制定国族学说是斯拉夫派的核心要义。这一点在弗拉基米尔·奥多耶夫斯基的著作《俄国暗夜》中表现得很明显。一位历史学家对这部作品是这么说的："这本书在我们的文学史上拥有独特的地位，没有任何东西可与之相比。"[18]这个评论指的是作品的风格：故事循环往复，用哲学对话将之串联起来。更引人注目的是这样一个事实，即《俄国暗夜》犹如19世纪30年代这一代人世界观的百科全书。书中记录了斯拉夫运动诞生时的时代氛围。弗拉基米尔·奥多耶夫斯基（1803—1869）上溯至留里克，称他是"俄国的第一个贵族"，是那个时代最有教养的人，是作家、智者、哲学家。

《俄国暗夜》的作者是精神运动积极的参与者，他想将斯拉夫派的观念和西方派的观念综合起来，摒弃一方的极端和另一方的潮流。弗拉基米尔·奥多耶夫斯基借书中一个参与哲学辩论的人物之口，说："细心的读者阅读那些文字，就会认可本世纪下半叶形成的整个斯拉夫派理论。"

作家在书中说浮士德是斯拉夫派思想伟大的代言人,浮士德所构建的"理论"是以人类的历史经验为基础的。在漫长的十个世纪当中,各族人民的思想一个接一个地彼此交替:埃及之后是希腊,之后又是罗马,等等。"天意所眷顾的这第六部分世界是要完成这项神圣的任务的,可它又在哪儿呢?保守拯救世界这一秘密的民族又在哪里呢?"答案很明显:"在恐怖和死亡的时代,俄国的剑劈开了勒紧欧洲的死结,在旧世界幽暗混乱的深处,俄国的剑再度绽放光芒,闪烁着凛凛寒光……欧洲就称俄国为**救世主**!这名字里面又藏了另一个更为神圣的名字,它的光芒将会穿透社会生活的所有领域:穿透的不仅仅是**肉体**,还有我们必将拯救的欧洲的**灵魂**!"[19]

俄国已被"选定"以及为什么被"选定"这一点,对《俄国暗夜》的主人公来说是毋庸置疑的:"我们都是新人,我们没有老欧洲所犯下的那些罪行。"[20]西方必须让出位子,因为欧洲的文学作为"社会精神状态"的"温度计",已经"病入膏肓","缺乏共同信仰,想要希望,却只觉无望,想要否定,却模棱两可"。[21]

全面衰落的西方使用的是陈旧的政治、经济、社会结构,已不再适合新的世界。《俄国暗夜》对议会制度提出了恶毒的批评:"这些人都要奔向何方?——选他们的立法者。——可是他们会选谁呢?——冷静,这一点谁都知道:他们选的都是花钱最多的人。"[22]"工厂世界",也就是资本主义制度,也好不到哪里去。浮士德承认西方的工业生产了大量商品,但这些都是靠无情的剥削得来的(奥多耶夫斯基写道:"幸好,这个词的这层意思亦不存在于俄语当中;我们可以这么来翻译:以同类为代价而得来的利润。"[23]),他们还会使用童工,逼得这些人走投无路,只能走上犯罪的道路。必须指出的是,浮士德为了批评资本主义,还提到了大不列颠议会调查委员会的报告,弗里德里希·恩格斯在其出版于1845年(也就是《俄国暗夜》出版之后一年)的著作《英国工人阶级状况》中也用到过这些报告。

19世纪30年代末，诞生了"西方派"思想运动。黑格尔成了他们精神上的克里斯托弗·哥伦布。19世纪40年代，黑格尔极受欢迎，俄国人把这位哲学家的德语名字格奥尔格·弗里德里希翻译成了伊戈尔·费奥多罗维奇。在尼古拉·斯坦季耶维奇（1813—1840）的哲学-文学圈内，可以见到斯拉夫派（康·阿克萨科夫）和年轻的"西方主义者"（后来享有盛誉的文学批评家维萨里昂·别林斯基，1811—1848，或俄国知识分子之"父"米哈伊尔·巴枯宁，1814—1876）。很快，西方主义，特别是受亚历山大·赫尔岑影响的西方主义，成为一个特殊的运动，越来越具有革命性。在这片土地上将会发展出俄国的知识分子阶层，他们会去法国跟着圣西门、拉梅内、奥古斯特·孔德、蒲鲁东求学，之后又将发现马克思可以解释一切的尽善尽美的"完善"理论。

这些争论变得越来越尖锐，但在这之上有一种信念，无论是管头管脚的家长制的专制体制的支持者，为数稀少的秉持自由主义理念的人，还是日益激进的革命者，都持有这种信念，他们坚信俄国拥有特殊的、独特的特质，坚信俄国肩负着独一无二的使命。有的人高喊，俄国将会拯救世界，使之免受革命的荼毒。另一些人反驳道，俄国将会把革命带给世界。

正统的斯拉夫派会宣称："俄国人民接收了圣言，如同古老的以色列。他们是真基督教的承载者和保护者。他们真的了解上帝，信仰货真价实，他们拥有真理本身，拥有真正的基督教、真正的自由、真正的爱：他们拥有东正教。"

西方主义者、革命者鼓动下一代采取恐怖主义行动，亚历山大·赫尔岑在评论恰达耶夫的第一篇《哲学书简》时说：所有的事实都有利于恰达耶夫，但真正有道理的是我赫尔岑，因为我"信"，而他"不信"。

费奥多尔·恰达耶夫的如下诗句令人震惊：

我们不能以理性来理解俄国。

不能用公认的尺度来衡量它，

它拥有独特的模样，

对它，只能相信。

　　这些诗句只会让外国人错愕。这首诗1866年发表之后，俄国读者都能很好地理解，20世纪90年代的俄国人也是如此。在第二个千禧年即将结束之际，对时局最受欢迎的解释就是秋切夫的那些诗。

　　信仰拥有坚实的基础：年轻人，真正的信仰，俄国人固有的集体主义，与西方个人主义的区别。

　　19世纪40年代的标志就是发现了信仰的一个极为重要的新目标，而且那些令人信服的论点都在表明俄国拥有独一无二的特质。这就是村社，也就是人们所说的米尔（mir）。二月革命之后临时政府所实施的一直保留至今的改革似乎就是拼写：削减了字母表里好几个冗余的字母。所以，在俄语中有两层意思的米尔这个词也就只有一种写法。改革前用的是西里尔字母i，意为和平，没有战争，而用"i上加一个小圆点"则意为世界、宇宙、地球。农村的米尔，也就是村社写的时候就是用"i上加一个小圆点"，和意为宇宙的那个词的写法一样。对农民来说，村社就是他们的世界、他们的星球。

　　村社的存在对任何人来说都不是什么秘密，无论是对靠自己的农民，还是对靠农民的贵族地主，莫不如此。不过，斯拉夫派发现，村社作为社会生活的细胞，所有人的福祉比个体的利益更重要。德意志学者、农业问题专家奥古斯特·哈克斯特豪森游历了俄国之后才真正发现了这一点。他比屈斯汀晚来三年，但受到了特别的欢迎。尼古拉一世赐予他一千五百卢布的"年金"，并额外拨款六千支持出版书籍。哈克斯特豪森准备研究的地方的省长收到了这样的指示："凡是会让该外国人有借口得出错误或不合时宜结论的东西，一律悄悄移除，不了解我国的民间习俗会导致这样的误解。"[24]

1847年，哈克斯特豪森的著作《对俄国人民生活的内在关系和独特体制的研究》在外国出版德语版，该书从科学的角度证实俄国存在一种独特的生活模式。村社将一群通常生活于同一座村庄内的农民集合了起来；他们所耕作的土地都属于村社，并不属于地主。经常会定期重新分配小块土地，让所有人都能轮流得到土地，无论好坏。村社的宏大目标就是达到平等的理想状态。即便同意支付自己那一份人头税，也不可能离开村社。连带担保将村社的所有成员都连接在了一起，以应对有人不缴赋税的情况发生。

斯拉夫派认为村社正好证明了俄国的特性，展现了俄国的集体主义精神及其对平等的尊重。以亚历山大·赫尔岑为首的西方主义者则认为这证明了俄国农民的社会主义性质。1875年，彼得·特卡乔夫（1844—1883）是俄国最为激进的革命者，别尔嘉耶夫将他视为列宁的先驱，特卡乔夫在给恩格斯的信中写道："我国人民……大多数都深入理解财产公有的原则；如果可以这么说的话，那他们就是天生的共产主义者，传统造就的共产主义者。"[25]1880年，经特卡乔夫以及其他俄国革命者说服，马克思和恩格斯得出了这样的结论："如果俄国革命向西方发出了无产阶级革命的信号，以至于两者相辅相成，那现代俄国的集体土地就会成为共产主义发展的起点。"[26]

弗拉基米尔·奥多耶夫斯基关闭了《俄国暗夜》报社，并说了如下的预言："19世纪属于俄国。"[27]斯拉夫派和西方派对这点并无异议，下一代的革命者对此也这么认为。更不必说19世纪30年代形成的官方意识形态的代表人物，当时的公共教育大臣谢尔盖·乌瓦洛夫那句最为简洁，也最为振聋发聩的话就体现了这样的意识形态："东正教、专制政体和人民性。"[28]谢尔盖·乌瓦洛夫长年在教育系统工作，1833年被任命为教育大臣，他是一个充满了矛盾的人。著名的历史学家谢尔盖·索洛维约夫后来写道，乌瓦洛夫"发明了这些原则，也就是那些词……**东正教**，但他本人是个无神论者，不信基督，甚至也不是新教徒，**专制政体**，但他又是个自由主义者，**人民性**，但他终其一生没读过一本俄语书，只用法语或德语写作"。[29]

谢尔盖·索洛维约夫的愤怒并非源自这"三原则"的内容，而是来自发明这三原则的人身上的犬儒主义。在教育部工作到第十年的时候，谢尔盖·乌瓦洛夫向皇帝呈递了一篇文章，他在文中特别提到了这套说法是怎么得来的："必须用这些坚实的原则来使祖国强大……找到反映俄国专属于其自身的那些具有独特特征的概念……若对祖先、人民没有信仰，作为个体便注定会消亡……专制政体是俄国政治得以存在的一个基本条件……除了这两个民族原则之外，还存在第三个不怎么强大的原则，那就是人民性。"[30]

"三原则"的前两个原则——东正教和专制政体——无须多说；第三个原则——人民性——是一个新的概念。这个概念很模糊，任何人都可以拿来随便用：那个时代所有尚处于萌芽状态的学说都会用到这个概念，并按自己的方式来加以阐释。斯拉夫派从古罗斯当中寻找人民性的根源，总想着要穿上俄国的"民族"服装，结果在莫斯科的大街上，这样的装束却被人误以为是"波斯服装"。有人说得很难听：斯拉夫派想要展现真正的俄国精神，结果却是"用克瓦斯掺了香槟酒"。

在赫尔岑看来，人民性显现在住在村社里的俄国农民的"天真纯洁"上面。《往事与随想》的作者由此认为："俄国人是世界上最自由的人。"[31]所有的思想观念都采纳了人民性这一概念，用各种各样的方式来阐释它，从中可以看出俄国社会某种特殊的、独有的面向。照斯拉夫派的说法，一方面，这个概念由人民，也就是农民构成；另一方面，它也由剩下的所有人，也就是"公众"构成。人民是真理的守卫者，是真正的俄国精神的守护者。

尼古拉一世在位时期的一个特征就是君主并不信任斯拉夫派，尽管后者用几乎一模一样的话宣扬官方的意识形态价值。之所以有这样的怀疑，主要原因是皇帝最怕斯拉夫派成为不可控的思想。朱塞佩·马志尼在回忆录中说，1830年他遭逮捕之后，父亲去找热那亚的总督，想找出还只是少年的儿子被捕的原因，他得到的答复是：这个年轻人有才华，但太喜欢晚上独自散步，却又不告诉别人自己在想什么；政府不喜欢有才华的年轻人去思考当局所不知道的那些事情。奥地利当局的这种怀疑，俄国当局也完全有。

亚历山大·赫尔岑在他的著作中提到了斯拉夫派和西方派之间的关系："没错，我们是对手，但对立的方式很奇怪。我们都会体验到的爱，既相同，又不相同。我们所有人在很小的时候，就已拥有强烈的、无意识的、生理上充满激情的情感，别人认为这是事后的看法，但我们认为那就是先见之明：我们的整个存在都对俄国的生活方式、俄国的精神形式充满了无穷无尽的爱。"[32]

对俄国生活方式、俄国精神充满爱，也就会摒弃西方及其价值观。莫斯科大学教授斯捷潘·舍维廖夫是斯拉夫派，也是乌瓦洛夫"三原则"的坚定捍卫者，他是这么写西方和西方派的："我们彼此亲吻，彼此拥抱，彼此分享思想的盛宴，彼此畅饮情感的酒杯，却并没有注意到我们和他们无忧无虑地接触时隐藏其中的毒药，没有感受到在令人愉悦的盛宴当中，早已散发出未来的尸臭味。"亚历山大·赫尔岑对此的回应是："我看见老欧洲的死亡已不可避免，对任何存在着的东西并无愧悔之意。"[33]

所有初生的思想观念都存在共同点，这在尼古拉一世和米哈伊尔·巴枯宁出人意料的"对话"中特别明显。1851年5月，瑞士当局将国事罪罪犯巴枯宁交给了俄国，后者在1848年积极参与了德意志的革命。革命者巴枯宁来到莱芒湖畔寻求政治庇护，瑞士将其引渡并非受胁迫所为，而是因为俄国在欧洲实在具有举足轻重的实力。巴枯宁被关入了彼得保罗要塞。经皇帝的请求，继本肯多夫担任第三处处长的阿列克谢·奥尔洛夫伯爵去狱中看他，建议他向沙皇忏悔，"就像圣子向圣父忏悔那样"。

巴枯宁的《忏悔书》1921年首次在莫斯科刊发，在历史学家当中引发了争论。有些人认为作者是在忏悔，证明他会放弃革命行动；另一些人则认为这份写于要塞的文件是革命者欺骗狱卒的伎俩。尼古拉饶有兴味地阅读了这份"忏悔"，在页边也写上了自己的反应。米哈伊尔·巴枯宁对西方的批判性思考得到了皇帝的赞许。巴枯宁写道，他认为西欧一切都破破烂烂，羸弱，不信神，贪污腐败，什么人都不能信，甚至都不能信自己……尼古拉在页边回道："惊人的大实话。"巴枯宁批评法兰克福的议会。尼古拉在句子下面画了线，评论道："很出色。"巴枯宁认为顶层和底层都已出现了共产主义，这是一种结构稳固的小组织（无论秘密与否）所宣扬的体制，是一股不定的、看不见的、难以捉摸的力量，却又处处存在。尼古拉写道："正是。"

米哈伊尔·巴枯宁让沙皇放心，说他认为共产主义是西欧经济和政治发展难以避免的自然结果。他特别强调：共产主义之所以源自西欧，是因为在他看来，无论在东方还是斯拉夫国家（或许捷克、摩拉维亚和西里西亚不在其列），共产主义根本没有理由出现。因犯给狱卒提了一个建议，说想和他以及专家平等交谈政治问题。米哈伊尔·巴枯宁写道："我认为相较其他地方，俄国必须拥有强有力的独裁政权，并致力于提升及开化人民群众；那是一种导向自由、精神自由的权力，但不需要议会制；任何内容的书籍均可出版，但不需要出版自由；周围都是同道中人，彼此提供良好的建议，因自由合作而强化彼此，无论何物、无论何人均不会对此加以限制。"[34]

当今时代，莫斯科的一位历史学家、巴枯宁的传记作者，认为"落入熊掌"的革命者向尼古拉建言"开明专制主义模式"，只不过是一种策略而已。[35]不过，值得注意的是，巴枯宁所说的这种"权力模式"，帕维尔·佩斯捷尔的《俄国正义》当中也提到过。移民在外的亚历山大·赫尔岑认为俄国不会存在宪法，中庸、温和的自由主义也不会在此扎根。他还说，这对于俄国来说太"无足轻重"，并预言"俄国永远不会走**中间道路**"。

看过巴枯宁的《忏悔书》之后，尼古拉把它给了皇储，并给出了这样的建议："你应该读一读，写得很有意思，富有教益。"

皇帝说得没错。巴枯宁这篇文本之所以"富有教益"，正是因为作者是个革命者，是专制政体的反对者，对他所表达的那些思想，沙皇经常持认同态度。尼古拉一世根本没去质疑巴枯宁为什么会持敌视的立场：这位革命者在彼得保罗要塞被关了三年之后，又在什利谢利堡囚禁了三年，后又流放至西伯利亚，直到1861年才成功逃离。米哈伊尔·巴枯宁不仅遭到了尼古拉一世的囚禁，也遭到了读了这份"忏悔书"的继任者亚历山大二世的囚禁。

《忏悔书》之所以富有教益，是因为内里包含了19世纪中叶俄国所有思想观念都具有的那些信念。其中最重要的一点是，这些思想观念是以什么样的方式来涉及外交政策的。令人震惊的是，它们既具有防守性，也具有进攻性。所有人都将俄国的独特性当作公理，他们都认为俄国的体制就应该采取守势，但进攻是最有效的防守形式。

从所有的表现形式来看，西方都是敌人：天主教、资本主义、议会制、革命。在源自德意志的民族主义思想的推动之下，俄国的思想观念也由此诞生。具体、有形的推动就是1830至1831年的波兰起义。波兰人是所有邪恶的化身：他们是斯拉夫人，却信奉天主教，是俄国沙皇的臣民，却拥有议会制。尼古拉一世向屈斯汀解释："我能设想共和国，这是一种纯洁、真诚的政府形式，至少应该是这样；我能设想专制君主制，我自己就是这种秩序的领袖。但我无法设想代议制君主制。这是一种长满了谎言、欺诈、腐败的政府形式……我是（波兰）的代议君主，全世界都知道我为了不让自己屈服于这种臭名昭著的政府形式付出了多少代价……不过，感谢上帝，我永远都不用和这种令人憎恶的政治机器打交道。"[36]

尼古拉是1839年和屈斯汀交谈的。二十五年之后，也就是在1863年波兰再次起义之后，伊万·阿克萨科夫给出了这个结论："波兰问题可归结如下：波兰在何种程度上可以再次成为斯拉夫和东正教国家？对它来说，这是生死问题。"[37]波兰不可能不是斯拉夫人。但它一直都不信奉东正教。对斯拉夫派的首领伊万·阿克萨科夫而言，这根本无关紧要。重要的是，波兰人拒绝成为俄罗斯帝国的忠实臣民。

1846年5月31日，在圣彼得堡大学召开的特别会议上，发布了公共教育大臣乌瓦洛夫伯爵奉皇帝之命拟定通告教师的指令。大臣解释道："我们必须理解我国的人民性究竟是什么，俄国观点的斯拉夫性又是什么。"

作为官方教义基础的"三原则"得到了更为简洁、更为明确的阐释："我国的人民性永远忠实地臣服于专制体制，而西方的斯拉夫性不应在我们内心中引发丝毫的同情。那是他们的观点，而我们有我们的观点。因此，我们对此郑重予以否认。"[38]

乌瓦洛夫伯爵的指示强调了"斯拉夫性这一概念"，也就是斯拉夫派的"弱点"。我们知道，尤里·克利扎尼齐对全体斯拉夫人休戚与共、统一起来的计划进行了详细的阐释。但17世纪的莫斯科国只能梦想让自己扮演斯拉夫人的召集者这一角色。19世纪，强大的俄罗斯帝国已拥有各种各样的物质，可以解放斯拉夫人，将他们纳入"俄国鹰的怀抱之中"。民族主义来自德意志，强调的是德意志性，从而也使俄国的思想家们产生了制定"斯拉夫派"理论的想法。

尼古拉一世眼中的斯拉夫派是一种危险的思想，因为这种思想的基础是要解放斯拉夫人，而其中部分斯拉夫人都处于奥斯曼帝国、奥地利、普鲁士的管束之下，这些国家又都是俄国外交政策的靶子。同样重要的还有，解放斯拉夫人就会打破国与国所遵守的那个框架。尼古拉在巴枯宁《忏悔书》呼吁沙皇领导斯拉夫运动的地方写道："我并不怀疑：事实上，我也会像马萨涅洛的奴隶那样带头领导革命。[39]真是谢天谢地！"[40]

对寻求理论的斯拉夫派而言，"斯拉夫理论"乃是一种精神状态。对尼古拉一世而言，这是一种有可能会连累外交政策的因素，这种革命危险必将累及他的帝国。

1852年7月20日，尼古拉一世在和萨克森密使交谈期间，说革命会削弱所有国家的基础，包括俄国。"我脚下的大地和你脚下的大地一样都会遭到侵蚀"，于是，精通工程学、知晓采矿危险的皇帝也就在对话者的心中散播了恐惧。[41]

毫无疑问，对尼古拉一世而言，他自然有理由感到不安。革命的幽灵遍布欧洲。斯拉夫派心心念念的斯拉夫人堪称随时都有可能爆炸的炸药。首先就是波兰的敌视。除了波兰人之外，其他斯拉夫人（非俄罗斯人）都住在俄罗斯帝国的疆界之内。1837年，被认为是反东正教、同情波兰的东仪天主教会受到至圣治理会议的管辖。1839年，后者宣布东仪天主教会和至圣治理会议最终合并。存在近一百四十年、受到部分乌克兰人和白俄罗斯人承认的东仪天主教会就这么彻底消失了：东正教将斯拉夫的迷途羔羊揽入了怀中。

1846年初，乌克兰的一个秘密社团在基辅成立，该社团名为"西里尔与美多德教团"，名字指的是创造字母的西里尔，他将上帝之言带给了斯拉夫人。西里尔与美多德教团由小学教员潘捷列蒙·库里什、大学教授尼古拉·科斯托马罗夫和诗人塔拉斯·谢甫琴科（1814—1861）创建，标志着现代民族情感的诞生。这类似于莫斯科和彼得堡发展起来的那种民族教义。最大的不同之处在于，莫斯科斯拉夫派认为俄罗斯帝国是上帝赠予的礼物，而乌克兰人就是帝国的臣民，并不总是会受到喜爱。而且，他们的国家正被撕裂成三个国家：俄国、奥地利和普鲁士。文学向来都会第一个出来表达民族目标和民族情感。伊万·科特利亚列夫斯基（1769—1838）写了一首名为《埃涅阿斯纪》的诗，对维吉尔进行了自由阐释，内容是埃涅阿斯走遍了乌克兰。科特利亚列夫斯基将《埃涅阿斯纪》献给了"热爱小俄罗斯语言的人"。他还创作了乌克兰首批剧作。历史学家尼古拉·科斯托马罗夫写了《乌克兰人民的生活》一书，他在书中研究了乌克兰过去的平等、博爱、自由和人民主权诸原则：哥萨克，宗教共同体。乌克兰最伟大的诗人塔拉斯·谢甫琴科强烈地感受到了帝国压在他故乡身上的重负。诗人写道，乌克兰"赤身露体，孤苦伶仃，在第聂伯河上哭泣"。

西里尔与美多德教团并不是实施具体行动的革命组织。其成员聚在一起，是为了讨论乌克兰应该走什么样的道路才能复兴这样的问题。建立斯拉夫联邦的想法对他们颇有诱惑力。但1847年，由于受到告密，那些"兄弟们"都遭到了逮捕。塔拉斯·谢甫琴科受到了特别大的影响：他被派往军队，当了一名普通士兵，直至生命终了。

尼古拉一世最怕的还是在外交事务衙门公务员米哈伊尔·彼得拉舍夫斯基（1821—1866）和那些文人周围形成的圈子。最初他所担心的是一群年轻公务员和文人，这些人时常相聚，讨论傅立叶的哲学，他们认为这种哲学对于理解俄国的现状必不可少。很快，第三处的情报人员就开始监控这个圈子。1849年4月22日至23日夜，数十人遭到逮捕。调查未能将这个圈里的哲学活动打成十二月党人那样庞大的政变阴谋。尽管如此，10月16日，十五名被告仍然被判处死刑，五人被判处强制劳役。皇帝颁布开恩令，将刑罚减为服苦役，但针对的只是那些将被处以死刑的人。这些人当中就有退役的工程兵中尉兼文人费奥多尔·陀思妥耶夫斯基。

尼古拉一世对审判进程盯得很紧。调查和审判结束之时，他便命人颁布了官方通告。通告开篇就作了解释："灾难性的教训、骚乱正在大规模地影响西欧，有可能抹除各国人民确立的秩序与福祉，它们也在我们社会里找到了回响。"[42]在讲到密谋者图谋的那一段里，皇帝划去了预审法官所写的"共产主义"和"社会主义"这两个词，用"无政府状态"取而代之。沙皇同样还用"思想败坏之人"这一表述取代了"进步主义"一词。

"彼得拉舍夫斯基派"的镇压发生于1849年，此时，尼古拉一世的恐惧得到了证实：革命正在撼动欧洲。但1831年的时候，皇帝还一点都不担心。这年夏天，彼得堡爆发了霍乱。全城都在流传着一个传言，说霍乱都是医生散播的。于是，骚乱爆发了。尼古拉一世来到干草广场，那儿聚集了近五千人，这些人已经洗劫了一座医院，杀了好几名医生。沙皇并不害怕将自己置于人群之中，他对臣民们说："俄国人民学法国人和波兰人的样四处捣乱，忘了祖辈的信仰，实在令人不齿。我鼓励你们暗中抓捕犯罪者，将嫌疑犯交给当局……"[43]波兰起义期间也爆发过霍乱，所以很容易将两者关联起来。毒药和微生物必然来自西方。民族教义是一种方式，可以切断它们前往俄国的通途。

1825年至1830年是尼古拉一世掌权的第一阶段，但是他害怕十二月党人的叛乱；1832年至1848年，则害怕波兰起义和"民族之春"。合法君主制的最后一道防线正变得日益孤立。

注　释

1 F. I. Tjutčev, *Političeskie stat'i*, Paris, 1976, p. 32.

2 A. I. Gercen, «Byloe i dumy», *Sočinenija*, Moscou, 1956, tome 4, p. 135.

3 A. S. Puškin, «Klevetnikam Rossii», *Sočinenija*, tome 1, op. cit., p. 306. (La Tauride est l'ancien nom de la Crimée).

4 Cité d'après V. Veresaev, *Puškin v žizni. Sistematičeskij svod podlinnyx svidetel'stv sovremennikov*, Troisième édition, Moscou, 1928, p. 64.

5 A. Puškin, *Sobranie sočinenij v desjati tomax*, tome IX, Moscou, 1978, p. 356.

6 *Ibid.*, p. 31.

7 Cité d'après V. Veresaev, *op. cit.*, p. 66.

8 Ju. M. Lotman, *Aleksandr Sergeevič Puškin*, Leningrad, 1982, p. 195.

9 M. Geršenzon, *P. Ja. Čaadaev. Žizn' i myšlenie*, Saint-Pétersbourg, 1908, p. 137.

10 M. Geršenzon, *op. cit.*, p. 143.

11 M. Geršenzon, *op. cit.*, p. 143.

12 M. Geršenzon, *op. cit.*, p. 211.

13 M. Geršenzon, *op. cit.*, p. 209.

14 M. Geršenzon, *op. cit.*, p. 148.

15 Cité d'après S. P. Žaba, *Russkie mysliteli o Rossii i čelovečestve. Antologija russkoj obščestvennoj mysli*, Paris, 1954, p. 18.

16 I. S. Aksakov, *Biografija F.I. Tjutčeva*, Moscou, 1886, p. 79.

17 M. Geršenzon, *op. cit.*, p. 173.

18 V. F. Odoevskij, «Russkie noči», *Sočinenija v dvux tomax*, tome 1, Moscou, 1981, p. 19.

19 Vladimir Odoïevski, *Les Nuits russes*, traduit du russe par Marion Graf, Lausanne, 1991, pp. 196-197.

20 *Ibid.*, p. 197.

21 *Ibid.*, p. 204.

22 *Ibid.*, p. 201.

23 *Ibid.*, p. 93.

24 Brokgauz i Efron, «Gakstgauzen», *Enciklopedičeskij slovar'*, *op. cit.*

25 K. Marks, F. Engel's, *Sobranie sočinenij*, Moscou, 1955, tome 18, p. 543.

26 K. Marks, F. Engel's, *op. cit.*, tome 19, p. 305.

27 Vladimir Odoïevski, *op. cit.*, p. 241.

28 最后一个词同时指"属于人民的情感"、"民族主义"和"民粹主义",没人能将这个词贴切地翻译出来。后面,我们会将该词的定义。

29 Cité d'après *Rossijskie samoderžcy*, *op. cit.*, p. 137.

30 P. Miljukov, *Očerki po istorii russkoj kul'tury*, *op. cit.*, tome 2, p. 334.

31 Cité d'après M. Geršenzon, *op. cit.*, p. 170.

32 A. Gercen, *K. S. Aksakov*, *op. cit.*

33 A. Gercen, *C togo berega*, *op. cit.*

34 *Materialy dlja biografii M. Bakunina*, sous la direction de V. Polonskij, tomes 1-3, Moscou-Petrograd, 1923-1933, tome 1, p. 173.

35 N. Pirumova, *Bakunin*, Moscou, 1970, p. 139.

36 Marquis de Custine, *op. cit.*, tome 1, pp. 263, 264.

37 I. Aksakov, *F. I. Tjutčev*, *op. cit.*, p. 276.

38 A. V. Nikitenko, *Dnevnik*, *op. cit.*, tome I, p. 306.

39 1647年,托马索·马萨涅洛(1623—1647)在那不勒斯率先发动暴乱,反抗西班牙当局。

40 Cité d'après N. Pirumova, *op. cit.*, N° 1, p. 138.

41 Cité d'après Jan Kucharzewski, *op. cit.*, p. 23.

42 M. N. Gernet, *Istorija carskoj tjur'my v pjati tomax*, Moscou, 1862, tome 2, p. 226.

43 Cité d'après S. V. Mironenko, «Nikolaj I», *Samoderžcy*, *op. cit.*, p. 135.

12　尼古拉一世的战争

　　从彼得大帝那个时代起，你们就不停地扩张疆界。你们得注意了，千万不能在无边无际的空间里迷失方向。

——圣西门伯爵致信帕维尔·卢宁（巴黎）

　　俄国人民想必什么事都干不好，除了征服世界……因为只有为了这一目标，社会才能让个体做出相当大的牺牲。尽管过度的野心使人心干枯，但它也能使思想干涸，使一个民族的判断力陷入迷途，以至于愿意牺牲自己的自由来夺取胜利。无论承认与否，若无这秘而不宣的想法，使人不自觉地对之顶礼膜拜，那我觉得俄国的历史就只是一丛难以理解的谜团。

——屈斯汀侯爵，1839 年

　　圣西门的乌托邦计划几十年之后将在俄国受到极大的欢迎，但他的观察算不上是历史研究。只需对着欧亚大陆地图看上一眼就会明白。总之，法国哲学家和俄国军官之间的对话发生在巴黎，俄国的驻军就驻守在那里。

　　屈斯汀侯爵的假设写得很有意思，但这并不能算是证据，并不具备这方面的价值。屈斯汀在尼古拉一世的帝国大地上纵横来去之时诞生的教义都是俄国的教义。亚历山大、成吉思汗或拿破仑的大军所传递的放之四海而皆准的口号在那里是完全缺位的。乌瓦洛夫的三原则有很大的限制性，那就是除了东正教，即无拯救。当然，俄国有时也会用各种方式来约束被纳入帝国境内的被征服民族，使之适应东正教。但它并没想通过征服来传播自己的信仰。斯拉夫派的学说本身也具有限制性：照他们的说法，俄国的使命就是解放斯拉夫人，那都是他们的亲兄弟。

1854年初，俄国人和欧洲联军作战期间，历史学家米哈伊尔·波果金向尼古拉一世呈递了一篇文章，名为《本世纪俄国政策之我见》。[1]这位莫斯科历史学家从一个他觉得颇为明显的论点着手："俄国服务欧洲已有五十年之久。"俄国首先将欧洲大陆从拿破仑手中救了出来，之后从1814年起，它又成了胜利之后"秩序"的守卫者，是神圣同盟诸原则的守护者。米哈伊尔·波果金哀叹道："四十年间，百万俄军士兵随时准备前往世界各地，前往意大利、莱茵河畔、德意志、多瑙河畔。"俄国被迫维持着"百万大军的规模，而它自身其实并不真正需要这么庞大的军队"，俄国"随时准备叫停任何想要颠覆或动摇"现有秩序的企图，毕竟它自己"也身在其中"。

文章的作者讲到了俄军拯救他国的功业。1841年，俄军保护了君士坦丁堡，使之免受埃及帕夏的侵袭。1850年，奥地利处于崩溃边缘："二十万俄军士兵迫使匈牙利人缴械投降，奥地利由此得救。"1851年，普鲁士和奥地利"准备手足相残，而这必然会两败俱伤，德意志也会受到连累。于是，二十万俄军士兵……阻止了这场大屠杀"。米哈伊尔·波果金还不忘提及"1848年可怕的大动乱"，奥地利、普鲁士和整个德意志能经受得住，也是拜俄国所赐。他还强调："1848年，整个欧洲混乱一片，俄国并未因此扩张领地。"

这位历史学家的结论是，俄国的外交政策犹如及时雨：俄国"牺牲自己最珍贵、最神圣的利益……而这一切都是为欧洲的利益考虑，这就是它的最高目标，唯一的目标"。米哈伊尔·波果金也对亚历山大一世和尼古拉一世的对外政策进行了批评，大致指出了一些主要的不足之处："三千万人属于斯拉夫民族，最紧密的血缘关系、语言、宗教使之紧密相连，但他们几乎孤立无援，没人愿意稍微分担一点他们所遭受的不幸，他们只能饱受折磨，土耳其人加诸他们身上的磨难可以说是最轻的了……"这位历史学家的意思是，奥地利和普鲁士类型的"折磨"最糟糕。

米哈伊尔·波果金指出了半个世纪以来俄国外交政策所犯的种种错误，因为他是斯拉夫派，而在他看来，俄国的使命就是救助血缘、语言、宗教相同的那些手足。但还有另一个原因。1854年正好可以给出这方面的证据：欠尼古拉一世这么多的奥地利和普鲁士，在反俄同盟形成的时候，却并没有支持俄国。盟友出卖了他们。

19世纪50年代，尼古拉一世政策的失败使这位莫斯科历史学家认为这是错误的政策而加以驳斥。对波果金而言，想要干预欧洲事务，"拯救欧洲"，同奥地利和普鲁士结盟的想法也错得离谱。军事上的失利使米哈伊尔·波果金变得明智起来，只可惜晚了一点。

俄国同奥地利和普鲁士联合是尼古拉一世时期俄国外交政策有意做出的选择，也是其基础。1838年，那个时代最杰出的俄国外交官、当了很多年驻伦敦大使的菲利普·布伦诺夫男爵奉皇帝之命，递交了《现时期俄国宫廷政策检视》。该文本后来成为皇储，也就是日后的亚历山大二世外交政策方面的读本。

布伦诺夫男爵的逻辑没有问题：西方，首先是法国，是革命的温床。奥地利和普鲁士形成了一道堤坝，保护俄国不受革命浪潮的侵袭；如果溃堤，俄国就只能和法国以及支持它的革命力量开战，这有点像1812年，只是条件不同罢了。因此，捍卫"与我们原则相近"[2]的那些结盟国家就会形成道德屏障，来抵挡法国，而这就是俄国始终重要的利益所在。

如果尼古拉一世拯救欧洲，使之摆脱革命，如果他派遣军队支持风雨飘摇的王室，这首先都是出于他自身利益的考量，因为他倾向于在远离俄国边界的外国土地上打击自己的宿敌——革命。革命是尼古拉的头号噩梦，但正如布吕诺夫男爵所写的，从在位第一天起，皇帝就对东方问题有所关注，并且那里始终都是他的核心利益所在。

19世纪，东方问题就是奥斯曼帝国的命运问题。最高朴特在两个世纪的时间里一直都是俄国的劲敌，如今却被内部的纷争撕扯得四分五裂，开始走上衰落之途。这个巨大的帝国遗产遍布三大洲，逐渐成为欧洲各国外交折冲的目标，它们已经在想如何与熊谋皮，虽然这头熊还没死，但已经病得不轻。俄国对"东方问题"兴趣特别浓厚，一方面是因为它和土耳其有共同的边界，另一方面是因为它自行充当起了奥斯曼帝国中斯拉夫臣民和东正教的保护者。

当十二月党人叛乱变了形的回响抵达德黑兰的时候，波斯人决定好好利用这个时机，1826年7月，他们越过了俄国边界。波斯对《古利斯坦条约》（1813）的许多条款并不满意，毕竟条约将各个被征服的汗国割让给了俄国。叶尔莫洛夫将军是高加索地区的俄军指挥官，支持储君阿巴斯-米尔扎的对手，他的政策强化了波斯宫廷的"主战派"。

1826年和1827年的两场战役，波斯军队都输了。1828年2月13日，在土库曼恰伊（大不里士附近）签订了和约，条件是波斯将纳希切万汗国和埃里温汗国割让给俄国，支付两千万金卢布作为战争赔款。亚历山大·格里博也多夫积极参与了和谈。格里博也多夫是著名的剧作家，也是经验丰富的外交官，他制订了一项对被占领土进行经济开发的计划。他建议依照东印度公司或俄美公司的模式，成立一家贸易公司，在恩泽利和阿斯塔拉巴德设立商行，在波斯的主要商贸中心设立领事馆。但正如后来的马克思主义历史学家米哈伊尔·波克罗夫斯基所说的："外高加索地区被贵族制而非资产阶级的俄国所占领。"

接替叶尔莫洛夫的波斯征服者帕斯基耶维奇将军建议肢解该国，将一部分土地并入俄国，在剩余部分形成若干全附庸或半附庸的汗国。作为秩序和合法性的护卫者，尼古拉一世摒弃了推翻波斯沙赫的想法。亚历山大·格里博也多夫被任命为驻德黑兰全权大臣。但1829年2月11日，抵达波斯首都没多久，一群狂热分子占领了俄国使馆，其中一人将他杀死。《土库曼恰伊条约》获得批准。波斯和俄国之间的对垒最终结束。亚美尼亚人居住的地方被并入了帝国。

但和波斯的冲突尚未终结，俄土战争就爆发了。1828年5月7日，俄国的第一支部队（尼古拉就在该部队的参谋部内）越过了普鲁特河，而此时高加索部队也正在亚洲展开军事行动。和奥斯曼帝国的战争为两个世纪以来围绕"东方问题"的外交行动画上了句号。

尼古拉一世登基后两个月，就向苏丹发出了最后通牒。皇帝要求摩尔达维亚公国和瓦拉几亚公国现行的政治、军事、民事领域全都恢复到1821年之前的状态。他还要将《布加勒斯特条约》中承诺给予塞尔维亚的体制全部收回。尼古拉建议土耳其政府派遣一个代表团前来俄国边界，进行商谈；苏丹有六个星期的时间来决定是否接受俄国提出的这些条件。

最后通牒一句话都没提到希腊。尼古拉秉承亚历山大一世的政策，将"希腊人"视为反对俄国合法君主的"叛乱分子"。不过，每个人都很清楚俄国的最后通牒是在威胁土耳其，要通过开辟一条新的战线来削弱他们在希腊的地位。

尼古拉一世在位初期，俄国的外交颇为灵巧地解开了"东方问题"这个难解的死结，希腊在其中占据了最重要的地位。英国对自己在地中海的利益颇为上心，它希望能解决"希腊难题"。在梅特涅看来，奥地利并不同意希腊大规模自治；它其实担心的是巴尔干地区会成为火药桶。欧洲舆论，特别是英法两国以及俄国的舆论都大力支持希腊人争取自由的抗争。拜伦勋爵自愿前去为希腊人而战，后死于迈索隆吉翁。由于其主要盟友奥地利持此种态度，俄国的处境就显得更为复杂了。

1826年2月，英国首相坎宁派威灵顿公爵前往彼得堡，庆祝俄国新皇帝登基，并借此机会商讨东方事务。英国建议由自己来当俄国和土耳其之间的调停者，进行斡旋。它还要求在希腊人和最高朴特之间居中调停。尼古拉一世断然拒绝了第一项建议，因为俄土争端是他自己的事，但他接受了后者。

4月4日，英俄协定在彼得堡签订。这是欧洲第一份解放希腊的外交文书。彼得堡同意伦敦在朴特和希腊人之间调停，且承诺会予以协助。希腊将会获得自治，只需向土耳其支付贡赋即可。英国得偿所愿，但规定无论俄国和朴特之间的关系如何，该协定将始终有效。换句话说，一旦俄土爆发战争，英国仍然会和俄国绑在一起。

1826年2月，威灵顿公爵和尼古拉一世进行谈判。3月，彼得堡向苏丹发出最后通牒。4月，俄英协定签署。5月，伊斯坦布尔接受最后通牒，派遣代表前往交涉。4月4日的协定是在极其保密的情况下签署的；几个月之后，欧洲才得知该协定。但在这之前，皇帝已经在散播这件事，以此来影响土耳其。

苏丹一接受最后通牒，便颁布了一道秘密敕令，目的是将以奥斯曼军队为核心的近卫军改造成欧洲类型的军队。土耳其近卫军为此还发动了君士坦丁堡起义：二十四小时之内，君士坦丁堡被洗劫一空。之前的苏丹的军队虽目无军纪，战斗力低下，可眼下他却连这样的军队都没有了。就连外交上也得不到支持。

8月1日开始的和土耳其的谈判于10月7日结束，签署了《阿克尔曼协议》，满足了俄国两个无足轻重的要求。俄国保留了协议签署时在亚洲占有的土地；俄国人在奥斯曼的各大海域及港口几乎获得了全面的自由贸易权，和土耳其人平起平坐。俄国在摩尔达维亚和瓦拉几亚的特权也得到了批准；十八个月之后，塞尔维亚将会被赋予很久以前就向其承诺过的宪法。

奥地利和普鲁士公开反对在合法君主和叛乱君主之间进行调停。法国由于持亲希腊的立场，支持该协议，建议将之转变成盟约。1827年7月，俄国、英国和法国为了安抚东方，在伦敦签订了条约。"为避免流血，预防灾难发生而定……"文本中这么写道，三国君主向苏丹提出了集体调停的建议。受梅特涅支持的苏丹采取了拖延的手段。10月20日，在纳瓦里诺湾（希腊东南沿海处），土耳其和埃及舰队遭俄英法三国舰队全歼。

海战胜利让俄国倍感兴奋。果戈理《死魂灵》里的主人公乞乞科夫就亲历了这场广受欢迎的战役，穿上了"纳瓦里诺火焰和烟雾"色的服装。但英国得知奥斯曼军队遭全歼后却变得忧心忡忡起来。国王乔治四世公开说，这场战役是一次"悲惨的事件"。英国对俄国在这场战役中的角色、土耳其的不堪一击、希腊有可能不是自治而是完全独立的前景怒不可遏。

苏丹将舰队惨败归咎于《阿克尔曼协议》，于是关闭海峡，不让俄国舰船通行，并呼吁对异教徒发动"圣战"。

奥地利提出进行最后尝试，调停俄土冲突，但遭尼古拉一世拒绝。皇帝向梅特涅紧急派往彼得堡的特使兹奇伯爵宣布："我不要土耳其的一寸土地，但我也绝不允许任何人从中拿走一寸。"在随后的几年间，尼古拉一世又好几次说了这句话，以解释自己的政策。一个多世纪之后，莫斯科又再次重复皇帝的这句话，使之成为国家外交政策的官方原则。

1827年12月，奥斯曼帝国向俄国宣战，1828年4月，帝国发布宣言，宣布战争开始。4月8日，亚历山大·尼基坚科在日记中写道："丧钟为土耳其敲响。不管是打短工的，还是国家的高层，都可以问问彼得堡的人们对即将来临的战争作何感想。他们会对你说：'好吧，土耳其必败无疑！'俄国人如今对自己国家的实力很有信心。"[3]

尽管和英国签订了盟约，俄国却认为英国是在支持土耳其，因此也是他们的敌人。4月26日，亚历山大·尼基坚科写道："如果爆发战争，我当然希望增强俄国的实力，给尼古拉的统治套上荣耀的光环……在世界第一的国家看来，届时肯定会有战斗，血腥的战斗，那是新罗马和新迦太基之间的战斗，也就是俄国和英国之间的战斗。命运的天平会向哪一方倾斜呢？英国是个强国，而俄国是个年轻的强国。"[4]

俄军深入多瑙河诸公国境内，同时也在高加索地区展开军事行动。1828年，由帕斯基耶维奇指挥的高加索部队很快就打败了土军，占领了各路要塞（其中有埃尔祖鲁姆要塞），那是苏丹当局在外高加索地区的支点。1829年夏，埃里温伯爵（帕斯基耶维奇因战胜土耳其人而获得了该称号）最终击溃了土军。对俄军来说，巴尔干地区由维特根斯坦实施的军事行动并不漂亮，皇帝就在他的参谋部里。土耳其人进行了激烈的抵抗。

1829年，由季比奇伯爵率领的俄军得到了增援，再次深入保加利亚，上一年的时候，俄军曾在那儿遭土军驱离；俄军在库列夫恰与土军展开了战斗，占领了锡利斯特拉。俄军纵身一跃，便穿过了巴尔干地区，于8月20日来到了哈德良堡城前。现在距君士坦丁堡已经很近了。但俄军离大部队太远，处境相当危险。这时候，苏丹、宫廷以及不久前还呼吁君士坦丁堡抵抗的法英两国大使都感到害怕了。

9月14日，双方签订了《哈德良堡条约》。俄国获得了多瑙河三角洲诸岛（但严禁在岛上修建要塞）；西高加索地区、阿哈尔希克和阿哈尔卡拉基要塞都被并入了帝国，黑海沿岸的高加索地区以及阿纳帕和波季也是如此。这次，土耳其同意确保摩尔达维亚、瓦拉几亚、塞尔维亚的权利。俄国沙皇的臣民可以在黑海地区和整个奥斯曼帝国境内自由贸易。

《皇帝尼古拉一世的外交政策》一书的作者谢·塔季谢夫指责俄国外交官拟定的《哈德良堡条约》，"丝毫都不曾尝试将巴尔干半岛各族基督徒人民的道德和物质利益同我们相连，发展并强化这些契合点，而正是信仰的统一、各族人民部分的同源同种以及历史传统构成了这些契合点"。谢·塔季谢夫在19世纪80年代末发表了他的研究，此时，斯拉夫派的理念正在对俄国的外交政策施加影响。我们说过，尼古拉一世惧怕斯拉夫派，他的外交政策以涅塞尔罗捷伯爵简明扼要的原则为基础，涅塞尔罗捷自1828年起担任副掌玺大臣，1845年起担任掌玺大臣，主导俄国外交界达四十年之久："无论权力在哪儿都要支持它，权力变弱就要强化它，权力公然受到攻击就要捍卫它。"

夺取哈德良堡后，俄国的政治和军事领导人就得面对如下这个问题：接下来呢？一直推进到沙皇格勒，重新竖起圣索菲亚的十字架？这样的想法着实诱人。担任总司令的阿·米哈伊洛夫斯基将军在日记中写道："所有人都在琢磨这个问题：是否应该夺取君士坦丁堡？征服君士坦丁堡难度并不大，左路纵队的先头部队……距向君士坦丁堡供水的渡槽很近……"将军的结论是："从政治上的收益来看，这个问题更为复杂。"[5]

欧洲各国并未掩盖自己的反对意见，并说准备派遣多国联合舰队来包围奥斯曼土耳其的首都；帝国崩溃会造成难以预料的后果。尼古拉一世于是做出决定：消灭最高朴特与俄国的利益相悖，欧洲维护奥斯曼帝国更具正面意义，而非负面意义。这个宣告明确无误地给斯拉夫派做出了回答。

1830年11月，由于波兰爆发起义，对"东方问题"的关心骤然退居二线。军事学校的学生和年轻军官发生哗变，受到华沙工匠阶层的支持，后者对面包价格上涨，以及叛乱前突然出现的小麦、伏特加价格的上涨心怀不满。骚乱者占领了军火库。副王康斯坦丁·巴甫洛维奇应对缓慢，原本准备不足的阴谋如今已变成名副其实的暴乱，本来只局限于都城，之后便扩散至波兰王国全境。从密谋到起义，局势不断恶化，从而变成了战争。尼古拉一世不想贻误战机，他觉得波兰叛乱属于巴黎七月革命在欧洲掀起的革命运动的一部分。

战胜土耳其人的季比奇（已成为元帅和季比奇·扎巴尔康斯基伯爵）率领俄军来到波兰。打了几仗，元帅的部队损失惨重，打不了胜仗。1831年，成为霍乱牺牲品的季比奇病卒，皇帝便向波兰前线派遣了另一个战胜过土耳其人的元帅，那就是帕斯基耶维奇。8月，俄军总指挥向彼得堡送去了胜利的消息："陛下，华沙已在您的脚下。"尼古拉一世回复道："即日起，你就是华沙亲王殿下。"

1832年2月，尼古拉一世签署的宪章维持了1815年宪法保障的公民权利和地方自治；但由康斯坦丁率领的波军却惨遭镇压。而且，波兰沙皇国也成了俄罗斯帝国"不可缺少的一部分"。

费奥多尔·秋切夫为颂扬夺取华沙一事写了一首诗，他在诗中将"本部族雄鹰"被杀同阿伽门农杀死自己的女儿向诸神献祭作对比。阿尔戈斯国王牺牲自己的女儿，就为了获得有利于自己的风向。诗人说，华沙陷落意味着"俄国的完整与和平"和"国家的完整"。6

《哈德良堡条约》之后，俄国同英国关系恶化，七月革命之后，俄国同法国关系恶化，尼古拉一世便只能回头去找传统盟友。1833年9月，在奥地利的明兴格拉茨，俄国、奥地利和普鲁士相互保证对方在波兰的领地，就"东方问题"达成协定。俄国和奥地利则保证支持土耳其现在的王朝，并表明不会容忍任何威胁当权苏丹独立性的改变。

明兴格拉茨协定对俄国来说极其重要，1833年6月26日，俄国和土耳其签订了《洪基尔-斯凯莱西条约》。或许这可以算是俄国外交史上最重要的胜利，可谓不战而屈人之兵。

1832年底，苏丹在埃及的资深代表穆罕默德·阿里的军队占领了叙利亚，由他儿子易卜拉欣率领的军队进入了小亚细亚。击败俄军之后，他们便向君士坦丁堡进发。马哈茂德苏丹向英法求助，但遭拒绝。英国正忙于西欧事务，而法国则同情埃及：穆罕默德·阿里被认为是"拿破仑的弟子"。面对在欧洲受训、装备的埃及军队，毫无还手之力的苏丹于是转向尼古拉一世，尼古拉同意对他进行援助。涅塞尔罗捷明确表明了签订这份协定的理由：如果穆罕默德·阿里夺取了君士坦丁堡，俄国就会遭遇得胜归来的强邻，而非羸弱不堪的弱邻。掌玺大臣还说，穆罕默德·阿里的胜利也就标志着奥斯曼帝国的衰落……这样就得重新考虑《哈德良堡条约》赋予俄国的那些好处是否还能拿得到。[7]

1833 年 2 月，海军司令拉扎列夫率领的俄国战舰在博斯普鲁斯海峡苏丹皇宫的对面抛锚驻定。六个星期之后，五千名俄国士兵在洪基尔-斯凯莱西山谷安营扎寨。他们很快获得增援，并得到命令，在苏丹和穆罕默德·阿里之间签订协定以及易卜拉欣军队撤离托鲁斯山脉之前，他们不得轻举妄动。1833 年 5 月，皇帝的一名特使，也是他的宠臣阿列克谢·奥尔洛夫伯爵来到君士坦丁堡。他拥有杰出的外交才能。伯爵对自己所用的方法作了解释："我一直都用摸一下、打一下的方法，靠这个我就获得了成功。"[8]

彼得堡准备的协定文本得到了皇帝的批准。俄国外交官布伦诺夫说："君士坦丁堡的谈判并没有特别保密，进行得也不是很快。"1833 年 6 月 26 日，条约签订：俄国和土耳其攻守同盟，一旦奥斯曼帝国遭受威胁，俄国就对其进行援助。在一个秘密条款（很快所有人都知道了该条款）中，苏丹保证一旦有人对俄国发动军事攻击，他就会封锁海峡。尼古拉特别要求加上这个条款，"这样可以确保俄罗斯帝国黑海沿岸南方诸省的安全"。

伦敦的《泰晤士报》说这个协定"厚颜无耻"。英国和法国向朴特发去照会表达抗议，但君士坦丁堡说签订该条约纯粹只是为了和平。让巴麦尊勋爵气愤的是，俄国大使俨然扮演起了苏丹首相一角。《洪基尔-斯凯莱西条约》签订之后数年，弗朗索瓦·基佐写道："彼得堡政府其实把自己在君士坦丁堡的主导性地位落实成了书面法律，正式让土耳其成了俄国人的客户。而黑海也就成了俄国的内湖，这个客户会守住湖口，不让任何对俄国具有潜在威胁的敌人进入。"[9]

和土耳其签订的条约再次改变了欧洲的力量分配：海上强国——法国和英国——对俄国采取敌视态度。奥地利和普鲁士则支持尼古拉一世。在洪基尔-斯凯莱西所取得的外交胜利让俄国占据了一个特殊地位：自此以后，俄国全境的边界都受到了保护。它在欧洲潜在的敌人英国和法国已无法通过陆路来威胁到它（若想攻击俄国，他们就必须经过日耳曼的土地），奥斯曼帝国若是封锁海峡，它们也就没法在海上构成威胁了。而且，俄国在亚洲也没了敌手：波斯和土耳其已无足轻重。

俄国依赖的是世界上最强大的军队。1830年，英国军队计有14万人，法国有15.9万人，奥地利帝国有27.3万人，普鲁士有13万人，俄国则有82.6万人。[10]1837年8月，尼古拉一世参加了大规模骑兵演习。壮观的场面让皇帝激动不已，他眼含热泪感谢上帝（奥尔洛夫伯爵和奥地利大使费克尔蒙也都在场）："主啊，感谢你让我变得如此强大，我祈求你让我永远不要滥用这样的力量。"[11]

从1832年到1848年，撇开高加索地区不谈，俄国的疆界在全世界都找不到敌手。我们说过，俄国向高加索地区进发始于16世纪。彼得一世付出了大量努力，想要抵达里海和黑海。罗蒙诺索夫曾描述过俄国的疆界，将之呈送伊丽莎白·彼得罗芙娜女皇过目，诗中写道："坐下，伸开腿/面前就是大草原/无边无际的城墙将我们与中国人相隔。/她欢快的眼睛环顾四方/计算着自己的财富，/手肘支在高加索地区。"

"手肘支在高加索地区"并不舒服。帝国领土四扩，永远在前进，从它和波斯与土耳其打仗的情况来看，有时速度快，有时速度慢。1800年12月22日，保罗一世签发声明，将格鲁吉亚并入俄国；1801年9月12日，这份文件得到亚历山大一世的批准。严格来说，这儿指的是卡特利沙皇国和卡赫季沙皇国，它们也是15世纪崩溃的阿布哈兹-格鲁吉亚君主国的一部分。1803年，明格列尔地区臣服于俄国，之后的1804年，又轮到伊梅列季和古利亚地区。于是，整个格鲁吉亚都成了帝国的一部分。我们要记得格鲁吉亚人曾求助于俄国，俄国与之拥有共同信仰，它的周围全都是虎视眈眈的异教国家，而俄国可以为格鲁吉亚的基督徒提供保护。格鲁吉亚的诸沙皇国认为并入俄国就能受到其庇护，于是就承认沙皇为其君主，但仍保留自己当地的行政机构。但彼得堡则持另外的看法：它们在格鲁吉亚设立了俄国的行政机构。

格鲁吉亚的并入让俄国在高加索地区有了稳固的立足点，毕竟高加索的山民正在千方百计阻止俄国的占领。大量语言、习俗各异的部族因共同的信仰聚为一体，从18世纪起，伊斯兰教就成了他们的宗教。各部族名义上都归附于波斯或土耳其。这些部落民呈半独立状态，彼此敌视，彼此嘲讽对方听命于某某君主、苏丹或俄国皇帝，但后者至少并没有过度干预他们自己的事务。

俄国高加索政策的基础是1816年由涅塞尔罗捷制定的："在世界的这个与我国疆界相邻的角落，俄国和亚洲各国及其民众的关系颇为特别，如果将基于欧洲的政治关系而设立的原则用在他们身上，情况就会变得很糟糕。在这儿，一切都基于互惠互利和真诚善意；但在亚洲各国民众那里，只有恐惧能给你带来保障，对他们来说，没有什么条约是神圣不可侵犯的。"[12]这位俄国外交界首脑在写给驻伦敦大使列文伯爵的信中指出，英国"能很好地"理解俄国的政策，因为它在和印度各民族打交道的时候也是用的这种策略。[13]

1816年，俄国的高加索政策得益于一个人，此人工作相当出色。一位俄国军事史学家在说到这个时代的时候写道："高加索在沸腾。山民部族间的动荡层出不穷……卡赫季、赫夫苏列季以及高加索的'马蜂窝'车臣都躁动不安。"[14]驻扎在高加索地区的所有部队被统称为"高加索军",由拿破仑战争时期的英雄叶尔莫洛夫将军指挥。"山民向来只用武力说话",这就是他们的原则。叶尔莫洛夫的战术就是击垮"四处劫掠的匪帮",官方对他们的称呼是"不安分的山民",他还建造要塞,守护被占领土。1818年,他建造了格罗兹纳亚要塞,后来成为格罗兹尼城,1995年由于被飞机和火炮摧毁而闻名世界。

1825年,趁俄国即将与波斯开战,车臣爆发起义。尼古拉一世将征服波斯的帕斯基耶维奇晋升为元帅,并写信给他:"目前,您功勋卓著,现有另一项功业正等着您,在我看来也是同样卓著,如果从眼下的益处来看的话,甚至更为重要。您必须一劳永逸地平定山民,将桀骜不驯者彻底消灭。"[15]车臣人桀骜不驯,很难相处。他们经常侵入俄国的垦区和哥萨克村。叶尔莫洛夫将军认为他们是"货真价实的匪帮",并断言:"太阳底下,论卑鄙无耻、背信弃义、犯罪成性,没人能比过他们。"

19世纪20年代,宗教运动先是在东部出现,后又扩散至高加索西部地区。出生于北达吉斯坦的卡兹毛拉成了抵抗俄军的领导人,在高加索地区的各族人民中间赢得了广泛的声誉。

1830年,帕斯基耶维奇写信给尼古拉一世:"我国政策的定位以及同他们(山民)的关系全都错了。暴虐只会导致他们的仇恨,使之起来报复;不够坚定,再加上总体决策犹豫不决,这些都是我们的弱点,或者说是我们力量不足。"但帕斯基耶维奇并没有给出其他的政策建议,山民抵抗俄军的战争也进入了一个新的阶段。1834年的"圣战"由卡兹毛拉的一名穆里德领导,他和年老的领袖同样出生于基姆雷村庄。在1832年的一场战斗中,卡兹毛拉被杀,该弟子也受了重伤,于是沙米勒就成了领导人。伊玛目沙米勒拥有很高的权威,军事和行政才能突出,他成功创建了山民之国,在长达二十年的时间里和俄军分庭抗礼。

伊玛目沙米勒建立的是一个神权政治国家，米哈伊尔·波克罗夫斯基把它和麦地那相比，后者是由汉志的阿拉伯人在穆罕默德的领导下建成的。对历史学家而言，"沙米勒的权力得到了人民的承认，他也是被人民选出来的，所以那是纯粹的民主制"，这种说法并不见得完全没有道理，沙米勒设立适用于所有人的法律，以之为基础将各部族统一起来，还建立了一个集军事、财政和行政管理为一体的体系；换言之，他为现代国家奠定了基础。

1840年，东高加索地区全境爆发起义。启发了列夫·托尔斯泰的阿瓦尔人摄政哈吉-穆拉特投入沙米勒的麾下。1844年初，俄军十五万人进入高加索地区，其中五万人径直投入到了和山民的战斗之中。叛军的总人数达上百万。

要等到1859年，也就是尼古拉一世死后，沙米勒被抓，高加索地区才正式归顺。

高加索地区吸引了俄国相当数量的军队，而且迫使其耗费大量钱财来支持沉重的军费开支，但这一点都没有触及帝国的核心利益。一名军事史学家得出了这样一个吊诡的结论："长达五十年的高加索战争（与彼得的北方战争和苏沃洛夫的战役类似）对俄军来说是好事。由于这场冲突，俄军得以保存不朽的苏沃洛夫传统，使暗淡的火焰又熊熊燃烧起来。"[16]这位历史学家还可以这么说，即与山民的战斗可以让军官和将军（置身于欧洲的和平环境之中）获得晋升和勋章。顺着"战争是好事"这样的逻辑，还必须提到它在俄国文学中的功用。亚历山大·普希金、米哈伊尔·莱蒙托夫、列夫·托尔斯泰，不消说还有众多不怎么知名的诗人和散文家，都见证了（或参与了）高加索战争，并在作品中提及。

俄国也在向帝国的另一端，也就是西伯利亚和远东地区扩张，但并没怎么受关注，显然是因为这场扩张进展得颇为和平。或许也是因为在俄国人看来，海洋总归没有陆地吸引人。

俄国从两个方向向太平洋推进。第一个可称之为美国方向：在堪察加半岛、阿留申群岛、加利福尼亚以及阿拉斯加殖民。我们同样可以把这叫作"商路"，因为捕猎海獭、海豹与其他海洋动物的猎户合作社是走这条路的主要推动力。我们说过，1799年，俄美公司从保罗一世那里获得了许可，拥有捕猎和贸易的垄断权。公司最大的商业活动让彼得堡很是生气，因为它离得太远，没有任何办法来控制猎户和商人的行为。而且更重要的是，涅塞尔罗德认为俄国对欧洲和亚洲很不放心，所以也就要避免陷入和美国人之间的冲突。

1821年9月，亚历山大一世签发敕令，确定了帝国在远东地区的疆界。边境线从美洲大陆北纬50度处（温哥华岛北部）开始，切过太平洋北部，一直来到亚洲沿海北纬45度50分处，包括了库里尔群岛*，但后四个岛屿，也就是库纳希尔岛、哈伯迈群岛、乌鲁普岛、伊图鲁普岛†并不包含在内。

这道敕令具有防御性质。皇帝类似于竖起了一道墙：外国舰队出现在这界定的范围内就可被宣布为非法，违犯者就有遭逮捕以及被没收货物的危险。不过，是否遵守敕令，俄国控制不住，所以敕令很快就遭废除。但敕令的好处是划定了疆域，战胜了拿破仑的俄国将太平洋沿岸地区的疆域都视为俄国的领土。

满足于现有的成就远远无法得到普遍的赞同。海军军官德米特里·扎瓦利奇涅中尉制订了夺取加利福尼亚的计划，在旧金山附近建立罗斯堡，并以之为依托。康德拉季·雷列耶夫在彼得堡被任命为俄美公司董事，他想要改组公司，以期扩大和改进公司在俄属美洲地区的活动。

俄美公司和俄属美洲的未来主要取决于这样一个事实，即支持向

---

* 即千岛群岛。——译注

† 这些都是俄语岛名，即日语中的国后岛、齿舞群岛、得抚岛、择捉岛。——译注

太平洋扩张的人中间有许多十二月党人。要记得雷列耶夫就曾领导过北方联盟。德米特里·扎瓦利奇涅本人也积极参与过密谋活动。1825年12月25日他在旧金山这件事本身就能使他获得拯救。返回俄国后，扎瓦利奇涅被判处终身流放西伯利亚。

和亚历山大一世不同，尼古拉一世对俄国的环球远征（1803年7月，亚历山大一世前往喀琅施塔得，参加了俄国舰船"希望号"和"涅瓦河号"首次环游世界的启航仪式，前者由约翰·亚当·克鲁森施滕担任船长，后者由尤里·利斯尼扬斯基任船长）和在美洲大陆设置殖民地的想法不感兴趣。同时，由于十二月党人对这些问题感兴趣，所以皇帝对此就更持否定态度了。

俄属美洲引不起太大的兴趣，缺乏如何利用这片领土的战略计划，再加上海獭由于遭过度捕猎，数量一直在减少，致使俄美公司的收入持续下降。而且，1839年，俄国军官换上了新军装，和旧军装不同的是，这次少了海獭皮领。太平洋皮毛市场一落千丈。1842年，罗斯堡被卖给了约翰·塞特，正是此人在加利福尼亚发现了金矿。俄美公司和哈德逊湾公司之间出现纷争，后决定将争议地块出租给美国人，纷争才得以解决。法国一位专门研究俄国在太平洋地区政策的专家写道："帝国在这片地区每次都会失去一点主权、领土和力量。"[17]

东西伯利亚和太平洋地区的状况截然不同。英国打赢鸦片战争之后，英中两国于1842年签订了《南京条约》，促使俄国在该地区积极地活动起来。英国人获得了将鸦片自由进口至中国的权利，他们可以在五个通商口岸进行贸易，香港割让给英国，管辖期为一百五十年。这是西方诸国在中国大门前签订的第一个不平等条约。《南京条约》使西方国家可以经海路在中国经商，这对俄国来说不是什么好事，截至当时，俄国只独占了中国商品经由恰克图的陆路转运权。另一方面，与英国签署的协定开了一个先例，由此可见清帝国已弱不禁风。

第二股推动力与精力充沛的官员尼古拉·穆拉维约夫在1847年被

任命为东西伯利亚省长息息相关，穆拉维约夫得到了皇帝幼子，也就是康斯坦丁大公的支持，而康斯坦丁大公本人也是海军司令，后来还担任舰船大臣。更为重要的是，尼古拉一世对东亚地区兴趣更浓厚。尼古拉在给尼古拉·穆拉维约夫的辞别信中说他也准备前往这些遥远的地方，还向他宣称阿穆尔河（黑龙江）及其沿岸土地都应该并入俄罗斯帝国。

　　穆拉维约夫的计划就是从东西伯利亚的首府伊尔库茨克打通一条前往太平洋的通路。这个计划遭到了俄国外交界的抵制，后者认为阿穆尔河汇入鄂霍次克海，并不适合通航。而且，萨哈林岛被视为一个半岛，阻断了进入太平洋的通道。船长根纳季·涅维尔斯科伊乘坐双桅帆船"贝加尔号"走了一遍，证明阿穆尔河可以通航；之后，他还自行研究了阿穆尔河的入海口，发现了鞑靼海峡，由此证明萨哈林岛是一座岛屿。涅维尔斯科伊船长并不满足于水文观测，1850 年 8 月 1 日，他还把俄国旗帜插在了阿穆尔河的入海口处。当将这片广袤的土地并入俄国的消息传到彼得堡之后，船长却因擅自行动遭到降级，成了一名普通水手，皆因"其所为不知耻也"。但尼古拉一世废除了判决，表彰了涅维尔斯科伊船长，并宣布："俄国旗帜一旦插上，永远不得倒下。"1858 年俄国和中国签订《瑷珲条约》，在之后的俄国皇帝统治期间，这片新侵占的领土也得到了进一步的巩固。

　　俄方同中方签订了一系列不平等条约，其中第一个就是 1851 年在库尔贾*签订的条约。

　　1853 年，涅韦尔斯科伊船长接到皇帝亲自下达的命令，率舰队远征。他这次所要完成的使命，是将萨哈林岛并入俄罗斯帝国。俄国开始和日本接触，而日本同时也受到美国、英国、荷兰的逼迫，开放了通商口岸。俄国也加入了这个行列，得到了一个通商口岸。

---

*即如今的新疆伊宁县。——译注

研究19世纪上半叶俄国在太平洋地区政策的专家提出了一个问题，20世纪末，这个问题似乎充满了悖论：鸦片战争中究竟谁获益最多，是发动战争、将香港保留至1997年的英国人，还是俄国人？后者将阿穆尔河沿岸数十万平方公里的土地，以及两千五百公里的太平洋海岸线和四千公里的可通航海路收入囊中。[18]可以补充的是，获取这些土地没有费一兵一卒。

《洪基尔-斯凯莱西条约》使俄国得到了奥斯曼帝国保护者的角色。俄国的反对者、移居国外的亚当·恰尔托雷斯基的说法略显夸张："土耳其如今已成为俄国的一个省，还能有什么要求？"[19]不过，东方问题并未得到解决。1839年，马哈茂德苏丹向其宿敌埃及帕夏穆罕默德·阿里宣战，这个问题就又被尖锐地提了出来。俄国准备介入君士坦丁堡的事务，但欧洲诸国采取措施，阻止它这么做。

在欧洲的舞台上，每个人都有自己的位置。英国并不希望奥斯曼帝国崩塌，所以支持苏丹；法国支持埃及的帕夏。奥地利则担心冲突会导致哈布斯堡帝国根基不稳。尼古拉一世得出结论，认为俄英两国利益在这个方面一致，和英国接近就会破除英法缔结的反俄联盟。俄英两国接受了梅特涅的提议，普鲁士也支持该提议，即不再让俄国独自保护土耳其，而是由欧洲各国集体保障土耳其的安全。尼古拉一世之所以表示同意，是因为他想保存奥斯曼帝国，不让法国蠢蠢欲动，因为法国国内已出现呼声，呼吁为1815年复仇。此外，对俄国皇帝而言，法国仍然是革命叛乱的温床。

驻伦敦大使布伦诺夫男爵向巴麦尊解释了尼古拉一世的立场：皇帝并不认为法国是一个可以依赖的正常国家。但和英国倒是可以进行谈判，因为英国是以法律为基础的，向来都会履行自己的义务。尼古拉一世在布伦诺夫报告的页边写道："此乃朕原话。"[20]1850年11月，在尼古拉在位五十周年的纪念日期间，涅塞尔罗捷向皇帝提交了一份外交领域胜利的清单。1840年，俄国放弃了《洪基尔-斯凯莱西条约》，针对海峡保障签订了伦敦协约，因为英国人同意打破"与吾等之政治利益相左之英法协定"。

四年还没过去，"英法协定"就又得到恢复，变成了抵抗俄国的军事联盟。虽然牺牲了让俄国在土耳其获得特殊利益的那份条约，但尼古拉一世知道自己要什么：确立和英国的联盟关系。皇帝打定主意之后，便前往伦敦，意图和英国人达成谅解。本次行程严格保密，尼古拉一世在这方面模仿彼得大帝的做法，在1844年6月出发的时候用的是"奥尔洛夫伯爵"这个假名。沙皇在英国停留了一个星期，和维多利亚女王，政府的托利党领袖，如罗伯特·皮尔、阿伯丁勋爵，以及反对党的巴麦尊和墨尔本进行了交谈。"东方问题"是交谈的核心内容。尼古拉再三重复自己的承诺：他不会要土耳其的一寸土地，但他无法容忍别人得到土耳其的土地。他再三说：土耳其已经病入膏肓，必须想尽一切办法为其续命，但也得考虑它过世了该怎么办。

尼古拉一世及其顾问大臣将伦敦谈话视为政治上所做的承诺，而英国人认为那只不过是双方就相关问题交换意见而已。这样的误解将成为今后武装冲突的根源之一。

尼古拉一世造访英国和爆发克里米亚战争之间隔了十年。其间发生的事件使欧洲政治的那把火越烧越旺。要记得1848年的二月革命之后，费奥多尔·秋切夫在巴黎对尼古拉一世说的话："很久以来，欧洲只存在两股力量发挥作用：革命和俄国。这两股力量以后会彼此对立，明天就有可能打起来。"路易-菲利普被推翻让尼古拉一世很满意，他始终认为菲利普就是个篡位者。同时，皇帝也很警觉：革命的法国会成为意大利和德意志革命的支点。那些最不祥的预感很快就成真了：普鲁士国王接受了革命者的要求，梅特涅在奥地利失去了权力。1848年3月，中欧落入了革命者的手中。3月14日，尼古拉一世迎接挑战，发布声明："我们将以东正教先辈为神圣的榜样，祈求无所不能的上帝给予支持，不管敌人在何处出现，我们都会打击他们……

上帝和我们在一起！听着，异教徒，汝等必低下头颅，因为上帝和我们在一起！"声明使用古语，就是为了强化这份宣言的庄重感和重要性。

外国军队虽未打到俄罗斯帝国的边界，但尼古拉仍然相信俄国已受到"革命精神"的威胁。皇帝要向革命开战。

尼古拉一世并不想向巴黎派兵。他说："俄国的血一滴都不应为这些可怜的法国人而流。"他也决定不给奥地利在意大利的领地提供军事援助：只会提供财政和外交支持。皇帝担心中欧，普鲁士和奥地利都是将革命隔绝于俄国之外的国家。他感到担心有好几个理由：革命宣传同时也是反俄宣传，这些宣传已经在波罗的海、白俄罗斯、乌克兰诸省引发骚动，但在波兰尤甚。

这份声明被公之于众，军队也被派往了西部诸省，准备镇压俄国内部的任何骚乱，如有必要，也可以对国境之外进行干预。1849年5月，奥匈帝国正式要求尼古拉一世帮助镇压在匈牙利爆发的叛乱。俄国皇帝就在等这份邀请。匈牙利起义让他很是不满，他坚信起义军的后台就是波兰人，这些人就是1830至1831年波兰叛乱的参与者。

帕斯基耶维奇元帅率领的俄军于1849年进入匈牙利，历时九个月镇压了叛乱，阵亡人数相对不高：708人被杀，2447人受伤，另有278人伤重不治。尼古拉一世的干预拯救了奥匈帝国，年轻的弗朗茨-约瑟夫坐上了皇位。六十五年之后，他还坐在皇位上，参与了第一次世界大战，我们可以认为一战是俄军镇压匈牙利叛乱所致的遥远后果。

往昔的历史充斥着许许多多未曾把握住的机会，其中就有俄国特工雅科夫·托尔斯泰从巴黎向彼得堡提的一个建议。1848年10月，后者以密件的形式告诉俄国，一个名叫福布斯·坎贝尔的英国人是伦敦殖民地银行经理，和路易·波拿巴是老相识，他在巴黎停留期间向托尔斯泰提议，向有望成为法国总统的路易亲王转交一百万法郎。坎贝尔先生断言，有了这笔钱，"俄国就能售卖共和国的领导人"。雅科夫·托尔斯泰试着问这位对话者："他（未来的总统）是否会利用自己的权力清理掉法国境内的波兰移民？"英国中间人让他放心，说未来的总统会在这一点上做出保证。作为出色的银行家，他自然会计算出四年时间（总统任期）里，这件事每年只会花费俄国二十五万法郎，可以说简直微不足道。尼古拉一世有所担心，便拒绝考虑这项计划。后来，米哈伊尔·波克罗夫斯基写道，以法郎的市值来看，俄国只需支付二十五万金卢布。这位马克思主义历史学家在文末写道"机会浪费了"："毋庸置疑的是，尼古拉错失了这么好的一个机会，本可以让自己人当上二月共和国的总统。而这显然是苛刻的道德原则所致。可谁信呢？"尽管米哈伊尔·波克罗夫斯基并不相信机会，也不相信什么机遇巧合，但他坚信这样一个假设，即尼古拉如果采取这个办法，是有可能"摆脱克里米亚战争的"。[21]

没有一个当时的人或历史学家会去质疑尼古拉一世的道德原则和他不折不扣的正直品性。但人们对现实的机遇却总是有所保留，并不相信这么做会"摆脱"克里米亚战争。

始于1854年的这场战争也就是所谓的"东方战争"。克里米亚战争并不只是一个插曲而已。从名称就可以看出谁是靶子，毕竟这是"病人"，也就是奥斯曼帝国的遗产。苏联历史学家、两卷本《克里米亚战争》一书的作者叶甫根尼·塔尔列（这部著作是他在第二次世界大战期间完成的，揭露了英国政策的反俄导向性）也不得不承认："尼古拉一世发布的各种各样的宣言，采取的各种各样的外交行动，都导致了对土耳其战争的爆发，对此是容不得丝毫怀疑的。沙皇制度开启了敌对之门。而他也打输了这场战争……"

叶甫根尼·塔尔列是苏联对1854至1855年冲突进行官方阐释的历史学家，他试图证明两场战争是同时展开的：一场是沙皇俄国和土耳其的战争，另一场是欧洲联合起来对抗俄国的战争。他承认沙皇俄国对战土耳其是一场"劫掠性的"战争,但土耳其也"对战争的爆发负有责任,摆出一副想要复仇的进攻态势,意欲收复失地:黑海北部沿海地区、库班、克里米亚"。因此,照这位历史学家的说法,"战争就成了互相劫掠"。[22]第二场战争是西方各国先发动的,俄国人民进行了英勇的抵抗。

向东方战争迈出的第一步就是尼古拉一世于1844年去了一趟英国。1853年1月9日,皇帝的妹妹叶连娜女大公家举行晚宴期间,皇帝迈出了第二步,让英国大使汉密尔顿·西摩尔爵士通知伦敦,说他想就奥斯曼帝国的未来与英国进行商谈。英国政府拒绝涉及该领域。于是,皇帝就派遣缅什科夫亲王携带私信去君士坦丁堡面见苏丹。俄国提出了许多条件:将伯利恒、耶路撒冷神殿的钥匙交给东正教会(路易-拿破仑则认为钥匙应该交给天主教会),但如果苏丹的东正教臣民状告土耳其当局,呼吁俄国君主介入的话,那苏丹就应保护东正教臣民的权利。奥斯曼帝国境内有大约九百万东正教徒,因此他们可以向第二位君主状告第一位君主。

苏丹很爽快地就满足了第一项请求;对于第二项请求,苏丹建议在彼得堡继续进行谈判。缅什科夫亲王下了最后通牒:最多八天就要给出答复(后来他又加了五天)。由于在规定的期限内没有得到答复,他便中断了两国的外交关系,返回了彼得堡。1853年6月14日,尼古拉一世签发了一份宣言,他宣称:"好意相权,穷尽一切办法,为满足合理的要求,为保持和平做了种种努力,我们觉得有必要派遣军队进入多瑙河诸公国,以向朴特表明,他的固执己见会导致何种结果。"

英国大使西摩尔写道,尼古拉一世对三样东西深信不疑:俄国军队的实力、奥地利人和普鲁士人会出手相助,其事业的正当性。这"三个深信"也就成了东方战争的缘起。相信军队的实力和捍卫国家的正当性这两者紧密相连。伊万·阿克萨科夫后来说:"欧洲看我们的时候夹杂着恐惧以及英语所谓的敬畏之心,对此我们怎么可能会搞错呢?"[23] 军事实力使其坚信自己走在一条正确的道路上,必须使用足够的武力来确保这一点。这至少是尼古拉一世所见的局势。镇压匈牙利叛乱,拯救奥地利于水火之中,最终使俄国皇帝对自己的实力和行为的正当性坚信不疑,更何况欧洲还显得虚弱不堪。

1851年初,帕斯基耶维奇元帅受邀参加在柏林举行的军事演习,他在写给沙皇的信中描述了欧洲的状况,对此充满了悲观之情:巴麦尊笨拙的政策正将英国带向灾难,法国的内战不可避免,瑞士是自由主义的王国,意大利成了煽动家的领地,德意志毫不平静。这位华沙亲王殿下不禁哀叹,开明的欧洲究竟还剩下什么。[24]

尼古拉一世坚信,最终解决东方问题的时机已经到来:占领多瑙河诸公国,俄军在博斯普鲁斯海峡沿岸登陆,夺取沙皇格勒。皇帝经常会使用叶卡捷琳娜二世时期相当流行的沙皇格勒这个词,用来指称"病入膏肓的"奥斯曼帝国的都城。

尼古拉一世假设海上强国,也就是英国和法国会千方百计给他的计划设置障碍。但帕斯基耶维奇确定英法两国会行动迟缓,所以并没有时间来阻止俄军夺取博斯普鲁斯海峡。忠诚的盟友普鲁士和奥地利虽然因得俄国相助而免于革命,但其立场让人大失所望。普鲁士国王腓特烈-威廉四世不想和英国闹僵;而且他也害怕法国,1854年初更是宣布普鲁士不会和俄国及奥地利一起保持武装中立。更糟糕的是,奥地利皇帝弗朗茨-约瑟夫还给了俄国当头一击。尼古拉一世的密友奥尔洛夫伯爵被派往维也纳,得知如果俄军进入多瑙河诸省,奥地利政府不会支持俄国。

奥地利拒绝予以支持这一点让尼古拉一世大受震动,他甚至宣布:"我会还波兰以自由,我就算放弃波兰,也不会忘记奥地利的背叛行为。"实在无法想象他是有多愤怒才会说出这话的。俄国历史学家将"奥地利的背叛"视为俄国在东方战争中落败的一个原因。但1850年,也就是帕斯基耶维奇镇压匈牙利叛乱之后,奥地利首相施瓦岑贝格亲王便写道:"我们如此忘恩负义,简直震惊了世界。"施瓦岑贝格的这席话指的是奥地利有其自己的利益,所以不愿成为俄国的附庸。

多瑙河诸公国就成了两大帝国的利益纷争场。奥地利担心俄军进入巴尔干地区会在生活于哈布斯堡帝国境内的斯拉夫人中播下动荡的种子。而且,按照《哈德良堡条约》的条款,多瑙河入海口属于俄国,这一点也让奥地利特别愤怒,这也就意味着黑海贸易自此以后就得看俄国沙皇的脸色行事。

奥地利对"境内的"斯拉夫人感到担心不无道理。1853年秋,帕斯基耶维奇元帅告诉皇帝接下来的这场战争会有很多困难,认为"欧洲不会让我们到处攻城略地拿好处"。因此,他建议怂恿土耳其的基督教臣民起事,来和土耳其作对。这位军事统帅用精妙的辩证法推论来让皇帝放心:"我觉得这个手段不应与革命手段相混淆。我们不会让这些臣民来反对君主;但作为苏丹的臣民,这些基督徒会愿意趁穆斯林和我们作战的时候,打破穆斯林的桎梏,所以我们支援这些教友完全没错。"[25]

帕斯基耶维奇的计划很有意思,毕竟他的葫芦里还有一些想法没有拿出来。1854年3月22日,他从华沙给多瑙河军军长米哈伊尔·戈尔恰科夫亲王去信,建议开始鼓动土耳其人起来反对苏丹及其大臣,控告他们和"异教徒"英法两国走得太近而背叛了伊斯兰教。帕斯基耶维奇利用了自己在波斯战争期间的成功经验,给出了这样的建议:"就是花上一万、两万、三万卢布也没问题。"[26]亲王殿下请求通信者一定要对这个计划严格保密。

鼓动基督徒起事来反对苏丹的想法,反西方派的保守派报纸《莫斯科人》的编辑、历史学家米哈伊尔·波果金也提到过。不过,和帕斯基耶维奇的说法不同,米哈伊尔·波果金建议在斯拉夫人当中寻找盟友,这些人不仅生活在土耳其(保加利亚、塞尔维亚),也生活在奥地利（波希米亚、摩拉维亚）。他在以抄本形式流传、见闻于皇宫的《政治书简》中写道："八千多万这个数目相当可观！是个很不错的小小盟友！"他所说的"小小盟友"就是指"多瑙河人、斯拉夫人、南欧人与东欧人"，君士坦丁堡可作为他们的都城。这项计划还有一个不容忽视的特点，就是把波兰也包括了进去。

1853年1月26日，俄军进入多瑙河诸公国。沙皇在一份宣言中告知其忠实的臣民，捍卫东正教始终是"我们受赐福的祖先"的使命。土耳其出乎意料的抵抗，统帅帕斯基耶维奇元帅的踌躇不决（元帅此时已经八十岁，他撤了戈尔恰科夫亲王的职，因后者公开支持英法两国阵营的土耳其），再加上奥地利在塞尔维亚边境地带集结大军（奥军有八万人），带有公开反俄的意图，这一切都迫使尼古拉一世于1854年夏从各公国那里撤军。多瑙河战事以俄军全败收场。

1853年11月18日，俄军舰队在海军司令纳西莫夫的率领下打了胜仗，歼灭了土耳其在锡诺普湾的舰队，英法两国认为俄军的行动是冲着他们去的。于是，英国发出最后通牒，俄国的回应便是断绝和巴黎与伦敦的外交关系。1854年2月9日，沙皇发布声明，他说："英法两国站在基督教敌人的一方，来反对为东正教而战的俄国。"这份声明提到了在俄国战败的拿破仑的命运，呼吁俄国人"为受压迫的手足揭竿而起"。

俄国开战之初即处于完全孤立的状态。1854年初，米哈伊尔·波果金在发给皇帝的一份文书中总结了俄国的政策："各国政府背叛我们，各族人民憎恨我们……"这位莫斯科历史学家观察到的是一个不争的事实。反对俄国的不仅有各国政府，还有影响甚巨的公共舆论。三十年间，俄军压制了波兰和匈牙利的人民运动，为普鲁士和奥地利的旧体制续了命。米哈伊尔·波果金写道，甚至都不需要派遣军队，只是"担心俄国在背后施加的巨大压力，就足以阻止各个最顽强的共和国采取激进的措施，从而让反对派得以喘息，恢复健康"。

这话特别适用于奥地利在意大利的领地。亚当·恰尔托雷斯基在亚历山大一世时期担任外交大臣的时候宣扬斯拉夫联邦，19世纪40年代他成为波兰移民领头人的时候也还在这么说；但此后，亲王便将斯拉夫联邦视为一股反俄力量。对于俄国提出的要将斯拉夫各族人民从土耳其的桎梏中解放出来的计划，他提出了一个反制计划，就是斯拉夫人在苏丹的统治和西方各国的保护下实行自治。这位波兰移民的领袖对乌克兰初醒的民族情感拍手叫好，但他还是认为，只有让乌克兰和波兰联合起来，乌克兰才有可能得到解放。波兰移民的宣传在遭受土耳其或奥地利政府压迫的斯拉夫人中间得到了不错的回响，所以后者都在极力反对俄国的计划。

海上强国想要从海上对俄罗斯帝国实施打击：它们轰炸了敖德萨、喀琅施塔得、堪察加彼得罗巴甫洛夫斯克、奥兰群岛。伦敦和巴黎意识到，和俄军发生冲突只能在陆地上。1854年9月，联军（法国、英国、土耳其）在克里米亚的叶夫帕托里亚城附近登陆。20世纪30年代撰有《俄军历史》一书的安·科尔斯诺夫斯基在盟军登陆诺曼底之前，对1854年大规模运兵的历史说了如下这些话："这是历史上最重要的登陆作战，蒸汽艇的出现以及俄方几乎完全没有准备使登陆进行得相当顺利。"[27]

联军有6.2万人和207门火炮登陆成功。在克里米亚指挥作战的缅什科夫亲王有3.5万人和92门炮可用。俄军在阿尔马河沿岸筑壕据守。克里米亚战争的第一场战役以联军获胜作结。指挥法国军队的圣阿尔诺元帅说："他们的战术落后了半个世纪。"更重要的是，俄军绝大多数都使用燧发枪和滑膛炮，而联军用的都是线膛炮。这位著有《克里米亚战争》的历史学家写道："阿尔马战役给俄军留下了无与伦比的深刻印象。阿尔马战役之后，可以料想还有更糟的情况发生，我们都做好了准备。"[28]阿尔马战役是拿破仑战争以来俄军和法军的第一次遭遇战。从中可以看出俄军的弱点。当缅什科夫亲王的密使、骑兵上尉格雷格出现在皇帝面前，向他汇报战败情况时，尼古拉一世"潸然泪下。他抓住格雷格的肩膀，用力地摇晃他，不停地说：'你知道自己在说什么吗？'"[29]

缅什科夫亲王率领军队一直撤退到了巴赫奇萨赖，这样一来，塞瓦斯托波尔的陆地一侧便没了防守。于是，要塞围攻战正式开始。围攻战持续了十一个月。2月15日，尼古拉一世撤了缅什科夫的职务，任命米哈伊尔·戈尔恰科夫亲王担任克里米亚军队的统帅。这是皇帝的最后一道指令。2月19日，从不生病的尼古拉一世死于流感。他的统治期相当长，而且他也相当专制，所以他的死也就显得相当突然，流言很快就传播了开来：皇帝是被毒死的。不过，历史学家从来没有确认他是被谋杀，还是自杀身亡。1855年2月18日，亚历山大·尼基坚科在日记中写道："君主走了！这个消息出其不意，让我震惊不已。我始终相信，而且也不止我一个人相信尼古拉皇帝会活得比我们，甚至比我们的孙辈还要久。是这场不详的战争杀害了他。"[30]

确实可以认为这场不幸的战争要了尼古拉一世的命。在他统治的近三十年时间里，他的军队（那是俄国的精华）根本不知何为失败。只有一次，也就是1831年2月，波兰义军打赢了一场战役。但尼古拉将责任完全推给了季比奇元帅。突然，失败一场接着一场，敌军军舰驶入了芬兰湾。濒死的尼古拉一世对皇储说："我把指挥权交给你，只可惜国运不利，和我原本的希望相悖，留给你无尽的烦恼和忧愁。"

注　释

1 最早刊登于1944年11月28日的 Večernjaja Moskva 报纸上。

2 Cf. S. S. Tatiščev, *Vnešnjaja politika imperatora Nikolaja I*, Saint-Pétersbourg, 1887, p. 25.

3 A. V. Nikitenko, *Dnevnik, op. cit.*, tome 1, p. 76.

4 A. V. Nikitenko, *op. cit.*, p. 77.

5 E. P. Kudrjavceva, «Ljubimec imperatora Nikolaja I. A.F. Orlov i ego missija na Bližnem

Vostoke», *Rossijskaja diplomatija v portretax*, *op. cit.*, p. 170.

6 F. I. Tjutčev, *op. cit.*, pp. 126–127.

7 Cité d'après W. Bruce Linkoln, *Mikolaj I*, Varsovie, 1988, pp. 215–216.

8 Cité d'après E. P. Kudrjavceva, *op. cit.*, p. 178.

9 F. Guizot, *Mémoires pour servir à l'histoire de mon temps*, Paris, 1861, vol. IV, p. 49.

10 Paul Kennedy, *The Rise and Fall of the Great Powers*, New York, 1989, p. 154.

11 Cité d'après Jan Kucharzewski, *Od bialego caratu do czerwonego*, Varsovie, 1928, tome III, p. 66.

12 Z. Avalov, *Prisoedinenie Gruzii k Rossii*, Saint-Pétersbourg, 1900, p. 268.

13 Z. Avalov, *op. cit.*, p. 269.

14 A. A. Kersnovskij, *op. cit.*, p. 94.

15 M. N. Pokrovskij, *Diplomatija i vojny carskoj Rossii v XIX v.*, *op. cit.*, p. 195.

16 A. A. Kersnovskij, *op. cit.*, p. 115.

17 Ivan Staque, *L'Activité maritime russe dans l'océan Pacifique de 1799 à 1868*, thèse de doctorat présentée à l'Université de Provence Aix-Marseille I, 1991.

18 Ivan Staquet, *op. cit.*, p. 165.

19 M. Kukiel, *Czartoryski...*, *op. cit.*, p. 229.

20 W Bruce Lincoln, *op. cit.*, p. 229.

21 M. N. Pokrovskij, *op. cit.*, p. 104.

22 E. V. Tarle, *Sočinenija v 12 tomax*, *op. cit.*, tome XII, p. 267.

23 Mélange de respect, de crainte et d'admiration.

24 Prince A. Ščerbatov, *General-lejtenant knjaz' Paskevič. Ego žizn' i dejatel'nost'*, 7 volumes, Saint-Pétersbourg, 1888–1904, vol. 7, pp. 25, 26.

25 Cité d'après M. N. Pokrovskij, *op. cit.*, p. 139.

26 *Russkaja starina*, 1876, tome XV, pp. 399–400.

27 A. A. Kersnovskij, *op. cit.*, p. 129.

28 E. V. Tarle, *Krymskaja vojna v dvux tomax*, Moscou-Leningrad, 1944, tome 2, pp. 23–24.

29 Cité d'après E. V. Tarle, *Krymskaja vojna*, *op. cit.*, p. 25.

30 A. V. Nikitenko, *op. cit.*, tome I, p. 402.

第四章

解放者沙皇：大改革的时代

你赢了，伽利略。

——《钟声》，1858 年 2 月 15 日

亚历山大二世时期……终于等来了改革，俄国将会和自己以及欧洲和解。

——阿纳托尔·勒鲁瓦-博利厄

1 遗产

上层崩裂，下层腐坏。

——保罗·瓦卢耶夫

尼古拉一世驾崩的消息一经宣告，万众欢腾。1855年3月4日，圣彼得堡大学教授、历史学家康斯坦丁·卡维林在给莫斯科的同事季莫菲·格拉诺夫斯基的信中写道："这个半神半人的卡尔梅克人，如飓风一般呼啸而过，他就是个祸害，是压路机，是锉刀，整整三十年，贻害了整个俄国，他阉割思想，使数以千计的风骨之人凋零……这身着军服的文化人，集俄国最卑劣的本性于一身，如今终于归西了……如果现在没有那么恐怖、灰暗，如果未来没有那么神秘，令人迷惑，大家都会喜笑颜开，陶醉于幸福之中。"[1]当时有个人说，这封信口耳相传，让所有人都凝聚在了一起。

卡维林说，未来充满神秘，令人迷惑。确实，新皇帝内心也很忐忑。谁都知道他欣赏农奴制，喜好军事操练，那可是祖辈遗传下来的癖好。不过，阿列克谢·霍米亚科夫仍试图说服他那些斯拉夫派的朋友，说沙皇将会成为改革者。他之所以如此乐观，乃是基于历史经验。他半开玩笑地解释道，在俄国，好皇帝和坏皇帝彼此相继：彼得三世——坏皇帝，叶卡捷琳娜——好皇帝，保罗一世——坏皇帝，亚历山大一世——好皇帝，尼古拉一世——坏皇帝，新人就会是个好皇帝。霍米亚科夫理论的推论核心可以在这个众所周知的事实当中找到：每个新登基的皇帝统治之初，都会对遗留下来的境况进行修正。前任的政策若是导致危机，皇帝就会做出改变。杰出的政治家尼古拉·布恩盖也验证了这个趋势，他后来就积极参与了"大改革"，他在写到亚历山大三世的时候说："皇帝亚历山大三世登基之初正是动荡之时。"[2]换句话说，套用阿纳托尔·勒鲁瓦-博利厄的说法，亚历山大二世并不想只"对表面修修补补"[3]，然后把"动荡时代"遗留给后人。

尼古拉一世留下的遗产特别沉重。

1854年，阿列克谢·霍米亚科夫在一首名为《俄罗斯》的诗中勾勒出国家凋敝的可怕景象：

> 肮脏龌龊的不公，令人恻然，
> 它的封印就是农奴制，
> 是渎神的谄媚，有毒的谎言，
> 是无所作为、卑鄙可耻的懒惰，
> 是无数无耻的行径。

诗人也是斯拉夫运动的主要思想家，他认为上帝爱俄罗斯："啊，你根本就不值得被选上！"而被选中者的那副面孔也确实不怎么好看。

米哈伊尔·波果金在写给尼古拉一世的信中引用了霍米亚科夫的诗，他说："要把'有毒的谎言'从你的御座边赶走，要让苦口的、赤裸的真理走上前来。"康斯坦丁·阿克萨科夫在写给亚历山大二世的信中说："所有人都在撒谎，谁都知道，但仍然继续撒谎，大家都在扪心自问撒谎究竟要撒到什么时候。"库尔兰省省长、后当上大臣的保罗·瓦卢耶夫是改革时代最重要的参与者之一，他在尼古拉一世死后说，现行国家组织的一个特点是，"在各个层面上都见不到真理……在我国，行政管理讲究的就是形式，官方普遍都在撒谎"。他还采用我们引用过的一句话来归纳了自己的观点："上层崩裂，下层腐坏。"[4]

谎言成风导致了领导阶层的分化解体，这不可能对社会没有任何影响。1869年9月29日，瓦西里·克柳切夫斯基在日记中写道："政治和道德皆已沉沦，我们就套着这枷锁成长……我们弯腰弓背，只能听天由命。"[5]米哈伊尔·波果金提到了谎言成风所导致的一个主要结果："君主受漂亮报告的蛊惑，对俄国的真实现状并无正确的概念。"尼古拉·布恩盖说得更厉害："……尽管皇帝很想了解真相，但他对国家现状的了解很不准确，更不用说了解知识界和人民中间占主导地位的思潮了。"[6]

被尼古拉一世任命为负责农民事务的参谋长帕维尔·基谢廖夫将军是那个时代最为睿智的高官，呼吁让他担任大臣的呼声很高，他于1828年1月写道："一个国家既无资财，又无实业……那和泥足巨人也就没什么两样了。"[7]通过克里米亚战争，俄国经济上的落后状况也就凸显了出来。帕维尔·基谢廖夫提到了亚历山大一世二十五年的统治期留下的遗产。在尼古拉一世当政时期，局势恶化得更厉害。赤字一路上涨。1849年，赤字超过了2800万卢布，1850年是3800万，而预算只不过是2000万多一点。那一年，财政委员会决定向参政院隐瞒赤字，使之"不致损害国家信誉"。东方战争期间，赤字的增加到了史无前例的地步。

很大一部分预算（多达42%）都用在了军队身上。从战争可以看出，俄军的武器装备和对手的根本没法比。舰队大部分都是帆船，面对英法两国的蒸汽船根本不堪一击。克里米亚战争还暴露出帝国的另一个弱点。屈斯汀早已注意到俄国的惨败正是因为双方差距过大。事实上，差距过大并不是太重要，重要的是俄国缺少公路。尼古拉一世在位时期，建造了963俄里的铁路。两相比较，就会发现在同一个时期，美国修建了8500英里的铁路。不算芬兰、波兰沙皇国和高加索地区，俄国只拥有5655俄里的公路。

结果就导致从佩列科普运送粮食到辛菲罗波尔需耗时一个月之久：车队每小时的行进速度是四俄里。从莫斯科派往克里米亚的增援部队有时要走三个月才能到达目的地，而英法两国的援军经由海路到达前线仅需三个星期。还有一个数字很可怕，那就是战争大臣车尔尼雪夫在一份名为《1825至1850年陆军行政管理历史检视》的报告中提供的士兵病亡数目，从而让人对吞噬了俄国很大一部分预算的陆军的状况到底如何有了一定的了解。尼古拉一世在位二十五周年发布的这份文件指出，二十五年间，1062839名"下级士兵"死于疾病。同时，还有30233人在波斯战争、土耳其战争、高加索战争、镇压波兰叛乱、干预匈牙利的战争中阵亡。那时候，军队共计有2600407名士兵；40%的"下级士兵"因病死亡。[8]显然，世界上没有哪支军队在四分之一的世纪里，阵亡士兵和病亡士兵会占有这样的比例。克里米亚战争让整个社会都知道了这个数据。

尼古拉一世在位期间，俄国的经济发展缓慢得不可思议。从数字来看，绝对值是在增长；所以，铁的产量是在翻倍。但相对值则揭示了所谓增长明显的不足之处：在同一个时期，英国的铁产量增加了三十倍。尼古拉·布恩盖在呈递给皇帝的文件中解释了落后的原因："政府只能勉强容忍社会在实业和商贸上的主动性，它更倾向的是国有企业。尼古拉一世皇帝在位末期，只有三十家股份公司。"[9]

比统计数据、对尼古拉一世所作所为的指责更有说服力的是这样一个不争的事实：俄国输了这场战争。俄国并没有被占领，也没有四分五裂：它的对手体量还不够大，而且，它们也没有这样的计划。战败也证明了俄军身上存在弱点，这是俄国大军唯一的属性，对这个体制而言，这是一个致命的危险。

"一旦战败，专制体制就丧失了其合法性。"[10]这是瓦西里·克柳切夫斯基一个很精辟的说法，俄国（以及非俄国的）历史上接下来发生的事件都能证明这句话的正确性，这个说法表明了尼古拉一世在位时期缺乏仁政，突出了亚历山大二世推行改革的内在动机。

一旦战败，作为专制体制典范的专制君主也就丧失了合法性。1831年，费奥多尔·秋切夫在他那首名为《夺取华沙之际》的诗中并未意识到其中的可疑之处："上帝会将"俄国托付给尼古拉一世，尼古拉一世乃是"宇宙的命运，大地的轰鸣，是天空之声……"但我们知道，1855年，皇帝在诗人面前声望扫地："你不是沙皇，而是丑角。"身为保守派和君主主义者的大诗人无法因战败一事原谅皇帝："我觉得自历史出现以来就没发生过这样的事：只因某些白痴愚蠢的行为，帝国和整个世界便坍塌和崩溃了。"[11]

尼古拉一世当然不是白痴。秋切夫话里满是爱情失望的苦涩之感。在十二月党人的火光映照下登基的皇帝设定了两个大目标：保持政治体制原封不动，如有必要，压制所有社会自治的诉求；以及做好准备，实施农民改革，但社会绝不能参与其中。这两项任务都完成了。但在实现的过程中，体制和这个世界的资源已经彻底耗尽，用秋切夫的话说，就是崩溃了。

遗留给亚历山大二世的遗产让他别无选择：皇储必须通过最终导致他死亡的那个体制，坚决采取措施补救。没人能预知明天如何，也极少有人感到时间紧迫。从尼古拉·布恩盖档案中那份文件的命运来看，可知时间已经所剩无几。这份文件是写给亚历山大三世的，布恩盖在他手下担任财政大臣，之后又任大臣会议主席一职。亚历山大三世突然病故，也就无暇阅读大臣的评注了。尼古拉·布恩盖于是将文章稍作整理，又呈递给了新登基的专制君主尼古拉二世，后来他又当了皇帝的老师。罗曼诺夫王朝末代皇帝也就见到了这份文件。

注 释

1　*Literaturnoe nasledstvo*, 1959, tome 67, p. 607.

2　1881–1894. Note trouvée dans les archives de N.X. Bunge, publication V. Stepanov, *Istočnik*, 1993/0, Moscou, p. 31.

3　Anatole Leroy-Beaulieu, *op. cit.*, p. 208.

4　Cité d'après P. A. Zajončkovskij, *op. cit.*, pp. 179, 180.

5　V. O. Ključevskij, *Literaturnye portrety*, *op. cit.*, p. 435.

6　Note trouvée dans les archives de N. X. Bunge, *op. cit.*, p. 31.

7　Cité d'après W. Bruce Lincoln, *op. cit.*, p. 131.

8　Cité d'après P. A. Zajončkovskij, *op. cit.*, p. 114.

9　Note trouvée dans les archives de N. X. Bunge, *op. cit.*, p. 30.

10　V. O. Ključevskij, *Literaturnye portrety*, *op. cit.*, p. 454.

11　Cité d'après Georgij Čulkov, *Imperatory*, *op. cit.*, p. 293.

2　上层革命

革命最好起于上层，而非下层。

——亚历山大二世，1856年3月30日

　　皇帝的这句话指的就是解放农民。还要再等五年，俄国才会废除农奴制。农民解放之后，也将实施其他改革，以期改变俄国的面貌。尽管当时的人和历史学家都一致承认改革的重要性，但对改革的评论却观点各异。瓦西里·克柳切夫斯基归纳了指责亚历山大二世的那些说法："他施行的所有大规模改革都已行之晚矣，本意是想施行仁政，制定却过于仓促，执行的时候又无多大诚意，或许，司法和军事改革是两个例外。"[1]1906年4月24日，也就是在20世纪俄国第一次革命之后，克柳切夫斯基在日记中写下了这个观察。

　　19世纪下半叶最伟大的历史学家对亚历山大二世改革的缺陷看得一清二楚。20世纪80年代末，另一位俄罗斯史学家主要关注这些重要改革的政治层面。纳坦·埃杰尔曼是这么写的："从革命和民主的观点，以及农民的观点来看，改革无疑要能，而且必须做好；但同时也应该认为同样会变得很糟。"[2]对纳坦·埃杰尔曼来说，亚历山大二世的时代犹如一面镜子，能让人隐约瞥见当时实施的改革前景。

亚历山大二世改革有两个基本要素，即由专制权力启动"上层"革命，年轻人和老人（使之突然改变社会职能的旧贵族）同时参与革命，就像亚历山大二世的俄国那样。

亚历山大二世三十七岁的时候登基，他坚信必须发生变革。不过，这时候他还摸不着头脑。1856年3月30日在莫斯科，皇帝对贵族大会讲话，这么解释了自己的立场："有传言说我想要宣布解放农民。这个流言毫无根据……并不能说我绝对反对这一点；在我们的时代，农民改革需要时间。我认为你们都赞同我的意见：革命最好起于上层，而非下层。"[3]

亚历山大二世很清楚，时代要求解放农民。他受过广泛而且多样的教育，受莫尔德船长的指引，时人普遍认为莫尔德是一个品德高尚之人，思维清晰，善于求知，而且意志坚定。[4]未来皇帝的文化通识教育则托付给了诗人瓦西里·茹科夫斯基，后者忠于职守，是这样解释自己的课纲的："陛下不必是学者，但必须开明……这个词的真正意思是指涉猎广博的同时，也应该拥有极高的道德感。"[5]而且，尼古拉一世也习惯于让自己的儿子熟悉国家事务，为他坐上皇位做准备。因此，皇储是有统治经验的。

1856年3月18日，在巴黎签订和平条约，为东方战争画上了句号。这次战败严重削弱了俄国在巴尔干和近东地区的影响力。条款包含了黑海中立化这一条，也就是说严禁在黑海拥有舰队，不得建造军事基地，这些对俄国人来说都特别难以接受。

亚历山大二世发布声明，宣告战争终结，并公布了和约的条款，这么做也在谨慎暗示必须刻不容缓地解决这些国内问题。霍米亚科夫的《俄罗斯》一诗就像是一份变革纲要，诗中列举了许多体制沉疴：农奴制的桎梏，法庭缺乏正义，谎言肆虐。但最大的问题还是农奴制。我们知道，1761年彼得三世解放贵族阶层之后，曾想找到解决办法。但亚历山大二世所面对的问题，和亚历山大一世与尼古拉一世在位期间设立的无数秘密委员会所遇到的问题没什么两样：必须解放农民，如果要这样做，那么是解放有地农民还是无地农民？作为专制政权基础的地主由于丧失了生存手段，应获多少补偿？

农民改革最杰出的参与者尤里·萨马林仔细研究了1806年战败之后施坦因和哈登贝格在普鲁士实施的改革。萨马林写道，被拿破仑打败之后，普鲁士成了法国的卫星国，于是着手实施"艰难的自我修复过程"。[6]当然，并不能将塞瓦斯托波尔战败和耶拿战败相比。俄国也不是普鲁士，但对尤里·萨马林而言，两者有相似之处，都是为了克服战败所致的后果。

亚历山大二世的改革和苏联于1950年以及之后启动的改革之间有很多重要的类同点。因为改革的定位始终保持不变，所以类同之处就更令人信服。他们始终在想方设法解决农民问题，将中央权力和地方自行管理相结合的方式仍然是当日议程，司法改革、言论自由的边界等其他许多议题也莫不如此。这些时代相距也就一个世纪多一点，对这些时代进行比较，让我们时代的历史学家了解到亚历山大二世需要克服很多困难，改变速度之快也令人咋舌。

1861年2月19日，亚历山大二世登基后六年，签署了农民解放宣言，照鲍里斯·契切林的说法，"俄国历史上最了不起的功业"[7]就这么完成了。皇帝只有顽强执着——当时的人讲的是执拗——才能在如此短暂的时间内完成工作，将改革落到实处。不过，也不能贬低前任皇帝对这个问题所给予的关注，他先期也做了准备工作。

其中一个很大的创新就是将贵族阶层也纳入进来，对为解决农民问题而实施的改革，这个社会群体是大力反对的。1857年8月18日，秘密委员会的决议中写道："准许内务衙门不仅向各省负责人——省长、贵族大会会长——经验丰富的地主，以及拥有实际知识的全体人员征求信息，也征求其观点建议，一方面用来确定大的方向，另一方面用来调整过渡措施的细节……"[8]于是经过选举，设立了省委员会，对解放农民应取何种方式与形式进行讨论。所有的建议都会提交给专门设立的"编辑委员会"，参与委员会的有十一名政府代表，再从支持解放农民计划的贵族当中遴选出二十名专家来协助政府代表。

对 1861 年的法律的指责情有可原，毕竟该法律是个半成品，不够严密，有许多缺点。但毫无疑问，法律也只可能是现在的这副模样，因为它是妥协的结果，需花费大量努力，克服极其猛烈的抵抗。农民改革包含四个基本点。第一点就是 2200 万个体得解放，不得再被地主赎回。依据 1858 年的"复核"，俄国人口当时有 7400 万。第二点就是农民有权回购庄园用地（建有住宅和围场的土地）。第三点涉及的是小块土地（耕地、饲料场、牧场）：只要地主同意，这些皆可被回购。最后一点涉及的是地主回购的土地所有权，这些土地不再属于农民个体，而是属于村社，也就是米尔集体所有。一旦地主被剥夺权利，农民自治的体制便可在乡村得到确立。还创建了一所农民银行，银行可放贷，年限为四十九年。米尔的中间人设法使农民和地主能达成一致。

村社之所以保存下来，在斯托雷平改革之前又活了四十五年时间，主要是因为俄国社会绝大多数人都相信它能让俄国走上一条特殊的发展之路。斯拉夫派认为村社是理想的社会组织，可以解决所有严重的经济困境，西欧便是因这些困境而动荡不定的。鲍里斯·契切林（1828—1904）精通俄国法律，他写道："我国如今的村社根本不是自古以来俄国人民的一个属性，而是农奴制和人头税的产物"，用他的话来说，这种情况造成了"极其混乱的状态"。[9]但村社并不仅仅吸引了斯拉夫派。亚历山大·赫尔岑对此也大加赞赏。在论及欧洲村庄的时候，他举了俄国的村庄为例，"一排排黑乎乎的小枞木屋紧密相接，要着火一起着火，坍塌倒是不可能"。[10]对村社的欣赏也影响到了社会主义者。彼得·特卡乔夫（1844—1885）是列宁的老师之一，他在一封给恩格斯的公开信中写道："我国人民……绝大多数都能领略财产公有的原则；如果可以这么说，那他们就是本能的、传统的共产主义者。集体所有权理念深深地扎根于俄国人民的世界观之中，以至于今日的政府逐渐明白这样的理念有悖于'组织良好的社会'所需的原则，为了这些原则，他们要向人民的意识和生活之中注入私有财产的理念，但他们只能借助刺刀和鞭刑才能达到这个目的。"[11]

卡尔·马克思并不怀疑俄国通信者的说法，他对亚历山大二世的改革进行了谴责："如果俄国继续走在1861年的道路上，就会错过历史赋予人民的美好机遇，经受资本主义体制的种种不幸。"[12]

如果村社如斯拉夫派和西方派所想，能守护俄国人民的特殊品质，那农民就会成为天选人民的化身。颇为讽刺的是，阿列克谢·托尔斯泰在论及庄稼汉的时候写道："如果他们没把收成喝掉，那我对庄稼汉倒是会存有敬意的。"但他又另辟蹊径：不用去考虑他们对酒精的态度，反正再怎么样都应该尊敬庄稼汉，必须得敬重他们。要说明的是，这并不是指农民阶层的某某代表，而是指庄稼汉这个群体。这个观念也表达在了法律之中。

1861年的改革给农民赋予了特殊的地位。法律首先强调了一个事实，即农民耕种的土地（他所用的围场、村社地块）并非其私产。他既不能出售、遗赠，亦不得继承。另一方面，他也无法放弃自己的"土地权"。他可以不去耕种土地，可以去城里安家。农民只能得到五年的通行许可，村社完全可以取消该许可。同时，农民永远不会失去其"土地权"，他即便长时间不在村里，但如果决定返回村庄，也有权利要求得到自己的那份土地，而且他的要求必须得到满足。

农民的土地权和地产权截然不同，而其他所有社会阶层都可享有地产权。这个概念就是俄国农民阶层特殊法律地位的根源。针对他们的还有一套不同的刑罚：某些罪行，相较于其他社会阶层，农民受到的惩罚并不严厉；但有些行为即便无可厚非，他们也仍然会受惩罚。比如，农民必须为开支过度或酗酒行为受罚。其他阶层老早就取消的一些刑罚，对他们却仍然适用。乡里的法官（由农民选出）可以实施体罚，也就是笞刑，受罚者不得超过六十岁；这个刑罚一直沿用到了1904年，但1898年维特给沙皇写了一封信，说必须废除这种刑罚，因为"笞刑……通过人冒犯了上帝"。维特还说乡法官的特殊权力违背了法律意识和全国适用的法律准则："值得注意的是，如果省长命人鞭打一个农民，那他就会受到元老院的质询，但如果在乡法庭打官司，大家却认为理当如此。"[13]

这种特殊地位可以通过农民所处的不同地位、农民对国家而言具有的特殊价值这一点来解释。授予农民的土地被认为是"一种为国家利益考量而确保其生存的财产"。[14]还应该保护农民，因为农民接近大自然和上帝，至少这是有教养阶层的观点。"从这种想要保护他们的愿望当中可以看出，人们坚信农民都是很单纯的人，也就是说不会受到侵蚀，很纯洁……他们身上具备精神与道德的特殊价值。"[15]因此，主人在自己的土地上采用家长制作风的鞭刑就具有了道德和教育意义。

国家在解放农民的时候，采取措施，使之仍以耕种为业，但也要使其成为特殊价值的守护者。农民，乃人民。有教养阶层则被称作"公众"。《俄国自由主义史》一书的作者写道："有观点认为，国家的各个阶层可以在不同的法律层级上存在，其法律关系可以基于截然不同的司法体系确立，农民解放之后也仍然存在这样的法律关系，因此可以设立一个基础，扩大农民阶层的法律意识和俄国其他社会阶层的法律意识之间的鸿沟。"[16]

1857年12月22日，亚历山大·尼基坚科（1804—1877）在日记中写道："公众最担心的就是解放诏书所导致的结果，也就是农民的混乱。今年夏天，许多人都不敢去乡下了。"从他的这番话可以听出他很焦虑:"……我们现在就走在改革的道路上,如今没人能精确地预测改革的规模会有多大。我们直接被冲入海浪之中,海浪把我们冲向谁都没去过的地方。"[17]尼基坚科是莫斯科大学的自由派教授、政论家、审查员,也是农奴的孩子,他发现"海浪"这个词是个很好用的表达法。尼古拉一世在位时期"停滞不前",如今,俄国却被海浪裹挟而去。

为了评估改革的现实状况和重要性,就必须相继讲述这些事件,却又必须知道这些事件都是同时酝酿的。1861年秋,亚历山大二世命令加速改革审判制度;1862年1月,战争大臣德米特里·米留京呈递了军队改革计划;1864年1月1日,地方行政改革正式生效;同年11月20日,启动司法改革;1865年4月6日,颁布了关于媒体的临时法律,改变了该国印刷文字的地位。

关于省级和县级行政机关的决议在俄国三十四个省确立了地方自治的体制。九个省被排除在外,一部分是西部省份,当局担心"波兰因素"会造成"可疑的"影响(1863年1月,波兰沙皇国燃起的叛乱火种仍在蔓延)。各县和各省设立了地方自治局。自治机关由议会(资政和管控机关)和执行机关构成。议员(代表)均经选举产生,共分三类:地主、城市社团、乡村社团。代表的人数依群体不同而不同:贵族占40%,农民占近39%。地方事务,如教育和医疗服务之类的行政管理事项都成了地方自治局的职权。政府(省长和内政大臣)起监督作用,他们首先关心的是法律是否得到了遵守。

地方行政改革和其他所有的改革一样也都遭到了批评,理由是对自治范围施加了限制,以及政府机关行事太过吹毛求疵(在随后一任皇帝统治时期,这个状况会更严重)。人们指责改革半途而废:在俄国全境确立地方自治局是斯佩兰斯基提出来的,但遭到了严词拒绝,因为地方自治局太像议会,亚历山大二世并"不愿意只让贵族自治",却又"不想让整个社会都得到自治"。[18]

尽管地方改革并不彻底，也有缺点，但自治将在俄国的发展进程中起到相当大的作用。1995年2月17日，亚历山大·索尔仁尼琴在莫斯科的全国大会上发表讲话，论述地方自治，就提到了地方自治局，他呼吁再次施行这项政策，认为地方自治是"关乎俄国命运的核心问题"。[19]

1870年，各阶层自治扩展到了城市。对代表和选民有多少财产进行了调查：只有有房产的人才有权选举他人和当选。市杜马四年选一次，成为主要的城市自治机关。

法院改革是国家机制革新之途上的重要一步。历史学家们一致同意：司法改革最成功，也最严谨。确实，各阶层的冲突并没有阻碍司法改革，这点和其他改革不同；而且，司法改革准备得也最充分，特别成体系。1864年11月20日，沙皇发布诏书，宣布"人人均可享有快速、公平、仁慈、平等的"司法体系。此后，司法权就与行政权区别开来，法官终身任职（其待遇也大幅提高，年金从2200卢布增加到了9000卢布），诉讼的书面化让位给了公开讨论和辩驳，被告均配设律师，刑事案件还会设立陪审团。县市两级由地方自治局大会或市杜马选举的治安法官负责不重要的刑事和民事案件。

亚历山大二世建议聚焦司法改革，他命令"以科学和欧洲国家的经验为基础"，对这个领域进行必要的改革。1969年，科尔涅伊·楚科夫斯基在日记和作品中都提到了改革时代杰出的法学家阿纳托利·科尼的文章和回忆录，他写道："科尼是公义者和殉道者。他为至今存在的这些审判形式做斗争，为国家的福祉和不公不义做斗争。但命运开了个玩笑，他那些高贵典雅的著作在今日出版，就是为了教育当今时代的那些法学家们。"[20]

1865年4月，尼古拉一世在位时期可笑至极的扼颈的审查制度终于有所放松。后来长年担任审查员的阿列克谢·尼基坚科说，他的著作《论政治经济》也"遭到了删减"。他特别引用了一句话："亚当·斯密让企业自由成为人民致富的基石。"审查员划去了"基石"一词，因为"基石就是基督，所以任何地方都不能使用这个修饰词"。[21] 1857年，费奥多尔·秋切夫向参政院成员和外务大臣米哈伊尔·戈尔恰科夫亲王提交了一份名为《论俄国审查制度》的文章。费奥多尔·秋切夫既是诗人，也是外交官，而且常年在外国文学领域担任审查员，他提出了一个新的解决方法。他写道："审查的职能是限制，而非引导。但对我们来说，文学和其他所有领域一样，问题不在于压制，而在于导向。"[22]

在为审查制度订立新的规定时，秋切夫的意见得到了考虑。对书籍（小册子不在列）和某些报纸的出版发行不再进行预先审查。此外，还设立了"编辑负责制"来应对出版事务。

1863年6月18日，有关大学的新规定相当程度上拓宽了学院自由的空间，赋予学生自行解决科学问题、组成圈子、组建协会的权利。取消了入学考试，但期末考试变得更严格。大学水准得到了提高。

对帝俄至关重要的军事改革进行了整整十年。1861年被任命为战争大臣的德米特里·米留京着手重组军队系统，我们知道，东方战争暴露了俄国军队的种种缺点，令人心服口服。甚至在改革之前，政府就关闭了军垦区和征募十二岁以上儿童服役二十五年的各区学校。1859年，陆军的义务兵役制改为十五年，海军为十四年。

德米特里·米留京也改革了中央行政体系：战争部不再负责军队生活的细节问题。国家被划分成各个军区，军区是中央和部队之间的中间链条。这个结构在俄国一直延续至今。训练制度也进行了改革：步兵、骑兵、炮兵和工程兵设立了专项训练制度。军事改革的顶峰之作是1874年1月1日引入了所有人均需参与的军队义务兵役制。服役时间固定为十五年，其中六年为现役，九年为后备役。我们说过，司法改革已经取消了针对平民的体罚制度。军队改革则废除了笞刑，使用"猫鞭"（三尾鞭）来惩罚军人。1864年，基于司法改革原则，设立了军事法庭。

注 释

1 V. O. Ključevskij, *Literaturnye portrety*, *op. cit.*, p. 439.

2 Natan Ejdel'man, *«Revoljucija sverxu» v Rossii*, *op. cit.*, p. 123.

3 *Golos minuvšego*, 1916, N° 5-6, p. 393.

4 L. G. Zaxarova, «Aleksandr II», *Rossijskie samoderžcy*, *op. cit.*, p. 164.

5 Cité d'après L. G. Zaxarova, *op. cit.*, p. 165.

6 Baron B. E. Nol'de, *Jurij Samarin i ego vremja*, deuxième édition, Paris, 1978, p. 91.

7 *Vospominanija Borisa Nikolaeviča Čičerina*, Université de Moscou, 1929, p. 251.

8 Cité d'après B. E. Nol'de, *op. cit.*, p. 86.

9 Vospominanija B. N. Čičerina, *op. cit.*, p. 263.

10 A. N. Gercen, *Sobranie sočinenij*, tome XII, p. 97.

11 Marks-Engel's, *Sobranie sočinenij*, tome XVIII, p. 543.

12 *Ibid.*, tome XIX, p. 119.

13 S. Vitte, *Vospominanija*, Berlin, 1922, tome 1, p. 469.

14 V. V. Leontovič, *Istorija liberalizma v Rossii*, *op. cit.*, p. 201.

15 *Ibid.*, p. 215.

16 V. V. Leontovič, *op. cit.*, pp. 201-202.

17 A. V. Nikitenko, *op. cit.*, tome 1, pp. 465-466.

18 Natan Ejdel'man, «Revoljucija sverxu», *op. cit.*, p. 138.

19 *Russkaja mysl'*, Paris, 2-8 mars 1995.

20 K. Čukovskij, *Dnevnik 1930-1969*, Moscou, 1994, p. 473.

21 A. V. Nikitenko, *op. cit.*, tome 1, p. 59.

22 F. I. Tjutčev, *Političeskie stat'i*, *op. cit.*, p. 82.

3 普遍不满的情绪

解放农民的那一刻很重要，因为它种下了针对政府的第一颗普遍不满的种子。

——摘自宣言《致年轻一代》，1862

尼古拉一世之死让所有人都松了一口气，因为大家都确信接下来再糟也不会糟到哪儿去了。因此，大家都在期待局势得到改善。希望的时代就这么来临了，在这个时代，大家都确信"解冻"将会带来春天，之后是夏天，果实丰饶。18世纪可以分为好几个时代：彼得大帝时代，叶卡捷琳娜时代。亚历山大一世在位时期，他自己也成了时代人物。之后，时钟速度加快，人们不再仅仅根据谁当皇帝谁登基，而是依照开明社会思想精神的演变来计算时间。换言之，人们开始用年代当作计算的标尺。19世纪20年代的人向往改革，1825年12月经历了失败。30和40年代的人投身于哲学之中，发展出了各种观念，形成了思想运动，后来这些都成了整个19和20世纪政治和道德辩论的基础。50年代的人发现尼古拉一世的体制甚嚣尘上，审查制度也到了可怕的地步，而俄国文学却又出现了伟大的代表人物。也就在这时候，果戈理、陀思妥耶夫斯基、屠格涅夫、萨尔蒂科夫-谢德林踏上了文学之路。无情的审查制度（荒诞不经）和文学的长足发展（散文，也有诗歌和报纸）这一悖论，如今倒是可以使我们比那时候的人更好地理解那个时代。

60年代的人都在期待变化，他们知道改革必不可少，所以也都参与了改革的制定与运作。"60年代的人"显得更自豪，他们用进步主义的理念来指导民众，希望推动俄国，使之能够位列发达国家。亚历山大二世改革之后一百年，苏联"60年代的人"也都相信他们是在追随先祖的脚步而行。

充满期待、改革氛围浓厚的年代开心地扭头看去。但最初的改革，包括废除农奴制，都很令人失望，之后就产生了不满情绪，而且这种情绪弥漫开来，最终波及了每一个人。有些人之所以不满，是因为他们失去了财产，比如地主，而有些人是因为付出的代价太高，获得的东西又太少，比如农民。相当部分的官僚机构都认为变化来得太快，而许多人却又认为变化来得太慢。

改革有力地推动了国家的经济发展。"铁路热"兴起：1857年的铁路共计979俄里，到1863年就变成了3071俄里。1881年，俄国共有21900俄里的铁路。60年代每年都会建造500俄里的铁路，到1870年则是1400俄里；建造铁路的几乎都是私人企业。

俄国的电报网在克里米亚战争时期覆盖了2000俄里；1880年就达到了74863俄里。1865年，（美国）西部联合电报公司和俄国签订协定，架设电报线至欧洲，穿越整个帝国，途经白令海峡、堪察加半岛、西伯利亚，一直抵达西部边境线。为这条未来的电话线确定路线的乔治·坎南报告说万事俱备，但这个项目并不会上马，理由很简单，因为美国的一家竞争企业先前就已在大西洋底成功架设了连接美洲和欧洲的电缆。他还特意证明了俄国财政的稳定性：11金美元可兑换15银卢布。[1]

自1856年起，先是在黑海和亚速海上，随后在俄国的其他内海上出现了航运公司。铁和生铁的产量、煤炭的挖掘都有了增长。四分之一的工场和工厂都设在圣彼得堡。

和西方国家相比，这些成功都很有限。但对俄国而言，对经济的推动却相当巨大。这就是人们所谓的20世纪经济现代化发轫之初的情况，那是国家体制现代化的直接结果。差不多在同一个时期，封建制的日本也在进行现代化。原因和俄国一样，都是因为战败意识到自己身上的缺点。在19世纪50年代后五年，美国人、英国人和俄国人逼迫日本人打开口岸，签订不平等条约。内战的结果就是现代化的支持者推翻了幕府将军，将权力交回到了天皇手上。1868年明治维新打开了资产阶级君主制的通路。改革随后开始实施，与俄国的改革处于同一时段，但日本的目标很清晰，就是建立资本主义体制。比如确立土地的私有化，所以根本不会受到俄国法律中类似条款的约束。

最大的差别在于日本社会并没有形成对改革者的抵制。但在俄国，不满情绪却是实实在在的，而且都是意识形态上的斗争。人民大众（农民）的不满并非毫无根据。农民期待"黄金时代"的到来，皇帝在宣言里说会把他们所耕种的土地免费发放给他们。所以他们都认为1861年的宣言是个骗局，是贵族地主准备好的文本，扭曲了君主的意志。农民骚乱层出不穷，需要军队介入，这也是失望情绪的有利证据。1859年，还只有61起骚乱，但1861年2月19日宣言公布之后，大家都在讲"解放"，却爆发了1859起农民起义，规模大小不等。后来起义数量下降，到1863年跌到了509起。解放农民的这五年间，总共爆发了3579起暴动。二十年后，也就是1878至1882年间，只爆发了136起。苏联历史学家经过计算之后，将之与同一时期爱尔兰的农民暴动数量进行了比较。英国议会一份特别报告提及爱尔兰农民暴动的数量是10654起。[2]

农民阶层最终只能逆来顺受，接受改革的实际结果；但不满情绪却烙印在了人们的意识之中，将在20世纪初发挥巨大的作用。

地主的不满情绪也不是没有根据的。他们可以用土地来交换金钱（其中的许多人不懂耕作，身无分文，对这些人来说，这是天上掉下来的馅饼），却失去了权力和地位，毕竟他们是俄国唯一一个自由的社会阶层。

官僚阶层也觉得不满，虽然他们已做好实施改革的准备（但只有其中少数人充满了激情，绝大多数人与之相反）。19世纪下半叶在俄国突如其来的改革要比彼得大帝的改革更重要。俄国的第一位皇帝发展且强化了专制权力，亚历山大二世则严重削弱了专制体制。农奴制被废除之后，专制体制也命不久矣：要么转变成议会君主制，要么踏上黄泉路（后来正是如此）。瓦西里·克柳切夫斯基写道："保罗、亚历山大一世和尼古拉一世都是俄国的主人，但他们没在统治……"[3]

统治要比成为主人困难得多，无论是对皇帝本人，还是对服务于他的官僚机构来说都是如此。亚历山大二世在扮演改革者的角色时觉得很艰难。一天，在一份写给他的呈文中，有"社会的发展进步"这个说法，皇帝便在页边作了批注："您讲的是进步！！！我请您千万不要在官方文件中使用这种措辞。"很快，"进步"这个词就在媒体上遭到禁用。[4]亚历山大二世克服了内心的抵制，痛苦地走上了改革之路，因为他觉得自己遭到了惨败，只有这种方法才能恢复帝国的权威，恢复俄国在国际舞台上的威望和地位。最上层的官僚机构都屈从于皇帝的意志，他们很清楚只有这样做，他才能亲手打破模范的专制体制。

相比具体的现实，普遍的不满情绪对意识形态助力更大。玛门令所有人都畏惧三分。玛门源自希腊语，在教会的语言中指利润、贪财、贪婪，在那个时代的政治语汇中指放弃俄国特殊的发展道路。服侍玛门遭到了斯拉夫派的谴责，他们历来都在强调俄国人民清一色的同质性，却突然发现"物质利益、银行、特许权、股份、股息"在人民中间造成了分裂，富农同样也在腐蚀农民村社，而那是俄国精神的基础和精髓。

尼古拉·舍尔古诺夫和米哈伊尔·米哈伊洛夫在俄国写的《致年轻一代》堪称第一篇革命宣言，它于1861年在伦敦出版，又在自己国家传播。文章一开始就发出了这样的呼吁："如果罗曼诺夫家族无法给人民以希望，那就打倒他们！"随后便要求权力经过选举，必须受到约束，废除审查制度，发展自治原则，审判公开，废除警察，无论是否秘密警察，均需废除，作者还特别强调"人不能像卖土豆或卷心菜那样出售土地"。我们在这份宣言中读到，解放农民之后在俄国出现的经济方针"使人变得更冷酷，导致了社会分裂和特权阶层的形成"。作者心惊胆战，发出了这样的警告："人们想要把俄国转变成类似英国那样的国家，要我们强行吃下英国那些甘甜成熟的果子。不，我们不要英国的成熟经济，俄国的胃没法消化。"

1856年，斯拉夫派谢尔盖·阿克萨科夫在一封写给儿子伊万的信中提到西方文明的缺陷，得出了这样的结论："我们，我们至少还有未来，欧洲没有未来。"1861年，革命者尼·舍尔古诺夫和米·米哈伊洛夫写道："我们的人民是落后了，但这拯救了我们。我们应该感恩，没有经历过欧洲那样的生活。欧洲的不幸，毫无出路的状况，对我们来说都是一个教训。我们不想要他们的无产阶级、他们的贵族精神、他们的国家原则，也不要他们的皇权。"[5]照《致年轻一代》作者的意思，1861年之后，皇权将资本主义引入了俄国，这样的责任自然也落到了欧洲身上。

伟大的讽刺作家萨尔蒂科夫-谢德林在名为《致陌生人》的随笔（1880年至1881年发表于《祖国纪事》上）中对亚历山大的改革作了总结。这位俄国作家住在外国，他对俄国与西方之间、资本主义和俄国发展道路之间意识形态的冲突给出了自己的观点。他做了一个梦，梦中他听见两个少年争论不休。一个穿着短裤，一个什么都没穿。前者是德意志人，后者是俄国人。两人差别很大：穿短裤的少年活得有滋有味，干净卫生，饿了就吃，国家和他所住的村庄都很有秩序；没穿短裤的少年生活得很糟糕，肚子饿得咕咕叫，还被人揍得不轻。但后者还是认为，首先，"我们国家的生活更让人心动"：其次，德意志人"为了一个铜板就把自己的灵魂卖给了魔鬼"。这就是资本主义；为了一个铜板，为了利润，为了玛门，抛弃了自己的灵魂，把它卖给了魔鬼。穿短裤的少年反驳道："别人把你们说得更糟：说你们出让自己的灵魂，连一个子儿都不要。"俄国小子对此的回答用的是革命意识形态的典型说法："既然什么都不要就给了别人，那我也能再拿回来啊……"

1861年1月，《图书阅览室报》在增刊上刊登了托克维尔的《旧制度与大革命》。1865年，这部著作在巴黎出版后不久，书评就已刊登在俄国媒体上。这位法国历史学家分析了改革旧制度的种种尝试，结果却以革命作结，他还认为不可能通过拯救君主制来让臣民的命运得到改善，除非国家由天才型的人物来领导，而这就是亚历山大二世的俄国水深火热的现实。值得注意的是，《旧制度与大革命》在20世纪末的俄罗斯又再次流行了起来。

19世纪60年代，对这位法国历史学家的著作感兴趣倒是完全可以解释这样一个事实，即皇帝似乎完全没有能力来实施改革。既然每个人都还记得他的父亲，那这一点就显得更为准确了。1857年6月24日，普鲁士驻彼得堡的大使秘书库尔特·冯·施吕策尔在日记中写道："人们用闻所未闻的方式诋毁皇帝……尼古拉一世想干什么就干什么；至少在1854年之前，他还戴着权力的光环，大家都很欣赏他的力量，认为他精力充沛，还说他采取如此严厉、如此残酷的措施也是自然而然的事……如今，一切都变了。人们现在说的是温柔、和气，因为皇帝也确实温和、和善。可只要他有一次显得专断，命令下得粗暴了一点，大家就会面面相觑，心里纳闷：有谁招惹他了？可老皇帝就能这么做。而他呢？"1858年1月2日，库尔特·冯·施吕策尔写道："不满情绪很普遍。皇帝不再是精力充沛、残忍暴虐的，军官们还给现在的君主起了个绰号：'老女人'。"[6]

注　释

1　George Kennan, *Tent Life in Siberia and Adventures among the Koraks and the Triles in Kamtchatka and Northern Asia*, New York, 1870, p. 159.

2　P. A. Zajončkovskij, *Krizis samoderžavija na rubeže 1870–1880 gg.*, Moscou, 1964, p. 10.

3　V. O. Ključevskij, *Literaturnye portrety, op. cit.*, p. 442.

4　Mixail Lemke, *Očerki po istorii russkoj cenzury i žurnalistiki XIX stoletija*, Saint-Pétersbourg, 1904, p. 323.

5　Vl. Burcev, *Za sto let (1800–1896). Sbornik po istorii političeskix i obščestvennyx dviženij v Rossii*, Londres, 1897, pp. 28, 29.

6　Kurd von Schlözer, *Petersburger Briefe (1857–1863)*, Stuttgart-Berlin-Leipzig, 1923, pp. 56, 57, 96.

4 "新人们"

革命，血淋淋的，而且残酷无情，必须无一例外地彻底改变当代社会的所有基础，消灭现有秩序的拥护者。

——摘自宣言《年轻的俄国》，1862年

1862年5月，彼得堡和该省的大城市中出现了一份名为《年轻的俄国》的宣言。宣言开头是这么说的。"俄国进入了革命时代。"这次不再是"上层革命"，而是残酷无情的人民革命。宣言说："你要记得，不和我们站在一起，就是反对我们；凡是反对的，都是我们的敌人；必须不惜一切代价消灭敌人。"[1]警方并未找出该文的作者彼得·扎奇涅夫斯基，后者是个二十岁的大学生，因宣传革命获刑，在莫斯科的监狱里被关了很短的一段时间。

这个年轻的革命者在牢房里，用言简意赅的方式表达了大学生小圈子里争论的那些理念，一个名叫谢尔盖·涅恰耶夫的人也会参加这些讨论，十五年后，涅恰耶夫举世闻名。英国历史学家蒂博·沙穆里认为，扎奇涅夫斯基毫无疑问能预见到自己的这份宣言会对俄国激进圈产生轰动效应，对革命运动未来的发展产生深远的影响。"他创造了一种革命趋势，也就是所谓的'俄国的雅各宾主义'。"[2]彼得·扎奇涅夫斯基对革命先辈记忆犹新，但他也发出了警告："……我们将会更加紧密结合，不仅1848年可怜的法国革命者，还有1792年了不起的恐怖主义者，都会团结在一起。如果我们发现，为了推翻现有秩序，就必须流比法国雅各宾派多三倍的血，那我们也不会畏惧……"因此，俄国的雅各宾派发誓要比法国同行提高至少三倍的效率。

一年后的1863年，《当代人报》发表了小说《怎么办？》。作者尼古拉·车尔尼雪夫斯基正被关在彼得保罗要塞，但监狱的审查官还是让这本书流了出去，因为他觉得这书写得很糟糕，枯燥乏味，不会有什么读者。在整个俄罗斯文学中，没有任何一本书会对社会产生如此强有力、如此持久的冲击。《怎么办？》真真正正地成了革命圣经。列宁后来也承认"它彻底改变了我"，由此让车尔尼雪夫斯基成为最具影响力的作家之一。

尼古拉·车尔尼雪夫斯基对书名所提的那个问题给出了回答：必须发动革命。而且，他还列出了哪些人可以用，还对他们发号施令。这本小说的副标题是：新人的故事。

俄国弥漫着普遍不满的情绪。民众各阶层对改革均持悲观态度，所有人都想让改革变得更好。只有一个群体彻底抛弃改革，倾向革命。这是一个新的社会群体，他们要给自己找一个名称。首先，我们发现出现了一个词，叫作raznotchintsy（各等级）。指的是某个在19世纪50年代形成的社会阶层。该阶层集合了在大学就读的教士、商人、小资产阶级家的孩子。19世纪下半叶，大学生大多出身于贫民家庭。他们享受着四分之三的政府奖学金，或慈善机构拨付的助学金。1866年，行文极其冗长啰唆的作家彼得·波波雷金很快就在小说和剧本中对时下的主题做出了回应，他发明了intelligentsia（知识分子阶层）这个词，以及由该词派生的intelliguent（知识分子）、intelliguentny（知识分子特色的）这些词。后来，彼得拉舍夫斯基小组成员编纂的《袖珍词典》将这个词当作了"精神的、心灵的"一词的同义词。

"知识分子阶层"这个词还有另一层含义，指的是社会阶层，激进的文学批评家德米特里·皮萨列夫（1840—1868）认为该阶层是历史的发动机。知识分子阶层由"各等级"构成，他们和"悔悟的贵族"、在人民面前意识到自己"犯错"的地主家的孩子成为盟友。教育并非知识分子阶层必须具备的属性，比如，该阶层就从未完成过学业。相反，费奥多尔·陀思妥耶夫斯基和列夫·托尔斯泰就不属于该阶层。一方面，他们没有这个意愿；另一方面，由于他们抱持反动派的观点，所以该阶层也不会接受他们。知识分子阶层认为自己是"宗教人士"，终其一生的目标就是解放人民。为此，发动革命就是绝对必须的。

　　知识分子阶层成员的出身分属于各个"等级"，并没有归属感；他们是社会不可缺少的一员，却游离于外。他们逐渐意识到自己的"差异"，便开始将自己称为"新人"。其中一人尼古拉·舍尔古诺夫提到宣告尼古拉一世死亡那一刻在自己心中引发的情绪："在这个时代必须活着才能理解'新人'的激情和欢愉。要相信天空在他们的头顶上是张开的，要相信一普特重的石头落到了每个人的胸口；他们突然间就拥有了高度、气魄，他们想要飞翔。"[3]

　　1862年，伊万·屠格涅夫给俄语语库又添加了一个新词：虚无主义者。他给自己的小说《父与子》的主人公巴扎罗夫就冠以这个称号。作家认为巴扎罗夫就是极具影响力的激进的文学批评家尼古拉·杜勃罗留波夫（1836—1861）的拙劣翻版，巴扎罗夫成了虚无主义者的典型，他要摒弃一切，摒弃整个世界。巴枯宁有一句格言：摧毁的精神就是创造的精神。这句话成为"新人"、虚无主义者、知识分子阶层的纲领。1860至1870年间，知识分子阶层中一位颇具影响力的领袖德米特里·皮萨列夫将这个纲领概括成了几个要点："……必须砸碎能砸碎的东西；能承受住打击的就有价值，碎片四溅的就只不过是些旧物，不如丢弃；不管怎么说，必须抡圆了砸，这样做不会，也不可能会是坏事。"[4]

自19世纪初起，约瑟夫·德·迈斯特便警告说，俄国面临的主要威胁不是农民起义，而是"大学里的普加乔夫"。后者是在该世纪下半叶出现的。"新人"猛然脱离国家组织，摆脱国家，以解放人民为己任。他们丝毫不曾怀疑自己拥有领导的权利：一方面，因为他们希望人民过得好；另一方面，因为他们懂得如何给人民想要的东西，即便后者并没意识到这一点。

当时的库尔兰省省长彼得·瓦卢耶夫在《俄国的思想》一书中写了尼古拉一世死后许多书里都在说的话："……我们这儿处处都弥漫着想要用武力来播种善的欲望。"[5]这位后来在亚历山大二世当政时期担任大臣的瓦卢耶夫此处影射的就是国家机关。但敌视国家的知识分子阶层也观察到了这种趋势。伊万-拉祖姆尼克[6]写道，"俄国社会思想史就是俄国知识分子阶层的历史"，而且说文学批评家维萨里昂·别林斯基（1811—1848）是"俄国知识分子阶层的一面旗帜"。

别林斯基的崇拜者都把他称作"愤怒的维萨里昂"，照列宁的说法，他是"这方面的先行者，用我们解放运动中的各等级人士将贵族彻底排除了出去"。别林斯基曾定义过作家在俄国社会内部所扮演的角色。别林斯基写道，我们的公众认为俄国作家就是向导、捍卫者和拯救者，使之不受邪恶的专制政体的毒害。这位批评家得出结论：所以，作家书写得不好，公众是乐意原谅的，而书写得有害，公众就不会原谅。

涅克拉索夫用诗句表达了别林斯基的话："你不可能成为诗人，**但你必须成为公民**。"换言之：艺术占第二位，正确的意识形态导向占第一位。

这个美学观念便赋予了文学批评家拥有对读者的精神评头论足的权威；只有他们能决定什么书好，什么书坏，什么书有害。甚至由此还引出了一个颇为独特的状况：社会思想和社会运动的向导从此以后就都成了文学批评家。别林斯基之后是皮萨列夫，皮萨列夫之后是车尔尼雪夫斯基，车尔尼雪夫斯基之后则是杜勃罗留波夫。

尼古拉·车尔尼雪夫斯基在小说《怎么办?》当中确立了"新人"的等级制：他们是领导阶层，从中产生了领导人，也就是所谓的"俄国大地上的盐"。作家承认他只遇见过"该种族的八个典范人物"。其中一个就是他小说中的主人公拉赫美托夫，此人全心全意想从知识层面和身体层面对俄国施加影响。对此还有令读者瞠目结舌的训练方法，比如强制睡钉板之类。《怎么办?》的作者知道自己有志于成为领袖。他在一封从彼得保罗要塞写给妻子的信中说："自亚里士多德以来，没人做过我想做的事，在漫漫的世纪长河中，我也将成为如亚里士多德一般的人类导师……"[7]

有向导、领袖，那就会有大众、人民、被领导的人。米哈伊尔·巴枯宁发出了这个警告："我们的精神必须学会理解人民的精神，我们的心灵要习惯于和人民伟大的心灵同时搏动，但我们对人民的心灵却仍旧懵懂无知。我们千万不能把人民的心灵当作一种手段，而是要当作一种目的，千万不能认为那只不过是符合我们理念的革命材料，是'用作解放的肉体'……"[8]人民就是"用作解放的肉体"这个理念在"领袖们"当中传播甚广。1841年6月28日，维萨里昂·别林斯基在一封给同道的信中写道："我开始像马拉那样爱上了人类：我觉得为了让人类当中的少部分人幸福，就得用刀剑和烈火把其余人等全部消灭干净……"[9]二十年后，《年轻的俄国》宣言的作者宣称，为了实现纲领，就必须消灭十万个地主，连手都不会抖一下。《年轻的俄国》提出建议："让我们想象某一天，风和日丽，各部大臣、全体贵族、全体地主都消失不见的景象。俄国对此丝毫不会察觉。"1819年，圣西门在谈论法国的时候也说过这样的提议。他建议要让三万个无用的人消失。俄国革命者说的是十万个。

俄国的人口密度是否过大并不重要。俄国知识分子阶层的激进主义日渐增长。十七岁的特卡乔夫是"新人"意识形态的一个主要造物，他宣称，如果把帝俄年龄超过二十五岁的居民的脑袋全部砍下来，革命肯定会成功。[10]文学界也记录了革命的景象，他们或赞同，或詈骂。尼古拉·车尔尼雪夫斯基让主人公拉赫美托夫成了"向导"的榜样。尼古拉·列斯科夫在小说《走投无路》（自由主义批评界把这部小说从俄国文学史中剔除了出去）里，借虚无主义者比奇科夫之口说："要让俄国血流成河，凡是给自己裤子缝口袋的人全都给割喉宰了。五十万，一百万，五百万……然后呢？消灭五百万人，还会剩下五百五十万人，他们就会过得很幸福。"[11]1871年，列斯科夫之后七年，费奥多尔·陀思妥耶夫斯基发表《群魔》。正如作者所说，书中对"爱人类的狂热分子"所作的描述要比列斯科夫的作品生动得多，但两者的说辞并无区别。其中一个主要的"魔鬼"奇加廖夫说："天堂，地上有天堂，那是因为再也没有其他人存在于这个世界上了。"为了做到这一点，就必须消灭十分之九的人类。只有十分之一的人类才能抵达天堂。

19世纪60年代，已开始着手废除农奴制，打开改革之路，让俄国充满一种山雨欲来风满楼的氛围。尼基坚科所谓的"极端进步主义者"，列斯科夫所谓的"不耐烦的人"，都想要来一场革命。1861年9月，圣彼得堡大学学生开始罢课，抗议帕甫洛夫教授遭到辞退一事，他在课上讲的俄国千禧年让审查机构很不满。这是俄国历史上第一次学生罢课。绝大多数教授也都支持罢课。

阿列克谢·尼基坚科在日记中写道，从此以后，批评政府的行为就流行了起来。赫尔岑的《钟声》，整个俄国的开明人士，甚至宫廷本身也都在读，而且读得还特别仔细，《钟声》扬扬得意地写道："……我们广袤的祖国，从顿河到乌拉尔山，从伏尔加河到第聂伯河，哀鸿遍野，汹涌的情绪蓬勃兴起：这是海浪澎湃的第一声轰鸣，宣告暴风雨即将来临……"

学生群情激愤，于是这位身在伦敦的流亡者便写了一篇名为《第三滴血》的文章："波兰人在流血，农民在流血，现在，彼得堡和莫斯科的优秀年轻人也在流血。"亚历山大·赫尔岑略显夸大：大学生的血还没流。罢课者遭到逮捕后很快便被释放，或被判流刑，或遭大学开除。当局一片混乱，根本不知如何行事。赫尔岑呼吁学生要不惜流血。"你们的伤口是神圣的，你们正在开启我们历史上的一个崭新时代，有了你们的帮助，俄国就会踏入第二个千禧年，很快就会将瓦良格人打发到大海另一边……"《钟声》的编辑在此指的是留里克王朝的后继者罗曼诺夫王朝。

俄国城市，包括首都在内，经常会成为纵火的目标，大家对此都已习以为常。但1862年5月28日，当彼得堡的主要商业场所阿普拉克辛市场着起大火的时候，所有人都相信已经开始了。更何况《年轻的俄国》宣言还在城里流传，呼吁杀人放火。"当局彻底没了方向。以前，在彼得堡根本就没人纵火。"彼得·克鲁泡特金回忆道。[12]每个人都很确定：有人在帝国的都城纵火。上头坚信纵火者就是虚无主义者和波兰人。费奥多尔·陀思妥耶夫斯基流放归来后，前去找车尔尼雪夫斯基，他和许多人一样都把车尔尼雪夫斯基看作"新人"的向导，陀思妥耶夫斯基还请求车尔尼雪夫斯基呼吁纵火者停手。始终都没找到纵火者：也许是恐怖分子，也许是警方的挑拨，也有可能是商人干的：把自己的店铺烧了，再找保险公司拿钱。

政府采取了措施。他们认为宣言的作者，那些虚无主义者，才是始作俑者。那个时代最重要的政治审判就是审判车尔尼雪夫斯基，后者被控撰写名为《致老爷希望你们好的农民……》的宣言。车尔尼雪夫斯基的这份宣言对农民说，1861年的皇家宣言没法给他们任何自由，在某些国家，比如法国或英国，沙皇都要听命于人民的权力，因为人民选了他们，如果对他不满意，可以把他给换掉。最后，作者请

"老爷手下的农民"私下统一意见，为自己获取自由，并出于这个理由，把依附于国家和皇家的农民以及士兵全都团结起来。等到全都准备妥当之后，就发出信号，发起总攻。[13]

1864年5月17日，尼基坚科在日记中写道："今天，警方日志《圣彼得堡市警方新闻》宣布，5月19日上午8点，在海关广场对车尔尼雪夫斯基进行公开判决。"《怎么办？》的作者"被判处七年劳役，之后流放西伯利亚。法庭本来是想判十四年苦役的，但皇帝给他减了一半刑期"。四天后，尼基坚科写道，他问了有关系的一名元老，车尔尼雪夫斯基在法律上是否有罪，这次审判他有何感想。元老回答道："他们没找到法律上的证据，但道德上自然对他是完全不利的。"[14]

历史学家如今认为他们已经找到了足够的证据，"认为有极大的可能，宣言的作者就是车尔尼雪夫斯基。[15]我们有理由认为他就是给赫尔岑写匿名信的那个人，这封信于1860年发表在了《钟声》上。"信的作者试图说服报纸的总编辑，"只有斧子才能拯救我们"，并要求赫尔岑"呼吁罗斯拿起斧子"。

判决车尔尼雪夫斯基的参政院缺乏证据，但他们坚信必须让这个令政权惶惶不可终日的"新人"的向导得到惩罚。

政治审判，新规出台之前关闭圣彼得堡大学，暂时关闭成人主日学校，激进报纸《当代人》和《俄国之语》暂停出版八个月，甚至就连斯拉夫派机关报《日子》也都被禁四个月，该报从1855年创刊至今已有十年，现在关停了。改革所引起的深刻变化导致产生了一个新的阶层，即由各等级构成的知识分子阶层，他们宣称有权引领人民走向幸福，和他们视为仇寇的当局进行竞争。

1860至1870年，《英国文明史》作者亨利·托马斯·巴克尔对俄国知识分子阶层影响甚巨，他发现17世纪英国和18世纪法国的政治革命都已成为"智识革命"时代的先行者。60年代对俄国来说是一个相似的时代，但称之为"知识分子阶层的革命"更为适合。"碎布改良"的支持者、"改革者"、"不耐烦的人"的支持者都想要马上向前跳跃，不管会有多少人成为牺牲品，但最后总归会以"极端进步主义者"落败收场。这些人都会被罚服苦役、坐监、流放。但"智识的"胜利还是站在他们一边。革命观念仍然活着。只是，"序幕的序幕"已经落下。1861年1月波兰沙皇国内部爆发的叛乱让俄国社会团结在了当局周围。亚历山大·赫尔岑支持波兰人，再次喊出了那句口号"为了我们和你们的自由"，但他很快就在俄国失去了威望。

1866年4月，皇帝在彼得堡的夏宫散步时，大学生德米特里·卡拉科佐夫向其开枪射击。苏联的一位历史学家写道："不幸的是，他没打中。"[16]这名激进分子开枪没中，当时一个名叫科米萨罗夫的工匠碰巧在那儿，便推开了刺杀者的手。卡拉科佐夫被拽到亚历山大二世的面前，皇帝便问了一个理所应当的问题："你肯定是波兰人吧？——不是，我是纯种的俄罗斯人。——那你为什么要杀我？"皇帝问道，他实在无法理解一个俄罗斯人想要把俄罗斯的沙皇给杀了。刺杀者的回答是："那你给了农民什么自由？"[17]卡拉科佐夫的枪声使俄国的革命运动进入了一个崭新的阶段。

刺杀之后一个礼拜，尼基坚科写道："让俄国沉浸于悲伤之中的这项大罪……表明我国社会已经烂到了骨子里。恐怖的弑君行为无疑诞生于虚无主义的巢穴之中，而且会在这巢穴里日渐成熟，具有排他性的唯物主义只知道砸碎一切，那些受到唯物主义污染的人对任何道德准则都嗤之以鼻……"[18]

阿列克谢·尼基坚科是具有保守主义倾向、赞成审查制度的自由派教授，他搞错的是：年轻的俄国将会扩大知识分子阶层的队伍，只会对遭其领袖谴责的那些道德准则嗤之以鼻。各等级的道德准则完全是以为民众服务为宗旨的。卡拉科佐夫被处死。谢尔盖·涅恰耶夫遭审判，被控杀害与之密谋的同伙，被判二十年苦役。年轻人对彼得·拉夫罗夫（1823—1900）提出的纲领踊跃响应，所以这些事件在这些年轻人的内心激起了很大的波澜。彼得·拉夫罗夫有上校军衔，在军事学校教书，他追随革命运动的时间相对较晚。他于1868年遭到逮捕后被流放至沃洛格达省，便开始在彼得堡的报纸上发表《历史书简》，后来这些书简经过审查，于1870年结集出版。那个时候，作者已逃往国外。

1861年，赫尔岑呼吁学生"走到人民中间去，走向人民！"彼得·拉夫罗夫给知识分子阶层的纲领制定了理论和科学的基础。他给知识分子的定义是：以批评方式进行思考的个体。拉夫罗夫以农民革命为目标，认为只有人民大众达到很高的觉悟，农民革命才会到来。1869年8月，涅恰耶夫从瑞士进入俄国的时候，身上带了一张并不存在的"世界革命联盟"的会员卡，署名者是巴枯宁。除此之外，他还带了《革命者教义》一书，书上盖有秘密组织"人民正义"的印章，但该组织同样也不存在。他身上还有一份趁1870年2月19日农民解放九周年之机组织革命的计划。半个世纪之后，列夫·托洛茨基说服布尔什维克党的政治局将德国革命的日期定在1923年11月7日，那一天正好是十月革命的周年纪念日。

彼得·拉夫罗夫丝毫没有冒险家的特质。他的纲领的关键字就是"宣传"。年轻人，尤其是大学生，都能理解他的呼吁。《历史书简》的成功只有车尔尼雪夫斯基的《怎么办？》可与之媲美。大学城出现了自学圈：年轻人准备"走向人民"，他们学习各种手艺，可以让他们在农村有用武之地。这位民粹主义历史学家写道，"走向人民的渴望（就是）集体卢梭主义的行为"。[19]

1874年夏被称为"荒唐之夏"，年轻人"走向人民"，前往农村。这些宣传员对人民毫无概念，也丝毫没有乡村生活的经验（虽然其中有些人是地主家的孩子），所以他们很快就被农民扭送给了当局。在一份呈递给皇帝的报告中，司法大臣帕伦伯爵提供了一组数据：770人被捕，其中612人是男青年，158人是女青年。265名嫌疑分子遭到拘留，其余人等交保之后获得释放。只有53名宣传员没有遭到逮捕。[20]

彼得·拉夫罗夫在意识形态上的对手是米哈伊尔·巴枯宁，后者长期从事宣传，倾向于煽动，目的是引发即刻的行动，而彼得·特卡乔夫则呼吁夺取权力。拉夫罗夫对他们都很提防：占据权力可以，但这只不过是一场政治革命，没法实现社会转变。

"走向人民"的失败标志着彼得·拉夫罗夫的理念失败。年轻革命者重新采取直接行动的策略。新兴的革命组织"土地和自由"以及"人民意志"，其核心是由"乡村十字军运动"的参与者组成的。

1878年1月24日，二十七岁的薇拉·扎苏里奇开枪刺杀彼得堡省省长特列波夫将军，将其击伤。她很快就遭到了逮捕。1878年8月4日，同样也是二十七岁的谢尔盖·克拉夫琴斯基（假名是谢·斯捷普尼亚克）在首都相当热闹的大街上用匕首刺死了宪兵队首领梅赞采夫，且成功逃离。

革命恐怖浪潮由此开始。在好几个城市，宪兵、检察官、大臣遭到枪杀，或者被匕首刺杀，有时也会得手。随后，炸弹上台。德米特里·卡拉科佐夫是一个秘密团体的成员，该团体的首领是尼古拉·伊舒京，团体名为"组织"。占据其核心地位的是一个内部党派，名字同样简洁生动，叫作"地狱"。

19世纪70年代出现的组织都想要转型成政党。在有组织的恐怖主义运动形成的整个过程中，参与者都会学涅恰耶夫，用虚构的名字来制造恐慌。宣布恐怖主义行为的宣告上会签上"革命民粹党执行委员会"的大名，再盖上左轮枪、匕首、斧头的大印。战争大臣德米特里·米留京在日记中写道："秘密社团想要恫吓整个行政管理体制，这些狠毒的计划开始奏效。"[21]

薇拉·扎苏里奇之所以向特列波夫将军开枪，是因为他下令鞭打一个遭到逮捕的名叫博戈留波夫的大学生。她知道，法律禁止对贵族使用体罚。因此，开枪就成了一种对违背法律的行为奋起抗议的方式。薇拉·扎苏里奇遭到审判，但陪审团宣判其无罪。主持庭审的阿纳托里·科尼汇报说，审判前夜，司法大臣帕伦伯爵得知陪审团会判恐怖分子无罪而备感错愕。"这起事件很可恶，政府仍然有权期待法庭和你们提供特殊的服务。"科尼回答道："伯爵，请允许我提醒您注意阿格索对国王说的那句话：'陛下，法庭只提供判决，不提供服务。'"[22]

作为俄国法学教授和最耀眼的法学家，科尼并没有忽视扎苏里奇的罪行"在英国也是板上钉钉的事，全体英国人的法律意识发展得很不错……"陪审团之所以做出这个决定，是因为社会对政府政策的不满。和土耳其的战争俄国惨胜，欧洲诸国迫使俄国息战又剥夺了它好不容易获得的战果，于是俄国国内的不满情绪达到了顶点。科尼写道："我们的陪审员对社会的趋势都极其敏感。"[23]无罪判决一经宣布，法庭一片欢腾："太好啦！乌拉！太不可思议了！"[24]人们甚至还说要"夺取巴士底狱"。

70年代后五年，恐怖主义行为之所以会爆发，是因为对国家政策的不满具备了相当活跃的反对运动的特征，从而使民众对激进分子抱有某种好感。各种运动消停下来之后，适应了改革之后的生活，正如1879年6月彼得·瓦卢耶夫向皇帝说的那样，对政府打压一小撮犯罪团体的行为，社会上有教养的精英阶层完全不予支持。[25]

鲍里斯·契切林提到了当时的氛围，他是这么说的："（……）反对思想始终都能指望自己获得民众的支持。在我们这儿，必须得有胆识，独立的个体才会在自己的著作中支持政府的导向。因为作家一旦带有官方印记，瞬间就会在社会上失去所有的影响力。"[26]契切林教授知道自己在说什么：他的观点代表的是相反的舆论，故而激起了"灵魂主子"的愤怒。鲍里斯·契切林还说，除了政府的审查制度之外，还出现了"自由宪兵"，他们会不分青红皂白就把亲政府和反革命的观点打入冷宫。我们发现在虚无主义刚诞生的时候，出现了具有"反虚无主义"倾向的小说。这些小说作者当中，不乏那个时代最伟大的作家，如尼古拉·列斯科夫、阿列克谢·皮先斯基、帕维尔·梅尔尼科夫-佩切尔斯基，但这些人都完全被从文学史上抹掉了。

保守主义报纸《新时代》极具影响力的经理和所有者阿列克谢·苏沃林使用秘写法将1880年2月20日自己和陀思妥耶夫斯基交谈的内容记在日记本中，这一天又出现了一起恐怖主义行为，就是希波利特·穆罗捷茨基刺杀"高等执行委员会"主席洛里斯-梅利科夫伯爵，理由是后者与革命运动作对。《群魔》的作者大受震动，便问苏沃林：如果您和我偶然走在街上，听见有人正在酝酿炸毁冬宫，那我们是否应该向警察告发，阻止密谋者的行动？苏沃林回答道："不行，我不会去……"陀思妥耶夫斯基承认："我也不会。"作家解释说，在反思这个问题的时候，他发现向警察告发的理由很充分。"动机有理有据。"但不去告发的理由就微不足道了："只是因为担心被人当作是告密者……自由派是不会原谅我的。他们会折磨我，而我也会生不如死。"[27]

费奥多尔·陀思妥耶夫斯基并没有提到冬宫有可能会爆炸。事实上，1880年2月5日，皇帝一家人穿过餐厅的时候，餐厅就发生了爆炸。大量近卫军士兵被杀，伤者更多。卡拉科佐夫的枪声成了刺杀解放者沙皇的第一枪。1867年6月8日在巴黎，一个名叫亚历山大·别列佐夫斯基的波兰人向亚历山大二世开枪射击。薇拉·扎苏里奇的枪声和谢尔盖·克拉夫琴斯基的匕首刺杀之后，恐怖行为日渐增多，于是，军事团体就像20世纪初所说的那样，决定发动一场"总攻"：刺杀沙皇。三十岁的亚历山大·索洛维约夫以前是名老师，因"走向人民"失败而悲愤失意，1879年4月2日，在亚历山大二世像往常那样穿越彼得堡闲逛的时候，他开枪射击。这名被逮捕的激进分子这么解释自己的行为："我读的书都是纯科学内容，其中就有巴克尔和德雷珀，对这些书经过思考之后，我最终否认了上帝，认为他就是一个超自然的存在……刺杀陛下的想法是因为受到革命社会主义者的教导而在自己内心产生的；我属于俄国社会主义革命党……"

1863年，出现了一个"反政府组织"（该组织的宣言里是这么自称的），名为"土地和自由党"。它只存在了极短的时间，但1877年又开始从事各种活动。1879年夏，它内部又分裂出一个支派：宣传社会主义的支持者都加入了一个名为"黑色分享"的组织，恐怖活动的支持者则组建了"人民意志党"。该党的"执行委员会"对皇帝判处了死刑。从1879年4月2日直到1881年3月1日，也就是亚历山大遇刺的那一天，他们可以说是对沙皇发起了名副其实的大围捕。他们人数很少（约二十名成员），但都狂热地忠实于自己的理念。该组织实施了多次暗杀：炸冬宫，在皇帝的专列里放置爆炸物，在亚历山大途经的地方埋设炸弹。沙皇似乎被包围得严严实实，就像一头被围猎的熊。

研究俄国秘密警察的专家罗纳德·欣利发现，很难解释清楚"这些年轻人"为什么对刺杀皇帝这件事这么投入。有些人毫无疑问地认为，沙皇之死会成为人民起义的号角，另一些人则天真地希望继任者实施自由主义改革。但这位历史学家观察到，对大多数激进分子而言，这种刺杀皇帝的执念并不理性，这是一种情感冲动，因革命者无力影响社会而起。[28]

"执行委员会"的纲领解释说："恐怖主义行为……目的就是为了削弱政府威权的魔力，事实证明和政府作对是完全可以做到的，以此激发人民的革命精神，增加人民对事业必胜的信心，最终形成适合战斗的力量。"[29]这个观点表达得更为果断。

亚历山大二世的政体比尼古拉一世的要温和得多，但正如托克维尔的论点所示，这种温和反而使对手的怒火越来越大。在改革和体制解放的氛围中，第三处在和反政府力量斗争的过程中失去了其往日的效率。卡拉科佐夫刺杀皇帝之后，宪兵队和第三处的首脑多尔戈鲁科夫亲王引咎辞职。代替他的是彼得·舒瓦洛夫伯爵，在几年时间里，他成功遏制了恐怖主义的上升趋势。不过，1874年，沙皇不满于宪兵队对国家事务越来越大的影响力，人们都称舒瓦洛夫为彼得四世，于是沙皇就将他"流放"到了伦敦当大使。四年时间里，第三处三易其主。国家和皇帝的安保事务首先被委托给了波塔波夫将军，这人就是个"鸡脑子"，瓦卢耶夫在日记里就是这么写的。继任的梅赞采夫将军作为秘密警察头子，却犯了一个不可原谅的错误：被人在街上刺死了。之后上任的是亚历山大·德连捷尔恩，但他既无法阻断索洛维约夫的枪击，也无法阻止冬宫被炸。激进分子趁着德连捷尔恩在场，让尼古拉·克列托奇尼科夫渗透进了第三处，使之可以在秘密警察的核心地带获得他们所需要的情报。克列托奇尼科夫将第三局特工的名字全都交给了革命者，这些人无一例外全都遭到杀害。

不过，第三处并没有坐以待毙。政治审判还在进行。比如，从1876年9月到1877年9月，仅仅一年当中就进行了17场审判。被告的名单不断增加：1877年2月是50人，1878年10月18日就召开了"193人的审判大会"。被告都是年轻人（介于二十至二十五岁之间），女性不少。在"50人审判大会"上，有16个相当年轻的女革命者受到了审判，这些人可以说都是少女。

薇拉·扎苏里奇的枪声表明，俄国女性并不只从事宣传工作。

"人民意志党"的首领安德烈·哲里亚波夫（1851—1881）判处了亚历山大二世死刑，他自己就是农奴的孩子。他是个相当出色的组织者，在同志们中间拥有很高的威望。他被捕后，身为贵族又是省长女儿的女友索菲娅·佩罗夫斯卡娅（1853—1881）接手了他的判决。1881年3月1日，她带着投掷炸弹的人走遍了皇帝有可能会走的不同路线，一直掌控着行动，直至最后一刻。

一系列对亚历山大二世的刺杀行动背后的推动力，和1865年4月

15日美国总统亚伯拉罕·林肯遇刺背后的推动力完全一样。俄国忽视了一点，即杀手约翰·威尔克斯·布斯在枪杀总统的时候也在高喊："这就是暴君的下场！"

当然，亚伯拉罕·林肯跟暴君完全沾不上边儿。世袭君主亚历山大二世也不是暴君。命运，或者说恐怖行动的运气（若无索菲娅·佩罗夫斯卡娅的意志力，1881年3月1日的刺杀行动绝对不会成功），使皇帝四分之一个世纪前登上皇位之后始终在实施的改革戛然而止。

冬宫爆炸（1880年2月5日）之后，亚历山大二世让哈尔科夫总督米哈伊尔·洛里斯-梅利科夫将军来彼得堡，他是最后一次俄土战争的英雄。他先是担任"高级执行委员会"主席，负责国家和君主的安保工作，之后被任命为内政大臣。第三处同样也要依靠他。因此，他将国家生活的方方面面全都掌控在了自己手中，但不管对外政策。但他很快就成了刺杀的牺牲品（1880年2月20日）；只是，运气救了他的命。

亚历山大二世展现了极大的勇气，将国内的权力托付给了一个亚美尼亚籍的俄国贵族，此人意志相当坚定，但也理解改革的必要性。米哈伊尔·洛里斯-梅利科夫很快就被称为"天鹅绒独裁者"；据说他的政策"虎头蛇尾"。"天鹅绒独裁者"的计划包括扩大自治，放松审查制度施加在某些领域的限制措施，通过强制回购土地完成农民改革，让反动的公共教育大臣德米特里·托尔斯泰伯爵退休。

这些做法尤其令人想到了鲍里斯·契切林在媒体上所立的那份纲领，他将这纲领称为"例外自由主义"。这位法学教授写道，"例外自由主义"的本质就是"将自由诸原则同权力和法律的原则相协调。从政策计划层面上来看，其口号如下：自由主义措施和强势权力。自由主义措施允许社会采取自治行动，保护公民的权利和人身，确保思想自由和信仰自由……强势权力让公民确信国家的领导是坚定可靠的，民众是可以依赖它的，但同时这又是一种理性的力量，它会保护社会的利益，而与无政府主义力量的逼迫和反动党派的叫嚣做斗争"。[31]

洛里斯-梅利科夫这项庞大的计划只是让参政院外围的乡村和城市得以进行极其有限的自治，参政院内部获得部分自治。他想创建一个混合委员会，让政府官员和地方自治局及城市的代表参与进去，由他们来检视改革计划。亚历山大二世拒绝了制宪这一想法。洛里斯-梅利科夫伯爵逐渐引导他，使之承认制宪有其必要性。3月1日，签署完毕之后，打算颁布创建混合委员会的敕令时，亚历山大二世对儿子说："我同意这个表述，必须承认我们正走在立宪的道路上。"[32]定于3月4日审查由各大臣参与的参政院制订的这个计划。

1881年3月1日，皇帝亚历山大二世遭到刺杀。亚历山大二世和平民妻子叶卡捷琳娜·尤里耶夫斯卡娅-多尔戈鲁卡娅打了招呼，说要出门，妻子求他今天别出去，但皇帝向她保证自己不会有事的。一个茨冈女人曾预言他会在第七次遇刺时身亡，可现在还只是第五次。

第一颗投向皇帝的炸弹就在皇家马车边上炸了开来。护卫队的切尔克斯人被炸伤。亚历山大二世从四轮马车上下来，向护卫说了几句安慰鼓励的话。这时候，第二颗炸弹击中了他，这颗炸弹要了他的命。

激进分子达到了目的。领导"上层革命"的沙皇遭到了刺杀。解放者沙皇的横死标志着两股彼此对立的力量获胜了：坚决反对改革的官僚主义，以及"新人"、知识分子阶层，后者梦想着发动一场革命来摧毁"旧世界"。马克·赖耶夫写道，"在生产力提高、物质福利增加之后，两边都不希望社会得到有机的发展。"对这位美国历史学家而言，"这次无意识的联合有一个深层动机"，就是他们对"很大的未知数"，也就是人民感到畏惧。[33]刺杀沙皇并没有导致激进分子所希望的人民起义。弑君使人民感到恐惧，他们相当崇敬"老爹"，憎恨"开明的"革命者。

亚历山大二世遇刺一事对世界舆论的形成起到了很大的作用。皇帝死亡之后几个月，"人民意志"执行委员会在美国总统詹姆斯·A. 加菲尔德遇刺之后发布了宣言。执行委员会以俄国革命者的名义，"抗议查尔斯·J. 吉特奥刺杀总统的暴力行为。在一个个体拥有自由、诚实地进行思想斗争的时候……将政治谋杀作为战斗的手段，和我们誓要在俄国消灭的那种专制主义属于一丘之貉……暴力只有在反抗暴力的时候才合法"。[34]

1882年2月，谢尔盖·克拉夫琴斯基在欧洲用俄语写道："我们最终只能采取俄国革命者血腥的措施来和欧洲和解，一方面展现在俄国环境中这是无可避免的特征，另一方面显示像他们这样的恐怖分子并非食人者，而是充满了人性的个体，拥有很高的道德感，对任何暴力的展示都充满了厌恶之情，而政府所采取的措施只能约束这种暴力。"[35]

对刺杀亚历山大二世的组织者和参与者处以死刑，引发了西方对激进分子的同情。对"人民意志"执行委员会的二十名成员和该组织的积极分子进行审判，导致了无数次抗议。其中十名被告被判处极刑。当时最知名的作家维克多·雨果向世界各国政府和民众发起呼吁。他发出了这样的警告："俄国政府请注意了……它并没有受到任何政治势力的威胁。但它必将害怕先行者，害怕每一个经过的人，害怕低声要求仁慈的声音。"

维克多·雨果认为，激进分子的炸弹所蕴含的并不是什么"政治势力"，他的这个论点最终成功说服了遇刺皇帝的儿子：亚历山大三世宽恕了十名死刑犯当中的九名。只有一个名叫尼古拉·苏哈诺夫的军官因为是军事恐怖组织的创建者而遭到枪决。

注　释

1 Vl. Burcev, *op. cit.*, p. 46.

2 Tibor Szamuely, *The Russian Tradition*, Londres, 1974, p. 231.

3 N. Šelgunov, *Vospominanija*, Moscou, 1923, p. 23.

4 D. I. Pisarev, *Sočinenija*, t. 1–4, Moscou, 1955–1956, tome 1, 1955, p. 135.

5 Cité d'après M. Lemke, *op. cit.*, p. 305.

6 Ivanov-Razumnik, *op. cit.*, p. 1.

7 Cité d'après VI. Burcev, *op. cit.*, p. 73.

8 Mixail Bakunin, *op. cit.*, p. 85.

9 Ivanov-Razumnik, *op. cit.*, p. 315.

10 A. Anenskaja, «Iz prošlyx let», *Russkoe bogatstvo*, 1913, livre 1, p. 63.

11 N. S. Leskov, «Nekuda», *Sobranie sočinenij*, tome II, Moscou, 1956, p. 301.

12 P. A. Kropotkin, *Zapiski revoljucionera*, Moscou, 1966, p. 166.

13 Cité d'après VI. Burcev, *op. cit.*, p. 77.

14 A. V. Nikitenko, *op. cit.*, tome 2, pp. 440, 441.

15 S. A. Rejser, «Proklamacija N. G. Černyševskogo 'Barskim krest'janam'», *Prometej*, tome 3, Moscou, 1967, p. 216.

16 N. Troickij, «Podvig Nikolaja Ključnikova», *Prometej*, n° 9, p. 59.

17 Franco Venturi, *Les Intellectuels, le peuple et la révolution. Histoire du populisme russe au xixe siècle*, Paris, 1952, vol. I, p. 610.

18 A. V. Nikitenko, *op. cit.*, tome 3, p. 25.

19 Franco Venturi, *op. cit.*, p. 837.

20 Franco Venturi, *op. cit.*, p. 840.

21 D. I. Miljutin, *Dnevnik*, Moscou, 1950, tome 3, p. 85.

22 A. F. Koni, *Izbrannye proizvedenija*, Moscou, 1959, tome 2, p. 60.

23 *Ibid.*, p. 61.

24 *Ibid.*, p. 93.

25 Cité d'après Franco Venturi, *op. cit.*, vol. 2, p. 1017.

26 *Vospominanija B. N. Čičerina, op. cit.*, vol. 2, pp. 49–50.

27 *Journal intime de Alexis Souvorine*, Paris, 1927, pp. 9–10.

28 Ronald Hingley, *La Police secrète russe*, Paris, 1972, p. 78.

29 Vl. Burcev, *op. cit.*, p. 151.

30 K. Marx, F. Engel's, *Sočinenija*, tome 21, p. 197, tome 35, p. 148.

31 *Vospominanija Borisa Nikolaeviča Čičerina, op. cit.*, tome 1, p. 71.

32 *Dnevnik D. A. Miljutina*, Moscou, 1950, vol. 4, 1881–1882, p. 62.

33 Mark Raev, *Ponjat' dorevoljucionnuju Rossiju, op. cit.*, pp. 207, 208.

34 V. Burcev, *op. cit.*, p. 180.

35 S. M. Stepnjak-Kravčinskij, *op. cit.*, p. 10.

5　帝国向东进军

十几年的时间过去了（克里米亚战争之后），俄国最终将自己的历史命运同整个高加索地区连在了一起，那是中亚地区最广袤、最富裕的地方，俄国在近东和阿穆尔河流域得到了强化，成为最为强大和富有的国家，尼古拉一世时期并未做到这一点。

——叶甫根尼·塔尔列，1944年

这些所谓的征服，所谓的暴力都是历史上从未完成过的最为有机、最为合法的功业。

——费奥多尔·秋切夫，1844年

亚历山大二世的外交政策极受欢迎，在20世纪末的俄罗斯具有很奇妙的现实性。显然，历史学家叶甫根尼·塔尔列在其专著《克里米亚战争》的末尾所唱的赞歌可以为我们提供一个理由。1944年，全世界都发现，最初在和德国的战争中惨败的苏联取得了决定性的胜利。于是，和克里米亚战争进行比较的想法就这样冒了出来。19世纪上半叶俄国的胜利，在一个半世纪之后也可以证明，俄国即便失败，也仍然能重建自己的力量。

亚历山大二世的外交政策之所以受欢迎，同他对现实的分析并没有关系，而是和继涅塞尔罗捷之后担任外交大臣的亚历山大·戈尔恰科夫的方法有关。东方战争失败之后，新任大臣在阐述自己的外交纲领时写道："人们声称俄国很生气。不，俄国没有生气，是在集中精力。"[1]这话所要表达的是，先集中精力处理国内事务，积聚力量，再去处理涉及外国的问题。

亚历山大·戈尔恰科夫的计划形成于1856年8月21日发给驻欧洲各国的俄国大使和使团的一份通告，他的主要理念借用自涅塞尔罗捷男爵于1856年2月写的《论俄国政治关系》一文。该文就是外交官涅塞尔罗捷的遗嘱，他在整整三十年的时间里，领导着帝国的外交事务衙门。克里米亚战争失败使他这个神圣同盟的建筑师相信，"（为俄国着想）就必须立刻致力于国内事务，使道德力量和物质力量得到发展。这项内部工作是国家的头等需要，凡是阻碍这项工作的外部行动都必须加以排除"。[2]

涅塞尔罗捷认为必须投身于"国内事务"，亚历山大二世事实上也确实实施了他的改革计划，只是国内事务并不涉及成为帝国组成部分的异族人。费奥多尔·秋切夫在提到"所谓的征服"时，表达的是有教养社会中占主导地位的观点。乌克兰诗人塔拉斯·谢甫琴科以苦涩的嘲笑口吻写道："从摩尔达维亚人到芬兰人，语言各异，却缄默不语，那是何等的幸福！"他被认为是反俄派。20世纪最具独创性的俄罗斯思想家格奥尔基·费多托夫1947年在移居国外时写道："我们不想见到俄国纷繁复杂的多民族性……照这种天真的理念来看，俄国和西方国家不同，俄国的构建靠的不是暴力，而是和平扩张，不是征服，而是殖民化，这种理念深深地烙印在自由派知识分子阶层，还有部分革命者的精神之中。"[3]

1858年，俄国计有7400万居民。人口统计学者将俄国分成了六大区域：欧洲部分，波兰沙皇国的总督辖区，芬兰的大公国辖区，高加索地区，西伯利亚地区，中亚地区。依据1870年汇总的信息来看，帝国有70.8%的人为东正教徒，1.4%为分裂派教徒，0.3%为东仪天主教徒，0.3%为遵奉格里高利礼拜仪式的亚美尼亚人，8.9%为天主教徒，5.2%为新教徒，3.2%为犹太人，8.7%为穆斯林，0.7%为异教徒。如人口统计学家所说，从"人口的民族构成"来看，72.5%的人为俄罗斯人；但帝国境内也同样生活着6.6%的芬兰人，6.3%的波兰人，3.9%的立陶宛人，3.4%的犹太人（在此被视为民族实体），1.9%的鞑靼人，1.5%的巴什基尔人，1.3%的德国人，1.2%的摩尔达维亚人，0.4%的瑞典人，0.2%的吉尔吉斯人，1.1%的卡尔梅克人，0.06%的希腊人以及同样多的保加利亚人，0.05%的亚美尼亚人，0.04%的茨冈人，最后还有0.49%的其他民族。统计人口全貌的作者指出，帝国欧洲之外部分的民族构成"还没有做过定义，连估算都做不到"。他自己认为俄罗斯人在西伯利亚占约19%，在高加索占18%。[4]

有一个观点很快就引起了注意：提交的统计表中没有列出乌克兰人和白俄罗斯人。从俄国1897年的第一次人口普查来看，"小俄罗斯地区"计有11921086名居民，而"白俄罗斯地区"计有6908148人。东正教人口自动被认为是俄罗斯人。

19世纪末有一个理念，即"民族和种族及语言无关，而是和人民的意识有关"，阿纳托尔·勒鲁瓦-博利厄认为"面对西方"，"小俄罗斯"无疑"和大俄罗斯一样都属于俄国"。[5]不过，这位法国历史学家认为两者有一个集体性差异："由于气候较为温和，东方专制主义也没那么酷烈，所以小俄罗斯人和白俄罗斯人相比大俄罗斯人拥有更多的尊严、更多的独立性、更多的个体性；他们不太积极正面，更容易受情绪的影响，想象力更丰富，更喜欢做梦，更具诗意。"[6]但他也坚信，要想将小俄罗斯变成如同俄国或波兰那样的独立国家，"在小俄罗斯人那里也找不到太多的回响"，这和"1870至1871年法国南部"类似的梦想不相上下。他还说："亲乌克兰人中最坚定的人从没超越联邦梦这个范围，由此可见仅仅联邦制就能让庞大帝国来源不一的众多人口感到满意。"[7]

虽然缺乏支持独立的运动，但彼得堡当局仍然禁止乌克兰语和乌克兰文学，以及他们对过往历史的回忆。1863年，外交大臣下令严禁"向公众"出版乌克兰语的书籍，尤其是学校课本。几年后，这些指令遭到取消，但1876年，亚历山大二世的一道敕令又禁止出版乌克兰语书籍（虚构作品除外）或从国外引进。这道禁令一直执行到1906年。当时属于奥地利的加利西亚就成了乌克兰文化的中心。1866年，奥地利帝国变成了立宪君主制。除了维也纳议会之外，乌克兰人居住的地区选出了两个议事会：一个在利沃夫，一个在切尔诺夫策。历史学家米哈伊尔·德拉戈马诺夫（1841—1895）因揭露俄罗斯化的政策而遭基辅大学开除，于是他移民国外，住在日内瓦，宣扬联邦制。

俄国欧洲部分是帝国的中心，也是一道围墙。芬兰的统治平静如水，那里的居民都满足于自己的命运，对议事会也很满意，而在西伯利亚，土著人口不多，无法抗衡殖民化。但在高加索地区，1859年8月沙米尔投降之后，战争就没停过。西高加索地区切尔卡斯人一直都在抵抗，1864年初，车臣人臣服之后，又拿起了武器。我们说过，1864年5月，俄军对最终占领该地区进行了庆祝。叛军山民来到土耳其，那些投降的人都被从山里撵了出去，迁移到了平原地区。19世纪的一位俄国历史学家不无满意地发现："从那时候起，尽管高加索各地不时爆发叛乱，但现在都能不费吹灰之力就把它们镇压下去了。"[8]

中亚地区丝毫不用帝国担忧。那儿一直是19世纪60至80年代俄国扩张领土的基地。

除了俄国划分的六个区域（可以视为相应的地缘政治区域）之外，波兰沙皇国的总督辖区是帝国身体上一道并未愈合的伤口。1863年1月，波兰发生暴动，很快就蔓延到了立陶宛。鲍里斯·契切林回忆道："整个俄国都在骚动不安。"[9]传来的各种信息没人能够证实，但所有人都选择相信，比如义军残忍暴虐，指导他们的是天主教神职人员。1863年夏初，当局集中了6.3万人，带着马刀和刺刀，去打叛军。和1831年的暴动不同，波兰人没有武器；他们只能和俄军硬扛，有些战斗部队虽没受过什么训练，但意志都很坚定。因此，战斗并不对等，可以说相当残忍。在立陶宛，维尔纽斯的军队首领米哈伊尔·穆拉维约夫不惜采取各种严酷的措施，用极短的时间征服了西北地区，而他也得到了"绞架穆拉维约夫"这一称号。在波兰沙皇国，军事行动一直持续到了1864年3月。

波兰起义突然就让有教养的社会阶层和政府和解了：西方派和斯拉夫派、自由派和反动派全都异口同声地谴责"叛徒"，支持当局的行动。他们首先指责波兰人忘恩负义。自由派和西方派人士鲍里斯·契切林写道："我从来就不是波兰的敌人。"他承认俄国参与对波兰的瓜分，"这样的不义令人作呕"。但这位法学史专家认为亚历山大一世想要"减轻自己祖母犯下的不义罪行"，所以允许波兰人政治自治，军队和行政独立："在周边的所有民族当中，只有他们拥有自由的制度。"可是，"他们对提供给他们的东西不知感激，也没有用理性的行为巩固自己的所得，反而还想要更多……"结果就是1831年的起义，尼古拉一世拿走了"亚历山大一世赠予的礼物"。鲍里斯·契切林认为，"三十年的桎梏是他们刚愎自用应得的惩罚"。[10]

在俄国人看来，波兰人的第二大罪状就是拒绝接受"历史的判决"，拒绝承认自己战败，失去了独立地位，成了俄罗斯帝国的一部分。费奥多尔·秋切夫用诗意的形象对他们的情感进行了阐释："我们血流至踝，向死人发起战斗，死人复活，却又是为了新的葬礼。"[11]尤里·萨马林讲的也是同样的话，只是对政治的分析更冷静、清晰。在他眼里，波兰人是一个极具特色的民族，讲究个体性，他们有权从各个层面来自由表达人民的生活：信仰自由，使用民族语言处理内部事务和有关习俗的事务。但萨马林相信，并不能认为"波兰必须构建一个独立的国家……波兰已经死亡，因为它所表达的就是波兰文化，以及侵略性的天主教原则。拉丁文化向它灌输了要用不自然的方式来和其他斯拉夫人做斗争的思想，而这就导致波兰走向了灭亡"。[12]历史已做出最终判决，历史不会开恩。

第三宗罪直接源自其他两宗罪，那就是叛国。向来激动的费奥多尔·秋切夫是这么写波兰人的："我们身边的犹太人。"[13]波兰义军背叛了斯拉夫人，背叛了俄国，波兰沙皇国是俄国的一分子。"波兰叛徒"成了内部敌人的同义词。"波兰阴谋"这个表达法特别流行。波兰（拉丁、天主教）阴谋反俄的第一个迷思早于犹太世界阴谋的迷思。"波兰阴谋"说明了很多问题：革命行动，恐怖主义（所以亚历山大二世才会问卡拉科佐夫是不是波兰人；确实，只有"波兰阴谋"才有能力将左轮枪的枪口对准俄国沙皇的胸口）。"虚无主义"文学同时也是反对波兰的文学。二流流行作家弗谢沃洛德·克列斯托夫斯基写过不少小说，如《巴汝奇的羊》（1869）和《两股力量》（1874），统称为《血淋淋的玩笑》，这些小说是反波情绪的浓缩。有个老农民，也就是民众所谓的智者，很有信心地宣布："我们打波兰人，是因为他们不安分……波兰人很久以来就想让俄国动荡不安，正因为如此，我们才要去打它……我们不可能平白无故地打它。"[14]

波兰人最不可原谅的叛国罪行就是呼吁得到西方的同情和支持。与波兰暴动同时代的人都知道英国、法国、奥地利大使提交了抗议照会，要求对波兰人实行大赦，恢复1815年宪法，还有其他许多内容，这些都是西方各国良好的意愿，他们根本就不想通过武力来满足自己。俄国对再来一场"克里米亚战争"（西方各国再次结盟对战东正教帝国）毫不惧怕。许多人都认为路易-拿破仑是反俄阵营的主要鼓动者。尼基坚科就在1863年4月1日的日记中写道，对凡是愿意听的人，他都会说："为了欧洲的安全，必须消灭俄国。"[15]5月12日，阿列克谢·尼基坚科遇见了外交官诗人费奥多尔·秋切夫，向他问了一个根本性的问题："战争还是和平？"——"毫无疑问是战争。"秋切夫回答道。[16]

温和自由派尼基坚科教授无法理解西方激烈的反俄情绪。"如果那样的话，那俄国相比波兰，对人类来说更必不可少。"[17]

我们说过，亚历山大·赫尔岑逆势而为，捍卫波兰，认为波兰人是在为自由而战斗。他在《钟声》里的文章都会题为："波兰万岁""悲伤圣母"……他向投入义军阵营的俄国军官致以敬意。1858年创立的《钟声》在改革的头几年具有很大的威望。自由派和保守派都在如饥似渴地阅读，报纸甚至都递到了皇帝那儿。但我们发现，这份威望因波兰暴动而削弱了。由于失去了全部读者，报纸于1868年关闭。在尼古拉·列斯科夫名为《走投无路》的虚无主义小说里，头号虚无主义者比奇科夫认为，为了五千五百万人的幸福，完全可以杀死五千万人，还到处宣扬，要肢解俄罗斯帝国："但愿和我们不投缘的人全都离远点……但愿不想和我们在一起的人自己过自己的日子……"[18]比奇科夫此处模仿的便是亚历山大·赫尔岑的观点。

俄国政府采取激进措施镇压起义，但它很快就发现这么做根本不够。在解放农民的筹备工作方面起到重要作用的尼古拉·米留京被从国外召回彼得堡，亚历山大二世想听听他对波兰局势的看法：波兰的上层阶级是不可能打垮的，为了俄国的利益，唯一可以做的就是实施大规模的农民改革，以此来吸引底层阶级。[19]受召参与制定这方面法律的尤里·萨马林认为这样会削弱"什拉赫塔的影响力"，但他指出，这项改革，"波兰人完全不能参与"。[20]在尤里·萨马林看来，改革的目的是"把新的保守因子注入波兰社会当中……"[21]尼古拉·米留京有一个更具爆炸性的说法："面对革命形势，只能采取革命措施。"[22]

1864年2月19日，农民解放宣言发表三周年之际，亚历山大二世签订了向波兰农民免费发放土地的法律。和俄国农民不同的是，波兰农民无需回购自己耕作的小块土地（其唯一的义务就是缴清土地税）。国家负责和波兰贵族地主结账，尤里·萨马林着重指出"这么做有利于他们"。

从本质上来看，这项措施确实具有革命性：事实上，法律是以起义军"革命政府"的决策为基础的，由于还在打仗，这项决策并未起效。沙皇政府想以此为契机，建立自由农民阶层（著名的"保守因子"），削弱已丧失物质基础的什拉赫塔。尼古拉·米留京向鲍里斯·契切林解释道："压制波兰，让它归附俄国，是一个难以完成的梦想；相反，借助农民改革，就能安宁二十五年，也许更久。身为政治家，夫复何求？"[23]

波兰将会安宁四十年，一直到第一次世界大战。不过，正如尼古拉·米留京所预测的那样，"让它归附俄国"根本不可能。削弱了乌克兰的波兰贵族地主权力之后，沙皇政府便赋予了乌克兰农民回购土地的权力，比1861年宣言所定的价格要低得多。如尤里·萨马林所指出的，这么做的目的就是要"在西部省份和乌克兰之间，将所有波兰文化的根切断，确保俄国的势力和东正教牢牢地掌控住拉丁–波兰因素"。[24]法国历史学家达尼埃尔·博夫瓦有一本著作专门写1831至1863年乌克兰的波兰人，他认为：两股力量你争我夺，都在争夺掌控乌克兰的霸权，在这社会、文化、宗教和语言的对立当中，俄国永远都在占上风，将乌克兰人和波兰人之间的壕沟越挖越深。[25]

军事和社会措施之外，还有一个互补的因素，那就是行政措施：波兰沙皇国被剥夺了所有的自治权，变成了所谓的"维斯瓦省"。波兰的领土此后就成了俄罗斯帝国的一部分，两者拥有相同的权利（和相同的义务）。

还有一个问题与波兰以某种形式关联了起来，打破了帝俄的统一，那就是"犹太问题"。俄国除了继承了瓜分时夺取的那些波兰领土之外，也把这个问题给继承了下来。我们说过，1791年，叶卡捷琳娜二世设立了居住区，以此来限制成为女皇臣民的犹太人可居住的地区的数量。她手下的大臣加甫里尔·杰尔查文提出了一个解决"犹太问题"的方案，建议将犹太人转变成农夫。但他又很快禁止犹太人占有土地。在亚历山大二世自由改革的头几年，尼古拉一世当政时期处境极其艰难的犹太人稍微轻松了一点。但1863年的起义成了一个借口，使政府又强化了对犹太人的限制措施，到70年代，改革重启，于是犹太人的地位又得到了改善。亚历山大三世继位，标志着新一轮的反犹措施再次开启，这种状况一直持续到了1906年。

犹太人政策的不断变化无伤本质。只是，两个民族群体在帝俄正式成了外来者：大北方地区的土著和犹太人。严格限制他们的权利——居住区，教育机构限制他们入学的人数，禁止他们拥有土地等——根源主要在于宗教。大北方地区的人民都是异教徒，因此就是"他者""外来者"。按照法律规定，犹太人皈依东正教，可获得俄国人所享有的一切权利。但犹太人宗教上的"威胁"并不仅仅同他们的信仰有关，还因为他们自称是"天选之民"。

1877年，费奥多尔·陀思妥耶夫斯基在《作家日记》中委屈地写道，"一段时间以来"，他收到犹太人的"信"，指责他攻击、憎恨犹太人，并不是因为他们有什么缺点，而纯粹是因为他们的种族。《卡拉马佐夫兄弟》的作者断然拒绝了这样的指控，说"俄国人民并不仇视犹太人"。他指出，他个人支持"全面扩大犹太人在立法上的权利，只要可能，他们应该和土著完全平等"。但费奥多尔·陀思妥耶夫斯基相信，俄国人才是天选之民，犹太人说他们和神拥有特殊的关系，他认为那是在渎神。对犹太人的仇视源自两者的对立：国家就一个，所以不可能存在两个天选之民。而且，拥有特权的只可能是土著，"外来者"必然是篡位者。

憎恨犹太人、反犹主义并非只和宗教上的考虑有关。亚历山大二世的改革打开了通往资本主义的道路，也给居住区开了一条门缝，以此来换取硬通货。俄国的商人按重要性和资本多少分成三个行会。第一个行会的犹太成员有权住在居住区之外，无须皈依东正教。闭锁的犹太世界不断碎化，犹太人都住在西南各省的小村子里，这都是撼动俄国的改革造成的结果，年轻人纷纷外出，寻求新的价值和人生的目标。革命运动都很欢迎这些年轻人（男孩和女孩）的加入，丝毫不操心民族或宗教问题。

资本家和革命者中间出现了令人畏惧的人民代表，这种现象皆因外来者（正是因其外来性而遭人蔑视）而起，从而引发了声势日益浩大的反犹主义，尤其是在犹太人数量众多的地区。帝国中部各省几乎没有犹太人，反犹主义仍只具有抽象的宗教特征。但在西南各省，反犹主义就极其活跃。近代史上第一次犹太人大屠杀发生于1871年的敖德萨。大屠杀是由希腊商人组织的，他们决定自行解决，找犹太竞争者算账。在其他地方，要找到其他理由也很容易。因此，1881年8月，革命运动"人民意志"（其中有一定数量的犹太人）的成员便在乌克兰组织了一场犹太人大屠杀，他们的口号是："打倒波兰领主和犹太佬！"在这种情况下，社会上对波兰地主和为其服务的犹太人不满就成了借口。

除了"波兰问题"之外，帝国内部的形势丝毫没有引起当局的不安。俄国还很稳固，能确保安宁。改革的一个很大的方向就是改善帝国行政部门的运行情况，这是农民解放所引发的新情况。改革对于恢复俄国的力量是有必要的，从地缘政治的角度来看，俄国是不可能不对世界各国发挥影响力的。

"集中精力"作为戈尔恰科夫（他认为必须休整之后再积聚力量）以来俄国外交政策的基石，只持续了很短的一段时间。帝国的力量和威望只有在盟友的帮助之下才能得到恢复。寻求盟友也就让俄国踏入了复杂的国际关系体系之中。1799年，尼古拉一世时期领导外交事务的费奥多尔·罗斯托普钦伯爵这样表达了自己的观点："除了贸易之外，俄国不应和外国保持任何关系。尽管局势时时在变，会产生新的关系和新的关联，但这一切只不过是偶然所致，只会是暂时的情况。"

皇帝在页边写道："神圣的真理。"[26]保罗的儿子亚历山大一世在帝国的使命方面并不同意这样的观点：战胜拿破仑之后，他制定的政策是为了捍卫"道德和秩序的永恒原则"，这个政策扩展到了整个欧洲，包括伊比利亚半岛。尼古拉一世的外交政策的行动半径还有点小。在欧洲，这个政策就是恢复秩序，在俄国边远地带清除革命的温床。

克里米亚战争失败显示了俄国的弱点，它在欧洲的利益范围巴尔干地区日益缩小。奥斯曼帝国在欧洲也有地盘，这样一来，它的那块地盘也就变得更为脆弱。巴尔干地区斯拉夫人和东正教徒人数众多，似乎是东正教斯拉夫帝国的天然盟友。由于被克里米亚的联军打败，黑海实施中立化政策，俄国便丧失了在巴尔干地区的地位。

寻求盟友的俄国转向了克里米亚冲突的煽动者法国，战争期间，法国是俄国人主要的军事对手。巴黎也表达了想要接近的愿望。塞瓦斯托波尔已化为灰烬，双方很明显是利益共同体。东方战争的借口是是否要扣留伯利恒圣殿的钥匙，无论对法国还是俄国，这都不是什么正儿八经的借口。战后，巴黎和彼得堡立刻达成协议，共同保存这些不祥的钥匙。从想要在东方发挥影响力的方面来看，英国是俄国真正的对手。至于彼得堡和维也纳之间的关系，可以说是互相瞧不起：俄国仍然记得克里米亚战争时期奥地利的"忘恩负义"和"背叛"行为。而奥匈帝国这一边（半数人口是斯拉夫人），则倾向于把自己看作占据不利地位的"救世主"。

俄法能走近，有着坚实的基础，那就是和英国的对立、对巴尔干地区拥有共同的利益。拿破仑三世希望削弱多民族的帝国（奥匈帝国和奥斯曼帝国），所以支持民族运动，这个政策和俄国的利益可以说完美契合。厌恶奥匈帝国的戈尔恰科夫亲王坚定支持俄国和法国联合起来。

巴尔干地区的共同政策导致了第一个明显的结果：1859年，摩尔达维亚和瓦拉几亚这两个公国合并了起来。亚历山大·库扎成了亲王。1861年，苏丹被迫同意成立独立的政府。由此便诞生了罗马尼亚。罗马尼亚仍然受土耳其的保护，但这纯粹只是形式上的保护。在塞尔维亚，法国支持奥布列诺维茨家族的王朝，承认其获得王位继承权。1858年，法俄舰队出现在了亚得里亚海，迫使土耳其中止和黑山的战争，同意让后者扩展领土。1857年9月，亚历山大二世和拿破仑三世在斯图加特见面，向欧洲全境展现两个前不久还是敌人的国家衷心谅解了对方。

亚历山大二世不像外交大臣那样亲法。皇帝对拿破仑三世的意大利政策颇感担心，在彼得堡看来，拿破仑三世是在将革命之火越煽越旺。尼古拉一世的儿子始终倾向于"思想正统"的国家：普鲁士，以及背叛过自己的奥地利。但很明显的一点是，和法国结盟有助于俄国大致恢复在巴尔干地区的威望。

波兰暴动让法俄协定破裂了。"克里米亚各国"都支持波兰起义军。法国完全站在他们一边：民主派以自由之名保卫"不幸的波兰"，神职人员则以宗教之名支持波兰的天主教徒。英国同样支持波兰，因为暴动可以削弱俄国，破坏法俄协定，还因为波兰人在英国，特别是爱尔兰更受欢迎。奥地利政府1846年曾无情镇压过加利西亚的波兰人起义，此时也几乎公开支持起义军。

"克里米亚各国"的目的并不是恢复波兰。伦敦并没有忽视，复苏的波兰立刻就会和法国结盟，这样就会让法国在欧洲具有举足轻重的力量。奥地利也很清楚恢复波兰国对斯拉夫人来说根本无法接受。法国知道自己凭一己之力是没法恢复波兰的。而且，支持叛军的任何一方都没想真正帮助它。1863年6月，各国致信俄国，建议它停止军事行动，宣布全面赦免义军，恢复1815年的"宪章"。戈尔恰科夫亲王的回答是，想要谈判，就先让暴乱者投降。三个瓜分波兰的国家只能进行讨论。

英法两国发现自己被排除在了针对波兰的谈判之外，但普鲁士没有。我们说过，俄国在克里米亚战争中战败了。但战胜者只是到了后来才出现。其中一个就是参与冲突的皮埃蒙特，意大利就是以它为中心统一起来的。普鲁士是另一个战胜者，虽然它没出兵打过仗。和俄国结盟，普鲁士便得以形成日耳曼帝国，这和以前的方式完全一样，那时候，在沙皇俄国的支持之下，从勃兰登堡开始，普鲁士由此形成。

普鲁士是欧洲唯一一个支持俄国政府镇压波兰起义军的国家。克里米亚战争期间，普鲁士采取了友善的中立政策。但俄国战败之后，普鲁士的政府人士当中就出现了拆解帝俄的计划：波罗的海诸省（连同彼得堡）在普鲁士和瑞典之间瓜分，恢复纵贯黑海和波罗的海的"大波兰"，其余地方则在大俄罗斯和小俄罗斯之间分配。博文广识的哈克斯豪森男爵大力支持这些计划，斯拉夫派就从中得到了启发。作者讨论了俄国（一亿人口）的发展前景。英国的盟友普鲁士则致力于让欧洲远离这个危险。[27]

拆解俄国的计划之所以令人感兴趣，是因为从中可以看出普鲁士政策中那些持之以恒的趋势，后来这些趋势成了德国的政策，到了20世纪40年代，德国还设法想要实现这个目标。这些趋势还让人可以了解对另一项政策的抵制程度有多厉害，提出这项政策、后又加以实施的正是奥托·冯·俾斯麦。照俾斯麦的说法，若想以普鲁士为核心，"用铁与血"统一德国的话，就必须同俄国确立友好的关系。他写道："和法国，我们根本不可能会有和平；如果自由主义的废话或王朝的那些蠢事不会歪曲这场游戏的话，那和俄国，根本就不需要战争。"[28]

外交政策的两个概念也在彼得堡发生了冲撞。俾斯麦提到自己担任普鲁士驻俄国大使的那个时期，他特别指出了"年轻一代的反德趋势"，他指的就是尼古拉一世之后的那些外交官，特别是戈尔恰科夫亲王。这些反德情绪并不仅仅来自这样一个事实，如萨尔蒂科夫-谢德林所说的那样，"半数俄国官员和所有药剂师清一色都是德意志人"。斯拉夫派再三声称德意志人是斯拉夫人的敌人。这话主要是指奥地利，但普鲁士势力的增强也开始让外交官和军人坐立不安起来。

亚历山大二世即便在和法国亲近的那段时期，也仍然是"亲德"的坚定支持者。1860年，俄国驻法国大使基谢列夫伯爵向皇帝提出了正式和法国结盟的计划，亚历山大二世在页边写道："反对谁呢？"普鲁士和奥匈帝国似乎是欧洲安宁的壁垒。而且，俄国沙皇对自己的舅舅威廉王储相当尊敬，1861年，威廉王储登上王位，十年后，又成了德意志皇帝，名为威廉一世。俾斯麦再三说道："亚历山大二世和他的众多臣民及高官不同，他对我们有好感……我们可以认为在他有可能采取的措施当中，不太会让俄国来反对我们。"[29]离开彼得堡之前，普鲁士大使向沙皇道别，他对沙皇说很遗憾要离开这个他很喜欢的国家，亚历山大二世立刻就建议他转而为俄国服务。但俾斯麦另有打算。

对俄国外交政策定位问题的讨论到1863年就结束了。当时，只有普鲁士支持俄国镇压波兰起义军。亲身见证这些事件的奥托·冯·俾斯麦认为他在彼得堡的使命之一就是对抗他所谓的戈尔恰科夫的"亲波"政策。沙皇向这位普鲁士大使解释说，波兰作为叛乱的温床，得到了欧洲各国的支持，所以存在一个想要恢复到1815年局势的计划。但又不可能让波兰人俄国化，因为他们信仰天主教，俄国行政部门也缺少这样的经验。"俾斯麦说他无法判断这个计划是否经过了深思熟虑。"[30]普鲁士大使说到了自己反对俄波关系正常化的理由，说得很简洁：俄国人和波兰人之间关系好，就会使俄法关系得到强化。

1863年初，普鲁士将军古斯塔夫·冯·阿尔文斯莱本在彼得堡签署了一份协议，协议规定普鲁士不得对波兰起义军提供直接或间接的任何援助，如有需要，需从边境一侧积极参与对叛军的镇压。对俾斯麦而言，阿尔文斯莱本协议（最终定名）不具军事价值，而有外交价值。"铁血宰相"承认，俄军若无普鲁士的援助，仍可打败波兰叛军。对于这一点，俄国政府内部反对和普鲁士接近的人，尤其是戈尔恰科夫亲王和康斯坦丁大公都很清楚。签订协议的决定是亚历山大二世做出的。俾斯麦得出结论："协议可以说是虽败犹胜，赢了一局。"俄国政府内部两种趋势，即反波君主制一派和亲波泛斯拉夫一派之间的冲突，以前者胜出而告终。[31]

在没有普鲁士援助的情况下，俄军镇压了波兰的叛乱。但普鲁士获得了俄国的同意，夺取了丹麦的石勒苏益格和荷尔斯泰因这两个省，作为签订阿尔文斯莱本协议的报酬。1864年，普军冲入丹麦，以援助同胞之名，向少数族裔德意志人伸出援手，这些德裔民众都生活在石勒苏益格和荷尔斯泰因。很久以来，普鲁士就从来没有掩饰过自己对这两个丹麦省份的诉求。戈尔恰科夫激烈反对这种做法。他一而再再而三地说："俄国完全无法忍受环带[32]成为第二个博斯普鲁斯海峡。"[33]但他没法直接反对皇帝的意志。同样，普鲁士和丹麦之间古已有之的友谊和亲缘关系也不会成为他们和普鲁士发展亲密关系的障碍。

1864年，普鲁士战胜了丹麦，踏出了通往帝国之途的第一步。1866年，又跨出了第二步：普军击败了奥军。这次，除了俄国保持友善的中立态度之外，法国也持中立态度，普鲁士便正好可以利用这次机会，但1870年，法国就因此成了普鲁士的牺牲品。战胜奥地利使普鲁士可以创建北德意志邦联，囊括了位于美因河一线以北的所有国家。1815年战胜拿破仑的那些国家对欧洲所作的划分此时发生了改变。这也就意味着一个强大的邻国出现在了俄国的西部边界地带。在俄国的领导层，许多人对此都很恐惧。但有一小批由外交官和军人组成的有影响力的群体却认为，和普鲁士走得近可以确保俄国边界的安宁，使俄国可以采取积极向东推进的政策。

19世纪末确立的亚历山大二世在位时期的大事记还记录了1856

年（签订巴黎条约，俄国失败）之后的事：1858年，吞并阿穆尔河地区；1859年，占领高加索东部；1863年，波兰起义受挫；1864年，占领西高加索。之后就是向中亚地区成功推进：1865年，夺取塔什干；1868年，夺取撒马尔罕和布哈拉；1873年，征服希瓦；1875年，吞并浩罕汗国；1881年，夺取盖奥克泰佩阵地。此外，大事记还记录了1877至1878年的俄土战争。

外交大臣戈尔恰科夫所说的"集中精力"政策在该部的亚洲事务处遇到了激烈的抵抗，该处负责俄国在巴尔干地区、亚洲、远东地区的政策，同样采取抵制措施的还有战争部。中亚受到了扩张主义政策支持者的关注。俄国很久以来就对这个方向感兴趣，只是当时还不认为那儿具有头等的重要性。

但19世纪50年代末，中亚的作用急遽增长。到1850至1861年，彼得堡召开了好几次会议，专门讨论中东地区的政策问题。1861年，拥有二十八年外交经验、少将军衔的尼古拉·伊格纳季耶夫被任命为亚洲处处长。1856年起，尼古拉·伊格纳季耶夫就在伦敦担任武官一职，他坚信英国是俄国的头号敌人。俄国在亚洲的殖民地对英国实施打击，就能解决巴尔干地区的问题。一直到70年代末，伊格纳季耶夫都将在俄国外交政策中起到重要的作用，如1864年起担任驻君士坦丁堡大使。

亚洲处处长得到了奥伦堡和东西伯利亚的军事首长的支持，他提议马上向中亚地区发动攻势。伊格纳季耶夫的计划是安娜·约安诺夫娜在位时期的伊万·基里洛夫计划的延续，基里洛夫建造了奥伦堡（1736），还梦想"将布哈拉和撒马尔罕分隔开来的诸多省份统一起来"。

在这一个世纪的时间里，俄国人前仆后继地涌入中亚地区。1853年，占领浩罕汗国的大型要塞阿克-梅切特（相继更名为佩罗夫斯基堡、克孜勒奥尔达）之后，俄国又夺取了锡尔河下游河道，边界也从奥伦堡迁至土库曼斯坦的边缘地带。夺取巴尔喀什湖南部盆地（1854年创建了维尔内城，后来成为阿拉木图）之后，边界又迁至七河地区。伊万·基里洛夫的梦想成真了。

19世纪初，中亚地区相继成立了布哈拉、浩罕、希瓦诸汗国。它们都成了俄国扩张政策的靶子。俄国以生活在俄国领土上的商队和土著部落遭劫掠为借口。两个动机形成了俄国政策的底色：政治上，要阻碍英国在亚洲的计划；经济上，俄国工业界对贸易发展感兴趣。

60年代初，亚历山大二世支持戈尔恰科夫亲王的观点，也就是使欧洲成为外交领域的主要战线，拒绝恶化和英国的关系。1863年的波兰起义使局势发生了变化。英国在外交层面上果断加入义军。1864年11月，皇帝在向中亚地区推进的计划书上签了名，这个计划是外交部和战争部联合筹划的。其间开始了军事行动。1864年7月至9月，俄军沉重打击了浩罕汗国的军队，后者是俄国最强劲的对手。第一次进攻失败之后，切尔尼亚耶夫将军于1865年6月夺取了塔什干城。这是中亚最重要的城市，有十万人口。希瓦汗国签订了和平条约，从而成了俄国的保护国。1866年5月，布哈拉埃米尔的军队遭到歼灭。这次皇帝又签署了一份敕令，使埃米尔成了俄国的附庸。

从这些轻易得来的胜利来看，俄军拥有压倒性的优势，征服高加索之后，与山民作战的老兵集结起来，并配备了线膛枪，克服了彼得堡政府内部最后的抵制。浩罕汗国、布哈拉汗国和希瓦汗国的军队装备差，训练差，无法阻挡"白色沙皇"的军队，他们就是这么称呼俄国皇帝的。不过，俄军在穿越沙漠的时候，炎热和疾病也让他们吃尽了苦头。1867年，设立突厥斯坦省，确保俄国牢牢地掌控中亚地区两条大河（锡尔河与阿姆河）的河谷地区。省长将军权和民事权全都掌握在了自己手里，获此职位的就是那个时代俄国最优秀的行政管理专家考夫曼将军。

考夫曼省长在中亚核心地区巩固了自己的权力之后，和战争部通力合作，向希瓦和土库曼部落发动攻势。1869年，夺取克拉斯诺沃茨克。1873年，俄军向希瓦进发；5月，攻陷希瓦汗国。大汗签了条约，承认作为彼得堡属国的地位。1875年，浩罕汗国的民众起来反对可汗，遭俄军无情镇压。这次，年轻的斯科别列夫将军（1843—1888）突然就在整个俄国成了名人。他被任命为费尔干纳地区（之前的浩罕汗国）的军区司令。

70年代中期，中亚的一大部分地区成了各种形式的俄国属国：有些地区成了帝国的一部分，还有一些地区暂时成为附庸。战争大臣米留京在报告中写道，俄国胜利的"回响远远超出了中亚边界。丝毫无法容忍我们在这片地区得手的英国人对此倍感忐忑"。[34]

眼看"俄国熊"快要接近印度边界，英国自然很警惕。俄国发现英国人忐忑，它自己也开始忐忑起来。彼得堡要寻找盟友。当美国的北方和南方发生战争时，俄国断然支持林肯政府。为了展现帝俄对美国共和人士的热烈情感，彼得堡还派遣了一支部队前往参战。公开支持蓄奴制的英国从这个举动看出俄国对英国的政策颇为不满。卡拉科佐夫枪击案发生之后，美国参议院于1866年4月向俄国致函，内容颇为特别，信中说，美国人得知亚历山大二世性命无虞，皆欢欣鼓舞。参议院的特使前往彼得堡，想要亲自将这封信交到皇帝本人的手上。

当时，针对将"俄属美洲"卖给美国人一事正在进行紧锣密鼓的谈判。1842年，罗斯堡经由俄美公司出售给了约翰·塞特，阿拉斯加问题于是浮上了水面。1858年，俄国驻华盛顿大使收到指示，要求他谨慎行事，让美国人知道俄国是不可能同意出让阿拉斯加的。美国内战一旦停止，谈判就会进入更具体的阶段。

亚历山大二世认为有必要放弃这块遥远的海外领土，他这么想是有不少理由的。第一个理由就是，俄国确信自己是个欧陆强国。这也是亚历山大一世的观点。1812年，夏威夷诸岛提出想要受俄国的保护，拿破仑的战胜者予以了拒绝。俄国并没有适于劈波斩浪的舰队，也不想建造这样的舰队。帝国向远东推进也让俄国的利益点发生了偏移，从美国海岸转移到了中亚和满洲地区。

美方也有许多人反对收购阿拉斯加，这片冰天雪地似乎完全没什么用处（要到1896年才在那儿发现黄金）。这个想法本身就被称作"苏厄德之蠢"，这个名字取自国务卿苏厄德，他一直坚持己见，想要让这事尘埃落定。俄国大使斯托克列男爵要价一千万美元，威廉·苏厄德的报价是五百万。1867年，美国同意支付七百二十万美元将"俄属美洲"买下。

这笔生意谈成的时候，俄国正在向中亚地区推进。亚历山大二世正"集中精力"，想巩固向东扩张的计划。为了使俄国在远东地区的地位稳固，彼得堡于1875年将和日本关系正常化。1855年，普嘉金将军出使日本（借助佩里准将的美式炮舰"发现"这个国家之后），签订条约，确定了库里尔群岛位于伊图鲁普岛和乌鲁普岛之间的两国边界。因此，日本获得了哈伯迈岛、施科坦岛*、库纳西尔岛和伊图鲁普岛。萨哈林岛被宣布为两国"共有"。二十年后，俄国同意向日本出让库里尔群岛，条件是日本放弃对萨哈林岛南部地区的主张。

俄国的舆论并不同意这样的协议，因为这样减少了帝国的领土面积。《呼声报》是彼得堡有影响力的媒体，也是温和自由派的机关报，该报由于批评出售阿拉斯加而遭审查迫害。"用库里尔群岛交换萨哈林，俄国不仅没有任何好处，还在这场闹剧中受了骗上了当，因为如果日本在库里尔群岛上修建坚固的港口，由此切断鄂霍次克海和日本海之间的联系，那俄国就会丧失进入太平洋的通道，成为笼中之鸟。但如果它留下这些岛屿，那太平洋就会永远向它敞开。"[35]

---

*施科坦岛为俄语名，日语和汉语均为色丹岛。——译注

移民国外的历史学家格奥尔基·维尔纳茨基在1927年写道:"亚历山大二世的政府将俄国一部分领土这么轻易地出让给邻国,着实令人震惊。能如此轻易,可见俄国政府和舆论内部对实力的认知已经崩塌。"这位历史学家认为,政府和社会都太过于操心国内事务。[36] 1995年,同样的国内事务正持续受到社会和政府关注的时候,研究俄国远东政策的一位专家深信不疑地写道:"1867年将阿拉斯加、阿留申群岛卖给美国,割让库里尔群岛给日本,可以说是沙皇外交政策的一大失误,对俄国在太平洋的利益造成了很大的损失。"[37]一直到20世纪末,库里尔群岛问题始终都是俄国和日本关系正常化的障碍。

人们刻板地认为帝俄扩张领土是自然而然的运动,和欧洲各国的征服政策毫无共同点。尼古拉·达尼列夫斯基在《俄国和欧洲》一书中写道:"如果我们客观公正地审视这件事,就会发现俄国的所有领土都不能视为是靠征服得来的,不能认为具有反民族的意义,从而遭到人类的憎恨。"[38]亚历山大二世同意不战而失地,是经过冷静计算的,这在俄国的历史上也堪称独一无二。

俄国在欧洲的成功可以减轻因丧失"俄属美洲"所引起的痛苦。1855年俄国战败所签订的巴黎条约遭到废除,这是亚历山大二世登基之后俄国外交政策上的一大任务。他等了十五年。为了达到这个目标,为了向唯一"忠心耿耿的盟友"表达善意,俄国帮助普鲁士成了强大的帝国。

普鲁士与法国发生战争,在俄国看来,这是一个大好时机,可以趁机宣布无须遵守巴黎条约限制其黑海权利的条款。法军在梅斯投降,承认法国战败之后,1870年10月,亚历山大·戈尔恰科夫向欧洲各国发了一份通报。英国和奥匈帝国激烈反对俄国单方面做出的这个决定,但它们没有任何手段来加以阻止。美国支持俄国。更重要的是普鲁士的支持。俾斯麦这样解释自己的立场:"1870年,我们自愿加入俄国这一方,就是为了摆脱巴黎条约的种种限制。这些限制很不自然，禁止在自己国家的沿海地区周边自由流动，对像俄国这样的大国来说，实在太羞辱人，始终觉得不可忍受。"德国首相毫不讳言："此外，我们对俄国大军向东进发毫不介意。"[39]换言之：俄国向东，而非向西推进，对德国而言是好事。

1871年初，经俾斯麦倡议，欧洲各国齐聚伦敦开会。会上同意撤除加诸俄国、土耳其以及沿海诸国的限制。俄国因此就能在黑海拥有自己的舰队，建造军事基地。事实上，俄国之前就已经在建造战舰了。签署伦敦协定之后，俄国七年时间没有造出一艘军舰，虽然戈尔恰科夫的通报特别提到新型军舰——铁甲舰——的出现，使得巴黎条约的限制对俄国来说更为难受。但重要的并不是铁甲舰（和土耳其发生冲突期间，缺乏战舰尤为明显），而是大国的威望。这种威望会重新得到确立。费奥多尔·秋切夫在写给戈尔恰科夫亲王的一封信中表达了对俄国外交上的这一大胜利欢欣鼓舞之情："没错，你们信守承诺，既没有开炮，也没有花一个卢布，心爱的俄国土地就又拥有了自己的权利。"

这确实是外交上的胜利：没有发生战斗，只是利用欧洲有利于自己的局势，便在1855年战败之后拿回了失去的东西。但这十五年里，欧洲的形势发生了变化。普鲁士成为帝国。伦敦会议期间，普鲁士的威廉国王在凡尔赛宫的镜厅宣布自己是"德意志皇帝"。俾斯麦说威廉想要成为"德国皇帝"。但首相由于担心德国的许多君主会表示不满，便说服他选择"德意志皇帝威廉一世"这个名号。

1872年9月，亚历山大二世前往柏林，俾斯麦也邀请了奥地利皇帝弗朗茨-约瑟夫前来。首相计划和最近被打败的奥匈帝国结盟，同时也吸收俄国加入这个盟约。三国于是签订了条约，欧洲后来称之为"三皇协议"。事实上，皇帝们并没有真的签订协议，它们只是在1873年交换了对三个问题的看法：欧洲边界如何维系；东方问题；共同采取措施抵制威胁皇权的革命风潮。这似乎又回到神圣同盟的传统路子上去了，只是这次德国占了主导地位，完全将奥匈帝国和自己的政策捆绑在了一起。1949年，针对三个皇帝在柏林会晤一事，叶甫根尼·塔尔列认为"协议"只不过是"俾斯麦最擅长的托词和障眼法，而这完全触犯了俄国的利益"。[40]

这位苏联历史学家是在纳粹德国战败之际表达了这个观点的，但"三皇协议"的许多同时代人也都支持这个看法。负责俄国外交政策的亚历山大·戈尔恰科夫认为普鲁士变成一个大帝国对俄国而言是个威胁。但最后拍板的是亚历山大二世，皇帝像是喝了柏林的迷魂汤，认为他舅舅的帝国是个抵制革命、解决东方问题的忠实盟友。

在俄国社会，克里米亚战争激发了人们对外交政策的浓厚兴趣。自由主义改革使人们可以表达自己的看法，无需和官方观点强行保持一致，而其中涉及的观点首先就和外交事务有关。分析国际局势的报章变得更具影响力。法国大使发现了俄国媒体的这个新角色，他在《呼声报》上发表了一篇文章，说有人批评拿破仑三世在意大利的政策。报纸（印量达到两万份，在当时那个时代算很多了）收到了政府的"警告"。米哈伊尔·卡特科夫（1818—1887）先是从1856年起担任《俄国信使报》编辑，后又自1863年起担任《莫斯科新闻报》编辑，后者同样在政治和社会生活领域起到了主要作用。卡特科夫在多年的研究过程中，同别林斯基、赫尔岑和巴枯宁成了好友，随后他又致力于文学批评，在莫斯科大学教授哲学；他是个自由主义者，认为英国是国家组织的典范。波兰起义促使他重新思考起了自己的政治选择。俄国的知识分子阶层后来无法原谅他的"叛变"、他的过渡，他的那些对手后来说他站在了"蓄奴制的反动阵营里"。

米哈伊尔·卡特科夫成了古典教育的狂热支持者（支持增加拉丁语和希腊语的学习时数），反对学习自然科学，认为那是"革命者"的发电机；他发声支持专制君主，成了斯拉夫派，认为俄国的使命就是解放斯拉夫兄弟。以前，俄国从来没有一个政论家对国家政策发挥这么大的影响力，后来也很少有记者会造成如此大的冲击力。卡特科夫在和瓦卢耶夫大臣辩论的时候，声称会停办《莫斯科新闻报》。亚历山大二世于是当起了"和事佬"。1866年夏，住在莫斯科的沙皇和卡特科夫见了面，要他恢复报纸出版。1870年初出版的一份小册子列举了这位《莫斯科新闻报》编辑的功绩："谁在领导整个俄国？谁让大臣们上上下下？……谁将俄国人从波兰人的手中拯救了出来？……是米哈伊尔·尼基弗里奇·卡特科夫。"[41]

米哈伊尔·卡特科夫之所以这么有影响力，是因为他在字里行间支持亚历山大二世的政策，一旦发现皇帝有悖于他所理解的俄国的利益，政论家就会批评皇帝。这儿所涉及的首先就是外交政策。从这个观点来看，舆论大多都站在了他的一边。这一点在1863年尤其明显，当时米哈伊尔·卡特科夫在其社论中呼吁粉碎波兰起义，还指责赫尔岑，我们说过，赫尔岑在伦敦的《钟声》上发声，支持波兰人为自由而斗争的精神。当国家和自由发生冲突的时候，俄国舆论选择国家，米哈伊尔·卡特科夫则紧随其后，抛弃了赫尔岑。不过，卡特科夫认为波兰叛乱只是一场战斗，和自由无关，而和权力有关，"从叛乱的起源和特征来看，这就是一场耶稣会的阴谋"。

米哈伊尔·卡特科夫的斯拉夫倾向源于他对俄国外交政策的批评。《莫斯科新闻报》的编辑认为，和斯拉夫的敌人德国发展友谊对帝俄很危险。米哈伊尔·卡特科夫的观点反映了俄国大多数人的看法。1870年战争期间，亚历山大二世的政府支持普鲁士（尽管官方态度是保持中立）。舆论则站在法国一边。忠于事实的编年史作者阿列克谢·尼基坚科在1871年1月14日的日记中写道："……在我有机会走过的所有社会当中，都表达了对旗开得胜的普鲁士人的敌视，对法国遭遇不幸的同情。无论男女，无论普通人还是受过教育的人，一律都持此观点。"[42]另一个同时代的人言简意赅地归纳了当时的局势："在法国战败，德军得胜的情况下，我国政府和舆论从未出现过如此龃龉的情况。"[43]

普鲁士得到增强、变成帝国，使俄国旧有的敌视之上又多了一层恐惧。观点各异的人都表达了反德情绪。米哈伊尔·巴枯宁痛斥"德国沙皇"，即罗曼诺夫家族的荷尔斯泰因-戈托普王朝。他讲起了"两百年的德国桎梏"，认为"最好和德国人开战"，甚至还说"斯拉夫人必须这么做"。[44]米哈伊尔·斯科别列夫将军（1843—1882）是中亚战争和土耳其战争中战功赫赫的英雄，他也兴致勃勃地表达了同样的观点。从"白色将军"的诸多肖像来看，这位身着白色军服的年轻指挥官骑坐于一匹白色骏马上，1917年之前，这些肖像一直装点着俄国的住宅。这位英雄广受欢迎，所以他的观点也就有了分量。对斯科别列夫将军而言，一切都很清楚："没错，我国到处都是外国人！他们的手伸得到处都是。我们成了其政策的玩偶，阴谋的牺牲品，武力的奴隶……如果你们问我这些外国人、滑头货、阴谋家、敌人当中，哪些人对俄国人和斯拉夫人最危险，我会对你们说……是德国人。我要再三向你们重复，我们的敌人就是德国人，你们千万别忘了！"[45]

1875年春，年轻的德意志帝国对法国恢复得这么快感到惴惴不安，于是着手准备接下来的冲突，正如俾斯麦所说，这么做是为了让"病恹恹的法国恢复不了健康"。[46]一旦德法爆发战争，俾斯麦就会悄悄地通知和自己相同立场的那些大国。奥地利觉得这对威廉一世的帝国并没什么好处，但它自己又太弱，没法反对柏林的计划。虚弱的意大利就更是如此了。现在就剩下俄国和英国这两个国家。俄国大臣亚历山大·戈尔恰科夫坚决反对和法国打一场预防性战争。在这一点上，战争大臣米留京支持他的看法，宫廷里的人都称之为"敌德派"。1875年5月，戈尔恰科夫给俄国大使们发了一封通告，宣称经过俄国的努力，欧洲的战争威胁消失了。英国不愿让彼得堡政府独占和平的荣耀，便表示反对预防性战争的计划。

在分析自己失败的原因时，俾斯麦把所有的过错都扔到了戈尔恰科夫身上，如德国首相所写，戈尔恰科夫毫无理由地指责他想要和法国开战的企图。俾斯麦解释道："唯一可以确保俄国友谊牢不可破的就是正在统治的皇帝本人。"[47]当戈尔恰科夫成功让亚历山大二世了解到德国政策的危险性时，俄国的政策便开始发生了改变。俾斯麦亲王没有掩饰自己的失望之情，于是向戈尔恰科夫发出了如下警告："我坦白地对您说，谁是我的朋友，那我就是他的朋友，谁是我的敌人，那我就是他的敌人。"

戈尔恰科夫被列入俾斯麦的敌人之列。亚历山大二世则是潜在的盟友。德国首相千方百计将俄国的政策导向东方。叶甫根尼·塔尔列写道："聪明的俾斯麦竭尽所能想点燃俄土战争，而后来愚蠢无能的威廉二世则想推动俄日战争。"[48]俄国政策的东方战略不仅将彼得堡的注意力从欧洲事务上引了开去，还让俄国和奥地利对着干，而且俾斯麦也同样让奥地利转向东方，向后者承诺会帮助它夺取巴尔干的土地，以此来抚慰奥地利丧失意大利土地之痛。炮制"三皇协议"的俾斯麦让其中的两方彼此争斗，自己则抽身事外，同时表明自己会支持俄国和奥地利。俾斯麦灵活的外交手腕使得在俄国人的口中，"德意志"成了专门指称奥地利的词语，从而让奥地利成了俄国在巴尔干地区的直接对手。

俄国的舆论出其不意地倒向俾斯麦一边。对土耳其发动战争的想法得到了大众的支持。后者认为那是解放战争，可以让被穆斯林压迫的斯拉夫人获得解放。但在斯拉夫派看来，冲突所要达成的那些目标实在太过庞大。19世纪60年代的后五年，《俄国与欧洲》一书的作者尼古拉·达尼列夫斯基坚信："或迟或早，无论我们愿意与否，和欧洲的战争（或至少和欧洲大部分地区的战争）都难以避免，因为事关东方问题，也就是说事关斯拉夫人的自由和独立，事关对沙皇格勒的占领，而在欧洲看来，这都是俄国的狼子野心，而在每个名副其实的俄国人看来，这是他们历史使命的绝对要求。"[49]

这位斯拉夫派的理论家挑明了这个难题：一定要解决东方问题，如此才能解放遭受土耳其桎梏的斯拉夫人，夺取君士坦丁堡。既然欧洲不想用这样的方法去解决，那战争就不可避免。对达尼列夫斯基和其他斯拉夫派而言，解决这个地缘政治难题具有神秘的价值感：这样做，就能达成俄国的"历史使命"。谢尔盖·索洛维约夫将东方问题视为欧洲和亚洲、海滨地区和大草原的战斗。但尼古拉·达尼列夫斯基并不认同这种阐释。他断言这并不是东方和西方的战斗，而是罗马-日耳曼世界和希腊-斯拉夫世界的战斗。夺取君士坦丁堡的海峡将使俄国成为未来"泛斯拉夫联盟"的核心，以此来和"解体的"罗马-日耳曼文明抗衡。俄国有志于创造斯拉夫人民年轻的崭新文明。达尼列夫斯基写道，到了那个时代，土耳其人由于占有斯拉夫人居住的土地，所以发挥着重要的作用，必须不遗余力抵挡"罗马-日耳曼的压迫"和"西方的异教"。在出现斯拉夫人天然的捍卫者俄国之前，奥斯曼帝国还是有用的。

米哈伊尔·巴枯宁所梦想的"伟大自由的斯拉夫联邦"囊括了波兰、立陶宛、乌克兰的自由人民，他的这个目标和尼古拉·达尼列夫斯基的"泛斯拉夫联盟"的目标完全一致：就是"帮助我们惨遭普鲁士王国、奥地利帝国、土耳其桎梏的斯拉夫兄弟"。1862年，米哈伊尔·巴枯宁写道，"只要还有一个斯拉夫人仍然受到德国、土耳其或其他国家的桎梏"[50]，我们就不会插剑入鞘。

自1864年起即派往君士坦丁堡担任俄国特使，后又于1867年起担任大使（在奥斯曼帝国的都城待了近十三年）的尼古拉·伊格纳季耶夫就是斯拉夫派计划的现实版。他认为夺取君士坦丁堡的海峡地区具有实际的重要性，即战略和经济上的重要性：如此一来，就能确保俄国南部边界的安全，在黑海发展贸易。俄国的这位外交官将巴尔干半岛的斯拉夫人视为削弱奥斯曼帝国政策的可靠盟友。抵达君士坦丁堡之后，尼古拉·伊格纳季耶夫就知道自己想干什么。他的计划的要点是这样的：恢复俄国的威望，强化自己对奥斯曼帝国基督徒的影响力，和英国、法国、奥地利的影响做斗争，对最高朴特施加影响力，弱化俄国同奥地利和普鲁士的盟友关系。[51]

尼古拉·伊格纳季耶夫的计划与外务大臣戈尔恰科夫所主导的俄国的官方政策相左，而后者受到了沙皇的支持。但尼古拉·伊格纳季耶夫还是保住了位子。而这得益于宫廷、战争部以及媒体对他的支持。

尼古拉·伊格纳季耶夫的高光时刻出现在19世纪70年代中期。1875年夏，巴尔干人起事。波斯尼亚-黑塞哥维那爆发人民起义，该地位处奥斯曼帝国的西北部。翌年，起义军打到了保加利亚。1877年，塞尔维亚和黑山加入了反抗土耳其的战争。

这场巴尔干人点燃的火灾当中，每一处着火点之所以越燃越旺，都有各自特殊的原因。在波斯尼亚-黑塞哥维那，土地属于土耳其人来到之后皈依伊斯兰教的斯拉夫人。耕作的农民或是东正教徒，或是天主教徒。穆斯林占了总人口的大约三分之一。因此，暴动首先具有社会特征，是一场反对地主横征暴敛的起义。苏丹新课税种等于是在火上浇油。洛多皮山区的保加利亚人暴动遭到了令欧洲震惊的残酷镇压，也是属于同一种性质。巴什波祖克*这个词也就成了土耳其野蛮残暴的同义词。在一年多的时间里，土耳其军队并没有压制住波斯尼亚-黑塞哥维那的义军。俄国那时候并不认为有必要和奥斯曼帝国开战来解决东方问题：只要说服塞尔维亚和黑山参战，为其提供物质支持，让志愿军援助即可。1876年，黑山和塞尔维亚相继向土耳其宣战。尼古拉·伊格纳季耶夫对塞尔维亚人说："你们只要宣战，俄国就会跟进。"[52]

19世纪60年代初在莫斯科创建的斯拉夫委员会是一个公开的组

---

* 巴什波祖克（başıbozuk）是土耳其语，指奥斯曼帝国在局部冲突中使用的雇佣军和非正规军队，以其残暴著称。——译注

织，目的是推动泛斯拉夫主义的理念。其行动多次和官方政策相悖，但得到了政府内部斯拉夫派圈子的支持。巴尔干地区的动荡，土耳其人在保加利亚犯下的暴行，塞尔维亚和黑山加入反对奥斯曼帝国的战争，都对斯拉夫委员会的行为起到了显著的推动作用。斯拉夫委员会对"十恶不赦的恐怖暴行，女孩子们被活活烧死"，还有巴什波祖克的肆意掠夺提出了指控，说这一切都是"在古老伟大的东正教沙皇国废墟上安营扎寨的亚洲人"，也就是奥斯曼帝国的杰作，都是因为"整个西欧合力"，才得以让奥斯曼帝国存在下去。

捐赠物资像雪片般飞向斯拉夫委员会，以援助巴尔干地区的斯拉夫人。但官方禁止地方自治局用自己的钱支援南部的斯拉夫人。教会组织筹款，公务员也捐出了一定比例的薪水。委员会仅靠自己（其他捐赠物资直接寄往黑山、塞尔维亚、黑塞哥维那）就筹得了一百五十多万卢布，以解决巴尔干人暴动之需。

俄国始终都和土耳其保持和平，但在莫斯科邻近委员会的地方开设了一处征兵办公室，志愿者们（基本上都是退役军人）都在此报名参加塞尔维亚的军队。参战军人数量达到六千。中亚战争英雄米哈伊尔·切尔尼亚耶夫将军也亲自前往塞尔维亚。塞尔维亚的米兰亲王任命他为军队统帅。很快就发现，人数不多、训练差、装备差的军队（塞尔维亚并无常规军）根本不敌作战经验丰富的土耳其士兵。必须拯救塞尔维亚。

"巴尔干暴动"有好几个着火点，但没能连成一片。俄国的斯拉夫派没有明白的是，当时并不存在一个反抗土耳其压迫的全国性的东正教运动。巴尔干半岛的两大主力民族，保加利亚人和塞尔维亚人，两者之间的敌对关系有时不亚于和土耳其人的敌对关系。保加利亚人对希腊人的憎恨胜于对土耳其人的憎恨。1873年，康斯坦丁·列昂季耶夫（1831—1891）继达尼列夫斯基之后，在一篇名为《泛斯拉夫主义和希腊人》的文章中说，保加利亚的教员向学生灌输对君士坦丁堡东正教牧首的憎恨之情，对学生说"苏丹的政府如慈父一般，将保加利亚人从希腊人手中拯救出来"[53]，因此要对苏丹政府效忠。

巴尔干地区的动荡为"东方问题"开启了一个新篇章：奥斯曼帝国崩溃再度成了一种威胁，因为这样不可避免地会导致出现遗产继承的问题。1875至1876年，欧洲各国的外交行动相当密集，目的就是维系奥斯曼帝国，并迫使其进行有利于基督徒的改革，也就是说让最高朴特放松对巴尔干地区的压榨。他们要求土耳其人赋予当地人自治权，扩大塞尔维亚和黑山的领土。让保加利亚独立的计划正在拟定之中。尼古拉·伊格纳季耶夫显得特别活跃：他代表俄国参加了君士坦丁堡的会议，且在欧洲多方走动，试图让西方各国明白，必须对土耳其"实施牵制"。

"欧洲各国协调一致"（"六大国"指英国、俄国、德国、法国、奥匈帝国、意大利），大多支持压制土耳其，迫使其在巴尔干地区实施改革。法国新生的共和国尽管仍然动荡不定，但也做了很多工作。意大利并没有自己的东方政策。普鲁士支持俄国。1876年夏，亚历山大二世在赖希施塔特和弗朗茨-约瑟夫会晤，最终和奥匈帝国达成了谅解。

而英国则反对俄国的政策。俄国的舆论对此义愤填膺。1876年8月25日，阿列克谢·尼基坚科写道："这项任务最棘手之处就是如何驯服英国，英国就是一头狂吠的狗，只想着扑向俄国。"[54]巴尔干危机日益严峻之时在瑞士游历的尼基坚科发现到处都是敌人："如今，英国人和土耳其人竟已成了同义词，我总是能时时处处看见许多英国人，这让我很害怕。我就对自己说：不知什么时候，就会突然冒出一个巴什波祖克或切尔卡斯人，向我扑来。"[55]

俄国对英国的不满是有根据的。托利党党魁迪斯雷利通过驻君士坦丁堡的大使，千方百计反对削弱奥斯曼帝国的提议。俄国大使伊格纳季耶夫对阿卜杜勒-阿齐兹苏丹具有很大的影响力，后者遭到废黜和杀害。政变的谋划者就是民族主义者的领袖米德哈特帕夏，他坚决不愿对基督徒作出让步。1876年5月坐上皇位的穆拉特五世在当年8月遭到推翻。新苏丹阿卜杜勒-哈米德反对改革。被任命为大维齐尔的米德哈特帕夏制定了宪法，并于1876年12月颁布。令欧洲震惊的是，土耳其竟然成了议会君主制国家。因此，正如苏丹政府所指出的那样，对扩大基督徒民众的权利进行讨论就没了方向：帝国内的所有人自此以后都拥有相同的权利。

1877年3月起，伊格纳季耶夫将军在欧洲兜了一圈，去了柏林、维也纳、罗马、巴黎。他的提议处处都受到了欢迎。只是，伦敦并没认可。但由于大多数国家都站在他这一边，伊格纳季耶夫便召开了一场会议。他向土耳其提议的改革计划再次获得采纳。苏丹得到国会的支持，否决了这项提议。亚历山大二世对此的回复就是宣战，他在宣言中说，他认为自己有责任考虑受压迫基督徒的呼声。

只有俄国投入了战争，它只和罗马尼亚签订了盟约。克里米亚战争结束之后过去了二十二年。在这段时间内，俄国已进行了改革，军队的指挥官是战争大臣德米特里·米留京。军队得到了重组（1874年，六年服役期和所有人义务服兵役的规定得到了确立），装备现代化，依照欧洲式样设计了新军服，所有这一切都使人以为俄军可以轻易击败土军。但许多事情仍然未变，尤其是对冷兵器的信奉，刺刀也仍然是步兵的主力武器。著名的军事统帅和军事理论家米哈伊尔·德拉戈米洛夫将军认为"火器为自保之用，而白刃对应的是个人的牺牲……牺牲的象征就是刺刀，唯此一家"。受这种流布极广的观念的影响，人们普遍认为教士兵射击射得远、射得快就是道德上的堕落之举。

俄国的军事干预受到了普鲁士的欢迎，奥地利对此也并不怎么害怕。但担心俄国人征服浩罕的英国已不再恐惧，他们认为对土战争会让俄国的注意力从中亚转开。对土战争获得了俄国社会的热烈赞许。

塞瓦斯托波尔保卫战仍然是俄国历史上的英勇篇章，但这场由尼古拉一世发动的东方战争的意义仍晦暗未明。1877年战争的目标就要高尚得多了：俄国是为了拯救斯拉夫兄弟。尼古拉·达尼列夫斯基认为这是一场"民族"战争，他说："从俄国一方来看，斯拉夫民族突然出现的利益超越了纯粹的政治利益……"[56]

1945年5月9日，斯大林在广播里宣布对德战争胜利，他特别宣告："斯拉夫人民为自身的生存和独立所进行的百年战斗，以对德国侵略者和德国暴政的胜利而告终。"[57]伟大的卫国战争因此不仅是民族的要求，还将占据和19世纪斯拉夫民族解放战争同等的地位。1995年，历史学家亚历山大·雅科夫列夫断言："克里米亚战争之后，俄国在19世纪只发动了一场战争，那就是巴尔干地区的解放战争。"[58]在他看来，征服高加索和中亚地区都不能算是战争。

挑起与奥斯曼帝国敌对态度的俄国统帅和舆论坚信，这场冲突短时期内将会以俄国的压倒性胜利而结束。他们没把土耳其军队当回事。战争在两条战线上开启：高加索地区和多瑙河诸省。在高加索地区，由洛里斯-梅利科夫指挥的军队于1877年5月占领了阿尔达汉要塞，阻断了土属亚美尼亚的道路，并继续向埃尔祖鲁姆进军。7月，俄军失利，被迫撤退，解了卡尔斯之围。6月底，俄军主力部队越过多瑙河，匆忙穿越保加利亚北部地区，陷入巴尔干地区的山口，与土军展开了血腥的战斗。

土军之顽强并非是令俄军震惊的唯一原因。保加利亚的那些富农比解放者过得要好得多，和这些人遭遇也令俄军很吃惊。进入崎岖难行的山区，俄军身后还带着大量的辎重，他们本以为土耳其人已经使保加利亚满目疮痍（官方宣传就是这么说的），什么都找不到。可是，他们发现这个亟待解放的国家竟然仓廪实，牛羊多，完全可以确保军队的给养。自此之后，保加利亚人不群起反抗土耳其人（战前的俄国对此深信不疑）也就没什么好惊讶的了。事实上，也只有少数人自愿加入俄军。

哈森坎普将军在日记中写道："我们相信在高海拔地区，到处都是蜂拥而来的志愿者：得花时间组建新的分队。我们现有六支部队，可是，直到今天，一个保加利亚人都没来加入。"[59]

6月，俄军快速推进，但8、9两月，就被大山挡住了去路。俄国对土耳其的要塞，比如希普卡、普列夫纳都耳熟能详，于是派出步兵强攻要塞，结果损失惨重。官方的情报——"希普卡山口，一切平静"——显得颇为讽刺。1月，局势发生变化：在极端严酷的冬季气候之下，俄军士兵发动三次进攻，夺取了普列夫纳，迫使土军的奥斯曼帕夏投降。巴尔干地区的最高峰从此以后就被抛在了身后。俄军士兵面前的这条路径直通往沙皇格勒。先头部队在距君士坦丁堡10至15公里处停了下来。军队司令部迁往圣斯特凡诺。1月19日，在哈德良堡决定休战。1878年2月19日，俄国和土耳其在圣斯特凡诺签订和约。此时，还在集结兵力的洛里斯-梅利科夫再次包围卡尔斯，夺下了这座要塞，这样就可以再次向埃尔祖鲁姆进军。

军事史学家亚·克列斯诺夫斯基在对战争进行总结的时候写道："俄军的指挥在六个月的时间里惨不忍睹，到第七个月则光彩迸发。"[60]胜利确实辉煌，还带来了和约，可谓意义非凡。签字的是尼古拉·伊格纳季耶夫。巴尔干地区的地图发生了变化。塞尔维亚、黑山和罗马尼亚获得了完全独立，扩大了版图。保加利亚得到了马其顿，成了自治公国，向土耳其交贡赋，而土军则会离开该国领土。土耳其着手在波斯尼亚-黑塞哥维那实施行政改革。俄国收复比萨拉比亚南部地区，克里米亚战争之后俄国失去了该地；在高加索地区，俄国获得了巴统、卡尔斯、阿尔达汉、巴耶济德这几座城市。

这对奥斯曼帝国而言不啻一场沉重的打击：和约几乎把领土的欧洲部分与帝国的亚洲部分完全切断。仍受帝国管辖的欧洲诸省，其国族发展观得到了极大的增强。但胜利也让俄国付出了惨重的代价：俄军在战场上损失了两万多人，近六万人受伤。[61]如将伤重而亡或病重而亡的人加上去，损失数字将会达到近二十万。

俄国的胜利规模，圣斯特凡诺条约所定的条件虽然解决了"东方问题"，有利于彼得堡，但也只是激发了欧洲各国的不满。英国的抗议特别激烈：哈德良堡停战协定签订之后，英国舰队驶入了马尔马拉海，目的是阻止俄军夺取君士坦丁堡。奥地利也大敲警钟，认为巴尔干地区和多瑙河有成为俄国专属保护地之虞。因此在国际舞台上，俄国就成了孤家寡人。其唯一的盟友罗马尼亚则对损失比萨拉比亚南部地区反应激烈。俄国对罗马尼亚提供了补偿，将三倍大的多布罗加让给了后者。这样就只存在一个难题：这是保加利亚的土地。

俾斯麦担当起了"诚实中间人"的角色，邀请欧洲各大国和土耳其的代表齐聚柏林。柏林大会（1878年6至7月）修订了圣斯特凡诺协定的条款。

照柏林条约的提法，俄国保留它在高加索占领的地区（只将巴耶济德交还土耳其）和多瑙河入河口。保加利亚被一分为二：北部成为自治公国，南部仍旧是土耳其的一部分，但施行行政自治。塞尔维亚的领土大大缩小。同时，未参与战争的英国和奥匈帝国也都得到了补偿：伦敦得到了塞浦路斯，维也纳对波斯尼亚-黑塞哥维那进行行政管理。俄国派往柏林的特使是戈尔恰科夫和舒瓦洛夫，后者反对任何妥协：伊格纳季耶夫没有被纳入代表团。

俄国的舆论对柏林条约的条款倍感愤懑，报纸都在说这是俄国的奇耻大辱，俄国遭到了德国人的背叛。斯科别列夫将军在内心中大声呼喊："我向你们再三重复，请你们别忘了：我们的敌人是德国！斯拉夫人和条顿人之间的战斗不可避免……"这位英雄对塞尔维亚的学生如是表达了自己的情感，1882年2月，这些学生还去巴黎拜访了他。半个世纪后，这位俄国军事史作者谴责俄国的外交界，说他们"不敢挺身而出，让欧洲和俄国作对，因胆小怯懦而终不敢走出这一步……俄国还跑去柏林，为自己打了胜仗道歉"。[62]

亚历山大二世很清楚，以一国敌欧洲诸国，俄国是没法保留住圣斯特凡诺的胜果的。国家已因战争而心力交瘁。大臣赖滕说，战争前夕，财政状况已惨不忍睹，已在相当危险的边缘。但还有另一个形势同样可以解释俄国外交界息事宁人的态度。

和奥斯曼帝国作战以获取领土的可能性，即便在冲突之初，对俄国而言也其实很有限。人们对俄国外交官大张挞伐，说他们签订了柏林条约，将斯拉夫土地波斯尼亚-黑塞哥维那让给了德国人，也就是奥匈帝国。但没人知道，1876年亚历山大二世在赖希施泰特和弗兰茨-约瑟夫会晤时，就已对如何瓜分"病夫"土耳其达成了谅解。特别是尼古拉·伊格纳季耶夫完全忽视了这份协议。协议的内容要到1887年布达佩斯议会辩论时才为人所知。在采取军事行动的前夕，彼得堡接受了伦敦的条件：既不碰埃及，也不碰苏伊士运河，既不占领君士坦丁堡，也不占领海峡地区。

土军战败和俄军神速向博斯普鲁斯海峡推进，让人以为圣斯特凡诺条约的签订会使前景发生激烈的变化。柏林条约的签订则让大家都清醒了下来。俄国没有遂其所愿得到自己想要的东西，只得到了自己能得到的东西。俄国人认为"诚实中间人"俾斯麦是在背后捅刀子，怒火中烧的俾斯麦则指责俄国报纸在进行反德宣传，他指名道姓地说："《莫斯科新闻报》对国际关系一窍不通。"[63]

对俾斯麦而言，从对土战争的角度来看，俄国获得的利益不可和柏林大会期间所获的利益相提并论。理论上来讲，德国首相说得有道理。但俄军胜利所激发起来的希望实在太过巨大，君士坦丁堡近在咫尺，土军又似乎不堪一击，柏林大会的成果就会被认为是失败，被以德国和奥匈帝国为首的欧洲外交诡计打败。

战败的幻觉使亚历山大二世在位时期的俄国所取得的真实成就黯

然失色。尼古拉一世的儿子继承的是克里米亚战争之后的国家，他实施了大量改革，为俄国打开了一条政治、经济和社会结构现代化的康庄大道。从对土战争的胜利也可以看出军队得到了恢复。帝国的疆界继续向南方和东方扩张。

但恐怖分子的一颗炸弹骤然终结了亚历山大二世的影响力。

注　释

1 Cité d'après S. Tatiščev, *Imperator Aleksandr II*, Saint-Pétersbourg, 1903, tome 1, pp. 229-230.

2 *Russkij arxiv*, 1872, N° 2, pp. 337-344.

3 Georgij Fedotov, «Sud'ba imperij», *Rossija i svoboda*, New York, 1981, pp. 210, 211.

4 *Enciklopedičeskij slovar'*, Saint-Pétersbourg, 1899, tome XXXVII a, p. 86.

5 Anatole Leroy-Beaulieu, *op. cit.*, p. 92.

6 Anatole Leroy-Beaulieu, *op. cit.*, p. 90.

7 Anatole Leroy-Beaulieu, *op. cit.*, p. 93.

8 I. O., «Kavkazskie vojny», *Enciklopedičeskij slovar'*, *op. cit.*, tome XIII a, p. 862.

9 B. N. Čičerin, *op. cit.*, p. 92.

10 B. N. Čičerin, *op. cit.*, pp. 94-95.

11 F. I. Tjutčev, *op. cit.*, p. 270.

12 Baron B. E. Nol'de, *Jurij Samarin i ego vremja*, *op. cit.*, pp. 151-152.

13 F. I. Tjutčev, *op. cit.*, p. 235.

14 V. V. Krestovskij, *Panurgovo stado*, Leipzig, 1870, Première Partie, p. 458.

15 A. V. Nikitenko, *op. cit.*, p. 323.

16 A.V. Nikitenko, *op. cit.*, p. 333.

17 *Ibid.*, p. 324.

18 N. S. Leskov, *Nekuda*, *op. cit.*, p. 301.

19 B. N. Čičerin, *op. cit.*, p. 111.

20 Baron B. E. Nol'de, *op. cit.*, p. 168.

21 Baron B. E. Nol'de, *op. cit.*, p. 168.

22 B. N. Čičerin, *op. cit.*, p. 115.

23 B. N. Čičerin, *op. cit.*, p. 112.

24 Baron B. E. Nol'de, *op. cit.*, p. 152.

25 Daniel Beauvois, *Polacy na Ukraine 1831-1863*, Paris, 1987, p. 89.

26 N. Ja. Danilevskij, *Rossija i Evropa*, Saint-Pétersbourg, 1889, cinquième édition, reprint 1966, p. 607.

27 Bismarck, *Gedanken und Erinnerungen*, Stuttgart-Berlin, 1928, p. 123.

28 Bismarck, *op. cit.*, p. 213.

29 Bismarck, *op. cit.*, p. 279.

30 Bismarck, *op. cit.*, p. 277.

31 Bismarck, *op. cit.*, p. 282.

32 Deux détroits reliant la Baltique au Cattégat.

33 Cité d'après N. I. Xitrova, «Triumf A.M. Gorčakova. Otmena nejtralisacii Černogo morja», *Rossijskaja diplomatija v portretax, op. cit.*, p. 211.

34 Cité d'après N. S. Kinjapina, «Diplomaty i voennye. General D.A. Miljutin i prisoedinenie Srednej Azii», *Rossijskaja diplomatija v portretax, op. cit.*, p. 232.

35 Cité d'après A. A. Koškin, «Kurily: biografija ostrovov», *Voprosy istorii*, N° 1, 1995, p. 151.

36 G. V. Vernadskij, *Načertanie russkoj istorii, op. cit.*, p. 228.

37 A. A. Koškin, *op. cit.*, p. 150.

38 N. Ja. Danilevskij, *op. cit.*, p. 38.

39 Bismarck, *op. cit.*, p. 213.

40 Evgenij Tarle, *op. cit.*, tome XII, p. 280.

41 *Golos minuvšego*, N° 11, 1916, p. 206.

42 A. N. Nikitenko, *op. cit.*, tome III, pp. 193-194.

43 E. M. Feoktistov, *Za kulisami politiki i literatury*, Leningrad, 1929, pp. 111-113.

44 Mixail Bakunin, *op. cit.*, p. 87.

45 Général M. D. Skobelev, «My ne xozjaeva v sobstvennom dome», *Istočnik*, N°s 5-6, 1993, p. 59.

46 Bismarck, *op. cit.*, p. 516.

47 Bismarck, *op. cit.*, p. 528.

48 Evgenij Tarle, *op. cit.*, p. 280.

49 N. Danilevskij, *op. cit.*, p. 474.

50 Mixail Bakunin, *op. cit.*, p. 89.

51 N. P. Ignat'ev, *Zapiski. 1864-1874*, Petrograd, 1916, pp. 11-12.

52 Cité d'après M. N. Pokrovskij, *op. cit.*, p. 259.

53 Cité d'après M. N. Pokrovskij, *op. cit.*, p. 251.

54 A. V. Nikitenko, *op. cit.*, p. 390.

55 *Ibid.*, p. 386.

56 N. Ja. Danilevskij, *op. cit.*, p. 269.

57 *Pravda*, 10 mai 1945.

58 *Izvestija*, 25 avril 1995.

59 Cité d'après M. N. Pokrovskij, *op. cit.*, p. 274.

60 A. A. Kersnovskij, *op. cit.*, p. 266.

61 B. C. Urlanis, *Vojny i narodonaselenie Evropy, op. cit.*, p. 129.

62 A. A. Kersnovskij, *op. cit.*, tome 2, pp. 245, 246.

63 Bismarck, *op. cit.*, p. 419.

6　改革之后

　　皇帝亚历山大继承的是一个形势极为不利的俄国，他极大地提升了俄国在国际上的威望，却又没有流一滴血。

——谢尔盖·维特

　　俄国皇位的嬗递始终伴有两个因素。第一个是新沙皇所继承的国家的复杂局势。之前就是这样的状况，在19世纪，这样的形势也特别突出。亚历山大一世在位的二十五年期间，无休止的战争让俄国疲惫不堪，他的儿子尼古拉就是在这种极端艰难的环境下接掌皇位的。尼古拉一世在位三十年，留给儿子的是一个打了败仗，所有人都认为必须实施，却又无法实施改革的国家。在位二十六年，因恐怖分子的一颗炸弹而殒命的亚历山大二世尽管实施了改革，留给儿子的却是一个处于交叉路口的国家。提议改革的财政大臣尼古拉·布恩盖写道："皇帝亚历山大三世是在动荡时期坐上了皇位的。"[1]

　　第一个因素引出了第二个因素：每个新沙皇开始的时候，都会推翻前任做的事。只需想想尼古拉一世政策变动如此之大，亚历山大二世剧烈改变其父政策的做法即可，当然这种现象仍只限于19世纪。

　　通常来看，俄国的局势鲜有在皇帝统治末期恶化的。但皇位的嬗递可以让人从中得出结论，由此揭示新沙皇何以打开通路，使其进行改善。

还需提到第三个因素，我们可以将此看作一个常量：继承者经常都未做好准备，就突然坐上皇位。亚历山大一世是在父亲遭谋杀之后成了皇帝的，尼古拉一世是在其兄、合法的继承人康斯坦丁放弃储君身份后坐上皇位的，亚历山大二世是在父亲骤然病亡后上位的，亚历山大三世则是其父遭刺杀后登台的。

俄国皇帝所享有的专制权力让每一任新沙皇都能随心所欲地进行统治，用自己的眼睛（或心腹的眼睛）来丈量俄国。因而，新沙皇的性格也就成了国家命运的决定性因素。

注　释

1 *Zapiska, najdennaja v bumagax N.X. Bunge, op. cit.*, p. 29.

7 反动

反动：用意欲废除的相反行为对某行为作出回应。

——词典定义

亚历山大三世三十六岁的时候登上皇位。他是亚历山大二世的幼子，直到二十岁之前从未想过会登基，因为合法继承人是他的长兄尼古拉。但后者于1865年4月暴毙。未来的沙皇成为正式的储君之后，也没想到会很快戴上皇冠。1881年，亚历山大二世庆祝其六十三岁生日，身体还很好；他还刚娶了深爱的平民女子为妻（储君对此颇为愤懑），还准备统治更长时间。

亚历山大三世的老师都很不错：谢尔盖·索洛维约夫教历史，康斯坦丁·波别多诺采夫教法律，德拉戈米洛夫将军教战略，科学院院士格罗特教俄语。对土战争期间，储君指挥的是鲁斯楚克分队。他衷心希望自己能成为全军统帅，但亚历山大二世则倾向于他的兄弟尼古拉大公。鲁斯楚克分队在俄军的战略计划中并没占据关键的位置，但可以让指挥官了解真实的战争，这是一场"噩梦"般的战争，未来的沙皇在信中如是说。人们会认为1877年至1878年间的战争留下这般苦难的印象，正是亚历山大三世不愿让俄国卷入军事冲突的根源。他在位时期并没有发生大规模战争。

1883年，亚历山大三世加冕称帝。他的形象让大家议论纷纷。身形巨大，比所有人都要高出一头，须发金黄掺红棕，双眼湛蓝，在画家瓦西里·苏里科夫看来，他是"人民真正的代表"。这位艺术家还不忘加上一句："他的体内蕴含着崇高。"[1] 谢尔盖·维特也注意到了皇帝高大魁伟的身形，说："即便亚历山大三世出现在不知他为皇帝的人群之中，所有人仍会注意到他的长相。"维特还说，威廉二世在和俄国沙皇会面之后，留下了深刻印象，说："确实，专制皇帝就是这个样。"[2]

关于年轻皇帝的头脑，大家倒并没有达成如此一致的看法。1865年12月，康斯坦丁·波别多诺采夫在日记中记道："今天，给皇储亚历山大上完最初几节课之后，我想问问大公我们今天学的内容，看看是否还记在他的脑袋里。但他什么都没记住，他知识之贫乏，尤其思想之贫乏，令人震惊。"[3] 康斯坦丁·波别多诺采夫后来说亚历山大三世在位时期提出了一些很了不起的思想，所以这个判断就更有意思了。

亚历山大三世的大臣谢尔盖·维特同样也很了解皇帝，他这么写道："……毫无疑问，他的头脑很普通，能力也普通得不能再普通……"他还进一步说："……可以说他的头脑低于平均水准，他的能力和学识也是如此。"[4] 不过，在对亚历山大三世在位时期做总结之后，维特是这么完成这幅肖像的："……他受教育相对较少，可以说学识很普通。不过，经常有人说皇帝亚历山大不是聪明人，这种说法我并不同意……皇帝亚历山大三世或许在论证方面并不是特别聪明，但他心灵的智慧却相当突出；这种形式的智慧，尤其是在必须用聪明才智来进行预测、预感、预先决定的官员当中，有这样的智慧要远比论证方面的聪明重要得多。"[5]

战争大臣凡诺夫斯基将军持不同的观点，作为真正的战士，他说得很简洁:"他是个拿了棍子的彼得。不,说得准确点,他就是根棍子,没有彼得大帝。"[6]亚历山大三世近期的传记得出结论,认为"尽管缺少学识,但(他)无疑具备天生、实用、健康的智慧,只是没怎么发展起来,也很有限"。[7]

国家的经济状况一团糟。对土战争花销巨大,伏尔加地区爆发饥荒(1880)都是其中的原因。但民众和政府对"暂时的困难"都已经习惯了。大家都已找到了克服困难的方法。选择一条道路则要棘手得多。登上皇位后,亚历山大三世和俄国一样,都站在了十字路口:要么继续其父的事业,进行改革,改变俄国,虽然有种种不足之处;要么摒弃传承。对新皇帝来说,拯救者沙皇亚历山大二世遇刺就是其政策出现错误的标志。

对改革的功用性产生怀疑,对变化会限制沙皇的权力感到恐惧,早在1881年之前,皇太子内心里就已出现这样的想法。确实,他先前的老师康斯坦丁·波别多诺采夫(1827—1907)是民法教授,1880年被任命为至圣治理会议的高级检察官,对他产生了巨大的影响。至圣治理会议的高级检察官并不仅仅是俄国东正教会的行政领导人,实际上还是宗教大臣。帝国领土上所有的宗教、所有的信仰均受其管辖。在无数封来往信件和私人交谈中,康斯坦丁·波别多诺采夫向皇太子解释说,国家所面临的所有困难都源于"波兰的阴谋",犹太人四处插手,削弱俄国世界的根基,他们都是很好用的工具。

谢尔盖·维特评价同事时,写到波别多诺采夫(被任命为内阁要员,至圣治理会议高级检察官的地位与此无关):"在我与之共事的所有国务要员当中……康斯坦丁·彼得罗维奇·波别多诺采夫才华横溢,或如人们所说,他的智慧和学识要比才华更突出。"[8]维特还记得自己被任命为财政大臣之后,和亚历山大三世有过一次交谈,皇帝提醒他不要屈从于波别多诺采夫的影响力。维特就皇帝对他说的话进行了总结:"总体而言,波别多诺采夫特别好,特别博学,也是他之前的老师，但长年的经验使他相信波别多诺采夫是个很出色的批评家，但他自己什么东西都创造不出来。"沙皇承认"波别多诺采夫给他带来了很多东西，帮助他暂时结束了1881年的动荡，让俄国的精神得到了恢复"；但亚历山大三世又说，"我很久以来就不再考虑他的意见了"。[9]

上述对话发生于1892年。在亚历山大二世遇刺之后的那段动荡时期，新皇帝毫不犹豫地选择了一条康斯坦丁·波别多诺采夫推荐的道路。在3月1日之后一星期召开的各部大臣委员会的会议上，亚历山大三世宣布，尽管亚历山大二世已经签署，已故的皇帝已许诺听从各部大臣的意见，再批准实施计划，但召集地方自治局和城市代表的问题并未最终敲定。两周后，再次召开会议，其间大多数人都支持继续改革。在希望继续实施亚历山大二世政策的人当中，有洛里斯-梅利科夫、战争大臣尼古拉·米留京、财政大臣亚历山大·阿巴扎、另外几名大臣以及两名大公，他们分别是康斯坦丁·尼古拉耶维奇和弗拉基米尔·亚历山德罗维奇。康斯坦丁·波别多诺采夫公开坚决反对召集意见代表开会。这位至圣治理会议高级检察官本身自有一套逻辑。他不久前给皇太子写过："在人民中间，这样的思想到处都已经成熟：宁愿发动一场俄国革命，随之而来的就是剧烈的动荡，也不愿要一部宪法……"

4月21日的会议之后，亚历山大三世给波别多诺采夫去信，说他已领会了老师所教的课和理论："我们今天的会议给我留下了一个很不堪的印象。洛里斯-梅利科夫、米留京和阿巴扎对先前的政策持正面态度，希望以各种方式将我们引向代议制政府。但只要我还无法确定这么做是否必定能让俄国幸福，是否不会有任何结果，那我就不会同意这么做。我很难让自己相信这种措施的有效性，我只相信这么做会导致不祥的结果。"[10]

4月29日，发布了一份由波别多诺采夫拟定且签名的宣言，亚历山大三世对此未做任何改动。各部大臣没理会宣言的内容。新皇帝在宣言中宣布："上帝的声音命令我们积极踏上政府指定的道路，将我们的希望寄托于神意，坚定不移地相信专制权力的力量和正义，而我们正是为了人民的福祉，以加强和保护它们不受任何侵袭。"

选择已经做出：亚历山大三世抛弃了父亲的遗产，走上了相反的道路。皇帝告诉波别多诺采夫，有一封匿名信给他造成了很糟糕的影响，未知的写信者写道："你的父亲既非殉道士，亦非圣徒，因为他并不是为教会或十字架，也不是为基督教或东正教信仰受难的，他的死出于一个简单的事实，即他让人民放纵，而正是这堕落的人民杀了他。"[11]

在加特契纳就任成为新皇当政的标志：亚历山大三世选择此地的城堡当作居所，保罗一世为躲避敌人就藏匿于此，而他被杀也是在此。处决五名刺杀亚历山大二世的恐怖分子，五具绞刑架，令人想起了尼古拉一世当政之初的风景。

我们说过，亚历山大二世的改革政策被认为是"上层革命"。亚历山大三世的政策并不是"上层反革命"，因为他这么做并未触及1860年至1870年间俄国突然出现的根本性变化：废除农奴制。或许，我们可以说那是"上层反改革"，如果革命同样可以来自底层，那改革以及"反改革"就只能由"上层"来启动。亚历山大三世在位时期是一个反动的时代，就这层意义来说，新皇帝的政策就是对亚历山大二世行为的反制。照遇刺沙皇之子的观点来看，他有很多证据表明专制体制已经失去了对国家的掌控力，权力正在从沙皇手上逃脱。

亚历山大三世在宣言中宣告他要"加强和保护"专制体制，宣布他要重新恢复对国家的绝对掌控权。1884年，为了向标志新皇当政的第一项法案（替换1863年即开始实施的大学法规）致意，米哈伊尔·卡特科夫概括了亚历山大三世政策的大体导向："起来，先生们，这就是政府！政府已掉转船头。"

宣言发布之后，支持继续改革的洛里斯-梅利科夫以及其他大臣都很清楚自己的时代已经结束，便纷纷提出辞呈。尼古拉·伊格纳季耶夫继洛里斯-梅利科夫之后担任了内务大臣。照波别多诺采夫的说法，这名老外交官是个"天性活泼的俄国人"，精力充沛，亚历山大三世亦为之折服。新任大臣首先改组治安机构。1881年8月出台《维护国家秩序和公共安全法规》。该法规被认为是暂时性的措施，但其生效期一直延续到了1917年。反改革的进程开始了。

司法改革第一个挨刀：《法规》给行政部门提供了大量可能性，使之可以插手干预司法部门的领域。在所有规定可用强化监控或特别监控的场景中，司法机关都直接听命于行政部门。地方当局有权采取特殊措施，如未经审判、不上军事法庭、不采取闭门审讯，行政部门即可判处流放。在彼得堡、莫斯科、华沙，在地方的警务管理部门近旁设立特别审讯处，以此来维护公共秩序和安全，这些机构名字起得很普通，叫作"安全部门"。它们的任务是对政治罪进行预审。照合作者之一列昂尼德·缅什科夫（他后来揭露了这样的行为）的说法，这些机构取代了"古老的第三处"。[12]

亚历山大三世毫不迟疑地批准了维持秩序的措施，而对于如何解决萦绕该国的政治问题，他又显得不够果决。皇帝在宣布坚决维护专制权力之后，于1881年9月将由三十二人构成的委员会召至彼得堡，其中大多数人都是地方自治局的代表（其官方的称号是"廉洁者"），此行的目的是讨论两个难题：搭建销售伏特加的体系，以及如何帮助流动农民。他们很清楚根本就不存在什么优先权，但亚历山大三世想要咨询"廉洁者"，却让人不免以为舆论今后也会参与进来，为解决国家的困境出力。

伊格纳季耶夫伯爵从这个假设出发，再次阐述了斯拉夫派理论家伊万·阿克萨科夫所传达的一个理念，那就是召集全俄缙绅会议，这是一个极具俄国特色的机构，如此"便能让世界各国所有的制宪会议蒙羞，（因为全俄缙绅会议）比制宪会议更广泛、更自由，同时又能让俄国牢牢地站定在历史、政治和民族的基础之上"。这个由伊万·阿克萨科夫提出，并由尼古拉·伊格纳季耶夫采纳的计划鼓吹通过纳税选举制遴选出四千名各个等级的代表（其中包含一千名农民）。

亚历山大三世摒弃了宣言中由伊格纳季耶夫伯爵制订的召集全俄缙绅会议的计划。皇帝宣称："我坚信代议制原则荒唐无稽，完全无法容忍俄国有一天采取欧洲通行的那种形式。"[13]即便是全俄缙绅会议这样的形式，对他而言，"代议制原则"仍然是难以接受的。

伊格纳季耶夫伯爵于是被迫提出辞职。犹豫不决的时期过去了。德米特里·托尔斯泰伯爵成了内政大臣，几乎就是政府的首脑。

谢尔盖·维特指出，亚历山大三世亲自任命每一个大臣。皇帝在位的前半时间，深受波别多诺采夫的影响，最终决策始终都由后者来定。也正是他选择了德米特里·托尔斯泰伯爵（1823—1889）。米哈伊尔·卡特科夫在《莫斯科新闻报》上写道[14]，"托尔斯泰伯爵的大名本身就是一份宣言、一个纲领"。英国历史学家休·塞顿-沃森是这样归纳的："托尔斯泰是俄国历史文献中的名人，是19世纪最伪善、最具影响力的反动分子。无论是自由派，还是激进派，所有俄国人都对他憎恨不已。契切林确切地说是个保守派，他后来就在回忆录中写道：'很少会有人在俄国引发这么多的错误。'"[15]

任命德米特里·托尔斯泰担任内政大臣标志着他开始再次为国家服务。1866年，卡拉科佐夫枪击案发生之后，德米特里·托尔斯泰占据了教育大臣一职，同时也是至圣治理会议的高级检察官。要等到1880年，洛里斯-梅利科夫才成功说服亚历山大二世将托尔斯泰伯爵打发回了自家的领地。亚历山大三世认为他有能力"解开改革之结"，那是皇帝继承下来的遗产。自此之后，皇帝就能依靠这套"三驾马车"了：康斯坦丁·波别多诺采夫，德米特里·托尔斯泰，米哈伊尔·卡特科夫。内政大臣的儿子娶了《莫斯科新闻报》出版人的女儿，这样也就更加强化了"三套马车"之间的黏合力。

1882年5月30日，德米特里·托尔斯泰被皇帝召入宫内，皇帝宣布了对他的任命。返回家中后，德米特里伯爵讲述了这次会见。他对皇帝提议由他担任内政大臣一职，也就是让他领导政府的举措做出了回复，他说，陛下，臣已老朽，观点已成，难以变易。当沙皇问他都有哪些观点时，托尔斯泰说他坚信俄国的历史乃是围绕贵族阶层而成的，但在最近的二十五年里，所有的做法都是为了削弱这个阶层的作用。亚历山大三世回答道，他也完全持这种看法。[16]

会面的另一个版本出现在瓦卢耶夫伯爵的回忆录中，瓦卢耶夫说这是他从德米特里·托尔斯泰那里亲耳听到的。我并不承认"农民的俄国"，托尔斯泰伯爵对沙皇如是说。他还说："您的祖先创建了俄国，但那是我们自己用手建起来的。"听了这席话，沙皇脸红了，说他不会忘记这一点。[17]

德米特里·托尔斯泰的性格左右逢源，他"卑躬屈膝，阿谀奉承，所以招沙皇的喜爱，却引得所有体面人的厌恶"[18]，从这一点来看，会见的第一个版本更贴合真相。不管怎么说，谈话涉及了俄国的贵族阶层，这一点毋庸置疑，新沙皇的计划中，贵族阶层占据了核心。1993年在档案中发现了一份由副官奥东·里希特写给亚历山大三世的便笺，在很长一段时间里，里希特都在负责皇家居住区的事务，所以是皇帝的心腹，而这份便笺就提到了这个说法。1883年3月，里希特将军（他是个军人，并不负责国家事务）递交了一份政府行动纲要，对三个问题作了阐明：经济、行政和社会各阶层的问题。他的便笺提出了一个迫切的建议："必须善待贵族阶层，他们是皇家最亲近的支持力量，必须让他们知道自己在受到重视……"

里希特将军指出了"前代在位时期"的改革所导致的后果，但他也认为改革是出自"好心"，亦是"生活最深层的要求"所迫：改革"减少了贵族阶层所享有的特权，姑且先不说消灭"。这不仅涉及被剥夺了农奴的地主物质条件发生的变化。贵族阶层觉得自己已不再是占主导地位的阶层。一旦破裂，约束俄国的那根"大链条"就会断裂，用涅克拉索夫的话来说，大链条的"一端是老爷，一端是庄稼汉"。庄稼汉们惯于打人，而地主则只能痛苦承受。但问题并不在此。而是在专制体制。里希特将军解释道："国家政体这一概念变成了'沙皇和人民'这个说法，换言之，如果用图画来表现的话，就是'有一根高高的柱子，柱顶坐着沙皇，而柱础则是芸芸众生，被称为人民'。眼下，大众都很平静，这很好，但谁又能保证大众再也不会动起来？"奥东·里希特还展现了另一个几何形象，来呈现俄国的国家政体：金字塔。"塔顶是沙皇，中间层介于他和人民之间：贵族阶层（军队）、神职人员和商人。"[19]

将军的话当然无甚新意。他的便笺只是表明了那时候对亚历山大二世针对贵族所作的改革的普遍看法。

瓦西里·克柳切夫斯基在其生命的终点终于得出了这样的看法："从1730年2月25日起，每一任皇帝都和贵族阶层订有契约，若契约遭违背，责任方就得受到另一方的迫害，比如流放、阴谋和谋害。"[20]亚历山大三世的现代传记作家认为皇帝从其当政之初就制订了反改革的计划，他"想要清除19世纪60年代专制君主制内部的机构和决策所引发的种种矛盾之处"。[21]亚历山大三世的这个"总揽计划"有几个要点：专制权力实施掌控，和专制政体的柱石贵族阶层订约。皇帝在里希特将军的便笺上写道，转呈托尔斯泰伯爵："请阅读这份便笺，等您前来汇报时，我会对您就此说上几句。"

新皇帝想要一切重来。变化首先涉及军队。1882年夏，推出了新制服。"解放者沙皇大军的优雅军服不适合硕大魁伟的新君。亚历山大三世并不在乎审美，对他来说，唯一重要的是实用和民族风的剪裁。"俄军军史学家不无忧伤地写道："军队变得难以辨认……军官看上去就像火车站站长，近卫军的步枪兵就像便衣警察……"[22]改军服并不复杂。但反改革的重要举措仍需假以时日。

反改革者的举措从三个方向铺开：教育体系，自治，司法。1863年的大学法规从1884年起发生了变化。谢尔盖·维特指出了专制权力遭遇困境的理由："教育导致社会革命，但民众的蒙昧无知又会导致军事上的失败。"我们说过，德米特里·托尔斯泰在卡拉科佐夫枪击案发生之后被任命为公共教育大臣，任务是确保年轻人接受"正确的教育"。斯捷潘·哈尔图灵炸弹袭击冬宫案之后他遭到辞退，证明他没有履行自己的使命。1885年，在和德国年轻的外交官伯恩哈德·冯·比洛交谈时，托尔斯泰伯爵解释道："我们首先必须消灭虚无主义。"[23]19世纪70年代的恐怖活动因"核心行动"（亚历山大二世遇刺）画上了句号，从中可以看出当时的局势有多危险。虚无主义的根源就是教育；大学是传染病的温床。从19世纪80年代的一份传单上可以读到："我们的大学大约有12600人，我们这些'俄罗斯大地之盐'难道就无法通过共同施压来做出一些事情吗？"[24]

纯粹从数据来看，俄国大学的学生人数超过了其他所有国家，除了美国。1875年至1885年的这十年间，学生数量翻倍，从5679人变成了12939人。[25]1863年的法规让大学成了"共和组织"，也就是说使大学拥有了很大的自治权。1884年的法规取消了大学自治，由机关和公共教育部来指导教学，从而强化了督学对学生的管控：1885年引入了强制穿着的校服，使学生在大学校园之外的行为也受到监督。联谊会遭到禁止，审查得到空前强化，特别是图书馆里的藏书。

极其出名的自由主义政治家瓦西里·马克拉科夫1884年后入大学就读：他这时候已经穿起了校服，而他的那些年长的同学则避而不穿。他在回忆录里写道："'改革'时代的学生和'反动'时代的学生，通过服装就能加以区分。"马克拉科夫指出，1884年的法规"对教授及其自治权的打击，其痛苦程度超过了学生"。

瓦西里·马克拉科夫还回忆道:"对我那一代人来说,大学,尤其莫斯科的大学就是一片希望之地,是死寂沙漠里的一座绿洲。"[26]大学似乎成了中学之后的一座绿洲。中学教育体系是德米特里·托尔斯泰的手笔。从1871年起,中学教育的基础就是学习古老的语言。41%的时间都用在学习拉丁语和希腊语的语法上。该体系的支持者认为普鲁士和萨克森的学校将47%至48%的时间花在了学习古老的语言上面。后来,大家都明白了,学习语法(照托尔斯泰伯爵的说法,那是"智力体操")并不会激发学生的兴趣。俄国在这些科目上缺乏教师,于是就到斯拉夫国家招人,却没有考虑到通常情况下,这些老师对俄语的了解很有限。结果就是,在1872年至1890年间,一百个学生当中,仅有八到九人在规定的年龄段内,也就是八年内学完中学课程。最终真正完成的不超过37%。帕维尔·米留科夫归纳道:"学校似乎不是为学生开的,而学生是为了学校而存在的。"[27]

除了可以通往大学校门的中学之外,还存在技术学校,即学制为六年的以德国为蓝本的学校。前四年专门学习宗教(神律)、俄语、数学、地理、历史、书法、制图以及两门外语;后两年学习自然科学、物理、化学和机械。经这些学校培养的学生都准备积极投身于工商业等领域。

1875年,改革时期,托尔斯泰伯爵说:"我国政府既没有在学校内部突出信仰的重要性,也没有突出社会环境的重要性……我国的学校应该培养出贵族,可他们人在哪儿?……精神的贵族,知识的贵族,工作的贵族。"[28]1885年,公共教育大臣德米特里·托尔斯泰的继任者伊万·捷里亚诺夫满脑子都是反改革的语言:中学教育有害于"底层"。1887年6月,捷里亚诺夫签署了一份通函,让他们的名字家喻户晓:通函建议各中学校长要"坚定不移地遵守规则",而这所谓的规则就是指若父母"无法充分监管家人",他们的孩子就不得入学。"不受欢迎者"的名单囊括了"马车夫、仆役、厨子、洗衣工、小店主以及其他同属这一范畴的人的孩子"。结果惨不忍睹。数字反映了学生构成上的变化，这是政府"刻意行动"所导致的结果。1883年，78%的中学学生都是贵族，17%为市民，2%为农民，2%为神职人员。1884年，变化很明显：49.2%、33.1%、6.9%、1.5%。1892年，趋势翻转：贵族占56.2%，市民占33.1%，农民占5.9%，神职人员占1.9%。同样，反改革之后，技术学校内贵族孩子的数量变少，而城市和农村阶层的学生则有所增长。[29]

1881年3月22日，亚历山大三世登基三个星期之后，波别多诺采夫表达了自己对教育的看法。这位至圣治理会议的高级检察官说有必要建设中等学校，"让底层民众接受简单却扎实的培训，这样做虽对科学无益，但对生活有益"，他认为为了达成这个目标，就必须"从神职人员和教会那里得到实质性的帮助，在民间创办初等教育"。

地方自治局对学制为三年的基础教育网络的财政投入越来越多。初等教育的发展得益于农民对读写的兴趣日益增长，他们明显具有这方面的要求。1874年，政府又推了一把，规定服役新兵退役时都需掌握读写，或入校接受教育。地方自治局成功办学令康斯坦丁·波别多诺采夫内心颇为忐忑，他坚信这些学校的教学内容并不适合。1884年，他决定创建依附于教会的小学。就法规来看，这些学校的任务是"加强对人民传授东正教信仰和基督教道德，将必不可少的基础知识向外传递"。

创办郊区学校是为了和地方自治局的学校竞争。这些学校面临的一个大问题来自教师：教士和修士没有受过任何适应性的培训，觉得当老师就是份"第二职业"，是主业的补充。不过，在当局的眼里，这样的学校有相当大的优势：若是长期受到农民的严密监控，政治或宗教上的"可疑人士（就不能进行什么）活动"。对农民，政府还是信任的。

竞争有利于提升教区学校的水准：19世纪90年代，学制为三年（一开始是两年）。当局对这些学校的持续关注也不容忽视：1885年，政府向它们拨款5.5万卢布，1896年拨款3454645卢布。[30]

我们说过，里希特将军在便笺中向皇帝提出的建议涵盖了三个亟须关注的问题：经济问题之后自然就是行政与社会秩序问题。反改革政策的核心就是地方自治局这个难题，里希特提出的后两个问题就包含在了地方自治局这一难题之中。这两个问题也同样囊括了经济领域，从而构成了一个经常无解的大难题，那就是：农民问题。亚历山大三世刚登基之时采取了前任制定的政策：纠正1861年改革的缺陷，改善农民的状况。回购土地价格得到降低，农民必须获得一小块土地（地主不得予以反对）。农民贷款银行的设立对这样的动作有很大的帮助。最后，1886年取消了人头税（人头税是农奴制的后遗症），代之以土地、动产和遗产税。

关于自我管理的独立的地方自治局的存在，皇帝和"三套车"认为其会削弱专制权力。1889年7月，皇帝在下达给元老院的敕令中，阐述了自己签署《地方长官法规》的动机："……（缺乏）坚强有力、亲近人民的政府权力，而这样的权力可以减轻农村居民的担心，完成已开始的工作，使之义务遵守乡村地区的公序良俗，保障个体之安全和权利。"

与地方长官有关的法律由托尔斯泰伯爵制定，遭到了参政院大多数成员的否决（39票对13票）。亚历山大三世站在少数派这一边。这项法律主要是要在地方贵族阶层当中挑选一名总督担任"地方长官"的首脑，来行使其所在地区的权力。谢尔盖·维特解释道，皇帝亚历山大三世"受到了这种想法的诱惑，即整个俄国可以被划分成小片的乡村区域；每个区域都会存在受人尊敬的贵族……而这个地产贵族会保护农民，对其进行司法裁判和严密监管"。维特反对这项提议，对他而言，这部法律的缺点就在于"行政和司法权力混淆在一起，作为一个发达国家，不能这么做"。[31]

1889年的法规使作为社会自治组织的地方自治局纯粹成了国家的附属品，被纳入了国家体制之中。从地方上来讲，如维特伯爵所指出的那样，行政和司法权被转到了贵族手中。19世纪80年代前五年，亚历山大三世采取措施，改善贵族的物质状况，特别是创办了贵族银行，向地主提供长期信贷。《地方长官法规》使地主不仅掌握了乡村权力，还获得了农民解放以来所失去的威信。地主成了官员，也就有了威信；地方长官认为这其实是国家所给予的一种待遇。

乡村的行政官员有权惩罚农民：可以对其进行判决，处以罚款（五卢布），将之关押七天时间。看得出，刑罚不算太重，故被视为"慈父般的"惩罚。正如《地方长官法规》的制定者所言，"你们是我们的父亲，我们是你们的孩子"，这些制定者这么做就能成就乡村父老的理想关系，这里面包含了斯拉夫派的梦想。1881年，伊万·阿克萨科夫在自己主办的《罗斯报》上发表了一份由其父亲康斯坦丁·阿克萨科夫写给亚历山大二世的便笺。斯拉夫运动的意识形态吹鼓手从中发展出了自己的宏大理念：俄罗斯的人民并不是国家的人民，他们无意参与权力和对国家的管理。他们并不需要西方的自由，在专制沙皇长袖善舞的庇护之下，他们会感受到充分的自由。

谢尔盖·维特在1905年革命之后的回忆录中认为，《地方长官法规》是"皇帝亚历山大三世所犯的一个错误"。在他看来，"确立以父权制的形式来保护农民这一原则，是基于这样一种假设，即后者将永远保持一种畜群的精神与道德状态"。《地方长官法规》的效力一直维持到了1917年。从未来的角度来看，谢尔盖·维特预言这么做"会对俄国的生活造成极具灾难性的影响"。维特是他所在时代最具洞察力的政治家，他说这源于"农民的无组织，其司法关系的无序，从而使我们认为他们是不一样的人，与我们不同"。[32]

农民其实占人口绝大多数，他们被置于一种特殊的状况之下，其权利也受到了限制。"父"与"子"、"贵族"和"农民"之间的分割昭然若揭，两者之间的鸿沟越挖越深。反改革时期的同代人、法国历史学家阿纳托尔·勒鲁瓦-博利厄写道，"未来的秘密"就是地主和农民之间的"公开斗争"。[33]

反改革的第三个定位（前两个是教育体系和地方自治局的自治问题）就是司法。公共教育大臣捷里亚诺夫很清楚，所有必须发生变化的领域都是彼此嵌套起来的。1883年12月25日，他给波别多诺采夫去信："如若无论是小学生还是大学生都因司法问题而误入歧途，则我们两人为矫正学校所做的努力就成了无用功。"[34]公共教育大臣在一份专门的通函中，禁止中等教育机构的全体学生参加法庭庭审。但再怎么样，还是会进行审判，报纸也会报道庭审的情况。19世纪80年代投入革命行动的弗拉基米尔·布尔采夫回忆道："1881年对弑君审判都会出特刊，我们最爱看这些内容。和报纸对其他恐怖分子审判的报道一样，在俄国是不能谈论这些事情的。"[35]

康斯坦丁·波别多诺采夫坚信必须对司法审判进行"反改革"。他收到一位通信者（1881）写来的便笺，对后者说："对我们而言，所有这些'庙会高手'都是叛徒：审判扎苏里奇的主审法官科尼，为扎苏里奇辩护的亚历山德罗夫，谨慎提出指控的检察官，判其无罪的陪审团，莫不如是。"[36]这位至圣治理会议的高级检察官完全持此观点。

我们说过，司法改革在亚历山大二世的所有改革当中堪称最严密、最成功。由于在参政院内部遇到抵抗，他便缓慢地推进改革。反改革在三个方向上获得了成功：1885年，法官不可罢免的原则遭到动摇（可以将之免职或换人）；1887年，公开审判受到限制；1889年，陪审团参与检视的罪行种类大大减少。

参政院大多数人始终反对这样的限制，但皇帝坚定地站在由波别多诺采夫领头的少数派这一边。

对1864年经过改革的司法体系予以迎头重击的是1881年颁布的

《维护国家秩序和公共安全法规》，以及1889年颁布的《地方长官法规》。"维护秩序"的"临时性"法规被一年一年延长，颇具反改革的特色：不经审判的任意判决越来越多。

康斯坦丁·波别多诺采夫激烈地，也很聪明地抨击了陪审团做出的判断：嘲笑他们没做好什么准备工作，无知愚昧，律师不守原则，检察官煽风点火，还谴责某些罪行根本未受惩罚。他枉费心机地想要废除对社会阶层不加区分、独立于行政部门、实行公开审理、确保辩护权的法院。结果这样一来，未经审判的镇压行动便急遽增长，最明显的就是只下达行政命令，即被流放至西伯利亚的情况大幅增加。

与专断措施增多相伴而来的就是恐怖活动暂时停了下来。亚历山大二世遇刺造成极大的冲击，政府部门便私下里和恐怖分子进行谈判，以期休战。但政府很快就明白因首领被捕而遭到削弱的"人民意志"已不再是谈判协商的真正合作方。警方的构成出现了新的变化，这样就能更好地同革命运动做斗争。《帝国宪兵针对国事罪执行主要调查工作之概述》展现了警方所取得的成就。因此，1887年的报告写道："鉴于警方行动在质量和数量上的完善，近年来已几乎没有必要和革命网络确立并维持这样的联系……现已知道，所有想要建立某种依附于某个'党'的整体性'革命事业'的尝试并不会长久成功……"[37]

19世纪80年代至90年代，"人民意志"成员受审17次，154人被判罪。而在70年代，只有一起审判涉及193名被告。从1879年4月至1881年3月亚历山大二世遇刺，正是恐怖主义肆虐之时，其间共组织了40场政治审判。80年代的审判作出了74次死刑判决，其中17人被处死。对"人民意志"所作的最后一场审判也是19世纪最后一场重要的政治审判，发生于1890年9月。彼得堡的最后一次公开处决发生于1881年4月3日，5名参与谋杀亚历山大二世的人遭到处决。[38]

在"人民意志"被消灭的过程中起主要作用的是格里高利·苏

捷伊金中校巧妙运用的一把全新武器，他负责在彼得堡进行有关煽动教唆方面的政治调查。苏捷伊金招募了"人民意志"的一名领导人谢尔盖·杰加耶夫，这样就能对革命者造成沉重的打击，对之实施大规模逮捕。他还策划了刺杀警察局局长普列维、内政大臣托尔斯泰的行动，以期当场抓获恐怖分子。但1883年，杰加耶夫幡然悔悟，组织了刺杀苏捷伊金的行动。亚历山大三世惊闻此事，倍感伤心，在向他呈递的报告中写道："难以弥补的损失！现在谁还能担当这样的职责？"

皇帝这样担心没有必要，因为从来就不缺志愿者。谢尔盖·祖巴托夫也是一个颇具才能的挑拨煽动者。他年轻的时候是个革命者，被捕后转换阵营，踏入警界，甚至一路做到了保卫部*莫斯科处处长一职。弗拉基米尔·布尔采夫专事揭露渗入革命者队伍的特工，他将谢尔盖·祖巴托夫视为"挑拨煽动领域的祖师爷"。警方渗透进入革命运动队伍、党派和革命团体之中，努力掌控其行动。警方的策略家会透过这些特工让各党派互相攻讦，创造有利条件方便特工顺利行动，无情地追捕敌对分子。

归根结底，保卫部各处将在俄国革命运动的发展进程中发挥不可忽视的作用，他们既想清除革命分子，也会为自己的职业生涯考虑，希望能一直这么干下去。和警察局的外国特工合作行动成功之后，保卫部下属彼得堡和莫斯科的处长尼古拉·别尔嘉耶夫和谢尔盖·祖巴托夫向巴黎发了一封电报，提请负责俄国境外常驻特工事务的彼得·拉奇科夫斯基注意："昨天（1894年4月21日），夺取一座印刷厂，截获数千本书籍和'人民意志'的52名成员。一些人可自由行动，成为燃料。谢尔盖和尼古拉。"[39]

"成为燃料"的革命者就会形成新组织的骨干，继续煽风点火。

我们说过，司法反改革领域最令人震惊的做法就是大力推行未

---

* 保卫部为简称，其全称为公共安全与秩序保卫部。——译注

经审判的镇压行动，首先就是只需发布行政命令即可实施流放。1879年4月，亚历山大·索洛维约夫刺杀亚历山大二世，之后便开始大规模采取这种打击恐怖主义的措施。从19世纪80年代起，流放的理由不再仅仅是反政府宣传、扩散或拥有禁书、窝藏或不予揭发，也包括"有害的思想方式、关系可疑、属于有害家庭"等。弗拉基米尔·布尔采夫被捕的时候二十二岁。当时他是大学生，就上了可疑者名单。对他家进行搜查之后，发现了有关平民学校和教育、地方自治局方面的书籍。宪兵军官对这名被捕的年轻人的父母说："放是不可能放的……我们要知道这些书都会去哪里！"[40]

1885年，美国游客乔治·坎南长途穿越西伯利亚，参观了监狱、转运站和流放地。他之所以走这么一路，是因为他认为移居国外的俄国革命者斯捷普尼亚克-克拉夫琴斯基、彼得·克鲁泡特金夸大了西伯利亚监狱体系极其恐怖的说辞，以及虚无主义者会受到严厉惩罚的说法。他了解了当地的状况之后，明白自己受了骗，移民说得没错。流放者未经审判即遭处罚的做法让他尤为震惊。他的震惊是很容易理解的：一方面，他见了有教养的人，也就是知识分子，另一方面，"政府才是俄国不平等的典范，没有授权即进行逮捕，未经审判即进行惩罚，只要法庭的决定有利于犯人，就恬不知耻地蔑视法庭的决定，对怀疑其同情革命运动的公民的金钱和财产予以没收，把年仅十四岁的少男少女送往西伯利亚……"[41]

乔治·坎南列举了一长串当局非法行动的清单。他并未仅限于表达感情，还提供了以他所获得的官方文件为基础的数据。每一年，来西伯利亚的人数为1万到1.3万人，有犯有普通刑事罪的罪犯、流放犯、放逐犯（被米尔判处流放的农民）、游民。[42]研究沙皇监狱的历史学家热内教授计算过，截至1900年1月1日，流放犯占犯人人数的比例为8.36%。[43]

亚历山大三世的现代传记作者得出的结论是，他在位期间，政治体制不可避免地和极权制相近，传记发现了几个基准点，镇压体系的残忍程度相似度不太高，但在某些基本原则方面更接近。对这位历史学家而言，极权制的主要原则就是"对任何形式的异见不予容忍"。[44]

无法容忍异见其实是极权体制的一个原则，但并非基本原则。极权制是一种违背自身的法律，无法可依。亚历山大三世的体制，其基石就是对社会和国家的绝对掌控，其头号任务就是维护专制体制，完完全全走在了极权制的道路上。俄国军官最喜欢的命令就是："齐射！"齐射就表明军队受到了掌控和良好的训练。一位专家是这么说的："这种'装饰性'射击的精准度自然是无足轻重的。"[45]另一方面，欧洲军队早已转向单兵射击。

注 释

1 M. A. Vološin, *Liki tvorčestva*, Moscou, 1887, p. 343.

2 S. Ju. Vitte, *op. cit.*, p. 188.

3 *K. P. Pobedonostsev i ego korrespondenty. Pis'ma i zapiski*, Moscou-Petrograd, 1925, tome 1, p. 1003.

4 S. Ju. Vitte, *op. cit.*, pp. 188-189.

5 *Ibid.*, p. 408.

6 V. N. Lamzdorf, *Dnevnik 1891-1892 gg.*, Moscou, 1935, p. 342.

7 V. A. Tvardovskaja, «Aleksandr III», *Rossijskie samoderžcy, op. cit.*, pp. 301-302.

8 S. Ju. Vitte, *op. cit.*, p. 306.

9 S. Ju. Vitte, *op. cit.*, pp. 368-369.

10 *Pis'ma K.P. Pobedonosceva k Aleksandru III*, Moscou, 1926, tome 2, pp. 120, 126.

11 Cité d'apres V. A. Tvardovskaja, *Aleksandr III, op. cit.*, p. 237.

12 L. Men'ščikov, *Oxrana i revoljucija. K istorii tajnyx političeskix organizacij, suščestvovavšix vo vremena samoderžavija*, premiere partie, *Gody reakcii. 1885-1898*, Moscou, 1925, p. 16.

13 *K. P. Pobedonoscev i ego korrespondenty, op. cit.*, tome 1, p. 241.

14 3 juin 1882.

15 Hugh Seton-Watson, *The Russian Empire. 1801-1917*, Oxford, 1967, p. 380.

16 *Russkij arxiv*, 1905, 1, pp. 688-689.

17 P. A. Valuev, *op. cit.*, p. 446.

18 *Vospominanija B. N. Čičerina, op. cit.*, p. 192.

19 *Istočnik. Dokumenty russkoj istorii*, 1933/1, p. 37.

20 V. O. Ključevskij, *Literaturnye portrety, op. cit.*, p. 452.

21 V. A. Tvardovskaja, *op. cit.*, p. 273.

22 A. A. Kersnovskij, *op. cit.*, pp. 11–12.

23 Bernhard Fürst von Bülow, *Deukwürdigkeiten*, Berlin, 1931, pp. 572–574.

24 L. Men'ščikov, *op. cit.*, p. 61.

25 P. Miljukov, *Očerki po istorii russkoj kul'tury, op. cit.*, tome 2, p. 809.

26 V. A. Maklakov, *Iz vospominanij*, New York, 1954, pp. 57, 59, 55.

27 P. Miljukov, *op. cit.*, p. 811.

28 *Ibid.*, p. 810.

29 P. Miljukov, *op. cit.*, pp. 814, 815.

30 P. Miljukov, *Ibid.*, p. 833.

31 S. Ju. Vitte, *op. cit.*, p. 299.

32 S. Ju. Vitte, *op. cit.*, p. 414.

33 Anatole Leroy-Beaulieu, *op. cit.*, pp. 340–341.

34 Cité d'apres B. V. Vilenskij, *Sudebnaja reforma i kontrreforma v Rossii*, Saratov, 1969, p. 348.

35 Vl. Burcev, *Bor'ba za svobodnuju Rossiju. Moi vospominanija (1882–1924)*, Berlin, 1924, tome 1, p. 20.

36 *K. P. Pobedonoscev i ego korrespondenty*, tome 1, demi-volume 1, Moscou-Petrograd, 1923, p. 214.

37 Cité d'apres L. Men'ščikov, *op. cit.*, pp. 16–17.

38 M. Gernet, *op. cit.*, tome 3, pp. 89, 109, 110.

39 Cité d'apres L. Men'ščikov, *op. cit.*, p. 213.

40 Vl. Burcev, *op. cit.*, p. 35.

41 George Kennan, *Siberia and the Exile System*, Londres, 1891, vol. 2, p. 456.

42 George Kennan, *op. cit.*, p. 458.

43 M. N. Gernet, *op. cit.*, tome III, p. 352.

44 V. A. Tvardovskaja, *op. cit.*, p. 283.

45 A. A. Kersnovskij, *op. cit.*, tome 3, p. 28.

8　走在资本主义的道路上

犯人夸大了真自由的概念，这是很自然的事情，这是每个囚犯内心固有的概念。

——费奥多尔·陀思妥耶夫斯基

反改革时期的历史学家和同时代人阿纳托尔·勒鲁瓦-博利厄比较了两件同时发生的事：美国的解放黑奴和俄国的解放农民。他写道："在美国，解放黑奴是以血腥暴力的战争为代价换来的，既没有仲裁者，也没有调停方，暂时将昔日的白人主子扔到得解放的黑人脚下，在墨西哥湾边缘地带，确立了一种几乎和奴隶制同样令人悲伤和危险的状态。"而俄国恰好相反，这位历史学家说："解放农民没有引发任何形式的阶级斗争，种族斗争也没有出现；既没有引起憎恨，也没有引发敌对状态，社会的和平没有受到搅扰，但这两个国家，最志得意满的，对自己的工作感到最满意的，或许并不是北方帝国。"阿纳托尔·勒鲁瓦-博利厄对"北方帝国"普遍感到不满的情况所作的解释，和陀思妥耶夫斯基的解释几乎完全一致，但他所强调的是俄国的性格。对他来说，一切都是因为"相比其他任何一个民族，俄国人的希望过分极端，想要超越现实"，因为"欲望太多，总是想要占有，所以才会受到欺骗。和无知的农奴一样，政治家和作家、公众和舆论本身也滋养了这些幻象"。

这位法国历史学家从中得出的结论应用到了改革之后的整个时期："有教养的俄国人从自己的梦想之中隐约见到了尘世的伊甸园，和庄稼汉梦想的黄金之城同样虚幻；他们见到了自由、崭新的俄国，和农奴制的俄国截然不同。可是，变化并不会像他们想的那样快速，那样深远；变形并没有突然出现。"[1]

这样的观察清晰地反映了19世纪80年代俄国社会的走向。60年代是改革激发梦想的时代，之后是70年代的恐怖时代，同时也是既令人恐惧又令人憧憬的有可能发生激烈变化的时代。80年代的反改革似乎使对亚历山大二世大改革时代的不满有了合理性：一切似乎都取决于皇帝的良好愿望和心血来潮。昨天的改革，今日的反改革，一切都流动不居，显得毫不真实。

当时的人以及随后的历史学家都异口同声地说80年代犹如"死水一潭"。亚历山大·勃洛克写道："在那遥远、死寂的年代，困顿和黑暗统治着心灵：波别多诺采夫在俄国的上空张开了他那猫头鹰的翅膀。"[2]

审查制度，压制的政策，反改革并不能完全解释对80年代的那种负面看法，更何况尽管政府制造了许多障碍，但改革的成果还是能感受得到的。地方自治局一直都在活动，设有陪审团的法院也已为人熟知，律师获得了威望，平民学校和图书馆网络也在扩大。英国人D.麦肯齐·华莱士游历了俄国北部，惊讶地发现一个农民的家里有一本巴克尔的《英国文明史》。乔治·坎南详细描述了流放者的图书馆，除了俄语书籍之外，里面还有法国、英国、美国作家大多译成俄语的著作（审查机关会进行删减）。[3]

80年代的特征就是丧失了宏大的理念，缺失了可以达成的最高目标。民粹主义已江郎才尽。革命知识分子阶层所要为之奋斗的人民拒绝跟随他们行进。人民对"走向人民"时代的呼吁无动于衷，强烈谴责刺杀皇帝的行为，而在恐怖分子的头脑中，刺杀皇帝就等于发出了革命的信号。保守派对1881年3月1日的事件感到惊恐莫名，于是纷纷投向政府的阵营，寻求政府的保护，来抵抗"人民的原始力量"，这力量始终让他们恐惧，尽管在捕杀沙皇的时候，他们也可谓忠心耿耿。

19世纪80年代，资本主义大举闯入俄国，成了团结俄国社会的一种方式。西方主义者认为社会不平等导致了资本主义，于是群起反抗这一新的威胁；斯拉夫派也模仿他们，认为那是对"俄罗斯精神"，也就是对集体性的威胁。

有教养社会的知识精英出于伦理上的原因，想要抛弃资本主义文明，他们认为该文明"摧毁了农业理想"，而审美上的原因则是资本主义"消灭了人类的完整与和谐"。他们给出了一个有名的解决方法："必须将俄国冷冻起来，免得其腐烂"。康斯坦丁·列昂季耶夫（1831—1891）也持反对意见，他希望"西方狂暴轰鸣的火车绕过我们，驶向无政府主义的深渊"。伟大的讽刺作家米哈伊尔·萨尔蒂科夫-谢德林也是反对者。一位文学史家认为："如果必须指出19世纪后半叶所有俄国作家中最邪恶的反对分子，那毋庸置疑就是康斯坦丁·尼古拉耶维奇·列昂季耶夫"。[4]讽刺作品《一座城市的历史》和《戈洛夫廖夫家族的老爷们》的作者、《祖国纪事》的编辑萨尔蒂科夫-谢德林站在政治光谱的另一端。在这两端之间，就是整个俄国社会，他们从意识形态层面出发，齐声谴责俄国走上资本主义道路。

有些声音怯生生地说有必要"小步走"，他们倾向的是"渐进式运动"，而非"革命式跳跃"，但这样的声音遭到了恶劣的指责，说那是"小资产阶级"。革命前著有《俄国社会思想史》一书的伊万诺夫-拉祖姆尼克断然说："19世纪80年代树立起了自我完善原则、小步走以及渐进式运动的理论，并使之成为奠基石，却因此陷入了小资产阶级的沉沉黑夜之中。"[5]

我们要记住的是，小资产阶级是叶卡捷琳娜二世起的名，指的是那些拿不出五百卢布、不能算作商人的市民。19世纪中叶，"小资产阶级"这个概念具有了意识形态的色彩。照《苏联大百科全书》的定义，指的是"见识有限，视野狭隘，具有只追求个人利益的资产阶级抱负，对集体的公共利益漠不关心"的人。该词是在19世纪80年代获得这层意义的。从那个时代起，对小资产阶级皆持谴责态度，因为他们不愿"闹革命"。

资本主义涌入乡村，遭到了绝大多数农民的敌视。头脑活络、精力充沛、大胆鲁莽、最有闯劲的农民在不顾其他村民的情况下迅速致富，融入商人阶层，成了资本家，遭到了忌妒和憎恨。人们给他们起了各种各样瞧不上眼的诨名：敲竹杠的贼人、把别人弄穷的人，说富豪这个词的时候着重强调第一个音节，将这个大家都能理解的概念翻译成用坑蒙拐骗的手段取得财富的意思。

亚历山大三世的政府有发展国家经济的计划。其中心任务就是让财政步入正轨，以此来保护国家，对国家进行掌控。铁路、商贸和工业部门都听命于财政部。后者也就掌管起全国的经济事务。亚历山大三世在位时期，三任大臣相继领衔财政部。这三人性格迥异，观点迥异，实施的却是相同的政策。

1881年，皇帝任命杰出的经济学家尼古拉·布恩盖担任财政大臣，他是彼得堡科学院院士，基辅圣弗拉基米尔大学校长。当德米特里·托尔斯泰的政府正在准备实施反改革计划的时候，财政大臣却在着手进行改革。他对税制特别感兴趣。1863年的敕令取消了人头税，这并不仅仅和财政有关：农民也拥有了可自由通行的可能性，得以避开在米尔盛行的"连带担保"体系。尼古拉·布恩盖的目的就是确立一个平均主义的税制。他着手确定了白银资产的税额，增加了土地税额，还实施了其他措施。他还为此专门设立了地方财政机构，进行查税。

我们说过，为了促进信贷，财政大臣还设立了农民银行（1883）和贵族银行（1885），农民银行帮助农民回购土地，贵族银行则向贵族提供相当优惠的贷款。

尼古拉·布恩盖的第二个大动作就是采取措施增加关税，以此来保护工业。关税不仅有助于俄国的实业，也是收入来源。

最后，尼古拉·布恩盖在铁路领域实施了一项新的国家政策。19世纪60年代至70年代，铁路建造相当无序，无数企业家都在做这事，他们经常会互相使绊子。1882年，财政大臣动用国库买下了第一条铁路线。随后，国家开始买入不赢利的铁路线，再建造新的线路。

伊万·维什涅格拉茨基（1831—1895）于1882年领衔财政部，担任此职一直到1889年。维什涅格拉茨基是知名的数学家，综合工科学院教授，同时也是一系列股份公司的创建者。他遵循前任的保护主义政策，支持工业，增加关税。新任财政大臣的目的是使纸卢布的流通保持稳定，确定货币汇率，故基本都是以此来弥补预算赤字，强化卢布的。

增强俄国粮食，尤其是小麦的出口，可使伊万·维什涅格拉茨基获得贸易出超，通过从国外购买黄金这种贵金属来大力扩充黄金储备。1891年农业歉收，对财政部的这套体系造成了严重的打击。农民无力缴税，政府不得不采取极端严厉的措施来征收欠缴的税款，从而使乡村的不满情绪日增。这就是维什涅格拉茨基这套政策不足的一面。其积极的一面就是没有赤字，卢布走强。财政大臣成功从国外获得了大量贷款。俄国第一次掉转船头，开始面向新兴的金融市场：法国市场。这是俄国外交政策即将发生改变的信号。

1885年伊万·维什涅格拉茨基着手进行的改革，要到1902年才正式结束：他引入了国家对伏特加的专卖制度。向这个方向迈出的第一步，标志着数世纪以来所确立的习惯开始发生变化。一开始的时候，只卖伏特加的小酒馆被饭馆所取代，后者销售伏特加的时候还搭配售卖一些食物。随后，允许零售伏特加：1895年之前，只能买桶装伏特加，瓶装伏特加只存在于外国进口商店；那时候，俄国的酒杯产业尚未充分发展起来。变化来得太猛烈，所以向伏特加征收消费税也就需要一段漫长的过渡时期。

继维什涅格拉茨基之后担任财政大臣的谢尔盖·维特（1849—1915）与两位前任不同，他是铁路专家。在敖德萨大学念完书之后，他就开始在这个领域开展事业。亚历山大三世注意到他的时候，他是西南铁路的负责人，当时正是他陪伴皇帝在南方游历。1888年，谢尔盖·维特提请当时也在皇帝专列上的交通大臣注意，说运送皇帝的火车速度过快，容易发生事故。喜欢快速赶来赶去的皇帝大为光火："我走过其他线路，没人敢限制我的速度；如果你们这儿做不到，那很简单，你们的线路被犹太人渗透了。"维特解释说，皇帝记得经营这条铁路的公司负责人是犹太人布洛赫。[6]

不过，维特还是坚持自己的立场。在另一条铁路线上，负责人不敢多言，皇帝专列就脱了轨：只是发生了奇迹，才救了皇帝及其家人的性命。事故之后没多久，谢尔盖·维特便被任命为交通大臣，几个月后又成了财政大臣。

维特在大政方针上遵循了前任的财政政策，但抛弃了维什涅格拉茨基在经济上的倾向性，他认为那样的政策太过了。新任大臣认为，在满足日益增长的需求方面，过度节制只会带来不利的后果，制定财政政策的时候不仅应对此有所了解，相反，还应以合理推动经济，使国家的生产率得到发展为己任。

支持经济发展的政策需要采取各种手段。维特在回忆录中写道，亚历山大三世一下子给他指派了两个任务：建造西伯利亚大铁路，将铁路线一直延伸到符拉迪沃斯托克；确立"饮料专卖制度"，也就是说要让国家控制伏特加的贸易。皇帝认为后面那项措施可以减少醉酒现象。维特便在全俄各地实施酒精专卖制度，获得的部分资金就用于大力建造铁路线。

维特的前任在一个方面相一致：关税构成了重要的收入来源。从1891年起，维什涅格拉茨基便制定了具有严格保护倾向的关税税率。新任财政大臣和德国打了一场关税战。当时，俄德两国的关系极好，两国甚至都没有签订商贸协定。但当德国人对所有谷物和其他农产品课以关税的时候，同时确定了两种税率，即最高税率和最低税率，俄国人于是陷入了麻烦。由于没有贸易协定，德国向俄国人课的其实是最高税率。维特排除了其他大臣（战争大臣除外）的建议，得到亚历山大三世的授权，对德国产品课以最高税率。谢尔盖·维特的算计很简单，他自己就这么解释过：比起工业化程度更高、经济关系水准更高的国家，尚不发达的国家在关税战争中受到的损失和不适更少。[7]德国同意给予俄国极其优惠的税率：两国签署了第一份贸易协定，确立了所有的经贸关系。

亚历山大三世统治下的俄国无疑属于极为封闭的大国俱乐部。其面积（在这位醉心于和平的沙皇统治时期仍持续扩大），人口（据1897年第一次全国人口普查的数据来看，是1.29亿人），都是颇具说服力的证据。在改革之后的时期，该国的工业水平得到快速发展。1860年至1913年，产量平均增长了5%；1890年代，达到近8%。亚历山大三世在位时期，经济得到强有力的刺激，开始腾飞，在他的儿子尼古拉二世时期，经济增速也不遑多让。1914年，俄国成为第四大工业强国，对外贸易为世界第六。

从数字可以看出，19世纪末俄国的经济发展相当惊艳。铸铁产量：1894年为7900万吨，1898年为1.13亿吨；巴库的石油提炼：1894年为2.97亿普特，1897年为7亿普特，1901年产量相等。煤炭产量从1892年的6500万普特增长至1900年的1.77亿普特，钢产量从6100万普特增至1.24亿普特。1886年，共计有462家股份公司，资金达5.94亿卢布；1898年，股份公司达到990家，资金达16.86亿卢布。

这幅令人欢欣鼓舞的画面也有其不利的一面。与其他国家相比，全面的发展数据并没有展现俄国遭到诟病的落后状态。俄国是个农业国。1897年，仅有12.9%的人口住在城市里，农产品占据出口量的77.7%。主要的工业门类是纺织业和农产品加工业。绝对数和相对数之间的差异出现在铁路领域。19世纪90年代，与十年前相比，铁路网增速翻倍。这是一个相当瞩目的成就。但在19世纪末，从百万人口铁路里程来看，俄国欧洲部分位列全球第20名（总共27个国家）。

俄国经济有一个特点，边缘地带发展得更快：南部（小俄罗斯）成了煤炭工业的重要中心；在谷物出口方面，铁路使小俄罗斯的肥沃土壤发挥了更大的作用。在高加索地区（巴库），诞生了石油工业。世纪末，突厥斯坦为纺织业提供了三分之一的原材料。最后，铁路将西伯利亚变成了黄油和其他奶制品的大宗出口基地。

帝国的中部地区一直都很落后。当时出现了"中部贫困化"的问题，到20世纪末，这个问题仍然没有得到解决。

从俄国快速却不平等的发展进程来看，国家存在着种种可能性，几十年前，俄国还刚踏上"现代化"的道路，还在"确立资本主义"。从中可以清晰地看出尼古拉·布恩盖、伊万·维什涅格拉茨基以及最重要的谢尔盖·维特所实施的那些计划的影子。后者说得很中肯，即便全面的君主制有种种好处，但从经济层面来讲，农业国注定只能成为工业国的殖民地，从某种意义上来看，工业国就是农业国的宗主国。维特说："创建我国自己的工业是经济上和政治上的重要任务，这是我国国防体系的基础和奠基石。"[8]

谢尔盖·维特在亚历山大三世的政府中供职两年多时间，直至皇帝驾崩，但他在尼古拉二世时期仍然担任了九年财政大臣。在这些年里，他在推行自己的计划时遇到了激烈的抵抗。我们将这个计划同拿破仑三世时期法国推行的快速工业化政策做了比较。俄国从农业国转变成斯大林时期的工业国，与维特伯爵的理念息息相关。

注　释

1　Anatole Leroy-Beaulieu, *op. cit.*, p. 327.

2　Aleksandr Blok, *op. cit.*, tome 3, p. 328.

3　D. Mackenzie Wallace, *Russia*, Londres, 1877, I, pp. 167–168; George Kennan, *op. cit.*, vol. I, p. 236.

4　Konstantin Leont'ev, *Moja literaturnaja sud'ba. Avtobiografija*, Reprint, 1965, p. 39.

5　Ivanov-Razumnik, *op. cit.* tome 2, p. 325.

6　S. Ju. Vitte, *op. cit.*, tome 1, p. 194.

7　S. Ju. Vitte, *op. cit.*, p. 375.

8　S. Ju. Vitte, *op. cit.*, tome 1, p. XXII.

9 "俄国人的俄国"

> 皇帝亚历山大三世很清楚他是所有臣民的皇帝。在他的臣民中间，他最爱的当然是全体俄罗斯人……
>
> ——谢尔盖·维特

亚历山大三世对俄罗斯人的爱可以很容易地得到解释：后者在整个帝国人口中占了绝大多数。而且，沙皇内心里觉得自己就是俄罗斯人，尽管在他的血管里没有流淌哪怕一滴俄罗斯人的血。不过，这种对皇家子民的偏爱表明皇帝并不喜爱其他民族。俄国扶植了巴滕贝格亲王为保加利亚国王，当得知亲王获选之后采取亲德政策时，亚历山大三世立刻就领会了这种背信弃义行为的理由："母亲是波兰人。"[1]巴滕贝格的母亲确实是波兰人，但他父亲是玛利亚皇太后的兄弟，也就是说，巴滕贝格是亚历山大三世的表弟。在亚历山大三世给予其支持的时候，这层关系还是很重要的；但最后，还是"不纯的血统"占了上风。

比起波兰人，亚历山大三世对犹太人就更爱不起来了。他也不信任小俄罗斯人，还蔑视外国人。列夫·托尔斯泰写道，尼古拉一世将所有波兰人都视为恶棍，他对波兰人的恨同"他自己做的恶旗鼓相当"。[2]亚历山大三世不像其父那样对波兰人造成这么大的损害；他只是将波兰人视为混乱的因素，因为波兰人努力想要脱离彼得堡的掌控。

1911年1月30日，俄国伟大的历史学家瓦西里·克柳切夫斯基于去世之前在记事本里写下了自己对民族问题的思考："俄国人种构成的矛盾之处同西欧和东亚的边远地区密切相关：那儿所囊括的地区和民族拥有远比我们优秀得多的文化，而这儿一切都处在极低的水平；那儿我们无法和那些被我们降服的民族和谐相处，因为我们无法提升到他们的水平，而这儿我们不愿和他们和谐相处，因为我们蔑视他们，而且也无法将他们拉低到我们的水平。那儿和我们这儿一样，他们和我们并不平等，因此之故，他们就是我们的敌人。"[3]

亚历山大三世在位时期，核心地区对边远地区的敌视登峰造极。皇帝对俄国境内的非俄民族充满厌恶，与之伴随的是波别多诺采夫的弥赛亚民族主义，想要保全帝国完整性的德米特里·托尔斯泰的唯理论，以及边远地区，尤其是西部地区的快速发展；他在行政机构和学校大力推进俄化政策，想要和日耳曼化以及德裔贵族，亦即波罗的海大贵族的特权做斗争。俄化政策在维斯瓦河两岸地带推进得更为厉害。其中一个目标就是和天主教神职人员的影响力做斗争，内政大臣认为这些神职人员就是波兰民族主义的主要源头。托尔斯泰伯爵很清楚这个问题：他年轻时用法语写过一本名为《俄国的罗马天主教》的著作，揭露梵蒂冈那些阴险奸诈的渗透俄国的计划。

俄国与梵蒂冈的和解协议，是在1845年12月尼古拉一世和教宗格里高利十六世见面的时候确定下来的，1863年波兰起义之后，又经历了一段艰难时期。1864年，俄国境内197家天主教修院中的114家被禁，理由是藏匿起义军。当时设立了灵修院，由忠于彼得堡的天主教神职人员领导，处理帝国内部天主教会的事务。1866年，教宗庇护九世向俄国提供了一个俄国与梵蒂冈断绝外交关系的理由。

1878年当选的教宗利奥十三世采取了和彼得堡宫廷接近的政策。当时俄国最杰出的外交官亚历山大·伊兹沃尔斯基被派往梵蒂冈。利奥十三世在与之交谈的时候，向他做了解释，说为了和那些破坏性很大的理论做斗争，梵蒂冈"必须援助保守力量"。他特别指出："我对俄国给予的支持特别看重。"伊兹沃尔斯基向彼得堡汇报说："利奥十三世想要向我们证明欧洲关系紧张之际他的友谊所具有的莫大价值，教宗还提到了波兰问题，他说他的权威可发挥重要的影响力。"说完这些话，便继之以行动：1889年3月，利奥十三世向波兰各主教发送信息，呼吁他们与俄国、德国、奥匈帝国当局合作。教宗特意让俄国的天主教徒走合作之途。[4]俄国、波兰、立陶宛以及德国的社会民主党人罗莎·卢森堡对教宗的信息作了评价："从此以后，上帝在波兰的真正代表就是俄国的鞭刑。"[5]

亚历山大三世登基之后，便在基辅对犹太人进行了屠杀。照当地宪兵队长在回忆录中的证词来看，大屠杀得到了德连杰恩总督的纵容和支持。[6]内政大臣伊格纳季耶夫对反犹人士表达了同情。继他之后担任内政大臣的托尔斯泰伯爵也不喜欢犹太人，但对混乱无序更为憎恨。行政机器开始启动。1882年5月，通过法律，缩小犹太人居住区，限制犹太人迁至居住区之外的权利；1887年，设立了犹太孩子入读中学的人数限额（居住区10%，首府3%，其他城市5%）。1891年，将一万多名犹太人（技工、匠人）赶出莫斯科，此前自1865年起他们就被准许居住在那儿。1892年，犹太人不得在市政管理机构任职。数百条法律、敕令和指令对俄国的犹太人实施管理，既禁止其占用土地，也禁止在犹太学校教授俄语。这些针对犹太人的法律文本厚达一千多页。

19世纪末，反犹主义成了欧洲最时兴的意识形态。1873年的金融危机之后，反犹主义在德国大爆发，此后便不断扩展。1894年，反犹浪潮击中法国，德雷福斯上尉遭到了审判。

俄国的反犹主义引起了国外的注意，因为这是国家政策。急于恭维内政大臣的谢尔盖·维特说："托尔斯泰伯爵从不会走极端，既不会刁难犹太人，也不会迫害波兰人和外国人群体。"[7]同时，司法大臣马纳塞伊涅"展现出我们所说的民族主义倾向，就是……无故进行压制，对外国人的利益丝毫不予考虑"。[8]迫害和刁难是现行的政策，其具体形式取决于大臣，尤其是皇帝的脾性。亚历山大三世的反犹立法被认为极不公正，因为这样做就等于完全剥夺了亚历山大二世在位时期赋予犹太人的那些权利。

19世纪末，西南欧的反犹主义具备了"科学依据"，也就是种族主义理论。法国人戈比诺、英国人休斯顿·斯图尔特·张伯伦推出了雅利安种族"最优秀"的理论。在俄国，这些观点根本没有市场。俄国的反犹主义属于宗教范畴：皈依东正教就能去除障碍，去除禁令。但改变种族是做不到的。不过，拥抱另外一种信仰还是可期的。当然，对新皈依者还是会存有疑问。但这属于心理层面，与法律无关。亚历山大三世最喜爱的女儿克塞妮娅爱上了亚历山大·米哈伊洛维奇大公，后者的父亲是皇帝的心腹，也是他的叔叔。对这位姑娘的父亲来说，障碍在于未婚夫的母亲、大公夫人、巴登公主奥尔加·费奥多萝芙娜的出身有些含混不清。谢尔盖·维特说得很明确："其实，她很喜欢说闲话，像是犹太人的类型……父系这一脉和卡尔斯鲁厄的犹太银行家太近。"[9]不过，爱情还是胜出了：亚历山大三世同意了这场婚姻。

1903年，特奥多尔·赫茨尔前往彼得堡，准备向沙皇的各部大臣提交犹太复国主义计划。他和谢尔盖·维特的谈话最有意思。财政大臣说自己是"犹太人的朋友"，向对方解释说，犹太人本身要对他们所引起的敌意负责：皆因其"狂妄自大"；犹太人大多数都很穷，所以很脏，做的都是一些令人鄙视的工作，等等。而且，革命运动当中犹太人的数量很多。赫茨尔问："您能解释一下为什么会这样吗？"谢尔盖·维特回答道，他认为"还是我国政府的失策所致。我们对犹太人刁难太甚。我曾时常对已故的皇帝亚历山大三世说：'陛下，如果我们能在黑海里淹死六七百万犹太人，我会全力支持这个做法。但如果做不到，那就必须让他们活下去。'""您对俄国政府有何期待？"维特问犹太复国主义领袖。"给些鼓励。"赫茨尔回答道。维特颇为赞同这个说法："我们也在鼓励犹太人。我们鼓励他们移民。比如，在他们的屁股上踹上一脚。"[10]特奥多尔·赫茨尔评论道：有这样的朋友，我们能拿敌人怎么办？

1881年至1882年的屠杀导致了第一波移民潮。每年都有五六万人离开。1891年，犹太工匠被逐出莫斯科之后，11万人移民，1892年移民人数为13.7万。[11]另一个解决犹太人问题的方法就是使之改宗东正教。这取得的成果微乎其微：19世纪下半叶，约有936名犹太人投入了基督教的怀抱。[12]

俄国大多数人信奉东正教。但帝国还有穆斯林（19世纪末，穆斯林的人数达近1200万）、天主教徒（近1100万人）、路德宗教徒（四五百万人）、犹太人（近400万人）、不信教者（近700万人），以及其他信仰的信徒。非东正教徒之所以备受刁难（程度不同），乃是帝国中央集权和强化统一的政策所致。

对这项政策最好的描述可以看他们对"旧教徒"的态度，官方将旧教徒称为分裂派。旧教徒分成不同的群体，据1895年至圣治理会议的报告来看，旧教徒的人数达1300万。官方数据将他们纳入了东正教。主要的群体（占75%）由"圣职人员"构成，他们的组织类似于东正教会，也有自己的教士。"圣职人员"的核心所在就是莫斯科的罗果日斯基公墓。在公墓所在的范围内，他们有自己的祭礼、自己的医院、自己的济贫院。资本主义让其中许多人踏上了成功之路，这些人头脑活络，精力充沛，惯于克服困难。1883年的敕令允许他们依照自己的意愿祷告和生活，只要他们不公开与官方教会唱反调即可。从某种意义上来说，他们得到了官方同意其秘密生活的授权。

处境更为艰难的是其他团体的"旧教徒"。无数教派都遭到了严厉的镇压。"末日"教派（鞭笞派）受到了特别残暴的镇压，所有的洗礼运动也是如此。内政大臣宣称洗礼派教徒是"福音–路德宗教会的支派"；因此，"俄裔人士"无权加入该教派。1900年，禁止俄国人用该派名称指称自己。

农民得到解放，对精神的渴求也就受到了强有力的推动，人们采用各种各样的方式来为社会经济的变化所引发的问题寻求答案。官方东正教会无法满足他们，于是大量俄国人加入各种教派，或创建新的教派。国家采取行政手段加以遏制，以此来帮助教会同"与东正教原则不相符的宗教因素"做斗争，正如至圣治理会议所言，这涉及了"相当数量的俄国人"。

两股狂热的激情迎头相遇。信徒们操心精神问题，想要以自己的方式来信仰，即便遭到镇压，也要保护自己的信仰。当局则在每种"错误的"信仰当中感受到国家和帝国的统一性受到威胁，于是加强了镇压。

注 释

1 Bismarck, *op. cit.*, p. 419.

2 L. N. Tolstoj, «Xadži-Murat», *Sobranie Sočinenij*, tome 12, Moscou, 1959, p. 303.

3 V. O. Ključevskij, *Literaturnye portrety, op. cit.*, p. 442.

4 Cité d'apres I. R. Grigulevič, *Papstvo. Vek XX*, Moscou, 1978, pp. 100–103.

5 R. Ljuksemburg, *Šag za šagom*, Moscou, 1926, p. 49.

6 V. V. Novickij, *Iz vospominanij žandarma*, Moscou-Leningrad, 1929, p. 180.

7 S. Ju. Vitte, *op. cit.*, p. 302.

8 *Ibid.*, p. 305.

9 S. Ju. Vitte, *op. cit.*, p. 429.

10 Cité d'apres Paul Johnson, *Une Histoire de juifs*, Paris, 1989, pp. 394–395.

11 *Ibid.*, p. 396.

12 P. Miljukov, *op. cit.*, tome 2, p. 211.

10 有望“衷心和解”

从万事万物中获取俄国所需要的、有益于俄国的东西，对
获得这样的好处无须设太多限制，只要以直接、果断的方式来
行事。

——亚历山大三世

尼古拉二世在登基宣言中说，他的父亲亚历山大三世是“崇尚和
平者”。所有的同时代人和历史学家都同意这一点。通常比较谨慎的
阿纳托尔·勒鲁瓦-博利厄说，亚历山大三世犹如“和平天使”。[1] 百
年之后，一位苏联历史学家修正了自己的观点，热情洋溢地写道：“亚
历山大三世统治的十三年时间里，和所有人保持了和平，死后获得了
‘崇尚和平者’的称号。”[2] 很难反驳这样的判断：“和平天使”或许并
不会和整个世界保持和平，但在他的治下确实没有发动过大型战争。
不过，正如官方传记所言，“皇帝亚历山大三世不希望和任何人发生
冲突，也不想得到什么东西，在东方遇到对抗时，他只能被迫将俄罗
斯帝国扩张214854.6平方俄里（等于429895.2平方公里），而且没发
动一场战争……”。

皇帝“被迫”获取的这些领土都在中亚。斯科别列夫战胜土库曼

部落（1881—1882）之后，后者便成了俄国的臣民。夺取梅尔夫绿洲后，面前就是一片广袤的土地，一直通往喷赤河，那是同阿富汗的界河。这一步相当奇妙：1880年，帝俄和阿富汗之间还隔着一千俄里。那片虚空（当地部落完全没有抵抗的意志）似乎让俄国魂牵梦绕。元老院秘书长伊万·基里洛夫做了一个梦，梦见自己在1728年向女皇安娜·约安诺夫娜提交了一份夺取中亚的计划书，此后这些计划纷纷得到了落实。亚历山大三世的军队就驻扎在阿富汗边境地带。英国人为此坐立不安，两大殖民帝国之间便爆发了一场严重的冲突。

俄国那时候既无意愿，亦无手段来跨越喷赤河。英国也没有征服中亚的计划。冲突最后以两方各自和平划界作结：阿富汗仍在英国的势力范围之内，中亚则是帝俄的构成部分。1892年，帕米尔地区发生冲突，俄国、英国、阿富汗也同样和平瓜分了这一地区。从此以后，俄国便占有了与中东地区的天然边界。要等到1979年12月，苏联入侵阿富汗，才破坏了"崇尚和平"的沙皇在位时期确立起来的边境地区的安宁。

英国外交界、文学作品（想想鲁德亚德·吉卜林的作品）、社论作者都在不遗余力地抨击俄国"熊"的帝国主义倾向。这不是没有道理的。但说英国、法国或意大利具有帝国主义野心，也同样有根有据。德国也急不可耐地想要跻身殖民帝国的行列。1885年冬，柏林召开各国大会，主要目标是瓜分非洲。俄国对非洲大陆几乎没有兴趣，但作为大国，也参与了殖民国家发起的这场激烈的竞争。在和英国的纷争当中，俄国全面支持法国。

在中亚地区，俄国唯一的潜在对手就是英国，1885年，英国吞并了缅甸，却声嘶力竭地抗议俄国进入喷赤河地带。俄国占领殖民地和西欧诸国征服政策的根本差异在于这样一个事实，即俄罗斯帝国横跨亚欧大陆。其他大国则要去远海和大洋寻找殖民地。

巴尔干地区很久以来就是俄国扩张的主攻方向。柏林会议并未回应彼得堡外交界的所有期待，只是满足了其中一小部分要求。我们说过，保加利亚被分成两个部分：北部和南部（鲁米利亚）。在北部地区，受到俄国喜爱、曾率领俄国枪骑兵团参与对土战争的黑森亲王巴滕贝格的亚历山大被选中。柏林会议同意保加利亚公国（仅北部，南部的鲁米利亚仍然是奥斯曼帝国的一个省）将会制定宪法，享有媒体自由和其他"愚蠢"的自由，这是当时俄国外交官的原话。

承诺的宪法由公国的最高委员、俄国人顿杜科夫-科尔萨科夫领导的一个委员会制定。国民大会在塔尔诺沃召开，尽管政府由俄国的将军们主导，但巴滕贝格亲王仍遇到了严峻的挑战：一方面，他忠于自己的表兄亚历山大三世；另一方面，"保加利亚人的保加利亚"这个理念在他的臣民中间很受欢迎。巴滕贝格的亚历山大亲王解散了国民大会，但他的继任者（亲王没法通过自己的权力来取消宪法）也好不到哪里去。

铁路成了俄国和保加利亚之间冲突的根源。其必要性无可置疑。有两个计划：一个是"西部计划"，将保加利亚中部的农业区和黑海相连；另一个是"北部计划"，从该国中部通往多瑙河。"北部计划"得到了俄国的支持，但会耗费巨大。1890年俄国的《百科词典》专门写了一篇有关巴滕贝格的亚历山大生平的文章，就说得很直白："亚历山大亲王并不会听从俄国的指令，俄国会给保加利亚种种好处，但结果保加利亚就会成为牺牲品，处境会相当艰难。"亲王被推翻。但他很快又重新坐上了王位。1885年，他联合保加利亚两派，抵制亚历山大三世。皇帝对表弟倍感失望，不愿再支援保加利亚。于是局势显得有些吊诡，角色反了过来：在柏林反对"大保加利亚"的英国和奥匈帝国现在开始支持它，而不久前亲近保加利亚的俄国却提出了抗议。

俄国同保加利亚断绝了外交关系。尽管亚历山大亲王驳斥了塞尔维亚和希腊要求因保加利亚重获统一而获得补偿的说法，但他还是下台出国了。《百科词典》的解释是："由于失去了俄国皇帝的保护，亚历山大觉得还是有必要放弃王位……"亚历山大三世的传记作者说，巴滕贝格亲王请求皇帝援助，但"亚历山大三世对此予以了拒绝：他无法原谅巴滕贝格亲王的背叛"。[3] 亚历山大亲王的悲剧源于他不愿成为俄国在保加利亚的附庸：他想要成为拥有全权的保加利亚君主。

和保加利亚断交标志着俄国在巴尔干地区影响力的衰落。英国人在土耳其发号施令。1881年，塞尔维亚和奥地利私下签订了联合条约。1883年，罗马尼亚投入了明显反俄的"三国同盟"（德国、奥地利、意大利）。巴尔干地区的局势让斯拉夫派倍感失望，也证实了康斯坦丁·列昂季耶夫悲观失望的结论："南部和西部的所有斯拉夫人无一例外都是民主派和宪政派。"[4]

亚历山大三世得到的教训相当悲观。1899年，皇帝向"俄国唯一忠实的朋友，黑山的尼古拉亲王"祝酒。可是，在其他情况下，崇尚和平的沙皇说的是，俄国只有两个朋友：军队和舰队。小小的黑山是巴尔干地区的忠实盟友，军队和舰队则始终都是俄国外交政策的基础。

1887年1月，保加利亚代表团前往巴黎，请求援助，以抵制俄国人，并支持萨克森-科堡的斐迪南作为保加利亚王位的候选人。斐迪南亲王得到了奥地利和英国的支持，但亚历山大三世反对他。法国外交大臣弗卢朗要保加利亚人必须感激俄国人让他们挣脱了土耳其的桎梏，故而拒绝援助。法国寻求接近俄国，所以坚持认为感激可以作为政治的基础。俾斯麦持激烈的反对态度。这位德国首相在其垂暮之年写道："俄国的传统政治是建立在宗教和血缘关系上的，他们的理念是必须将罗马尼亚人、保加利亚人、希腊人，甚至信奉罗马天主教的塞尔维亚人这些生活在奥匈帝国边境两侧名称不同的人从土耳其的桎梏下解救出来，并将他们和俄国绑在一起，这并不合理。"[5] 俾斯麦亲王说出了真相，一个世纪之后证明了这句话的正确性："被解放的民族并不感激，而是苛求。"[6]但俄国的外交界并没有放弃这种传统的观点，一成不变地要求"被解放的民族"感激涕零。

在巴尔干地区的失败表明了俄国外交的孤立状态。它的传统盟友——德国和奥匈帝国（尤其是奥匈帝国）——所实施的政策也不能被认为是友好的。亚历山大三世批准了"三皇同盟"，但他并没有什么信心。而"三国同盟"即所谓的"和平联盟"，清楚地表明了它们想要在欧洲事务上发出决定性的声音。俾斯麦认为必须始终都做两手准备，1887年，他向俄国建议签订"互保协定"：双方中的一方若同第三方开战，双方需遵守"友好性中立"。俄国签订了这份协定，为期三年，虽然它也觉得这份协定写得不清不楚。德国为了不致遭受俄国的进攻，便与维也纳和罗马结盟，还和俄国签订协定，"保障"自己不受法国的进攻。从彼得堡这一方来看，它也只能从德国首相那里得到良好的建议。

俾斯麦提出这些建议，目的是将俄国的注意力从西部边境引开。首相极度担心德国会两面开战。他一刻不停地要求德国的政治家提防这样的危险。俾斯麦将法国当作头号敌人，认为必须说服彼得堡，它的利益在东方。他写道，打开俄国这栋房子的钥匙是君士坦丁堡和海峡地区。一旦关紧大门，俄国就会成为坚不可摧的堡垒。[7]

亚历山大三世当时的外交大臣是尼古拉·冯·吉尔斯（1820—1895）。1882年3月，吉尔斯获此任命，其实，1878年起他就是实际上的领导者，因为戈尔恰科夫此时已经病重。维特写道："吉尔斯是个很谨慎的人，一个外交官，能力中庸的公务员，眼光放得不够远，但经验丰富。"他还说："在像已故的皇帝亚历山大三世那样的君主手下担任外交大臣，他实在是再合适不过了……皇帝总有一天会说：'我自己才是外交大臣。'"[8]

吉尔斯的外交观念建立于这样一个信念之上："首先必须避免做出无用的、不合时宜的决策。"[9]对他而言，俄国外交政策的主要目标是让国家休养生息。和土耳其打了一场恶仗之后，俄国需要重获财政上的平衡，重组军队。他还看出西部边境的威胁越来越大。维特回忆道："从完成大学学业起……之后作为……交通大臣、财政大臣，最后担任大臣会议主席，近年来，而不是近几个月，我不停地听到有人说我们会和德国开战。二十年来，我们已经就铁路、财政、军事事务做出决定，总是梦想着和西方开战……" [10]

谢尔盖·维特是在1870年完成学业的。因此，在俄国看来，普鲁士战胜法国之后，德意志帝国的创建就等于西部边境地带出现了一个危险的敌人。

1888年登基的威廉二世年轻（二十九岁）、高傲，急于在军事上建功立业，想要推动使俄国修正其外交政策的基础定位。1890年，威廉二世让俾斯麦下台，这样的需求就显得很明显了。新任首相卡普里维认为延长"互保协定"毫无用处。

法国当时是欧洲唯一一个想要接近俄国的国家，它认为两国有一个共同的敌人，那就是德国。俄国在这条路上走得颇为谨慎。19世纪80年代末，俄国有求于法国的金融市场，而法国的金融市场也很快成了俄国借款和信贷的主要来源。但彼得堡在这条通往巴黎的道路上并不缺障碍。法国是共和国，从这层意义上来看，专制的俄国对接近法国的想法接受得很慢。米哈伊尔·卡特科夫的《莫斯科新闻报》社论在西方资本主义国家读的人不少，和吉尔斯的通函受到同样的关注，有一天，他声称俄国只能成为君主制法国的盟友。不仅是议会共和国，还有政体的不稳定性也激起了俄国的不信任感。彼得堡算了算，从亚历山大三世登基到1890年为止，巴黎总共经历了十四任内阁。

俄国要求法国保证自己的忠诚。共和国给予了保证。1890年5月29日，法国警方执行内政大臣贡斯当的命令，搜查了二十名俄国移民的住所，发现了炸弹和制造炸弹的工具，以此表明俄国的"虚无主义者"正在准备刺杀亚历山大三世。密谋者和法国警方没料到的是，整件事都是从事煽动的彼得·拉奇科夫斯基从头至尾编造出来的，1885年至1902年间，拉奇科夫斯基担任巴黎警察局外国情报处的处长。

法兰西共和国由此证明，涉及棘手的政治问题，俄国还是可以依靠他们的。"和平联盟"这一方则表现出了它们好战的意图：1891年4月，彼得堡获悉"三国同盟"早早地续了约。俄国和法国于是着手拟定互保协定，以免"三国同盟"中的一方开始调动军队。巴黎和彼得堡对英国有可能倒向"同盟"一方颇感担心，至少那个时代是这么想的。1891年8月，俄国和法国签订了政治协定，类似于协商性质的条约。协约写道，俄法两国政府"为了互表衷心的谅解，携手共进，希望以此维护和平"，现"针对每个有可能威胁普遍和平的威胁而互相协商"。协约极端保密，但在签署之前，法国的一支舰队就已驶入喀琅施塔得。克里米亚战争早被抛到了脑后！民众对着法国水手欢呼。有人发现皇帝亚历山大三世在听《马赛曲》，这表明当局是支持俄法两国结成友谊的。

法国想要走得更远，缔结盟约。俄国的外交大臣吉尔斯认为先前的协约犹如基于利害关系的婚姻，觉得没有必要过于亲密，尤其是让两国总参谋长签署军事协定就更是不必了。一方面，吉尔斯生怕急于复仇的政府在法国掌权，这样就会将俄国拖入徒劳无益的战争；另一方面，他觉得必须尽可能地保持同德国的关系，和法国走得太近就无法做到这一点。而亚历山大三世有反德情绪，再加上其丹麦妻子的怂恿，便决定强化其扩张政策，让"衷心的谅解"进一步得到巩固。

1892年8月，经亚历山大三世同意，奥勃鲁切夫将军和博瓦斯德弗尔将军签订了军事协定。从条款来看，"如果法国遭受德国或得到德国支持的意大利的攻击，俄国将动用一切兵力进攻德国。如果俄国遭受德国或得到德国支持的奥地利的攻击，法国将动用一切兵力进攻德国"。第二条保证若"三国同盟"或其中一方调动军队，则俄军和法军亦需立即且同时调动军队。二十二年之后的1914年，这项条款和其他条款一样，都变成了现实。从1888年起，一份类似的军事协定也将"三国同盟"的签署国连在了一起。

俄国总参谋长奥勃鲁切夫将军坚决支持同法国签署军事协定。1863年，时任上尉的奥勃鲁切夫便拒绝"参与手足相残的战争"，当时，他在近卫军步兵师服役，被派去镇压波兰起义。不过，他坚强的性格、独立判断的能力以及军事才能仍使他的军事生涯大放异彩。亚历山大三世信任他，虽然也知道他有"自由主义"倾向。奥勃鲁切夫将军认为，在解决俄国外交政策中的棘手难题（加利西亚和博斯普鲁斯海峡）的过程中，俄国的主要敌手将是英国、奥匈帝国和与之相关的德国。从他的观点来看，解决方法只能经过军事层面。因此，最好还是为下一场冲突做好准备，重新装备军队，训练舰队，建造防御工事和铁路。结盟也同样必不可少：俄国和法国理当结盟。亚历山大三世也持这个观点。

德国正在紧锣密鼓地为战争做准备，比如增加兵员，扩建铁路网，1893年2月出台快速调动所有部队的法律，"以期在各方面的努力之下，尽快予敌人以决定性的打击"，这种做法也证实了俄国的担心。

1893年秋，俄国舰队驶抵土伦，作为对法国拜访喀琅施塔得的回应。法国水手受到热烈欢迎，那俄国水手也有权在法国得到同样的待遇。

造访土伦也公开表明，两国会继续接近。在外交使领馆这一秘密世界里，两国正在就俄法两国防御性结盟的条款进行微调。1894年春，两国签订条约，"衷心的谅解"得到了进一步的肯定。

俄国走出了政治上孤立的局面。自此以后，它就有了盟友，在欧洲成了"三国同盟"的障碍。但1894年8月，亚历山大三世驾崩。尽管他的健康状况甚佳，还不到五十岁。现在将由他的儿子尼古拉二世将俄国领入一个新的世纪了。

注 释

1 Anatole Leroy-Beaulieu, *op. cit.*, p. 1354.

2 *Izvestija*, 25 avril 1995.

3 V. A. Tvardovskaja, *Aleksandr III, op. cit.*, p. 291.

4 Konstantin Leont'ev, *op. cit.*, p. 42.

5 Bismarck, *op. cit.*, p. 545.

6 *Ibid.*, p. 546.

7 Bismarck, *op. cit.*, p. 539.

8 S. Ju. Vitte, *op. cit.*, tome 1, p. 238.

9 Cité d'apres I. S. Rybačenok, «Brak po rasčetu. N.K. Girs i zaključenie russko-francuzskogo sojuza», *Rossijskaja diplomatija v portretax, op. cit.*, p. 258.

10 S. Ju. Vitte, *op. cit.*, tome 2, p. 226.

11 末代皇帝

从伊凡三世到伊凡四世，从彼得大帝和叶卡捷琳娜二世到三
任亚历山大，专制权力似乎完成了它的历史使命。

——阿纳托尔·勒鲁瓦-博利厄

一个大帝国的崩溃首先会引发一个问题：它为什么会崩溃。1913
年，俄罗斯帝国庆祝罗曼诺夫家族三百周年，似乎正处于其全盛时
期；它在大国之中占有一席之地，经济和文化都得到了飞速发展。
1917年2月，尼古拉二世逊位，俄国成了共和国。这些事件的同时代
人及其后人、历史学家和历史小说的作者对俄罗斯帝国为何崩溃这个
问题给出了数不胜数的答案。

答案可以说是各式各样。征服者和被征服者看待事物的方式并
不一致。同时代人及其后人、帝国居民和隔岸观火的人也是如此。当
然，这并不是俄国的特殊现象。豪尔赫·路易斯·博尔赫斯故事里的
主人公皮埃尔·梅纳尔难道不认为历史真实并不是发生了什么，而是
我们认为发生了什么吗？[1]这个观点让无数历史学家声称他们发现了
绝对真理的说法站不住脚。

时至如今，已过去两百多年，我们仍在争论法国旧制度崩溃的成

因，路易十六和玛丽-安托瓦内特在事件中起了什么作用。因此，我们认为对俄国旧体制的讨论，和对沙皇夫妇所起作用的讨论，便具有了更为现实的意义：一方面，这些事件更为晚近；另一方面，尤其是这方面，过去属于国家，所以国家对历史的判断是不容置喙的。

苏联的骤然崩溃使局势发生了出人意料的、整体性的转变：人们开始对尼古拉二世在位时期的过去有了不同的看法。事件"有了另外的判断"。一部专写尼古拉二世在位时期的大作名为《崩溃的二十三级台阶》。1972年，作者马克·卡斯维诺夫完成了描写尼古拉在位二十三年的历史著作，带着明确的谴责："……'平民'和沙皇制度在算总账，算他犯下的所有罪行，这样的清算是无法避免的，具有法律无懈可击的特性。就像罗曼诺夫王朝的结局一样合法。"[2]

末代皇帝的第一本传记在苏联崩溃之后面世，书中提到了尼古拉二世加冕日出现的那场灾祸（在莫斯科霍登卡校场举办庆典，向民众分发赏赐，在人群的拥挤推撞下，两千人遭到踩踏身亡）："拂晓时分，受害者的尸体被装上四轮大车。二十二年后，拂晓时分，人们也会将他们的尸体装上四轮大车。"[3]皇室家庭的死亡似在为其在位时期发生的所有事件赎罪。

注　释

1 Jorge Luis Borges, *Pierre Menard, Author of the Quixote*, «Labyrinths», Penguin Books, 1971, p. 69.

2 M. K. Kasvinov, *Dvadcat' tri stupeni vniz*, Moscou, 1978, p. 538.

3 Edvard Radzinskij, «*Gospodi... spasi i usmiri Rossiju*». *Nikolaj II : žizn' I smert'*, Moscou, 1993, p. 68.

12　循着父亲的足迹

霍登卡校场成了一个不祥之词，让统治初期就显出了凶兆。巧合和非理性的爱好者把那些事件全都记在账上：1888年10月17日，皇家专列脱轨，尼古拉和父亲及其他家庭成员侥幸逃过一劫；1894年5月17日，人群涌向霍登卡校场，想要祝贺年轻的沙皇登基；1905年10月17日，签署限制专制权力的宣言；1916年17日，拉斯普京遇刺；1917年，帝国终结；最后，就是1918年6月16日至17日夜，皇帝全家遇难。

任何一个皇帝在位时期都没有这么多的征兆和预测，没有一个统治者会笼罩在这神秘主义不透明的帷帘之中，从未有人用如此绝望的尝试来洞察未来。1897年，对帝国人口进行了普查（也是最后一次）。对"职业"这个问题，尼古拉二世的回答是："俄国大地的主人。"亚历山大三世的儿子对这一点从未有过丝毫怀疑。他对自己必须遵循父亲政策的做法也没有丝毫的犹疑。尼古拉二世替换了大部分旧臣，他从来就不喜欢导师神气活现的样子，但他仍然保留了谢尔盖·维特的财政大臣一职。后者粗暴的语气、直截了当的判断、自信的神态并不讨皇帝的喜欢，但他仍然批准了他提出的要大力推进俄国经济发展的政策。维特想要完成始于亚历山大三世时期的财政改革，确保货币汇兑平衡。他在回忆录里写道："全俄能思考的人几乎都反对这项改革：首先是对物质的愚昧无知，其次是习惯使然，最后就是某些阶层的特殊利益在作怪。"[1] 维特身边只有一股力量，但那是"最强大的力量，那就是皇帝的信任"。大臣的结论是："俄国货币的汇兑平衡必须归功于尼古拉二世。"[2]

1897年1月3日，设立金卢布。主要货币是帝国金币（15卢布）。还铸造了一半面值的金币（7卢布50戈比）。信用票据可自由兑换金币。票据上饰有这样的铭文："国家银行用金币兑换信用票据，没有数额上的限制。兑换官方信用票据以国家财产作为保障。"

财政体系的秩序得以恢复，工业发展便再次得到了推动。财政大臣将重工业的发展放在首位，这样可以保证国家的独立。在彼得堡及其周边地区，冒出了巨型冶金企业，如普季洛夫和奥布霍夫工厂，还有涅瓦河畔的造船厂。莫斯科省和弗拉基米尔省成了纺织工业的中心。铁路网也在不停地扩增。

经济领域的发展引发了社会运动，俄国的文化也突飞猛进，20世纪最初十年，就是我们所熟知的"白银时代"。尼古拉二世对自己所支持的经济政策结了什么果并不感兴趣，他做这一切，就是为了确保专制权力的基础不受触犯。

目标没有变：地方自治局希望获得更多权利，能更多地参与对地方事务的管理，梦想在核心权力机构内部占有一席之地；边远省区的少数民族也开始谈论自身的权利；大学受到越来越多的管控。风平浪静的时间已经够长，乡村开始出现动荡。俄国南部的工人开始罢工。

亚历山大三世的反改革政策是可以不受任何抵制的：所有社会阶层都还没从亚历山大二世遇刺的冲击下缓过劲来，"人民意志"被消灭也对革命运动造成了重大的打击。俄国社会到1891年才开始活跃起来。萨马拉省爆发大饥荒，涉及近一百万人，引发同情浪潮：该省拨付大量资金进行援助，但缺口仍然很大。于是，当局决定向公众募捐，建立补给点和治疗场所。列夫·托尔斯泰亲身前往萨马拉，在那儿设立了补给点。地方自治局的机构参与了救助饥民的行动。公众因此发现，在没有政府出面的情况下，民众齐心协力也能办成事。[3]

尼古拉二世发布的第一份公开宣言一下子扑灭了扩大地方自治局发挥更大作用的希望（"荒诞不经的美梦"）。地方自治局的代表被控具有自由主义思想，遭到迫害。针对帝国边远地区的政策也越来越具有挑衅性。作为边远省份，芬兰历来最太平。亚历山大三世说过："我一点都不喜欢芬兰宪法。我不允许将这宪法扩展开来，我的先祖给予芬兰的东西对我而言就是一种义务，好像我也同意这么做一样。"[4]

1898年，尼古拉二世任命了芬兰总督尼古拉·博布里科夫，此人不仅违背了宪法，还要将民众俄国化："强迫使用俄语，芬兰到处都是俄国间谍，辞退元老，换上和芬兰毫不相关的人，之后又把那些反对这种专断做法的人驱逐出芬兰领土。"[5]芬兰开始骚动起来。维特设法让尼古拉二世相信，"在彼得堡门口，创建第二个波兰，那实在是太危险了……"[6]1904年，博布里科夫总督被芬兰的一名民族主义者刺杀，表明俄化政策已经失败。

1897年，格·戈利岑将军被任命为高加索总指挥。他"向高加索地区所有的民族开战，因为他想让所有人都俄国化"。[7]总指挥特别仇视亚美尼亚人，这项政策得到了彼得堡的全力支持。1903年6月，政府颁布敕令，没收亚美尼亚教会所有的动产和不动产。这一打击甚至还波及了亚美尼亚文化界，因为教会的一部分资产是用于教育和济贫的。在许多城市，包括大教长驻地埃奇米阿津，教会的财产都被军队没收。地方当局怂恿穆斯林和亚美尼亚人之间发生冲突。维特写得很简洁："当局针对亚美尼亚人的斗争变成了亚美尼亚人反穆斯林的斗争。"

尼古拉二世遵循其父的足迹，大力强化反犹政策。谢尔盖·维特指出了尼古拉二世在位时期反犹立法的特点：所有限制犹太人权利的法律并不是经过现行的立法体系和参政院，而是经由内阁通过的，因为里面有大量例外条款。这么做是因为他想要将犹太人转变成第三等级公民的意愿遇到了激烈的抵抗。正如维特所言："这些法律对俄国人和俄国来说有很大的危害性；我一直都在思考，持续不断地在思考犹太人问题，但不是从有利于犹太人的角度出发，而是从有利于我们其他人，俄国人，以及俄罗斯帝国的角度来看待的。"

末代皇帝时期，俄国最杰出的政治家除了斯托雷平，就是谢尔盖·维特，而后者是个热忱的君主主义者；他认为，若要让俄国紧急实施改革，就必须依赖专制政权。他还是帝国坚定不疑的拥趸。他常常语带讽刺地说，比起"真正的俄国人"，他对帝国更操心。维特批评多年以来的民族政策。他认为，这个政策的根本性错误在于，"我们还没有意识到，自彼得大帝和叶卡捷琳娜大帝时期以来，我国并不是俄国，而是俄罗斯帝国。当外国人在总人口中占比近35%，俄国人分成大俄罗斯人、小俄罗斯人和白俄罗斯人的时候，19世纪和20世纪的政策就不可能忽视这个重要的历史事实，忽视成为俄罗斯帝国构成部分的其他民族的特性、他们的宗教、他们的语言，等等。这样一个帝国的口号应该是：'我让所有人都成了俄国人。'"[8]

谢尔盖·维特的洞察力很快就得到了证实：民族问题以及农业问题成了帝国崩溃的两大主因。

20世纪前夕，俄国罕有政治家能像亚历山大三世和尼古拉二世时期的财政大臣那样对过去和未来看得如此清晰。但成为不平等牺牲品的帝国境内的"外国人"只不过构成了问题的一部分。更严重的是占人口绝大多数的农民缺乏公民权。20世纪初，1861年改革所提供的各种可能性已经枯竭，农民阶层开始骚动：他们很快就受到了镇压，其严酷程度和政府对"外国人"的镇压不相上下。1902年，农民骚动在波尔塔瓦省和哈尔科夫省爆发，使拥有近五万居民的一片地区燃起了熊熊大火，当时派出了一万名多士兵和军官镇压暴动。领头者就像孩子一般受到笞杖。要记得当时俄国只有针对农民还存在体罚。

对从亚历山大三世那儿继承下来的这项政策，抵制越来越厉害。整个社会都变得越来越激进。1901年2月14日，第一把火在彼得堡燃起，此前已经平静了很长一段时间。曾是莫斯科大学学生的彼得·卡尔波维奇前去听公共教育大臣波格列罗夫讲话，结果把大臣杀了；他这么做是要抗议对参与示威活动的学生进行惩罚的行为。前战争大臣凡诺夫斯基因其极端保守的立场而为人所知，于是被任命为公共教育大臣。一年后，1902年4月2日，内政大臣德米特里·斯皮亚京遇刺，行凶者是他昔日的学生斯捷潘·巴尔马切夫。

尼古拉二世任命维亚切斯拉夫·冯·普列维（1846—1904）担任内政大臣，他的任务是恢复帝国内部的秩序。作为洛里斯-梅利科夫时期警察局的局长，普列维对宪政理念颇有好感。但后来成为伊格纳季耶夫伯爵的合作者之后，他就实施起了更为保守的政策。他在德米特里·托尔斯泰手下当差的时候，也仍然终于这样的政策。谢尔盖·维特认为，君主必须依靠人民（照普列维的说法是，依靠贵族阶层），发现新任内政大臣有个重要的缺陷，后者有很短一段时间被称为俄国独裁者：这实在是"大逆不道"。维特相信波兰人出身的普列维是为了"物质利益"而改宗东正教的。

维特解释普列维的政策时，说他是个"叛徒，不是俄罗斯人，当然，他的目的就是肆意压迫陛下的非东正教臣民，展现自己是个俄罗斯人，真正的东正教徒"。

帕维尔·米留科夫是这么谈论尼古拉二世在位头十年的：有两个俄国，一个是列夫·托尔斯泰的俄国，一个是普列维的俄国。我们还可以补充说，有两条政府路线：一条是维特的路线，一条是普列维的路线。尼古拉二世让维特有了"单腿跳舞"的可能性，让他可以采取措施促进国家经济发展。而普列维"用另一条腿跳舞"，采取极端激进的措施让骚动不安的帝国恢复秩序。

我们说过，尼古拉一世死后，阿列克谢·霍米亚科夫说服朋友，下一任沙皇会更好。这位诗人、哲学家发现这就是一条铁律：好君主和坏君主轮流交替。亚历山大二世后来也证明了霍米亚科夫的理论。亚历山大三世也是如此，他是反改革者，而其前任就是改革者。尼古拉二世一下子打破了这个传统，这本是俄国所有君主所遵守的传统，无疑也是霍米亚科夫"体系"的基础。每个皇帝（无论男女）都会废除前任的政策，修正之，完善之。尼古拉二世用下面的宣告开启了自己的统治期："每个人都知道，我会为人民的福祉鞠躬尽瘁，我会毫不动摇地坚定维护专制政体的原则，我那令人缅怀的已故父亲也是这么做的。"在同一篇讲话中（年轻的沙皇对前来庆祝其加冕的贵族阶层、地方自治局、城市、哥萨克部队代表的讲话），我们发现这些话会在整个俄国都引起回响："我知道，近来，在地方自治局的某些大会上，回响着一些说法，那就是有些人做着荒诞不经的美梦，想要加入地方自治局，来引领国内事务……"皇帝的这篇讲话中有这样的句子："这个美梦如无根之木"；但不习惯公开讲话的尼古拉二世当场说出了"荒诞不经"，大大强化了他要继续像父亲那样，坚持当个专制君主的印象。

在俄国良好的传统中，尼古拉二世登基令人始料未及。尼古拉是正式的继承人。从这个层面来看，没有任何疑问。但亚历山大二世当时还很年轻，年富力强。谁都没料到他会死，尼古拉更没料到，所以他压根没做好承担领导帝国重任的准备。

尼古拉二世接受了很好的教育：他受教育的时间长达十三年。古代语言、基础体操被自然科学基础取代。除了法语、德语之外，他还学习英语。他最后三年专门学习了军事技艺，以及法学和经济学的重要原则。他的老师都是俄国最优秀的专家。但皇储对知识的兴趣不大。谢尔盖·维特在尼古拉二世在位时期当了好多年的大臣，他是这样说皇帝的："毋庸置疑，他思维活跃，学习能力强：能快速领会和理解所有问题。"[9]同时，这位昔日的财政大臣还回忆道："在我们时代，皇帝尼古拉二世和出身良好家庭的近卫军上校的平均教育水平相当。"[10]问题显然不出在教育上。谢尔盖·维特承认，论能力，尼古拉二世"大大超过了他威严的父亲。但亚历山大二世有其他能力，使之成了一位了不起的皇帝"。[11]

尼古拉二世有运动员的体格，但个子不高，和亚历山大一世以来相继坐上俄国皇位的巨人毫不相像。瓦西里·克柳切夫斯基就做出了一个可怕的预言："我国的第一个朝代由瓦良格人所建，末代王朝又毁于瓦良格人之手。这个朝代不会等到政治上的死亡才寿终正寝，它会凋谢枯萎，直到不再有用，被赶出舞台。"[12]《俄国简史》的作者说这话的时候，想到了尼古拉二世的母亲，丹麦的达格玛公主。

对末代皇帝性格的讨论时至今日仍未停歇。对当时的人来说，尼古拉二世毫无疑问是个弱者，意志力不足，经常受他人，特别是其妻子的影响，他对妻子爱得热烈，可谓矢志不渝。美国历史学家马克·拉耶夫不带任何先入为主的偏见分析了俄国的过去，他采纳了事件同时代人的观点，说："尼古拉二世虚弱，缺乏意志力，几乎达到病态的程度。"[13]近期出版的末代皇帝传记认为，尼古拉二世的一大特点就是固执。"这很悲惨：执拗的他不懂得如何当面对求他的人说'不'。他太敏感，受过良好的教育，无法粗略地做出决定。通常而言，他不愿拒绝，宁愿沉默，而有求于他的人都会将他的缄默看作同意。于是，尼古拉会等待下一位与他持相同观点的来访者，然后才会快速做出决定。"[14]

皇帝的性格起到了主要作用，因为他是个专制君主。尼古拉二世缺乏意志力，又很敏感，无法"粗略地做出决定"，就给人留下了虚弱或奸诈的印象。归根结底，重要的并不是现实中的尼古拉二世，而是他被别人看待的方式，以及他自己展现出来的样貌。他和皇后的关系很好地体现了现实和感知之间的这种差异。尼古拉年轻时就爱上了黑森的艾丽丝，经长期等待之后与之成婚。我们提到过的彼得大帝那份著名的伪遗嘱有个有意思的地方，即俄国的第一任皇帝给后人提出的婚姻建议："要永远娶德意志公主为妻。"除了亚历山大三世之外，所有俄国皇帝都是这么做的。尼古拉二世也遵从了这个传统。但改宗东正教之后起名亚历山德拉·费奥多罗芙娜的艾丽丝至少既有英国血统，又有德国血统。她的母亲是维多利亚女王的女儿，黑森公主整个童年时代都是在英国的王宫中度过的。

历史学家的说法是，经过一系列王朝间的通婚，罗曼诺夫王朝血管里俄罗斯的血液实际上已不多了，但尼古拉二世的传记作者认为："'俄国沙皇'本身只代表国籍。"[15]我们可以同意他的说法。毕竟，17世纪初，莫斯科的波雅尔将波兰王储放上俄国王位的时候，也是这么想的。叶卡捷琳娜二世就是俄国的女沙皇。但这说法只能用在沙皇身上，没法用在其配偶身上。皇后被视为德国人，她的血管里俄罗斯的血液有多少并不重要。重要的是尼古拉二世根本无法改变亚历山德拉·费奥多罗芙娜的形象，她在宫中就是这样的形象，很快，整个俄国社会也会这么看。

对新沙皇而言，加冕典礼期间出现了第一个考验。由于霍登卡校场公共部门的忽视，用来训练莫斯科戍军的大片空地有许多空洞、堑壕、壕沟，都大张着口子。数十万民众聚在一起，涌过来接受加冕赏赐时，你争我抢，许多人掉入了壕沟内。从官方数据来看，1389人挤压而死，1301人受伤。皇帝在日记中写道："1896年5月18日。目前为止一切顺利，但今天犯了一个大错……大约1300人遭到踩踏。我在九点半的时候得知了此事。这个消息给我留下了可怕的印象……我们去妈妈那儿用早餐。再去蒙特贝罗家参加舞会。"[16]法国大使蒙特贝罗的舞会列在加冕典礼的节目单上。但许多人都建议尼古拉二世让伯爵取消舞会，至少别在那儿现身。"皇帝坚决不同意。"莫斯科总督谢尔盖·亚历山德罗维奇大公向谢尔盖·维特汇报说。对他而言，"这场灾祸是一个巨大的不幸，但不能让加冕典礼暗淡无光；所以，最好还是忽略霍登卡校场灾祸这件事"。[17]

尼古拉二世的母亲很清楚亚历山大三世的统治是怎么一回事，建议儿子惩处这场灾祸的责任人，首先就是拿莫斯科总督来杀鸡儆猴。但年轻的皇后介入进来，坚决支持后者：谢尔盖大公娶了她最喜爱的妹妹。新沙皇听从了妻子的意见。

注　释

1　S. Ju. Vitte, *op. cit.*, tome 2, p. 93.

2　*Ibid.*, p. 96.

3　Anatolij Ivanskij, *Molodoj Lenin. Povest' v dokumentax i memuarax*, Moscou, 1964, p. 645.

4　S. Ju. Vitte, *op. cit.*, tome 3, p. 258.

5　*Ibid.*, p. 270.

6　*Ibid.*, p. 276.

7　S. Ju. Vitte, *op. cit.*, tome 2, p. 209.

8　S. Ju. Vitte, *op. cit.*, tome 2, p. 210.

9　S. Ju. Vitte, *op. cit.*, tome 1, p. 436.

10　S. Ju. Vitte, *op. cit.*, tome 2, p. 6.

11　S. Ju. Vitte, *op. cit.*, tome 1, p. 436.

12　V. O. Ključevskij, *Literaturnye portrety, op. cit.*, p. 453.

13　Mark Raev, *op. cit.*, p. 70.

14　Edvard Radzinskij, *op. cit.*, p. 70.

15　Edvard Radzinskij, *op. cit.*, p. 21.

16　Cité d'apres Edvard Radzinskij, *op. cit.*, p. 68.

17　S. Ju. Vitte, *op. cit.*, tome 2, p. 74.

13 第一场战争

我们需要打一场小小的胜仗。

——维亚切斯拉夫·冯·普列维

这个想法并不新鲜。叶卡捷琳娜二世的做法比尼古拉二世的大臣的做法更为优雅，她向路易十六建议，在处理国内的问题时，要把"在国外绷紧的绳子松一松"。面对难以解决的国内问题，想要打一场"小"仗，而且显然应该是胜仗的想法，自然会冒出来。普列维希望尼古拉二世身边的那些人也是那样想的。

亚历山大三世的意外死亡让世界陷入了不安之中。记者说那是1870年以来欧洲出现的最严重事件，俄国皇帝是欧洲大陆和平的柱石。国际媒体希望年轻的君主继承其父意志，追随他的和平政策。尼古拉二世的第一个外交行动也证明了他想要追随父亲足迹的意愿。1898年8月，他建议各国参加裁军会议。1899年5月，第一场国际会议在海牙召开，会上提出，即使部分裁军也是利大于弊的。

这个概念颇具创新性。不过，这在俄国以及其他国家的外交政策议程上都不怎么重要。尼古拉二世的第一个具体计划仍然属于俄国外交的传统范畴。1896年末，俄国驻君士坦丁堡大使涅利多夫写了一份简报，说在不久的将来，奥斯曼帝国会发生严重灾难，因此建议尽快夺取博斯普鲁斯海峡。战争大臣凡诺夫斯基和总参谋长奥勃鲁切夫都准备采取行动。奥勃鲁切夫将军甚至还拟订了进攻计划，指出部队可以乘坐木筏在博斯普鲁斯海峡登陆。从官方的咨询会议纪要上可以看出对这个问题进行了讨论，说"国务秘书维特"提出了警告："没有其他大国的同意，夺取博斯普鲁斯海峡在今日的现实条件下太过冒险，会引发相当不利的后果。"[1]于是就放弃了向南推进的计划。1897年，俄国退役军官、尼格斯*梅内利克二世的军事顾问康·列昂季耶夫从阿比西尼亚返回彼得堡。一项计划出笼，那就是夺取阿比西尼亚，将其置于俄国的保护之下。俄国官方向埃塞俄比亚派出了第一个外交代表团。

痴迷通常都不具现实性的计划是尼古拉二世的一个特点。他感兴趣的是在白令海峡上建桥，或在帝国边境地带竖立电栅栏之类的东西。他外交政策的总体定位要过一段时间才会固定下来。外交大臣轮流当这种事在俄国并不常见，从中可见皇帝内心的犹豫。1816年至1895年间，三任大臣（在各个皇帝巨细靡遗的掌控之下）领导帝国的外交事务。1895年至1900年间，竟然也有三位外交大臣。

当普列维说"打一场小小的胜仗"时，他心里已经很清楚敌人是谁了：日本。这个选择不能仅从轻易获胜的角度来看，因为打胜仗是毋庸置疑的。被任命为战争大臣的库罗帕特金将军和前任凡诺夫斯基将军在一个观点上不和。库罗帕特金认为前线的比例应该是一个俄军士兵对阵一个半日本士兵。凡诺夫斯基则认为是一个俄国兵对两个日本兵。

自南部边界直抵阿富汗之后，远东仍然是帝国唯一开放的边界。而且，海峡问题是一个将所有西方国家连在一起的特别难以解开的

---

*埃塞俄比亚（阿比西尼亚）皇帝的称号。——译注

结，很难一次性解开。而在远东地区，扩张的前景相当美妙。

1891年，亚历山大三世派皇储前往日本游历。这场游历差点以悲剧告终：一个疯狂的日本警察用刀砍伤了尼古拉。未来的皇帝没有忘记这件事。他在日记本里没说日本人，而是用"丑八怪"称呼之。不过，我们可以想象亚历山大三世派皇储前往"日出之国"，并不是仅仅想扩大儿子的地理知识。从1891年起，建造西伯利亚铁路的速度就加快了。1894年，铁路造到鄂木斯克，翌年，造到了克拉斯诺亚尔斯克。

一位俄国历史学家说，"铁路犹如利刃"，让俄国深入"国际经济和政治在太平洋地区的竞争区域"。[2] 1894年，日本和中国开战，这场冲突于次年结束，日本大胜，通过《马关条约》获得了辽东半岛和旅顺港。换言之，日本从此以后就能进入大陆，在陆地上与俄国相邻了。

维特公开写道："我觉得（《马关条约》）对俄国极其不利……日本进入我们拥有极大利益的大陆，因此问题来了，我们应该采取何种态度？"有两种解决办法：和日本瓜分中国，或迫使后者离开大陆。谢尔盖·维特支持后一种方案。他觉得，"俄国更愿意见到一个强大的中国，而非僵化的中国"。因此，"应该不惜一切代价保证中华帝国的完整性和不受侵犯"。[3] 和所有回忆录的作者一样，维特也倾向于略微美化一下自己的观点。他不愿让日本染指中国，认为俄国有能力以和平的方式渗入清王朝。

得到法国和德国支持的俄国迫使日本放弃了辽东半岛。1903年12月，尼古拉二世提到了八年前的这些旧事："那时候，俄国坚决地对日本说：'退后'，日本就听从了。"[4] 1896年，维特的政策有了结果：5月，俄国和中国签订秘密协定；日本若入侵，双方便互相协助，"动用一切海上和陆上力量"。8月，签订了建造和开发中东铁路线的合同，铁路大大缩短了至符拉迪沃斯托克的距离。公里数的缩短更是可以加快建造铁路的步伐，但更重要的还是要和平融入俄国的势力范围，这样就会出现在那儿发展经济的前景。为了资助铁路建设，俄中两国创建了银行：八分之五的资金由法国银行团提供，剩余资金则由彼得堡的国际银行提供。不过，法国人在行政委员会只占三席，而俄国人占了五席。委员会的俄国委员由财政大臣任命，事实上，财政大臣才是银行事务的领导人。

对负责远东委员会事务的海军准将阿巴扎来说，"俄国的铁路类似于一面庄严展开的国旗，之后，俄国才会旗开得胜地穿过这片终将会被征服的外国领土"。

朝鲜也是俄国很感兴趣的地方。1896年，俄日两国代表签署了《汉城备忘录》，承认俄国人在朝鲜的主导地位。被日本人监视甚紧的朝鲜国王受到了俄国使团的保护。俄国拒绝分享自己在朝鲜半岛的势力范围。事实上，外交大臣罗巴诺夫-罗斯托夫斯基认为，"以签订条约的形式，将朝鲜半岛南端让给日本，俄国一劳永逸地正式放弃朝鲜在战略上最重要的一部分地区和舰队，从而也就在未来自愿束缚了自由行动的能力"。[5]

之所以会以建造铁路的方式，放弃在中国和平推进的"维特路线"，是因为德国人夺取了山东省的胶州湾。尽管俄中两国签有和约，但俄国并没有抗议德国入侵，而是决定从现状中牟利。

当代一位专门研究日俄战争成因的专家写道："沙皇有一种难以控制的欲望，他特别想向远东推进，占领那儿的国家，从而让俄国控制太平洋。"[6] "难以控制的欲望"这个说法值得注意。可以说从某种意义上来讲，尼古拉二世对远东地区魂牵梦绕。皇帝在同大臣和心腹交谈听取意见的时候，再三强调："整整一年来，俄国无疑需要一座自由开放的港口。"他第一次是在罗巴诺夫-罗斯托夫斯基报告书的页边提到了《马关条约》。尼古拉二世倾向于瓜分中国和朝鲜。迫使日本放弃辽东半岛之后，他重申了自己的决定："要尽可能在中国海和日本海获取不会结冰的港口。"[7]库罗帕特金向维特汇报自己和皇帝的交谈：

"皇帝头脑里有恢宏的计划：俄国获取中国东北，让朝鲜亲近俄国。他还想夺取西藏。"库罗帕特金将军还提到了尼古拉二世的其他"恢宏计划"："他想夺取波斯，不仅占领博斯普鲁斯海峡，还要占领达达尼尔海峡。"

俄国历史足以表明，对大帝国的构建者们来说，这些梦想具有很强的功用性。深藏于皇帝头脑中的梦想和奇思妙想的计划仍然传承自其前任，即便后者并没有将之落实。

未来的皇帝尼古拉二世在日本逗留期间的游伴乌赫托姆斯基亲王在其旅行日记中说得滔滔不绝，而且也颇有深度："俄国鹰的两翼在亚洲上空伸展得太远，这一点毋庸置疑：我们和这些国家的有机联系就是对未来的保障，亚俄将会是整个亚洲的名称。"[8]

1900年10月出版的这部著作，从中可以看出英国不无担忧的心情，也可以特别看出英国人正是因此离开了印度。但该书所谈的对象还是日本。

德国获得了青岛港和胶州湾周围区域九十九年的租约，还获得了在山东修建铁路的特许权，这让尼古拉二世觉得现在有必要加快脚步。反对直接入侵中国领土的维特提出签订条约。但他很听话，通过贿赂中国官员，终于签订了协议，让中国将日本失去的辽东半岛租借给俄国，租期为二十五年，并扩大授予中东铁路公司的特许权，以期建造一条通往大连湾和旅顺港的铁路线。

继德国和俄国之后，英国和法国也扑向中国，获得了"各自"港口的租约和铁路修建特许权。俄国的索求使之和日本的关系紧张起来。沙皇手下的外交官在朝鲜做出了让步，放弃了俄国先前获得的利益。1899年，俄英两国就中国铁路修建的划分问题达成了谅解：长城以北，俄国获得特许权；长江流域内，英国获得特许权。

根据1901年所签的条约，中国被迫向征服者赔款，俄国所获甚巨。占领中国东北之后，俄军并没有很快离开。外交大臣兰姆斯多尔夫提请注意日本的好战意图，建议撤离中国东北，在他看来，这样可以让东京息怒。但战争大臣库罗帕特金则认为需长期占领中国东北，之后让北部地区倾向于俄国，或成为俄国的附庸，如同布哈拉那样。

日本很清楚自己需要什么，也在筹划如何落实这些计划，于是它在1902年1月和英国签订了条约。俄国外交界做出回应，同意分三个时间段从中国东北撤离。1902年3月签订了协议。秋天，第一阶段撤军落实。战争大臣激烈反对，俄国的撤离遭到阻止。和日本的关系日益紧张。但彼得堡拒绝看到这一点。"不会发生战争，"尼古拉二世对德意志皇帝说，"因为我不想打。"

俄国的外交孤立状态还在加剧。威廉二世千方百计怂恿俄国皇帝推进其在远东的计划。他在写给尼古拉二世的信中称其为"太平洋海军元帅"，落款是：威廉二世，"大西洋海军元帅"。但1902年，英日签订条约之后，柏林便告知日本，1895年的局势不会重演。换言之，德国不会阻止日本获取大陆领土的行为。但法国明确反对俄国在远东地区的征服性政策，因为法国认为这么做等于将彼得堡的注意力从德国边境移走了，从而使威廉二世可以在欧洲称霸。

在众多促使俄国和日本开战的因素当中，"别佐布拉佐夫人"的行动是其中一个，他们是撤退骑兵军官亚历山大·别佐布拉佐夫手下的队员。由亚历山大·米哈伊洛维奇大公推荐给尼古拉二世的亚历山大·别佐布拉佐夫用他的计划成功感染了沙皇，别佐布拉佐夫的计划异想天开，说是能让俄国成为满洲和朝鲜的主人，"而且不用流一滴血"。库罗帕特金将军在日记中写道，别佐布拉佐夫把沙皇彻底"催眠了"。[9]

在20世纪末的俄罗斯，"黑手党"这个词史无前例地流行了起来。毫无疑问，黑手党确实存在。但该词被用来解释一切难题，回答一切问题。"黑手党"是阴谋的同义词（其构成根据谈论它的人的意见而变化），目的是消灭俄罗斯。而在20世纪初，最流行的解释不是"黑手党"，而是"朋党"。一开始，这个词指的是西班牙国王斐迪南七世（1784—1833）的秘密顾问，他们通过揭发和使诈的手段对国王发挥影响。19世纪下半叶，自由派历史学家康斯坦丁·卡维林（1818—1859）谈到俄国宫廷时写道："特权太多，使得大家都在说'朋党'这个词，而这就形成了一种障碍，让有理性的诚实人无法接近君主。"[10]在那个时代，这个单词还是用拉丁语写的。到尼古拉二世在位时期，人们开始用西里尔字母写，每个人都很清楚这个词的意思。尼古拉二世宫廷"朋党"的构成一直在变，但本质不变：对政治发挥强大、秘密的影响力，那些人唯一的价值就在于皇帝将他们吸引到了自己身边。

原则上，俄国放弃了对朝鲜的主张，和日本签订了条约。亚历山大·别佐布拉佐夫制订了"非官方的"渗透计划。1897年，他从朝鲜政府那里获得了鸭绿江两岸的森林开采特许权。1903年1月，尼古拉二世下令，向别佐布拉佐夫拨款两百万卢布，建立木材开发公司。一支"伐木工"队伍由六百名退役士官组成，被派往鸭绿江。有传言说尼古拉二世的母亲玛利亚·费奥多萝芙娜和亚历山大·米哈伊洛维奇大公都是公司的股东。

1903年5月，皇帝表明森林开采都是些小问题，现实中如何选择政治路线才是大问题。事实上，亚历山大·别佐布拉佐夫被任命为国务秘书。在一次特别会议上（尼古拉二世有时召开会议做出重大决策），尽管遭到了兰姆斯多尔夫和维特的抗议，他仍然决定将满洲纳入俄国政治经济的势力范围，加强俄国在远东地区的作战能力。兰姆斯多尔夫和维特拒绝在登有会议结果的官方记录簿上签名。远东政策自此以后就成了别佐布拉佐夫的特权。当普列维成为"朋党"一员，他的地位也就得到了强化。1903年6月，阿列克谢耶夫海军元帅被任命为远东地区总督，指挥所有军队（海军和陆军）。

1903年8月，谢尔盖·维特不再担任财政大臣一职，被任命为大臣会议主席这一荣誉职务。兰姆斯多尔夫在一封写给沙皇的信中抱怨:"如果别佐布拉佐夫此后可以撤大臣的职,任命大臣,那他就会成为俄国最臭名昭著的大臣。"他表达了想要辞职的愿望。皇帝给他的答复是:"我们生活在俄国,不是外国⋯⋯所以,我丝毫无法容忍辞职的想法,不管这想法是从哪儿来的。"[11]兰姆斯多尔夫于是留了下来,但此后,远东事务将不再属于外交大臣的职权范围。

尼古拉二世正在走向对日战争,但他相信战争不会发生,因为他不想打。和他所有将军一样,皇帝坚信日军"根本算不上一支真正的军队,如果我们必须和他们打一场的话,那请原谅我的说法,我们会把他们打得落花流水"。[12]沙皇就是这么让他的外交大臣放心的。乌赫托姆斯基亲王自诩很了解远东,他向德国作家保罗·罗巴赫解释道:"自从日本打败中国,我们欧洲就高估了日本的军事能力。日本人还没有和欧洲军队交过手。"[13]

彼得堡还丝毫没有意识到的时候,事态就已在加速发展了。1903年12月31日,日本在一份措辞严厉的照会中,要求俄军从满洲撤军。彼得堡没有回复。1月24日,东京断绝了和俄国的外交关系。海军元帅阿列克谢耶夫向彼得堡发去电报,要求准许动员,进入战争状态。沙皇命令他和日本政府"交换意见"。翌日,兰姆斯多尔夫伯爵向总督发去电报,对他说:"断绝外交关系绝对不意味着战争的开始⋯⋯"

日本对局势则另有看法。1月26日至27日夜,日军鱼雷艇向旅顺港的俄军舰队发起进攻。1月26日,尼古拉二世在日记中写道:"八点,我们去戏院;上演《水仙女》;很出色。一进入戏院,就收到阿列克谢耶夫的电报,告知我今晚,日军鱼雷艇已发起进攻⋯⋯还真是不宣而战。上帝会帮助我们的!"翌日,皇帝写道:"四点,去教堂参加赞美颂,穿过拥挤的客厅。在返程途中,乌拉声震耳欲聋!到处都是热情洋溢的感人宣言,大家同声谴责日本人的傲慢无礼。"[14]

尼古拉二世一如往常地在日记中显示出高效和谨慎。事实上,他可以通过出现在冬宫的窗户旁来激发大家真正的激情。"日本背信弃义"，"丑八怪"蛮横无理侵略俄国，发动进攻的行径让爱国主义瞬间爆发，照当时的报纸所说，这种爱国主义，迄今为止在本国从未见过：我们从未见过各阶层民众热情如此高涨，克里米亚战争开始时没见过，对土战争时也没见过。

随后，传来战败的通告。陆上和海上都战败了。是库罗帕特金将军指挥的军队。出发上前线之前，他去拜访了维特，后者给了他这个建议：一到总指挥海军元帅阿列克谢耶夫的驻地奉天，就立马将他逮捕，送回彼得堡。"要让人相信，我们所有的军事失利都是因为存在双重权力之故，你们一到那儿，就发现了这种情况。"[15]

维特说得没错，库罗帕特金很快就相信战争当中出现"双重权力"有很大的危害性。但甚至在任命库罗帕特金将军担任统帅之后，局势也没有发生变化。对日战争彻底失败。对敌人的轻视，目标之模糊，军事行动战略观念的缺失（反而认为可将日军引入满洲，再次实现"拿破仑大溃败"的场景），军队准备不足，武器装备比日军差，所有这些条件都让开战之初的欢欣黯淡下来。1904年秋，库罗帕特金的军队在辽阳会战和沙河战役中失利。俄国人创作的歌曲充满忧伤，讲述了俄军在满洲的两座山丘上作战时死伤惨重。在1905年2月的奉天决战中，库罗帕特金再受重创，一时引发轰动。他的统帅一职由利涅维奇将军取而代之，后者率领俄军前往防御工事处，等待战斗的后续进展。1905年5月，俄国和全世界都知道了海军元帅罗日杰斯特文斯基的舰队从利巴瓦出发，绕过欧洲、非洲和亚洲，前去增援旅顺港，结果在对马海峡被日军歼灭。旅顺港遭围困达239日之久，于1904年12月投降。为了纪念这次失败，出现了一首名为《骄傲的瓦良格人》的歌曲，歌颂俄军宁愿打开底阀而死，也不愿投降敌人。

在外国的土地上打败仗并不意味着战争也会失败。运送士兵和武器的列车经由西伯利亚铁路驶出。强大的帝国有能力打败敌人。但帝国的内里已经病了。尼古拉二世在位时期最初十年积累的燃料在该国各个地区的革命运动中已经燃尽。战败就成了起爆器。

既然物资还有，那战争还需要继续打下去吗？是应该缔结和约，承认从未和欧洲人交过手的"亚洲佬""丑八怪"胜利了吗？尼古拉二世选择了第二种解决方案。他不想打仗，只想要胜利和扩大帝国的版图。谢尔盖·维特抱怨："我们的波兰人、芬兰人、德国人、拉脱维亚人、格鲁吉亚人、亚美尼亚人、鞑靼人等等，还不够多，我们还想把蒙古人、中国人、朝鲜人的土地添加进来。正因如此，我们经历了一场撼动俄罗斯帝国的战争……"[16]

美国总统西奥多·罗斯福充当"忠实的信使"，尼古拉二世便利用罗斯福提出的建议，同意进行和谈。从他对特使的选择上来看，他也确实希望缔结和约：前往商谈的重任就交给了反对对日作战的谢尔盖·维特。他接到的指示是"四不"，四个条件不可接受，其余事情均可讨论。俄国拒绝割让领土、支付战争赔款、取消通往符拉迪沃斯托克的铁路以及清除太平洋舰队。

经过外交层面的激烈交锋，1905年8月23日终于签订了和约。俄国失去了在中国和朝鲜的势力范围，承认日本在朝鲜的主导地位。彼得堡将辽东半岛的租借权让给了日本，连带交出的还有旅顺港军事基地和大连商港，及其特许权和财产。日本免费获得了满洲南部的铁路，那是西伯利亚通往旅顺港的支线。最后，俄国将萨哈林岛南部地区割让给了日本（北部仍属俄国）。

从《朴茨茅斯和约》可以看出，俄国在远东地区的地位已大大削弱，日本作为欧陆、朝鲜和中国的强劲对手出现了。俄国不得不快速签订条约：若无条约，各个金融大国就会拒绝向其提供大量贷款，而俄国因战争耗费使国库空虚，所以亟需这笔钱。而且，革命之火也正在帝国大地上燃烧：为了战胜革命，就必须和平。

为了对皇帝的密使谢尔盖·维特展现的外交才能（竭尽所能拯救

了俄国，通过谈判获得了贷款）进行补偿，他被赐予了萨哈林伯爵的头衔。很快，自由派人士就给他起了个绰号：萨哈林半岛伯爵。萨哈林岛南部是俄国唯一因战争失去的领土，人们不会忘了这一点。

四十年后，斯大林恰好就在1945年9月2日向同胞宣布日本投降，说："日俄战争期间，俄军于1904年战败，在人民的心中留下了悲痛的记忆。那是我国身上背负的黑色污点。我国人民永远相信这一天总会到来，他们等待着这一天，等待着日本战败，污点抹去的那一刻。到今天，我们，我们这些老一辈人已经等待了四十年之久。"[17]

帝国的绝大多数居民对战争的责任人感受到的是耻辱和愤怒。军事失败的苦涩感引发了对政府的不满，人们不禁问：谁要对这场冲突负责？谁是战败的罪魁祸首？

注　释

1　S. Ju. Vitte, *op. cit.*, tome 1, p. 103.

2　B. A. Romanov, *Rossija v Man'čžurii*, Moscou-Leningrad, 1928, p. 4.

3　S. Ju. Vitte, *op. cit.*, tome 2, pp. 45, 46.

4　«Dnevnik A.N. Kuropatkina», *Krasnyj arxiv*, 1922, tome 2, p. 95.

5　B. A. Romanov, *Rossija v Man'čžurii*, Leningrad, 1928, pp. 139‒148.

6　I. S. Rybačenok, «Nikolaj Romanov i K°. Put' k katastrofe», *Rossijskaja diplomatija v portretax, op. cit.*, p. 310.

7　*Ibid.*, p. 307.

8　Cité d'apres Rudol'f Martin, *Buduščnost' Rossii* (traduit de l'allemand), Moscou, 1906, pp. 44‒45.

9　*Krasnyj arxiv*, 1923, N° 2, p. 86.

10　K. D. Kavelin, *Sobranie sočinenij*, Moscou, 1859, deuxieme partie, p. 1159.

11　Cité d'apres I. S. Rybačenok, *Nikolaj Romanov i K°. Put'k katastrofe, op. cit.*, p. 316.

12　Cité d'apres I. S. Rybačenok, *op. cit.*, p. 313.

13　Rudol'f Martin, *op. cit.*, pp. 45‒46.

14　*Dnevnik imperatora Nikolaja II. 1890‒1906 gg.*, Berlin, 1923, pp. 130, 131.

15　S. Ju. Vitte, *op. cit.*, tome 2, p. 295.

16　S. Ju. Vitte, *op. cit.*, tome 3, p. 274.

17　*Pravda*, 3 septembre 1945.

14　第一次革命

专制政体不成功，也就不再合法。

——瓦西里·克柳切夫斯基

所有战争中最具灾难性的战争，作为最直接的后果，警察、宫廷和朋党的体制长期筹备的革命就会爆发。

——谢尔盖·维特

军事失败剥夺了专制君主的合法性。作为国家唯一的庇护者，他没有权利在战争中失败。尼古拉很清楚这一点，死的时候也会意识到自己的不足之处，而无论自己的死亡原因是什么。

尼古拉二世认为自己不用为战败负责，因为他觉得自己并不想打仗。通常，大家也都接受如下的解释：沙皇很弱，都是因为他受到了别佐布拉佐夫和他的那些狐朋狗友的怂恿。在维特论及俄国确立的"警察、宫廷和朋党的体制"时，就能找到这种解释的回响。值得注意的是，维特的这种说法指的是日俄战争和第一次革命，但也完全适用于第一次世界大战之后的第二次革命。

阴谋是这些事件的最好解释。它并不需要过多的细节，因为黑暗势力本身就是秘密的、不可见的，而且它刀枪不入。尼古拉二世及其家人、心腹生活的时代氛围，皇帝的性格，法师和江湖医生在宫中的出现，秘密警察在该国扮演的角色，都会为散播阴谋的人提供梦寐以求的养料。维特讲过"朋党"的阴谋。但也存在"革命阴谋"，那是警方悉心培养起来的。《锡安长老会纪要》"揭露"了对国家致命的经济政策，说那是"犹太人的阴谋"，它所针对的就是谢尔盖·维特的政策及其推进的俄国财政改革，亨利·罗兰对此提出了令人信服的证据。确立货币汇兑平衡，酒精专卖，大力修建铁路，采取有利于在俄国发展资本主义的措施，这一切成就都被说成是"锡安长老会"[1]达成的。维特于1901年任财政大臣的时候了解到了《纪要》，这篇文本后经臭名昭著的反犹主义者克鲁舍万加工，其俄语版于1903年被刊登在《旗帜报》上。1905年，任大臣会议主席的维特将这篇文本交给警察局长洛普欣，供其分析，他很清楚自己不为犹太人工作，但他本人也认为存在一个世界性的犹太中心，为所有犹太人制定政策。警察局长没能说服首相，即"这个组织只存在于反犹主义的传说"之中。后来，正如回忆录中所说，维特还是采纳了洛普欣的观点。

有传言说存在威胁帝国和专制政体的阴谋、邪恶的秘密势力，这样的谣言和说法越来越多，四处扩散，而真正的问题其实是军事失败使局势达到了爆炸的临界点。

谁都知道主要的问题出在哪儿。1906年出版了强烈反俄的《俄国的未来》一书，其德国作者断言："俄国的未来和俄国的农业紧密相关……俄国的未来就在乡村。"[2]1905年8月，商谈《朴茨茅斯和约》的时候，帝国统计处的国家顾问鲁道夫·马丁博士出版了第一部著作《俄国与日本的未来》，他在书中宣称日本会胜利。俄国革命如火如荼之际出版的第二部著作认为俄国没有未来，因为俄国的农业毫无前景。1969年，极具官方性质的《苏联经济史》一书的作者弗·钱图洛夫认为："农业问题是第一次俄国革命的核心问题。"[3]

1898年，谢尔盖·维特给年轻的沙皇写了一张便笺，上面写了两句话："我深信农民问题在今日就是俄国生活中的头等大事。必须恢复农业秩序。"[4]

财政大臣的话说得很谨慎："恢复秩序。"不能用革命的说辞来吓唬皇帝。他提到1861年的改革使俄国农民摆脱了农奴制，还提到有必要恢复乡村的"秩序"，解决农民解放之后数十年来积累起来的问题。谢尔盖·维特从财政角度说：解放之前，预算是3.5亿卢布；解放让预算达到了14亿卢布。俄国的人口是1.3亿。而法国的预算相当于12.6亿卢布，人口是3800万，奥地利的预算是11亿卢布，人口为4300万。[5]

财政大臣解释道，俄国需要资金大力推进工业化。作为国家收入主要来源的农业无法提供足够的资金。

1861年的劲头已经没有了。维特将农民当作纳税人，所以才会对农民感兴趣。税一直在上涨，但国家仍需要越来越多的税。农民贫困化使纳税人的纳税义务不再有效，乡村的不满情绪日益增长，从而演变成了革命。19世纪80年代和90年代还比较平稳，但进入20世纪就不太平了。造成这种动荡局势的主要原因当中，有一个就是乡村人口的增加和新一代人的出现，这些人都是在废除农奴制之后出生的。

农民的暴动，1905年至1906年的革命，都喊出了一个口号，那是乡村人口的主要目标：要更多的土地！1917年，布尔什维克获胜，是因为除了立即结束战争之外，他们还选择了"土地归农民！"作为口号。20世纪头几年，俄国的政治生活飞速发展：出现了大量党派，反映了极端多样的倾向。大多数都是革命党，自由派和中间派也都支持农民的诉求。

农民承受缺少土地之苦，从贵族地主手中夺取土地来加以弥补的做法，是20世纪俄国最先出现的一个迷思。尽管所有事实都在驳斥这种做法，但这迷思仍然存在。理性的争论一如既往无法撼动现实的神秘化呈现方式。当这迷思有益于政治党派，使之为自己的利益各取所需之时，迷思就更为厉害。

1906年出版的彼得·马斯洛夫的著作《俄国的农业问题》讨论了各个因素，以期终结这个迷思。作者采用了官方数据。数据首先显示，俄国不缺地，认为存在普遍的"缺地"现象这样的说法根本站不住脚。去除不适合农业耕作的三分之一俄国土地（北部和东北部），每人可获得2.1俄亩（一俄亩相当于1.092公顷）适合耕作的土地，法国是0.82俄亩，德国是0.62俄亩。[6]就其后果而言，更严重的是，迷思还说地主占据了所有的土地。事实上，贵族从1860年起就在不停地卖地。1905年，农民占有近1.64亿俄亩土地，贵族占有5300万俄亩（其中很大一部分还都是森林）。1916年，80%的可耕种土地都属于农民，他们还将部分剩余的土地出租给贵族。[7]每个农民获得的土地从0.1俄亩（莫斯科、诺夫哥罗德和维亚特卡各省）到0.5至1俄亩（彼得堡和萨拉托夫省）不等。[8]

农民主要诉求的迷思性质受到了各政党的支持，对真正的现实问题根本于事无补，这个问题就是：农民阶层中有很大一部分相当贫穷。维特对尼古拉二世说："不到一半的人活着，其他人都在苟活着。"[9]俄国农业的落后可以从其极低的产出上看出来。农民的产量仅为欧洲国家农民的二分之一到四分之一。鲁道夫·马丁骄傲地宣称："如今，德国农民从土地上所获的收入要比俄国庄稼汉高三倍。"[10]为生产大量谷物，俄国农民需要用地2.6俄亩，而"法国人只需要半俄亩"。[11]

鲁道夫·马丁注意到，1800年，俄德两国农民间的差距没这么大。"俄国农民的工具尽管原始，但不可能比德国农民的工具原始太多。"[12]

一个世纪过去了，照谢尔盖·普罗科波维奇的说法，俄国农民还保留着16世纪的农业技术。直到20世纪初，还一直在大规模使用摆杆步犁。三年轮作制仍是主导体系。

在给尼古拉二世的便笺中，谢尔盖·维特认为有必要采用财政措施来解决"农民问题"；不过，他认为俄国农业落后的责任主要在于意识形态，因为有村社的存在。他还认为要解决农民问题，就必须将农民转变成"真正自由的个体"。他写道："农民是乡村等级和农村行政部门的奴隶。"[15]

村社对农业发展的负面冲击似乎算是一个证据。在土地没有俄国中部优良的波罗的海地区，收益更好。但贵族阶层仍然惧怕农民获得彻底的解放。国家始终觉得维持村社有利可图，因为村社可以作为管控的工具。最后，意识形态争论还在如火如荼。维特在其论述农民的著作中有一章写道："有人宣称村社是俄国人民的特色，削弱村社也就意味着磨灭了俄国精神的特殊性。有人对我们说，村社在远古时代即已存在，它是俄国人民生活的黏合剂。"[16]谢尔盖·维特反对这种观点，他认为集体产业（村社的产业）只不过是文化和国家发展的一个阶段。他声称必须"变成个体主义，存在个人财产"。[17]

维特向尼古拉二世建议"使农民成为真正自由的个体"，让他们可以离开村社，赋予其其他社会阶层享有的所有权利。维特的结论是："这封信对皇帝造成何种效果，我不知道，因为皇帝后来就不再和我谈这个话题了。"[18]

1906年实施的改革以1898年提出的计划为基础。另外，维特认为，斯托雷平从他那儿"偷走了"这个计划。我们可以认为，彼得·斯托雷平所在的阵营相信，土地的共有性质（村社）和自由农民、个体化地主的缺失，乃是俄国农业落后的原因。1911年，斯托雷平遇刺，表明这种解决俄国生活最重要问题的方式有极多的反对者。

他们想要掌控和引导普遍的不满情绪，但各式政党还是出现了，由此可见日益严峻的危机是如何影响了国家的。20世纪之前，俄国并不存在现代意义上的政党。秘密社团、地下组织自然是存在的。"人民意志"就是最早出现的所谓"党派"。其成员有时自称"分部成员"。但要等到党派真正诞生，才会出现partiïsty这个词，这是一个大家都很熟悉的名称，意思是积极分子。

1898年3月，社会民主派的圈子出现在俄国的各大城市，第一次尝试进行整合。在明斯克，召开了第一届代表大会，宣布成立俄国社会民主工人党。九人参加了大会，但立刻就被警方逮捕。当年夏天，俄国社会民主党的奠基者之一格奥尔基·普列汉诺夫（1856—1918）参与创建了第二届国际代表大会，他提到了俄国革命运动的形势，并做出了这个预言："只有作为工人革命运动，革命运动才会在俄国胜利。我们没有其他出路，也不可能有出路。"1903年7月在布鲁塞尔，社会民主党人统一召开了他们所谓的第二届大会，决定正式创建组织。

在那个时代，社会革命党已经开始运转，该党由各团体和协会组成，秉承"人民意志"的传统。社会革命党党员将赌注押在农民阶层身上，他们认为农民是即将到来的革命的中坚力量。他们提出的解决农民问题的办法是这样的："土地的社会主义化。"他们想彻底消灭私人土地所有制，由整个社会来支配土地。对社会革命党人而言，对群众采取行动，最好的工具就是恐怖行为。但学生彼得·卡尔波维奇刺杀公共教育大臣博戈留波夫只是孤狼行动，是一种报复行为，因为法律要求参与"破坏"活动的学生要么参军成为普通士兵，要么最终被驱逐出大学。研究俄国革命运动的一位历史学家指出，1899年至1902年，博戈留波夫镇压学生动乱，由此出现了大量牺牲品：这些人其实都是被逐出大学的学生。结果就是，参与这些动乱的人很快构成了"1905年革命期间所有革命组织的指挥层，无论社会革命党还是社会民主党都是如此"。[19]

彼得·卡尔波维奇被处死，针对学生的法律没有废除。1901年，至圣治理会议革除了列夫·托尔斯泰的教籍，诅咒这位不抵抗运动的使徒。

1902年4月，因参与骚乱而参军的斯捷潘·巴尔马切夫用左轮手枪连开两枪，击毙了内政大臣斯皮亚京。这是社会革命党战斗组织的第一次行动。军事法庭判处刚刚年满二十一岁的激进分子绞刑。为此，战斗组织实施了新的刺杀行动，称之为"死刑执行"。曾严厉镇压波尔塔瓦农民的奥博连斯基亲王遭到刺杀，下令朝兹拉托乌斯特的罢工工人开枪的乌法总督博格丹诺维奇也被杀。

俄国倒退了三十年。这波新的恐怖浪潮被认为是对当局实施无情政策的回应。1904年11月14日，《新时代》编辑写道："我们扪心自问政府是否还有朋友。可以斩钉截铁地回答：没有。白痴和傻子、抢劫犯和小偷会有什么朋友？"[20]当然，亚历山大·苏沃林对专制政体忠心耿耿这一点是毋庸置疑的。但就连他也对尼古拉二世的政府不满。自由派的约瑟夫·黑森说过，斯皮亚京遇刺后，他和司法部高级官员、后任内政大臣的伊万·谢格洛维多夫见过一次面。谢格洛维多夫问相熟的黑森："您对此怎么看？"后者回答道："很恐怖。"他听见对方说："恐怖！恐怖啊！这何止是以牙还牙。"[21]内政大臣甚至在政府圈内都不受欢迎。

俄国这个新出现的螺旋上升的恐怖浪潮颇具特点，和警方脱不了干系。

斯皮亚京遇刺后，维亚切斯拉夫·冯·普列维当上了内政大臣。亚历山大·格拉西莫夫被普列维任命为保卫部彼得堡分处处长，他在移民国外后所写的回忆录里描述了自己的老板：是个有识见的领导，太自我，很强悍，威望高，把国内政治的所有脉络都掌握在自己手里。[22]格拉西莫夫写道，普列维"只认准一个观念：国内不会有革命。所有这一切都是头脑想象出来的。工人和农民群众内心里都是君主主义者。必须毫不犹豫地压制煽动者、清除革命者"。[23]

保卫部莫斯科分处处长谢尔盖·祖巴托夫（1863—1917）计划以普列维的理论为基础解决这两个问题，至少计划的制订者是这么说的。内务部新任大臣任命祖巴托夫担任警察局特别处处长，让他负责处理革命问题。他声称有人纵火，才会有优秀的消防员。在俄国，警察之所以有效率，都是因为有些人年轻时倾心于各种理论，想要削弱政体。谢尔盖·祖巴托夫就是其中之一。

祖巴托夫的妙招就是不要把革命看作一个治安问题，而是当作政治问题来处理。他认为自己的任务就是让工人归附专制政体，帮助他们捍卫自己的经济利益，来对抗资本主义者。彼得·扎瓦尔兹涅是俄国最有名的一个宪兵，后继祖巴托夫担任保卫部莫斯科分处处长，他写道："谢·祖巴托夫不仅相当强悍，而且性格也异于常人。"扎瓦尔兹涅言简意赅地对局势作了一番概述："俄国没有健全的全国性组织，祖巴托夫的梦想就是设法创建这样的组织。从这个原则出发，他的想法就是在工人组织内部，以专制政体、东正教和俄国的民族精神为基础，将社会主义者在其纲领中宣扬的政治和经济学说的极少部分内容予以合法化。"[24]

谢尔盖·祖巴托夫所谓的"警察社会主义"计划比扎瓦尔兹涅所说的要宽泛得多。1901年，在保卫部莫斯科处，也就是祖巴托夫的秘密保护下，创建了"机器制造业工人互助协会"。同年，在明斯克，祖巴托夫手下的特工组建了"犹太独立工人党"。"煽动挑拨的祖师爷"认为除了工人运动之外，还需控制民族运动，他先从犹太人身上入手，20世纪初，犹太人在革命中起到的作用越来越明显。1904年4月，祖巴托夫理念的支持者在彼得堡设立了"俄国圣彼得堡工厂工人联盟"，其中，保卫部特工加邦神父起到了至关重要的作用。

在和革命做斗争的过程中，谢尔盖·祖巴托夫的政治纲领是其中一个侧面。他特别关注如何与革命党派作斗争。祖巴托夫首先是个很出色的警察。他在技术上作了创新，很快就使警方改变了落后状况，赶上了西欧的同行：对所有遭到逮捕的人都拍照，研究指纹，将任何一个被捕的人进行系统化的登记造册等。在对革命组织、团体和联盟进行渗透方面，他甚至大大超越了其他国家的警察。在他看来，秘密警察是制胜的关键。他派往革命组织内部的特工并不只是进行观察。他向招募来的犯人解释说："我们会让你们去追踪恐怖行为的蛛丝马迹，再把他们碾碎。"祖巴托夫是个相当出色的招募官，他还会向年轻的宪兵传授自己的技艺："先生们，你们必须将搭档看作自己深爱的女人，你们和搭档有一层秘密关系。要像保护自己的眼珠一样保护自己的搭档。一步不慎，你们就会抬不起头。"[25]

"搭档"或"秘密搭档"这个词指的是警方的秘密特工，一直使用到20世纪。

谢尔盖·祖巴托夫在保卫部保守派圈内遇到了抵制，但他的成功是毋庸置疑的。叶夫诺·阿泽夫名为"猎物"，在警方的帮助和控制之下，成了社会革命党人战斗组织的领导人。

身为警方秘密特工的两名煽动者渗透入革命组织，从而为组织煽动的人提供了大量的可能性。执行保卫部各处处长命令的恐怖分子堪称强有力的武器，于是人们开始使用这些特工来推广政治理念，将有碍于推进工作的官员革职，让各行政部门之间争吵不再。维亚切斯拉夫·冯·普列维特别醉心于使用"煽动方案"，结果自己反倒成了牺牲品。他同意保卫部的特工阿泽夫担任战斗组织负责人。1904年7月28日，该组织的成员叶戈尔·萨佐诺夫向内政大臣的马车扔了颗炸弹，把他杀死了。

任职两年的第二任内政大臣普列维遇刺，让舆论为之震惊，让人觉得恐怖分子无所不能，当局虚弱不堪。被任命为内务部负责人的斯维亚托波尔克-米尔斯基宣称政府想要和社会确立"互信"关系，这个说法受到了欢迎，让人以为"春天"马上就要来临，似乎证明政府害怕了，准备做出让步。

新任大臣向尼古拉二世提交了一份敕令草案，以期有利于"使内部发生重大变化"。他准备将其他社会阶层享有的所有权利都赋予农民，废除所有针对"旧教徒"的限制。维特提到，1904年11月，皇帝召开了一场咨政会，讨论斯维亚托波尔克-米尔斯基的这项计划，他指出，皇帝的"政治观"取得了进步。事实上，维特以前对皇帝说过："这就是社会舆论。"皇帝的答复是："社会舆论有什么好在乎的？"[26]

费了好大劲，沙皇才承认有必要考虑公众舆论。1904年12月9日，《政府咨文》称切尔尼戈夫省地方自治局主席给皇帝发去一封电报，针对"一系列与国家整体秩序有关的问题"提出请求。皇帝摩挲着电报："我发现切尔尼戈夫地方自治局主席的这个行为有些蛮横无理，不知好歹。国家的问题和地方自治局大会无关，其活动和权利领域受到法律的明确限制。"阿列克谢·苏沃林将决议文本记在了日记里，说决议"给人留下痛苦和不舒服的印象。就像是在重复'荒诞不经的梦想'这个著名的说法。"[27]大受欢迎的右派报纸《新时代》的编辑惊恐地发现尼古拉二世的理念从1894年以来就没变过，那年他登上皇位之后，就把地方自治局想要参与国家行动的诉求全都摒弃了。

但环境发生了变化，尼古拉二世也只能承认这一点。报纸都在讨论激进的改革计划。1904年10月，自由派运动和革命党派的代表齐聚巴黎，决定协调行动，反抗专制政体。同年11月，彼得堡召开地方自治局温和派人士的大会，他们要求言论自由和新闻自由，人身不受侵犯，农民和社会其他阶层平等，召开"自由遴选的人民代表"大会，代表参与立法工作、制定预算、掌控行政部门的活动。

1905年1月9日，星期天，彼得堡的工人发起请愿，排成队列，向冬宫进发，请求沙皇满足他们的要求：八小时工作制，增加薪水。示威活动的组织者是"俄国工厂工人联盟"，我们知道领头者就是格里高利·加邦神父，他是保卫部的特工。"社团"的倡导者、加邦的庇护者谢尔盖·祖巴托夫坚信，有必要将工人和沙皇联合起来。可以确定的是，多亏了专制政体，俄国才有可能进步。祖巴托夫喜欢再三重复的是："伊凡雷帝时期，用的是磔刑和劓刑。尼古拉二世时期，我们已踏上了议会制的门槛。"[28]

"血腥星期天"好似一面放大镜，将那个时代的特点都放大了开来：保卫部组织的抗议活动；秘密警察特工领导诉求温和的工人运动，工人宣称忠于君主制；当局令人匪夷所思的严厉态度：向和平示威的人群开枪射击。依据官方资料，计有96人被杀，333人受伤（其中34人伤重不治）。非官方的来源说有数百人被杀（介于800至1000人之间）。尼古拉二世不在彼得堡。1月9日，他在日记中写道："艰难的一天！工人想向冬宫进发，彼得堡相当混乱。军队不得不在城市各处开枪，许多人死伤。"[29]为什么军队不得不"开枪"？这件事始终是个谜。对此有不同的解释，主要认为是反尼古拉二世的"朋党阴谋"，目的是用"强有力的沙皇"将他取而代之。近期出版的末代皇帝传记认为这个版本"吸引人"，但空想成分太重。书中写道："在俄国，大家都喜欢阴谋论，但一般情况下，所谓的阴谋纯粹就是胡说八道。有些人既没有去核实某件事情，也没有去通告某个人……有些人想要自保，就让军队进来，把沙皇带离彼得堡……通常情况下，最常见的就是因为愚蠢和怠惰，可怕的大事件才会发生。"[30]1993年，俄罗斯的历史学家也是这么来思考"血腥星期天"的。当时有人说，手无寸铁的人群举着圣像，唱着圣歌前去找沙皇的时候，竟然遭到扫射，这让所有人都始料不及。"开枪射击表明政权在力量上超过了手无寸铁的人群，但其政权的根基也已开始动摇。"[31]

1904年12月底，得知旅顺港陷落，反政府的趋势便愈发明显。1905年初就发生了"血腥星期天"，2月4日在莫斯科，谢尔盖·亚历山大多维奇大公（尼古拉二世的叔叔）被战斗组织的一名成员暗杀。激进分子伊万·卡里亚耶夫很快便遭到了重判：5月10日被绞刑处死。对普列维、叶戈尔·萨佐诺夫的刺杀没被判处死刑，但被判处终身苦役。从量刑上的区别可以看出，政权已不知该如何选择一项政策来抵御革命了。

1月9日之后，内政大臣"自由派"斯维亚托波尔克-米尔斯基遭辞退，取代他的是亚历山大·布雷金。同时，"为了维持国家秩序和公共安全"，还设立了圣彼得堡总督一职，赋予其特殊权力。尼古拉二世让资历老的莫斯科警察局长德米特里·特列波夫将军担任此职。帝国的所有警力都在他的掌握之中。特列波夫将军是以一道命令进入历史的，他命令警察驱散示威的工人："不要吝惜子弹！"[32]

特列波夫将军获选表明他赢得了皇帝的信任。但重要的并不是这个维持秩序的人个性如何，而是同时任命两名内政大臣这件事；照同时代人的解释，重要的是一个大臣和一个独裁者。1905年2月18日这一天，颁发了三个自相矛盾的政府法令：帝国发布声明呼吁"各阶层、各行业的群众真心实意"地帮助政府消灭暴乱分子，对动乱说不；元老院的一则敕令命令大臣会议审视和研究由各协会和个人提交的国家改革计划；皇帝颁布诏书，命令内政大臣必须邀请人民代表参与"筹备工作，检视法律提案"。

在这份诏书中，皇帝第一次公开表示同意召开代表大会。但声明却又断言专制权力不可触犯。2月底传来消息，俄军在奉天遭遇惨败。

革命不停地将各阶层群众聚集起来。

农民焚烧贵族的产业，也就是所谓的"乡村动乱"。工人组织罢工，街头发生示威游行，转化为和警方的冲突。1905年夏，"塔夫利波将金亲王号"装甲舰发生兵变。军舰上升起了红旗，后来成了1905年革命的象征。自由派知识分子阶层快速"左转"。整个俄国诞生了大量职业联合会：工程师联合会、技术员联合会、律师联合会、医生联合会、农学家联合会、统计师联合会等等。1905年5月初，莫斯科召开职业组织代表大会，建立了"联合会之联盟"，并制定了一项政治纲领：要求召开制宪大会。政府六神无主，忽而右转，忽而左转。最令人始料未及的是，特列波夫将军突然同意恢复大学自治，从而满足了教师和学生的诉求。大学此后就享有了治外法权（警方无权入校），成为城市革命运动的中心。

边远地区，如波兰王国、波罗的海诸省、西南地区（小俄罗斯）、西伯利亚、高加索、芬兰、中亚都有火情。在其中的任何地区，革命运动都发生了特殊的变化。我们说过，瓦西里·克柳切夫斯基曾解释，俄国的领土扩张是出于政治需要，他认为和日本的冲突是"俄国最具灾难性和最难以令人忍受的战争"；但他认为满洲北部"对于包围东西伯利亚和滨海边疆地区必不可少"。[33]瓦西里·克柳切夫斯基清晰地看出了帝国的软肋。

西部和东部的边远地区革命运动的性质差异巨大，主要在于这样一个事实，即在波兰、芬兰以及波罗的海诸省部分地区，民族主义口号起到了重要作用，而在高加索和中亚地区，和小俄罗斯及中部地区一样，农民问题最重要。

与革命做斗争的一个好用的技术就是挑起民族纷争。警方就组织了屠杀犹太人。1905年8月，巴库和舒沙发生了真正的大屠杀。亚美尼亚人和阿塞拜疆人的冲突，导致两地共有数百人死亡，后者当时被视为鞑靼人。这些血腥的冲突，因死亡人数众多，引发时人震惊，也同样引起了历史学家的注意。

边远地区和中央一样，反击革命的重要武器就是军队。芬兰大公国恢复自治之后，便获得了平静。谢尔盖·维特在描述该国的局势时列举道："波罗的海诸省……几乎被包围在内，维尔纽斯军事地区的军队已做好开战的准备……高加索的全部地区和城市都在爆发骚乱……波兰王国几乎全国都在暴乱，但革命尚未成气候，只局限于外围某些地方，因为那儿的军队还相当强大，斯卡隆总督还在那儿，他尽管算不上能力出众，但表现得很英勇……"

这位政治家得出的结论是：有的地区权力还掌握在做事坚定不动摇的总督手上，革命运动就不会扩散开来；有的地区，权力握在优柔寡断者的手上，就会发生起义。"因此，在高加索地区，沃龙佐夫-达什科夫伯爵采取的政策就会导致反革命措施和极端自由的措施一直交替出现。"[34]

1905年10月，革命党派和职业联合会组织了俄国历史上第一场政治层面的总罢工，铁路将他们联结在了一起。10月19日，尼古拉二世给母亲去信："……当然，你对1月份我们在皇村一起度过的日子还有记忆……可是，和今日相比，这样的日子已经不再。莫斯科周边铁路工人开始罢工，很快就扩散到了整个俄国。彼得堡和莫斯科被内部诸省隔断……铁路工人罢工之后，又扩展到了工厂工人罢工，随后，甚至城里的行政机关也开始罢工了。这样的奇耻大辱，你能想象得出来吗？……到处都在罢工，城里的警察也有问题，哥萨克和士兵被杀，一片混乱，处处都在骚乱……"[35]

尼古拉二世还可以加上一笔，即彼得堡诞生的工人代表苏维埃领导了总罢工，第二个权力开始崭露头角。当时的政治语汇中出现了"阿刻戎河"这个词，那是借用自希腊神话的词汇。俄国的政治家和政论家认为革命运动是一条地狱之河，波浪有可能会淹没一切，淹没整个世界。革命转变成了两种恐怖力量，即专制权力和"阿刻戎河"之间的冲突。尽管害怕后者的波浪会拍打到他们身上，但自由主义浪潮仍然视专制政体为自己的大敌。瓦西里·马克拉科夫回忆道："自由主义便认为自己不得不依靠……阿刻戎河。"[36]

移民国外的自由派人士约瑟夫·黑森提到1905年的事件，勾勒出革命甚嚣尘上的可怕图景："遣遣散的部队使远东地区一片混乱，他们所到之处一片狼藉。该上绞架的坏蛋受地方政府的资助，在城里大肆屠杀犹太人和知识分子。革命党用炸弹和左轮手枪袭击警察和宪兵。如今可以看出，在社会运动的过程中，挑拨煽动起到了巨大的作用，很难想象罢工的组织，还有莫斯科12月军队的起义，若是没有他们插手，竟会成功。"[37]

1905 年 12 月莫斯科爆发的军队起义达到了革命的最高点,将会长时间撼动国家,但也会不可避免地失去其效力。尼古拉二世做了一个将会让他付出惨重代价的决定,两天后,他写信给母亲:"这几天来,特别难熬,我一直在和维特见面。我们从上午一直谈到晚上,夜色漆黑。必须在两条道路中选择:要么任命一名能干的军人不惜一切代价镇压暴乱;要么赋予民众公民权,也就是言论自由、新闻自由、集会自由、组建工会自由等等。此外,还必须通过国家杜马通过所有的法律草案……这就等于是在制定宪法了。维特坚决支持走这条路。我交谈过的所有人也都给出了和维特相同的答案。"[38]1905 年 10 月 17 日,尼古拉二世签署声明,标志着俄国的专制政权寿终正寝。

　　尼古拉二世在信中讲述了声明的内容:公民权利和召集议会——杜马。大众先是欣喜若狂,但很快就陷入失望。革命党人发现他们获得的东西很少,专制政体的支持者则对政府对"议会制"做出如此大的让步愤懑不已。尼古拉二世本人也对这部从他手中夺走权力的"宪法"感到愤怒。

注　释

1　Henri Rollin, *op. cit.*, pp. 337, 342.

2　Rudol'f Martin, *op. cit.*, pp. 13, 14.

3　V. T. Čentulov, *Ekonomičeskaja istorija SSSR*, Moscou, 1969, p. 162.

4　S. Ju. Vitte, *op. cit.*, tome 2, p. 527.

5　S. Ju. Vitte, *op. cit.*, tome 2, p. 527.

6　P. Maslov, *Agrarnyj vopros v Rossii*, Troisieme édition, Saint-Pétersbourg, 1906, p. 204.

7　Alec Nove, *op. cit.*, p. 23.

8　S. N. Prokopovič, *op. cit.*, tome 1, p. 133.

9　S. Ju. Vitte, *op. cit.*, tome 2, p. 524.

10　Rudol'f Martin, *op. cit.*, p. 34.

11　Cité d'apres S.G. Puškarev, *Rossija v XIX v. (1801–1914)*, New York, 1956, p. 358.

12　Rudol'f Martin, *op. cit.*, p. 93.

13　S. N. Prokopovič, *op. cit.*, p. 117.

14 S. Ju. Vitte, *op. cit.*, p. 528.

15 *Ibid.* p. 524.

16 S. Ju. Vitte, *op. cit.*, p. 492.

17 *Ibid.*

18 *Ibid.*, p. 528.

19 B. Nikolaevskij, *Istorija odnogo predatelja*, New York, 1980, p. 77.

20 A. S. Suvorin, *op. cit.*, p. 327.

21 I. V. Gessen, *V dvux vekax. Žiznennyj otčet*, Berlin, 1937, p. 144.

22 A. V. Gerasimov, *Na lezvii s terroristami*, Paris, 1985, p. 16.

23 A. V. Gerasimov, *op. cit.*, p. 20.

24 P. P. Zavarzin, *Rabota tajnoj policii*, Paris, 1924, p. 70.

25 B. Nikolaevskij, *op. cit.*, pp. 42‒43.

26 S. Ju. Vitte, *op. cit.*, tome 2, p. 328.

27 A. S. Souvorine, *op. cit.*, p. 329.

28 P. P. Zavarzin, *Rabota tajnoj policii*, Paris, 1924, p. 70.

29 *Dnevnik imperatora Nikolaja II, op. cit.*, p. 194.

30 Edvard Radzinskij, *op. cit.*, p. 102.

31 V. A. Maklakov, *Iz vospominanij*, New York, 1954, p. 320.

32 A. V. Gerasimov, *op. cit.*, p. 40.

33 V. Ključevskij, *Kurs russkoj istorii, op. cit.*, tome 5, p. 301.

34 S. Ju. Vitte, *op. cit.*, tome 2, pp. 548‒549.

35 Cité d'apres E. Radzinskij, *op. cit.*, p. 105.

36 V. A. Maklakov, *op. cit.*, p. 328.

37 I. V. Gessen, *V dvux vekax, op. cit.*, p. 213.

38 Edvard Radzinskij, *op. cit.*, p. 106.

15　设立杜马的君主制

立宪君主制是唯一一种和平改变国家的方式。

——瓦西里·马克拉科夫

1905年10月，俄国第一个合法注册的政党是具有自由主义倾向的立宪民主党。很快，该党就改名为人民自由党，但人们仍然称其为立宪民主党。立宪民主党的党首是历史学家帕维尔·米留科夫。法学家瓦西里·马克拉科夫为该党右翼领导人。而对米留科夫而言，1905年的革命党人则是"左翼"，马克拉科夫觉得有必要，而且也有可能在不动用革命手段的情况下，将俄国转变成立宪君主制。在该国持此种观点的人并不多。

尼古拉二世发布的声明同意创建大臣会议。主席是维特伯爵，他也是俄国历史上首位首相。维特政府给自己设定的首要任务就是筹备杜马选举，在军队的协助下镇压"叛乱"。他求助于军队来压制莫斯科的起义，西伯利亚、铁路沿线、大城市以及波罗的海诸国都有惩戒队在行动。在波兰，维特判断必须确立战时状态，因为他认为波兰王国正处于"无政府状态之中"。

在首相看来，时局已到一触即发的状态：对日战争将军队都集中到了远东地区，尽管边远地区尚有一些部队，中部却兵力虚弱。必须将外贝加尔山脉的部队紧急转运至中部各省，但铁路工人罢工阻断了部队的调动。1905年12月26日，维特给西伯利亚军区军队指挥官苏霍金将军发去电报："必须不惜一切代价恢复西伯利亚铁路秩序，消灭西伯利亚各大核心区域的革命组织。"[1]

莫斯科起义令谢尔盖·维特相当震惊，但他仍然始终不慌不忙，认为必须对义军采取极端措施。1906年1月23日，他向沙皇汇报："陛下，缪勒-扎克梅尔斯基将军派人传话说，赤塔已不战而降。但事情怎么能就到此为止了呢？在下谨请您注意，我认为，必须刻不容缓地将犯罪分子送交军事法庭……"[2]

首相的请求让尼古拉二世陷入了困惑之中。他给母亲去信："自莫斯科事件（皇帝指的是1905年12月的暴乱）以来，维特发生了极大的变化。他现在想把所有人都给枪毙了！"但维特所谓要悉数惩罚让皇帝难堪的革命者的说法并不果决。对想要恢复国内秩序的人，尼古拉二世向来都会热烈支持。只是，尼古拉对谢尔盖·维特丝毫没有好感，他在给母亲的信中继续说道："我从没见过这样的变色龙，没人能像他那样信仰说变就变。多亏了他这个性格，现在已经没人，或者说几乎没人会相信他了，或许除了国外的犹太人，在所有人的眼里他都已经破产了吧……"[3]

谢尔盖·维特想要压制革命，认为必须这么做，他也认为可能的话，有必要实施改革，使国家现代化。政府委员会正在着手准备实施农业改革，但真正实行则要到下一任首相任上了。维特政府还制定了选举法，1905年12月11日通过了该法。相比于1905年8月6日的法律，新法稍微扩大了"民众代表"的人数。10月17日的声明承诺"让事实上被完全剥夺选举权的民众阶层……参与至杜马中来"。新法信守了这个承诺，除了设立有产者、城市、农民议团之外，还设立了工人议团。选举既非直接选举、平等选举，亦非普选。但第一次，相当数量的民众还是将自己的代表送入了立法大会。

对谢尔盖·维特而言，政府准备的法律文本并没有对8月6日法律存在的大"缺陷"（他用的就是这个词）作出任何修正，所谓的缺陷就是指该法的农民特色。立法者很清楚尼古拉二世的想法，照后者的说法，"权力不能仅依赖农民阶层，也就是传统意义上忠于专制政体的阶层"。[4]最终选出了一个极"左"的杜马。1906年4月15日，沙皇指责维特："我有种感觉，如果杜马太极端，那并不是因为政府的压制，而是因为……当局完全没有参与至选举运动中，而这在其他国家根本不可想象。"[5]

关于"选举运动"这一点，尼古拉二世说得完全没错。但他对谢尔盖·维特的指责遮蔽了他对"人民"的失望以及对首相的恼怒之情，而后者也已濒临崩溃。4月16日，维特从皇帝的手中接过一封信，通知他已被"解除现有职务"。维特担任政府首脑六个月，引发了所有人的不满。领导层认为他是"共济会"，是犹太人的庇护者。舆论指责他是因为他强力镇压革命者，因为他对反动团体毫不作为，而动荡时期，这些反动团体的重要性却在与日俱增。

但维特遭解职的主要原因还是尼古拉二世对他的不满。维特伯爵不是自由主义者。作为政治家，他很清楚实施某些改革的必要性，但他是强力政府的支持者。他在提到当时国家面临的形势时说："如果亚历山大三世还活着，这些事一概都不会发生。"[6]维特从财政大臣的位置上下来之后，尼古拉二世还会请教维特，因为皇帝需要他。但两人交谈时，他无法忍受这位大臣学究式的、高高在上的语气。当维特准备向沙皇提建议的时候，后者就会回道："谢尔盖·尤里耶维奇，您忘了我已经三十八岁了吧。"[7]

皇帝及其首相之间的紧张关系大大超越了个人之间普通的厌恶之情。维特政府时期担任内政大臣的彼得·杜尔诺沃是个坚定的君主主义者和右派，他认为尼古拉二世是个"虚弱无力的专制君主"。[8]

维特下台几天之后，沙皇在1906年4月27日批准通过的"国家基本法"上签了名。其实，"国家基本法"就是宪法，但是没用这个词，因为用了宪法，就意味着限制了专制权力。"基本法"宣称"至高无上的专制权力"为皇帝所有，但该法也提到了国民所享有的权利和责任，同时"基本法"也同意设立国家会议和国家杜马。第44条，"若无国家会议（类似于'上议院'）和杜马的批准，任何新法均不可生效"。

　　"基本法"将俄国转变成了设有杜马的君主制，专制权力必须学会和议会共存。后者的存在让皇帝最心痛。美国历史学家马丁·马利亚认为谢尔盖·维特及其继任者彼得·斯托雷平都是"小俾斯麦"或"没有威廉一世的俾斯麦"。

　　皇帝在给维特的告别信中只写到了首相的一次胜利："借款处理得很好。"尼古拉二世写道，这是"你的行动中最美丽的篇章。政府在道德上取得了了不起的胜利，保证了俄国的未来安宁与和平发展"。[9]

　　对日战争和革命的震动对俄国的财政造成了相当严厉的打击。必须要有钱。对俄国而言，法国就是个庞大的市场。银行业的"基督徒群体"由巴黎银行和低地国家银行领衔，其负责人是 E. 奈茨兰，谢尔盖·维特找他们谈了话。第二个群体是"犹太人"，由罗斯柴尔德领衔，他们准备贷款给俄国，条件是犹太人的境遇必须得到改善。维特不愿将金钱上的生意和"犹太问题"联系起来，他也知道尼古拉二世在这件事上的立场。法国银行家亲自出面将英国、荷兰、奥地利、德国、美国及俄国富翁吸引进外国金融家的"银行团"内。

　　获取贷款这个难题当然属于金融领域，但尤其属于外交范畴。1906年1月，在阿尔赫西拉斯（西班牙）召开的讨论摩洛哥的大会上，俄国坚定支持法国，反对德国。作为报复，威廉二世下令不得向俄国贷款，德国银行家也都谨遵其命。美国的摩根也随后跟进。德国统计学家鲁道夫·马丁的著作预测俄国会在对日战争中落败，俄罗斯帝国会不可避免地垮台，而这也就成了德国银行家拒绝贷款的理论基础。

鲁道夫·马丁的论点从两个方面展开。首先，他提到了德国政治经济学历史学派的创建者威廉·罗谢尔的政治经济观点，对后者而言，向外国贷款只会增强贷款国的实力。1894年，他写道："在向外贷款的情况下，国家已经拥有优势，国内资本仍然以储备金的形式原封未动地存在着。"罗谢尔还说俄国的债权人大多都在其国境外，因此俄国在遇到财政困难时，有可能会宣告破产，由此就会对同意发放贷款给它的那些人造成沉重的打击。[10]马丁深信俄国肯定会破产，他的第二个论点是法国会受到打击，因为法国有一百多亿法郎由俄国国家担保。

鲁道夫·马丁认为：法国会同意借款给俄国！这对法国人和俄国人而言都不是好事，对德国而言则是好事。[11]

谢尔盖·维特想要获取275万法郎，但由于"德国和摩根的背信弃义"[12]，只得到了222万法郎（843 750 000卢布），年息为6%。但维特自豪地指出，"从各民族历史上来看，这是外国获得的最大一笔贷款……可以使帝国政府熬过1906年至1910年的所有波折，有了这笔储备金，再加上外贝加尔山脉的部队返回，就能用实际行动恢复秩序，让政权重拾信心"。[13]

时年六十七岁的伊万·戈列梅金在被任命为首相，取代维特之后，花了两个半月的时间，证明了自己的无能。随后尼古拉二世让当时的萨拉托夫省省长彼得·斯托雷平负责"恢复秩序"。斯托雷平花了五年时间，让俄国渐渐习惯了这一新的国家体制：设有杜马的君主制。

这位大臣会议新任主席比起前任都要年轻：正好四十四岁。他出身于旧贵族家庭，和维特不同的是，他虽然被人认为是"自由派"，却属于宫廷人士，而且他虽然担任政府首脑，但却没在彼得堡当过官。他先在彼得堡大学的数学和物理系学习，后写了一篇农业论文，进入内务部任职。在1889年至1902年的十三年间，他当过贵族长，在帝国西部边远地区的科夫诺担任调停者大会主席。1902年，他被任命为格罗德诺省省长，一年后，转任萨拉托夫省省长。他从而成了该国最年轻的省长。

萨拉托夫省是乡村动荡的主要发源地。彼得·斯托雷平展现了自己的行政管理才能，而且勇气可嘉；他相对快速地让自己负责管理的地区平静下来。萨拉托夫省的事态吸引了沙皇的注意。斯托雷平被任命为戈列梅金政府的内政大臣，旧官僚遭辞退后，他又担任了大臣会议主席，同时继续留任内政大臣一职。

有人将一句话放在了其实没说这句话的斯托雷平身上："先平息，再改革。"事实上，这句话也确实是新任政府首脑的方针，但过于简化了。虽然革命未曾意识到自己已被战胜，但实情就是如此。斯托雷平在自己的第一份公开宣言中，提到了国家的形势："二十年间，革命运动风起云涌。从今年春天起，革命愈发得到了强化。"大臣会议主席列举道："塞瓦斯托波尔、芬兰堡、列瓦尔港、喀琅施塔得的兵变，先是杀害官员和警官，再发动袭击，进行劫掠。"[14]斯托雷平上任还不到一个月时间，"多数派"[15]就炸毁了首相在阿普杰卡尔斯基岛的别墅：其女儿和儿子身受重伤，此次刺杀造成二十七死、三十三伤。"平息"看来得再加大力度。

于是，他开始镇压暴乱。做法很简单，"先平息，再改革"，事实上，斯托雷平将两者结合在了一起：与革命做斗争的时候，调整改革计划，准备落实改革。

当时大部分人都对彼得·斯托雷平的政策持负面态度。社会上的左翼认为他是革命的敌人，右翼认为他是激进的改革者。瓦西里·马克拉科夫是第二和第三届杜马最为杰出的演说家，他宣扬立宪民主党的理念，从而成为斯托雷平意识形态上的对手，后来过了很久才官复原职，1954年，他写道："用今天的话来说，通常可以这么看待斯托雷平的政策，即'用右手实施左翼政策'。"[16]

马克拉科夫所说的"左翼"政策指的是改革政策。不过，斯托雷平的大名后来很久仍被等同于反革命恐怖行为。他所领导的政府，其所作所为都被描述成"血腥的旋风"。斯托雷平的名字主要还和1906年8月19日颁布的军事法庭法相连，若出现"相当明显的犯罪行为，无须再做调查，也无须在可进行抗辩的军事法庭上控告被告，（总督）即可在战时适用本有效法律"。

特别法庭后来运行了七个月，给当时的人留下了极深远的印象。亲历了农民战争和无产阶级革命的瓦西里·马克拉科夫写道："1906年，人们还没返回到这样的野蛮状态，死刑仍令人百感交集。"[17]

一位苏联历史学家列出了1824年至1917年俄国因政治原因而被判死刑并被处死的人的名单。他的计算结果是，"斯托雷平及其小集团"（"大臣–刽子手"一章）"处死了5000多人（1906—1911）"。[18]但还有另一个数字也必须考虑进去：1906年至1907年，激进分子杀害且毁伤致残的有4500人。1905至1907年间，"左翼暴行"的受害者总人数超过了9000人。[19]

"右翼暴行"导致局势更为恶化。1905年10月创建，由杜布罗文博士领导的俄罗斯人民联盟组织了屠杀犹太人，对"俄国的敌人"搞政治暗杀：第一届杜马的立宪民主党代表赫尔岑斯坦和约罗斯都遭到了暗杀，还有一起针对维特的暗杀。

受害者如此众多，却并没有刷新公众对革命的希望：后者会满足社会各阶层最微小的诉求。革命被认为是一种善行，革命者之死乃是必要的牺牲，让未来更美好，也可以让代表反动势力的内在的恶昭然若揭。革命英雄主义弥漫在时代的空气里。列昂尼德·安德烈耶夫是当时最受欢迎的作家，他的《七个被绞死的人》颂扬了激进分子以及死于当局之手的受害者的深刻人性。保卫部彼得堡处处长格拉西莫夫将军逮捕了一群激进分子，其中有两名女性。他在回忆录里援引了检察官的话，而检察官的职责就是帮助处死激进分子："必须了解这些人会怎么死去……没有一丝叹息，没有一丝悔恨，没有一句祈祷，没有丝毫的脆弱……他们登上绞刑架，嘴角扬着笑容。这都是真正的英雄。"[20]

当时另一个受欢迎的作家马克西姆·高尔基也讲到了英雄们的英雄主义情怀。人们到处都在说着《猎鹰之歌》里的话："我们为勇者的癫狂唱诵赞歌！勇者的癫狂乃是生活的智慧！"高尔基大声宣称癫狂就是智慧，成功地表明"猎鹰"英勇的死亡远高于"游蛇"在尘世上卑微的生存。生活的最高目标就是建功立业，这样的英雄行为和革命相近。

1906年4月27日召开的第一届杜马让选举法的制定者大为失望，他们和沙皇一样，以为农民会成为君主制的有利依靠。杜马太"左"，连进步主义媒体都称之为"人民公社杜马"。社会民主党抵制选举（后来承认这是一个错误），胜利的党派是立宪民主党，在478个席位中占据179席，之后是农民党团，占据97席。

约瑟夫·黑森说过，立宪民主党的报纸是这么说杜马的召开的："历史会留存俄国人民光辉时刻的光辉记忆……这是我国生活新时代的最初时刻。"[21]但他也承认，"从明天起，杜马和政府之间将发生一场你死我活的公开战争"。[22]立宪民主党在选举中大获全胜，轻易就夺取了权力。他们在写给尼古拉二世的计划书中，要求废除"第二院"（国家大臣会议），创建对杜马负责的政府，他们没用"立法院"这个说法，而是用了"立法权"一词。

瓦西里·马克拉科夫在评估了党内同志的行为之后观察到，在第一届杜马中，他们是反对宪法（"基本法"）的。立宪民主党坚持将"人民意志"放在法律之上，但又接受专制政体的原则，将沙皇意志放在了法律之上。这两种倾向都想要创建俄国的法制。[23]可是，1906年春，如马克拉科夫所说，尼古拉二世想要"忠实扮演立宪君主的新角色"，而立宪民主党也受到胜利的激励，高估了自己的力量和身上的责任。彼得·斯托雷平以戈列梅金政府的名义，和立宪民主党党首帕维尔·米留科夫进行协商。他提议杜马议员进入政府，但对战争大臣、海军大臣、宫廷大臣和内政大臣的任命仍是皇帝的职责。斯托雷平毫不掩饰，说自己将会负责内政事务。米留科夫对此断然拒绝。

前内政大臣特列波夫被任命为宫廷元帅，也站在他这一边进行磋商，他这么做就是为了让斯托雷平及其提议失信。他同意政府完全由杜马议员构成的观点。特列波夫将军之所以提出这个阴险的计划，是因为他确信立宪民主党内阁将会和皇帝发生激烈的冲突，皇帝会被迫任命一名军事独裁者。他曾说过"别吝惜子弹"，现在他就准备担任这个职务。

协商不成，杜马和政府无法合作，导致议会在成立之后不到三个月便被解散了。瓦西里·马克拉科夫回首往事，这样概括了当时的形势：立宪民主党作为胜利者，要求政府投降。解散杜马和任命彼得·斯托雷平担任首相一职是当局做出的回应。立宪民主党似乎在国内并不拥有真正的权力。失去委任之后，议员们便齐聚维堡，草拟"维堡呼吁书"，促使人民进行"消极抵抗"。马克拉科夫写道，无法"想象还有比这更不幸、更无用的举措了。这一招既无法激励任何人，也无法吓唬任何人……"[24]

新的选举让杜马变得比第一届更左。社会民主党人脱颖而出，占据了65席；与社会革命党人（有37名代表）关系密切的"劳动党"则有104名成员。"左翼集团"在杜马内部获得了巨大的影响力，共占518席。但对只占99席的立宪民主党来说就是个挫折。"右翼集团"，如"十月党"的保守分子和"黑色百人团"，占据54席。余下的席位则由小党团的代表占据，这些小党团会随心所欲地改变观点。

第二届杜马和第一届一样，弥漫着不耐烦的气息。第二届杜马和政府再次发生冲突，这届杜马认为自己才代表了"人民意志"。阿列克谢·苏沃林在日记中写道："杜马里根本就没人。匪徒，搞破坏的人如云，但没人能够统治……"《新时代》的编辑在论及被人民选出的人的精神状态时说："杜马喜欢大肆羞辱各部大臣。有个议员说：'我不害怕城里的警察，对大臣就更不怕了。他们才应该感到害怕。'"25

解散第一届杜马和选举第二届杜马将彼得·斯托雷平放到了俄国舞台的台前。一方面，他担任的是大臣会议主席；另一方面，也许是更重要的方面，他是俄国唯一一位拥有出色演讲口才的大臣，这让他能挑战杜马里那些能言善辩的人。由于感觉到"左翼集团"的压力，再加上立宪民主党对前者的推波助澜，斯托雷平觉得有必要让那些议员对城市警察和大臣感到畏惧，于是他满怀信心地大胆给出了回应："你们吓不倒我们！"

首相的警告针对的是杜马内大多数中左派议员，后者千方百计想要阻挠改革，认为改革来得太迟，而且也不充分。但激进的反动派也在大力反对斯托雷平的政策和他本人。其中一个就是由杜布罗文出版的机关报《俄国旗帜报》。面对首相的挑战，杜布罗文的报纸宣称："但愿斯托雷平知道俄国的东正教人民对他说的'你们吓不倒我们'这句话只会报以嗤笑。我们再也不能允许用承诺的外国宪法和立宪民主党的胡言乱语来让俄国公民昏昏欲睡了。不，一切都已表明，和现在的斯托雷平政府进行政治大清算的时刻已经到来。"26

如果"右翼"并未出其不意地得到皇帝的支持，《俄国旗帜报》在面对"左翼"的攻势时，也只能站稳脚跟而已。1907年6月4日，尼古拉二世给俄罗斯人民联盟主席杜布罗文发去一封电报："谨向俄罗斯人民联盟的主席和所有成员宣布，他们向我表达了自己的感情，我对他们想要辅佐皇室，为亲爱的祖国着想的忠诚和热忱之心聊表谢意。我保证，如今，所有真正忠诚于我、深爱祖国的俄国人都会紧密地团结在皇座的周围。通过不断地扩大队伍，他们就能帮助我让我们伟大神圣的俄国再次恢复和平，改善我们伟大的人民的命运。但愿俄罗斯人民联盟能真正地支持我。但愿你们能为全人类服务，任何时候都能成为合法和秩序的楷模。尼古拉。"

这篇写给"黑色百人团"组织的赞词太出其不意，颂扬得太过分，结果使得阿列克谢·苏沃林认为那是份伪作，虽然他是个君主主义者，但并没将这封电报刊登在他主办的《新时代报》上。他在日记中不无悲哀地写道："我们的君主为自己找到了一个美好的政党。"[27]

第二届杜马解散之后，尼古拉二世给杜布罗文寄去了这份电报。第二届杜马也没比第一届杜马持续的时间长：1907年6月3日，由于违反10月17日宣言，政府禁止了这届杜马。尼古拉二世一下子又不喜欢这届杜马了。彼得·斯托雷平还在想着怎么合作，而"子弟党"没有这个意愿。因此大多数议员不愿谴责革命，却都愿意去谴责右翼的暴行，或者说是"政府的恐怖暴行"。解散杜马的借口是杜马拒绝将社会民主党议员交给警方，警方此前在军队中遇见该政治组织的代表，于是就逮捕了他们。现实中确实存在这样的联系，但为了推动警方的工作，在这种情况下，保卫部彼得堡分处便命人去煽动挑拨，把议员们来了个"瓮中捉鳖"。

第二届杜马议员瓦西里·马克拉科夫对当局的这次"夺权行动"（指解散议会）给出了另一种解释：议会并未如斯托雷平所愿，它拒绝处理俄国的大问题，也就是农民问题。

第二届杜马的解散并不意味着俄国"议会制"的终结。已经确定会进行第三届杜马的选举。新议会必须于1907年11月1日召开。但前两届议会的经验让政府吸取了教训，从而修改了选举法。政府在逐渐适应议会体制，试图在行政权和立法权之间找到合作之道。第三届杜马内部，右翼既有大地主代表，也有最极端的民族主义代表，共获得33.2%的票数；10月17日党捍卫的是工商业资产阶级的利益，占34.8%；立宪民主党失去了在前两届议会中的领导地位。新的选举法大大限制了少数民族的权利。革命党派在第三届杜马也有代表，其中就有布尔什维克（其中四人加入了社会民主党）。

马丁·马利亚是如此概述当时局势的:"1907年之后,俄国就有普鲁士类型的议会存在了,议会由保守分子领导,可以和仍然相对开放的专制政体合作。"[28] 当时有一个心怀敌意的人作了一些预言,但没有成真。1906年,《俄国的未来》一书的作者是这么写的:"俄国革命比法国革命持续的时间更长。但国家杜马后来很快就成了疯人院……在接下来几年,俄国国家杜马的会议会令人想起制宪会议,着实让人震惊。"[29]

第三届杜马一直持续到其委任期结束,之后就开始了第四届,直到1917年才选出这一届。之后,要到1993年才会成立杜马。

广泛全面分析俄国革命的十卷本《红轮》的作者亚历山大·索尔仁尼琴讲到了1907年6月3日的"夺权行动":"……为了保存杜马,就必须(……)修改选举法。即便是下达敕令要求修改,但这么做仍然是非法的,因为宣言还在。但这是唯一一种可以让议会运转起来的方式。"[30]

第一次发表政府讲话时,斯托雷平提出了一个庞大的改革计划,如取消加诸各群体身上的限制,不得对其刁难,转变自治方式,设立地方法庭、收入税等。在所有这些改变当中,彼得·斯托雷平将解决农民问题放在了最核心的地位。无论是第一届杜马还是第二届,都不愿去操心这个事,只是提出建议,要求没收贵族土地。

趁着第一届杜马解散、第二届杜马选举之间的当口,斯托雷平采取了一些措施(基本法第87条赋予了他这项权利),改变了农民在俄国的状况。1906年10月5日,颁布敕令,将农民放在了和其他社会阶层同等的地位上。1906年11月9日的敕令赋予农民离开村社的权利,但同时又保留他们当下拥有的土地。其他所有的敕令都涉及了农民问题的方方面面。但第二届杜马拒绝将这些特别敕令转变成法律。

杜马农业委员会成员、立宪民主党党员切尔诺科夫和斯托雷平交谈之后,向该党的代表进行汇报:"斯托雷平对农业问题已经完全不知所措。他说：'以前我只相信，若想拯救俄国，就必须取消村社；现在我更坚信这一点。若非如此，任何宪法对俄国都不会有任何用处。'"[31]在第二届杜马开会期间捍卫11月9日法律的彼得·斯托雷平宣称该法"只是取消农民对村社的强制依附关系，由此将个体从与人的自由概念和人的劳作概念不相容的奴役状态中抽取出来"。杜马的左派多数派拒绝批准这项法律，右派少数派也是如此，但理由不同。

关于农民土地所有权的法律是到第三届杜马才通过的，1910年6月14日获尼古拉二世批准。左派议员、立宪民主党和右派大多数议员表达了反对。大多数同意通过该项法律的议员都是"十月党人"，他们得到了温和右派和民族主义团体（如波兰"科沃派"）的支持。

当时的文件、同时代的亲历证词、历史学家的分析都可以让人一窥俄国"农民问题"不可思议的复杂性。20世纪末的事件具有极强的现实性，有助于更好地理解世纪初的那些事件。从1906年至1916年这十年可以看出，相当部分的农民都想摆脱村社的束缚，获得自由耕作者的地位。1916年，近两百万家庭离开米尔，前往农庄，即村庄外的农场，或作为独立的地产主，仍然留在村庄的外围地带。

20世纪90年代初，苏联解体之后，集体农庄和国营农场并未如人们所期望的那样消失。后继者也丝毫没有鼓励耕作者进入个体耕作的世界。当时出现了势力强大的游说集团，由集体农庄的主席和国营农场的经理组成，他们千方百计地反对制定农业改制的法律，不愿意让耕作者以个体的形式劳作。杜马中农业党的一个领导人瓦西里·斯塔罗杜布采夫言简意赅地讲述了自己的纲领："不应存在土地私有制。土地不能成为商业的对像。"这个声明是写给亚历山大·普罗哈诺夫的，此人是周报《明日报》的出版人，与之相比，阿列克谢·苏沃林的《新时代》简直就像左派出版物。亚历山大·普罗哈诺夫阐述了土地的"俄罗斯概念"："土地属于上帝，土地属于人民，土地不属于任何人，它属于国家，很神圣，人类在上面休养生息……"[32]

1995年，土地私有制的反对者一字一句地复述了九十年前彼得·斯托雷平的无数敌人所持的论点。1907年11月16日，斯托雷平在陈述自己的农业改革计划时，对所有"俄罗斯概念"的支持者（无论什么时代）作出了回答："只要农民仍然贫穷，只要他们还无法享受到土地为个体所有，只要他们还被村社的钳子紧紧钳住，那他们就仍然是奴隶，任何成文法都无法让他们享受到公民自由的好处。"[33]

　　身为君主主义者和保守派人士的彼得·斯托雷平认为，只要将公民自由、国家意义、爱国主义结合起来，就能出现"真正的自由"；而传达这种"真正自由"的就是"小地主……劳动者，他们拥有个人的尊严感"，为村庄带去"文化、教育和满足感"。[34]

　　将没有土地的农民转运至乌拉尔山以外（西伯利亚、远东、中亚），是斯托雷平农业改革计划的重要构成部分。1906年至1913年间，约350万农民就这样越过了乌拉尔山脉。

　　首相成为右派和左派的攻击目标，因为他的计划"着重于强者"。斯托雷平的反对者援引了1908年12月5日他在杜马的讲话。面对有人说农民嗜酒，把全部土地都喝没了，以此来散布恐慌情绪的说法，斯托雷平是这么回答的："当我们在为整个国家制定法律的时候，头脑中所想的必须是强者和智者，而非弱者和酗酒者。"[35]左派由此声称斯托雷平着重考虑的是"富农剥削者"，右派则说他"在乡村引发分裂"，意思就是说他反俄罗斯、反国家。

　　彼得·斯托雷平提出反驳，指出"强者在俄国占大多数"。毫无疑问，农业改革所提供的可能性首先吸引的就是最活跃的人，他们拥有主动性，是最"强"的农民：必须要果断，拥有强大的个性，才能挣脱米尔束缚，放弃自己的小块土地，前往一万公里外茫无边际的西伯利亚，开始新的生活。法国经济学家埃德蒙·泰利1913年前往俄国，他提到这个国家在六年的时间里（1906—1912）取得了很大的进步，指出国家给予了极大的帮助，尤其是在给农民分摊土地、向农民贷款方面。这位法国观察者认为："还要再等上二十年，1861年解放农民期间授予村社的1.3亿公顷土地才会最终转变成私人财产……不过，如今推动的力度很大，改革全面成功这一点毋庸置疑。"[36]

不能排除的是，埃德蒙·泰利已听说过彼得·斯托雷平那些有名的话："给我二十年，我就能改变俄国的面貌。"

斯托雷平的行动结出了果实；1907年，最后几处火源熄灭了；第三届杜马采纳了农业法，吸纳了议会生活的规则；对日战争和革命之后，俄国开始医治伤口。同时，彼得·斯托雷平也逐渐失去了尼古拉二世的信任和支持。1909年，首相提到格拉西莫夫将军，说革命已遭镇压，皇帝可以想去哪儿去哪儿。听闻此言，尼古拉二世气不打一处来："我不明白您说的是什么革命……我们确实有过混乱，但那不是革命……再说了，如果掌权者精力更旺盛，胆子也大，混乱是不可能发生的……这些年来，我身边要是有像敦巴泽上校那样的人，局势就会完全不一样了。"[37]

皇帝夏宫雅尔塔的指挥官敦巴泽上校因其对犹太人的疯狂镇压而名声在外。这样的比较只会让斯托雷平不悦。他对格拉西莫夫将军说："皇帝怎么会这么快就忘了自己经历的那么多危险？可他当时还想尽办法要避开危险，让国家摆脱艰难的处境。"[38]

1911年9月1日，彼得·斯托雷平在基辅剧院受伤，伤情危重。尼古拉二世也在那儿看戏。9月5日，首相去世。杀手德米特里·波布罗夫是社会革命党党员，也是保卫部的特工。他和犹太人的关系让他的恐怖主义行为又多了一层现实性。波布罗夫立刻受到审判，并被处死。彼得·斯托雷平遇刺的情况一直都没彻底弄清楚。他的敌人数量众多，从而使各式各样自相矛盾的传闻显得亦真亦假。革命党人对这个"平息"国家，使之走上改革之路的人相当痛恨，因为这样会使革命变得毫无用处。右派认为斯托雷平这么做是有意要削弱君主政体。中间派，尤其是立宪民主党担心大臣会议主席会阻止他们获得一个对杜马负责的政府。立宪民主党领导人，也是斯托雷平不共戴天的敌人帕维尔·米留科夫回忆说，保护首相最力的就是"沙皇，他不喜欢受到外界意志的左右"。他的结论是："他受召前来，使俄国摆脱了革命，如俄国的托马斯·贝克特那样，度过了自己的岁月。"[39]

1917年革命之后，帕维尔·米留科夫才提到了这位英国大法官（1118—1170），恼怒的国王亨利二世没料到没人愿意帮他摆脱掉这个胆大妄为的顾问，于是就将他杀害了事。但波布罗夫开枪刺杀斯托雷平之后，皇帝参与杀害首相的传言就出现了，只是没有任何证据支持这个说法。只不过是些怀疑罢了。

对彼得·斯托雷平所起的作用进行重新评价，表达了想要理解20世纪俄国历史的强烈意愿。亚历山大·索尔仁尼琴就这么不停地擦拭着革命之镜，他认为这个伟大的国家蕴藏着许多可能性，而斯托雷平就是这种可能性的象征。他的主人公乃是命运的宠儿，他为这位主人公绘制了一幅肖像："黑色礼服，排扣一直扣到下颏，身体挺拔好似大理石雕像，身上洋溢着一股神秘的、令人难以忍受的自信，因为他既非腐朽不堪的老头，亦非魔鬼、低能儿，他英俊帅气，知道自己有力量……"[40]

美国历史学家理查德·派普斯说得斩钉截铁："斯托雷平……是帝国最杰出的政治家。尽管他的两个潜在对手斯佩兰斯基和维特拥有过人的才能，但斯托雷平拥有的特质他们并没有，治国的智慧和政治才干在他身上结为了一体。"派普斯援引了英国驻彼得堡大使阿瑟·尼科尔森的说法，后者将斯托雷平视为"欧洲最杰出的人物"。[41]

瓦西里·马克拉科夫在论述尼古拉二世两位名臣的时候，找到了更好也更简洁的表达方式："维特能拯救专制体制，斯托雷平能拯救立宪君主制。"[42]

去世之前不久，斯托雷平制订了一项改革计划，以期为法制国家、君主立宪制确立牢固的基础。这项计划中的法律可以保障公民权利（废除通过行政命令将人流放的做法），进行警界改革、自治改革（特别是对地方自治局赋予很多权利），设立社会保障部、健康与劳动部。1956年，斯托雷平的计划第一次公之于世。[43]我们将此视为"上层革命"的计划。但要实行的话，还必须有个"上层"。索尔仁尼琴是这么写斯托雷平的：他拥有"当沙皇的品质"。[44]但合法的沙皇是尼古拉二世。立宪君主制的潜在拯救者像维特一样，开始让皇帝不堪重负，也就变得没什么用处了。这也可以从一个事实看出：斯托雷平遇刺之时，另一个"拯救者"出现在了宫廷内，此人好商量得多，而且似乎更有效率，这人就是格里戈里·拉斯普京，他的出现让人产生一种幻觉，以为沙皇和人民之间有了直接的联系。

注　释

1　S. Userovič, *Smertnye kazni v carskoj Rossii*, Kharkov, 1933, p. 53.

2　*Ibid*, p. 58.

3　S. Userovič, *op. cit.*, p. 59.

4　S. Ju. Vitte, *op. cit.*, tome 3, p. 358.

5　*Ibid*, p. 357.

6　I. V. Gessen, *op. cit.*, p. 188.

7　A. S. Souvorine, *op. cit.*, p. 339.

8　*Ibid*.

9　S. Ju. Vitte, *op. cit.*, p. 341.

10　P. N. Miljukov, *op. cit.*, pp. 814, 815.

11　Rudol'f Martin, *op. cit.*, pp. 9, 166, 169.

12　S. Ju. Vitte, *op. cit.*, tome 3, p. 230.

13　*Ibid*, p. 249.

14　*Pravitel'stvennyj vestnik*, 24 aout (6 septembre) 1906.

15　社会革命党团体和党相脱离，由米哈伊尔·索科洛夫（"熊"）领导。他们同时还策划了好多起袭击银行的行动。

16　V. A. Maklakov, *Vtoraja Gosudarstvennaja Duma*, Londres, 1991, p. 15.

17　V. A. Maklakov, *op. cit.*, p. 22.

18　S. Userovič, *op. cit.*, p. 97.

19　Cité d'apres Richard Pipes, *The Russian Revolution*, New York, 1991, p. 170.

20　A. V. Gerasimov, *op. cit.*, p. 123.

21　I. V. Gessen, *op. cit.*, p. 227.

22 *Ibid.*, p. 228.

23 V. A. Maklakov, *op. cit.*, pp. 7-8.

24 V. A. Maklakov, *Vospominanija, op. cit.*, p. 361.

25 A. S. Souvorin, *op. cit.*, p. 334.

26 Cité d'apres V. A. Maklakov, *Vtoraja..., op. cit.*, p. 225.

27 A. S. Suvorin, *op. cit.*, p. 388.

28 Martin Malija, *K ponimaniju russkoj revoljucii, op. cit.*, p. 96.

29 Rudol'f Martin, *op. cit.*, p. 238.

30 Alexandre Soljénitsyne, *La Roue rouge*, Premier noeud: «Aout 14», Paris, 1983, *op. cit.*, p. 589.

31 V. A. Maklakov, *op. cit.*, p. 233.

32 Vasilij Starodubcev, « "Zemlja naša !" Beseda Aleksandra Proxanova, Vasilija Starodubceva i Valentina Cikina», *Zavtra*, n° 29, 1995.

33 Cité d'apres, *Ubijstvo Stolypina, op. cit.*, p. 52.

34 *Ibid.*, p. 53.

35 *Obzor dejatel'nosti Gosudarstvennoj Dumy tret'ego sozyva*, 1907-1912, Saint-Pétersbourg; Sessija 2, c. 1, pp. 2279-2284, Stenograf. otčet.

36 Edmon Teri, *Rossija v 1914. Ekonomičeskij obzor*, Paris, 1986, p. 33.

37 A. V. Gerasimov, *op. cit.*, p. 146.

38 *Ibid.*, p. 147.

39 P. N. Miljukov, *Vospominanija*. 1859-1917, deux volumes, New York, 1955, tome 2, pp. 80-81.

40 Alexandre Soljénitsyne, *op. cit.*, p. 585.

41 Richard Pipes, *op. cit.*, p. 166.

42 V. A. Maklakov, *op. cit.*, p. 11.

43 A. V. Zenkovskij, *Pravda o Stolypine*, New York, 1956, pp. 73-113.

44 Alexandre Soljénitsyne, *op. cit.*, p. 609.

16 十字路口

钟声响起，俄国黯淡，

沙皇冠冕坠落。

群氓会忘记冠冕之

背负

许多人将会以鲜血和死亡

为食。

——米哈伊尔·莱蒙托夫，1830

年轻的诗人对这个传奇的王朝作出了可怕的预言：当时，文学作品中时见这样阴郁的预感和预言。20世纪初，"颓废之风"盛行，所有人都看破了未来的红尘。大家都在说结局会很悲惨：1905年的革命和"血腥星期天"，1908年的地震将墨西拿夷为平地，恐怖暗杀，处死。亚历山大·索尔仁尼琴说得毫不含糊：斯托雷平遇刺是一条分界线；从那一刻起，俄国必将走向革命。

苏联历史学家坚信马克思给了他们一把理解过去、现在和未来的钥匙，他们认为十月革命不可避免，这就是历史法则的要求。

既无法证明，也无法驳斥这样的论断。思考什么会发生，什么不会发生，没有多大意义。只有事实才值得关注。从中可以看出，从1908年开始，俄国走出了革命危机，经历了一段相当繁盛的时期。

如今，这段时期被称为俄国文化上的"白银时代"。美国一位历史学家指出："西方世界第一次跟着俄国，借用它的风格、品味和精神的价值。"[1]

在艺术、音乐、文学、绘画、戏剧领域，勘探出了新的道路，对新的形式进行了实验。瓦西里·克柳切夫斯基就亲历了这段正在成型的改变过程，他抱怨"公共道德水准的降低"；他哀叹道："夸张的场景和情感供不应求，紧紧攫住了大众，廉价剧院、藏污纳垢之所在大城市里越来越多。"[2]这是生活水准提高的结果和象征。工人和职员的工资得到了很大的提升；拿薪水的人有了通过工会、合作组织、保险公司等更多的可能性来捍卫自己的利益。

教育同样有很大的进步。最好的证据就是军队新兵的文化水准大幅提高。1875年，21%的士兵会读写；1913年，比例达到73%。

经济持续发展。当然，和欧洲各国相比，俄国始终落后。但由于主要的障碍已经排除，农业改革为新的经济前景打开了一条通路。

俄国生活的活力让对手颇感意外。1904年，奥地利人胡戈·甘茨出版了一本名为《俄国衰落》的书。一个不知其名的俄国领导人对奥地利人说，俄国的衰落不可避免，"虽然肌肉发达，但得了治不好的心脏病"。1906年，德国人鲁道夫·马丁得出结论："俄国对革命的谋求，很长时间以来使之被排除在了……有影响力的大国之外……"他还不无满意地说命运有利于德意志帝国，"使之意外获得机会，可以以和平的方式，大大增强自己的力量"。[3]

法国人埃德蒙·泰利对俄国的未来持截然不同的看法。他有一个假设，认为"1912年至1950年，'欧洲大国'的发展与1900年至1912年相似，而'到本世纪中叶，无论是在政治，还是在经济、金融方面，俄国都将控制欧洲'"。[4]

从所有层面和所有领域来看，统计数据都展现出俄国巨大的活力。我们只要提供一个数据即可：1902年至1912年的十年间，该国人口从1.393亿增长到了1.711亿。人口和面积（占欧洲的54.1%，尚未包含在亚洲所占之地）在欧洲排名第一。在世界的眼里，俄罗斯帝国是一个大国，会有伟大的未来，但由于政治问题太多，前景黯淡。

一个国家要实施激进的改革，从"旧体制"进入新时代，自然会存在困难。但俄国还有一个特殊的难题，那就是宫廷，宫廷抵制变革，依靠的是自感权力渐少的土地贵族阶层中最为保守的人士。

卡尔·波普尔指责哲学家——柏拉图、卢梭——没有很好地提出一个关键性的问题。其实，这位英国思想家认为要扪心自问的不是"谁应该统治"，而是"政治体制该如何确立，才不至于让无才无德之人犯下太多的错误"。

俄国并不存在这样的政治体制。斯托雷平遇刺之后，由当过十年财政大臣的弗拉基米尔·科科夫措夫领导政府。尽管他没有维特或斯托雷平的魄力，但也算是个经验丰富的官员，懂得如何很好地领导官僚机构。杜马同样也在如此运转。人们指责杜马秉持保守主义，右派议员过多，这说得没错。但杜马并不仅仅是要限制专制权力，它还要培养公民的政治意识。

在政府体制内部，沙皇占据了中心地位。他所签署的声明改变了权力的性质，权力已不再专制。尼古拉二世内心里是拒绝承认这一点的。皇后断然否认对专制体制的任何限制。沙皇的性格、皇后的性格始终都与宫廷格格不入，两人于是被迫在现实世界之外寻求建议和慰藉。

亚历山大一世对神秘学和通灵术很感兴趣。尼古拉一世对有关俄国伟大前景的神秘预言也有很大兴趣，波兰数学家和通灵者赫内-弗龙斯基（1778—1853）曾在一封信里向他阐述过这个问题。亚历山大二世将大量时间耗费在通灵术和占星术上。他对德国通灵者兰姆斯多尔夫男爵兴趣不小。亚历山大三世以及尼古拉二世的母亲、皇太后玛丽亚也是如此。20世纪初，对星宿的兴趣变得愈来愈疯狂。从中可以看出时代的特征，让人想起法国大革命前夕卡廖斯特罗的巨大成功。所有人都想一窥未来，向亡者求告，洞察东方的秘密，当时，每个人都相信这一点。布拉瓦茨卡娅夫人（维特的侄女）的《裸露的伊西斯》以及其他作品取得了很大的成功，乔治·葛吉夫（高加索人）的魔力，以及布里亚特人彼得·巴德马耶夫具有魔力的秘药也莫不如此。

尼古拉二世和亚历山德拉对法国江湖医生和催眠术士菲利普特别痴迷。阿列克谢·苏沃林回忆了他们相遇的情景："黑山的阿娜斯塔霞[5]在尼斯的时候对通灵喜欢到痴迷。她把菲利普推荐给了皇后。皇后将他召来，让他令通灵桌动起来，于是亚历山大三世的幽灵现了身，开始给尼古拉二世提建议。"[6]讽刺的语调反映了苏沃林对通灵桌的看法；讽喻皇帝和父皇幽灵"对话"，表明在沙皇的近臣中间，有人想要让广大的公众一窥宫廷的秘密。

杜马解散之后，1907年6月3日，苏沃林写了这则日记，那时候，对君主大肆贬低还挺流行。菲利普和尼古拉二世及亚历山德拉的见面发生于1901年9月的贡比涅，皇帝夫妇在法国的时候就住在那儿。俄国宫廷早已通过有名的法师帕普斯[7]，听说过江湖术士菲利普[8]无边的法力，帕普斯写过许多深奥难懂的论文。在彼得堡，帕普斯大获成功，对师父菲利普大肆吹捧。

和菲利普的见面几乎持续了整整一晚上，给皇帝夫妇留下了极深的印象。得知菲利普因非法行医而和法国司法部存在纠葛之后，尼古拉二世便请求法国外交部长德尔卡塞向这名法师发放执照。部长想和俄国保持良好关系，便向共和国总统卢贝提出请求。但即便有共和国总统的保护，如果不通过必要的测试和考试的话，菲利普似乎还是无法成为医生。

没关系！尼古拉二世邀请菲利普去了皇村。法国的江湖郎中就这样获得了军医的职位和上校军衔。他给皇帝夫妇提供的鼓励和慰藉不会没有价格。皇后信法师信得五体投地。法师向皇后宣布说她怀孕了，她对这话深信不疑，身体还真的开始发福。但九个月之后，什么事都没发生。不过，这并不会动摇他们对菲利普法力的信奉。

国内对沙皇和皇后痴迷法师的反应可以反映出尼古拉二世在俄国的状况。秘密警察是反对菲利普的。保卫部驻巴黎的代表拉奇科夫斯基在自己的报告中，说他是个江湖郎中，是坏蛋。彼得·斯特鲁威在斯图加特发行的革命报纸《解放报》说他是"催眠士和秘术师"。当国家正陷入深重危机之时，"在宫廷的幽深迷宫之中，俄国沙皇竟将国际秘术师揽至膝上，期待着听取秘术师的启示"。这份革命报纸对皇后客厅里的所有事情都了如指掌。宫廷同样也反对这名"法国江湖郎中"。

由于公愤太大，菲利普在彼得堡实在待不下去了。但直到1905年他去世之前，他仍然和皇后保持着密切的通信，皇后在信中称他为"亲爱的朋友"。缺了法国人的慰藉这一点很快就得到了补偿；俄国的慰藉者出现了，此人就是格里戈里·拉斯普京，亚历山德拉也称之为"亲爱的朋友"。

俄国历史上无疑没有哪个名号能比拉斯普京更响亮了。也许只有伊凡雷帝和彼得大帝可与之媲美。悲剧的所有要素都集中在了此人的身上：他是西伯利亚的农民，却一路直达皇庭，还有权力、性、阴谋、暴死，以及不久之后，罗曼诺夫王朝的崩溃。无数著作、电影都在专门描绘拉斯普京，描绘他的秘密、天分、欢宴。不过，秘密依旧。

尼古拉二世近期的传记作者在论及他的时候写道："作为20世纪的术士，他早已在使用电话和电报"[9]；书中还说："他无疑拥有某些超人的天赋。"[10]

1905年11月1日，尼古拉二世在日记中写道："我们认识了一个天选之人，格里戈里，托博尔斯克省人。"[11]拉斯普京的传记作者提到，1903年，他第一次在彼得堡逗留期间，结识了许多人，所以第二次旅行时就遇见了皇帝夫妇。"天选之人"说明他给皇后留下了很深的印象。从拉斯普京照料患血友病的皇太子这件事可以看出，他能力惊人，竟能通过电报远距离止血，仅凭这一点，西伯利亚农民最终就和整个王朝联系在了一起。

拉斯普京在皇帝夫妇生活中之所以占据重要地位，有一个解释是这么说的，即尼古拉二世从中得到了满足，他认为拉斯普京就是他梦寐以求的沙皇和人民之间直接联系的化身。拥有魔法的西伯利亚庄稼汉乃是俄国人民的象征，他全身心忠于沙皇，成为君主制的强大力量。

尼古拉二世向宫廷大臣弗雷德里克斯伯爵解释了拉斯普京出现的理由："他不仅仅是一个普通的俄罗斯人，他宗教信仰虔诚，因为真诚，所以很讨皇后的喜欢，她相信拉斯普京为我们家和阿列克谢祈祷所具有的力量……"皇帝还说："但这件事完全属于我的私事。我很吃惊的是，竟然有人这么喜欢干涉和他们无关的事情。"[12]

斯托雷平向皇帝呈递了一份有关拉斯普京投机冒险的便笺，皇帝也是这么回复斯托雷平的："皇后告诉我这个人很有意思；他游历四方，遍游圣徒之所，对《圣经》了如指掌，通常也过着圣徒的生活。"对所有有关拉斯普京的指控，皇帝一概否认，还对首相说："他到底有什么地方能让您感兴趣？毕竟，这是我的私事，和政治完全没有关系。我妻子和我难道不能拥有私人关系吗？我们难道不能去见让我们感兴趣的人吗？"[13]

直到最后，尼古拉二世和亚历山德拉都坚信拉斯普京是"他们自己的私事"。心理学家和精神病学家、研究神秘学的专家都说起过皇后身上的神秘主义倾向、她神经质的性格，这些都能解释她为什么会受到西伯利亚法师的吸引。1914年战争期间，亚历山德拉写给尼古拉二世的信都在表明，她认为拉斯普京就是一名政治顾问，只有他的建议才最公道，这和她对菲利普的看法一样。对她而言，拉斯普京就是帝国的拯救者。1915年6月10日，她给沙皇去信："他们必须学会在你面前颤抖；你要记得菲利普先生。格里戈里说得一模一样。"皇后提到菲利普和拉斯普京，是要求她丈夫表现得坚定。她提醒沙皇，菲利普曾说：不应该接受宪法，这会要了沙皇和俄国的命。1916年12月4日，亚历山德拉再次发起冲锋："要让他们知道你才是主人。"她要求尼古拉二世成为彼得大帝！伊凡雷帝！保罗皇帝！

法国术士和俄国巫师先后让皇后确信，她的政治观念，也就是专制君主制，得到了神秘力量的赞许，这股力量会保护俄国。她将自己的意愿强加给丈夫的时候，提到了神秘主义权威，说那是天体世界的使者："格里戈里总是对你这么说，菲利普也是如此：如果我能了解你的事务，我就能即时通知你。"她还说："你要记得菲利普先生给我圣像和小铃铛的时候说的话（1916年12月的信）：既然你如此宽容和轻信，那我就应该在你身边当个警钟，让怀有恶意的人接近不了你。"

尼古拉二世的传记作者对拉斯普京荒淫无耻的行径、在首都餐馆里烂醉如泥的丑闻、狂欢宴饮的行为（所有人都说宫里的贵妇也参加了那些宴会）提出了一个独特的解释。"拉斯普京之谜：他狂欢不辍，烂醉如泥，对皇帝家庭甚是难听的闲话，这一切只不过是异想天开的挑衅行为。拉斯普京似乎把自己当武器，交给了自己的敌人。可一旦使用这把武器，那些人就会从宫中消失不见。"[14]年轻女大公们的老师秋切娃夫人是大诗人的女儿，她就遭到了辞退，因为她犯了个大错，不让拉斯普京进入女孩子的闺房。尼古拉二世和首相斯托雷平不和的原因之一就是后者对这位"长老"充满敌意的态度。他的继任者科科夫措夫伯爵也向沙皇提到了拉斯普京逗留宫中的危害性，所以也遭到了解职。拉斯普京的一句话就能让权势熏天的大臣倒台，让他自己选中的人上台。

尼古拉二世的传记作者认为，之所以会有"拉斯普京之谜"，是因为他成功地让皇后相信自己承担了宇宙间所有的恶，在堕落过程中净化自己。这个神秘主义的解释，来自鞭笞派的武器库，让皇后很满意。她读了名为《俄国教会之圣愚》一书，用彩笔标出段落，那些段落说，对于某些人，圣洁是通过性的堕落来彰显的。[15]

临时政府的调查委员会负责审查"沙皇整体崩溃"时的状况，委员会仔细地研究了"拉斯普京档案"。大量证人受到询问。他们还巨细靡遗地检视了警方二十四小时保障"恶魔圣徒"安全的报告，警方就是这么称呼这个"长老"的。委员会最后得出结论，有关拉斯普京狂欢的说法都夸大其词，其中包括所谓宫廷贵妇参与狂欢的说辞。宫廷贵妇安娜·维卢波娃是庇护拉斯普京的皇后的贴心闺蜜，有人指责她是西伯利亚庄稼汉、沙皇、皇后的情人，结果从委员会的记录中却发现她还是个处女。

可是，这些不同人物之间真正的关系却少有人关心。1912年，整个俄国都听说拉斯普京是皇后的情人。1914年，全国都"知道了"这件事。

格里戈里·拉斯普京的真正角色仍然是个谜。从战争开始，他对宫廷的影响力就变得无比巨大。他只要写张便条，或是口头推荐，大臣就能得到任命，或被赶下台。至圣治理会议分裂成了"拉斯普京派"和"反拉斯普京派"。但拉斯普京并没有自己的政治主张。他爱嘲讽，对什么都满不在乎，突然把对方拔得很高，之后却又骤然把无数挤在他家候见厅内的求财求职者赶走。他对大臣的选择也全凭本能行事，要么有人送他礼物，要么有人为他祷告。他举荐的那些人也都有自己的性格、观点、生活方式、不同的习性。他们唯一的共同点就是在某一个时刻受到了拉斯普京的吸引。

"长老"巨大的权力源于皇后对他的无边信任。俄国军队和舰队的最后一位随军神父格奥尔基·沙维尔斯基在回忆录里写道:"和拉斯普京作对的困难之处在于,和他作对,就等于在和皇后作对。"

皇后自有其政治主张。她的主要目的就是保存专制政体,让皇太子顺利登基。亚历山德拉深居后宫,对"庄稼汉圣徒"拥有神秘的信仰,因为这位圣徒直接同人民和未来有联系,所以她会聆听"朋友"的建议,从中获得启示。她还恳请拉斯普京寻找忠诚可靠之人来辅佐政府,负起重担,让沙皇乾纲独断。皇后做事果断。皇后很清楚1905年镇压革命最厉害的时候遭逮捕和遭处决者的人数,她在日记中写道:"无数农奴的尸体也不及皇家的一滴血。"[16]

尼古拉二世坚信,他和拉斯普京,以及他妻子同拉斯普京的关系都是私事,和政治无关,而且亚历山德拉及其对宫廷和世界的看法都不是什么大事。当格拉西莫夫将军向斯托雷平提交警方针对拉斯普京所作的最初的调查报告时,当时还不知道"长老圣徒"存在的首相大为震惊。他说:"皇帝的家庭生活必须如水晶一般纯净。如果民众意识到有一块阴影落到了沙皇家庭身上,那专制君主的道德权威就会轰然倒塌,最坏的事情就会接踵而至。"[17]见证过拉斯普京最后"功绩"的格奥尔基·沙维尔斯基得出结论:"沙皇政权最邪恶、最卖力的敌人也根本找不到更有效的方法来诋毁皇室了。"[18]

俄国的宠臣会利用君主对他们的信任来制定国家政策。拉斯普京有时会"制造"大臣。但他的主要心愿是帮助迷失在这可怕世界里的皇后和沙皇。权力无边的拉斯普京手握国家的缰绳,循着模糊不清的目标而去,他的身上充满了谜团,有人说他是德国间谍,有人说他是犹太人,是撒旦,这个谜团和所有的谜团一样,都很牢固,令人无从反驳。

拉斯普京在宫中的出现适逢第一次危机,也就是第一次革命,这是政体内部虚弱的表征,也是皇帝夫妇心理缺陷的表征,从俄国专制体制的背景来看,这是一个关键点。"拉斯普京""拉斯普京小集团""拉斯普京派"犹如强效毒药，腐蚀着专制权力。在想要克服危机的那些年里，俄国的经济、社会、文化领域正在进步，拉斯普京于宫廷里的存在让人恼恨，而且慢慢蚕食着专制君主身上不可或缺的光环。等到形势开始发生变化，战争打响，"拉斯普京因素"就成了王朝和帝国崩溃的一个主因。

尼古拉二世继承了父亲的外交政策。这个政策的工具就是和法国保持融洽的关系。彼得堡和巴黎的接近是在回应一个现实问题，也就是俄国的敌人是德国。从心理学的角度来看，尼古拉二世很难承认这一点。俄国所有的外交传统都与之相左，家庭关系和两位君主政治上的亲和性（两者都是民主体制的敌对者）也是如此。

1905年7月，两位皇帝在比约尔克群岛周边的芬兰水域见了面。尼古拉二世在"极星号"游艇上，威廉二世则坐着"霍亨索伦号"前来见他。威廉在外交大臣不在场的情况下，轻易说服尼古拉签订了协议，从条款来看，一旦和法国开战，俄国就需保护德国。整整三个月，没人知道这份协议。当俄国外交大臣兰姆斯多尔夫和大臣会议主席维特得知此事后，两人吓得不轻。法俄两国已经签署军事协定，一旦德国入侵，俄国就必须援助法国。比约尔克签署的文件则让俄国反其道而行之。兰姆斯多尔夫向皇帝解释："如果比约尔克协议让巴黎知道，很有可能德国政策就会达成其长期目标：俄法联盟彻底破裂，我们和英国的关系也会恶化，俄国重返孤立，只和德国保持联系。"[19]维特也断然反对比约尔克协议。长期以来，尼古拉二世一直不愿听取大臣们的理由。

和德国皇帝见面之后，尼古拉二世在日记中写道："返程途中，和威廉一起度过的时光让我愉悦。"[20]1916年，战争正酣之际，尼古拉向当时的外交大臣萨佐诺夫解释："我设法对任何事都不执着，发现这是统治俄国的唯一一种方式。"[21]对有些历史学家而言，皇帝这是在自责：比约尔克充满了风险，是威廉耍的花招欺骗了他那天真的表弟。但尼古拉二世并没觉得自己上当受骗了。

1906年1月，兰姆斯多尔夫伯爵交给皇帝一份秘密备忘录以及一份"世界犹太共济会阴谋"的详细说明文件，这是以俄国外交官搜集的情报为基础写出来的，该阴谋的目的是让"敌基督、反君主的犹太人取得普世胜利"。外交大臣指出，"阴谋"的中心就在法国，提议俄国、德国、梵蒂冈建立"三国同盟"。这个新"三国同盟"的想法和当时法国与梵蒂冈之间的冲突有关。尼古拉二世在备忘录上写了这样的话："立刻着手谈判。我完全赞同您此处表达的观点。"想要和德国同盟的那个梦想仍然充满了生命力。

备忘录成了兰姆斯多尔夫伯爵制定的最后一份文件。彼得·斯托雷平政府的外交大臣一职被职业外交官亚历山大·伊兹沃尔斯基（1856—1919）占据，后者并不认同前任所谓的必须和德国同盟的观点。兰姆斯多尔夫的备忘录就这么一直保存在秘密档案中，直到1918年，此时，想要揭露帝国主义国家阴谋的布尔什维克出版了好几卷在外交部档案中找到的"秘密文件"。兰姆斯多尔夫的备忘录放在第六卷，几乎没引起历史学家的关注。[22]但它仍然值得注意，因为文件反映了尼古拉二世的立场。

1907年1月，皇帝在和格拉西莫夫将军交谈时又将"世界阴谋"旧事重提。保卫部彼得堡分处处长将皇帝的话汇报了上去："他想说的是革命者和共济会员之间存在紧密的联系，要我向他证实这一点。我的回答是，我不知道国外的情况如何，但在俄国，我觉得并没有共济会分会，通常情况下，共济会员也没起到任何作用。"将军的结论是："不过，我的情报显然并没有说服皇帝，因为他还是让我告知斯托雷平，说有必要对俄国和国外的共济会提交一份巨细靡遗的报告……"[23]

20世纪初，俄国在外交领域处在一个相当令人羡慕的位置。边境没有任何严重的威胁，还是彼此敌对的集团的盟友，19世纪末，欧洲就开始形成了这些互相敌对的集团。同时，由于战争失利以及革命的因素，俄国也遭到了削弱，大国的威信丧失殆尽。伊兹沃尔斯基获得任命后，抱怨"（与各国人士见面时，）别人都把他看作土耳其和波斯的密使"。[24]

担任外交大臣之后，亚历山大·伊兹沃尔斯基就注意到，俄国同许多国家的关系都比较紧张。俄国虽和日本签订了和约，但关系远谈不上和谐；放弃比约尔克协议之后，和德国的关系也日渐恶化，德国对俄国在阿尔赫西拉斯支持法国的作法也相当不满；奥匈帝国在巴尔干地区加紧活动，支持德国，并在奥斯曼帝国扩大自身的影响力；最后就是和英国的关系，英国担心俄国在中亚的推进，对俄国的立场主要是在波斯方面采取强硬态度，所以两国的关系远非融洽可言。

只有当俄国解决国内问题，重新恢复其大国地位，才有可能制定在两个集团之间迂回行驶的政策。因此，身处当下的环境，选择一条政治路线，就等于是在两个集团间择其一。

伊兹沃尔斯基提出了一条路线，和斯托雷平制定的"国家大计划"相一致。对首相而言，俄国需要一段二十或二十五年的"修养期"。亚历山大·伊兹沃尔斯基发现了一种可以保持十年和平的可能性。他的外交纲领首先就是承认俄国无法在远东、中亚和欧洲同时采取积极政策。必须从中做出选择。因此，外交官认为远东政策"超前了五十年"[25]，目前最好选择欧洲方向。此后，俄国就必须面对欧洲。

伊兹沃尔斯基之所以被任命为外交大臣，是因为他将皇太后的一封信带给了尼古拉二世，皇太后大部分时间都待在出生地丹麦，未来的外交大臣就在那儿当大使。由于尼古拉二世从自己的"外交"行动，如对日战争、签订比约尔克协议中发现了自己决策的不专业，所以也就愈发信任伊兹沃尔斯基。

伊兹沃尔斯基的一个主要决策就是设法和英国结盟，再说这也是解决对日问题的一把钥匙。在和阿列克谢·苏沃林交谈的时候，外交大臣、俄国对外政策负责人很清楚报纸的重要性，1907年8月，他解释了自己的政策："有十年时间，日本不会来冒犯我们。何况，我们也不会去那儿打仗……欧洲会有事情发生。在这块，我们必须可以腾出手脚，所以，必须保障后方无虞。"苏沃林提到海峡问题时，大臣作了回答，对"阿列克谢·谢尔盖耶维奇本人，而非对记者说"："英国会支持我们。"苏沃林在笔记中还记道："他在撒谎吗？还有德国。"[26]

伊兹沃尔斯基没撒谎。1907年8月，和英国签订了协定。谈判进行了一年半时间。波斯被划分成三个势力范围：北部（"俄国"）、南部（"英国"）和中立区，两国具有相同的机会。俄国承认阿富汗不在自己的势力范围之内。作为本次让步的交换，俄国得到英国人的承诺，即解决海峡问题时，他们会给予支持。

伊兹沃尔斯基必须战胜宫廷里和政府圈内许多人反对与英国同盟的想法。反对他的有德国路线的支持者，还有许多丝毫不愿向英国让步的人。"让步""势力范围"这样的想法对俄国外交界来说是新鲜事。伊兹沃尔斯基政策的反对者断言，俄国不应接受划界，这样，"俄国就能无视界限和势力范围，将自己的影响力扩散出去……"[27]

和英国签订协议，俄国就进入了反德阵营，使之威望尽失。

在外交领域成功之后一年，外交大臣就经历了一场失败，当时的记者称之为"外交海啸"。1908年夏，伊兹沃尔斯基与奥地利同行见面，伊兹沃尔斯基同意可将波斯尼亚-黑塞哥维那并入奥地利，自俄土战争以来，奥地利就一直想这么做。对伊兹沃尔斯基而言，这只是一份临时协议，接下来会召开大国会议。奥匈帝国却认为那是最终协议，宣布将波斯尼亚-黑塞哥维那并入帝国。

事实上，波斯尼亚-黑塞哥维那人的处境并无变化。但一切又都发生了翻天覆地的变化：奥匈帝国踏出了扩张领土的关键一步。75%的人口是塞尔维亚人，约23%为克罗地亚人。宗教划分也很重要：约44%是塞尔维亚东正教徒，约30%为塞尔维亚穆斯林，克罗地亚人都是天主教徒。

波斯尼亚-黑塞哥维那被奥匈帝国合并，同样表明维也纳正在加紧努力，以期占据本属于奥斯曼帝国的领土，而俄国对这些土地也有觊觎。我们说过，保加利亚宣布从土耳其独立出来，科堡的斐迪南宣布成为保加利亚国王，并未设法掩盖其亲奥匈的倾向。

俄国不得不"自行消化"这场外交失败，因为它还没有做好和受德国支持的奥匈帝国发生军事冲突的准备。眼见维也纳得势，巴尔干地区的民族情感瞬间爆发。"新斯拉夫运动"出现了，这从布拉格斯拉夫人大会（1908）和索非亚斯拉夫人大会（1910）可以看出。其主要组织者是捷克的政治领导人卡雷尔·克拉马日。他的这场运动得到了俄国的倾力支持，"新斯拉夫"趋势激发了俄国社会的兴趣。

占领波斯尼亚-黑塞哥维那后，斯拉夫民族爆发的民族情感（也具有反德情绪）犹如肥沃的土壤，1912年从中诞生了斯拉夫阵营。俄国外交界在斯拉夫阵营的创建中起到了重要的作用。1912年3月，塞尔维亚和保加利亚形成联盟，同年5月，保加利亚和希腊又形成联盟。9月底，黑山宣布对奥斯曼帝国开战，立即就获得了"斯拉夫阵营"的支持。土耳其遭到惨败。从1913年5月在伦敦缔结的条约来看，奥斯曼帝国失去了由巴尔干各国人民共享的欧洲领土（除了君士坦丁堡和色雷斯的一个小口子）。很快，昨日的盟友又彼此吵翻了天，它们都想从战利品中分一杯羹。1913年6月，保加利亚沙皇斐迪南在奥地利的支持之下，与塞尔维亚和希腊开战。罗马尼亚和土耳其同保加利亚发生冲突。1913年7月底，保加利亚失败，承认失去被占领土和几块旧有的领地。

无论战败者（自然如此）还是战胜者都不满意。保加利亚想要复仇。塞尔维亚想要扩张领土，吞并克罗地亚人、作为奥匈帝国臣民的斯洛文尼亚人和波斯尼亚的塞尔维亚人。马其顿对希腊的诉求心存恐惧。当时报纸上最流行的说法就是，巴尔干地区是"欧洲的火药桶"。

没过多久，"火药桶"就爆炸了。

俄国外交界乐意求助于"民族主义的"武器来削弱对手，也就是民族众多的奥斯曼帝国和奥匈帝国。希腊人的东正教，塞尔维亚人或保加利亚人的斯拉夫出身，马其顿或罗马尼亚人的民族主义诉求，总是可以成为借口，来激发民族主义情感，民族主义在各民族生活中所扮演的角色在19世纪不断高涨，到20世纪就形成了一股相当特殊的力量。

俄国外交界更乐意利用各种机会来唤醒帝国内部的民族主义情感，它并不认为"民族问题"对帝国内部构成严重的威胁。刚进入20世纪的俄国，其天职观和历史使命丝毫未变：认为自己是"西方文明对抗亚洲蛮子和沙漠的壁垒……"[28]1907年11月16日第三届杜马召开期间，彼得·斯托雷平发表讲话，驳斥了波兰代表抱怨其"二等公民"的说法，由此形成了俄国的民族政策："我们先从自己的观点来看待事物，承认最高的善就是成为俄国公民，这是一个很高的头衔，等同于古代的罗马公民，所以你们可以称自己为一等公民，也会得到所有的权利。"

波兰人抱怨，从比例上来看，1900年波兰王国的学校数目比1828年更少。彼得·斯托雷平对此并不否认。他甚至还说：你们连一所高等学府都没有。但这是因为你们并不愿"在高等学府里讲全国通用的俄语"。

大臣会议主席宣称，地方分权"只能从权力过多的地方开始"。对那些想要"从根源上斩断"，想要"将帝国、中央和边远地区连接起来的线"拗断的人，俄罗斯帝国予以了否定的回答。[29]

彼得·斯托雷平认为帝国统一性不可触犯是有根据的，因为除了波兰人和犹太人引发的一些担忧之外，"民族问题"并没有在俄国出现。改革之后的半个世纪，社会运动规模已变大，并通过各个秘密组织的行动加以表达处来。彼得·扎瓦尔金是和革命做斗争的出色专家，也曾经是保卫部基希讷乌、顿河、华沙、莫斯科各分处的负责人，所以在该国的南部、西部和中部都活动过，他的说法是："1917年革命之前，俄国最擅长搞阴谋的党派都以民族原则为基础。"[30]但作为示例，他只提到了犹太人的"崩得"、亚美尼亚的"达什纳克-苏狄翁"和波兰的社会主义党（革命派）。尽管我们承认警方认为民族主义党派的活跃程度很高的看法没错，但这些党派人数之少还是令人惊讶。而且，"崩得"只要求自治，"达什纳克-苏狄翁"的目的是将土耳其和俄国的亚美尼亚人联合建国，依附于俄国，只有波兰由约瑟夫·毕苏斯基领导的社会主义党人想要成立拥有主权的波兰。

波罗的海诸国内部并不存在正儿八经的民族运动：拉脱维亚人和爱沙尼亚人传统意义上的反德情绪，从某种意义上来说，只是想让该地区保持平静而已。1900年，利沃夫出现了一本由米可拉·米什诺夫斯基写的乌克兰语的小册子《独立的乌克兰》。书中有支持独立的运动纲领。其响亮的口号是：乌克兰属于乌克兰人；喀尔巴阡山的乌克兰属于高加索；不和我们站在一起就是和我们作对。在该纲领的基础上诞生了民族政策的第一个党派：乌克兰革命党。两年后该党消失。大多数党员加入了社会民主党的组织，使民族主义成了久远的往事。但在奥属波兰地区，维也纳政府支持乌克兰人，所以民族运动可谓风起云涌。1911年，在加利西亚创建了西奇狙击兵协会，这是一个准军事民族主义组织。

1863年，时任内政大臣的彼得·瓦卢耶夫提到"小俄罗斯大多数人的观点"时说，并不存在独立的小俄罗斯语言，也不可能会有。1906年，撤销了对乌克兰语的禁令，但官方的教学语言仍然是俄语。

在1905年颁布声明之后的那段时期，犹太问题的尖锐性和认为对犹太人实施限制并不公正的舆论有关。瓦西里·马克拉科夫在回忆录中提到了彼得·斯托雷平的行为，他说："为了能更全面地理解斯托雷平的目的，最好要记得那些正在酝酿之中，却并未问世的法律。"他引了其中一项法律，认为这项法律本可以达成目标，引领一个新时代。事实上，政府采纳了这项法律，还拿给皇帝签署；这就是"犹太人平等"[31]法。弗拉基米尔·科科夫措夫参与了对该法的讨论，他记得大多数大臣都赞同取消"对犹太人多余的限制措施，因为这些措施只会激发犹太人对俄国的愤怒，对俄国人来说没有任何真正的好处"。[32]

政府拟定的法律撤销了部分限制（并非全部）。彼得·斯托雷平在将计划呈递给尼古拉二世时，其论点基于这样一个事实，即10月17日声明之后，"犹太人要求完全平等的权利完全没错"。他给出了一个常见的解释：受到侵害、刁难的犹太人都倾向于革命。如果与19世纪60年代相比，那时候"犹太问题"已成俄国的政治难题，所以现在需要一个新的层面：俄国需要外国的贷款。犹太资本在世界金融史上的角色自然是无法忽视的。美国、法国的犹太银行家均支持俄国犹太人争取平等的诉求。

尼古拉二世摒弃了这项法律提案。他在给彼得·斯托雷平的信中写道："尽管要求正面解决此事的论点颇具说服力，但内心的声音始终坚持要我不要做出这项决策。"[33]皇帝向大臣会议主席解释道，他遵从自己良心的声音，良心禁止他赋予犹太人平等的权利。这个针对"犹太问题"的神秘而又非理性的特点，是在围绕俄美贸易协定的讨论中出现的。1832年签署的俄美贸易协定特别指出，美国人应在俄国自由行事。美国人在居住于帝国期间，也接受一定的限制，但拒绝将这些限制和宗教信仰挂钩。事实上，俄国政府并不会给美国犹太人发放签证。多年协商之后，美国于1911年宣布废止与俄国的贸易协定。

半个世纪之后，"犹太问题"在苏联和美国关系的大背景下重现。美国人以批准苏联犹太人移民为条件，以期建立更为有利的关系。

19世纪下半叶俄国主要的保守派政论家米哈伊尔·卡特科夫是犹

太人平权的支持者,他认为犹太人不构成对俄国的威胁,因为他们没法和帝国分离。这个状况和波兰人截然不同。20世纪初,波兰成立了两个党派,代表政治思想的两股主要潮流,分别由20世纪波兰的两位杰出人物领导。我们说过波兰社会主义党的党首是约瑟夫·毕苏斯基(1867—1935),民族民主党的党首则是罗曼·德莫夫斯基(1864—1939)。

据说约瑟夫·毕苏斯基对自己的生平说过很简单的一句话:"我离开了社会主义这趟列车,在'独立'站下了车。"罗曼·德莫夫斯基一直都是民族主义者。这两人都是坚定的波兰爱国者。他们的主要分歧出现在1905年革命时期。约瑟夫·毕苏斯基领导该党搭路障,设街垒;他跟随社会民主党人的榜样,创建了战斗团,进行激进主义活动。1908年,毕苏斯基亲自指挥,在贝兹丹车站(维尔纽斯附近)袭击了一辆将钱从华沙运往彼得堡的邮政车。

罗曼·德莫夫斯基对革命持完全负面的态度。他认为毕苏斯基的社会主义活动对他所创建的"民族有机体"是一个可怕的威胁。他将社会主义者的革命无政府主义归结为犹太人对毕苏斯基及其亲密战友的影响,德莫夫斯基对革命的敌视相当强烈,导致他向彼得堡派出一个代表团,建议俄国政府协助他镇压在"维斯瓦河各省"爆发的骚乱。俄国当局拒绝了这个提议。它们在波兰王国确立的是例外状态,波兰只能依靠他们自己的力量来镇压革命运动。

作为第二届和第三届杜马的议员(波兰"科沃派"领导人),罗曼·德莫夫斯基在1908年以波兰语,后又以他国语言出版的名为《德国、俄国与波兰问题》的著作中,陈述了自己的地缘政治观。[34] 书中,德国是波兰人民的头号敌人。至少,这是德莫夫斯基的结论。他写道,因为德国人公开宣称:"我们和全体波兰人民作战。"[35] 因此,在波兰民族的大部分领土上,居住着传统、语言、思想状态一致的波兰人,但现在都落入了德意志帝国疆界内的德国人手中。[36]

罗曼·德莫夫斯基从中得出结论，即必须依靠法俄同盟，首先便是和俄国走近。

从20世纪初开始，欧洲和整个世界先是慢慢地，随后越来越快地滑向战争的边缘。但只有波兰政治家明白这一点。19世纪中叶，亚当·密茨凯维奇预言三只把波兰撕得四分五裂的帝国之鹰将会衰落，而波兰将会复苏。通常情况下，人们并不会把诗人的末日预言当回事。罗曼·德莫夫斯基和约瑟夫·毕苏斯基相信下一场战争将会成为现实，他们会静候战争的到来，做好准备。每个人都选择了自己的阵营。罗曼·德莫夫斯基放弃了第三届杜马议员的任命，前往巴黎，以期对德国展开行动，让俄国和法国从中得利。约瑟夫·毕苏斯基隐约看见了欧洲的未来，极具洞察力。1914年1月14日，他在巴黎发表讲话，宣称战争将以俄国和奥地利在巴尔干地区发生冲突为开场，德国会站在奥地利一边，法国站在俄国一边，英国最终不会任由法国听从命运的摆布。如果他们的力量不足以战胜德国，美国将会加入战争。对冲突结果如何这个问题，毕苏斯基的回答是：俄国将会被奥地利和德国打败，奥地利和德国又会被英国和法国（或被英国、美国和法国）打败。[37]

就像我们今天所说的那样，毕苏斯基正是从这个预设出发，开始在奥地利的领土上组建战斗军团，并与奥地利人达成协议的，而奥地利人不敢忽视对俄军（有波兰士兵）采取军事行动的可能性。对毕苏斯基而言，重要的是要拥有一支独立的波兰军队的核心。他认为当俄国被德奥军队击败之后，"俄属波兰"就会得到恢复，等到中欧各国被击败之后，波兰就能将所有的波兰土地统一起来。

毕苏斯基的密使在巴黎和俄国社会民主党党首维克托·切尔诺夫见了面，并向后者建议结盟，同俄国作战。维克托·切尔诺夫摒弃了这个反俄联盟的想法，警告说，波兰加入德国一方作战，会在俄国人中间激发新一波反波浪潮。波兰社会主义党人的使者反驳道，波兰

"不会错失恢复独立和自由的机会，这种机会可谓百年一遇"。[38]

约瑟夫·黑森是立宪民主党颇受欢迎的机关报《论说报》的两位编辑之一（另一位是帕维尔·米留科夫），他在回忆录中写道，当时人们对记者是这样指责的："他们居心叵测，掩盖所有的色彩，只保留深黑色，对近几年国家经济和金融的飞跃发展充耳不闻。"主要当事人对此进行了反驳："我们一而再，再而三地说，俄国确实实力强大，这种力量发展得越快，它就越会发出暴怒的威胁，而这时候想要阻止其暴怒，也就会更危险。"[39]

"人总是事后聪明"，人们应该会对回忆录作者和历史学家这么说。由于了解最后的结局，也就会美化过去的回忆。1914年，世界大战爆发，1917年2月，尼古拉二世逊位。要找出20世纪初俄罗斯帝国崩溃的原因还是很方便的。原因有许多，而且各不相同，符合所有人的口味。许多人都会说听见了帝国大厦将倾时爆裂的声音。但它的光芒、力量以及发展的无数可能也同样很显眼。人们把当时制定的庞大经济计划称作"新进程"，再加上俄国经济领域最杰出的改革家亚历山大·克里沃申的有效参与，为铁路建造的"五年计划"打下了基础，从而比现有的铁路网增加了50%的线路。通过贷款在第聂伯河上建造了水坝和水力发电中心（第聂伯河水电站成为斯大林工业化计划当中最耀眼的成果之一）。当时还在沃尔霍夫河上修建了水力发电中心（苏联时期建成）。[40]

外国观察人士比当事人本身更好地看见了俄国正在发生的变化，至少会有不同的看法。当然，对埃德蒙·泰利而言，这样的发展很不错，对寻求和俄国建立同盟关系的罗曼·德莫夫斯基来说也是如此，这倒不是因为他有多爱俄国，而是因为他觉得建立互信关系对波兰人有利。罗曼·德莫夫斯基和波兰的舆论相左，毕竟绝大多数人对俄国均持敌视态度，他这么做是因为他认为俄国已经发生了变化。俄国成了一个现代化国家，成了欧洲诸国的一分子，而且还是法国的盟友。

"因此，没有必要再存在波立联邦来捍卫'文明的欧洲'，对抗'哥萨克的俄国'。"

国外观察者也看到了俄国的弱点。外交官埃德蒙·泰利写道："俄国的经济和金融状况眼下很不错。但它仍然需要依赖政府，才能表现出色。"[41] 显然，对任何一个政府都能这么说。罗曼·德莫夫斯基批评得就更猛烈了："近两百年来，历史赋予（俄国如今的）规模"，在它面前只有一条拯救之路，一个净化其外交政策、恢复其内部力量的可能性，那就是剧烈改变其性格和演化方式。俄国不能仅是单一俄罗斯民族的国家，将自己的文化教育强加给其他民族：它必须向其他民族，首先是与俄罗斯人肩并肩的波兰人发出呼吁，这样才能让所有人以独立自主的方式进行创造。[42]

泰利和其他许多经济学家一样，也认为俄国必须进行行政改革。德莫夫斯基是少有的认为俄国必须对帝国内部各民族之间的关系进行调整的人。对改革、渐进转变的可能性，只有革命少数派才会反对。

注 释

1 Mark Raev, *op. cit.*, p. 229.

2 V. O. Kljucevskij, *op. cit.*, tome 5, p. 311.

3 Rudol'f Martin, *op. cit.*, pp. 275, 277.

4 Edmon Teri, *op. cit.*, p. 13.

5 黑山的尼古拉亲王的女儿，尼古拉被亚历山大三世认为是"俄国唯一忠诚的朋友"。她是利希滕贝格亲王，也就是后来的尼古拉·尼古拉耶维奇大公的妻子。她的妹妹嫁给了彼得·尼古拉耶维奇大公。在宫中，两人都被称为"黑山女"，颇受憎恶。

6 A. S. Suvorin, *op. cit.*, pp. 365-367.

7 Pseudonyme de Gérard Encausse (1865-1916).

8 Philippe, Nisier, Anthelme Vachod (1849-1905).

9 Edvard Radzinskij, *op. cit.*, p. 124.

10 *Ibid.*, p. 126.

11 *Dnevnik imperatora Nikolaja II*, *op. cit.*, p. 229.

12 Cité d'apres Edvard Radzinskij, *op. cit.*, p. 126.

13 A. V. Gerasimov, *op. cit.*, pp. 162-163.

14 Edvard Radzinskij, *op. cit.*, pp. 128.

15 Georgij Šavel'skij, *Vospominanija poslednego protopresvitera russkoj armii I flota*, 2 volumes, New York, 1955, tome 1, p. 67.

16 Cf. *Minuvšie dni*, n° 1, 1927, p. 16.

17 A. V. Gerasimov, *op. cit.*, p. 162.

18 G. Šavel'skij, *op. cit.*, pp. 280–281.

19 Cité d'apres S. Ju. Witte, *op. cit.*, tome 2, p. 621.

20 *Dnevnik Nikolaja II*, *op. cit.*, p. 209.

21 G. Šavel'skij, *op. cit.*, tome 1, p. 338.

22 Henri Rollin, *op. cit.*, pp. 590–597.

23 A. V. Gerasimov, *op. cit.*, p. 98.

24 A. S. Suvorin, *op. cit.*, p. 376.

25 V. A. Marinov, *Rossija i Japonija pered pervoj mirovoj vojnoj*, Moscou, 1974, p. 45.

26 A. S. Suvorin, *op. cit.*, p. 376.

27 Cité d'apres V.A. Emets, «A.P. Izvol'skij i perestrojka vnešnej politiki Rossii (soglašenija 1907 g.)», *Rossijskaja diplomatija v portretax, op. cit.*, pp. 350–351.

28 *Vexi. Sbornik statej o russkoj intelligencii*, Moscou, 1909, pp. 62–63.

29 Cité d'apres *Ubijstvo Stolypina, op. cit.*, pp. 52–53.

30 P. P. Zavarzin, *op. cit.*, p. 55.

31 V. A. Maklakov, *op. cit.*, pp. 39–40.

32 Cité d'apres *Ubijstvo Stolypina, op. cit.*, p. 59.

33 Cité d'apres *Ubijstvo Stolypina, op. cit.*, p. 70.

34 Roman Dmowski, *La Question polonaise*, Armand Colin, Paris, 1909.

35 Andrzej Micewski, *Roman Dmowski*, Varsovie, 1971, p. 152.

36 *Ibid.*, p. 150.

37 V. M. Černov, *Pered burej*, New York, 1953, pp. 296–297.

38 V. M. Černov, *op. cit.*, p. 303.

39 I. V. Gessen, *op. cit.*, p. 308.

40 K. A. Krivošein, *Aleksandr Vasil'evič Krivošein. Sud'ba russkogo reformatora*, Moscou, 1933, pp. 156–159.

41 Edmon Teri, *op. cit.*, p. 157.

42 Andrzej Micewski, *op. cit.*, p. 152.

17　罗曼诺夫家族的倒台

没有专制君主的专制政体。

——瓦西里·舒尔金

　　20世纪第二个十年是以庆典活动开场的。1912年庆祝战胜拿破仑一百周年，1913年庆祝罗曼诺夫家族上台三百周年。但也出现了阻碍庆典有序展开的"各种障碍"。1912年，在遥远的勒拿河金矿矿场，军队向示威工人开枪扫射，革命浪潮再次涌现。1913年，全国的注意力都被基辅的一场历时三十五天的审判吸引过去。法庭对被控犯有仪式谋杀罪的犹太人门捷尔·别利斯进行审判。这在俄国是有先例的：有两次，犹太人都因此遭到指控，还有一次，沃吉亚克家族（乌尔德穆尔特语的旧名）因举行人祭而遭追捕。这三个案例都以免诉判决结案。

　　别利斯审判在全世界都引起了回响，因为这是基辅的"黑色百人团"组织策划的一起案件，得到了政府的大力支持。尽管司法部和内政部施加了很大的压力，但主要由大字不识的乌克兰农民构成的陪审团仍然对别利斯作出了无罪判决。

　　国家同时在往两个方向走：一方面，俄国在发展，变得更为强大，正如德莫夫斯基所言，俄国正在变成一个正常国家；另一方面，俄国社会正在分裂，原子化，官僚机构阻碍了经济的发展，因为官僚机构已变得彻底无用。杜马很难与沙皇合作，而沙皇也听不进去杜马的意见。贵族阶层以前是专制政体和国家体制的基础，如今已丧失全部力量，农民阶层也在发生分裂，走上了资本主义的道路。大量党派彼此争斗不休，各自提出不同的计划方案，要么是推动俄国向前走，要么是阻止它向前进。

矛盾，冲突，改革的要求和对变革的抵制，都是正常国家的存在模式。但在俄国，冲突和矛盾有时比其他地方来得更为尖锐，因为国家正处在改变政府模式的进程中。"旧体制"已濒临死亡，但仍死而不僵。沙皇的缺陷是一种多余、特殊的衰落形式。杜马内部，右派最显眼的人物就是坚定的君主主义者瓦西里·舒尔金，他是这样概括当时的形势的："没有专制君主的专制政体。"用舆论的说法就是：尼古拉二世已无法成为一名专制君主，专制政体尽管受到杜马的限制，但仍然是俄国的国家体制。

时人的担忧，社会中盛行的末日预言，都是正在发生的变化以及对苦难的前景感到恐惧所致。俄国确实正在走向战争。欧洲也是，但所有国家都认为没人希望战争。不过，这样的说法包含了部分真相。两千多年前，中国著名的哲学家和军事家孙子道出了基本的战略原则："不战而屈人之兵。"[1]没人想打仗，但谁都想要胜利。每个大国都有自己的目标，这些目标不停地和其他大国的目标相碰撞。

第一次世界大战之后数十年，随着第二次世界大战的结束，有一个问题始终未找到最终答案，那就是在1914年8月，究竟是谁开了第一枪，为什么要开枪？

任何国家都有领土诉求，想要扩张自己的帝国，任何国家都有经济上的欲望。俄国的利益可在百年传统里寻找：沙皇格勒，黑海方向。用列宁的说法，起步相对较晚的德国有许多利益，走的是"帝国主义强盗之路"，尤其是对猎物拥有不知餍足的胃口，其中一个利益点就是俄国。1906年，鲁道夫·马丁在《俄国的未来》一书中表达了自己的看法："种族并不都具有相同的价值。"20世纪初，这个观念并非只在德国流行。但鲁道夫·马丁还提供了一个特别的观察角度："如今，在世界历史上，俄罗斯种族尚未获得像德意志种族或盎格鲁-撒克逊种族那样的进步。"[2]1914年8月战争刚爆发，德国诗人、历史小说作者、文学史家阿道夫·巴特尔斯写了一份名为《胜利的代价：德属俄国西部》的"政治备忘录"。这位德国文人的计划很简单："我们需要介于德维纳河和第聂伯河之间、直达黑海的整片领土；我们将俄国推向亚洲，为建立一个一亿人口的德意志国家创造条件。"阿道夫·巴特尔斯还想起了在德国所需要的土地上居住着的犹太人。他认为那样的犹太人有大约四百万，建议将他们全都集中到"敖德萨，再把他们遣往土耳其和遥远的巴勒斯坦去"。[3]

1914年8月，巴特尔斯的计划似乎是民族主义知识分子无害的奇思异想。但到了1916年至1917年，这些奇思异想突然就出现在了德国将军手下那些参谋的地图上，他们已经进入"俄国西部"的领土，也就是波兰王国的领土。

1909年11月，外交大臣一职由经验丰富的外交官谢尔盖·萨佐诺夫（1860—1927）担任。他当了六个月伊兹沃尔斯基的副手，有自己的政治主张。阿列克谢·伊兹沃尔斯基则被任命为驻巴黎大使，继续为确立俄国外交政策发挥重要的作用。萨佐诺夫是君主主义者和温和的自由派，与斯托雷平的观点相近（家庭关系上两人也走得很近，两人都娶了对方的妹妹为妻），在宫廷内，萨佐诺夫被视为"支持议会制的人"。战争前夕俄国政策的特点就是它属于三国同盟，萨佐诺夫继伊兹沃尔斯基之后，设法巩固这层关系，使之转变成更为牢固的军事和政治同盟关系，而且力图和德国保持友好的睦邻关系。奥匈帝国则成了头号敌人。

战争前夜，俄国参谋部在尤里·达尼洛夫将军的领导下，制订了战略计划，但丝毫没有考虑外交界的看法。研究俄军军史的历史学家观察道："可以认为冬宫广场（最高统帅部所在地）和佩夫切斯基桥（外交部所在地）分处于两颗截然不同的行星上。"[4]

最高统帅部正准备应对和英国关系紧密的瑞典的入侵；他们也很担心罗马尼亚，但外交官们很清楚罗马尼亚也在等着看谁会赢。日本和意大利也在敌人之列（它们将会和盟友站在一起）。俄国的战略家们很看好保加利亚，但后者却将投入敌对阵营。

彼得·斯托雷平认为战争对俄国来说是最大的不幸。奥地利吞并波斯尼亚-黑塞哥维那的战争正酣之际，他质问道："我国国内只能维持表面上的平静，我国还没组建新的军队，我国甚至连新式步枪都造不出来，能有什么样的战争可打？"[5]斯托雷平的继任者科科夫措夫伯爵也在提防开战的危险。对这些理性的论点，尼古拉二世的回答是："就遵照上帝的意志来吧。"[6]在宫廷弥漫着的神秘气氛之中，从"各种知识源头"直接汲取的预言似乎更具说服力：格里戈里·拉斯普京断然反对战争，他宣称如果他的警告没被听取，俄国就会惨败，王朝就会垮台。维特内阁时期担任内政大臣、后在参政院任职的彼得·杜尔诺沃向皇帝提交了一份备忘录，他在备忘录中警告："无论谁是赢家，世界大战对俄国和德国都会相当致命……"[7]革命之后，在沙皇的文件里发现了这份备忘录，上面不见任何标注：显然，皇帝没读。但有传闻说，在这件事上，首都的气氛相当焦灼。

1914年6月28日，波斯尼亚的塞尔维亚大学生加夫里洛·普林西普在萨拉热窝用左轮手枪开了两枪，枪杀了奥匈帝国皇储弗朗茨-斐迪南大公和他的妻子。从事实情况来看，这就像一出由天资平庸的作者创作的悲喜剧。大公在波斯尼亚靠近塞尔维亚边境的地方举行军事演习，这个决定被贝尔格莱德视为挑衅。塞尔维亚军官的秘密组织

"黑手团"由塞尔维亚和俄国的秘密情报机构操控,"黑手团"向萨拉热窝派去激进分子,共七个年轻人,这些人射术不精,而且全都患有肺结核。他们均以俄国的激进分子为样板。这些人携带炸弹和左轮手枪,就在大公夫妇乘坐的敞篷车必经的路上守候。

塞尔维亚并不喜欢维也纳皇储。人们都认为他会将二元君主国变为三元君主国,也就是国家由权利平等的奥地利人、匈牙利人、斯拉夫人共同组成。贝尔格莱德认为这个计划对大塞尔维亚的创建是一个障碍。

第一枚炸弹没扔准,汽车丝毫不受影响地通过了;第二枚炸弹扔过去后,大公用手背将其拍开,炸弹在马路上炸开。炸弹碎片割伤了大公夫人。汽车从四名激进分子身边经过,后者没有犹豫。只有第七枪和第八枪重伤了弗朗茨-斐迪南和索菲。

事件的后续发展在任何一本历史课本上都能读到:奥地利向贝尔格莱德发出最后通牒,塞尔维亚政府接受了最后通牒,只有一点除外。奥地利外交大臣埃伦塔尔很想发动战争,这一点便成了借口,于是再向塞尔维亚发了一份新的最后通牒。德国支持奥匈帝国。俄国觉得不可能不支持塞尔维亚兄弟。到处都能看到政府下达的全民动员的命令,任何协商都成了多余。战争发动,开始超速运行。

向德国宣战激发了俄国的热情。宣战之初,柏林、巴黎、伦敦、贝尔格莱德、维也纳同样群情激愤。"边远地区"的议员纷纷表忠心。在杜马召开的一次会议上,凯列茨省的议员发誓,斯拉夫人将会重新握起"格伦瓦尔德亮闪闪的利剑",打败条顿人。这位议员希望,击败条顿人之后,要和波兰统一起来。这场讲话颇受欢迎,结果,俄军统帅尼古拉·尼古拉耶维奇大公于8月14日向波兰人讲话时,又再次提到了"格伦瓦尔德利剑"。在同一场杜马会议上,库尔兰的议员提醒道,"拉脱维亚人和爱沙尼亚人很清楚他们的所有利益都受到了俄国鹰的保护,只要波罗的海诸国仍然是大俄罗斯的一部分,今后也将得到发展"。[8]

我们知道，俾斯麦相信，只要"自由派和王朝的蠢行不去改变游戏"，德意志帝国和俄国就不会打仗。1914年，俄国和德国开战的动机并不存在。

俄国在远东扩张边界遭到挫败后，便返回到传统目标上：君士坦丁堡。战争已经爆发，沙皇格勒成了一种应许的补偿。俄国历史上，两个"海上大国"第一次站在俄国一边；俄国的帮助可以使他们对抗德国，所以这两个国家准备跑到奥斯曼帝国的首都来支付这笔援助费。俄国外交界千方百计阻止土耳其投入德国阵营，期待胜利之后，和平达成期望的目标。1914年1月，尼古拉二世向返回自己国家的法国大使德尔卡塞解释说："我们丝毫没有打算占领君士坦丁堡，但我们相当确定海峡将不会再对我们关闭。"[9]

奥斯曼帝国最终选择了德国。萨佐诺夫于是宣布要解决"俄国政治上的基本问题"，也就是黑海海峡问题，而在公众的眼里，这么做就会使战争的巨大伤亡变得合理。

俄军在东普鲁士和加利西亚发动攻势，军事行动由此展开。打了几次胜仗之后，萨姆索诺夫将军率领的第二军遭到包围，并被击溃。双方对战局的看法不同，彼此矛盾，俄国称之为"马祖里亚沼泽战"，而德国媒体则称之为"坦能堡复仇战"。亚历山大·索尔仁尼琴在《红轮》开篇时就描述了萨姆索诺夫的军队遭歼灭的过程。索尔仁尼琴为这位被打败的将军绘制了一幅不朽的肖像，战役结束后，将军便选择终结了自己的生命。在众多战败的原因当中，亚历山大·索尔仁尼琴认为是俄军尚未动员成功，过早发动攻势，但俄军答应会支援法军，从而信守了承诺。安·凯尔斯诺夫斯基则指出了一个事实，即"东普鲁士一役表明德军已在战争中落败"。[10]他的推论很简单：萨姆索诺夫的军队转移了德军向巴黎进军的路线。法军若被歼灭，也就必然会导致俄军战败。值得注意的是，安·凯尔斯诺夫斯基是在希特勒入侵苏联之前得出这个结论的。第二次世界大战证实了一战初期俄军战略的正确性。

俄军在加利西亚的胜利减轻了它在东普鲁士的失败之痛。南部战线上，俄国和传统敌人土耳其人作战，打了几场相当漂亮的胜仗。1915年是在波兰惨败的年份。德军统帅部制订了一项计划，要用钳形攻势拿下俄军，歼灭其核心部队，让俄国退出战争。一位历史学家写道，俄军最高统帅部"丧失了斗志"，他们在使部分军队成功逃离绝境之后，便命令平民（四百五十万人）撤离被占各省。俄军统帅部希望重塑"1812年的氛围"，激励人民的斗志，却只得到相反的效果。老弱妇孺撤离时一片混乱，阻塞道路，和军队混在一起，使军队士气低落。

一位军事史学家得出结论："1914年秋，德国已经清楚，他们在东线无法快速结束冲突。"[11] 战争开始拖长，德国没什么机会胜出，因为相比协约国的国家，德国缺乏资源。

俄国的处境更为复杂，因为战争每拖一个月，国内的民心就愈发动摇。对盟国来说，俄国是协约国不可或缺的成员，尽管俄军作战失利，但协约国各国仍然对它充满信心。外交大臣萨佐诺夫则在外交战线展开行动，设法让英法两国承诺对俄国做出"重大补偿"。三方进行密集的会商，相比法国，英国很快就同意了俄国的诉求。1915年3月，尼古拉二世向法国大使莫里斯·巴列奥洛格宣称："我已经做出决定。我会彻底解决君士坦丁堡和海峡问题……"[12] 俄国沙皇对其盟友显得宽宏大量，他对法国人说："你们拿走莱茵河左岸，拿走美因茨、科布伦茨，如果你们觉得必要，还可以拿得更多。我为你们感到高兴和骄傲。"

1915年4月，法国同意了俄国的计划。1916年10月，英法两国公开宣布同意俄国实现其百年梦想。

1916年是特别艰难的一年，但打了一连串败仗并非其原因。南线已稳定下来，俄军赢得胜利。1916年1月，土耳其最坚固的要塞埃尔祖鲁姆被拿下。但国内的局势越来越艰难。权力危机加剧。人们公开反对拉斯普京、皇后甚至沙皇。皇帝和杜马之间敌意日增。内阁走马灯似的轮换，让人以为权力已然空虚，已无法领导这个国家，当然，这个印象是对现实的精确反映。

1915年8月，尼古拉二世做出了他这一辈子最重要的决定，当然逊位的决定不算。他解除了尼古拉·尼古拉耶维奇大公的职务，自己担任俄军统帅。皇帝的两个祖先，彼得大帝和亚历山大一世，都曾采取过这个特别的措施。但他们并未时来运转。

尼古拉二世的决定可以作出几种解释：想要激励军队；将不支持拉斯普京、遭皇后痛恨的尼古拉·尼古拉耶维奇排除出去；此外，有传言说有人正在策划阴谋，想让大公坐上皇位。但显然还有另一个理由。尼古拉二世前往莫吉廖夫的最高统帅部，就能远离都城，离开所有那些似乎都在反对他的人。1916年7月，皇帝向萨佐诺夫解释说，他不会再"执着"于某件事情，认为那才是"统治俄国的（唯一一种）方式"。格奥尔基·沙维尔斯基将外交大臣告诉他的这些话记了下来，评论道："一个人若是一心关心自己的健康，这是再好不过的了。但君主担负着统治一亿八千万人的重任，这样的倾向就会很致命。"[13]

事实上，尼古拉二世前往莫吉廖夫，就将权力交给了皇后和拉斯普京。冲突刚开始时被任命为大臣的伊万·戈列梅金当时已经七十五岁高龄，1916年被辞退后，皇帝听取拉斯普京的建议，让六十八岁的鲍里斯·施丘尔梅尔继任此职，和他相比，戈列梅金更像是俾斯麦。战争如火如荼之际，没有比这个德国名字的首相更糟糕的候选人了。整个国家都在焦急地提出这个根本性的问题：究竟是谁在领导俄国？

俄军在加利西亚打了胜仗之后，波兰问题就成了一个全新的问题。接下来似乎就能统一波兰了。我们说过，1915年，尼古拉·尼古拉耶维奇大公向波兰人呼吁，向他们承诺会恢复他们的国家。在呼吁书中可以读到:"从太平洋两岸到北方,英勇的俄国军队勇往直前。新生活的曙光正在为你们升起。"在现实中,这种"夸张的辞藻"掩盖了始终处于讨论中的俄国计划的模糊之处,最好的情况下,波兰王国也只可能是自治。俄国同样还希望扩张领土,收复被奥地利人和德国人"解放"的波兰土地。

不过,波兰问题至少还值得审视一下。而乌克兰问题"根本就不存在"。战争初期,基辅总督下令,俄国唯一一份乌克兰语日报《拉达报》被禁。数周后,禁令扩及到所有的乌克兰和犹太出版物,包括报纸和杂志,而且一直持续到了战争结束。1905年10月规定,任何表达乌克兰民族和文化的形式都不得存在。俄军进入加利西亚标志着对乌克兰民族主义者,也就是所谓的"马泽帕分子"的残酷迫害开始了。最受欢迎的民族主义领袖、利沃夫大学教授米哈伊洛·格鲁舍夫斯基拒绝发表反俄宣言。11月,他成功离开奥地利,返回基辅,但立刻遭到了逮捕,被流放至辛比尔斯克("直到战争结束",判决书上就是这么写的)。

1917年革命之前,俄国的乌克兰领导人摒弃了加利西亚的乌克兰人分离主义纲领,强调他们不愿从俄国脱离出去,也不愿摧毁俄罗斯帝国。他们希望的是乌克兰人民能在帝国的疆域之内得到发展。

莫里斯·帕列奥洛格将自己和萨佐诺夫的交谈内容记录了下来。这是一场"促膝谈心",并非法国大使和俄国外交大臣之间的正式会晤。帕列奥洛格是以俄国的朋友和政治学家的身份讲话的。法国外交官承认,从他来到彼得堡起,就发现了通常在西方见不到的景象:非俄罗斯人对于帝国的重要性;当然,不仅数量上重要,道德上也重要,他们不同于西方的个体主义,想要拥有民族生活的愿望,都和俄国生活截然不同。所有臣服的民族——波兰人、立陶宛人、拉脱维亚人、爱沙尼亚人、格鲁吉亚人、亚美尼亚人、鞑靼人等——"都在你们中央集权的行政管理制度下饱受痛苦"。莫里斯·帕列奥洛格认为,或迟或早，俄国会确立地方自治体制。如果不这么做，俄国就会遭遇分离主义的威胁。

萨佐诺夫承认这是国内政治一个相当棘手、相当复杂的难题。理论上讲，俄国大臣同意法国外交官的看法。他解释说，从实践层面来看，不应忘了自治和沙皇体制是无法兼容的。萨佐诺夫指出，对其而言，如果没有沙皇制度，俄国也就不存在了。

莫里斯·帕列奥洛格不断地就这个问题同俄国政界最有影响力的人交谈，但他总是得到同样的回答：帝国的部分自治无论如何是无法和专制君主制的神圣原则相兼容的。

君主主义者在俄国仍然人数众多，但支持坐在皇位上的那个君主的人却骤然减少。怀疑的氛围愈来愈浓。到处都在找间谍。就连战争大臣苏霍姆里诺夫这样的人都遭到逮捕和审判。所有人都在怀疑拉斯普京和皇后是德国的间谍。而皇后则坚信自己身边的人都在搞阴谋，她向最高统帅部去信："向他们亮出拳头，像个君主的样，你才是专制君主，要让他们不敢忘了这一点。"[14]

杜马要求有一个"责任内阁"。由温和右翼和温和左翼各主要派别联盟构成的进步主义阵营捍卫战时人民代表参与政府的权利。1916年11月，罗曼诺夫家族前往基辅，参加沙皇妹妹的婚礼。"家族委员会"决定迫使尼古拉满足杜马的要求，同意由杜马任命大臣。罗曼诺夫家族之所以会赞成杜马，是因为他们觉得杜马应是最微不足道的恶，而相比之下，皇后和拉斯普京在任命大臣方面可以说掌握了几乎全部的权力。罗曼诺夫家族对这两人的憎恨远超对"自由派"的憎恨。

大家都在谈论阴谋。尤其是"皇后的阴谋"。更严重的似乎是阿列克谢·古奇科夫领导的"谋反活动"，阿列克谢·古奇科夫是莫斯科的企业主，也是"10月17日联盟"的组织者之一；没多久，他就成了第三届杜马主席和第四届杜马议员。阿列克谢·古奇科夫是个很有才能的人，喜欢冒险，在军队、实业界和杜马圈内人脉广泛。他对1908年"青年土耳其党人"的政变很感兴趣。为了熟悉他们的政变方式，阿列克谢·古奇科夫还去了一趟君士坦丁堡。尽管古奇科夫才干出众，但他身上却缺乏一种谋反者，或者说政治家的素质。

时代氛围也没绕过至圣治理会议。在至圣治理会议任职一年半的格奥尔基·沙维尔斯基写道："至圣治理会议的成员彼此害怕。处处弥漫着互不信任的氛围。至圣治理会议的成员分成了拉斯普京派、反拉斯普京派和中立派。"[15]

当时也有许多关于共济会暗中颠覆的说法。凡是专制政体的反对者，都成了"共济会员"。"共济会阴谋"的理论不仅让尼古拉二世和帝国蒙受损失，在俄国历史学家和移民中也颇有市场。确实，共济会阴谋可以解释罗曼诺夫家族为何会轻易倒台。1974年，苏联历史学家尼·雅科夫列夫竟然成功地在一本书里把对共济会的猛烈谴责、对尼古拉二世专制权力的赞颂和对革命的大力颂扬这三种观点统一了起来。对这位历史学家而言，尼古拉二世的俄国，其头号敌人乃是"大资产阶级"，他们想以共济会为得利的武器，在"国内（确立）极权体制"。只有社会主义革命才能阻止"极权体制"[16]的到来。

1990年，细致的观察者阿隆·阿夫雷克在名为《共济会和革命》这本著作中使用了截至那时候并未公开的档案资料。他最后得出结论，"共济会的主题确实存在，但这不是共济会的问题"。[17]换言之，人们需要一个事实上并不存在的"秘密组织"。

1914年5月，警察局向九十八个宪兵局、保卫部各处以及其他治安机构发了一份通函。通函要求各机构特别注意"近十年来在欧洲和美洲大力发展的共济会秘密修会"所进行的活动。通函要求各机构"弄清楚'秘密社团'的构成，并汇报结果"。一年间，报告和回复纷至沓来，但内容都一样："无甚值得关注之处""无任何发现""不存在"。[18]

警方对地下革命组织的活动了若指掌，但革命活动丝毫没有引起不安。

有流言说，无数阴谋正在策划阶段，准备付诸行动，但由此只引出了一个结果：1916年12月16日，费利克斯·尤苏波夫亲王和杜马极右翼议员普里什基耶维奇在没有经过特别准备的情况下，成功刺杀了格里戈里·拉斯普京。死之前，"长老"交给皇后一份类似遗嘱的信："俄国沙皇！你要知道如果你父母一方犯下罪孽，无论近亲，抑或孩童，家族中无人能活过两年……"这一次，"魔鬼圣徒"的预言即将成真。费利克斯·尤苏波夫是皇室家族的一员。

1917年2月10日，杜马主席米哈伊尔·罗将柯向尼古拉二世提交了一份报告。皇帝从最高统帅部回来后，就在皇村接待了罗将柯。他这份报告说得很明确："战争表明，若无人民的参与，便无可能统治国家。"[19] 米哈伊尔·罗将柯强调，有必要组建一个对杜马负责的政府。他试图说服沙皇，现任政府"将他和人民代表之间的鸿沟越挖越深"。还有另一个论点：冲突与和平谈判即将结束，届时，"如果政府建立在人民信任的基础上，国家才能理直气壮"。[20]

罗将柯离开时，没有得到任何回复。只是在不久之后，他才得知尼古拉二世决定让步。沙皇召来首相彼得·戈利岑亲王，说想要组建一个"对俄国议会负责的"政府。当天晚间，首相又被召去：皇帝改变了意见。他很快就返回了最高统帅部。

迪斯雷利认为刺杀行动丝毫未曾动摇世界历史的进程。或许他说得没错。但毋庸置疑的是，就算没有激烈改变历史进程，那政治暗杀也会加速或减缓事态的进程。究竟如何在这两个决定之间作出选择，尼古拉二世和皇后进行了交谈。在对"朋友"的诸多刺杀之中，可以发现杜马成员的身影。而这只会加强皇后对力图限制沙皇权力的那个机构的憎恨。

彼得格勒因突然缺乏粮食而爆发游行示威[21]，索尔仁尼琴说那是因为缺乏"白面包"所致，而尼古拉二世则待在远离事件发生的地方，置身于最高统帅部平静的氛围之中。在那儿，他是不可能作出决定的。示威活动愈演愈烈，各种不满情绪大爆发，示威者很清楚他们这么做是不用担心受到惩罚的。士兵加入示威人群之中。革命开始了。地方当局不知如何行动，命令彼此矛盾，一片混乱。当尼古拉二世最终决定从莫吉廖夫返回的时候，他被困在了德诺车站。这个名字所具有的象征性意义[22]又为事件增添了非理性的色彩。

战时，俄国打了许多败仗，失去了领土，但仍然没有被打败。国家经历过更艰难的战争。1812年，拿破仑难道没打到莫斯科？再说了，1917年，俄国也有盟友，肯定能打败德国，只是时间问题而已。美国准备积极投入战斗。彼得格勒的骚乱只是自发形成的，没有什么组织；无数革命团体当时都在城里活动，没有后援。警方只要积极行动，就能恢复秩序。一句话，和1916年都柏林的暴动完全没有可比性。英国政府还认为有必要派遣炮兵来对付爱尔兰的义军，这在道德上是可行的。

历史学家令人信服地证明了革命的所有条件在俄国都集齐了：不愿继续进行战争，皇庭的分裂，无产阶级的要求越来越多，旧体制的僵化阻碍了年轻资产阶级的发展。不过，当时也丝毫无法证明，在1917年2月，专制政体会不加抵抗，轰然倒塌。

君主制之所以消失，是因为它已没有战斗下去的意愿。皇家专列在普斯科夫改变了方向，杜马代表团都赶来寻找沙皇。代表团里有两名君主主义者：皇后特别敌视的亚历山大·古奇科夫，以及瓦西里·舒尔金。

尼古拉已经得知军队统帅和波罗的海舰队司令已宣布支持他退位。只有由纳希切万汗指挥的近卫骑兵军说准备为君主而死。当皇家御医波特金医生宣称阿列克谢身染重疾，无法统治的时候，尼古拉二世便宣布退位，也不让皇储继承皇位，而是让自己的弟弟米哈伊尔·亚历山德罗维奇大公继位。

大公放弃继承皇位，由杜马创建的临时政府接掌政事。

罗曼诺夫王朝轰然倒塌。俄国变成了共和国。

注　释

1 Sun Tzu, *The Art of War*, Boston-Londres, 1991, p. VIII.

2 Rudol'f Martin, *op. cit.*, p. 37.

3 *Der Sigespreis (Westrussland deutsch). Eine Politische Denkschrift von Adolf Bartels*, Weimar, 1914 ; cité d'apres Wictor Sukiennicki, *op. cit.*, vol. I, p. 139, vol. II, pp. 1009–1010.

4 A. A. Kersnovskij, *op. cit.*, tome 3, p. 164.

5 A. V. Gerasimov, *op. cit.*, pp. 185–186.

6 V. N. Kokovcev, *Iz moego prošlogo*, Paris, 1933, tome 2, p. 355.

7 *Byloe*, N° 19, 1922, pp. 101–176.

8 Wiktor Sukiennici, *op. cit.*, pp. 91–92, 107–109.

9 Cité d'apres V. S. Vasjukov, «'Glavnyj priz'. S.D. Sazonov i soglašenie o Konstantinopole i prilivax», *Rossijskaja diplomatija v portretax*, *op. cit.*, p. 356.

10 A. A. Kersnovskij, *op. cit.*, p. 314.

11 A. A. Kersnovskij, *op. cit.*, tome 3, pp. 314–315.

12 Cité d'apres V. S. Vasjukov, *op. cit.*, p. 307.

13 G. Šavel'skij, *op. cit.*, tome 1, p. 338.

14 Cité d'apres Edvard Radzinskij, *op. cit.*, p. 173.

15 G. Šavel'skij, *op. cit.*, tome 2, p. 151.

16 N. Jakovlev, *1 avgusta 1914 g.*, Moscou, 1974, p. 151.

17 A. Ja. Avrex, *Masony i revoljucija*, Moscou, 1990, p. 342.

18 A. Ja. Avrex, *op. cit.*, pp. 329–335.

19 *Poslednij vsepoddanejšij doklad M.V. Rodzjanko (10 fevralja 1917)*, Arxiv russkoj revoljuci, izdavaemyj I. V. Gessenom, Berlin, 1922, tome VI, p. 335.

20 *Arxiv revoljucii*, tome VI, *op. cit.*, pp. 336, 337.

21 Nom russe de Saint-Pétersbourg donné a la ville en 1914.

22 "Dno" 意为 : "地底".

致　谢

《俄罗斯帝国史》一书写得漫长而艰难。我要在此感谢所有的朋友，没有他们的支持，我是无法完成这部著作的。安娜·科尔德菲-佛加尔坚持不懈，将普希金的语言翻译成莫里哀的语言，帮助无时无刻。我的编辑埃里克·洛朗认真负责，对延迟交稿充满耐心，他的乐观主义无穷无尽，得以不断地说服我完成这部著作。最后，我还要特别感谢我的儿子，虽然子女的支持是世界上再自然不过的事情，但建于其上的正是人类的历史。

纪　年

俄　国	外　国
9世纪	
	732：普瓦捷，铁锤查理击退阿拉伯人，阻止了阿拉伯人入侵欧洲。
	771：阿拉伯人攻占西班牙。阿拉伯帝国囊括了巴勒斯坦、叙利亚、亚美尼亚、波斯、埃及和北非。
	800：法兰克国王查理大帝，为罗马的神圣皇帝。从496年起，第一次在欧洲授予该称号。
	845：诺曼人第一次劫掠巴黎。
862：向瓦良格人留里克亲王发出呼吁。	
	870：保加尔人皈依基督教。
882：奥列格使基辅成为公国的都城。	
10世纪	
907：奥列格向君士坦丁堡进军。	
911：发生新的战事，签订第一份条约。	
915：佩切涅格人涌入罗斯。	
965：斯维亚托斯拉夫战胜哈扎尔人。	
	967：波兰的米耶什克亲王皈依基督教。于格·卡佩在法国建立王朝。
	987：匈牙利的伊什特万一世皈依基督教。
988：弗拉基米尔亲王（1015年去世）决定让罗斯受洗。	

11世纪

1015—1019：亲王之间发生战斗。鲍里斯和格列布被杀；他们是俄国教会的首批圣徒。

1019：智者雅罗斯拉夫（907—1054）戴上了大公的冠冕。

1036：基辅围城战中，佩切涅格人战败。

1051—1055：《律法与圣宠誓词》作者希拉里翁成为第一任俄罗斯裔都主教。

1054：基督教教会分裂。

1056—1057：俄国保存至今的最古老的手稿《奥斯特罗米尔》福音书收录了日常祷告，用的是彩色装饰字母。

1061：波洛韦茨人入侵罗斯。

1066：诺曼人威廉亲王攻占英国。

1077：卡诺萨，德意志皇帝亨利四世遵从教宗额我略七世的要求。

1096：第一次十字军东征。

12世纪

1111：佩切涅格人进攻基辅，被打败。

1113—1125：单打独斗者弗拉基米尔。

1136：诺夫哥罗德的居民赶走了他们的王公。事实上，城市就成了共和国。维彻选出大主教（从1156年起）。

1147：《往年纪事》第一次提到莫斯科。

1157—1174：安德烈·博戈柳布斯基统治弗拉基米尔。

1169：伊戈尔王公对波洛韦茨人发起战事。

1176—1212：大家族弗谢沃洛德成为弗拉基米尔大公。

1198：条顿骑士团创立。

1199：沃里尼亚王公罗曼将加利西亚公国收为己有。

13世纪

1202：持剑骑士团创立。

1204：第四次十字军东征。十字军战士夺取并洗劫了君士坦丁堡。

1206：铁木真自立为成吉思汗。

1221：下诺夫哥罗德建城。

1223：卡尔卡河沿岸抗击蒙古人的战役。俄军惨败。

1227：成吉思汗薨。

1236：拔都入侵。

1238：俄军在西塔河畔败北。

1240：拔都大军占领基辅。

亚历山大·涅夫斯基在涅瓦河畔战胜瑞典人。

1242：佩普西湖的"冰湖战役"：亚历山大·涅夫斯基击败持剑骑士团。

1252—1263：亚历山大·涅夫斯基成为弗拉基米尔大公。

1254：教宗授予加利西亚-沃里尼亚的大卫王公国国王称号。

1261：米海尔·巴列奥略戈斯从十字军手中夺回君士坦丁堡。

1279：成吉思汗之孙忽必烈攻占中国，名为元朝。

1290：奥斯曼一世创立奥斯曼王朝。

1299：都主教府从基辅迁往弗拉基米尔。

14世纪

1313—1391：圣谢尔盖·拉多涅日斯基。

1315—1341：格迪米纳斯统治立陶宛。

1325—1341：钱袋子伊凡成了莫斯科王公。从1328年起成为大公。

1328：都主教府从弗拉基米尔迁往莫斯科。

1341—1377：立陶宛大公奥尔格德攻占沃里尼亚、基辅、切尔尼戈夫。

1362—1389：德米特里·顿斯科伊成为莫斯科大公。

1380：库里科沃战役：德米特里·顿斯科伊击败马麦率领的鞑靼-蒙古军队。

1382：脱脱迷失汗洗劫莫斯科。

1393：莫斯科将下诺夫哥罗德收为己有。

1395：弗拉基米尔的童贞女圣像迁往莫斯科。当日，帖木儿的军队来到莫斯科城下，却突然转身去往南方。

1337：法国和英国的百年战争。

1349：波兰吞并加利西亚。

1365：奥斯曼苏丹越过达达尼尔海峡，着手占领欧洲。

1386：立陶宛大公雅盖隆皈依基督教，和波兰结成共主邦联。

15世纪

1432：瓦西里二世（统治期始于1425）获得了莫斯科大公的称号。

1439：瓦西里二世剥夺了"接受联盟"的伊西多尔都主教的头衔。

1448：都主教获主教会议任命。俄国教会事实上成了自主教会。

1452：鞑靼沙皇国创建，独立于莫斯科，由成吉思汗的继承人卡西姆领导。

1410：在捷克和斯摩棱斯克军队的增援下，波兰-立陶宛军队在格伦瓦尔德打败了条顿骑士团。

1439：佛罗伦萨主教会议决定将天主教和东正教教会联合起来。

1450：古腾堡开设了第一家印刷厂。

1453：君士坦丁堡陷落。奥斯曼人占领卡林西亚、特拉比松和克里米亚。

1455—1485：英国的玫瑰战争。

1462—1505：伊凡三世统治期（生于1440年）。

1463：雅罗斯拉夫尔并入莫斯科。

1471：伊凡三世向诺夫哥罗德进军。

1472：伊凡三世娶索菲娅·帕列奥洛格为妻。

1475—1479：克里姆林宫建造圣母升天大教堂（建筑师为亚里士多德·菲奥拉凡蒂）。

1478：诺夫哥罗德并入莫斯科。

1480：鞑靼桎梏结束：伊凡三世拒绝缴纳贡赋。

1485：特维尔并入莫斯科。

1492：发现美洲。西班牙人将阿拉伯人赶出了格拉纳达。穆斯林占领时期结束。

1497：颁布第一部《律书》。

16世纪

1502：教会主教会议支持沃洛茨克的约瑟夫，解决了"蓄财者"和"非蓄财者"之间的论争。

1505：瓦西里三世成为"全俄"莫斯科大公，登上王位。

1510：普斯科夫并入莫斯科。

1511：普斯科夫修士斐洛泰致信瓦西里三世，将莫斯科称为"第三罗马"。

1514：夺取斯摩棱斯克。

1517：路德宣布《九十五条论纲》。

1519：查理五世当选神圣罗马皇帝。哈布斯堡王朝将西班牙和奥地利的领土统一了起来。

1519—1522：麦哲伦环行世界。

1520：梁赞并入莫斯科。

1521：科尔特斯占领墨西哥。

1526：土耳其入侵略匈牙利。

1533—1538：小伊凡的母亲叶连娜·格林斯卡娅摄政。

1547：伊凡四世（1530—1584）成为莫斯科与全俄沙皇。

1549：全俄缙绅会议批准沙皇改革。

1550：新《律书》。

1551：喀山主教会议。

1552：攻占喀山。

1553：航海家理查德·钱塞勒打开了经由白海前往莫斯科沙皇国的通路。和英国建立起商贸和外交关系。

1555—1560：建造瓦西里升天教堂，纪念夺取喀山一役。

1558：立窝尼亚战争开始。

1559：克里米亚战争，统帅为阿列克谢·阿达舍夫。

1560：皇后阿娜斯塔西娅去世。

1564：莫斯科印刷厂初登场。伊万·费奥多罗夫出版《使徒》一书。

1565：创建沙皇特辖制。

1570：伊凡四世洗劫诺夫哥罗德。

1571：德夫莱特汗烧毁莫斯科。

1581—1582：巴托里围攻普斯科夫。

1582：立窝尼亚战争结束。莫斯科丧失了在立窝尼亚领土上攻占的所有土地。

1532：皮萨罗占领秘鲁。

1543：哥白尼发表论文，论证地球绕着太阳转。

1569：卢布林联盟：波兰和立陶宛统一成为波立联邦。

1571：土耳其舰队在勒班陀被歼。

1572：圣巴托罗缪之夜。

伊凡四世谴责暴力。

波立联邦议事会选择匈牙利人斯特凡·巴托里（死于1586年）当国王。

1574：伊万·费奥多罗夫在利沃夫印刷了首部识字读本。

1582：教宗额我略十三时改革历法。俄国保留了儒略历。

开始夺取西伯利亚。

1584：阿尔汉格尔斯克建城。

1586：乌法建城。巴什基尔人效忠俄国。

1588：无敌舰队落败。

1589：设立莫斯科牧首一职。

1591：皇太子德米特里遇刺。

1596：布列斯特-立陶夫斯克主教会议，部分俄国主教同意和天主教教会联合。

1597：针对逃亡农民颁布敕令：最终设立农奴制。

1598：沙皇费奥多尔驾崩。留里克王朝随之消亡。

1598：南特敕令结束了法国宗教战争。

日本内战结束，德川幕府实施统治。

1598—1605：鲍里斯·戈杜诺夫实施统治。

17世纪

1605：伪德米特里在莫斯科登基。

1606：伪德米特里遇刺。瓦西里·舒伊斯基成为沙皇。

1608：伪德米特里第二出现，被称为"图西诺的匪徒"。

1609：斯摩棱斯克遭西吉斯蒙德的波兰军队围攻。

1610：瓦西里·舒伊斯基被推翻，波雅尔选出波兰继承人瓦迪斯瓦夫登上俄国王位。

1611：瑞典人夺取诺夫哥罗德。

创建俄国民兵部队（opoltchénié）。

1613：俄国民兵解放莫斯科。

全俄缙绅会议选择米哈伊尔·罗曼诺夫为沙皇。

1618：三十年战争开始。

1619—1633：费拉列特牧首。

1633：基辅都主教彼得·莫吉拉创
建神学院。

1636：日本停止建造船舶。开始闭
关锁国。

1645：阿列克谢·米哈伊洛维奇统
治（1629—1676）。

1646：博格丹·赫梅利尼茨基在乌
克兰发起叛乱。

1648：威斯特伐利亚条约终结了
三十年战争。

低地国家（荷兰、泽兰）独立。

1649：英国国王被处死。

1649：全俄缙绅会议采纳《法典》。

1652—1666：尼康牧首。

1654：乌克兰效忠莫斯科。

教会主教会议决定对连祷书作出某
些修改。

开始分裂（Raskol）。

1666—1667：两次主教会议谴责分
裂，罢免尼康。

1668—1671：斯捷潘·拉辛暴动

1679：英国议会通过人身保护令的
法案。

1682：废除为地位而战斗的制度。

1682—1689：索菲娅摄政。

克里米亚战争。

1683：土耳其人在维也纳败北。

1686：和波兰永久和平。

1687：莫斯科创建希腊-拉丁-斯拉
夫学院。

1687—1689：射击军叛乱。

伊凡和彼得两人均未成年，都坐上
了王位。

1689：彼得一世（1672—1725）夺取了
索菲娅的权力。

1699：匈牙利摆脱了土耳其人，成
为奥地利帝国的一部分。

1700：俄国投入北方战争。纳尔瓦一战败北。

1701：腓特烈-威廉成为普鲁士国王，号称腓特烈一世。

1703：圣彼得堡建城。

1705—1711：巴什基尔人暴乱。

1709：波尔塔瓦大捷。

1713：首都迁至圣彼得堡。

1717：萨伏瓦的欧根亲王将土耳其人赶出了贝尔格莱德。

1721：北方战争结束。

尼斯塔德条约。

彼得称皇帝（imperator）。

废除牧首制，设立至圣治理会议。

1722：制定"官秩表"。

1726：成立科学院。

1730：安娜·约安诺夫娜女皇承诺限制专制权力。

1740：发生宫廷叛乱，彼得女儿伊丽莎白登上皇位。

1754：创建俄国首家银行。

1755：莫斯科大学建校。

1756：彼得堡创建了第一家公共剧院。

1756—1763：七年战争。

1760：俄军夺取柏林。

1762：彼得三世的敕令支持贵族阶层。

1762：发生宫廷叛乱。近卫军将叶卡捷琳娜二世（1729—1796）放上皇位。

1764年：废除乌克兰的盖特曼头衔。

1768—1774：第一次对土战争（叶卡捷琳娜二世时期）。

1772：波兰遭第一次瓜分。

1773—1774：叶梅利扬·普加乔夫暴乱。

1775：废除扎波罗热的城寨。

1776：美国独立宣言。

1781：奥地利皇帝约瑟夫二世废除了国内的农奴制。

1783：克里米亚并入。

农奴制扩及乌克兰。

格鲁吉亚沙皇伊拉克里效忠俄国。

1787：美国十三州采纳联邦宪法。

1787—1791：第二次对土战争。

1788—1790：和瑞典的战争。

1789：法国大革命开始。

1793：第二次瓜分波兰。

1793：路易十六上断头台。

1794：敖德萨建城。

1795：第三次瓜分波兰。

1799：苏沃洛夫在意大利发起战事。

19世纪

1800：宫廷叛乱。保罗一世遇刺，亚历山大一世（1777—1825）登上皇位。

1801：格鲁吉亚并入。

1804：拿破仑成为神圣皇帝。

1807：蒂尔西特条约。

1809：战胜瑞典后，芬兰并入。

1812：拿破仑一世的军队进入俄国。"卫国战争"打响。

1814：俄军攻入巴黎。

1814：拿破仑一世退位。

1815：神圣同盟。

华沙大公国并入俄国，名为波兰沙皇国。

1819：圣彼得堡大学建校。

1821：拿破仑一世死于圣赫勒拿岛上。

1825：十二月党人暴乱。

尼古拉一世（1796—1855）登上皇位。

1826—1828：波斯战争。

土库曼恰伊和约。

1828—1829：对土战争。哈德良堡和约。

1830：《法律汇编全本》制定完毕。

1830—1831：波兰起义。

1833：出版《法典》。

1839：东仪天主教并入东正教会。

1840：法国七月革命。

1840—1842：英国对中国发动第一次鸦片战争。

1842：签订《南京条约》，这是欧洲各国与中国签订的首个"不平等条约"。

1848：1848年革命（"民族之春"）。

1849：俄国镇压了匈牙利起义。

1855—1856：克里米亚战争。

1855：亚历山大二世（1818—1861）登上皇位。

1856：《巴黎和约》。

1856：英法两国对中国发起第二次鸦片战争。

1858：《瑷珲条约》。俄国吞并黑龙江流域。

1859：占领东高加索。沙米勒被俘。

1861：农民解放宣言。

1861：美国内战。俄国支持北军。

1862：法国吞并交趾支那。1863—1864年，柬埔寨和安南成为法国的保护国。

1863：波兰起义。

1864：司法改革。西高加索臣服。

1865：夺取塔什干。开始征服中亚。

1866：卡拉科佐夫枪杀亚历山大二世。

1867：俄国出售北美地区。

1864—1876：第一国际。

1865：美国废除奴隶制。

1870：意大利统一。维托里奥-埃马努埃莱一世登基。

普法战争。

1871：巴黎公社。

普鲁士国王自称德意志皇帝。

1872：用库里尔群岛交换萨哈林岛。

1877—1878：对土战争。

1878：柏林议会。

1881：亚历山大二世遇刺。

亚历山大三世（1845—1894）登上皇位。

1882：废除人头税。

1885：库什卡战役，中亚被征服。

1886：英国占领中国属国缅甸。

1887：与英国签订阿富汗边界协定。

1889：第二国际。

1891：开始建造西伯利亚大铁路。

1891—1892：饥荒。

1894：尼古拉二世（1868—1918）统治。

1897：一次人口普查。

1897—1898：谢尔盖·维特的财政改革。确立货币汇兑平衡。

夺取旅顺港。

1899：尼古拉二世倡议在海牙召开国际裁军会议。

20世纪

1904—1905：俄国第一次革命。

沙皇发布声明，宣告公民自由，选举杜马。

1906：莫斯科武装起义。

1906—1911：彼得·斯托雷平担任首相。

1904：法英两国联盟，"衷心和解"。

1908：奥地利吞并波斯尼亚-黑塞哥维那。

1911：中国革命。推翻君主制，成立共和国。

1912：第一次巴尔干战争。

1913：第二次巴尔干战争。

1913：基辅的别利斯审判。陪审团判决犯有仪式谋杀罪的被告无罪。

1914：第一次世界大战。

1917年2月：彼得格勒爆发革命。

1917年4月：美国参战，对抗德国。

1917年10月：列宁的党在彼得格勒夺取权力。

1918年7月：俄罗斯联邦（RSFSR）正式结束俄罗斯帝国。

1918年11月11日：西线停战。第一次世界大战结束。

译名对照表

地 名

A

Abkhazie 阿布哈兹
Abo 奥布
Abyssinie 阿比西尼亚
Adriatique, mer 亚得里亚海
Aigun 瑷珲
Aix-la-Chapelle 亚琛
Akerman 阿克尔曼
Akhalcik, forteresse d' 阿哈尔希克要塞
Akhalkalaki, forteresse d' 阿哈尔卡拉基要塞
Ak-Meshet 阿克-梅切特
Aland, îles 奥兰群岛
Alaska 阿拉斯加
Albazine, forteresse d' 阿尔巴津要塞
Aléoutiennes, îles 阿留申群岛
Alexandrie 亚历山大港
Algésiras 阿尔赫西拉斯
Alma 阿尔马河
Alma-Ata 阿拉木图
Alpes, les 阿尔卑斯山
Alta 阿尔塔河
Altaï 阿尔泰山
Altranstadt 阿尔特兰施塔特
Amou-Daria 阿姆河
Amour 阿穆尔河 / 黑龙江
Amsterdam 阿姆斯特丹
Anapa 阿纳帕
Anatolie 安纳托利亚
Andrinople 哈德良堡
Androussovo 安德鲁索沃
Antioche 安条克

Apennins, les 亚平宁山脉
Aptekarski, île 阿普杰卡尔斯基岛
Araks 阿拉斯河
Aral, mer d' 咸海
Ararat, mont 亚拉拉特山
Arcadiopole 阿尔卡狄奥波尔
Archipel, îles de l' 阿什佩群岛
Ardagan, forteresse d' 阿尔达汉要塞
Arensbourg 阿伦斯堡
Argoun 额尔古纳河
Arkhanguelsk 阿尔汉格尔斯克
Arménie 亚美尼亚
Asie centrale 中亚
Astrabad 阿斯特拉巴德
Astrakhan 阿斯特拉罕
Athènes 雅典
Athos, mont 阿索斯山
Atlantique, ocean 大西洋
Auerstaedt 奥尔施泰特
Austerlitz 奥斯特里茨
Autriche 奥地利
Azerbaïdjan 阿塞拜疆
Azov 亚速
Azov, mer d' 亚速海

B

Babylone 巴比伦
Bachkirie 巴什基尔
Bade 巴登
Bagdad 巴格达
Bailén 拜伦
Bajazet 巴耶济德
Bakhtchisaraï 巴赫奇萨赖

Bakou 巴库
Balaton, lac 巴拉顿湖
Balkach, lac 巴尔喀什湖
Balkans, les 巴尔干
Balta 巴尔塔
Baltes, pays 波罗的海国家
Baltique, mer 波罗的海
Bar 巴尔
Batoum 巴统
Batourine 巴图林
Bavière 巴伐利亚
Behring, détroit de 白令海峡
Belaïa Vieja 白堡
Belgorod 别尔哥罗德
Belgrade 贝尔格莱德
Bendery 宾杰里
Bengale 孟加拉
Berda 别尔达
Berdiansk 别尔江斯克
Berestetchko 柏斯台奇可
Bérézina 别列津纳河
Beriozov 别廖佐夫
Beriozovo 别廖佐沃
Berlin 柏林
Bessarabie 比萨拉比亚
Bethléem 伯利恒
Bezdana 贝兹丹
Bialystok 比亚韦斯托克
Bieloozero 别卢泽洛
Biélorussie 白俄罗斯
Bila-Tserkva 白采尔科维
Birji 比尔吉
Björkö, archipel de 比约尔克群岛
Blanche, mer 白海
Bobrouïsk 博布鲁伊斯克
Bocco-di-Cataro 科托尔湾
Bodokshan 博多克山
Bogolioubovo 博戈柳波沃
Bohême 波希米亚
Bolghar 博尔加尔
Bonne-Espérance, cap de 好望角
Borodino 博罗金诺
Borovsk 博罗夫斯克
Bosphore, détroit du 博斯普鲁斯海峡
Boug 布格河
Boukhara 布哈拉
Brandebourg 勃兰登堡
Brandebourg-et-Prusse
principauté de 勃兰登堡-普鲁士
Bratslav 布拉茨拉夫
Brescia 布雷西亚
Breslau 布雷斯劳
Brest-Litovsk 布列斯特-立陶夫斯克

Briansk 布良斯克
Bruxelles 布鲁塞尔
Bucarest 布加勒斯特
Bucovine 布科维纳
Budapest 布达佩斯
Byzance 拜占庭

C

Caffa 卡法
Californie 加利福尼亚
Canossa 卡诺萨
Capri 卡普里
Carélie 卡累利阿
Carpates, les 喀尔巴阡山脉
Carthage 迦太基
Caspienne, mer 里海
Cattégat 卡特加特
Caucase 高加索
Ch'ing-tao 青岛
Champ-des-Bécasses 丘鹬田
Champ-des-Merles 乌鸫田
Chelogne 舍罗涅河
Cherson 赫尔松
Chiao-chou, baie de 胶州湾
Chikotan, île 施科坦岛
Chine, mer de 中国海
Chio 希俄斯
Chipka, forteresse de 希普卡要塞
Chirvan 希尔万
Chklov 什克洛夫
Chmielnik 赫梅尔尼克
Coblence 科布伦茨
Cobourg 科堡
Colchide 科尔基斯
Compiègne 贡比涅
Constance 康斯坦茨
Constantinople 君士坦丁堡
Corfou 科孚岛
Courlande 库尔兰
Cracovie 克拉科夫
Crimée 克里米亚
Cronstadt 喀琅施塔得

D

Daghestan 达吉斯坦
Dalni 大连
Danlanvan 大连湾
Dantzig 但泽
Danube 多瑙河
Daourie 外贝加尔山脉
Dardanelles, détroit des 达达尼尔海峡
Darmstadt 达姆施塔特
Déoulino 德乌里诺

Derbent 杰尔宾特
Desna 杰斯纳河
Deux-Siciles, royaume des 两西西里王国
Dmitrov 德米特罗夫
Dniepr 第聂伯河
Dniestr 德涅斯特河
Dno 德诺
Dobrinitchi 多布里尼齐
Dobroudja 多布罗加
Don 顿河
Donets 顿涅茨河
Dorogobouj 多罗戈布日
Dorostol 多洛斯托耳
Dorpat 多尔帕特
Doubno 杜布诺
Dresde 德累斯顿
Dublin 都柏林
Dubrovnik 杜布罗夫尼克
Dunamunde 杜纳蒙德
Dunkerque 敦刻尔克
Durbé, lac 杜尔别湖
Dvina 德维纳河

E

Eaux-Jaunes 若夫季沃季
Elbe, île d' 厄尔巴岛
Élisabethpol 伊丽莎白城
Elton, lac 埃利通湖
Enzely 恩泽利
Éphèse 以弗所
Erfurt 埃尔福特
Érivan 埃里温
Erzeroum, forteresse d' 埃尔祖鲁姆要塞
Esel, île d' 埃泽尔岛
Essling 埃斯灵
Estlandie 埃斯特兰
Estonie 爱沙尼亚
Etchmiadzine 埃奇米阿津
Eupatoria 叶夫帕托里亚
Euphrate 幼发拉底河
Eylau 埃劳

F

Fellin 费林
Ferghana 费尔干纳
Ferney 费内
Ferrare 费拉雷
Finlande, golfe de 芬兰湾
Florence 佛罗伦萨
Fokchany 弗克萨尼
Fort Perovski 佩罗夫斯基
Fort Ross (Californie) 罗斯堡（加利福尼亚）
Francfort 法兰克福

Frédéricsham 弗里德里克山
Friedland 弗里德兰

G

Galicie 加利西亚
Galicie-Volhynie 加利西亚-沃里尼亚
Galitch 加利奇
Gange 恒河
Gattchina 加特契纳
Gaza 加沙
Gdansk 格但斯克
Gdov 格多夫
Gênes 热那亚
Genève 日内瓦
Géorgie 格鲁吉亚
Géorgie occidentale 西格鲁吉亚
Géorgie orientale 东格鲁吉亚
Ghéok-Tépé 盖奥克泰佩
Ghiandja 吉安加
Ghilan 吉兰
Gibraltar 直布罗陀
Gilian 吉连
Gimry 基姆雷
Glacial Arctique, ocean 北冰洋
Gloukhov 格卢霍夫
Gomel 戈梅利
Goritsa 格尔必齐河
Gorodets 戈罗杰茨
Gotland, île de 哥得兰岛
Gouria 古利亚
Grodno 格罗德诺
Gross-Jaegersdorf 大耶格尔斯多夫
Groznaïa, forteresse de 格罗兹纳亚要塞
Grozny 格罗兹尼
Grunwald 格伦瓦尔德
Grunwald (Tannenberg) 格伦瓦尔德（坦能堡）
Gulistan 古利斯坦

H

Hadiatch 哈佳奇
Hadjibey 哈希贝
Halle 哈雷
Hambourg 汉堡
Hangöud, cap 汉戈乌德海岬
Hanovre 汉诺威
Hanse, la 汉萨同盟
Haute-Volga 伏尔加河上游
Haut-Iaïk 伊雅克河上游
Hawaii, îles 夏威夷诸岛
Hedjaz 汉志
Helsingfors 赫尔辛基
Helsinki 赫尔辛基

Korsoun 科尔孙
Kossovo 科索沃
Kossovo-Polje 科索沃-波尔耶
Kostroma 科斯特罗马
Kouban 库班
Kounachir, île 库纳希尔岛
Kouriles, îles 库里尔群岛
Koursk 库尔斯克
Koutchka 库奇卡
Koutchouk-Kaïnardji 库楚克-开纳吉
Kovel 科韦利
Kovno 科夫诺
Kozelsk 科泽利斯克
Krapivna 克拉皮夫纳
Krasnoïarsk 克拉斯诺亚尔斯克
Krasnovodsk 克拉斯诺沃茨克
Kromy 克罗梅
Kuldja 库尔贾
Kulewcza 库列夫恰
Kunersdorf 库讷斯多夫
Kzyl-Orda 克孜勒奥尔达

L

La Haye 海牙
Ladoga, lac 拉多加湖
Laibach 莱巴赫
Languedoc 朗格多克
Larga 拉尔加河
Leipzig 莱比锡
Léman, lac 莱芒湖
Lena 勒拿河
Lépante 勒班陀
Lesnaïa 列斯诺伊
Lettonie 拉脱维亚
Leyde 莱顿
Liao-lang 辽阳
Liao-tung, presqu'île de 辽东半岛
Libava 利巴瓦
Liegnitz 莱格尼察
Liflandie (futures Lettonie et Estonie) 利夫兰
　（后为立陶宛和爱沙尼亚）
Lioubetch 柳别奇
Liouboutsk 柳布茨克
Lipitsa 利皮察河
Lituanie 立陶宛
Livny 利夫内
Livonie 立窝尼亚
Lombardie 伦巴底
Londres 伦敦
Lorraine 洛林
Loutsk 卢茨克
Lovat 洛瓦季河
Lublin 卢布林

Lützen 吕岑
Lvov 利沃夫
Lyon 里昂

M

Macédoine 马其顿
Main 美因河
Manchourie 满洲
Manheim 曼海姆
Marbourg 马尔堡
Marengo 马伦哥
Marienbourg 马林堡
Marmara, mer de 马尔马拉海
Marseille 马赛
Mayence 美因茨
Mazandéran 马赞德兰
Mazovie 马索维亚
Mazurie 马祖里亚
Médine 麦地那
Méditerranée, mer 地中海
Memel 梅梅尔
Mengrélie 门戈列里
Merv, oasis de 梅尔夫绿洲
Mésopotamie 美索不达米亚
Messine 墨西拿
Metz 梅斯
Miass 米阿斯
Milan 米兰
Mingrélie 明格列尔
Minsk 明斯克
Mirgorod 米尔哥罗德
Missolonghi 迈索隆吉翁
Mitau (Mitava) 米陶
Moghilev 莫吉廖夫
Mojaïsk 莫扎伊斯克
Moldavie 摩尔达维亚
Molodia 莫洛季亚
Mologa 莫洛加
Mongolie 蒙古
Monténégro 黑山
Moravie 摩拉维亚
Morée (le Péloponnèse) 莫雷埃（伯罗奔尼撒
　半岛）
Moscou 莫斯科
Moscova 莫斯科河
Moukden 奉天
Mourom 穆罗姆
Moyen-Terek 捷列克河
Mozdok, forteresse de 莫兹多克要塞
Mtsensk 姆岑斯克
Münchengratz 慕尼黑城堡
Munich 慕尼黑
Munster 明斯特

N

Nakhitchevan 纳希切万
Nankin 南京
Naples 那不勒斯
Narova 纳尔瓦河
Narva 纳尔瓦
Nauplie 纳夫普利翁
Navarin, baie de 纳瓦里诺湾
Nemirov 涅米罗夫
Nepriavda 涅普里亚维达河
Nertchinsk 涅尔琴斯克
Neva 涅瓦河
Nice 尼斯
Nicée 尼西亚
Niemen 涅曼河
Nienschantz, forteresse de 尼山茨要塞
Nijni-Novgorod 下诺夫哥罗德
Nikolaïev 尼古拉耶夫
Nil 尼罗河
Nogaï 诺盖汗国
Noire, mer 黑海
Nord, mer du 北海
Nord-Caucas 北高加索
Nord-Daghestan 北达吉斯坦
Noteburg, forteresse de 诺特堡要塞
Novgorod 诺夫哥罗德
Novgorod le Grand 大诺夫哥罗德
Novgorod-et-Pskov 诺夫哥罗德与普斯科夫
Novgorod-Severski 诺夫哥罗德-谢韦尔斯基
Novgorodok 新格鲁多克
Novi 诺维
Novodievitchi, monastère 诺沃捷维奇修道院
Novospasski 诺沃斯帕斯基修道院
Novossil 诺沃西利
Nuremberg 纽伦堡
Nystadt 尼斯塔德

O

Ob 鄂毕河
Oder 奥得河
Odessa (Hadjibey) 敖德萨（哈希贝）
Ohrid 奥赫里德
Oka 奥卡河
Okhotsk, mer d' 鄂霍次克海
Okhta 奥赫塔河
Olbia 奥尔比亚
Oldenbourg 奥尔登堡
Olmütz 奥尔米茨
Omsk 鄂木斯克
Or 奥尔河
Orcha 奥尔沙
Orechek 奥列舍克

Orel 奥廖尔
Orenbourg 奥伦堡
Orkhon 鄂尔浑河
Oskol 奥斯科尔
Ostrog 奥斯特洛
Otchakov, forteresse d' 奥恰科夫要塞
Oufa, forteresse d' 乌法要塞
Ouglitch 乌格里奇
Ougra 乌格拉河
Oula 乌拉河
Ouman 乌曼
Oural 乌拉尔
Ourartou 乌拉尔图国
Ouroup, île 乌鲁普岛
Oussouri 乌苏里江
Oust-Syssolsk 乌斯特-塞索尔斯克

P

Pacifique, océan 太平洋
Paderborn 帕德博恩
Pamir 帕米尔
Paris 巴黎
Pavlovsk 巴甫洛夫斯克
Pavlovskoïe 巴甫洛夫斯科耶
Peïpous, lac 佩普西湖
Pékin 北京
Péloponnèse, le 伯罗奔尼撒
Pelym 佩雷姆
Péninsule balkanique 巴尔干半岛
Penza 奔萨
Pereïaslavets 佩列亚斯拉维茨
Pereïaslavl 佩列亚斯拉夫尔
Pereïaslavl, lac de 佩列亚斯拉夫尔湖
Pereïaslavl-Russki 佩列亚斯拉夫尔-鲁斯基
Perekop, isthme de 佩列科普地峡
Peremysl 普热梅希尔
Perm 彼尔姆
Pernov 培尔诺夫
Perse 波斯
Pest 佩斯特
Petchora 伯朝拉河
Peterhof 彼得霍夫宫
Pétersbourg 彼得堡
Petite-Kabardine 小卡巴尔达
Petrograd 彼得格勒
Petropavlovsk 彼得罗巴甫洛夫斯克
Petropolis 彼得波利斯
Phanagoria 法纳戈里亚
Piacenza 皮亚琴察
Piandj 喷赤河
Piémont 皮埃蒙特
Pistoia 皮斯托亚
Plevna, forteresse de 普列夫纳要塞

Plock 普沃茨克
Podolie 波多里亚
Poitiers 普瓦捷
Polianovka 波利亚诺夫卡河
Polianovo 波利亚诺沃
Pologne 波兰
Polotsk 波洛茨克
Polotsk-et-Vitebsk 波洛茨克与维捷布斯克
Poltava 波尔塔瓦
Poméranie 波美拉尼亚
Pomorié 波莫里亚
Pont-Euxin 黑海
Port-Arthur 旅顺港
Portsmouth 朴茨茅斯
Poti 波季
Potsdam 波茨坦
Poustozersk 普斯托泽尔斯克
Poutivl 普季夫利
Poznan 波兹南
Praga (faubourg de Varsovie) 布拉格（华沙市郊）
Prague 布拉格
Preobrajenskoïé 普列奥布拉任斯科耶
Pressbourg, forteresse 普莱斯堡要塞
Primorié 滨海边疆地区
Pripet 普里皮亚季河
Pripiat 普里皮亚季河
Prouth 普鲁特河
Prusse 普鲁士
Prusse-Orientale 东普鲁士
Pskov 普斯科夫

Q
Qaraqoroum 哈拉和林

R
Rapallo 拉帕洛
Rawa 拉瓦
Reggio 雷吉奥
Reichstadt 赖希施塔特
Resht 拉什特
Reval 列瓦尔
Rhin 莱茵河
Rhodope 洛多皮山
Riazan 梁赞
Riga 里加
Rochtcha 罗沙
Rodez 罗德兹
Rodnia 罗德尼亚
Rogojskoïé, cimetière 罗果日斯基公墓
Rome 罗马
Roslavl 罗斯拉夫尔
Rostov 罗斯托夫

Rostov-et-Souzdal 罗斯托夫与苏兹达尔
Roumélie 鲁米利亚
Roustchouk 鲁斯楚克
Rügen, île de 吕根岛
Rybinsk 雷宾斯克
Rymnik 勒姆尼库

S
Saardam 赞丹
Sainte-Hélène, île 圣赫勒拿岛
Saint-Pétersbourg 圣彼得堡
Sakhaline, île 萨哈林岛
Samara 萨马拉
Samarkand 撒马尔罕
Sambor 桑博尔
San Francisco 旧金山
San Stefano 圣斯特凡诺
Sandomierz 桑多梅日
Saraï 萨莱
Sarajevo 萨拉热窝
Saratov 萨拉托夫
Sarkel 萨克尔
Savoie 萨瓦
Saxe 萨克森
Schleswig 石勒苏益格
Schlusselburg, forteresse de 什利谢利堡要塞
Scythie 斯基泰
Sébastopol 塞瓦斯托波尔
Seïm 谢依姆河
Séoul 汉城
Sept-Rivières, région des 七河地区
Sereth 锡雷特河
Severa 塞维拉
Sévérie 西维利亚
Shakhe 沙河
Shan-tung, province du 山东省
Shimonosaki 马关
Sibérie 西伯利亚
Sibérie-Orientale 东西伯利亚
Silésie 西里西亚
Silistra 锡利斯特拉
Simbirsk 辛比尔斯克
Simferopol 辛菲罗波尔
Siniaïa Voda 青水河
Sinope, baie de 锡诺普湾
Sita 西塔河
Skagerrak 斯卡格拉克海峡
Slonim 斯洛尼姆
Slovaquie 斯洛伐克
Smolensk 斯摩棱斯克
Smyrne 士麦那
Sofia 索非亚
Soj 索日河

Solovki, monastère 索洛夫基修道院
Soukhona 苏霍纳河
Soula 苏拉河
Souraj 苏拉日
Sourojsk 苏洛什斯克
Souzdal 苏兹达尔
Sparte 斯巴达
Split 史普利特
Staraïa Ladoga 旧拉多加
Staraïa Roussa 旧鲁萨
Starodoub 斯塔罗杜布
Stary Bykhov 旧贝霍夫
Stavoutchany 斯塔乌查尼
Stavropol 斯塔夫罗波尔
Stepanakert (ancienne Choucha) 斯捷潘纳克
　　特（古名舒沙）
Stockholm 斯德哥尔摩
Stuttgart 斯图加特
Suez, canal de 苏伊士运河
Sveaborg 芬兰堡
Sviïajsk 斯维亚日斯克
Syr-Daria 锡尔河

T

Tabaristan 塔巴里斯坦
Tabriz 大不里士
Tachkent 塔什干
Taganrog 塔甘罗格
Taman 塔曼
Tambov 坦波夫
Tana 塔纳
Tannenberg (Grunwald) 坦能堡（格伦瓦尔德）
Targowica 塔戈维查
Tarna 塔尔纳
Tarnopol 捷尔诺波尔
Tarnovo 塔尔诺沃
Taroussa 塔鲁萨
Tartarie, détroit de 鞑靼海峡
Tartu (Dorpat, Iouriev) 塔尔图（多尔帕特，
　　尤里耶夫）
Tatarstan 鞑靼斯坦
Tauride 塔夫利
Tauroggen 陶拉格
Taurus 托鲁斯山脉
Tchembar 钱巴尔
Tcherkassy 切尔卡斯
Tchernigov 切尔尼戈夫
Tchernovtsy 切尔诺夫策
Tchesmé, baie de 切什梅海湾
Tchétchénie 车臣
Tchiguirine 奇吉林
Tchita 赤塔
Tchoudovo 丘多沃

Téhéran 德黑兰
Tendra, île de 滕德拉岛
Terek 捷列克河
Théodossia 泰奥多西亚
Thrace 色雷斯
Tiavzine 加夫津
Tibet 西藏
Tikhvine 季赫温
Tilsitt 蒂尔西特
Tioumen 秋明
Tisza 蒂萨河
Tmoutarakan (presqu'île de Taman) 特穆塔拉
　　坎（今塔曼半岛）
Tobolsk 托博尔斯克
Tokyo 东京
Tomsk 托木斯克
Torneo 托尔内奥河
Torun 托伦
Totma 托季马
Touchino 图希诺
Toula 图拉
Toulon 土伦
Toultchine 图利钦
Tourkmantchaï 土库曼恰伊
Transbaïkalie 外贝加尔山脉
Transcaucasie 外高加索
Transouralie 外乌拉尔
Transylvanie 特兰西瓦尼亚
Trebia 特雷比亚
Trêves 特里尔
Trianon 特里亚农
Trinité-Saint-Serge, monastère de la 谢尔盖
　　圣三一修道院
Troki 特拉凯
Troppau 特罗保
Troubej 特鲁别日河
Troubtchevsk 特鲁布切夫斯克
Tsargrad 沙皇格勒
Tsaritsyno 察里津公园
Tsarskoïé Selo 皇村
Tsou-shima 对马海峡
Turin 都灵
Turkestan 突厥斯坦
Turkmenistan 土库曼斯坦
Tver 特维尔
Tyrol 蒂罗尔

U

Ukraine 乌克兰
Unkiar-Skelessi 洪基尔-斯凯莱西
Upsala 乌普萨拉

V

Valachie 瓦拉几亚
Van, lac de 凡湖
Vancouver, île de 温哥华岛
Varna 瓦尔纳
Varsovie 华沙
Vedrocha 维德罗沙河
Veliki Oustioug 大乌斯秋格
Velikié Louki 大卢基
Venise 威尼斯
Verny 维尔内
Vérone 维罗纳
Versailles 凡尔赛
Viatka 维亚特卡
Viazma 维亚济马
Vienne 维也纳
Vilnius 维尔纽斯
Vistule 维斯瓦河
Vitebsk 维捷布斯克
Vladimir 弗拉基米尔
Vladimir-et-Souzdal 弗拉基米尔与苏兹达尔
Vladimir-sur-la-Kliazma 克利亚济马河畔弗
　　拉基米尔
Vladimir-Volhynsk 弗拉基米尔-沃伦斯基
Vladivostok 符拉迪沃斯托克
Voja 沃扎河
Volga 伏尔加河
Volhynie 沃伦斯基
Volkhov 沃尔霍夫河
Volmer 弗尔莫
Vologda 沃洛格达
Volok 沃洛茨克
Volokalamsk 沃洛科拉姆斯克
Volynsk 沃伦斯基
Vorobievo 沃罗比耶沃
Voronej 沃罗涅日
Vorskla 沃尔斯克拉河
Vsesviatskoïé 弗谢斯维亚茨基村
Vyborg 维堡
Vychgorod 维什戈罗德

W
Wagram 瓦格拉姆
Warmie 瓦尔米亚
Washington 华盛顿
Westphalie 威斯特伐利亚
Wittenberg 维滕贝格
Worms 沃尔姆斯
Worskla 沃尔斯克拉河
Wurtemberg 符腾堡

Y
Yalta 雅尔塔
Yalu 鸭绿江

Yang-Tsé 长江

Z
Zamosc 扎莫希奇
Zamostié 扎莫斯捷
Zapolsk 扎博尔斯克
Zaporojié 扎波罗热
Zaraïsk 扎赖斯克
Zboriv 兹博罗夫
Zlatooust 兹拉托乌斯特
Zorndorf 佐恩多夫

人　名

A
Abaza, Alexandre 亚历山大·阿巴扎
Abbas-Mirza, prince persan 阿巴斯-米尔扎,
　　波斯储君
Abdül-Aziz, sultan ottoman 阿卜杜勒-阿齐
　　兹, 奥斯曼苏丹
Abdül-Hamid Ier, sultan ottoman 阿卜杜勒-
　　哈米德一世, 奥斯曼苏丹
Abdül-Hamid, sultan ottoman 阿卜杜勒-哈米
　　德, 奥斯曼苏丹
Aberdeen, lord 阿伯丁勋爵
Abraham, moine 阿伯拉罕, 修士
Adachev, Alexis 阿列克谢·阿达舍夫
Adalbert de Trèves, moine 特里尔的亚德伯,
　　修士
Adelung, F. 弗·阿德隆
Adrien, métropolite de Kazan 阿德里安, 喀
　　山都主教
Adrien, patriarche 阿德里安, 牧首
Agafia 阿伽菲亚
Agapet 阿加佩特
Agha Muhammad 阿迦·穆罕默德
Aguesseau, Henri François d' 亨利·弗朗索
　　瓦·德·阿格索
Ahmed, khan 阿黑麻汗
Aïouk, khan 阿尤克汗
Akhiezer, Alexandre 亚历山大·阿希耶泽尔
Aksakov, Constantin 康斯坦丁·阿克萨科夫
Aksakov, Ivan 伊万·阿克萨科夫
Aksakov, Sergueï 谢尔盖·阿克萨科夫
Albert, margrave 阿尔布莱希特, 边疆伯爵
Alexandra Fiodorovna, épouse de Nicolas II
　　亚历山德拉·费奥多罗芙娜, 尼古拉二
　　世之妻
Alexandre 亚历山大
Alexandre, grand-duc de Lituanie et roi de Pologne
　　亚历山大, 立陶宛大公与波兰国王
Alexandre Ier 亚历山大一世
Alexandre II 亚历山大二世

Alexandre III 亚历山大三世

Alexandre de Battenberg, prince de Hesse 巴滕贝格的亚历山大，黑森亲王

Alexandre de Kakhétie 卡赫季的亚历山大

Alexandre de Tver 特维尔的亚历山大

Alexandre Mikhaïlovitch, grand-prince de Vladimir 亚历山大·米哈伊洛维奇，弗拉基米尔大公

Alexandre Nevski, fils de Iaroslav, prince de Novgorod et grand-prince de Vladimir 亚历山大·涅夫斯基，雅罗斯拉夫之子，弗拉基米尔大公

Alexandrov, Piotr 彼得·亚历山德罗夫

Alexeïev, amiral 阿列克谢耶夫，海军元帅

Alexis, fils de Nicolas II 阿列克谢，尼古拉二世之子

Alexis, métropolite de Moscou 阿列克谢，莫斯科都主教

Alexis Ier Mikhaïlovitch, le Très-Paisible 阿列克谢·米哈伊洛维奇，"平和者"

Alexis Alexeïevitch, fils d'Alexis Ier Mikhaïlovitch 阿列克谢·阿列克谢耶维奇，阿列克谢·米哈伊洛维奇之子

Alexis Petrovitch, fils de Pierre Ier le Grand 阿列克谢·彼得罗维奇，彼得大帝之子

Algorotti, comte 阿尔戈罗蒂，伯爵

Ali, shah de Kazan 阿里，喀山沙赫

Altan, khan de Mongolie 俺答，蒙古汗

Alwensleben, Gustav von 古斯塔夫·冯·阿尔文斯莱本

Amalrik, Andreï 安德烈·阿马尔里克

Anastasie de Monténégro 黑山的阿娜斯塔霞

Andreï, fils de Iaroslav, grand-prince de Vladimir-et-Souzdal 安德烈，雅罗斯拉夫之子，弗拉基米尔与苏兹达尔大公

Andreï, prince d'Ouglitch 安德烈，乌格里奇王公

Andreï, prince de Gorodets 安德烈，戈罗杰茨王公

Andreï, prince de Vologda 安德烈，沃洛格达王公

Andreï Bogolioubski, grand-prince de Vladimir 安德烈·博戈柳布斯基，弗拉基米尔大公

Andreïev, Leonid 列昂尼德·安德烈耶夫

Andropov, Iouri 尤里·安德罗波夫

Anna, fille du tsar Michel Romanov 安娜，沙皇米哈伊尔·罗曼诺夫之女

Anna Ioannovna 安娜·约安诺夫娜

Anna Leopoldovna 安娜·利奥波多芙娜

Anna Petrovna, fille de Pierre Ier le Grand et de Catherine Ire 安娜·彼得罗芙娜，彼得大帝与叶卡捷琳娜一世之女

Anne, soeur de Basile II, épouse de Vladimir le Grand 安娜，巴西尔二世之妹，弗拉基米尔大帝之妻

Anne Stuart, reine d'Angleterre 安妮·斯图亚特，英国女王

Antoine, légat du pape 安托万，教宗使节

Apostol, Danylo 达尼洛·阿波斯托尔

Apraxine, Fiodor 费奥多尔·阿普拉克辛

Apraxine, Stepan 斯捷潘·阿普拉克辛

Araktcheïev, Alexis 阿列克谢·阿拉克切耶夫

Aristote 亚里士多德

Arius 阿里乌斯

Arkudi, Pierre 皮埃尔·阿尔库迪

Arpad 阿尔帕德

Arsène, métropolite 阿尔谢尼，都主教

Arsène, moine grec 阿尔塞尼奥斯，希腊修士

Artamonov, M. 米·阿尔塔莫诺夫

Askold, maître de Kiev 阿斯克尔德，基辅王公

Athanase, métropolite 阿塔纳斯，都主教

Attila 阿提拉

Auguste, empereur romain 奥古斯都，罗马皇帝

Auguste II le Fort (Frédéric-Auguste Ier), roi de Pologne 奥古斯特二世（腓特烈-奥古斯特一世），波兰国王

Auguste III, roi de Pologne 奥古斯特三世，波兰国王

Avaux, comte d' 达沃伯爵

Avrech, Aron 阿隆·阿夫雷克

Avvakoum, protopope 阿瓦库姆，主教士

Azef, Evno 叶夫诺·阿泽夫

B

Baader, Franz von 弗朗茨·冯·巴德尔

Babeuf, Gracchus 格拉古斯·巴贝夫

Badmaïev, Piotr 彼得·巴德马耶夫

Baïkov, Fiodor 费奥多尔·巴伊科夫

Bajenov, Vassili 瓦西里·巴热诺夫

Bakounine, Mikhaïl 米哈伊尔·巴枯宁

Balabine, lieutenant 巴拉金，中尉

Balmachev, Stepan 斯捷潘·巴尔马切夫

Balovien, bandit 巴罗夫尼匪帮

Barbaro, Josaphat 约萨法特·巴尔巴罗

Barbusse, Henri 亨利·巴比塞

Barclay de Tolly, Mikhaïl 米哈伊尔·巴克莱·德托利

Bariatinski 巴里亚津斯基

Barskov, S. 谢·巴尔斯科夫

Bartels, Adolf 阿道夫·巴特尔斯

Basile II, empereur byzantin 巴西尔二世，拜占庭皇帝

Basmanov, Alexis 阿列克谢·巴斯马诺夫

Basmanov, Fiodor 费奥多尔·巴斯马诺夫

Basmanov, Piotr 彼得·巴斯马诺夫

Batou, fils de Djötchi 拔都，术赤之子
Bayer, Théophile Siegfried 泰奥菲尔·西格弗里德·拜耶
Beauvois, Daniel 达尼埃尔·博夫瓦
Beccaria, Cesare 切萨雷·贝卡里亚
Becket, Thomas 托马斯·贝克特
Beguitch, mourza 别季奇，穆尔扎
Behring 白令
Beïlis, Mendel 门捷尔·别利斯
Bekboulatovitch, Siméon 谢苗·别科布拉托维奇
Bekovitch-Tcherkasski, prince 别科维奇-切尔卡斯基亲王
Béla, roi de Hongrie 贝拉，匈牙利国王
Belinkov, Arkadi 阿尔卡季·别林科夫
Bellegarde, abbé 贝尔加德，修道院长
Ben Jacob, Emmanuel 伊曼纽尔·本·雅各布
Benkendorf, Alexandre 亚历山大·本肯多夫
Bennigsen, Alexandre 亚历山大·邦尼格桑
Bennigsen, Léonti 列昂季·本尼格森
Benoît VII, pape 本笃七世，教宗
Bentham, Jeremy 杰里米·边沁
Berdiaev, Nikolaï 尼古拉·别尔嘉耶夫
Berdibeg, khan 别儿迪别汗
Berenhorst, Georg Heinrich von 格奥尔格·海因里希·冯·贝伦霍斯特
Berezovski, Alexandre 亚历山大·别列佐夫斯基
Bergoltz 贝戈尔茨
Berké, khan 别儿哥汗
Berkh, V. 别尔赫
Bernadotte, maréchal de France 贝尔纳多特，法国元帅
Berry, duc de 贝里公爵
Bersen-Beklemichev, Ivan 伊万·别尔森-别科列米舍夫
Besançon, Alain 阿兰·贝桑松
Bestoujev, Piotr 彼得·别斯图热夫
Bestoujev-Rioumine, Alexis 阿列克谢·别斯图热夫-留明
Bestoujev-Rioumine, Constantin 康斯坦丁·别斯图热夫-留明
Bestoujev-Rioumine, Mikhaïl 米哈伊尔·别斯图热夫-留明
Bezborodko, Alexandre 亚历山大·别兹博罗德科
Bezsonov, P. 彼·贝索诺夫
Bielinski, Vissarion 维萨里昂·别林斯基
Bielov, Evgueni 叶甫根尼·别洛夫
Bielski, Andreï 安德烈·别尔斯基
Bielski, Bogdan 博格丹·别尔斯基
Bielski, Marcin 马尔辛·别尔斯基
Bierce, Ambrose 安布罗斯·比尔斯

Biezobrazov, Alexandre 亚历山大·别佐布拉佐夫
Billington, James 詹姆斯·贝灵顿
Biron 比隆
Bismarck, Otto von 奥托·冯·俾斯麦
Blackstone 布莱克斯通
Blavatskaïa, Mme 布拉瓦茨卡娅夫人
Bloch, gérant de société ferroviaire 布洛赫，铁路公司经理
Boborykine, Piotr 彼得·波波雷金
Bobrikov, Nikolaï, gouverneur de Finlande 尼古拉·博布里科夫，芬兰总督
Bobrov, Dmitri 德米特里·波布罗夫
Bogdanko 博格丹科
Bogdanovitch 博格丹诺维奇
Bogoliepov, Nikita 尼基塔·波格列罗夫
Bogoliepov, Nikolaï 尼古拉·波格列罗夫
Bogolioubov 博戈留波夫
Boileau, Nicolas 尼古拉·布瓦洛
Boisdeffre, général français 博瓦斯德弗尔，法国将军
Boleslas Bouche-Torse, prince polonais 歪腿波列斯瓦夫，波兰君主
Boleslas le Brave, premier roi de Pologne 勇士波列斯瓦夫，第一位波兰国王
Boleslas II le Téméraire, roi de Pologne 勇士波列斯拉夫二世，波兰国王
Boleslas IV, prince polonais 波列斯瓦夫四世，波兰君主
Bolotnikov, Ivan 伊万·波洛特尼科夫
Bolotov, Andreï 安德烈·博洛托夫
Boltine, Ivan 伊万·博尔岑
Bonaparte, Louis, roi de Hollande 路易·波拿巴，荷兰国王
Borges, Jorge Luis 豪尔赫·路易斯·博尔赫斯
Borgia, César 切萨雷·波吉亚
Boris, khan 鲍里斯汗
Boris, prince de Mourom, saint 鲍里斯，穆罗姆王公，圣徒
Boris, prince de Nijni-Novgorod 鲍里斯，下诺夫哥罗德王公
Boris, prince de Volok 鲍里斯，沃洛茨克王公
Botkine, Evgueni 叶甫根尼·波特金
Boudberg, Andreï (Gothard) 安德烈·（戈塔尔）·布德伯格
Boujeninova, Anna 安娜·布杰尼诺瓦
Boulavine, Kondrati 孔德拉季·布拉文
Boulgakov, I. 伊·布尔加科夫
Boulyguine, Alexandre 亚历山大·布雷金
Boungué, Nikolaï 尼古拉·布恩盖
Bouninski, frères 布宁斯基兄弟
Bour 布尔
Bourgogne, duc de 勃艮第公爵

Chodkiewicz, Jan-Karol 扬-卡罗尔·霍德凯维奇

Choiseul, duc de 舒瓦瑟尔公爵

Chouïski, Andreï 安德烈·舒伊斯基

Chouïski, Dmitri 德米特里·舒伊斯基

Chouïski, Ivan 伊凡·舒伊斯基

Choulguine, Vassili 瓦西里·舒尔金

Chouvalov, Alexandre 亚历山大·舒瓦洛夫

Chouvalov, Ivan 伊万·舒瓦洛夫

Chouvalov, Piotr 彼得·舒瓦洛夫

Christian IV, roi de Danemark 克里斯蒂安四世，丹麦国王

Christian V, roi de Danemark 克里斯蒂安五世，丹麦国王

Christian VII, roi de Danemark 克里斯蒂安七世，丹麦国王

Christine, reine de Suède 克里斯蒂娜，瑞典女王

Chtcheglovitov, Ivan 伊万·谢格洛维多夫

Chtchelkalov, Andreï 安德烈·谢尔卡洛夫

Chtcherbatov, Mikhaïl 米哈伊尔·舍尔巴托夫

Cikki, Alexandre 亚历山大·奇基

Clément VII, pape 克莱孟七世，教宗

Clément VIII, pape 克莱孟八世，教宗

Clovis, roi des Francs 克洛维，法国国王

Colbert, Jean-Baptiste 让-巴蒂斯特·柯尔贝尔

Collins, S., médecin anglais S. 科林斯，英国医生

Coloman, roi de Hongrie 卡尔曼，匈牙利国王

Colomb, Christophe 克里斯托弗·哥伦布

Comte, Auguste 奥古斯特·孔德

Conrad, roi de Germanie 康拉德，日耳曼国王

Conrad de Mazovie, prince polonais 康拉德·马佐夫舍，波兰君主

Constant, ministre français 贡斯当，法国大臣

Constantin, empereur byzantin 君士坦丁，拜占庭皇帝

Constantin VII Porphyrogénète, empereur byzantin 君士坦丁七世，"生于紫室者"，拜占庭皇帝

Constantin IX Monomaque, empereur byzantin 君士坦丁九世，"单独战斗者"，拜占庭皇帝

Constantin XI, empereur byzantin 君士坦丁十一世，拜占庭皇帝

Constantin, fils aîné de Vsevolod la Grande-Nichée 康斯坦丁，"大家族"弗谢沃洛德之长子

Constantin, fils de Iaroslav 康斯坦丁，雅罗斯拉夫之子

Constantin le Grand, saint 神圣的君士坦丁大帝

Constantin Nikolaïevitch, fils de Nicolas Ier 康斯坦丁·尼古拉耶维奇，尼古拉一世之子

Contarini, Ambroise 安布罗伊斯·孔塔里尼

Conti, prince de 孔蒂亲王

Corneille, Pierre 皮埃尔·高乃依

Courlande, duc de, époux d'Anna Ioannovna 库尔兰公爵，安娜·约安诺夫娜之夫

Coxe, William 威廉·考克斯

Crassus, général romain 克拉苏，罗马将军

Crispus, fils de Constantin le Grand 克里斯普斯，君士坦丁大帝之子

Cromwell, Oliver 奥利弗·克伦威尔

Cruyi, duc de 克吕伊公爵

Custine, marquis de 屈斯汀侯爵

Cuza, Alexandre, prince 亚历山大·库扎，亲王

Cyprien, métropolite 西普里安，都主教

Cyrille, patriarche de Constantinople 西里尔，君士坦丁堡牧首

Cyrille, saint 圣西里尔

Cyrille II, métropolite 西里尔二世，都主教

Czartoryski, Adam 亚当·恰尔托雷斯基

Czirzowski, Nikolaï 尼古拉·舍尔佐夫斯基

Czyr, abbé 西兹尔，修道院长

D

Dachkova, Catherine 叶卡捷琳娜·达什科娃

Dahl, Vladimir 弗拉基米尔·达尔

Danemark, Dagmar de, mère de Nicolas II 丹麦的达格玛，尼古拉二世之母

Daniel, métropolite 达尼伊尔，都主教

Daniel, prince de Galitch, fils d'Alexandre Nevski, prince de Galicie-Volhynie 加利奇的达尼伊尔，亚历山大·涅夫斯基之子，加利西亚-沃里尼亚王公

Daniel Alexandrovitch, prince de Moscou 达尼伊尔·亚历山德罗维奇，莫斯科王公

Danilevski, Nikolaï 尼古拉·达尼列夫斯基

Danilov, Iouri 尤里·达尼洛夫

Dante 但丁

David, prince de Vychgorod 大卫，维什戈罗德王公

Davies, Norman 诺曼·戴维斯

Defoe, Daniel 丹尼尔·笛福

Degaïev, Serguei 谢尔盖·杰加耶夫

Dejnev, Semion 谢苗·杰日尼奥夫

Delbrück, Hans 汉斯·戴布流克

Delcassé, Théophile 泰奥菲勒·德尔卡塞

Delianov, Ivan 伊万·捷里亚诺夫

Denis, métropolite 德尼，都主教

Derjavine, Gavriil 加甫里尔·杰尔查文

Descartes, René 勒内·笛卡尔

Devier, Anton 安东·捷维尔

Devlet-Ghireï, khan de Crimée 德夫莱特-格来，克里米亚汗

Diakonov, M. 米·加科诺夫

列克谢的女仆

Eupraxie, fille de Vsevolod, impératrice germanique 欧普拉西，弗谢沃洛德之女，德国皇后

Euripide 欧里庇得斯

Evtouchenko, Evgueni 叶甫根尼·叶夫图申科

F

Falconet 法尔科内

Faux-Dmitri 伪德米特里

Faux-Dmitri, second 伪德米特里第二

Fedotov, Gueorgui 格奥尔基·费多托夫

Feldman, Josef 约瑟夫·费尔德曼

Fénelon 芬乃伦

Feodossia, fille d'Alexis Ier Mikhaïlovitch 费奥多西娅，阿列克谢·米哈伊洛维奇之女

Feodossia, fille du tsar Fiodor Ivanovitch 费奥多西娅，沙皇费奥多尔·伊凡诺维奇之女

Ferdinand de Saxe-Cobourg, roi de Bulgarie 萨克森-科堡的斐迪南，保加利亚国王

Ferdinand Ier, empereur germanique 斐迪南一世，德意志皇帝

Ferdinand Ier, roi de Naples 斐迪南一世，那不勒斯国王

Ferdinand II d'Aragon 阿拉贡的斐迪南二世

Ferdinand VII, roi d'Espagne 斐迪南七世，西班牙国王

Ferrero, Guglielmo 吉列尔莫·费雷罗

Fichte, Johann Gottlieb 约翰·戈特利布·费希特

Fick, Heinrich 海因里希·菲克

Fikelmon, ambassadeur d'Autriche 费克尔蒙，奥地利大使

Fiodor, fils d'Alexandre de Tver, grand-prince de Vladimir 费奥多尔，弗拉基米尔大公特维尔的亚历山大之子

Fiodor Alexeïevitch 费奥多尔·阿列克谢耶维奇

Fiodor Godounov (ou Borissovitch), coregent 费奥多尔·戈杜诺夫（或鲍里索维奇），共治者

Fiodor Ivanovitch (ou Ioannovitch), second fils d'Ivan IV le Terrible et d'Anastassia Romanova 费奥多尔·伊凡诺维奇（或约安诺维奇），伊凡雷帝与安娜斯塔西娅·罗曼诺娃的次子

Fiodorov, Ivan 伊万·费奥多罗夫

Fletcher, Giles 吉尔斯·弗莱彻

Florovski, Gueorgui 格奥尔基·弗洛洛夫斯基

Flourens, Gustave 古斯塔夫·弗卢朗

Fonvizine, Denis 杰尼斯·冯维辛

Fourier, Charles 夏尔·傅立叶

François Ier, empereur d'Autriche 弗朗茨一世，奥地利皇帝

François-Ferdinand, archiduc d'Autriche 弗朗茨-斐迪南，奥地利大公

François-Joseph, empereur d'Autriche 弗朗茨-约瑟夫，奥地利皇帝

Frédéric II de Hohenstaufen, empereur germanique 霍亨施陶芬的腓特烈二世，德意志皇帝

Frédéric III, empereur germanique 腓特烈三世，德意志皇帝

Frédéric Ier, roi de Prusse 腓特烈一世，普鲁士国王

Frédéric II le Grand, roi de Prusse 腓特烈二世（腓特烈大王），普鲁士国王

Frédéric IV, roi de Danemark 弗雷德里克四世，丹麦国王

Frédéric VI, roi de Danemark 弗雷德里克六世，丹麦国王

Frédéric-Guillaume Ier, dit le Roi-Sergent, roi de Prusse 腓特烈-威廉一世，"士兵王"，普鲁士国王

Frédéric-Guillaume II, roi de Prusse 腓特烈-威廉二世，普鲁士国王

Frédéric-Guillaume III, roi de Prusse 腓特烈-威廉三世，普鲁士国王

Frédéric-Guillaume IV, roi de Prusse 腓特烈-威廉四世，普鲁士国王

Frédéric-Guillaume, électeur de Brandebourg 腓特烈-威廉，勃兰登堡选帝侯

Fredericks, Vladimir 弗拉基米尔·弗雷德里克斯

Freud, Sigmund 西格蒙德·弗洛伊德

Fürst von Bülow, Bernhard 伯恩哈德·冯·比洛侯爵

G

Gagarine, famille princière 加加林，大家族

Galiatovski, Joachim 约阿希姆·加里亚托夫斯基

Galilée, Galileo Galilei, dit 伽利略

Ganz, Hugo 胡戈·甘茨

Gapone, Grigori 格里高利·加邦

Garfield, James A. 詹姆斯·A. 加菲尔德

Gary, Romain 罗曼·加里

Gembicki, archevêque de Varsovie 根比茨基，华沙大主教

Gengis Khan 成吉思汗

Gennade, archevêque de Novgorod 根纳季，诺夫哥罗德总主教

George III, roi d'Angleterre 乔治三世，英格兰国王

George IV, roi d'Angleterre 乔治四世，英格兰国王

Gerbillon 热尔比永

Gernet, M. 热内

Géza, roi de Hongrie 盖萨，匈牙利国王

Gibbon, Edward 爱德华·吉本

Giers, Nikolaï von 尼古拉·冯·吉尔斯

Giliard, précepteur du tsarévitch Alexis 吉利亚德，皇储阿列克谢的老师

Gleb, saint 格列布，圣徒

Gleb, frère d'Andreï Bogolioubski 格列布，安德烈·博戈柳布斯基的哥哥

Glinka, Fiodor 费奥多尔·格林卡

Glinski, Iouri 尤里·格林斯基

Glinski, Mikhaïl 米哈伊尔·格林斯基

Gluck, pasteur 格鲁克神父

Gobineau, Joseph Arthur 约瑟夫·阿蒂尔·戈比诺

Godounov, Boris 鲍里斯·戈杜诺夫

Godounov, Dmitri 德米特里·戈杜诺夫

Godounov, Fiodor 费奥多尔·戈杜诺夫

Godounov, Semion 谢苗·戈杜诺夫

Godounova, Feodossia, fille de Fiodor Ivanovitch et d'Irina Godounova 费奥多西娅·戈杜诺娃，费奥多尔·伊凡诺维奇与伊琳娜·戈杜诺娃之女

Godounova, Irina, épouse de Fiodor Ivanovitch 伊琳娜·戈杜诺娃，费奥多尔·伊凡诺维奇之妻

Goebbels, Joseph Paul 约瑟夫·保罗·戈培尔

Goethe, Johann Wolfgang von 约翰·沃尔夫冈·冯·歌德

Gogol, Nicolas 尼古拉·果戈理

Golitsyne, Alexandre 亚历山大·戈利岑

Golitsyne, Boris 鲍里斯·戈利岑

Golitsyne, chef d'armée 戈利岑，军队统帅

Golitsyne, Dmitri 德米特里·戈利岑

Golitsyne, G. 戈利岑

Golitsyne, Michel 米哈伊尔·戈利岑

Golitsyne, Piotr 彼得·戈利岑

Golitsyne, prince 戈利岑亲王

Golitsyne, Vassili 瓦西里·戈利岑

Golovine, Artamon 阿尔塔蒙·戈洛文

Golovine, Fiodor 费奥多尔·戈洛文

Golovkine, Gabriel, amiral-comte 海军上将加夫列尔·戈洛夫金伯爵

Gonciewski, Alexandre 亚历山大·贡谢夫斯基

Gonta, Ivan 伊万·贡塔

Gorbatchev, Mickhaïl 米哈伊尔·戈尔巴乔夫

Gorbatchevski, Ivan 伊万·戈尔巴切夫斯基

Gordienko, Kostia 科斯佳·戈尔坚科

Gordon, Patrik 帕特里克·戈登

Goremykine, Ivan 伊万·戈列梅金

Gorki, Maxime 马克西姆·高尔基

Gorsey, Jerome 杰罗姆·戈尔塞

Gortchakov, Alexandre 亚历山大·戈尔恰科夫

Gortchakov, Mikhaïl 米哈伊尔·戈尔恰科夫

Gotié, I. 戈蒂耶

Goudzi, Nikolaï 尼古拉·古兹

Goumilev, Lev 列夫·古米廖夫

Gouri 古里

Gouriev, ministre 古里耶夫，大臣

Goutchkov, Alexis 阿列克谢·古奇科夫

Graham, Hugh F. 休·F. 格雷厄姆

Granovski, Timofeï 季莫菲·格拉诺夫斯基

Grégoire de Tours, saint 图尔的额我略，圣徒

Grégoire le Sinaïte 西奈人格里高利

Grégoire VII, pape 额我略七世，教宗

Grégoire IX, pape 额我略九世，教宗

Grégoire XVI, pape 额我略十五世，教宗

Grégoras, Nicéphore 尼基弗鲁斯·格列高拉斯

Greig, capitaine 格雷格，上尉

Greig, Samuel 塞缪尔·格雷格

Grekov, Boris 鲍里斯·格列科夫

Griaznoï, Vassili 瓦西里·格里亚兹诺伊

Griboïedov, Alexandre 亚历山大·格里博也多夫

Grimm, Fredéric-Melchior 弗里德里希-梅勒西奥·格林

Gromyko, Andreï 安德烈·葛罗米柯

Grot, Iakov 雅科夫·格罗特

Grotius, Hugo 胡戈·格劳秀斯

Grouchevski, Mihajlo 米哈伊尔·格鲁切夫斯基

Grousset, René 勒内·格鲁塞

Gruber, Gabriel, père jésuite 加布里埃尔·格鲁伯，耶稣会士

Grudzinska, Johanna 约翰娜·格鲁津斯卡

Guarenti, Ignace-Christophe 伊格纳修-克里索托夫·瓜伦蒂

Guédimine, grand-duc de Lituanie 格迪米纳斯，立陶宛大公

Gueorgui, frère d'Ivan IV le Terrible 格奥尔基，伊凡四世之弟

Guerassimov, Alexandre 亚历山大·格拉西莫夫

Guillaume Ier, empereur d'Allemagne 威廉一世，德国皇帝

Guillaume II, empereur d'Allemagne 威廉二世，德国皇帝

Guiteau, Charles J. 查尔斯·J. 吉特奥

Guizot, François 弗朗索瓦·基佐

Gurdjieff, Georges 乔治·葛吉夫

Gustave, prince suédois 古斯塔夫·瑞典亲王

Gustave-Adolphe, roi de Suède 古斯塔夫-阿道夫，瑞典国王

Gustave III, roi de Suède 古斯塔夫三世，瑞典国王

Gustave IV, roi de Suède 古斯塔夫四世，瑞典国王

Güyük, fils d'Ogödaï 贵由，窝阔台之子

H

Habsbourg, dynastie des 哈布斯堡王朝

Hadji-Mourat 哈吉-穆拉特

Hallart, général 哈拉尔特将军

Hannibal 汉尼拔

Hanovre, Sophie, princesse de 索菲，汉诺威公主

Hardenberg 哈登贝格

Hardinge, lord, ministre des Affaires étrangères 哈丁勋爵，外交大臣

Harff, amiral 哈尔夫，海军将领

Hasenkamp, général 哈森坎普将军

Hastings, Mary 玛丽·黑斯廷斯

Haxthausen, Auguste 奥古斯特·哈克斯特豪森

Hedwige, reine de Pologne 雅德维加，波兰女王

Hegel, Georg Friedrich ou Egor Fiodorovitch 格奥尔格·弗里德里希（伊戈尔·费奥多罗维奇）·黑格尔

Heinrich, frère de Frédéric II le Grand, roi de Prusse 海因里希，普鲁士国王腓特烈二世之弟

Heins, Poul 普尔·海因斯

Helbig, von, diplomate saxon 冯·黑尔比希，萨克森外交官

Henri, prince de Silésie 亨里克，西里西亚公爵

Henri III, empereur germanique 亨利三世，日耳曼皇帝

Henri IV, empereur germanique 亨利四世，日耳曼皇帝

Henri II, roi d'Angleterre 亨利二世，英格兰国王

Henri VIII, roi d'Angleterre 亨利八世，英格兰国王

Henri Ier, roi de France 亨利一世，法国国王

Henri III, roi de France et roi de Pologne 亨利三世，法国与波兰国王

Henri IV, roi de France 亨利四世，法国国王

Héraclide de Samos, grand-duc héritier de la couronne de Moldavie 萨摩斯岛的赫拉克利特，摩尔达维亚王室世袭大公

Herberstein, Sigismond de 西吉斯蒙德·德·赫伯斯坦

Herder, Johann Gottfried 约翰·戈特弗里德·赫尔德

Hermogène, patriarche 格尔莫根，牧首

Hérode 希律王

Hérodote 希罗多德

Herzen, Alexandre 亚历山大·赫尔岑

Herzenstein, Mikhaïl 米哈伊尔·赫尔岑斯坦

Herzl, Theodor 特奥多尔·赫茨尔

Hessen, Iossif 约瑟夫·黑森

Hilarion, métropolite de Kiev 希拉里翁，基辅都主教

Hingley, Ronald 罗纳德·欣利

Hirschberg, Alexander 亚历山大·希施贝格

Hitler, Adolf 阿道夫·希特勒

Hoene-Wronski, Jozef 约瑟夫·赫内-弗龙斯基

Hohenzollern, Albert de 阿尔布雷希特·德·霍亨索伦

Holoway, horloger anglais 霍洛维，英国钟表匠

Holstein, Adolphe-Frédéric de 阿道夫-腓特烈·德·荷尔斯泰因

Holstein, Charles-Frédéric, duc de 卡尔-弗里德里希，荷尔斯泰因公爵

Holstein, Georges de 格奥尔格·德·荷尔斯泰因

Holstein-Gottorp, duc de 荷尔斯泰因-戈托普公爵

Holstein-Gottorp, dynastie des 荷尔斯泰因-戈托普王朝

Homère 荷马

Horn, general 霍恩将军

Hugo, Victor 维克托·雨果

Huizinga, J. 约·赫伊津哈

Hulägu, neveu de Gengis Khan 旭烈兀，成吉思汗之孙

Hus, Jan 扬·胡斯

I

Iakouchkine, Evgueni 叶甫根尼·雅库什金

Iakovlev, Alexandre 亚历山大·雅科夫列夫

Iakovlev, N. 雅科夫列夫

Ialytchev, voyageur cosaque 亚雷乔夫，哥萨克旅行家

Iaropolk, grand-prince de Kiev 雅罗波尔克，基辅大公

Iaroslav, grand-prince de Vladimir 雅罗斯拉夫，弗拉基米尔大公

Iaroslav le Sage, grand-prince de Kiev 智者雅罗斯拉夫，基辅大公

Iaroslav, prince de Tver 雅罗斯拉夫，特维尔王公

Iaroslav Sviatopoltchitch, prince de Volhynie 雅罗斯拉夫·斯维亚托波尔奇，沃里尼亚王公

Iaroslav Vladimirovitch, dit «Osmomysl» prince de Galitch 雅罗斯拉夫·弗拉基米罗维奇，"智者"，加利奇君主

Iaroslav Vsevolodovitch, grand-prince de Vladimir 雅罗斯拉夫·弗谢沃洛多维奇，弗拉基米尔大公

Iavorski, Stephan 司提反·雅沃尔斯基

Ibak 伊巴克

Ibn Khurdadhbah 伊本·胡尔达兹比赫

Ibrahim, fils de Mehmet Ali 易卜拉欣，穆罕默德·阿里之子

Ibrahim, sultan 易卜拉欣，苏丹

Ichoutine, Nikolaï 尼古拉·伊舒京

Idiqou, chef d'armée também也迪古，军队统领

Iefremov, P. 耶夫列莫夫

Iéjov 叶若夫

Ielaguine, I. 伊·叶拉金

Ielenski, Alexis 阿列克谢·叶连斯基

Iermak, cosaque 叶尔马克，哥萨克

Iermolov, Alexis 阿列克谢·叶尔莫洛夫

Iermolov, général 叶尔莫洛夫将军

Ierné 耶尔内

Ignace de Loyola, saint 伊纳爵·罗耀拉，圣徒

Ignace, patriarche 伊格纳季，牧首

Ignatiev, Nikolaï 尼古拉·伊格纳季耶夫

Igor 伊戈尔

Igor, fils de Iaroslav le Sage 伊戈尔，智者雅罗斯拉夫之子

Igor, fils de Rurik, prince de Kiev 伊戈尔，留里克之子，基辅王公

Igor, prince de Tchernigov 伊戈尔，切尔尼戈夫王公

Igor Sviatoslavitch 伊戈尔·斯维亚托斯拉维奇

Innocent III, pape 英诺森三世，教宗

Innocent IV, pape 英诺森四世，教宗

Innocent XI, pape 英诺森十一世，教宗

Iollos, Grigori 格里高利·约罗斯

Iouri 尤里

Iouri, fils cadet de Vsevolod la Grande-Nichée, grand-prince de Vladimir-et-Souzdal 尤里，"大家族"弗谢沃洛德之幼子，弗拉基米尔-苏兹达尔大公

Iouri, frère de Vassili III 尤里，瓦西里三世之弟

Iouri, grand-prince de Moscou 尤里，莫斯科大公

Iouri, grand-prince de Vladimir 尤里，弗拉基米尔大公

Iouri, prince de Dmitrov 尤里，德米特罗夫王公

Iouri, prince de Vladimir 尤里，弗拉基米尔王公

Iouri Dmitrievitch, prince de Galitch, oncle de Vassili II l'Aveugle 尤里·德米特里耶维奇，加利奇王公，失明大公瓦西里二世的舅舅

Iouri Dolgorouki, grand-prince de Kiev 尤里·多尔戈鲁基，基辅大公

Iourievskaïa-Dolgoroukaïa, Catherine 叶卡捷琳娜·尤里耶夫斯卡娅-多尔戈鲁卡娅

Ioussoupov, Felix 费利克斯·尤苏波夫

Ipatiev, marchand à Iekaterinburg 伊帕捷夫，

叶卡捷琳堡商人

Irakli II 伊拉克里二世

Irina, fille de Michel Romanov 伊琳娜，米哈伊尔·罗曼诺夫之女

Isabelle de Castille 卡斯蒂利亚的伊莎贝尔

Isidore, métropolite 伊西多尔，都主教

Islam-Ghireï, khan 伊斯兰-格来汗

Issaïev, cosaque de Sibérie 伊萨耶夫，西伯利亚哥萨克

Istomine, Karion 卡里昂·伊斯托明

Ivan, fils d'Alexis Ier Mikhaïlovitch 伊凡，阿列克谢一世·米哈伊洛维奇之子

Ivan, prince de Novossil 伊凡，诺沃西利王公

Ivan, prince de Tver 伊凡，特维尔王公

Ivan Ier Kalita (l'Escarcelle), grand-prince de Moscou 伊凡一世，"钱袋子"，莫斯科大公

Ivan II le Rouge, grand-prince de Moscou 伊凡二世，"红脸"，莫斯科大公

Ivan III le Grand 伊凡三世，大帝

Ivan IV le Terrible, ou Ivan Vassilievitch 伊凡四世，雷帝，或伊凡·瓦西里耶维奇

Ivan V Alexeïevitch, frère de Pierre Ier le Grand 伊凡五世·阿列克谢耶维奇，彼得大帝之兄

Ivan VI Antonovitch 伊凡六世·安东诺维奇

Ivan Alexeïevitch 伊凡·阿列克谢耶维奇

Ivan Ivanovitch, fils aîné d'Ivan IV le Terrible 伊凡·伊凡诺维奇，伊凡雷帝之长子

Ivanov-Razoumnik, R. 伊万诺夫-拉祖姆尼克

Iziaslav, grand-prince de Kiev 伊孜亚斯拉夫，基辅大公

Iziaslav, prince de Volhynie 伊孜亚斯拉夫，沃里尼亚王公

Iziaslav II, grand-prince de Kiev 伊孜亚斯拉夫二世，基辅大公

Izmaïlov, Arthème 阿特姆·伊兹马伊洛夫

Izmaïlov, général 伊兹马伊洛夫将军

Izvolski, Alexandre 亚历山大·伊兹沃尔斯基

J

Jagellon, fils d'Olgerd, prince de Lituanie 雅盖隆，奥尔格德之子，立陶宛王公

Jagellon, grand-duc de Lituanie 雅盖隆，立陶宛大公

Jareny, Fiodor 费奥多尔·亚列尼

Jasienica, Pawel 帕维尔·雅谢尼卡

Jean Albert, roi de Pologne 扬·阿尔布雷赫特，波兰国王

Jean II Casimir, roi de Pologne 扬二世·卡齐米日，波兰国王

Jean III Sobieski, roi de Pologne 扬三世·索比耶斯基，波兰国王

Jean III, roi de Suède 约翰三世，瑞典国王

Jean, duc de Danemark 约翰，丹麦公爵

Jean II, métropolite de Kiev 约翰二世，基辅都主教

Jean Tzimiscès, empereur byzantin 约翰·齐米斯克斯，拜占庭皇帝

Jefferson, Thomas 托马斯·杰斐逊

Jelezniak, Maxime 马克西姆·耶列兹尼亚克

Jeliabov, Andreï 安德烈·哲里亚波夫

Jenkinson, Anton 安东·詹金森

Jérémie, patriarche de Constantinople 耶利米，君士坦丁堡牧首

Jmakine, V. 瓦·什马金

Joachim, patriarche d'Antioche 约阿希姆，安条克牧首

Job, patriarche de Moscou 约伯，莫斯科牧首

Jonas, évêque de Riazan 约拿，梁赞主教

Jordanès 约达尼斯

Josaphat, métropolite 约萨法特，都主教

Joseph de Volok 沃洛茨克的约瑟夫

Joseph, patriarche 约瑟夫，牧首

Joseph, roi des Khazars 约瑟夫，哈扎尔国王

Joseph II, empereur d'Autriche 约瑟夫二世，奥地利皇帝

Joukovski, Vassili 瓦西里·茹科夫斯基

Jubé, Jacques, abbé 雅克·于贝，修道院院长

Jules César, empereur romain 尤利乌斯·恺撒，罗马皇帝

K

Kaïboula 卡依布拉

Kakhovski, Piotr 彼得·卡霍夫斯基

Kaliaev, Ivan 伊万·卡里亚耶夫

Kankrine, Iegor 叶戈尔·坎克林

Kant, Emmanuel 伊曼努尔·康德

Kantorowicz, Ernst 恩斯特·坎托洛维茨

Karakozov, Dmitri 德米特里·卡拉科佐夫

Karamzine, Mikhaïl 米哈伊尔·卡拉姆津

Karamzine, Nikolaï 尼古拉·卡拉姆津

Karassakal 卡拉萨卡尔

Karlowicz, diplomate 卡洛维茨，外交官

Karpov, Fiodor 费奥多尔·卡尔波夫

Karpovitch, Piotr 彼得·卡尔波维奇

Kassim, prince tatar 卡西姆，鞑靼君主

Kasvinov, Mark 马克·卡斯维诺夫

Katkov, Mikhaïl 米哈伊尔·卡特科夫

Kaufman, Constantin 康斯坦丁·考夫曼

Kaunitz, Wenzel Anton von, diplomate autrichien 温策尔·安东·冯·考尼茨，奥地利外交大臣

Kaveline, Constantin 康斯坦丁·卡维林

Kazy-Mulla 卡兹毛拉

Keistutis, prince lituanien 科斯图提斯，立陶宛王公

Keit, Iakov 雅科夫·凯特

Keller, baron 凯勒，男爵

Kennan, George 乔治·坎南

Kersnovski, A. 安·凯尔斯诺夫斯基

Kettler 凯特勒

Khabarov, Ierofeï 叶罗菲·哈巴洛夫

Khaltourine, Stepan 斯捷潘·哈尔图灵

Khazy-Ghireï, khan 格哈兹-格来汗

Kheraskov, Mikhaïl 米哈伊尔·赫拉斯科夫

Khilkov, prince 席尔科夫，亲王

Khitrovo, Élisabeth 伊丽莎白·希特罗沃

Khlopova, Maria, première épouse de Michel Romanov 玛利亚·赫罗波娃，米哈伊尔·罗曼诺夫的第一任妻子

Khmelnitski, Bogdan 博格丹·赫梅利尼茨基

Khmelnitski, Iouri 尤里·赫梅利尼茨基

Kholmski, Daniel 达尼埃尔·霍尔姆斯基

Khomiakov, Alexis 阿列克谢·霍米亚科夫

Khoubilaï, petit-fils de Gengis Khan 忽必烈，成吉思汗之孙

Khovanski, Ivan 伊万·霍万斯基

Khovanski, Pierre 彼得·霍万斯基

Khrapovitski, Alexandre 亚历山大·赫拉波维茨基

Khrouchtchev, Nikita 尼基塔·赫鲁晓夫

Kipling, Rudyard 鲁德亚德·吉卜林

Kireïevski, Ivan 伊万·基列耶夫斯基

Kirillov, Ivan 伊万·基里洛夫

Kisselev, Paul 帕维尔·基谢廖夫

Kizevetter, Alexandre 亚历山大·基泽维特

Klelotchnikov, Nikolaï 尼古拉·克列托奇尼科夫

Klioutchevski, Vassili 瓦西里·克柳切夫斯基

Kniajnine, Iakov 雅科夫·科尼亚日宁

Kokovtsev, Vladimir 弗拉基米尔·科科夫措夫

Kolovrat, Eupathe 尤帕特·克罗夫拉特

Koltovskaïa, Anna, quatrième épouse d'Ivan IV le Terrible 安娜·科尔托夫斯卡娅，伊凡雷帝的第四个妻子

Komissarov 科米萨罗夫

Koni, Anatoli 阿纳托利·科尼

Konopczinski, Ladislas 瓦迪斯拉夫·科诺普辛斯基

Kontchak, khan 康察克汗

Kontchaka, alias Agafia, épouse de Iouri Danilovitch, prince de Moscou 康察卡，又名阿伽菲亚，莫斯科王公尤里·丹尼洛维奇之妻

Korb, Johann-Georg 约翰-格奥尔格·科布

Korff, baron 科尔夫男爵

Korjakov, Alexandre 亚历山大·卡尔雅科夫

Kosciuszko, Tadeusz 塔德乌什·柯斯丘什科

Kosinski, Krzysztof 克日什托夫·科辛斯基

Kossolap, Khlopko 赫洛普科·科索拉普

Kossyguine, Alexis 阿列克谢·柯西金

Kostomarov, Nikolaï 尼古拉·科斯托马罗夫

Kotchoubeï, Viktor 维克托·科楚贝

Kotliarevski, Ivan 伊万·科特利亚列夫斯基

Kotochikhine, Grigori 格里高利·科托什辛

Kotzebu, August von 奥古斯特·冯·科策布

Koukolnik, Nestor 涅斯托尔·库克尔尼科

Koulich, Panteleïmon 潘捷列蒙·库里什

Kourakine, Alexandre 亚历山大·库拉金

Kourakine, Boris 鲍里斯·库拉金

Kourakine, prince 库拉金亲王

Kourbatov, Alexis 阿列克谢·库尔巴托夫

Kourbski, Andreï 安德烈·库尔布斯基

Kouria, prince Pétchénègue 佩切涅格王公库里亚

Kouritsyne, Fiodor 费奥多尔·库里钦

Kouropatkine, Alexis 阿列克谢·库罗帕特金

Koutan, khan 库坦汗

Koutchka, boïar 库奇卡，波雅尔

Koutchoum, khan 库楚汗

Koutouzov, Mikhaïl 米哈伊尔·库图佐夫

Kouzmine, Apollon 阿波罗·库兹明

Kouzmitch, Fiodor 费奥多尔·库兹米奇

Kovalenski, P., régent de Géorgie P. 科瓦连斯基，格鲁吉亚摄政

Kramarj, Karel 卡雷尔·克拉马日

Krassau, général von 冯·克拉骚将军

Kravtchinski, Sergueï, (pseudonyme S. Stepniak) 谢尔盖·克拉夫琴斯基（假名：谢·斯捷普尼亚克）

Kresnovski, A. 亚·克列斯诺夫斯基

Krestovski, Vsevolod 弗谢沃洛德·克列斯托夫斯基

Krijanitch, Iouri 尤里·克里扎尼齐

Krivocheïne, Alexandre 亚历山大·克里沃申

Kropotkine, Piotr 彼得·克鲁泡特金

Krouchevan 克鲁舍万

Krudner, Barbara Juliana 芭芭拉·朱丽安娜·克鲁德纳

Krum, khan 克鲁姆汗

Krusenstern, Johann Adam 约翰·亚当·克鲁森施滕

Kruze, Hebert 赫勒特·克鲁兹

Kukiel, M. M. 库基耶尔

Kulman, Quirinus 奎里努斯·库尔曼

Kuremsa, chef de guerre 库雷姆萨，督军

L

L'Hospital, marquis de 洛必达侯爵

La Chétardie, marquis de 拉谢塔迪侯爵

La Gardie, Jacques de 雅各·德·拉加尔迪

La Gardie, Magnus de 马格努斯·德·拉加尔迪

Ladislas II, roi de Pologne 瓦迪斯瓦夫二世，波兰国王

Ladislas IV Vasa, roi de Pologne 瓦迪斯瓦夫四世·瓦萨，波兰国王

Ladislas Lokietek (le Nain), roi de Pologne 瓦迪斯瓦夫（矮子），波兰国王

Lagerbilke, ambassadeur de Suède 朗格比尔克，瑞典使节

Laharpe, Frédéric-César 弗里德里克-恺撒·拉阿尔普

Lajetchnikov, Ivan 伊万·拉哲奇尼科夫

Lamennais, Félicité Robert de 于格·费利西泰·罗贝尔·德拉梅内

Lamsdorf, comte 朗斯多夫伯爵

Langeron, Alexandre 亚历山大·朗杰龙

Lannois, Gilbert de 弗拉芒·吉尔贝·德·拉努瓦

Laqueur, Walter 瓦尔特·拉克尔

Lascy, feld-maréchal 拉希，陆军元帅

Lavrov, Piotr 彼得·拉夫罗夫

Lawicki, Andrzej 安德烈日·拉维茨基

Lazarev, amiral 拉扎列夫，海军司令

Le Clerc, chirurgien 勒克莱尔，外科医生

Le Donne, John 约翰·勒多恩

Lec, Stanislas Jerzy 斯坦尼斯瓦斯·耶日·莱茨

Lee, Francis 弗兰西斯·李

Lefort, Franz 弗朗茨·勒弗尔

Leibniz, Wilhelm Gottfried 戈特弗里德·威廉·莱布尼茨

Leibowicz, Boruch 伯鲁奇·莱博维茨

Lénine 列宁

Léon le Diacre, historien byzantin 利奥修士，拜占庭历史学家

Léon le Sage 智者利奥六世

Léon IV le Khazar, empereur byzantin 利奥四世，"哈扎尔人"，拜占庭皇帝

Leontiev, Constantin 康斯坦丁·列昂季耶夫

Leontiev, N. N. 列昂季耶夫

Léon XIII, pape 利奥十三世，教宗

Léopold Ier, empereur d'Autriche 利奥波德一世，奥地利皇帝

Léopold II, empereur d'Autriche 利奥波德二世，奥地利皇帝

Lermontov, Mikhaïl 米哈伊尔·莱蒙托夫

Leroy-Beaulieu, Anatole 阿纳托尔·勒鲁瓦-博利厄

Lesage, Alain René 阿兰·勒内·勒萨日

Leskov, Nikolaï 尼古拉·列斯科夫

Lestocq, médecin d'Élisabeth Petrovna 莱斯托克，伊丽莎白·彼得罗芙娜的医生

Lesur, diplomate 勒絮尔，外交官

Levitski, S. 斯·列维茨基

Lewald, général 莱瓦尔德将军

Liapounov, Procope 普罗科皮·利亚普诺夫

Liechtenberg, prince de 利希滕贝格亲王

Lieven, comte, ambassadeur 列文伯爵，大使

Lieven, Mme 列文，女官

Ligaridès, Païs 帕伊斯·利加里德斯

Likhatchev, Dimitri 德米特里·利哈乔夫

Lincoln, Abraham 亚伯拉罕·林肯

Linevitch, Nikolaï 尼古拉·利涅维奇

Lioubomirski, Jerzy 耶日·卢博米尔斯基

Liprandi, général 利普兰季将军

Lisnianski, Iouri 尤里·利斯扬斯基

Lissowski, Alexander Joseph 亚历山大·约瑟夫·利索夫斯基

Lobanov-Rostovski, Alexis 阿列克谢·罗巴诺夫-罗斯托夫斯基

Locke, John 约翰·洛克

Loewenhaupt, Adam Ludwig 亚当·路德维希·吕文豪普特

Loewenhaupt, fils d'Adam Ludwig Loewenhaupt 吕文豪普特，亚当·路德维希·吕文豪普特之子

Loewenwold, comte 吕文沃尔德伯爵

Lomonossov, Mikhaïl 米哈伊尔·罗蒙诺索夫

Lope de Vega 洛佩·德·维加

Lopoukhina, Eudoxie 叶芙多基娅·洛普欣娜

Lopoukhina, Natalia 娜塔莉娅·洛普欣娜

Lopoukhine, Ivan 伊万·洛普欣

Loris-Melikov, Mikhaïl 米哈伊尔·洛里斯-梅利科夫

Lotman, Iouri 尤里·洛特曼

Loubet, Émile 埃米尔·卢贝

Louise, reine de Prusse 露易丝，普鲁士王后

Louis X, roi de France 路易十世，法国国王

Louis XI, roi de France 路易十一，法国国王

Louis XIII, roi de France 路易十三，法国国王

Louis XIV, roi de France 路易十四，法国国王

Louis XV, roi de France 路易十五，法国国王

Louis XVI, roi de France 路易十六，法国国王

Louis XVIII, roi de France 路易十八，法国国王

Louis-Philippe, roi des Français 路易-菲利普，法国国王

Lounine, Paul 帕维尔·卢宁

Louvel, Louis-Pierre 路易-皮埃尔·路维尔

Lowmianski, G. 洛夫缅斯基

Ludwig, Emil 埃米尔·路德维希

Luther, Martin 马丁·路德

Luxemburg, Rosa 罗莎·卢森堡

Lycurgue 吕库古

Lynar, comte 里纳尔伯爵

M

Maack 马阿克

Mably, Gabriel Bonnot de 加布里埃尔·博诺·德·马布利

Macaire, métropolite 马卡里奥斯，都主教

Macaulay, Thomas Babington 托马斯·巴宾顿·麦考利

Machiavel, Nicolas 尼古洛·马基雅维利

Madariaga, Isabel de 伊莎贝尔·德·马达里亚加

Magnitski, Leonti 列昂季·马格尼茨基

Magnitski, Mikhaïl 米哈伊尔·马格尼茨基

Magnus, duc de Danemark 马格努斯，丹麦公爵

Mahmet, khan de Kazan 穆罕默德，喀山汗

Mahmud, sultan ottoman 马哈茂德，奥斯曼苏丹

Mahmud-Balardji, vizir 马哈茂德-巴拉尔基，维齐尔

Maïakovski, Vladimir 弗拉基米尔·马雅可夫斯基

Maistre, Joseph de 约瑟夫·德·迈斯特

Makarov, Alexis 阿列克谢·马卡洛夫

Maklakov, Vassili 瓦西里·马克拉科夫

Malia, Martin 马丁·马利亚

Maloucha, intendante d'Olga, mère de Vladimir le Grand 马露莎，奥尔加的总管，弗拉基米尔大公之母

Mamaï, khan 马麦，可汗

Mamonov, Alexandre 亚历山大·马莫诺夫

Manasseïne, ministre 马纳塞伊涅，大臣

Mandelstam, Ossip 奥西普·曼德尔施塔姆

Manstein 曼施坦因

Manuel II 曼努埃尔二世

Marat, Jean-Paul 让-保罗·马拉

Marfa, mère de Michel Romanov 玛尔法，米哈伊尔·罗曼诺夫之母

Margeret, Jacques 雅克·马格雷

Maria de Tver, première épouse d'Ivan III le Grand 特维尔的玛利亚，伊凡三世的第一任妻子

Maria, fille d'Alexandre Menchikov 玛利亚，亚历山大·缅什科夫之女

Maria Fiodorovna, deuxième épouse de Paul Ier 玛利亚·费奥多萝芙娜，保罗一世的第二任妻子

Maria Fiodorovna, épouse d'Alexandre III 玛利亚·费奥多萝芙娜，亚历山大三世之妻

Maria Temrioukovna, deuxième épouse d'Ivan IV le Terrible 玛利亚·捷姆留科夫娜，伊凡四世的第二任妻子

Marie Leszczynska, épouse de Louis XV, roi

de France 玛丽·莱辛斯基，法国国王路易十五之妻

Marie-Antoinette, reine de France 玛丽-安托瓦内特，法国王后

Marie-Thérèse, impératrice d'Autriche 玛丽-特蕾莎，奥地利女皇

Markel, métropolite de Pskov 马克尔，普斯科夫都主教

Markevitch, Alexis 阿列克谢·马尔科维奇

Marlborough, duc de 马尔博罗公爵

Martin, Rudolf 鲁道夫·马丁

Marx, Karl 卡尔·马克思

Masaniello, Tommaso 托马索·马萨涅洛

Maslov, Anissime 阿尼西姆·马斯洛夫

Maslov, Piotr 彼得·马斯洛夫

Massa, Isaak 伊萨克·马萨

Matsuoka, ministre japonais 松冈洋右，日本大臣

Matveïev, Artamon 阿尔塔蒙·马特维耶夫

Mavrodine, V. 马弗罗津

Maxime le Grec 希腊人马克西姆

Maximilien, empereur germanique 马克西姆利安，日耳曼皇帝

Maximilien II, empereur germanique 马克西姆利安二世，日耳曼皇帝

Mazepa, Ivan 伊万·马泽帕

Mazzini, Giuseppe 朱塞佩·马志尼

Mecklembourg, Anna de 安娜·冯·梅克伦堡

Mecklembourg-Schwerin, Charles-Léopold, duc de 梅克伦堡-什未林公爵卡尔-利奥波德

Medvedev, Sylvestre 西尔韦斯特·梅德韦杰夫

Mehmel Ali, pacha d'Égypte 穆罕默德·阿里，埃及帕夏

Melbourne, William Lamb 威廉·兰姆·墨尔本

Melentieva, Vassilissa, sixième épouse d'Ivan IV le Terrible 瓦西丽莎·梅连捷娃，伊凡四世的第六任妻子

Meller-Zakomelski, Alexandre 亚历山大·缪勒-扎克梅尔斯基

Melnikov-Petcherski, Paul 帕维尔·梅尔尼科夫-佩切尔斯基

Menchikov, Alexandre 亚历山大·孟什科夫

Menchtchikov, Leonid 列昂尼德·缅什科夫

Mendeleïev, Dimitri 德米特里·门捷列夫

Ménélik II, négus 梅内利克二世，尼格斯

Menghi-Ghireï, khan 明里-格来汗

Merick, John 约翰·梅里克

Méricourt, Anne Josèphe Théroigne 安妮·约瑟芬·泰洛瓦涅·德·梅里库尔

Mérimée, Prosper 普罗斯佩·梅里美

Méthode, saint 美多德，圣徒

Metternich, Klemens Wenzel Nepomuk Lothar,

prince de 克莱门斯·文策尔·内波穆克·洛塔尔·冯·梅特涅亲王

Meyerberg, Augustin, ambassadeur 奥古斯丁·梅耶贝格，大使

Meyerfelt, général-major 梅耶费尔特少将

Mezentsev, Nikita 尼基塔·梅赞采夫

Miagsaldine, Abdulla (« Batyrcha ») 阿卜杜拉·米亚格萨尔丁（"巴季尔察"）

Michel, grand-prince de Tver 米哈伊尔，特维尔大公

Michel, prince de Lituanie 米哈伊尔，立陶宛王公

Michel, prince de Tchernigov 米哈伊尔，切尔尼戈夫王公

Michel Romanov, tsar 米哈伊尔·罗曼诺夫，沙皇

Michnowski, Mikola 米可拉·米什诺夫斯基

Mickiewicz, Adam 亚当·密茨凯维奇

Midhat Pacha, grand vizir 米德哈特帕夏，大维齐尔

Mieszko Ier, prince polonais 梅什科一世，波兰王公

Mikhaïl Alexandrovitch, grand-duc 米哈伊尔·亚历山德罗维奇大公

Mikhaïlov, Mikhaïl 米哈伊尔·米哈伊洛夫

Mikhaïlovski-Danilevski, Alexandre 亚历山大·米哈伊洛夫斯基-达尼列夫斯基

Mikoulinski, prince 米库林斯基亲王

Milan, prince de Serbie 米兰，塞尔维亚亲王

Milioukov, Paul 帕维尔·米留科夫

Milioutine, Dmitri 德米特里·米留京

Milioutine, Nikolaï 尼古拉·米留京

Miller, Gerhard Friedrich 格哈德·弗里德里希·米勒

Miloradovitch, Mikhaïl 米哈伊尔·米罗拉多维奇

Miloslavskaïa, Anna, épouse de Boris Morozov 安娜·米洛斯拉夫斯卡娅，莫洛佐夫之妻

Miloslavskaïa, Maria 玛利亚·米洛斯拉夫斯卡娅

Miloslavski, Fiodor 费奥多尔·米洛斯拉夫斯基

Miloslavski, Ilia 伊利亚·米洛斯拉夫斯基

Miloslavski, Ivan Mikhaïlovitch 伊万·米哈伊洛维奇·米洛斯拉夫斯基

Mindaugas, grand-duc de Lituanie 明道加斯，立陶宛王公

Minine, Kouzma 库兹马·米宁

Mirovitch, Vassili 瓦西里·米洛维奇

Mitiaï, prélat 米季亚伊，主教

Mitterrand, François 弗朗索瓦·密特朗

Mlodetski, Hippolite 希波利特·穆罗捷茨基

Mniszek, Georges 格奥尔格·姆尼舍克

Mniszek, Marina 玛丽娜·姆尼舍克

Mnohohrichny, Ivan 伊万·姆诺霍里什尼

Moerder, capitaine 莫尔德船长

Mohammed, sultan de Khwârezm 摩诃末，花刺子模苏丹

Mohila, Pierre, métropolite 彼得·莫吉拉，都主教

Molière, Jean-Baptiste Poquelin 让-巴蒂斯特·波克兰·莫里哀

Mongka, grand khan 蒙哥大汗

Mons, Anna 安娜·蒙斯

Montebello, ambassadeur de France en Russie 蒙特贝罗，法国驻俄国大使

Montesquieu 孟德斯鸠

Mordvinov, Nikolaï 尼古拉·莫尔德维诺夫

Morelly 摩莱里

Morgan, banquier 摩根，银行家

Morozov, boïar 莫洛佐夫，波雅尔

Morozov, Boris 鲍里斯·莫洛佐夫

Morozova, Fedossia 费多西娅·莫洛佐娃

Moundov, Andreï 安德烈·门多夫

Mouraviev, Mikhaïl, la Potence 米哈伊尔·穆拉维约夫，"绞架"

Mouraviev, Nikita 尼基塔·穆拉维约夫

Mouraviev, Nikolaï 尼古拉·穆拉维约夫

Mouraviev, Sergueï 谢尔盖·穆拉维约夫

Mouraviev-Apostol, Sergueï 谢尔盖·穆拉维约夫-阿波斯托尔

Mourom, Ilia de 穆罗姆的伊利亚

Moussine-Pouchkine, A. 阿·穆辛-普希金

Moussorgski, Modeste 莫德斯特·穆索尔斯基

Mozart, Wolfgang Amadeus 沃尔夫冈·阿马德乌斯·莫扎特

Mstislav, prince de Tchernigov 姆斯季斯拉夫，切尔尼戈夫王公

Mstislav, prince de Tmoutarakan 姆斯季斯拉夫，特穆塔拉坎王公

Mstislav le Grand, grand-prince de Kiev 姆斯季斯拉夫大王，基辅大公

Mstislav le Téméraire, prince de Galitch 剽悍者姆斯季斯拉夫，加利奇王公

Mstislavski, chef d'armée 姆斯季斯拉夫斯基，军队将领

Mstislavski, Fiodor 费奥多尔·姆斯季斯拉夫斯基

Mstislavski, Ivan 伊万·姆斯季斯拉夫斯基

Mstislavski, prince 姆斯季斯拉夫斯基亲王

Munich, Burkhard-Christophe 布克哈德-克里斯托弗·慕尼黑

Murat Ier, sultan ottoman 穆拉特一世，奥斯曼苏丹

Murat V, sultan 穆拉特五世，苏丹

Murat, sultan 穆拉特，苏丹

Murtaza Kuli, khan de Perse 穆尔塔扎·库利，波斯可汗

Muteferrika, Ibrahim 易卜拉欣·穆特费里卡

N

Nadejdine, Nikolaï 尼古拉·纳杰日金

Nagaïa, Maria, septième épouse d'Ivan IV le Terrible 玛利亚·娜加娅，伊凡四世的第七任妻子

Nagoï, Athanase 阿塔纳斯·纳戈伊

Nagoï, prince 纳戈伊亲王

Nakhimov, amiral 纳西莫夫，海军司令

Nalevaïko, Sémion 谢苗·纳列瓦伊科

Napoléon Ier, empereur des Français 拿破仑一世，法国皇帝

Napoléon III, empereur des Français 拿破仑三世，法国皇帝

Narychkina, Maria 玛利亚·纳雷什金娜

Narychkina, Natalia Kirillovna, deuxième épouse d'Alexis Ier Mikhaïlovitch 娜塔莉娅·基里诺芙娜·纳雷什金娜，阿列克谢一世·米哈伊洛维奇的第二任妻子

Narychkine, Lev 列夫·纳雷什金

Natalia Alexeïevna, épouse de Paul Ier 娜塔莉娅·阿列克谢耶芙娜，保罗一世之妻

Natalia, fille d'Alexis, fils de Pierre Ier le Grand 娜塔莉娅，彼得一世之子阿列克谢之女

Neitzlin, E., banquier 奈茨兰，银行家

Nekrassov, Nikolaï 尼古拉·涅克拉索夫

Nelidov, ambassadeur à Constantinople 涅利多夫，驻君士坦丁堡大使

Nepliouïev, gouverneur 涅普留耶夫，总督

Neronov, Ivan 伊万·涅罗诺夫

Nesselrode, Karl (Karl Robert) Vassilievitch 卡尔（卡尔·罗伯特）·瓦西里耶维奇·涅塞尔罗捷

Nestor des Grottes, moine, auteur de la Chronique du temps jadis 涅斯托尔，僧侣，《往年纪事》作者

Nestor-Iskander 涅斯托尔-伊斯坎德尔

Nestorius, patriarche de Constantinople 聂斯托利，君士坦丁堡牧首

Netchaïev, Sergueï 谢尔盖·涅恰耶夫

Netchkina, Militsa 米利察·涅齐基娜

Nevelskoï, Guennadi 根纳季·涅维尔斯科伊

Neville, diplomate 内维尔，外交官

Nevriouï, chef de guerre 涅伏留伊，督军

Newton, sir Isaac 艾萨克·牛顿爵士

Nicéphore, métropolite de Kiev 尼基弗鲁斯，基辅都主教

Nicéphore Phokas, empereur byzantin

(basileus) 尼基弗鲁斯·福卡斯，拜占庭皇帝

Nicholson, Arthur 阿瑟·尼科尔森

Nicolas, fils aîné d'Alexandre II 尼古拉，亚历山大二世之长子

Nicolas, prince de Monténégro 尼古拉，黑山王公

Nicolas le Mystique, patriarche byzantin 笃信者尼古拉，拜占庭牧首

Nicolas Ier 尼古拉一世

Nicolas II 尼古拉二世

Niegoch, Pierre, prince évêque 彼得·涅戈什，亲王-主教

Nikitenko, Alexandre 亚历山大·尼基坚科

Nikitenko, Alexis 阿列克谢·尼基坚科

Nikitenko, Nikolaï 尼古拉·尼基坚科

Nikolaï Nikolaïevitch, grand-duc 尼古拉·尼古拉耶维奇大公

Nikolev, Nikolaï 尼古拉·尼科列夫

Nikone, patriarche 尼康，牧首

Nil de la Sora 尼尔·索尔斯基

Niphon, évêque de Novgorod 尼封，诺夫哥罗德主教

Nogaï, chef d'armée 那海，军队统帅

Nolken, ambassadeur 诺尔肯，大使

Novikov, Nikolaï 尼古拉·诺维科夫

Novossiltsev, ambassadeur d'Ivan IV le Terrible 诺沃西尔采夫，伊凡四世的使节

Novossiltsev, Nikolaï 尼古拉·诺沃西尔采夫

O

Obolenski, Nikita 尼基塔·奥勃连斯基

Obolenski, prince 奥勃连斯基亲王

Obrezkov, Alexandre 亚历山大·奥布列兹科夫

Obroutchev, Nikolaï 尼古拉·奥勃鲁切夫

Odoïevski, Alexandre 亚历山大·奥多耶夫斯基

Odoïevski, Vladimir 弗拉基米尔·奥多耶夫斯基

Oghoul Qaïmich, veuve de Güyük, régente 斡兀立海迷失，贵由的寡妻，摄政

Ogödaï, troisième fils de Gengis Khan 窝阔台，成吉思汗第三子

Oldenbourg, duc d' 奥尔登堡公爵

Oléarius, Adam 亚当·奥列亚里乌斯

Oleg, neveu d'Iziaslav 奥列格，伊孜亚斯拉夫的侄子

Oleg, prince des Drevlianes 奥列格，杰列夫良人的王公

Oleg 奥列格

Oleg le Très-Sage, prince de Kiev 智者奥列格，基辅王公

Olga, épouse d'Igor, princesse de Kiev 奥尔加，伊戈尔之妻，基辅女王公

Olga Fiodorovna, princesse de Bade 奥尔加·费奥多萝芙娜，巴登公主

Olga, régente 奥尔加，摄政

Olgerd, prince lituanien 奥尔格德，立陶宛大公

Ordyne-Nachtchokine, Athanase 阿塔纳斯·奥尔金-纳硕金

Ordyne-Nachtchokine, Voïne 沃伊涅·奥尔金-纳硕金

Orléans, duc d' 奥尔良公爵

Orlik, Philippe 菲利普·奥尔里克

Orlov, Alexis 阿列克谢·奥尔洛夫

Orlov, ataman 奥尔洛夫，阿塔曼

Orlov, Grigori 格里高利·奥尔洛夫

Orlov, prince 奥尔洛夫，王公

Orlova-Tchesmenskaïa, comtesse 奥尔洛娃-切斯缅斯卡娅伯爵夫人

Ortega y Gasset, José 何塞·奥尔特加·加塞特

Orwell, George 乔治·奥威尔

Osman Pacha 奥斯曼帕夏

Ostermann, Henrich-Johann (Andreï Ivanovitch) 亨利-约翰·奥斯杰尔曼（安德烈·伊万诺维奇）

Ostrojski, Constantin, prince lituanien 康斯坦丁·奥斯特罗日斯基，立陶宛王公

Ostrojski, Janusz 亚努什·奥斯特罗日斯基

Ostrojski, princes polono-lituaniens 奥斯特罗日斯基，波兰-立陶宛王公

Ostrovski, Alexandre 亚历山大·奥斯特洛夫斯基

Othon Ier, roi de Germanie 鄂图一世，日耳曼国王

Otrepiev, Iouri Bogdanovitch, alias Grigori ou Grichka 尤里·博格丹诺维奇·奥特列皮耶夫，又名格里高利或格里什卡·奥特列皮耶夫

Ottenski, Zinovi 季诺维·奥简斯基

Ouchakov, Andreï 安德烈·乌沙科夫

Ouchakov, Fiodor 费奥多尔·乌沙科夫

Ougrioum-Bourtcheïev 乌格留姆-布切耶夫

Oukhtomski, prince 乌赫托姆斯基亲王

Oukraïntsev, Emelian 埃梅里昂·乌科拉因采夫

Oumnoï-Kolytchev, Vassili 瓦西里·乌姆诺伊-克雷切夫

Ouroussov, général 乌鲁索夫将军

Ouroussov, Piotr 彼得·乌鲁索夫

Ouroussova, Eudoxie, princesse 叶芙多基娅·乌鲁索娃公主

Oustinov, Dmitri 德米特里·乌斯季诺夫

Ouvarov, Sergueï 谢尔盖·乌瓦洛夫

Ovtchina-Telepnev-Obolenski, Ivan 伊万·奥夫奇纳-捷列普涅夫-奥勃连斯基

Owen, Robert 罗伯特·欧文

Oxenstierna, Axel, chancelier suédois 阿克塞

丁·彼得罗维奇·波别多诺采夫

Pogodine, Mikhaïl 米哈伊尔·波戈金

Poïarkov, Vassili 瓦西里·波亚尔科夫

Pojarski, Dmitri 德米特里·波扎尔斯基

Pokrovski, Mikhaïl 米哈伊尔·波克罗夫斯基

Poltoratski, Constantin 康斯坦丁·波尔托拉茨基

Pompadour, marquise de 蓬帕杜侯爵夫人

Poniatowski, Jozef 约瑟夫·波尼亚托夫斯基

Popov, N. 波波夫

Poppel, Nicolas 尼古拉斯·波佩尔

Popper, Karl 卡尔·波普尔

Porochine, Semion 谢苗·波罗申

Possevino, Antonio 安东尼奥·波塞韦诺

Possochkov, Ivan 伊万·波索什科夫

Potapov, Alexandre 亚历山大·波塔波夫

Poteï, Ipati 伊帕蒂·波杰伊

Potemkine, Grigori 格里高利·波将金

Potocki, comte 波托茨基伯爵

Potocki, Ignace 伊格纳修·波托茨基

Pouchkar, colonel 普什卡尔上校

Pouchkine, Alexandre 亚历山大·普希金

Pougatchev, Emelian 叶梅利扬·普加乔夫

Pourichkievitch, Vladimir 弗拉基米尔·普里什基耶维奇

Poustosviat, Nikita 尼基塔·普斯托斯维亚特

Poutiatine, Evfimi 叶夫菲米·普嘉金

Prascovia, fille d'Ivan V 普拉斯科维娅，伊凡五世之女

Presniakov, Alexandre 亚历山大·普列斯尼亚科夫

Prévost, l'abbé 普列沃斯，修道院长

Princip, Gavrilo 加夫里洛·普林西普

Pritsak, Omeljan 奥梅利扬·普里察克

Procope de Césarée 恺撒利亚的普罗科匹厄斯

Prokhanov, Alexandre 亚历山大·普罗哈诺夫

Prokopovitch, Sergueï 谢尔盖·普罗科波维奇

Prokopovitch, Théophane 费奥凡·普罗科波维奇

Protassov, général 普罗塔索夫将军

Proudhon, Pierre Joseph 皮埃尔-约瑟夫·蒲鲁东

Prozorovski, Semion 谢苗·普洛佐洛夫斯基

Prus 普鲁斯

Psellos, Michel 米海尔·普塞洛斯

Pufendorf, Samuel 萨穆埃尔·普芬多夫

Pypine, A. 阿·贝平

R

Racine, Jean 让·拉辛

Radichtchev, Alexandre 亚历山大·拉季舍夫

Radziwill, Barbara 芭芭拉·拉齐维乌

Radziwill, hetman 拉齐维乌，大盖特曼

Raeff, Marc 马克·拉耶夫

Ragouzinski, Savva, comte 萨瓦·拉古津斯基伯爵

Rakoczi, prince transylvanien 拉科齐，特兰西瓦尼亚王公

Rangoni, Claudio, nonce 克劳迪奥·兰戈尼，教廷特使

Ranke, Leopold von 利奥波德·冯·兰克

Raspoutine, Grigori 格里戈里·拉斯普京

Rastrelli, Bartolomeo, dit Bartolomée Bartholoméïevitch 巴尔托洛梅奥·拉斯特雷利，又称巴尔托洛梅·巴尔托洛梅耶维奇

Ratchkovski, Piotr 彼得·拉奇科夫斯基

Raynal, abbé 雷纳尔，修道院长

Razine, Stefan 斯捷潘·拉辛

Razoumovski, Alexis 阿列克谢·拉祖莫夫斯基

Razoumovski, comte 拉祖莫夫斯基伯爵

Razoumovski, Cyrille 基里尔·拉祖莫夫斯基

Reagan, Ronald 罗纳德·里根

Reitern, Mikhaïl 米哈伊尔·赖滕

Renn, général 雷恩将军

Repine, Ilia 伊利亚·列宾

Repnine, Nikolaï 尼古拉·列普宁

Repnine, prince 列普宁亲王

Ribas, vice-amiral de 德·里巴斯，海军副司令

Richard III, roi d'Angleterre 理查三世，英格兰国王

Richelieu, cardinal de 黎塞留，红衣主教

Richelieu, duc de 黎塞留公爵

Richter, Otton 奥东·里希特

Riego, Rafael del 拉斐尔·德尔·里耶哥

Rodolphe II de Habsbourg, empereur allemand 哈布斯堡的鲁道夫二世，德意志皇帝

Rodzianko, Mikhaïl 米哈伊尔·罗将柯

Roenscheld, feld-maréchal 罗恩舍尔德元帅

Rogned, princesse 罗戈涅德公主

Rogvolod, prince de Polotsk 罗戈沃洛德，波洛茨克王公

Rojdestvenski, amiral 罗日杰斯特文斯基，海军元帅

Rollin, Henri 亨利·罗兰

Roman, métropolite de Kiev 罗曼，基辅都主教

Roman, prince de Galicie-Volhynie 罗曼，加利西亚-沃里尼亚王公

Romanov, Alexandre 亚历山大·罗曼诺夫

Romanov, Fiodor Nikititch 费奥多尔·尼基季奇·罗曼诺夫

Romanov, Michel 米哈伊尔·罗曼诺夫

Romanov, Nikita 尼基塔·罗曼诺夫

Romanova, Anastassia, première épouse d'Ivan IV le Terrible 阿娜斯塔西娅·罗曼诺娃，伊凡四世的第一任妻子

Romme, Charles-Gilbert 夏尔-吉尔贝·罗姆

Romodanovski, Fiodor 费奥多尔·罗莫达诺夫斯基

Romodanovski, Ivan 伊万·罗莫达诺夫斯基

Romodanovski, prince 罗莫达诺夫斯基亲王

Roosevelt, Theodore 西奥多·罗斯福

Rorbach, Paul 保罗·罗巴赫

Roscher, Wilhelm 威廉·罗谢尔

Rostoptchine, Fiodor 费奥多尔·罗斯托普钦

Rothschild, banquiers 罗斯柴尔德，银行家

Roublev, Andreï 安德烈·鲁布廖夫

Roumiantsev, Alexandre 亚历山大·鲁缅采夫

Roumiantsev, general 鲁缅采夫将军

Roumiantsev, Nikholaï 尼古拉·鲁缅采夫

Rounitch 鲁尼奇

Rousseau, Jean-Jacques 让-雅克·卢梭

Rozynski, Roman 罗曼·罗津斯基

Rtichtchev, Fiodor 费奥多尔·利季舍夫

Rtichtchev, Ossip 奥西普·利季舍夫

Rubrouck, Guillaume de 卢布鲁克的纪尧姆

Rulhière 吕里耶尔

Rurik, prince de Novgorod 留里克，诺夫哥罗德王公

Ruzzini, diplomate 卢奇尼，外交官

Ryleïev, Kondrati 孔德拉季·雷列耶夫

Rytchkov, Piotr 彼得·利奇科夫

S

Sabourova, Eudoxie 叶芙多基娅·萨布洛娃

Sabourova, Solomonia 索洛姆尼亚·萨布洛娃

Sadko, marchand 萨德科，商人

Sagaïdatchny, Piotr Konachevitch 彼得·科纳舍维奇·萨嘎达什尼

Saïn-Boulat 萨因-布拉特

Saint-Arnaud, maréchal de 圣阿尔诺，元帅

Saint-Martin, Louis-Claude de 路易-克劳德·德·圣马丁

Saint-Pierre, abbé de 圣皮埃尔，修道院长

Saint-Simon, Claude Henri de Rouvroy, comte de 圣西门伯爵克洛德-亨利·德·鲁弗鲁瓦

Saladin 萨拉丁

Saltykov 萨尔蒂科夫

Saltykov, Mikhaïl 米哈伊尔·萨尔蒂科夫

Saltykov, Piotr ou Pierre 彼得·萨尔蒂科夫

Saltykov, Sergueï 谢尔盖·萨尔蒂科夫

Saltykov-Chtchedrine, Mikhaïl 米哈伊尔·萨尔蒂科夫-谢德林

Samarine, Iouri 尤里·萨马林

Samborski, archiprêtre 桑博尔斯基，大司祭

Samoïlovitch, Ivan 伊万·萨莫伊洛维奇

Samsonov, Alexandre 亚历山大·萨姆索诺夫

Sapieha, Casimir Jan 卡齐米日·扬·萨皮耶哈

Sapieha, Jan-Petr 扬-彼得·萨皮耶哈

Sapieha, Lew 列夫·萨皮耶哈

Sapieha, Petr 彼得·萨皮耶哈

Sapieha, prince 萨皮耶哈亲王

Sartaq, fils de Batou 撒里答，拔都之子

Satter, John 约翰·塞特

Savva, moine 萨瓦，僧侣

Saxe, Maurice de 萨克森的莫里茨

Saxe-Weimar, duc de 萨克森-魏玛公爵

Sazonov, Iegor 叶戈尔·萨佐诺夫

Sazonov, Sergueï 谢尔盖·萨佐诺夫

Scharnhorst, ministre prussien 沙恩霍斯特，普鲁士大臣

Schelling, Friedrich 弗里德里希·谢林

Schiller, Friedrich von 弗里德里希·冯·席勒

Schleiermacher, Friedrich 弗里德里希·施莱尔马赫

Schlichting, Albert 阿尔伯特·什里希廷

Schlippenbach, général 施利彭巴赫将军

Schlözer, Kurd von 库尔特·冯·施吕策尔

Schubert, Friedrich von 弗里德里希·冯·舒伯特

Schwartz, Ivan (Johann) 伊万·（约翰）·施瓦茨

Schwarz, colonel 施瓦茨上校

Schwarzenberg, prince 施瓦岑贝格亲王

Sébastien, roi de Portugal 塞巴斯蒂安，葡萄牙国王

Ségur, comte de 塞居尔伯爵

Sélim II, sultan ottoman 塞利姆二世，奥斯曼苏丹

Sélim III, sultan ottoman 塞利姆三世，奥斯曼苏丹

Selivanov, Kondrati 孔德拉季·谢利瓦诺夫

Seniavine, Dmitri 德米特里·谢尼亚文

Sérapion, évêque de Vladimir 塞拉皮翁，弗拉基米尔主教

Serge de Radonège, saint 圣谢尔盖·拉多涅日斯基

Sergueï Alexandrovitch, grand-duc 谢尔盖·亚历山德罗维奇大公

Servan, general 塞尔旺将军

Seton-Watson, Hugh 休·塞顿-沃森

Seward, William 威廉·苏厄德

Seymour, Hamilton 汉密尔顿·西摩尔

Shakespeare, William 威廉·莎士比亚

Sherwood 舍伍德

Sievers, comte 西弗斯伯爵

Sigismond, frère de Witowt 西吉斯蒙德，维托夫特的兄弟

Sigismond Ier, grand-duc de Lituanie et roi de Pologne 西吉斯蒙德一世，立陶宛大公，波兰国王

Sigismond II Auguste Jagellon, roi de Pologne 西吉斯蒙德二世·奥古斯都·雅盖隆，波兰国王

Sigismond III Vasa, roi de Pologne 西吉斯蒙德三世·瓦萨，波兰国王

Siméon Bekboulatovitch, tsar tatar 谢苗·别科布拉托维奇，鞑靼人的沙皇

Siméon de Polotsk 西梅翁·波洛茨基

Siméon le Superbe, grand-prince de Moscou 高傲者谢苗，莫斯科大公

Siméon, tsar bulgare 西缅，保加尔沙皇

Sinéous 西涅乌斯

Sinioukhaïev, lieutenant 希尼乌哈耶夫中尉

Sipiaguine, Dmitri 德米特里·斯皮亚京

Sixte V, pape 西斯笃五世

Skalon, gouverneur-général 斯卡隆总督

Skavronski, Samuel 萨穆埃尔·斯卡乌龙斯基

Skobelev, Mikhaïl 米哈伊尔·斯科别列夫

Skopine-Chouïski, Mikhaïl 米哈伊尔·斯科平-舒伊斯基

Skoropadski, Ivan 伊万·斯科罗帕茨基

Skouratov, Maliouta 马留塔·斯库拉托夫

Skouratova, Maria 玛丽亚·斯库拉托娃

Slavinetski, Épiphane 叶皮法尼·斯拉维涅茨基

Slowacki, Juliusz 尤利乌什·斯沃瓦茨基

Smith, Adam 亚当·斯密

Smotricki, Meleti 梅列季·斯莫特里茨基

Sobakina, Marfa, troisième épouse d'Ivan IV le Terrible 玛尔法·索巴基娜，伊凡四世的第三任妻子

Sobieski, Jacob 扬·索别斯基

Sokolnicki, Michal 米哈尔·索柯尼茨基

Sokolov, Mikhaïl 米哈伊尔·索科洛夫

Soliman, sultan 苏莱曼，苏丹

Soljénitsyne, Alexandre 亚历山大·索尔仁尼琴

Solon 梭伦

Soloviev, Alexandre 亚历山大·索洛维约夫

Soloviev, Sergueï 谢尔盖·索洛维约夫

Soloviev, Vassili 瓦西里·索洛维约夫

Soloviev, Vladimir 弗拉基米尔·索洛维约夫

Sophie Alexeïevna, régente 索菲娅·阿列克谢耶夫娜，摄政

Sophie, fille de Witowt 索菲娅，维托夫特之女

Sophie, grande-duchesse d'Autriche 索菲，奥地利女大公

Soudeïkine, Grigori 格里高利·苏捷伊金

Soukhanov, Nikolaï 尼古拉·苏哈诺夫

Soukhomlinov, Vladimir 弗拉基米尔·苏霍姆里诺夫

Soukhotine, général 苏霍金将军

Soumarokov, Alexandre 亚历山大·苏马罗科夫

Sourikov, Vassili 瓦西里·苏里科夫

Souvorine, Alexandre 亚历山大·苏沃林

Souvorine, Alexis 阿列克谢·苏沃林

Souvorov, Alexandre 亚历山大·苏沃洛夫

Souvorov, prince 苏沃洛夫亲王

Spafari, Nicolas 尼古拉·斯帕法里

Spengler, Oswald 奥斯瓦尔德·斯宾格勒

Speranski, Mikhaïl 米哈伊尔·斯佩兰斯基

Spiridov, amiral 斯皮里多夫，海军中将

Staden, Heinrich 海因里希·施塔登

Staden, Henri von, comte 亨利·冯·施塔登

Staël, Germaine Necker, dite Mme de 杰尔曼·内克尔·德·斯戴尔夫人

Staline, Joseph 约瑟夫·斯大林

Stanislas-Auguste, roi de Pologne 斯坦尼斯瓦夫-奥古斯特，波兰国王

Stanislas Ier Leszczynski, roi de Pologne 斯坦尼斯瓦夫一世·莱什琴斯基，波兰国王

Stanislas II Auguste (Poniatowski), roi de Pologne 斯坦尼斯瓦夫二世·奥古斯特（波尼亚托夫斯基），波兰国王

Stankievitch, Nikolaï 尼古拉·斯坦季耶维奇

Staritskaïa, Eufrossinia 耶芙洛西妮娅·斯塔丽茨卡娅

Staritski, Vladimir, prince 弗拉基米尔·斯塔里茨基

Starodoubtsev, Vassili 瓦西里·斯塔罗杜布采夫

Stein 施坦因

Stockle, baron de 斯托克利男爵

Stolypine, Piotr 彼得·斯托雷平

Strechneva, Eudoxie, troisième épouse de Michel Romanov 叶芙多基娅·斯特列什尼奥娃，米哈伊尔·罗曼诺夫的第三任妻子

Stroganov, Paul 保罗·斯特罗加诺夫

Struve, Piotr 彼得·斯特鲁威

Sturmer, Boris 鲍里斯·施丘尔梅尔

Subötaï, chef de guerre 速不台，军事统帅

Sully, Maximilien de Béthune, duc de 马克西米利安·德·贝蒂纳，絮利公爵

Sun Tzu 孙子

Sveneld, voïevode 斯文涅尔德，督军

Sviatopolk, fils d'Iziaslav, grand-prince de Kiev 斯维亚托波尔克，伊孜亚斯拉夫之子，基辅大公

Sviatopolk le Maudit, fils aîné de Vladimir le Grand "恶魔"斯维亚托波尔克，弗拉基米尔大帝之长子

Sviatopolk-Mirski, Piotr 彼得·斯维亚托波尔克-米尔斯基

Sviatoslav, prince de Karatchev 斯维亚托斯拉夫，卡拉切夫王公

Sviatoslav, fils de Iaroslav le Sage 斯维亚斯托拉夫，智者雅罗斯拉夫之子

Sviatoslav, frère de Sviatopolk le Maudit 斯维亚托斯拉夫，"恶魔"斯维亚托波尔克的弟弟

Sviatoslav, grand-prince de Kiev 斯维亚托斯拉夫，基辅大公

Sviatoslav, grand-prince de Vladimir 斯维亚托斯拉夫，弗拉基米尔大公

Sviatoslav Igorievitch, grand-prince de Kiev 斯维亚托斯拉夫·伊戈里耶维奇，基辅大公

Svidrigaïlo, frère de Jagellon de Lituanie 斯维德里盖洛，立陶宛的雅盖隆的兄弟

Sylvester, D. 西尔韦斯特

Sylvestre, prêtre 西尔韦斯特，教士

Szamuely, Tibor 蒂博·沙穆里

T

Taine, Hippolyte 伊波利特·泰纳

Talleyrand, Charles Maurice de Talleyrand-Périgord 夏尔·莫里斯·德·塔列朗-佩里戈尔，塔列朗

Tanner, diplomate 坦纳，外交官

Taranovski, F. 费·塔拉诺夫斯基

Tarlé, Euguéni 叶甫根尼·塔尔列

Tatarinova, Catherine (née Buxhewden) 叶卡捷琳娜·塔塔里诺娃（出生于布克舍登）

Tatiana, fille de Michel Romanov 塔季亚娜，米哈伊尔·罗曼诺夫之女

Tatichtchev, Mikhaïl 米哈伊尔·塔季谢夫

Tatichtchev, Sergueï 谢尔盖·塔季谢夫

Tatichtchev, Vassili 瓦西里·塔季谢夫

Taube, Johann 约翰·陶伯

Tchaadaïev, Piotr 彼得·恰达耶夫

Tcheliadine-Fiodorov, Ivan 伊万·切里亚金-费奥多罗夫

Tchelnokov, Mikhaïl 米哈伊尔·切尔诺科夫

Tchentoulov, V. 弗·钱图洛夫

Tcherkasski, Alexis 阿列克谢·切尔卡斯基

Tcherkasski, Boris Kamboulatovitch 鲍里斯·坎布拉托维奇·切尔卡斯基

Tcherkasski, Iakov 雅科夫·切尔卡斯基

Tcherkasski, Mikhaïl 米哈伊尔·切尔卡斯基

Tcherkassov, Nikolaï 尼古拉·切尔卡索夫

Tchernov, Viktor 维克托·切尔诺夫

Tchernychevski, Nikolaï 尼古拉·车尔尼雪夫斯基

Tchistov, K. 奇斯托夫

Tchitchagov, amiral 奇恰戈夫，海军司令

Tchitcherine, Boris 鲍里斯·契切林

Tchol Khan ou Chevkal ou Chtchelkan 绰儿汗，或切夫卡尔，或奇切尔坎

Tchoukovski, Korneï 科尔涅伊·楚科夫斯基

Teliatevski, Andreï 安德烈·捷里亚捷夫斯基

Teplov, Grigori 格里高利·捷普洛夫

Terletski, Cyrille 西里尔·杰尔列斯基

Thatcher, Margaret 玛格丽特·撒切尔

Théodoric, métropolite de Kiev 狄奥多里克，基辅都主教

Théodose des Grottes, moine 洞穴的特奥多西，僧侣

Théognoste, métropolite de Moscou 塞奥格诺斯特，莫斯科都主教

Théophane, archevêque 费奥凡，总主教

Théophane, patriarche universel 费奥凡，普世牧首

Théry, Edmond 埃德蒙·泰利

Thietmar, chroniqueur allemande 提特玛，德意志编年史家

Thistlwood, Arthur 亚瑟·希泽伍德

Thomas d'Aquin, saint 圣托马斯·阿奎那

Thomas Paléologue, régent de Morée 托马斯·帕利奥洛格，摩里亚摄政

Tibère, empereur romain 提比略，罗马皇帝

Tikhomirov, M. 季霍米罗夫

Timmerman, Franz 弗朗茨·提莫曼

Timoféïev, Ivan 伊万·季莫菲耶夫

Timour Qoutlough, khan 帖木儿·忽都鲁特，可汗

Timour-Tamerlan ou Timour, *dit* Timour lenk (le Boiteux), Tamerlan 帖木儿，"跛子"

Tiouttchev, Fiodor 费奥多尔·秋切夫

Tiouttcheva, A. 安·秋切娃

Tiouttcheva, Mme, gouvernante des grandes-duchesses 秋切娃夫人，女大公们的家庭教师

Tkatchev, Piotr 彼得·特卡乔夫

Tocqueville, Alexis de 亚历西斯·德·托克维尔

Tolstoï, Alexis 阿列克谢·托尔斯泰

Tolstoï, Dmitri 德米特里·托尔斯泰

Tolstoï, Iakov 雅科夫·托尔斯泰

Tolstoï, Léon 列夫·托尔斯泰

Tolstoï, Pierre 彼得·托尔斯泰

Tolstoï, Piotr Andreïevitch 彼得·安德烈耶维奇·托尔斯泰

Toporkov, Vassian 瓦西安·托波尔科夫

Toqtaï, khan 脱脱，可汗

Toqtamich, khan 脱脱迷失，可汗

Törägänä, veuve de Ogödaï 脱列哥那，窝阔台的遗孀

Torgsil, prince norvégien, roi d'Irlande 托格西尔，挪威王公，爱尔兰国王

Touloupov, Boris 鲍里斯·图卢波夫

Tourgueniev, Alexandre 亚历山大·屠格涅夫

Tourgueniev, Ivan 伊万·屠格涅夫

Tourgueniev, Nikolaï 尼古拉·屠格涅夫

Toynbee, Arnold 阿诺德·汤因比

Trakhaniotov, Piotr 彼得·特拉哈尼奥托夫

Trediakovski, Vassili 瓦西里·特列季亚科夫斯基

Trepov, Dmitri 德米特里·特列波夫

Trepov, Fiodor 费奥多尔·特列波夫

Trotski, Léon 列夫·托洛茨基

Troubetskoï, chef d'armée 特鲁别茨科伊，军队统帅

Troubetskoï, Dmitri 德米特里·特鲁别茨科伊

Troubetskoï, Nikita 尼基塔·特鲁别茨科伊

Troubetskoï, Nikolaï 尼古拉·特鲁别茨科伊

Troubetskoï, Sergueï 谢尔盖·特鲁别茨科伊

Trouvor 特鲁沃尔

Tsitsianov, prince 兹孜亚诺夫亲王

Tsykler, Ivan 伊万·齐克列尔

Turenne, maréchal de France 蒂雷纳，法国元帅

Tynianov, Iouri 尤里·季尼亚诺夫

U

Udalrich, roi de Bohême 乌达里希，波希米亚国王

Ulrika-Éléonore, reine de Suède 乌尔里卡-艾莉诺拉，瑞典王后

Uraz-Muhammed 乌拉兹-穆罕默德

V

Valouïev, Paul 保罗·瓦卢耶夫

Valouïev, Piotr 彼得·瓦卢耶夫

Vannovski, Piotr 彼得·凡诺夫斯基

Vassilenko, Nikolaï 尼古拉·瓦西连科

Vassili Chouïski, tsar 瓦西里·舒伊斯基，沙皇

Vassili, fils d'Alexandre Nevski 瓦西里，亚历山大·涅夫斯基之子

Vassili Ier Dmitrievich, grand-prince de Moscou 瓦西里一世·德米特里耶维奇，莫斯科大公

Vassili III le Grand Ivanovitch 瓦西里三世·伊凡诺维奇，"大帝"

Vassili le Louche, prince de Galitch 瞎眼瓦西里，加利奇王公

Vassilid, imposteur, règne sur la Moldavie 瓦西里德，僭号者，摩尔达维亚统治者

Vassilko, frère de Sviatopolk, fils d'Iziaslav 瓦西尔科，斯维亚托波尔克的弟弟，伊孜亚斯拉夫之子

Vassiltchikova, Anna, cinquième épouse d'Ivan IV le Terrible 安娜·瓦西里奇科娃，伊凡四世的第五任妻子

Veliaminov, Ivan 伊凡·维利亚米诺夫

Veliaminov, Vassili 瓦西里·维利亚米诺夫

Veniamine, moine 维尼亚明，僧侣

Veriovkine, Matveï 马特维·维廖夫金

Vernadski, Guergui 维尔纳茨基

Vernadski, Vladimir 弗拉基米尔·维尔纳茨基

Vernet, Horace 霍勒斯·韦尔内

Vesselovski, S. 谢·维谢罗夫斯基

Viatcheslav, fils de Iaroslav le Sage 维亚切斯拉夫，智者雅罗斯拉夫之子

Viazemski, Athanase 阿塔纳斯·维亚泽姆斯基

Viazemski, Piotr 彼得·维亚泽姆斯基

Viazemski, prince 维亚泽姆斯基亲王

Vichenski, Jan 扬·维申斯基

Victoria, reine d'Angleterre 维多利亚，英国女王

Vigée-Lebrun, Madame 维杰-勒布伦夫人

Villeneuve, marquis de 维勒讷夫侯爵

Virgile 维吉尔

Viskovaty, Ivan 伊万·维斯科瓦代

Vladimir, prince de Galitch 弗拉基米尔，加利奇大公

Vladimir, prince de Pskov 弗拉基米尔，普斯科夫王公

Vladimir, fils de Iaroslav le Sage 弗拉基米尔，智者雅罗斯拉夫之子

Vladimir, fils d'Olgerd de Lituanie 弗拉基米尔，立陶宛的奥尔格德之子

Vladimir, grand-prince de Novgorod 弗拉基米尔，诺夫哥罗德大公

Vladimir le Grand, saint, grand-prince de Kiev, dit le Soleil Rouge 弗拉基米尔大帝，圣徒，基辅大公，"红太阳"

Vladimir II Monomaque, Vsevolodovitch, grand-prince de Kiev 弗拉基米尔二世·弗谢沃洛多维奇，"单打独斗者"，基辅大公

Vladimir Alexandrovitch, grand-duc 弗拉基米尔·亚历山德罗维奇大公

Vladimir Andreïevitch 弗拉基米尔·安德烈耶维奇

Vockerodt, ambassadeur de Prusse 沃克罗特，普鲁士使节

Voïnarovski, Andreï 安德烈·沃伊纳罗夫斯基

Volkoff, Vladimir 弗拉基米尔·沃尔科夫

Volkonskaïa, princesse 沃尔康斯卡娅女亲王

Volkonskaïa, Zinaïda 基娜伊达·沃尔康斯卡娅

Volkonski, Nikolaï 尼古拉·沃尔康斯基

Volkov, Dmitri 德米特里·沃尔科夫

Volochine, Maximilian 马克西米利安·沃洛申

Voltaire, François Marie Arouet, dit 弗朗索瓦·马里·阿鲁埃·伏尔泰

Volynski, Artemi 阿尔捷米·沃伦斯基

Volynski, prince 沃伦斯基亲王

Vorontsov, Alexandre 亚历山大·沃龙佐夫

Vorontsov, Mikhaïl 米哈伊尔·沃龙佐夫

Vorontsov, Semion 谢苗·沃龙佐夫

"方尖碑"书系

第三帝国的兴亡：纳粹德国史
　　[美国] 威廉·夏伊勒

柏林日记：二战驻德记者见闻，1934—1941
　　[美国] 威廉·夏伊勒

第三共和国的崩溃：一九四〇年法国沦陷之研究
　　[美国] 威廉·夏伊勒

新月与蔷薇：波斯五千年
　　[伊朗] 霍马·卡图赞

海德里希传：从音乐家之子到希特勒的刽子手
　　[德国] 罗伯特·格瓦特

威尼斯史：向海而生的城市共和国
　　[英国] 约翰·朱利叶斯·诺里奇

巴黎传：法兰西的缩影
　　[英国] 科林·琼斯

末代沙皇：尼古拉二世的最后 503 天
　　[英国] 罗伯特·瑟维斯

巴巴罗萨行动：1941，绝对战争
　　[法国] 让·洛佩　[格鲁吉亚] 拉沙·奥特赫梅祖里

帝国的铸就：1861—1871：改革三巨人与他们塑造的世界
　　[美国] 迈克尔·贝兰

罗马：一座城市的兴衰史
　　[英国] 克里斯托弗·希伯特

1914：世界终结之年

［澳大利亚］保罗·哈姆

刺杀斐迪南：1914年的萨拉热窝与一桩改变世界的罗曼史

［美国］格雷格·金　［英国］休·伍尔曼斯

极北之地：西伯利亚史诗

［瑞士］埃里克·厄斯利

空中花园：追踪一座扑朔迷离的世界奇迹

［英国］斯蒂芬妮·达利

俄罗斯帝国史：从留里克到尼古拉二世

［法国］米歇尔·埃莱尔

魏玛共和国的兴亡：1918—1933

［德国］汉斯·蒙森

（更多资讯请关注新浪微博@译林方尖碑，
微信公众号"方尖碑书系"）

方尖碑微博　　　　　方尖碑微信